ISBN 978-0-260-16870-2
PIBN 10642019

MÉLANGES THÉOLOGIQUES.

6ᵐᵉ Série. — 1ᵉʳ Cahier.

DES SYNODES ET DE L'OBLIGATION DES STATUTS SYNODAUX.

Pour procéder avec plus d'ordre, nous diviserons notre article en 4 paragraphes. Dans le premier, nous dirons ce qu'on entend par synode et quelle est son utilité ; dans le second, nous parlerons de sa convocation ; dans le troisième, nous examinerons ses attributions ; enfin dans le quatrième, nous verrons quelle est l'obligation des statuts synodaux.

§ I.

Des synodes et de leur utilité.

I. Le mot synode (1) est un terme générique qui embrasse tous les Conciles : les Conciles généraux, nationaux, provinciaux et diocésains. Aujourd'hui cependant, l'usage a restreint la signification de ce mot, et l'on n'entend plus, communément, par synode que le Concile diocésain. « Nunc autem, dit Benoît XIV » avec Doujat, ita proprie Synodi nomen sibi usurpat, ut, cum » Synodum, sine ulla additione, dicimus, plerumque diœce- » sanam intelligamus (2). »

---

(1) Du mot grec Σύνοδος, assemblée.
(2) *De synodo diœcesana*, lib. 1, cap. I, n. 4.

Le Synode est donc l'assemblée du clergé d'un diocèse sous
la présidence de son Evèque ; assemblée convoquée dans le but
de conférer sur tout ce qui concerne le ministère pastoral , sur
les moyens de remédier aux abus introduits dans le diocèse, en
un mot, sur les mesures les plus propres à maintenir la discipline et à faire fleurir la pureté des mœurs dans le clergé et les
fidèles. Voici la définition qu'en donne Benoit XIV, et dont le
développement est le fond de notre article : « Legitima Congre-
» gatio ab Episcopo coacta ex presbyteris et clericis suæ diœcesis,
» aliisve, qui ad eam accedere tenentur, in qua de his , quæ curæ
» pastorali incumbunt, agendum et deliberandum est (1). »

II. L'utilité de ces assemblées ne peut être révoquée en
doute; il suffit, pour s'en convaincre, de considérer les fruits
précieux qui en sont le résultat. Et d'abord, c'est le moyen le
plus efficace pour le maintien ou la restauration de la discipline, ainsi que le proclament les Evèques eux-mêmes, dont
nous transcrirons quelques témoignages. « Quandoquidem, dit
» Abelly , évèque de Rhodez, ad reparandos defectus, excessus
» reprimendos, abusus tollendos, lites plurimas sopiendas,
» tepidorum , si qui sint , socordiam excitandam, fidem ortho-
» doxam tuendam, et virtutum quarumcumque studium pro-
» movendum , ac demum procurandam disciplinæ ecclesiasticæ
» instaurationem si collapsa sit, vel si adhuc vigeat, ejusdem
» conservationem, nihil utilius atque efficacius esse queat, quam
» canonica Synodorum illarum celebratio, ut vel ipsa expe-
» rientia satis comprobatur (2). » Atton, évèque de Verccil,
qui florissait vers le milieu du X° siècle, attribuait la décadence
de la discipline à l'omission des synodes : « Nulla pene res dis-
» ciplinæ mores ab Ecclesia Christi magis depulit, quam sacer-

(1) *Ibid.*
(2) *Episcopalis sollicitudinis enchiridion*, part. II, cap. 7.

» dotum negligentia, qui, contemptis canonibus, ad corrigendos
» ecclesiasticos mores synodum facere negligunt. Ob hoc a nobis
» universaliter definitum est, ut, quia juxta antiqua Patrum
» decreta bis in anno difficultas temporis fieri concilium non
» sinit, saltem vel semel a nobis celebretur (1). » Le savant et
pieux cardinal d'Aquirre pense de même : « Hoc ipsum accidit
» circa relaxationem morum et disciplinæ ecclesiasticæ, in om-
» nibus iis regnis ac provinciis, ubi nec nationalia, nec provin-
» cialia concilia, imo nec diœcesana, nisi forte raro ac
» perfunctorie celebrantur, quibus Præsules ipsi, sacerdotes,
» clerici ac tandem subditi omnes regantur, ac sese in officio
» contineant. Eam ipsam conciliorum frequentiam indicunt sacri
» canones, et exigit necessitas atque utilitas publica. Quot
» mala, quot peccata, quot animarum detrimenta ex eorum
» neglectu sequantur, experientia ipsa ubique passim docet,
» ac sæpe post plurimos Ecclesiæ Patres observavit S. Carolus
» Borromæus, qui propterea tot gravissima et doctissima con-
» cilia Mediolani celebravit (2). » Un prélat de notre pays,
Thomas Philippe, cardinal archevêque de Malines, décrit en
ces termes l'utilité des synodes : « Ex provincialium et diœce-
» sanarum synodorum celebrationibus, et sanctionum episco-
» palium, seu *epistolarum pastoralium* ordinationibus summam
» utilitatem in corpus Ecclesiæ redundare, omnium nationum
» consentione et publica confessione comprobatum est. Per illas
» namque tolluntur abusus, corriguntur excessus, cleri popu-
» lique reformantur mores, extirpantur vitia, collapsa resti-
» tuitur disciplina, componuntur controversiæ, et denique per

(1) *Capitulare*, cap. XXVII, ap. d'Acheri, *Spicilegium*, tom. 8, p. 12,
Atton n'a fait qu'emprunter les paroles du IVe concile de Tolède,
cap. III, Labb. Tom. V, col. 1704.
(2) *Monitorium ad Archiepiscopos et Episcopos Hisp.* Tom. II, Conciliorum Hispan.

» illas pestiferum hæreseos, impiarumque doctrinarum vírus
» profligatur... Quapropter sacrum Concilium Tridentinum,
» sess. XXIV, cap. 2, *De reform.*, præclare constituit, ut pro
» *moderandis moribus, corrigendis excessibus, controversiis com-*
» *ponendis*, per universam Ecclesiam quolibet saltem triennio
» synodus provincialis, et quotannis diœcesana cogeretur, cui
» saluberrimo decreto utinam ex facili satisfacere atque obsequi
» nobis liceret ! Non minorem certe hac tempestate synodorum
» celebratio, quam a sesquiseculo, utilitatem ecclesiis ad-
» ferret (1). » Eeoutons encore S. Charles Borromée : « Sancta
» profecto et laudabilis consuetudo hæc est, ab ipsis Apostolorum
» primordiis ad hæc usque tempora Spiritu Sancto dictante ac
» promovente deducta : et utinam sic nunquam, ex quo primum
» induci cœpit, intermissa fuisset; quæ sicuti adeo efficax et
» potens fuit medium ad augendam, promovendam ac stabi-
» liendam ecclesiasticam omnem disciplinam ; sic ejus inter-
» missio origo fuit atque principium tantæ ruinæ ac perniciei
» spiritualis (2). »

A la voix si grave de ces prélats, aussi recommandables par
la sainteté de leur vie que par leur science éminente , vient
s'unir celle du Pasteur des Pasteurs, du chef de l'Eglise , du
Pontife Romain. « Hoc persuasissimum vobis esse non dubita-
» mus, dit Alexandre VII, nihil frequenti animarum recognitione,
» synodorumque celebratione populorum saluti ac veteri disci-
» plinæ constituendæ, nihil catholicorum principum paci a Deo
» impetrandæ accommodatius esse , quo intermisso magna in
» moribus continuo ad omnem improbitatem ac peccandi licen-
» tiam facta est immutatio (3). » Le maintien et la restauration

(1) *Synodicum Belgicum*, tom. **II**, pag. 475.
(2) Concio I ad Clerum in synodo diœcesana **XI**, *Acta Eccles. Mediolanensis*, part. **VII**, pag. 1165.
(3) Const. **XX**, *Inter cætera*, § 5, *Bullar. roman.*, tom. **V**, pag. 227.

de la discipline, l'abolition des abus, l'extirpation des vices etc., tel est donc le premier fruit des synodes.

III. 2° Un autre résultat des synodes est de ranimer le zèle des curés. « Quoi de plus utile en effet, s'écrie Mgr. Sibour, » pour des prêtres et surtout pour ceux qui ont charge d'âmes, » que de se réunir de temps en temps devant Dieu et sous les » yeux de l'Evêque ; de repasser dans le secret de leur cœur » toutes leurs obligations et la manière dont ils les accom- » plissent ; d'écouter de salutaires instructions où sont rappelés » tous les devoirs de leur saint état ; de peser leur vie au poids » du sanctuaire ; de rendre compte au premier pasteur du diffi- » cile et périlleux ministère qu'il leur a confié, et de prévenir » le jugement de Dieu et ses redoutables rigueurs, par le juge- » ment d'une conscience éclairée et touchée par la grâce. Les » devoirs des prêtres sont si multipliés, les périls qui les envi- » ronnent, si grands, les occasions de relâchement et de chute » si fréquentes, leur état, si saint, le cœur humain, si faible, » qu'on comprend à peine comment un pasteur qui s'isole, qui » ne vient pas s'exciter de temps en temps par l'exemple de ses » collègues, s'instruire par les conseils et les exhortations de son » Evêque, peut demeurer debout dans la voie qui lui est tracée, » ou même ne pas se laisser aller, par l'oubli des saintes règles, » aux égarements les plus fâcheux (1). » Les prêtres sont con- voqués au synode, dit un ancien évêque de Tournay (Guilbert), afin de connaitre les dangers qui menacent leur salut, d'a- mender leur vie et de recevoir les enseignements de l'Evêque. « Congregantur sacerdotes ad synodum, ut suum periculum » agnoscant, vitam corrigant et episcopum docentem audiant (2).»

(1) *Institutions diocésaines*, tom. II, pag. 343.
(2) *Tractatus de officio Episcopi et Ecclesiæ cæremoniis*, cap. VII, *Maxima bibliotheca Veterum Patrum*, tom. XXXV, pag. 403.

Lorsque la voix du premier pasteur se fait entendre à son clergé, elle n'est jamais sans résultat. Quelques mots tombés de sa bouche produisent souvent plus de fruits, excitent et réveillent le zèle des curés beaucoup plus vivement, que les plus belles instructions sorties d'une autre bouche. En outre, comme le remarque Monseigneur Devie, évêque de Belley. « Les prières » qu'on y fait, les conseils qu'on y reçoit, les exemples qu'on a » devant les yeux, tout concourt à réveiller l'esprit ecclésiastique » de ceux qui assistent à ces assemblées (1). » Ce résultat est signalé par saint François de Sales dans les termes suivants : « La nécessité des assemblées synodales est si grande, que les » Conciles et les Pères les ont de tout temps ordonnées aux Evê- » ques, comme le moyen le plus propre pour conserver la dis- » cipline ecclésiastique en éloignant le vice du sanctuaire, pour » renouveler dans les pasteurs le zèle dont ils ont besoin dans » les fonctions de leur ministère, et obtenir de Jésus-Christ, » lorsqu'ils sont assemblés en son nom, les lumières et la force » qui leur sont nécessaires pour établir son royaume dans les » âmes (2). » Enfin, S. Charles Borromée donne à ce sujet de magnifiques comparaisons. « Si quis diligenter animadvertat » quæcumque synodum præcesserunt, et quæ in ea fiunt, » quæcumque etiam postea fient, et quæ ab ipsa egredientur in » populos decreta ; comperiet esse synodum similem motui » primi Orbis, qui suo motu cæteros omnes inferiores cœlos im- » pellit : hic enim episcopus seipsum commovens cooperatores » suos etiam omnes inflammat, et per ipsos, populos... In hac » quippe synodo cor totius hujus diœcesis adest ; quod calefac- » tum ipsum in primis, diffundit postmodum in cætera membra » calorem suum : egredientes siquidem hinc sacerdotes castella

(1) *Rituel de Belley*, tom. I, n. 99, pag. 45.
(2) *Constitutions synodales*, titre V, chap. I.

» omnia et villas, homines et mulieres charitatis igne, quo hic
» replentur, succendunt (1). »

IV. 3° Le synode procure à l'Evêque l'avantage d'embrasser
d'un seul coup d'œil l'état de son diocèse tout entier. « Le
» synode, dit Mgr. Sibour, était encore le moyen établi pour
» connaître et pour réprimer les abus qui pouvaient s'être
» glissés dans le diocèse. Les prêtres faisaient connaître l'état
» des paroisses. Ils en signalaient les besoins et les maux, ils
» pouvaient indiquer les remèdes selon l'esprit des populations
» et les circonstances locales. L'Evêque voyait en quelque sorte
» d'un coup d'œil son diocèse tout entier. Il pouvait contrôler
» les avis les uns par les autres, et statuer en parfaite connais-
» sance de cause (2). » Le synode est, selon S. Charles Borromée,
une visite générale de tout le diocèse : « Est generalis quædam
» visitatio synodus ; alias enim per annum particulares quasdam
» ecclesias duntaxat visitamus ; hic vero generatim sacerdotes
» omnes et clericos, ac in ipsis, suo etiam modo, populos cis
» commissos (3). »

V. 4° Le synode est un moyen très-propre à cimenter
l'union entre l'Evêque et son clergé. « Quand les synodes, dit
» le Cardinal de la Luzerne, ne feraient que rapprocher les
» prêtres de leur Evêque, que resserrer entre eux les liens,
» que réunir sur le diocèse le concert de leurs prières, ce serait
» déjà un bien considérable opéré (4). » Le concile de Cologne,
de 1549, compare les synodes aux nerfs du corps humain,
qui l'empêchent de tomber en dissolution : « In synodis redin-
» tegratur unitas, studetur corpori in sua integritate conser-

(1) *Loc. sup. cit.*, pag. 1167 et 1168.
(2) *Loc. sup. cit.*, pag. 349 et 350.
(3) *Loc. sup. cit.*, pag. 1167.
(4) *Dissertations sur les droits et devoirs respectifs des évêques et des
prêtres*, diss. VI. *Prélimin.*, chap. II, n. 4, col. 1435, édit. de Migne.

» vando.... Salus Ecclesiæ, terror hostium ejus, et fidei » catholicæ stabilimentum sunt synodi, quas etiam rectissime » corporis Ecclesiæ nervos dixerimus. Neglectis enim synodis, » non aliter ecclesiasticus ordo diffluit quam si corpus huma- » num nervis solvatur (1). »

VI. 5° Enfin le synode est le moyen de donner au diocèse la législation la plus convenable, la plus appropriée à ses besoins, et d'assurer l'observation des lois. La première partie de cette proposition résulte de ce qui a été dit jusqu'ici. L'Evêque est par là plus à même de connaitre les points qu'il est plus urgent de régler, les abus qui exigent une plus prompte répression, et les mesures les plus propres à pourvoir aux nécessités du moment. « En comparant, dit le Cardinal de » la Luzerne, les rapports qui lui sont rendus en même temps » par les divers curés, l'évêque est plus à portée de connaitre » les abus, de savoir s'ils sont généraux ou particuliers, s'ils » sont plus ou moins étendus, et de juger la nature des remèdes » qui doivent y être apportés.... N'est-ce pas un très-grand bien » que l'Evêque soit éclairé des lumières de ses prêtres, qu'il » reçoive leurs avis, que, d'après leurs observations, il modifie » ses statuts, en retranche ou y ajoute?... Tous les pasteurs du » second ordre étant réunis, l'Evêque peut conférer avec tous » de ce qui concerne le bien général.... Il peut traiter tous les » objets bien plus à fond, étant réuni à eux tous, que dans des » visites où il passe rapidement chez chacun d'eux, ou dans » des lettres qui ne remplissent, pour l'ordinaire, qu'une partie » de leur objet (2). »

VII. D'un autre côté, le synode a encore pour effet d'assurer l'observation des lois, en leur conciliant par les formes syno-

(1) Titul. *De synod. celebratione*, n. 1, Labb. Tom. XIV, col. 649.
(2) *Loc. sup. cit.*, n. 4, col. 1435 et 1436.

dales le respect, l'adhésion et l'affection de ceux mêmes qu'elles concernent et qui doivent les exécuter. « On est, dit » Mgr. Devie, plus disposé à obéir aux lois et aux règlemens » dont on a eu communication, quand on a fait ou entendu faire » des observations dont est préoccupé, et auxquelles l'autorité » épiscopale a donné des réponses satisfaisantes (1). » « Je con- » viens, dit le cardinal de la Luzerne, que les statuts synodaux » ont une plus grande autorité que les ordonnances (épisco- » pales)... Les grandes ordonnances rendues sur la demande des » Etats-Généraux ont parmi nous plus d'autorité que les décla- » rations ordinaires. Ce n'est pas qu'elles ne soient toutes égalè- » ment émanées du pouvoir qui a droit de les porter, et qu'elles » ne soient, en conséquence, toutes obligatoires. Cette autorité » intrinsèque qu'elles tirent de ce qu'elles partent de la puissance » souveraine, est la même dans toutes. Mais les unes ont plus » que les autres une autorité extrinsèque, qui consiste dans » l'opinion de ceux qui y sont soumis, et qu'elles tirent de ce » qu'elles sont préparées avec plus de maturité, faites avec une » plus profonde réflexion, publiées avec plus de solennité. Elles » se concilient par ces considérations plus de respect, et en ac- » quérant une plus grande confiance, obtiennent une obéissance » plus facile et plus prompte. On sent aisément qu'il doit en être » de même, et encore à bien plus forte raison, des statuts syno- » daux relativement aux simples ordonnances épiscopales. Il » suffirait, pour qu'ils eussent un plus grand poids, de la solen- » nité plus grande avec laquelle ils ont été publiés. Mais ils en » acquièrent bien plus encore de ce qu'ils ont été faits avec la » plus grande réflexion, en présence de ceux qui doivent les » exécuter ; de ce que tous ont eu la liberté de présenter leurs

(1) Loc. sup. cit., Cf. Mgr. Sibour, _Institutions diocésaines, loc cit._, pag. 353.

» observations, leurs objections. Ils sont assurés qu'il n'y a aucune
» difficulté raisonnable qui n'ait été prévue et résolue. Le statut
» examiné et publié en synode ajoute à l'autorité intrinsèque ,
» qu'il reçoit de la puissance dont il émane, l'autorité extrin-
» sèque qu'il tire de la conscience des sujets convaincus de son
» utilité et de sa sagesse. Il y a, pour s'y soumettre, un double
» motif : la volonté du supérieur qui a droit de commander, et
» la persuasion de l'inférieur qui sent l'avantage d'obéir. C'est
» ainsi que le statut synodal jouit d'une plus grande autorité que
» la simple ordonnance. C'est sur les esprits qu'il exerce cette
» autorité. Il assure et facilite l'obéissance, en la rendant volon-
» taire, et courbe sous son joug, par inclination, les têtes qui lui
» étaient soumises par devoir (1). » Ce résultat des synodes , de
donner plus d'autorité à la loi, n'a pas échappé à la perspicacité
d'Alexandre VII : « Neque vero aliud quidquam est , quod iis
» quæ recte atque utiliter statuuntur magnam æque authorita-
» tem afferre possit et pondus, quam si ea communi simul om-
» nium, consilioque decernantur sive quod gravius firmiusque
» videri debet quod multorum judicio consensuque receptum fuit,
» sive quod caput est, non sine divina quadam approbatione
» fieri censendum est quidquid a pluribus rite in Christo conve-
» nientibus , ad animarum salutem disciplinamque in posterum
» sanciendam constituitur (2). »

En présence de cet accord unanime des Papes et des
évêques à proclamer l'utilité des synodes, il y aurait, nous
semble-t-il, de la témérité, ou , pour nous servir des termes
de Benoit XIV (3), de l'audace à la révoquer en doute. Nous
ne nous arrêterons donc pas plus longtemps à ce point, et nous
passons au paragraphe suivant.

(1) *Loc. sup. cit.*, n. 16, col. 1445.
(2) Const. XX , *Inter cætera*, § 1, *Bullar. rom.* Tom. V, pag. 226.
(3) *De synodo diœcesana*, lib. I, cap. II, n. 5. Nous aurions pu aussi

§ II.

De la convocation des synodes.

VIII. Nous verrons dans ce paragraphe 1° quand on doit assembler le synode; 2° par qui il doit être convoqué; 3° qui on doit y appeler; 4° où il doit s'assembler; et 5° dans quel ordre on doit siéger.

La grande utilité des synodes porta l'Eglise à ne pas laisser à chaque Evêque la liberté de les tenir ou de les négliger à volonté : elle a donc fixé elle-même l'époque où les Evêques sont obligés de les assembler. Pendant plusieurs siècles ils eurent lieu deux fois par an; le IV⁰ concile général de Latran se contenta de l'obligation de les assembler une fois par an : « Quæ statuerint (Concilia provincilia), faciant (Episcopi) ob- » servari, publicantes ea in episcopalibus synodis annuatim per » singulas diœceses celebrandas (1). » C'est aussi la règle qu'a établie le concile de Trente. Après avoir ordonné la célébra- tion des conciles provinciaux tous les trois ans, les Pères de Trente ajoutèrent : « Synodi quoque diœcesanæ quotannis » celebrentur : ad quas exempti etiam omnes, qui alias, ces- » sante exemptione, interesse deberent, nec capitulis gene- » ralibus subduntur, accedere teneantur; ratione tamen paro- » chialium, aut aliarum sæcularium ecclesiarum, etiam annexa- » rum, debeant ii, qui illarum curam gerunt, quicumque illi » sint, synodo interesse. Quod si in his tam Metropolitani,

invoquer le témoignage de **Mgr. Van Bommel**; de glorieuse mémoire; nous nous en sommes abstenus, parce que nous avons déjà publié les pièces où il proclame la grande utilité des synodes. V. *Mélanges théolo- giques*, tom. V, pag. 455 sq.

(1) Cap. 6, Labb. tom. XI, col. 169.

» quam Episcopi , et alii suprascripti negligentes fuerint; pœnas » sacris canonibus sancitas incurrant (1). »

IX. Les circonstances des temps ont souvent empêché les Evêques de satisfaire à la volonté de l'Eglise et d'assembler leur synode au temps prescrit. Tout en tenant compte de ces circonstances, les Souverains Pontifes n'ont cessé d'exhorter les Evêques à observer fidèlement cette loi, aussitôt que les obstacles, qui s'y étaient opposés jusque-là, seraient levés. « Ubi » vero, dit Benoit XIV, concilia provincialia et synodalia jamdiu » coacta non sunt... pro injuncta humilitati nostræ omnium » ecclesiarum sollicitudine, Archiepiscopos et Episcopos in Do- » mino jugiter hortamur et obtestamur, ut sublatis quibusvis » impedimentis, eadem concilia, sicubi omissa sunt quam pri- » mum haberi curent (2). » Dans le courant de ce siècle, la S. Congrégation du Concile a adressé les mêmes exhortations à un grand nombre d'Evêques. Nous nous contenterons de rappeler sa réponse à l'Archevêque de Prague. Dans la relation qu'il présenta en 1843, il avait exposé que depuis 1605 aucun synode n'avait été célébré en Bohème ; qu'on avait été dans l'impossibilité de le faire depuis lors, et qu'on n'en voyait pas trop la nécessité, vu qu'on employait des moyens aussi efficaces pour subvenir aux besoins du clergé et du peuple. Ecoutons le : « Inde ab hoc tempore (1605) nulla ansa concilio celebrando » in Bohemia data est, nec ejusdem celebrandi tanta urgetur » necessitas, cum de indigentiis cleri et populi jam per vicario- » rum annuas relationes, jam per proprias archidiœcesis visita- » tiones certior fiam, et sic, si qua opus est, medelam illico ferre

---

(1) Sess. XXIV, cap. 2, *De reformatione*. La peine qu'encourent les Evêques qui négligent d'assembler le synode, est la suspense *ab officio*. Cf. Bened. XIV, *De synodo diœcesana*, lib. I, cap. VI, n. 5.
(2) Const. *Quamvis paternæ*, § 5, *Bullar. Bened. XIV*, Vol. I, p. 138.

» possim. Simili modo etiam in reliquis Bohemiæ diœcesibus
» res se habet. Nec minus gratus fateor, Episcopos provinciæ,
» quibus ego qua Metropolita præsum, eos esse, ut in negotiis
» Ecclesiæ gravioris momenti communi mecum consilio agant.»
La S. Congrégation ne jugea pas que ces raisons fussent suffisantes pour permettre de se dispenser de la tenue du synode ; et
dans sa réponse, après avoir donné au zèle du prélat les éloges
mérités, elle ajoute : « Attamen probe noscit Amplitudo tua ,
» hæc omnia tam sancta et salutaria alacrius perfici, et firmius
» consistere , ubi synodalibus legibus solidantur. Quare Rmi
» Patres cuperent, ut synodus diœcesana tamdiu intermissa, et
» tantopere a sacris canonibus inculcata, iterum instauretur(1).»
Nous savons que le même vœu a été tout récemment manifesté
pour notre pays (2).

X. Le synode diocésain doit donc être assemblé tous les ans.
Le droit de le convoquer appartient à l'Evêque du diocèse.
Comme ce droit est un acte de juridiction , l'Evêque peut
l'exercer même avant d'être consacré. « Etenim, dit Benoît XIV,
» résumant la doctrine des auteurs, coactio synodi est actus juris-
» dictionis et meri imperii ,... et quæ jurisdictionis sunt, exerceri
» queunt ab Episcopo electo et confirmato , licet nondum con-
» secrato, juxta textum in Cap. Transmissam, de electione (3).»
Il faut cependant remarquer avec le même auteur , qu'aujour-
d'hui l'Evêque ne peut plus exercer les actes de juridiction, avant
d'avoir reçu du Saint-Siège les bulles de nomination ou de confirmation, et de les avoir montrées à qui de droit (4). Boniface VIII

---

(1) Ce fait est tiré de la *Correspondance de Rome* , n. 38. Edit. de
Liège, p. 304. On trouvera au même endroit plusieurs autres réponses
analogues de S. Congrégation du Concile.
(2) Voy. les *Statuta Diœcesis*. Leod. 1851. p. III, et 44.
(3) *De synodo diœcesana*, lib. II, cap. V, n. 5.
(4) *Ibid.*, n. 6. « Textus etiam in Cap. *Injunctæ, sub tit. de electione,*

l'a ainsi prescrit (1) et sa constitution a été confirmée par
Jules II, le 28 juillet 1505 (2). L'Evêque devrait donc attendre
ce moment pour pouvoir convoquer légitimement le synode
diocésain.

Lorsqu'il s'agit d'un Archevêque, suffit-il qu'il ait obtenu ses
bulles, ou faut-il de plus qu'il ait reçu le Pallium? Ferraris (5)
et Devoti (4) enseignent, comme une chose certaine que l'Archevêque ne peut convoquer un synode diocésain avant d'avoir
reçu le Pallium. Barbosa (5) est aussi du même avis. Ils se
fondent sur le chapitre XXVIII°, *Quod sicut*, *De electione*,
§ *super eo*, où nous lisons : « Cum non liceat Archiepiscopo
» sine pallio *convocare concilium*, conficere Chrisma, dedicare
» Basilicas, ordinare clericos et Episcopos consecrare.... »

Cet argument n'est pas concluant; car la majeure partie des
auteurs interprètent les mots, *convocare concilium*, du Concile provincial, et cette interprétation est plus en harmonie
avec le contexte : car le Pape parait restreindre sa défense aux
actes que l'Archevêque pose en sa qualité d'Archevêque,
comme l'indiquent suffisamment ces paroles du texte : *cum id*
non tanquam simplex Episcopus, sed tanquam Archiepiscopus
facere videatur. Or, lorsque l'Archevêque assemble son synode,
c'est comme simple évêque qu'il agit ; il n'exerce pas un acte
de fonction archiépiscopale. Aussi les principes généralement

» *inter extravag. comm.* aperte interdicit electo et confirmato quemcum-
» que actum jurisdictionis, nisi litteris Apostolicis expeditis, iisque, qui-
» bus de jure, exhibitis, ac pœnam insuper suspensionis a percipiendis
» suorum beneficiorum fructibus, illis irrogat, qui sine ejusmodi litteris,
» eum in Episcopum recipiunt, aut eidem obediunt. »
(1) Cap 1, *De electione*, Extravag. comm.
(2) Constit. *Romani Pontificis*, *Bullar. Rom.* Tom. I, Pag. 480.
(3) *Bibliotheca canonica*, V° *Synodus diœcesana*, n. 8.
(4) *Institutiones canonicæ*, Prolegomena, § XLIV.
(5) *De officio et potestate Episcopi*, Allegatio XCIII, n. 4.

admis par les auteurs sont-ils diamétralement opposés à l'enseignement de Ferraris et de Devoti. « Ex hoc dubium surgit ,
» écrit Schmalzgrueber, quosnam actus ante Pallii receptionem
» Archicpiscopus exercere nequeat ? Pro cujus dissolutione di-
» stinguendum est inter actus proprios muneris archiepisco-
» palis, et inter actus communes Episcopis omnibus. *Priores*,
» quales sunt visitare provinciam , convocare concilium provin-
» ciale, ante Pallii receptionem exercere nequit.... In posterio-
» ribus subdistinguendum est inter actus jurisdictionis Episco-
» palis et inter actus ordinis Episcopalis. Actus communes
» jurisdictionis Episcopalis.... exercere ante Pallii receptionem
» potest, ut patet ex Cap. Suffraganeis II , De elect. et ratio
» est, quia illos exercere potest etiam Episcopus confirmatus ,
» licet nondum sit sacerdos (1). » Pirling , dont l'autorité est
invoquée par Ferraris, donne les mêmes principes : « Plenitudo
» Archiepiscopalis officii in eo consistit quod Archiepiscopus ,
» post acceptum pallium, omnes actus , qui sunt proprii Ar-
» chiepiscopalis dignitatis , tam ordinis , quam jurisdictionis
» exercere possit, cum ante Pallii receptionem, etiamsi confir-
» matus , imo et consecratus sit , non possit exercere eos actus
» ordinis, qui ab Archiepiscopo , nonnisi inter Missarum solem-
» nia , vel saltem cum Episcopalibus insignibus et ornamentis ,
» peragi solent ; neque actus jurisdictionis majoris, quos non ut
» simplex Episcopus, sed tanquam Archiepiscopus facere vide-
» tur, cujusmodi est convocare concilium provinciale , visitare
» provinciam (2).... » Laymann ne s'écarte point de cette doctrine : « Vel agitur, dit-il, de actibus jurisdictionis, tum dico,
» quod actus majores, cujusmodi est v. g. concilium provinciale

_____

(1) *Jus eccles. univers.* Lib. I, tit. VIII, n. 6.
(2) *Jus canonicum*, Lib. I, tit. VIII, n. 11.

» convocare, exercere non possit ante acceptum pallium....
› At vero alios actus jurisdictionis, v. g. causas audire, dele-
» gare, judices creare, ordinandi, consecrandi potestatem dare
» non prohibetur (1). » Nous citerons enfin Wiestner : « Ante
» illius (Pallii) receptionem Archiepiscopus etiam consecratus ,
» licet.... jurisdictionis Episcopalis actus exercere non probi-
» beatur; exercere tamen nequit majores , hoc est, Archiepi-
» scopo propriæ jurisdictionis actus, ut sunt visitare provinciam,
» cogere concilium provinciale , etc. (2). » On voit que cette
doctrine, que l'on peut à juste titre dire commune (3), est in-
conciliable avec l'assertion de Ferraris et de Devoti. Ce dernier
cite en sa faveur une imposante autorité , celle de Benoit XIV;
mais c'est bien à tort, car ce savant Pape interprète, comme la
majeure partie des auteurs, le canon *Quod sicut, De-elect.*, et
ne l'entend que du Concile provincial.

« Sicuti, dit-il, se Archiepiscopos nominare prohibentur ,
» ita abstinere jubentur a *synodo provinciali* congreganda ,
» Chrismate conficiendo , dedicandis ecclesiis , clericis ordi-
» nandis et episcopis consecrandis, in cap. *Quod sicut, de elec-*
» *tione* (4). » Ainsi donc, d'après Benoit XIV, le chapitre cité
défend seulement à l'Archevêque d'assembler le concile provincial. C'est encore ce qu'il suppose un peu plus avant, où il
propose la question suivante : « Ex privilegio vero deferendi
» Pallium, aliquando Episcopis concesso, dubium oritur, an,

---

(1) *Jus canonicum*, lib. I, tit. VIII, in cap. III, n. 1.
(2) *Institutiones canonicæ*, lib. I, tit. VIII, n. 7.
(3) Elle est enseignée par König, *Principia juris canonici*, lib. I ,
tit. VIII , n. 16; Engel, *Collegium universi juris canonici*, lib. I ,
tit. VIII , n. 5; Böckhn, *Commentarius in jus canonicum*, lib. I ,
tit. VIII , n. 11 ; Leurenius, *Forum ecclesiasticum*, lib. I, quæst. 449;
Schmier , *Jurisprudentia canonico-civilis*, lib. I , tract. III, cap. I,
n. 581.
(4) *De synodo diœcesana* , Lib. II, cap. V, n. 8.

»quemadmodum ante Pallii receptionem vetitum est Archi-
»episcopis *synodum facere provincialem*, ita et ipsis sit inter-
»dictum suam celebrare diœcesanam (1). » Nous croyons donc
que rien ne s'oppose à ce que l'Archevêque assemble son
synode diocésain, même avant d'avoir reçu le Pallium.

XII. Cette partie de la juridiction épiscopale ne peut être
exercée par le Vicaire-Général de l'Evêque, à moins que celui-
ci ne lui ait donné un mandat spécial à cet effet. C'est l'enseignement commun (2), confirmé par une décision de la
S. Congrégation du Concile : « N. Ordinarius supplicat pro
»declaratione, an Vicarius-Generalis Episcopi possit, Episcopo
»absente, synodum diœcesanam congregare, ita ut constitu-
»tiones in ea editæ sint observandæ? Die 4 decembris 1655,
»S. Congr. Conc. respondit : Non potuisse, absque speciali
»mandato Episcopi, ac propterea constitutiones in synodo, ut
»proponitur, factas, esse ipso jure nullas (3). »

VIII. Quels sont sur ce point les pouvoirs du vicaire capitulaire? Les auteurs lui reconnaissent généralement le droit de
convoquer le synode : car il succède à la juridiction de
l'Evêque (4). Cependant Benoit XIV estime que le vicaire capitulaire ne peut exercer ce droit qu'après un délai d'un an à
partir du dernier synode. « Hæc porro assertio.... ita videtur
»limitanda, ut nimirum liceat vicario capitulari, sine speciali
»mandato, synodum convocare, dummodo effluxerit annus a
»die ultimæ synodi habitæ ab Episcopo (5). » La raison en est

(1) *Ibid.*, Cap. VI, n. 4.
(2) Cf. Ferraris, *Bibliotheca canonica*, Vº *Vicarius-Generalis*, art. II,
n. 20, Leurenius, *Vicarius-Episcopalis*, Tract. I, quæst. 168.
(3) Ap. Bened. XIV, *Loc. cit.*, Cap. VIII, n. 3.
(4) Cf. Ferraris, *Bibl. can.* Vº *Synodus diœcesana*, n. 11; Leurenius, *Loc. cit.* Tract. III, quæst. 590.
(5) *Loc. cit.*, Cap. IX, n. 6.

que la célébration du synode doit marcher de pair avec la visite
du diocèse, et doit par conséquent être régie par les mêmes
lois. « Cum a sacro concilio Tridentino, dit Benoit XIV, loc.
» cit., tam diœceseos visitatio, quam synodi coactio, quotannis
» perficienda statuatur, ac proinde hæc duo in re præsenti
» videantur quodammodo inter se connexa, eodem jure metienda
» sunt, idemque de utraque est ferendum judicium, cum in
» utraque eadem vigeat ratio. » Or, la visite du diocèse ne peut
se faire par le vicaire capitulaire qu'un an après la dernière
visite de l'Evêque, ainsi que l'a déclaré la S. Congrégation du
Concile le 28 juillet 1708 (1) et le 13 septembre 1721 (2).
Devoti adopte entièrement le sentiment de Benoit XIV (3).

XIV. Quelques chapitres ont cru leur intervention nécessaire
pour que l'Evêque pût légitimement convoquer son synode. La
cause fut soumise plusieurs fois à la décision de la S. Congrégation du Concile, laquelle a toujours rejeté les prétentions
des chapitres. « Dubio ponderato, an Episcopus solus sine
» capitulo possit synodum diœcesanam indicere et publicare,
» vel requiratur concilium vel consensus Capituli ? Posse Epi-
» scopum solum, sine consensu vel concilio Capituli, synodum
» diœcesanam indicere et publicare. *Oriolen.* 27 *martii* 1632.
» *Dub.* 14 (4). » On devait s'attendre à cette décision, car la
convocation du synode est un devoir pour l'Evêque : or, ne
serait-il pas singulier que le législateur eût fait dépendre l'accomplissement des devoirs épiscopaux du bon plaisir du chapitre ?

_____

(1) *Thesaurus resolutionum S. Congregationis Concilii*, tom. IX,
pag. 508, ed. Rom. 1843.
(2) *Ibid.*, tom. II, pag. 129.
(3) *Jus canonicum universum*, Proleg. Cap. XV, § XV.
(4) Ap. Zamboni, *Collectio declarationum S. Cong. Conc.* V° *Synodus
diœcesana*, § I, n. 4. Cf. *Ibid*, n. 8.

XV. Voyons maintenant quelles personnes doivent être appelées au synode. 1° L'Evêque doit d'abord convoquer nommément le chapitre de l'église cathédrale. Pour prouver le droit du chapitre, les auteurs s'appuient généralement (1) sur le dernier canon du titre X, du III˙ livre des décrétales, où Innocent III statue : « Visum fuit nobis et fratribus nostris, ut Capi-» tula ipsa ad hujusmodi Concilia debeant invitari, et eorum » nuncii ad tractatum admitti, maxime super illis, quæ ipsa » Capitula contingere dignoscuntur. » Ce canon ne parle que des conciles provinciaux. Il est possible cependant qu'il ait donné lieu à la coutume sur laquelle parait reposer le droit des chanoines; droit qui, atteste Fagnanus (2), a été reconnu par la S. Congrégation du Concile. Il s'explique du reste naturellement, vu que le chapitre doit être consulté sur les lois publiées dans le synode.

XVI. Si d'un côté le chapitre a le droit d'être convoqué, de l'autre, il ne peut refuser d'assister au synode, quand l'Evêque l'y appelle : il doit du moins s'y faire représenter par une députation. Tel est, dit Benoit XIV, le sentiment le plus commun, qui est aussi confirmé par l'usage (3). Barbosa rapporte aussi une déclaration conforme de la S. Congrégation du Concile (4).

XVII. 2° Outre le chapitre de l'église cathédrale (5), l'Evêque doit encore convoquer tous ceux qui sont placés à la tête des églises paroissiales. « Ratione parochialium, dit le

(1) Ferraris, *Bibliotheca canonica*, V° *Synodus diœcesana*, n. 24, Monacelli, *Formularium legale practicum*, part. I, tit. V, Formul. III, n. 5. Cf. Bened. XIV, *De synodo diœcesana*, lib. III, cap. IV, n. 2.

(2) In cap. *Grave*, n. 11, *De præbendis*.

(3) *De synodo diœcesana*, lib. III, cap. IV, n. 2.

(4) *Summa apostolicarum decisionum*, V° *Synodus*, n. 9. Cette décision reconnaît à l'Evêque le droit de les y contraindre par les censures.

(5) Nous ne parlons point des chapitres des églises collégiales; parce qu'il n'en existe plus dans notre pays.

» concile de Trente, aut aliarum sæcularium ecclesiarum, etiam
» annexarum, debeant ii , qui illarum curam gerunt, qui-
» cumque illi sint , synodo interesse (1). » Peu importe donc
la qualité des curés, qu'ils soient séculiers ou réguliers, ils ne
doivent pas moins assister au synode. Comme nos églises suc-
cursales sont de véritables paroisses, il s'ensuit que les desservants doivent aussi être appelés au synode. Cependant la plupart de nos paroisses ne sont dirigées que par un seul prêtre.
On conçoit dès-lors les inconvénients qui pourraient résulter
de l'absence simultanée de tout le clergé du diocèse. Nous ne
croyons cependant pas que les Evêques puissent de leur propre
autorité se dispenser d'observer la loi. Ce n'est pas ici un des
cas urgents où l'Eglise , pour prévenir de plus grands maux ,
délègue aux Evêques le pouvoir de dispenser dans les lois
générales : on a le temps de se pourvoir près du législateur suprème , de lui exposer les raisons qui nécessitent la modification de la loi (2).

XVIII. Les curés convoqués par l'Evêque ne peuvent
refuser de se rendre au synode ; l'Ordinaire a l'autorité de les
y contraindre par la voie des censures, ainsi que l'a établi Innocent III : « Abbates et Sacerdotes diœcesana tibi lege subditos,
» qui ad tuam synodum venire contemnunt , (dummodo in ipsa
» synodo non ducas aliquid statuendum, quod canonicis obviet
» institutis), per censuram ecclesiasticam ad synodum ipsam
» venire compellas : et debitam tibi obedientiam et reveren-
» tiam exhibere (3). »

(1) Sess. **XXIV**, cap. 2 , *De reformatione.*
(2) C'est ce que Mgr. l'Evêque de Liége a fait ; et le Souverain Pontife, appréciant ses motifs, a changé la la loi pour son diocèse. Cf. *Mélanges,* tom. V, pag. 452 et 453.
(3) Cap. *Quod super his*, tit. *De majoritate et obedientia.* Quant aux
Réguliers, voyez Benoit **XIV** *De synodo diœcesana*, lib. **III**, cap. **I**,
n. 10.

XIX. 3° Dans les diocèses, où les vicaires-généraux ne font point partie du chapitre, et où les doyens ne sont point curés, l'Evêque est-il obligé de les appeler au synode ?

Le droit se tait sur ce point, ainsi que la plupart des auteurs. Benoit XIV est d'avis qu'il convient que les Vicaires-Généraux soient appelés au synode, et qu'ils ne peuvent, lorsqu'ils sont convoqués, refuser de s'y trouver. « Asserimus » eum, præsente atque ita jubente Episcopo, et posse et debere » synodo intervenire ; atque insuper affirmamus maximopere » decere atque expedire, ut Episcopus velit suum Vicarium » synodo adesse (1). » Le savant Pontife va plus loin pour les doyens ; il croit que l'Évêque doit les convoquer, et qu'eux aussi sont obligés de s'y rendre, sur l'ordre de l'Evêque : « Quamvis nullum possideant ecclesiasticum beneficium, idem » de iis statuimus, quod de Vicario-Generali diximus ; arces- » sitos nimirum ab Episcopo teneri ad synodum accedere. » Affirmamus præterea *oportere*, ut Episcopus omnes suos » Vicarios foraneos ad synodum vocet, quoniam ab istis, tan- » quam oculatis testibus, melius quam a Vicario-Generali » certior fieri poterit de iis, quæ in remotis diœcesis partibus » occurrunt, et aliquam fortasse synodalem sanctionem ex- » poscunt (2). »

XX. 4° Tous les ecclésiastiques, dont nous avons parlé jusqu'à présent, sont tenus de se rendre au synode auquel l'Evêque les convoque. En est-il de même de ceux qui possèdent des bénéfices simples, et des autres clercs qui n'ont aucun bénéfice ?

Cette question a été résolue à différentes reprises par la S. Congrégation du Concile. Elle a décidé qu'ils ne sont obligés

---

(1) *De synodo diœcesana*, Lib. III, cap. III, n. 2.
(2) *Ibid.*, n. 10.

d'assister au synode que dans deux cas. 1° Celui où la coutume leur serait contraire. 2° Si l'on doit traiter dans le synode de la réforme des mœurs, ou d'une autre cause qui concerne tout le clergé, ou enfin si l'on doit y publier les décrets d'un concile provincial. Voici le décret qui concerne les bénéficiers : « In Tullen. die 17 martii 1593, S. Congr. Conc. censuit, » Episcopum non posse cogere ad accedendum ad synodum » habentes beneficia simplicia, nisi ex consuetudine aliud obser- » vatum fuerit (1). » Voici celui qui regarde les autres ecclé- siastiques : « Episcopus Balneoregien. supplicat per sacram » Congregationem responderi, 1° An ipse cogere possit sim- » plices sacerdotes non beneficiatos et clericos sacris ordinibus » initiatos, pariter non beneficiatos, suæ diœcesis ad interes- » sendum synodo diœcesanæ? 2° Et quid, si concurrat consue- » tudo ? Die 15 decembris 1629, S. Congr. Conc. respondit : » Ad I. Posse cogere, quando in synodo agendum est de refor- » matione morum, sive de aliqua re concernente totum clerum, » vel de intimandis decretis factis in synodo provinciali : hoc » autem casu, in ipsa synodi convocatione faciendam esse men- » tionem, quod de prædictis erit tractandum. — Ad II. Con- » currente consuetudine, posse (2). »

XXI. 5° Les supérieurs réguliers, exempts de la juridiction épiscopale, sont aussi obligés d'assister au synode dans les cas suivants : 1°S'ils ne sont pas soumis à des chapitres généraux, c'est-à-dire si leurs couvents ne forment pas, avec les autres maisons du même Ordre, une seule communauté dont tous les membres sont soumis au chapitre général de l'Ordre. Avant la

(1) Ap. Bened. XIV. Ibid., Cap. VI, n. 1.
(2) Ap. Bened. XIV, Ibid., cap. VI, n. 2. La S. Congrégation a plus tard déclaré qu'ils ne devaient point être admis à choisir les juges et les examinateurs synodaux. Bened. XIV, Ibid., n. 3.

révolution française, il y avait dans notre pays un grand nombre
de monastères, tout-à-fait indépendants les uns des autres, et
dont les abbés ne reconnaissaient aucun supérieur général.
Nous ne savons s'il en existe encore dans notre pays. S'il
y en a, le Concile de Trente leur impose l'obligation d'assister au synode : « Ad quas (synodos) exempti etiam omnes,
» qui...... nec capitulis generalibus subduntur, accedere tenean-
» tur (1). » 2° S'ils exercent par eux-mêmes les fonctions du
ministère pastoral (n. XVII). 3° S'ils l'exercent même par un
autre ; mais il faut pour cela deux conditions : 1° que la cure
des âmes soit annexée à l'église principale du couvent ; et
2° que le religieux, qui l'exerce, soit nommé par le supérieur
lui-même et révocable à sa volonté. Car alors, le supérieur est,
à proprement parler, le curé de la paroisse ; l'autre n'est que
son coadjuteur, un ministre subalterne. C'est donc le supérieur
qui doit se rendre au synode pour recevoir de l'Evêque la
marche à suivre dans la direction des âmes (2).

XXII. Comme l'Evêque peut exercer sa juridiction dans toute
l'étendue de son diocèse (3), il s'ensuit qu'il a la liberté d'assembler le synode dans quelque lieu que ce soit de son diocèse,
pourvu que ce lieu ne soit pas exempt. Cependant, remarque
Benoit XIV, il est plus convenable de tenir le synode dans la
ville épiscopale : « Verum, etsi solo jure spectato, liberum sit
» Episcopo synodum congregare in quolibet suæ diœcesis oppido,
» expedit tamen, cum nullum obstat impedimentum, ut illam
» cogat in civitate, quemadmodum declaravit sacra Congregatio
» Concilii in Acernen. Die 17 maii 1636...... hisce verbis :
» *Posse Episcopum etiam in dicto oppido diœcesanam synodum*

---

(1) Sess. XXIV, cap. 2, *De reformatione.*
(2) Cf. Bened. XIV, *De synodo diœcesana*, lib. III, cap. I, n. 11-13.
(3) Cap. 7, *De officio Ordinarii*, in 6.

» *congregare; sed satius esse, ut illam apud suam cathredralem*
» *celebret* (1). »

XXIII. Le synode doit être célébré dans l'Eglise, ainsi que
l'enseigne Benoit XIV (2), et que le supposent le Pontifical
Romain et le Cérémonial des Evêques (3). L'Eglise cathédrale
aura la préférence sur les autres églises. « Inter ecclesias
» autem, dit Benoit XIV, si fieri possit, eligenda est cathe-
» dralis, quæ arctiori vinculo Episcopo alligatur, aliarumque
» ecclesiarum mater est et caput ; quamvis, urgente aliqua
» rationabili et honesta causa, non prohibeatur Episcopus
» synodum facere in alia ecclesia (4). »

XXIV. Quant à l'ordre, selon lequel les membres doivent
siéger, voici les règles à suivre. Immédiatement après l'Evêque,
qui occupe la première place, viennent les Vicaires-Généraux,
ainsi que l'a décidé à différentes époques la S. Congrégation
du Concile, et spécialement le 19 septembre 1637, *in Fos-*
sanen. « S. Congr. Conc. respondit : Vicarium in synodo
» locum habere ante dignitates et canonicos ecclesiæ cathe-
» dralis (5). » Cette place lui revient naturellement, vu que la
juridiction qu'il exerce sur tout le diocèse, le place au-dessus
de tous les autres dignitaires. Il ne devra donc céder cette
place qu'à ceux auxquels une coutume légitime aurait conféré
le droit de le précéder.

Puis viennent les dignitaires et chanoines de l'église cathé-

---

(1) *De synodo diœcesana*, lib. **I**, cap. **V**, n. 3.
(2) *De synodo diœcesana*, Lib. **I**, cap. **V**, n. 5.
(3) Pontif. Tit. *Ordo ad celebrandum synodum.* — Cæremon. Lib. **I**,
cap. **XXXI**, n. 13.
(4) *Ibid.*, n. 6.
(5) Ap. Scarfantoni, *Animadversiones ad lucubrationes canonicales*
Ceccoperii, Lib. **IV**, tit. **III**, n. 21. Cf. Bened. XIV, *De synodo diœ-*
cesana, Lib. **III**, cap. **X**, n. 2 sq.

drale selon l'ordre qu'ils observent dans le chœur et dans leurs séances. Si cependant le chapitre n'assistait pas au synode comme corps, si les chanoines n'y paraissent qu'isolés et comme individus, les abbés auraient le pas sur eux, comme le règle le cérémonial des Evêques : « In sessione vero et » ordine proferendi vota...... dignitates et canonici cathedralis » ecclesiæ, cum capitulariter procedunt, aut sunt, præfe- » runtur cæteris omnibus ; alias abbates titulares et habentes » usum mitræ præcedunt, et post eos commendatarii, deinde » dignitates, mox procuratores capitulorum ecclesiarum cathe- » dralium, deinde cæteri, pro cujusque dignitate et gradu (1). »

Lorsque le chapitre assiste en corps, les bénéficiers de la cathédrale siègent immédiatement après les chanoines, parce qu'ils sont censés ne faire qu'un corps avec eux. Pignatelli rapporte que la S. Congrégation des Rites l'a ainsi décidé, le 20 janvier 1635 (2).

Ce que l'on dit des bénéficiers nous parait devoir être, à plus forte raison, appliqué aux chanoines honoraires : il ne nous semble pas douteux qu'ils ne doivent avoir le pas sur les bénéficiers de la cathédrale.

Les doyens suivent les chanoines et les abbés, s'il y en a ; puis viennent les curés selon l'ordre d'ancienneté : « E quibus » ille præire debet, dit Benoit XIV, qui prius parochiæ præfec- » tus fuit (3). » Les religieux se placent à la suite du clergé séculier.

XXV. Benoit XIV trouve prudente la mesure de l'Evêque qui déclare que l'ordre dans lequel on siégera, ne portera

_____

(1) *Loc. cit.*, n. 15. Cf. Bened. **XIV**, *loc. cit.*, n. 5.
(2) *Consultationes canonicæ*, Tom. **IV**, consult. **CLXXXVII**, n. 1. Cf. Bened. **XIV**, *Ibid.*
(3) *De synodo diœcesana*, lib. **III**, cap. **X**, n. 7.

aucun préjudice au droit qu'on pourrait avoir d'occuper une place plus élevée : « Ad amputandas autem lites, et cujusque »jura sarta tecta servanda ; prudenter se gerct Episcopus, si in »synodi initio decretum promulgaverit, quo declaretur, ex »ordine inibi sedendi nihil detractum iri juri habendi præstan- »tiorem locum, quod quisquam sibi competere credat (1). » C'est ce que firent l'Archevêque de Malines, Mathias Hovius, en 1609 (2), et Jean de Wachtendonck, évêque de Namur, en 1659 (3). Dans son synode, Mgr. de Liège a suivi leurs traces (4).

§ III.

Attributions du synode.

XXVI. Nous examinerons dans ce paragraphe la compétence du synode en ce qui concerne : 1° l'approbation des examinateurs synodaux ; 2° la députation des juges synodaux ; et 5° la confection des lois.

En décrétant que les paroisses seraient conférées au concours, le concile de Trente statua que les examens des concurrents auraient lieu devant l'Evêque, ou, s'il en est empêché, devant son vicaire-général, et devant trois autres examinateurs : « Omnes qui descripti fuerint, examinentur ab Episcopo, sive, » eo impedito, ab ejus vicario-generali, atque ab aliis examina- »toribus non paucioribus quam tribus. » Réglant ensuite ce qui concerne la nomination des examinateurs, le Concile dé- crète : « Examinatores autem singulis annis in diœcesana sy- »nodo ab Episcopo, vel ejus vicario, ad minus sex proponantur,

(1) *Ibid.*, n. 9.
(2) Cf. *Synodicon Belgicum*, tom. II, pag. 211.
(3) Cf. *Decreta et statuta synod. Namurcensium*, pag. 300.
(4) Cf. *Statuta diœcesis Leodiensis*, Acta synodi, pag. XXXVI.

» qui synodo satisfaciant et ab ea probentur (1). » Les examinateurs doivent donc être proposés par l'Evêque et approuvés par
le synode. « Unde, conclut Benoit XIV, necesse est, ut major
» pars eorum qui synodo intersunt, in illos consentiat; secus
» alii ab Episcopo erunt proponendi, qui a majori parte accep-
» tentur (2). »

XXVII. Le Concile n'a pas déterminé le mode d'approbation à donner par le Synode. La S. Congrégation du Concile,
dans une lettre adressée au Patriarche de Venise, a déclaré
qu'elle pouvait avoir lieu ou par un vote secret, ou d'une manière patente : « Amplitudini tuæ super examinatoribus in
» synodo approbandis, sic respondit Congregatio S. Concilii in-
» terpretum, nempe examinatores, qui ab Amplitudine tua
» propositi fuerint synodo, tam per vota secreta quam aperta
» posse probari. Itaque Amplitudo tua eum'modum in probatione
» servari faciat, quem magis expedire judicaverit (3). » Le vote
secret serait peut-être préférable, parce qu'il est plus favorable
à la liberté des votants (4). Cependant l'autre mode est beaucoup plus généralement usité.

XXVIII. Le vote public ne se pratique pas partout de la
même manière. Dans quelques diocèses, après la lecture des
noms des examinateurs proposés, le promoteur se levait : « Si
» quis est, cui non placeant, assurgat et veniat ad Rev^{mum} Domi-
» num (5). » C'est le mode qui a été employé dans le synode de
Liège. « Si quis est cui non placeant, assurgat et cum fiducia

(1) Sess. **XXIV**, cap. 18, *De reformatione.*
(2) *De synodo diœcesana*, Lib. **IV**, cap. **VII**, n. 3.
(3) Ap. Bened. **XIV**, *ibid.*
(4) C'est le mode que S. Charles Borromée avait adopté pour son diocèse. Cf. Syn. diœces. I, sect. II. *Acta Ecclesiœ Mediolanensis*, Part. II,
pag. 332.
(5) Cf. *Synodicon Belgicum*, Tom. II, pag. 213.

» accedat R^{mum} Dominum (1). » Ailleurs, on demande une approbation positive, on ne se contente pas de demander si l'on ne
désapprouve pas, mais on procède de la manière indiquée par
Monacelli : « Quibus nominibus, dit cet auteur, per ipsummet
» Episcopum , vel synodi secretarium intelligibili voce recitatis
» (si nolit ut per secreta suffragia approbentur, quod demandare
» potest, sed per aperta), dicat : *Placentne vobis ?* Et si respon-
» sum fuerit : *Placent*, adnotari faciat responsum , quia tunc
» canonica erit electio (2). » Nous croyons que ce mode a été
aussi en usage dans plusieurs diocèses de notre pays : du moins
les termes dont les synodes se servent ne peuvent naturellement
s'appliquer qu'à ce mode. Ainsi , nous lisons dans le synode de
Tournay de 1673 : « Denique insequendo decreta S. Concilii Tri-
» dentini sess. XXIV, cap. 18, illustrissimus et reverendissimus
» Dominus nominavit, *approbante et consentiente synodo*, exami-
» natores synodales pro examine pastorum (3). » Le synode de
Namur de 1659 porte aussi : « Ad satisfaciendum Concilio Tri-
» dentino de judicibus et examinatoribus, huic synodo propositi
» et *ab ea probati* (4). » Les termes, dont ces conciles se servent,
ne peuvent guères se concilier avec le premier mode, le mode
purement négatif. Quoiqu'il en soit , on ne peut nier que le
dernier mode n'ait l'avantage d'être plus conforme aux prescriptions du Concile de Trente.

XXIX. Nous ne pouvons laisser ce point, sans dire un mot
des qualités requises chez les examinateurs synodaux. Voici ce
qu'a statué le concile de Trente : « Sint vero hi examinatores
» Magistri, seu Doctores , aut Licentiati in theologia , aut jure
» canonico , vel alii clerici, seu regulares, etiam ex Ordine

---

(1) *Acta synodi*, pag. XXXIX.
(2) *Formularium legale practicum*, Part. I, tit. V, form. III, n. 18.
(3) *Summa statutorum synodalium Tornac.*, p. 453.
(4) *Decreta et statuta synodorum Namurc.*, pag. 370.

»mendicantium, aut etiam sæculares, qui ad id videbuntur
»magis idonei (1). »

Le texte du concile de Trente a fait naître un doute : on s'est
demandé si le Concile obligé l'Evèque à proposer des gradués
pour examinateurs, ou s'il lui laisse la liberté de choisir d'autres
prêtres, quoique les gradués ne manquent pas. Tous les auteurs s'accordent à dire que l'Evèque doit choisir les gradués de
préférence (2), et la S. Congrégation a confirmé leur sentiment,
tout en déclarant que le choix d'examinateurs non gradués n'annulait pas le concours : « An concursus habitus coram exami-
»natoribus synodalibus non doctoribus, vel magistris, aut sal-
»tem licentiatis in theologia vel jure canonico, sit nullus, cum
»præsertim alii extant his qualitatibus præditi ? Die 2 Augusti
»1607, S. C. C. respondit debuisse quidem eligi examinatores.
»qui sint magistri, sive doctores, aut licentiati in theologia,
»aut jure canonico. Cæterum etiamsi his qualitatibus careant,
»concursum non esse propterea nullum (3). »

Cependant si les gradués n'étaient point propres à l'office
d'examinateurs, Fagnanus ajoute que l'Evèque pourrait proposer des non-gradués : « Illud præterea omittendum non est,
»si alicubi non reperiantur Doctores, nisi prorsus imperiti, eo
»casu licere Episcopo, prætermissis Doctoribus, alios clericos
»magis idoneos deputare sive sæculares, sive regulares, ut alias
»in electione vicarii capitularis respondit Sacra Congregatio :

(1) Sess. **XXIV**, cap. 18, *De reformatione.*
(2) Cf. Barbosa, *De officio et potestate Episcopi*, Alleg. LX, n. 50,
et *De officio et potestate Parochi*, cap. II, n. 73 ; Pyrrhus Corradus,
Praxis beneficiaria, Lib. III, cap. III, n. 31 ; Pignatelli, *Consultationes canonicæ*, tom. I, consult. CXIX, n. 3. Lacroix, *Theologia moralis*, Lib. IV, n. 619 ; Reclusius, *Tractatus de concursibus*, part. I,
tit. III, n. 71.
(3) Ap. Fagnanum, in cap. *Inter cæteras*, n. 54, *de rescriptis*. Cf.
Zamboni, *Collectio declarationum S. Congreg. Conc.* V° *Examinatores
synodales*, n. 8.

» approbavit enim electionem factam de vicario non Doctore ,
» nec Licentiato, alias idoneo , cum ibi non extaret nisi unicus
» Doctor, isque omnino imperitus : Doctor enim ignarus perinde
» ac nullus (1). »

Benoit XIV parait accorder un peu plus de latitude aux
Evêques : « Quamvis, dit-il , Tridentinum desideret, ut depu-
» tandi ad ejusmodi munus, gradum aliquem in sacra theologia,
» vel in jure canonico sint consecuti ; attamen arbitrio Episcopi
» permittit, etiam qui nullo gradu est condecoratus, proponere :
» ex quo fit, ut, etiamsi plures in diœcesi reperiantur Doctoratus
» laurea insigniti , si nihilominus Episcopus eos minus peritos
» existimet, poterit, cum synodi approbatione, aliis, sive sæcu-
» laribus, sive regularibus, qui sine Doctoratu doctiores repu-
» tantur, examinatoris officium committere ; quod a sacra Con-
» gregatione Concilii decisum refert Fagnanus (2). »

On voudrait en vain se prévaloir de ce passage de Benoit XIV,
pour prétendre qu'il n'y a pour l'Evêque aucune obligation de
choisir des gradués ; car d'abord Benoit XIV ne permet ce choix
à l'Evêque que quand les gradués sont moins instruits que
leurs concurrents ; en outre, Benoit XIV lui-même nous renvoie à la réponse de la S. Congrégation , que nous avons rapportée ci-dessus d'après Fagnanus : or , la S. Congrégation y
déclare en termes clairs et formels que l'Evêque est obligé de
prendre des gradués. C'est ce qu'elle a encore plusieurs fois
décidé depuis , ainsi que le prouvent les deux déclarations
suivantes , rapportées par Barbosa : « Sacra Congregatio Con-
» cilii *in una Savonen., sub die* 19 *febr.* 1628 , censuit Epi-
» scopum non posse eligere examinatores synodales , qui non
» sint Doctores , seu Magistri , aut licentiati in Theologia , aut

(1) *Ibid.*, n. 55.
(2) *De synodo diœcesana*, lib. IV, cap. VII, n. 4.

» Jure canonico, si extent; alioqui alios clericos esse eligendos,
» qui ad id magis idonei videbuntur. Et postea *in una Turri-*
» *tana*, *sub die* 10 *martii* 1629, censuit in prædictos exami-
» natores synodales non posse eligi clericos sæculares, aut
» regulares, qui dictis gradibus non sint insigniti, nisi illi viri
» qualitatis superius expressæ non extent, quo casu sunt eli-
» gendi qui ad id munus exercendum magis idonei vide-
» buntur (1). »

XXX. Nous avons entendu soulever un autre doute : on a
demandé si les vicaires de l'Evêque peuvent être choisis pour
examinateurs synodaux? Il semble qu'en leur conférant cette
fonction on s'écarte de l'esprit, et même un peu de la lettre du
Concile de Trente. Ce choix est contraire à la lettre du Concile.
En effet, le Concile suppose clairement que le vicaire-général
n'est point du nombre des examinateurs, dont il exige la présence pour juger de la capacité des concurrents. Outre l'Evêque,
ou, en cas d'empêchement, son vicaire, trois autres examinateurs au moins sont nécessaires : « Examinentur ab Episcopo,
» sive, eo impedito, ab ejus vicario generali, atque ab aliis
» examinatoribus non paucioribus quam tribus (2). » Ces examinateurs doivent donc, d'après le Concile, être différents du
vicaire-général. Ajoutons qu'en introduisant le vicaire-général
parmi les examinateurs synodaux, on diminue les garanties
que le Concile a voulu donner aux examinés : il pourrait
même s'offrir des cas où tous les examinateurs seraient Vicaires-
généraux, par exemple, dans les diocèses où l'Evêque a trois
Vicaires-généraux. Si ceux-ci sont examinateurs synodaux et
que l'Evêque, présidant lui-même à l'examen, n'y appelle que
ses Vicaires-généraux, ne va-t-on pas ouvertement à l'encontre

(1) *De officio et postestate Parochi*, cap. II, n. 74 et 75.
(2) Sess. XXIV, cap. 18, *De reformatione*.

de l'intention des Pères de Trente? Ne viole-t-on pas l'esprit de leur sage décret? N'enlève-t-on pas la garantie qu'ils avaient cru assurer aux concurrents?

Ces raisons sont fortes, nous l'avouons; mais elles ne sont pas, à notre avis, suffisantes pour priver les Vicaires-généraux du droit de faire partie des examinateurs synodaux. D'abord les exclusions sont de droit étroit, et doivent par conséquent résulter d'une disposition claire de la loi ou de la nature des choses. Or, le législateur n'a nulle part établi une incompatibilité entre les fonctions de Vicaire-général et celles d'examinateur synodal, et l'on n'en trouve pas davantage dans la nature de ces différentes fonctions. En outre l'usage, tant des autres pays que du nôtre, nous montre qu'on a toujours regardé les Vicaires-généraux comme éligibles à l'office d'examinateur synodal (1). Telle est aussi la doctrine de la S. Congrégation du Concile, qui l'a formulée d'une manière bien claire au mois de septembre 1745. On avait soulevé des doutes sur la validité d'un concours, parce que la désignation du Vicaire-général, comme examinateur synodal, n'avait pas été faite selon la forme exigée par les auteurs. La S. Congrégation valida le concours *ad cautelam*, et ordonna en même temps d'écrire à l'Evêque que le Vicaire-général ne pourrait plus à l'avenir exercer les fonctions d'examinateur synodal, à moins qu'il ne fût de nouveau député *proprio expresso nomine* (2). La S. Congrégation reconnut donc expressément que les Vicaires-généraux peuvent être nommés examinateurs synodaux : seulement elle exigea, conformément à l'enseignement des au-

(1) Cf. *synodicon Belgicum*, tom. II, pag. 247; Synodus Namurc. an 1659, tit. XXIV, cap. I, *Decreta et statuta synod. Namurc.* p. 370; Synodus Tornac. an 1600, tit. XIX, cap. 10, *Summa statutorum synodalium Torn.*, pag. 307, Cf. *ibid.*, pag. 364, 379, etc.

(2) Cf. Benedictus XIV, *De synodo diœcesana*, lib. IV, cap. VII, n. 5.

teurs (1), qu'ils fussent désignés, non par leur titre ou dignité, mais par leur nom propre. Il nous semble donc que le doute élevé sur la capacité des Vicaires-généraux n'est guère fondé. Nous avouons cependant que dans l'hypothèse formulée ci-dessus, l'Evêque nous paraîtrait agir contrairement à l'esprit du concile de Trente. Mais de ce qu'on pourrait, dans certaines circonstances, abuser de l'exercice d'un droit, on n'est point, ce nous semble, autorisé à contester l'existence du droit lui-même.

XXXI. Outre les examinateurs synodaux, on doit encore désigner, dans le synode, des juges appelés synodaux. Voici le décret du Concile de Trente qui les concerne : « Quoniam ob » malitiosam petentium suggestionem, et quandoque ob locórum » longinquitatem, personarum notitia, quibus causæ mandantur, » usque adeo haberi non potest ; hincque interdum judicibus , » non undequaque idoneis, causæ in partibus delegantur : sta- » tuit sancta Synodus , in singulis conciliis provincialibus aut » diœcesanis aliquot personas , quæ qualitates habeant , juxta » Constitutionem Bonifacii VIII, quæ incipit Statutum (2) , et » alioquin ad id aptas designari, ut præter Ordinarios locorum, » iis etiam posthac causæ ecclesiasticæ, ac spirituales, et ad forum » ecclesiasticum pertinentes, in partibus delegandæ committan- » tur. Et si aliquem interim ex designatis mori contigerit , sub- » stituat Ordinarius loci cum consilio capituli alium in ejus » locum usque ad futuram provincialem aut diœcesanam syno-

(1) Cf. Barbosa, *Collectanea doctorum in Conc. Trid.* Sess. XXIV, cap. XVIII, n. 84 ; Monacelli, *Formularium legale practicum,* Part. I, tit. V, form. III , n. 16 ; Ferraris , *Bibliotheca canonica*, V° *Examen,* n. 25.

(2) « Sancimus, y statue Boniface VIII , ut nullis, nisi dignitate præ- » ditis , aut personatum obtinentibus, seu ecclesiarum cathedralium ca- » nonicis, causæ auctoritate Sedis Apostolicæ, vel legatorum ejusdem » de cætero committantur. » Lib. I, tit. III, cap. 11, in 6°.

» dum ; ita ut habeat quæque diœcesis quatuor saltem aut etiam
» plures personas (1), ac ut supra qualificatas, quibus hujus-
» modi causæ a quolibet Legato vel Nuntio, atque etiam a Sede
» Apostolica committantur :-alioquin post designationem fac-
» tam, quam statim Episcopi ad summum Romanum Pontificem
» transmittant (2), delegationes quæcumque aliorum judicum,
» aliis quam his factæ, surreptitiæ censeantur (3). »

XXXII. Les termes du Concile de Trente *In conciliis provincialibus aut diœcesanis... designari* ont fait naître une controverse. La désignation des juges appartient-elle à l'Evêque ou
au synode lui-même ? Le synode a-t-il du moins le droit d'approuver l'élection faite par l'Evêque ?

(1) Benoît XIV, dans sa Constitution : *Quamvis paternæ* du 26 août
1741, ordonne aux Evêques d'en choisir un plus grand nombre, si l'é-
tendue de leur diocèse l'exige. « Quo autem ad numerum eligendorum,
» etsi Tridentini decreto cautum sit quatuor saltem in unaquaque diœcesi
» eligi debere, plures nihilominus eligi volumus, si diœcesis amplitudo,
» aliæque peculiares circumstantiæ id probe exposcere videantur. » § 5,
Bullar. Bened. XIV, Vol. I, pag. 138.
(2) Les Evêques négligeaient généralement cette mesure, et se plai-
gnaient néanmoins que la cour de Rome déléguait la connaissance des
causes à des juges incapables. Benoît XIV releva l'injustice de ces plaintes
dans sa constitution *Quamvis paternæ*. En outre, pour mettre fin aux
abus, il renouvela l'injonction aux Evêques de transmettre au Saint
Siége les noms des juges synodaux immédiatement après leur nomination. Voici le passage de sa Bulle. « Volumus itaque et mandamus, quod
» in iis diœcesibus, in quibus vigiles Ecclesiarum Antistites ad tramites
» Tridentinæ Synodi judices elegerunt in Conciliis sive provincialibus,
» sive diœcesanis, electorum nomina quam primum Nobis renuncient ; et
» si forte unum vel plures illorum mori contingat, antequam denuo
» eadem concilia cogantur, decedentibus subrogentur novi judices, eli-
» gendi ab Episcopo cum consilio capituli qui nomina subrogatorum in
» dicto munere, usque ad diem synodi duraturo, Nobis itidem signifi-
» cent. Ubi vero Concilia provincialia et synodalia jamdiu coacta non
» sunt ..... interim cum consensu suorum capitulorum judices eligant, et
» nomina electorum in albo redacta Nobis remittant ; et si mori aliquem
» contingat, alios cum consilio capituli sufficiant, suffectosque nobis indi-
» late denuncient. » § 5, *Bullar. Bened. XIV*, Vol. I, pag. 138.
(3) Sess. XXV, cap. 10, *De reformatione.*

Le savant Bintérim est d'avis que le droit d'élire les juges
synodaux ne peut être refusé au synode lui-même (1). ¡Voici
ses arguments : 1° A la vérité le texte du concile se contente
de dire que la désignation des juges sera faite *dans le synode*,
mais l'obscurité de ces termes disparaît devant le titre du
chapitre qui exclut tout doute : *Judices a synodo designandi*,
porte-t-il. C'est donc au synode même qu'appartient le droit
d'élection, à moins qu'on ne prétende que les Pères de Trente
ont annoncé dans le titre tout autre chose que ce qu'ils y ont
mis. 2° Le but du Concile est favorable à ce sentiment. Il est
évident que le Concile de Trente a voulu que le Saint-Siège
obtint du synode lui-même un témoignage public de la capacité et de la probité des juges à désigner ; or, cette garantie
disparaît, en remettant le choix des juges uniquement entre
les mains de l'Evêque. 3° Pour peu que l'on soit familiarisé avec
l'histoire des Conciles, on sait que cette phrase : *cela se fera
dans un synode provincial ou diocésain*, désigne un acte que le
synode lui-même doit poser, et non un acte exclusivement réservé au président du synode. Or, le Concile de Trente ne dit
pas que l'Evêque ou l'Archevêque désignera les juges dans le
Concile, mais il se contente de dire que les juges seront nommés
dans le synode ; il est donc censé attribuer leur choix au synode
lui-même. 4° Enfin le Concile de Trente ne met aucune différence entre la nomination des juges synodaux, dans le Concile
provincial et dans le synode diocésain. Des deux côtés elle a
lieu de la même manière. D'où il suit que si, en vertu de ce
chapitre, l'Evêque a le droit de nommer les juges synodaux
dans le synode diocésain, le même droit appartiendra à l'Archevêque dans le Concile provincial. Or, c'est ce que personne
n'oserait soutenir.

(1) *Die geistlichen Gerichte in der Erzdiöcese und Kirchenprovinz
Köln*, etc.

XXXIII. Outre ces arguments, Bintérim cite quelques auteurs à l'appui de son opinion (1). Le sentiment opposé, embrassé par Ferraris (2), l'annotateur de Gavantus (3), Fagnanus (4) et Benoît XIV (5), nous paraît plus en harmonie

(1) Ce sont Van Espen, Chirolus, Pignatelli, et Gavantus. Nous pensons que ce dernier seul est invoqué avec raison. Les deux premiers ne traitent pas la question, et l'on ne peut rien conclure des termes dont ils se servent. A la vérité, Pignatelli, dans le passage indiqué, dit que la désignation des juges se fait par tout le synode : *Deputatio in judices synodales fit a tota synodo ;* mais il n'y dit pas quelle part l'Evêque et le clergé prennent à cette élection. Il est plus explicite dans un autre endroit : il y enseigne que la principale part appartient à l'Evêque : « Nominare autem personas in synodo ad hujusmodi munus desi-»gnandas, dixit Sacra Congregatio principaliter quidem spectare ad »Episcopum, non tamen privative quoad alios. » Tom. X, Con-sult. CXLV, n. 17. Cette doctrine peut-elle se concilier avec celle de Bintérim ? Non. Si l'Evêque a la principale part dans la désignation, il est impossible de reconnaître à tous les membres du synode le droit de choisir les juges synodaux : ils auront simplement le droit de donner leur avis sur le choix de l'Evêque. — Bintérim aurait pu avec plus de raison invoquer l'autorité de Gibert (*Corpus Juris Canonici*, Prolego-mena, Part. I, Tit. XVIII, cap. 18) et du Cardinal de la Luzerne (*Dissertations sur les droits et devoirs respectifs des Evêques et des prêtres,* Diss. VI, Préliminaires, Chap. I, n. 26). Remarquons cependant que ce dernier auteur s'appuie non sur le texte du Concile, mais sur la manière dont il a été exécuté. « J'ai déjà remarqué et reconnu que le »concile de Trente avait attribué aux prêtres qui composent le synode »une part dans la nomination des juges délégués. Mais ce ne sont pas »les termes du décret que nous venons de rapporter, qui me le per-»suadent. Il y est dit uniquement que les juges seront désignés dans les »conciles provinciaux ou diocésains ; ce qui me fait croire en effet que »telle a été l'intention du Concile, c'est que dans beaucoup de synodes, »je vois les évêques demander l'agrément des assistants pour ces officiers, »de même qu'ils le demandent pour les examinateurs synodaux. »L'exécution de la loi me montre le sens dans lequel elle a été en-»tendue, et dans lequel, par conséquent, elle doit l'être. » Diss. VI, Part. I, Chap. I, n. 26. L'argument du savant Cardinal serait con-cluant, si la pratique était uniforme ; mais elle est loin de l'être, comme nous le verrons ci-après.
(2) *Bibliotheca canonica*, V° *Judex*, n. 66.
(3) *Praxis exactissima diœcesanæ synodi*, Part. I, cap. 32, not. *a*.
(4) In cap. *Cum olim* II, n. 13 sq., *de privilegiis*.
(5) *De synodo diœcesana*, Lib. IV, cap. V, n. 5.

avec le texte et l'esprit du Concile. Pour bien interpréter ce passage, il ne faut pas perdre de vue le principe, que c'est l'Evêque qui est chargé du gouvernement du diocèse, qu'il conserve la souveraine autorité aussi bien dans le synode que hors du synode, et résume ainsi en lui tout le pouvoir synodal. D'où il suit 1° que là où la loi ne requiert pas expressément l'intervention des autres membres du synode, l'Evêque agit légitimement seul, sans qu'il soit tenu de demander, soit l'avis, soit le consentement du synode. 2° Que si la loi, tout en exigeant l'intervention du synode, n'impose pas formellement à l'Evêque l'obligation d'obtenir l'approbation du synode, l'Evêque satisfera à la loi, en demandant l'avis du synode. 3° Enfin que l'Evêque ne sera tenu d'obtenir le consentement ou l'approbation du synode, que quand la loi l'exigera clairement (1). Or le concile de Trente n'oblige pas les Evêques d'obtenir l'assentiment du synode, pour le choix des juges : il se borne à statuer que la désignation s'en fera dans le synode. La conséquence, c'est que, d'après les principes, la nomination des juges faite par l'Evêque, n'a pas besoin de l'approbation du synode pour être légitime. Que les Pères de Trente n'aient pas voulu imposer cette obligation aux Evêques, les actes du Concile le prouvent suffisamment. D'abord, lorsque le Concile juge à propos d'exiger l'approbation du synode, il s'en explique en termes clairs et formels, v. g. comme pour les examinateurs synodaux. Ce qui nous fait encore mieux

(1) C'est le principe que proclamaient les Pères du V° Concile provincial de Milan, en ces termes : « Quibus in actionibus aut delibera-»tionibus œcumenica synodo Tridentina, aut provincialibus conciliis »constitutum est de Capituli Clerive consilio aliquid agendum esse, »non propterea tamen illud sequendi necessitatem sibi impositam Epi-»scopus existimet ; nisi in iis tantum de quibus id speciatim nomina-»timque cautum est. » *Acta Ecclesiæ Mediolan.* Part. I, pag. 282.

connaître l'esprit du concile de Trente, c'est la règle qu'il prescrit pour le cas où l'un des juges viendrait à mourir. Comme
nous l'avons vu, il permet à l'Evêque de nommer un autre
juge, à condition cependant de prendre l'avis du chapitre :
avis toutefois que l'Evêque n'est pas tenu de suivre (1). Si l'on
adopte le sentiment de Bintérim, ne devra-t-on pas admettre
une espèce d'antinomie dans le concile de Trente? N'y aurait-il
pas en effet une sorte de contradiction à exiger l'approbation du
synode, et à se contenter du simple avis du chapitre qui repré-
sente le synode? Le motif qui a décidé le législateur à exiger
le consentement du synode, doit aussi rendre nécessaire le
consentement du chapitre, lorsque le synode n'est pas assemblé.
Aussi voyons-nous qu'il en est ainsi dans les autres cas. Par
exemple, le choix des examinateurs synodaux doit être approuvé
par le synode ; s'ils viennent à mourir dans le courant de
l'année, l'Evêque peut les remplacer (2), mais il faut que son
choix soit approuvé par le chapitre.

Enfin admettons, si l'on veut, que la loi est obscure, que
l'intention des Pères du concile de Trente n'est pas claire ; ne
devrons-nous pas toujours nous en tenir à l'interprétation
donnée par la seule autorité compétente, par le Souverain
Pontife? Or, dans une de ses constitutions, Benoit XIV enseigne assez clairement que l'élection appartient aux Evêques :
« In iis diœcesibus, in quibus vigiles Ecclesiarum Antistites
« ad tramites Tridentinæ synodi, judices *elegerunt* in Conciliis

(1) C'est ce qu'a décidé la S. Congrégation du Concile, au rapport
de Garcias, *de Beneficiis*, Part. IX, cap. II, n. 353. C'est du reste
conforme aux principes généraux. V. aussi Barbosa, *Collectanea Doctorum in Conc. Trident.* Sess. XXV, cap. 10, *de Reformatione*, n. 25.
(2) Mais il faut pour cela qu'il ne reste plus six examinateurs. Pour
remplacer les défunts, l'Evêque doit suivre les règles prescrites par
Clément VIII, dans le décret que rapporte Garcias, *de Beneficiis*,
Part. IX, cap. II, n. 72.

» sive provincialibus, sive diœcesanis, etc. (1). » Il nous semble
que ces paroles de Benoît XIV ne laissent plus de doute.

XXXIV. Nous terminerons cette question, en répondant
brièvement aux arguments de Bintérim. 1° Le sommaire du
chapitre n'a pas force légale ; nous ne devons donc pas violer
les principes et donner au texte de la loi un sens qu'elle ne
comporte pas , pour la rendre conforme au sommaire. 2° Le
but du Concile est atteint , sans qu'il soit nécessaire d'obtenir
l'approbation du synode. La désignation faite dans le synode ,
l'obligation de prendre l'avis du synode ont paru au concile de
Trente , une garantie suffisante pour le choix des juges synodaux. S'il avait voulu une garantie plus forte , s'il n'avait eu
pleine confiance que dans l'approbation donnée par le synode
au choix de l'Evêque, n'aurait-il pas aussi exigé le consentement du chapitre , lorsque l'Evêque désigne les juges hors du
synode ? La garantie exigée par le Concile ne disparaît donc
pas dans notre sentiment. 3° Nous admettons l'interprétation
donnée par Bintérim à la phrase : Cela se fera dans un synode,
lorsqu'il s'agit d'un concile provincial, parce que le Métropolitain ne concentre pas dans sa personne toute l'autorité du
Concile ; si l'on excepte son droit de le présider , il n'y a pas
plus de pouvoir que les autres Evêques. Si donc le législateur
ne lui attribue pas expressément la nomination des juges synodaux , elle appartient naturellement et en vertu des principes ,
à tous les membres du Concile. Mais il en est tout autrement
pour le synode diocésain , où l'Evêque résume en sa personne
la suprême autorité , et où, par suite , ses actes n'ont aucun
besoin de l'approbation du synode, à moins que la loi ne l'exige
expressément. Ajoutons que la règle de Bintérim appliquée

(1) Const. *Quamvis paternæ*, § 5, *Bullar. Bened.* XIV, Vol. I,
pag. 138.

au synode diocésain ne donnerait encore qu'une présomption, présomption que les circonstances pourraient détruire. Or, nous avons prouvé, par les circonstances, que notre sentiment est plus conforme au texte et à l'esprit du Concile. 4° Le dernier argument de Bintérim est surabondamment réfuté par les considérations précédentes, c'est-à-dire, par la différence essentielle qui se trouve entre le concile provincial et le synode diocésain.

Il resterait, pour terminer ce paragraphe, à examiner la part qui revient au synode dans la confection des lois. Cette question allongerait trop cet article; nous la renvoyons en conséquence à notre prochain numéro.

Quant à la pratique, sur laquelle se fonde le Cardinal de la Luzerne, elle varie selon les différents diocèses. A Namur, l'Evêque demandait l'approbation du synode : « Ad satisfa-»ciendum concilio Tridentino de judicibus et examinatoribus, »dit le synode de 1659, huic synodo propositi et ab ea probati »sunt..... judices (1). » A Malines au contraire, d'après les actes du synode de 1609, le consentement du synode n'était point demandé (2). Le synode de Tournay de 1673, mentionnant le consentement et l'approbation du synode pour le choix des examinateurs synodaux, et n'en parlant pas pour la députation des juges (3), fait aussi croire qu'on ne les regardait point comme nécessaires dans ce diocèse.

(1) Titul. XXIV, cap. 1, *Decreta et Statuta synod. Namurc. pag.* 370.
(2) *Synodicon Belgicum*, Tom. II, pag. 213.
(3) *Summa Statutorum synod. Tornac.*, pag. 453.

DE L'OBLIGATION DE DIRE LES MESSES VOTIVES ET DE REQUIEM.

On nous avait demandé sous forme de consultation, si la doctrine enseignée par M. De Herdt, au tome 1ᵉʳ de la *Praxis liturgiœ*, pages 75 et suiv., n'est pas trop facile, et si l'on peut avoir la conscience à l'aise en la suivant?

La doctrine sur laquelle nous avait interrogé notre honorable abonné, roule sur l'obligation de célébrer la messe soit votive, soit *de Requiem*, lorsqu'elle a été demandée par des fidèles. C'est sans contredit un point des plus importants en pratique, mais c'est en même temps un sujet qui présente de très-grandes difficultés : c'est pourquoi nous le traiterons ici en détail, ayant soin d'indiquer à l'occasion les opinions de M. De Herdt, que nous ne pouvons admettre.

Parlons d'abord des messes *de Requiem*, en commençant par les messes fondées.

I. Il est certain que les messes BASSES fondées par un testateur, qu'elles soient fondées pour quelques jours, ou pour tous les jours de l'année, à l'intention de l'âme du testateur ou de ses parents décédés, ne doivent pas être des messes *de Requiem, aux jours doubles ou autres équivalents,* mais que l'on satisfait à son obligation par la Messe conforme à l'office. C'est ce que le Pape Alexandre VII a décidé par le décret général du 5 août 1662. « Si ex Benefactorum præscripto, » Missæ hujusmodi celebrandæ incidant in festum duplex, tunc » minime transferantur in aliam diem non impeditam, ne di- » latio animabus suffragia expectantibus detrimento sit, sed

» dicantur de festo currenti cum applicatione sacrificii, juxta
» mentem eorum Benefactorum... Et Sanctitas Sua cum appli-
» catione sacrificii satisfieri, ac Benefactorum mentem impleri.
» voluit. » Il résulte de là qu'on n'est pas tenu d'attendre un
jour libre pour célébrer à l'intention d'un défunt, mais qu'on
satisfera également par une messe conforme à l'office : puisque
celle-ci, aux jours empêchés, jouit des mêmes avantages et
privilèges que la messe *de Requiem*.

II. Lorsque les Messes *de Requiem* sont fondées *in cantu*,
peut-on quelquefois satisfaire à son obligation par la Messe
du jour ?

Plusieurs cas sont à distinguer. 1° S'il s'agit d'un anniversaire véritable, fondé pour le jour anniversaire de la mort,
il faut de toute nécessité chanter une messe *de Requiem*, non
seulement au jour fixé, mais aussi quand on doit le transférer.
Il n'est jamais permis d'y satisfaire par la messe du jour ;
ces sortes d'anniversaires n'étant pas compris dans le décret
d'Alexandre VII. En 1753, on interrogea la Congrégation des
Rites : « An obitus die impedito, possit pro defunctorum an-
» niversario cantari Missa de occurrente festo, vel feria privi-
» legiata per applicationem ? Elle répondit *Negative*. Die 22
» Decembr. 1753 in *Wilnen*, ad 3. » C'est pour ce motif que
les Anniversaires rigoureux jouissent de privilèges si étendus,
et qu'ils peuvent même être transférés, si le jour fixé est
empêché, à une fête double majeure qui ne soit pas de précepte. Il est donc toujours facile d'exonérer ces sortes de fondations, sans qu'il soit besoin d'appliquer la Messe du jour :
aussi la concession du décret d'Alexandre VII s'arrête-t-elle
là : « Anniversaria et Missas cantatas *de Requiem* relictas ex
» dispositione testatorum quotannis in die ipsorum obitus,
» etiam duplici majori contingentis, in prædicto decreto die 5 au-

» gusti edito, minime comprehendi... Die 22 januar. 1667 (1).»

2° S'il est question d'anniversaires fondés pour certains jours . déterminés, mais autres que le jour de la mort, M. De Herdt pense qu'il faut donner la même solution que pour le cas précèdent. Mais nous ne pouvons admettre cette doctrine. Il est bien vrai que ces anniversaires peuvent être chantés aux mêmes jours que les anniversaires rigoureux, mais il y a cette différence, que les jours fixés étant empêchés par une fête de 2° classe, etc., il faut transférer l'anniversaire rigoureux, au lieu qu'il faut chanter la Messe du jour pour l'autre. C'est ce qui a été décidé en 1690 par la Congrégation des Rites : « Clerus, » Capitulum... humillime exponunt EE. VV. quod adsint non- » nulla legata cum onere ea adimplendi, in feria 4ᵃ et 6ᵃ quatuor » temporum anni, necnon in hebdomada Pentecostes, sed cum » ista sit privilegiata, et in prioribus soleant occurrere duplicia » primæ vel secundæ classis, ideo supplicarunt EE. VV. qua- » tenus declarare dignarentur, utrum debeant transferri dicta » officia, an vero in ipsis diebus *cantanda.* Et licet Alexander VII » bonæ memoriæ decreto suo stabilierit Missas a testatoribus » relictas posse *cantari* in die anniversario eorum obitus, etiamsi » occurrat duplex majus, attamen in præsenti casu, non dies » anniversaria fixata est, sed tempus quatuor temporum ?

» Eadem S. Congregatio respondit, *Jam provisum ex allegato* » *Decreto S. M. Alexandri VII, nempe per celebrationem Missæ* » *currentis cum applicatione sacrificii, juxta mentem testato-* » *rum, satisfieri obligationibus ex dispositione eorumdem in-* » *junctis.* » Die 2 sept. 1690 in Baren.

Ajoutons encore la preuve suivante. Dans un décret du 22 janvier 1667, Alexandre VII déclara que les messes chantées *de Requiem*, laissées au jour anniversaire de la mort du testa-

_____

(1) V. ce décret en tête du Missel romain.

teur, n'étaient pas comprises dans le décret de 1662, ainsi qu'il vient d'être rappelé plus haut. Or, la Congrégation décida en 1683, qu'il fallait prendre ces termes à la lettre (1). « Verba Decreti intelligenda prout sonant, pro missis de » Requiem in die ipsorum obitus ; nec extendenda ad non » habentia determinatam diem. » C'est-à-dire, ainsi que l'interprète Gardellini, dans sa table, *nec extendenda ad alios casus non expressos.* Il n'est donc pas tout-à-fait exact de dire avec M. De Herdt (2), que le décret général de 1662 ne fait une concession que pour les messes basses; voilà deux décrets qui prouvent évidemment que la concession d'Alexandre VII est plus large, et qu'elle n'exclut, selon les termes de celui qui est rapporté en tête du Missel, que les anniversaires rigoureux. « Anniversaria et Missas cantatas de Requiem relictas » ex dispositione testatorum quotánnis *in die ipsorum obitus,* » in prædicto decreto diei 5 augusti edito minime comprehendi.»

Pour établir que les anniversaires fondés par le testateur, en un jour qui n'est pas celui de la mort, jouissent des privilèges des anniversaires rigoureux, et qu'ils doivent être transférés, et non déchargés par la Messe du jour, M. De Herdt cite deux décrets dont le second assez récent renvoie au premier. Or, celui-ci ne prouve rien, ou s'il prouve, c'est plutôt contre l'auteur qui l'invoque. Le voici : « An anniversaria sive Missæ » quotidianæ cantatæ de Requiem relictæ ex dispositione testa-» torum, pro certis diebus, iisque impeditis die dominico, seu » alio festo de præcepto, cantari possint in diebus subsequen-» tibus seu antecedentibus, in quibus occurrunt officia de festo » duplici majori, non tamen de præcepto, præcipue de sanctis » proprii ordinis?

(1) Apud Gardellini, n. 3180.
(2) Pag. 76, n. 2, p. 77, n. 3.

»S. R. C. respondit ut infra : *Indulgeri posse*.... Die 4
»maii 1686, in una canonic. Regul. Lateranen. ad 1 (1).»

C'est donc ici une grâce, une faveur, *indulgeri posse*. Or,
quelle conséquence tirer de cette concession, sinon qu'en
règle, ces sortes d'anniversaires, ou de messes fondées, ne
peuvent se transférer, mais qu'il faut appliquer la messe du
jour à l'intention du fondateur.

Le second décret qu'invoque M. De Herdt paraît plus catégorique, car il ordonne d'observer le décret prérappelé de 1686,
Servetur decretum datum die 4 maii 1686 : néanmoins nous soutenons qu'il ne signifie absolument rien, pour le cas présent. Il y
est question en effet d'anniversaires fondés *in ipsa die obitus*, et
non pas d'anniversaires tels que nous examinons ici. Il suffit,
pour s'en assurer, de jeter un coup d'œil sur la suite des
doutes proposés par le chapitre de Wilna. Au doute 1er, il
demande, si les anniversaires fondés vers les quatre-temps et
qui ne sont pas au jour exact de la mort, peuvent se chanter
aux fêtes doubles majeures. Au 2e doute, il demande si le jour
de la mort, *proprio die obitus testatoris*, étant empêché, et la
messe transférée, on doit chanter celle-ci comme aux anniversaires. Au 3e, il demande en général. « An *obitus die* impedito,
»possit pro defunctorum anniversario cantari Missa de occur-
»renti festo, vel feria privilegiata per applicationem. » Après
cette question générale, vient un cas particulier de la même
espèce; et c'est à ce cas qu'on répond, *servetur decretum*, etc.

« 4. *Specialiter* idem quæritur de Anniversariis quæ occur-
»runt absolvenda circa quatuor tempora, pascalia et infra
»octavam Pentecostes, et non possunt omnia absolvi aut finiri
»ante octavam SS. Corporis Christi. Hæc, inquam, quomodo

(1) Ap. Gardellini, n. 2961.

» et qualiter absolvenda (1)? » On comprend qu'il se trouvait ici une difficulté spéciale, et qu'elle a dû faire l'objet d'un doute particulier. Mais il est patent que le chapitre de Wilna y parle des anniversaires *in die obitus.* C'est au premier doute seulement qu'il s'est agi des autres, et on a eu soin alors de bien l'expliquer. Ici au contraire tout prouve que le 4ᵉ doute n'est qu'un cas particulier du précédent, *specialiter idem quæritur,* et que pour ce cas, on demandait une marche à suivre.

C'est donc tout-à-fait à tort que M. D. H. fait intervenir ce décret dans notre question, et il ne fut pas tombé dans cette erreur, s'il avait consulté la table de Gardellini. Le savant liturgiste résume ces décrets de la manière suivante (2). « *Die* » *anniversaria obitus* impedita, nequit cantari pro anniversaria » Missa de festo currenti, vel de feria privilegiata per applica- » tionem.—Poterit tamen transferri ad alterum ex diebus ante- » cedentibus vel subsequentibus, etiamsi occurrat officium ritus » duplicis non de præcepto. »

Pourquoi donc, demandera-t-on, la Congrégation renvoie-t-elle, pour le 4ᵉ doute, au décret de 1686 qui traite de tout autre chose? C'est, nous parait-il, pour une raison bien simple. Les chanoines de Wilna demandaient une marche à suivre pour le cas qu'ils exposaient; or, cette marche était toute tracée dans le décret de 1686, pour un cas analogue, quoique non identique : c'est pourquoi la Congrégation n'avait rien de mieux, et de plus facile que d'y renvoyer les consultants.

En résumé, nous pensons donc que si le jour fixé par le testateur, quand ce n'est pas l'anniversaire véritable de la mort, est empêché par une fête de seconde classe ou équivalente, il faudra appliquer la messe du jour et ne pas transférer l'anniversaire.

(1) Die 22 decembr. 1753, in Wilnen. ap. Gardellini, n. 4088.
(2) Pag. 10, colon. 1.

III. 5° Si les Messes chantées ont été fondées sans désignation du jour, on doit les chanter *de Requiem* aux jours libres,
et choisir à cet effet des jours où les rubriques permettent la
Messe des Morts. On ne pourrait donc pas, en règle générale,
exonérer ces fondations aux fêtes doubles ou pendant les octaves privilégiées. On avait demandé à la Congrégation des
Rites : « An diebus non festivis de præcepto, in quibus tamen
» recitatur officium duplex 2 classis, et diebus festivis infra
» octavas privilegiatas, celebrari possit officium mortuorum
» cum Missa Festi currentis, ad implenda legata, quæ non
» sunt Anniversaria, quæque a testatoribus relicta sunt sine
» præfixione dierum ?

» Et S. Congregatio rescribendum censuit : *Negative, sed*
» *Missæ cantatæ de Requiem a defunctis relictæ, sine præfixione*
» *dierum, debent celebrari diebus a Rubrica permissis.* Die 23
» Aug. 1766 in Carthaginen. ad 1. » Aux doutes que pourrait
faire naître la manière dont le décret est conçu (1), nous oppo-
serons une autre décision par laquelle la Congrégation montre
bien quelle est sa volonté sur ce point « si dictæ Missæ non
» sint anniversaria, aut non constet de diebus quibus illi mor-
» tui sunt ; plures Missæ de *Requiem* cantentur in illis diebus,
» in quibus celebrantur officia sub ritu simplici, vel semiduplici,
» nunquam tamen pro iisdem applicari poterunt Missæ conven-
» tuales. Die 10 Martii 1708 in Nolana (2). »

(1) Il y est en effet question de l'office des morts, au moins dans la
demande : et de là on pourrait dire que la réponse ne s'applique pas
clairement au cas présent.

(2) Le mot *conventuales* doit être pris ici dans sa stricte acception,
car il s'agissait dans l'espèce de la cathédrale de Nole. D'ailleurs l'entendre de la Messe conforme à l'office seulement, ce serait admettre une
contradiction entre ce décret et la doctrine de la Congrégation qui exige
qu'aux jours libres, les messes fondées pour les morts soient *de requiem.*
𝖸. n. 4.

·· Cependant s'il y avait des jours ou des temps fixés par le testateur, ou si l'on ne pouvait trouver dans l'année assez de jours libres pour y chanter une Messe *de Requiem*, on satisfait à son obligation par la Messe du jour. C'est là un point qui ne peut pas faire l'objet d'un doute sérieux. En 1708, les Pères Augustins de Faenza exposèrent à la Congrégation qu'il incombait à leur Eglise la charge de célébrer, tous les vendredis de l'année, une Messe chantée, pour l'âme d'un bienfaiteur : or comme il arrivait souvent des fêtes doubles en ce jour, ils demandèrent s'ils devaient chanter la Messe conforme à l'office, ou la Messe *de Requiem*, ou bien s'il fallait anticiper ou retarder les dits anniversaires, à l'effet d'exonérer la fondation.

La Congrégation répondit : *Satisfaciendum cum applicatione Missæ solemnis de die.* Die 1 sept. 1708 in Faventina.

Autre preuve. Le synode provincial de Trani, dans son décret touchant la réduction des fondations, avait ordonné de chanter dans toutes les églises de la province, une Messe *de Requiem* à titre d'anniversaire, tous les jours libres et même aux doubles mineurs. Mais les décisions récentes de la Congrégation s'opposaient à l'accomplissement de cette dernière partie du décret : on demandait en conséquence, au nom de l'Eglise métropolitaine, si l'on était tenu d'obéir à ces prescriptions. La Congrégation répondit : *Teneri non tamen Missas de Requiem, sed Missas currentes cum applicatione sacrificii celebrare.* Die 24 April. 1706, in Tranen.

Ces citations suffisent, croyons-nous, pour fonder notre doctrine qui sera en plusieurs points l'opposé de celle de M. De Herdt, quoique, dans son ouvrage, il renvoie à tous les décrets que nous avons invoqués. La voici en peu de mots.

a) Un anniversaire (non rigoureux) fondé à jour fixe, ou en un temps déterminé, sera exonéré par la Messe conforme à l'office, si les rubriques et les décrets ne permettent pas la Messe *de Requiem*. *b*) Il ne faut pas l'anticiper ni le retarder, à moins d'impossibilité, comme, par exemple, s'il tombait en un Dimanche, ou une fête d'obligation, et qu'il n'y eût qu'une Messe dans la paroisse. *c*) Si le testateur n'a fixé ni jour, ni temps pendant l'année, on choisira, autant que possible, des jours libres, afin de chanter la Messe *de Requiem*. *d*) Mais si le nombre de ces Messes était trop considérable, on satisferait à son obligation par la Messe du jour.

M. De Herdt (1) donne le conseil de recourir à Rome pour en obtenir un indult de faveur, si l'on veut satisfaire par la Messe du jour, mais cela n'est pas du tout nécessaire : la Congrégation des Rites a parlé clairement. L'erreur de M. De Herdt vient de ce qu'il n'a pas remarqué, que l'exception apportée au décret de 1662, pour les anniversaires fondés *in ipsa die obitus* est taxative, et qu'elle n'est pas applicable aux autres messes fondées, lesquelles ne se peuvent transférer.

IV. Les Messes fondées, tant basses que chantées, doivent être *de Requiem* aux jours auxquels, selon les rubriques générales ou particulières, ces sortes de Messes sont permises. En effet, le décret de 1662, qui permet de satisfaire aux fondations par la Messe du jour, ne fait mention que des jours doubles ou autres empêchés, et la concession ne peut s'étendre au-delà. Nous avons en outre, une décision de 1761, qui fait disparaître tous les doutes. « Diebus quibus dici possunt Missæ... defunctorum, sacerdos ad illas obligatus ratione fundationis... propriæ obligationi non satisfacit dicendo Missam de die occurrente : expressa enim voluntas testatorum... dummodo rationabilis sit, debet adimpleri. » Décret du 3 mars 1761 in Aquen. ad 14.

(1) Pag. 77, n. 3.

Quant à ces paroles du décret, *expressa voluntas*, il ne faut pas les prendre dans un sens trop étroit. «Censentur, dit Cava-
»lieri (1), *de Requiem* impositæ etiam illæ quæ in remedium
»animæ suæ, vel aliorum, sunt indictæ, licet sine expressione
»*de Requiem*, vel *defunctorum*.» Ce n'est pas tant aux termes employés dans l'acte de fondation qu'il faut avoir égard, qu'à l'intention qui y est manifestée. Lors donc qu'une Messe est fondée pour le repos de l'âme du défunt, ou de ses parents, elle doit bien certainement, si l'on veut satisfaire, se dire *de Requiem* aux jours libres (2).

V. Passons maintenant aux Messes manuelles. Il est indubitable qu'aux jours où il est défendu de célébrer la Messe *de Requiem*, on satisfait à son obligation en disant la Messe conforme à l'office.

Le décret de 1662 ne parle pas expressément, à la vérité, des Messes manuelles, toutefois la chose nous parait évidente. 1° Parce qu'on a toujours tenu plus strictement aux intentions des fondateurs qu'à la volonté des vivants : il suffit, pour s'en convaincre, de se rappeler les nombreux privilèges dont jouissent les messes fondées par des testateurs. Si donc le S. P. consent à ce que les fondations soient exonérées par la Messe du jour, à plus forte raison on doit appliquer sa concession aux Messes manuelles, lorsque les rubriques ne permettent pas la Messe *de Requiem*. 2° L'Indulgence de l'autel privilégié est accordée à la Messe du jour que l'on célèbre pour des morts, aux jours doubles, que la Messe soit fondée ou manuelle : «Ut Missæ
»quæ de festo currenti, in quo Missæ defunctorum celebrari
»non possent, sive ex obligatione, sive ex sola fidelium devo-

---

(1) Tom. III, cap. 10, décr. 2, n. 5.
(2) C'est à tort que M. de Herdt, pag. 76, n. 1, cite le décret de 1840, lequel ne fait mention que des messes manuelles.

» tione , celebrandæ essent, suffragentur ita ut..... concessit et
» indulsit..... » dit le pape Innocent XI (1). Or , il n'est pas à
supposer que les Souverains Pontifes eussent accordé une aussi
grande faveur, si par la Messe du jour, le prêtre n'eût pas satisfait à son obligation.

VI. Ce que nous venons d'établir sera admis de tout le monde
sans contestation ; mais il n'en sera pas de même du point
suivant. Il nous répugne autant qu'à personne d'imposer des
obligations, et de restreindre la liberté : toutefois lorsque les
lois existent, et que nous ne trouvons pas de preuve concluante
pour libérer de l'obligation qu'elles imposent, force nous est
de conclure qu'elles conservent toute leur vigueur. C'est là ce
qui arrive pour le doute suivant. Satisfait-on à son obligation,
en disant la messe conforme à l'office , un jour où l'on peut
dire la Messe *de Requiem* qui a été demandée pour le repos
d'un défunt ?

Il est certain que si l'on a demandé expressément une Messe
de Requiem, le prêtre qui s'en est chargé doit, pour satisfaire,
célébrer la Messe des morts aux jours où elle est permise. C'est
ici un contrat bilatéral auquel on est tenu en justice.

La Congrégation s'est, du reste, prononcée clairement sur ce
point, dans le décret de 1761 que nous rapporterons ici en
entier.

Dicendo Missam privatam de die occurrente, satisfitne cuilibet obligationi Missæ privatæ, sive fundatæ, sive a fidelibus petitæ, oblato
manuali stipendio, sive ipsa pro defunctis, sive in honorem alicujus
sancti petita fuerit, modo sacerdos non expresse promiserit se illam
de sancto, aut in paramentis nigris celebraturum ? Id quidem ab

(1) Voyez ce bref, *Mélanges*, 2ᵉ série, p. 181 (179) et *S. R. C.
Decreta*, appendix, p. 262 (260).

Alexandro VII definitum fuit pro diebus duplicibus; at in diebus semi-duplicibus et ferialibus, est ne licitum et satisfitne debito?

R. Diebus quibus dici possunt Missæ votivæ privatæ vel defunctorum, sacerdos ad illas obligatus ratione fundationis, vel accepti manualis stipendii, propriæ obligationi non satisfacit, dicendo Missam de die occurrente : expressa enim voluntas testatorum vel postulantium, dummodo sit rationabilis, debet adimpleri. Die 3 martii 1761, in Aquen. ad 14.

Il est évident d'après cela, que si le fidèle qui a donné l'honoraire demande en propres termes, ou équivalemment une Messe *de Requiem* , on est tenu aux jours semidoubles, ou autres libres, de dire la Messe des morts, et l'on ne satisfait pas par la Messe du jour. Or, nous avons dit plus haut avec Cavalieri qu'il suffit pour cela qu'on ait demandé une Messe pour le repos de l'âme de telle personne, car par cette manière de s'exprimer, les fidèles entendent suffisamment demander une Messe en noir. Si néanmoins quelqu'un trouve notre interprétation trop rigoureuse, nous n'insistons pas. Car en définitive la solution restera la même.

VII. Si le fidèle n'a pas demandé expressément une Messe des morts, la même obligation incombe-t-elle au prêtre qui a accepté l'honoraire? Le doute a été proposé naguère par l'Evêque de Bruges, mais la solution n'est rien moins que claire. Voici la demande et la réponse :

In variis diœcesibus Belgii, juxta doctrinam in seminariis traditam, usus invaluit, ut his diebus, quibus per rubricas licet Missas *de Requiem,* et votivas celebrare, sacerdotes Missas privatas oblato manuali stipendio pro uno vel pluribus defunctis, vel votivam in honorem alicujus myterii, vel sancti habentes, celebrent conformes officio , quod illa die recitarunt ad satisfaciendum susceptæ obligationi; dummodo fideles expresse non rogaverint dici Missas *de Requiem*, vel votivas. Usus iste nititur inprimis rubricæ Missalis art. IV de Missis votivis n. 3. quæ prescribit, ut quoad fieri potest, Missa cum officio conveniat; deinde auctoritati Sancti Alphonsi Mariæ de Ligorio, qui in theologia morali lib. 6, tract. 3, n. 422, dicit communissimam, et probabilem esse hanc sententiam. Petitur ergo an præfati sacerdotes satisfaciant suæ obligationi? Et quatenus negative, ut dignentur Eminentissimi Patres condonationem impertiri pro Missis tali modo exoneratis.

Resp. : Affirmative quoad Missas pro defunctis, juxta generale Decretum diei 5 augusti 1662. In reliquis Negative, et quoad præteritum unusquisque consulat conscientiæ suæ. *Die* 12 *septembris* 1840 *in Brugen. ad* 7. (4750.)

Cette réponse souffre deux interprétations. La première qui paraît résulter naturellement de la structure de la phrase, est que l'*Affirmative* s'entend des Messes pour les morts, en sorte qu'on peut y satisfaire aux jours libres par la Messe du jour, et cela, non pas tout à fait en appliquant le décret de 1662, mais en l'étendant « quia S. R. Congregatio illud decretum » extendit ad dies liberas » dit M. De Herdt (1).

Mais cette explication présente de grandes difficultés.

1° La Congrégation renvoie au décret de 1662 qui ne parle que des jours doubles, et nullement du cas proposé.

2° L'extension que l'on suppose serait contraire à tous les précédents de la Congrégation des Rites. Celle-ci a plusieurs fois déclaré qu'aux jours libres, on devait célébrer en noir, pour satisfaire à l'obligation d'une Messe pour le repos des morts; or, il n'est pas à supposer qu'elle revienne sur sa doctrine et qu'elle la contredise, à moins que cela ne soit évident.

Ce serait ici une grâce, une faveur, puisqu'on dit que le décret de 1662 reçoit une nouvelle extension; mais où sont les termes qui indiquent ce nouveau privilége? Tout, au contraire, semble restreint dans les limites du décret d'Alexandre VII, *Juxta generale decre-*

(1) Pag. 76, n. 1.

tum. Dira-t-on que la Congrégation n'a fait que déclarer applicable au cas proposé le décret de 1662, comme nous l'avons dit plus haut des anniversaires non rigoureux? Non, car sous le nom de déclaration, serait contenue une véritable dispense ou concession. En effet, le décret de 1662 ne parle que des jours doubles ou empêchés : celui-ci, des jours libres. Le premier n'a été porté que pour défendre la célébration des Messes *de Requiem* aux jours empêchés : dans celui-ci au contraire, on veut se libérer de l'obligation de ces mêmes Messes aux jours libres. Pour le premier, il y a un motif, *ne dilatio*, etc., aucun motif analogue ne peut être allégué ici. C'est donc sans fondement qu'on trouverait ici une déclaration explicative du décret de 1662. La différence de ce cas des anniversaires chantés est trop sensible, pour avoir besoin d'explications.

L'autre interprétation directement opposée à la précédente donnerait à la première phrase le sens de *negative :* parce que l'*affirmative* étant restreint par la phrase incidente *juxta generale decretum*, il emporte un sens négatif pour la réponse au doute proposé. Mais cette explication ne soutient pas l'examen. Ne serait-ce pas en effet une absurdité, qu'une réponse ayant un sens tout-à-fait contradictoire à celui qu'elle présente naturellement? Et si la Congrégation voulait donner au premier membre ainsi qu'au second, une réponse négative, quelle réponse eût-elle donné sinon, *negative in omnibus?*

Il reste deux voies pour expliquer cette réponse obscure, et tellement obscure, qu'elle n'a pas été résumée, mais simplement indiquée dans la table, si remarquable à tous égards, qui clôt le 8ᵉ volume de Gardellini.

C'est de dire 1° que dans la demande, au lieu de *diebus quibus licet*, il faut lire *diebus quibus non licet*, de la sorte, la réponse s'accorderait parfaitement avec la demande. Mais il

y a quelque, chose qui répugne d'admettre une faute aussi
grave.

2° Nous pensons donc que la Congrégation n'a pas voulu
répondre directement au doute proposé, mais à l'idée générale
renfermée dans le cas exposé. Elle se serait bornée à rapporter
une règle générale, confirmée par une foule de décrets antérieurs : savoir, qu'on satisfait aux Messes des morts et non aux
Messes votives par la Messe du jour, aux jours indiqués par le
décret de 1662, ou si l'on veut, qu'on satisfait pour les
Messes *de Requiem* comprises dans le décret d'Alexandre VII,
mais non pour les autres, ni pour les Messes votives, *in reliquis*, *negative*. Ce mot *in reliquis* ne doit pas passer inaperçu :
il s'applique à tout ce qui n'est pas renfermé dans la concession
de 1662, soit Messes des morts, soit Messes votives.

Ajoutons à cela une considération qui a bien son poids.
Aux jours libres, il faut dire la Messe votive pour satisfaire à
son obligation, lors même qu'elle n'aurait pas été demandée
expressément : pourquoi dans les mêmes circonstances ne devrait-on pas dire la Messe *de Requiem?* N'est-ce pas une obligation de même nature, contractée dans des conditions identiques ? La concession d'Alexandre VII s'arrête aux jours
doubles, et sur quoi nous baserons-nous pour lui donner une
extension qui n'est pas indiquée ?

C'est cette concession que la Congrégation rappelle ici, et
elle nous dit en même temps qu'elle ne peut être étendue, *in
reliquis*, *negative*. Nous dirons donc : qu'on nous montre clairement la différence de ces deux obligations, ou bien une
extension claire du privilège accordé par le décret général
d'Alexandre VII ; sinon, nous croirons toujours que la Congrégation des Rites n'a rien donné de neuf en 1840, et qu'elle
s'est bornée à renouveler l'application des principes généraux
basés sur tous les décrets portés dans la matière.

Quoiqu'il en soit de la plus ou moins grande probabilité de ces explications qui toutes présentent de l'obscurité, on peut conclure pour la pratique qu'il y a doute, et que dans le doute, on est tenu de donner la chose qui fait l'objet du contrat. Tous les Théologiens, même les plus faciles, sont d'accord sur ce principe. Les prêtres, par conséquent, qui ont reçu des honoraires manuels, pour des Messes à l'intention d'un ou plusieurs défunts, seront tenus en conscience, de célébrer la messe *de Requiem* aux jours libres, et d'après cela, s'ils agissaient autrement, ils pécheraient en s'exposant à ne pas satisfaire à leur obligation. N'oublions pas non plus que, d'après Cavalieri, la seule demande d'une Messe pour l'âme d'un défunt est une désignation *expresse*.

VIII. Les difficultés relatives aux Messes votives ne sont pas moindres que celles qui viennent d'être résolues, concernant les messes des morts. En général on peut dire qu'un prêtre est obligé de dire votive, une messe votive qu'il a acceptée, soit basse, soit chantée. Nous avons vu tout à l'heure que cette obligation existe aux jours semi-doubles, lors même que les fidèles n'auraient pas expressément demandé une telle Messe. Il ne nous reste donc plus qu'un seul doute à examiner, savoir, si aux jours doubles ou équivalents, la Messe du jour peut remplacer une Messe votive. Toutefois, avant d'aborder cette question capitale, nous avons à faire quelques remarques préliminaires.

1° Si l'on a reçu et accepté une Messe votive en l'honneur d'un Mystère, laquelle selon les rubriques ne peut pas se dire votive (1), on satisfera à son obligation en disant une Messe votive équivalente. Ce point a été réglé par la Congrégation des Rites.

(4) V. *S. R. Congr. Decreta*, V. Missa, § XI, n. 8, pag. 161.

Utrum ex præscripto fundatorum et institutione eorumdem possit dici Missa de Assumptione, Purificatione, Conceptione B. M. V. in sabbato, vel aliis feriis per annum non impeditis festo duplici ?

R. Non sunt violandæ rubricæ imperitorum laicorum causa, et ideo petentibus Missam votivam de Assumptione, etc., fiet satis celebrando unam ex Missis votivis B. M. V. juxta temporis occurrentiam. Die 29 jannuarii 1752, in una Ordin. Carmel. ad 7.

Une décision identique fut encore portée l'année suivante.

Pro Missis ex fundatione, aut ex alia quacumque causa in cantu celebrandis, sive de Assumptione, sive de Conceptione B. M. V., extra ejus festos dies, vel octavas earumdem solemnitatum, assumi nequit propria Festivitatis, sed substituenda est una ex quinque votivis Missis B. M. V. quæ habentur in Missali romano, juxta congruentiam temporis. Die 22 decembris 1753, in Wilnen.

IX. 2° Si l'on a accepté la Messe votive d'un Saint dont on ne fait pas l'office par concession, et dont le nom ne se trouve point au Martyrologe, on satisfait, selon M. De Herdt, par la Messe du jour ; et en preuve il cite deux décrets de la Congrégation des Rites (1). Sans rejeter tout-à-fait cette opinion, nous pensons néanmoins que les décrets n'ont pas la signification qu'on veut leur donner. L'un d'eux marque en effet une concession. Un legs avait été laissé à une église de Rome, avec l'obligation d'une Messe en l'honneur de S. Roch au 16 août. La Congrégation interrogée sur la manière dont il fallait s'acquitter de cette charge, répondit en renvoyant le doute au Souverain Pontife. « Et facto de præmissis verbo cum SSmo, » per me secretarium, Sanctitas Sua annuendo *gratiam petitam* » *benigne concessit.* » Die 24 Julii 1671, in Urbis. La faveur

(1) Pag. 79, n. 2. Les deux autres y ajoutés ne font rien à la question.

accordée consistait en ce que la Messe de S. Hyacinthe pouvait
remplacer la Messe demandée de S. Roch. Or, il est de droit,
que quand une décision est portée sous des termes de grâce,
loin de pouvoir conclure que la chose est permise, on est
plutôt amené à décider qu'elle ne l'est pas, sans un Indult
particulier. L'autre décret n'indique pas clairement une grâce,
une concession, mais il n'exclut pas non plus cette interprétation, et l'on ne peut en rien conclure de décisif pour la
difficulté actuelle : « Non licere, dit-il, præfatum onus susci-
» pere..... et pro satisfactione oneris suscepti, celebrent Missam
» currentem cum applicatione sacrificii ad mentem Benefac-
» toris. » Die 18 Sept. 1706, in PARISIEN. ad 1.

X. Passons maintenant à la difficulté principale. Lorsqu'on n'a
pas assez de jours libres pour célébrer les Messes votives acceptées, satisfait-on à son obligation par la Messe du jour? M. De
Herdt (1) répond encore affirmativement, en s'appuyant de
quelques décrets. Mais parmi ces décrets de la Congrégation ;
les uns sont évidemment des *Pro gratia*, et les autres ne s'opposent nullement à une interprétation analogue. Voici une
décision de 1766 qui marque bien clairement la concession.

Abbatissa et Moniales... S. R. C. exposuerunt, obstringi se in vim
testamentariæ dispositionis... ad celebrationem sex Missarum singulis
diebus, ut prima sit de Assumptione B. M. V., secunda de S. Michaeli,
tertia de omnibus sanctis, reliquæ tres defunctorum. Sed quia contigit
sæpe, quod attentis diebus impeditis, prædictæ sex Missæ, juxta Rubricas quotidie celebrari non possint, et ad alios dies non impeditos,
contra mentem testatoris, necesse omnino sit earum celebrationem
transferre; idcirco... eidem S. R. C. supplicarunt, quatenus declarare
dignaretur... quando dies est impedita, celebrentur eædem tres Missæ
de sanctis occurrentibus.

(1) Pag. 79, 3°.

Et eadem S. R. C. rescripsit : *Pro gratia juxta mentem*, et mens est
quod in diebus impeditis applicetur idem numerus Missarum de die,
juxta præceptum testatoris, absque ulla commemoratione. Die 21 januarii 1766, in VIENNEN.

Le principe reconnu dans cette décision avait d'ailleurs été
déjà consacré par un décret, en forme d'Instruction, porté sur
le rapport du Cardinal Bellarmin. La Congrégation avait décidé
qu'il fallait recourir au Souverain Pontife pour une dispense.
Or, les 3 et 12 septembre 1612, Paul V déclara 1° qu'on ne
pouvait accepter des Messes votives que pour des jours libres :
2° que c'était à ces jours qu'il fallait transporter celles qui
n'avaient pas été déchargées, et 3° comme le nombre de ces
Messes était très-considérable, et qu'on devait manquer de jours
où les rubriques autorisent les Messes votives, *il dispensa pour
les messes déjà acceptées,* et permit d'appliquer la messe conforme à l'office, à l'intention du fondateur (1).

D'après ces décisions, il faut conclure qu'en droit, on ne
peut remplir l'obligation d'une Messe votive par une Messe du
jour, puisqu'une dispense Pontificale est nécessaire à cette fin.
Néanmoins, comme plusieurs autres décrets répondent simplement, qu'aux jours doubles, au lieu de la Messe votive,
on doit dire la Messe conforme à l'office, sans aucunement
faire mention de dispense, quoique ne l'excluant pas, nous
n'oserions dire que notre conclusion est certaine, et que l'opinion contraire est improbable : celle-ci a pour elle, outre les
quelques décrets dont nous parlons, la pratique de tous les
prêtres et l'enseignement des liturgistes, et elle acquiert,
ainsi, du moins extrinsèquement, une assez haute probabilité.

Au reste il est une doctrine que personne ne contestera,

_____

(1) V. ce décret dans la *S. R. C. Decreta,* pag. 155, nouv. édit.

c'est qu'il est défendu d'accepter des Messes votives, pour les jours où les rubriques ne les permettent pas. Celui qui agirait autrement se mettrait dans l'impossibilité de remplir ses engagements, et violerait le contrat qu'il a fait avec le fidèle dont il a reçu l'honoraire. Et s'il s'agissait d'une fondation de Messes votives, un curé ne devrait pas l'accepter, sans en référer auparavant au supérieur diocésain : on ne doit pas plier les rubriques aux caprices de personnes pieuses mais ignorantes des lois de l'Eglise, et l'on ne peut pas accepter ce que l'on sait ne pouvoir à l'avenir exonérer.

XI. Terminons cet article par un point d'une très-haute importance pratique. Comment faut-il entendre ces paroles de la Congrégation, qu'*on ne satisfait pas à son obligation ?* Si je dis la Messe conforme à l'office, quand je puis et dois dire une Messe votive ou *de requiem*, je ne satisfais pas à mon obligation : nous l'avons prouvé plus haut par diverses décisions. S'agit-il là de l'obligation totale, ou d'une partie de l'obligation, c'est-à-dire, suis-je tenu de célébrer de nouveau, à la même intention, comme si je n'avais rien fait, ou bien ne suis-je tenu qu'à une légère satisfaction, pour le tort présumable que j'ai fait en ne disant pas la Messe demandée ; et en tout cas ai-je péché gravement? M. De Herdt (1) embrasse encore ici le parti le moins rigoureux, et il croit que la Congrégation entend parler d'un manquement accidentel, d'un manquement *in tanto* et non *in toto*, et n'emportant qu'un péché véniel.

« Nota autem, si sacerdos loco votivæ celebret de die, non
» videri graviter peccare, juxta Quarti, Busenbaum, quia
» idem est valor essentialis, valor autem accidentalis non tam
» grave infert præjudicium ; tum quia virtus fidelitatis in casu

(1) Pag. 78, not.

» non tam graviter obligare videtur : in decreto 3 Mart. 1761,
» sacerdos quidem dicitur propriæ obligationi non satisfacere
» dicendo Missam de die, sed responderi potest, id esse intel-
» ligendum quoad valorem accidentalem, cujus defectus non
» videtur tam grave inferre præjudicium et peccatum. »

Il nous est tout-à-fait impossible de partager cette opinion,
et malgré tout le désir que nous avons d'alléger, autant que
possible, les obligations qui pèsent sur nos épaules aussi bien
que sur celles de nos confrères, nous croyons qu'il est au
moins douteux si le manquement n'est pas total, et s'il ne faut
pas recommencer tout ce qui a été dit contrairement à l'obligation contractée. Nous en avons la preuve 1° dans le sens
naturel et propre des termes employés par la Congrégation.
Et il est si vrai que la phrase *propriæ obligationi non satisfacit*
signifie naturellement qu'on a totalement manqué à son obligation, que M. De Herdt sent le besoin d'en donner une
explication. Il suffirait d'ailleurs de prendre des exemples dans
d'autres matières pour convaincre les plus opiniâtres.

Qu'on ouvre le *S. R. C. Decreta* p. 37, n. 15 où il est
question des devoirs des Chanoines, et qu'on dise ce que
signifient les réponses de la Congrégation : *Canonicos non*
satisfacere obligationi chori ; non satisfieri obligationi per pri-
vatam recitationem ? Que signifie encore ce décret par lequel,
à la demande de l'Archevêque de Cambray, si un Chanoine
qui ne chante pas au chœur pèche mortellement et est tenu à
restitution, elle répond, *Canonicum in casu, juxta alias*
Decreta, obligationi non satisfacere ? Nous pourrions multiplier
ces exemples et montrer que naturellement les mots, *non satis-*
facere obligationi, présentent ce sens, qu'on n'a pas satisfait du
tout à l'obligation contractée.

2° Une autre preuve se trouve dans le décret porté en 1840
à la demande de Mgr. l'Evêque de Bruges, décret que M. De
Herdt ne donne pas en entier, nous ne savons pour quelle
raison, car les deux lignes supprimées ont une très-grande
portée. Après avoir demandé si les prêtres satisfont à l'obligation, sa Grandeur ajoutait. « Et quatenus negative, ut di-
» gnentur EE. PP. *condonationem impertiri* pro Missis tali
» modo exoneratis? » Il s'agit bien certainement là d'une con-
donation rigoureuse et absolue, semblable à celle que les
Evêques belges demandèrent pour les Curés qui avaient cessé
de célébrer *pro populo*, aux fêtes supprimées. Or, que répond
à cela la Congrégation? *Quoad præteritum unusquisque consulat conscientiæ suæ.* Elle refuse d'absoudre des manquements,
et laisse à chacun l'obligation de remplir ses engagements, ou
de demander une dispense en règle. Cette réponse, à notre
avis, serait inexplicable, si la Congrégation voulait seulement
indiquer que les Prêtres n'ont pas *tout-à-fait* rempli leurs engagements, et ne sont tenus qu'à une légère compensation. Ajoutons que les termes du rescrit de la Péniteneerie marquent aussi
que l'obligation n'avait pas été remplie.

Voici la demande de l'Evêque de Gand avec la réponse qu'il
reçut de Rome (1).

Modernus Episcopus Gandaven in Belgio, S. V. humiliter exponit quod
in sua diœcesi sicut in Brugensi, pro qua provisum fuit per rescriptum
sacræ Pœnitentiariæ, die 11 februarii 1841, juxta doctrinam traditam
in seminariis et innixam auctoritati S. Alphonsi de Ligorio... usus inva-
luerit, ut his diebus quibus per rubricas licet Missam *de Requiem* et
votivam celebrare, sacerdotes quandoque Missam celebrent conformem
officio, accepto manuali stipendio pro defunctis, vel in honorem ali-

(1) *Acta et statuta Lud. J. Delbecque Episc. Gand.* pag. 157.

cujus mysterii aut sancti. Cum autem usus iste (pro missis votivis) repro·
batus fuerit per responsum S. R. C. datum RR. Episcopo Brugensi,
die 12 sept. 1840, et exinde variæ prævidcantur oriluræ anxietatcs,
S. V. humiliter supplicat præfatus Episcopus, quatenus per oraculum
sacræ Pœnitentiariæ, condonationem Missarum tali modo celebrata-
rum, per sacerdotes diœcesis Gandavensis benigne concedere dignetur.
Et Deus...

Sacra Pœnitentiaria de speciali et expressa apostolica auctoritate,
Venerabili in Christo Episcopo Gandavensi, facultates necessarias et
opportunas impartitur, sive per se, sive per alias idoneas personas ecclesiasticas ab eo ad hoc specialiter deputandas, sacerdotibus de quibus in
precibus, prævia, quatenus opus sit, eorum absolutione a quavis culpa
idcirco commissa, Missas de præterito secundum exposita celebratas,
Apostolica auctoritate benigne condonandi. Contrariis quibuscumque
non obstantibus. Datum Romæ in S. Pœnitentiaria, die 10 januarii
1842.   C. Card. Castracane M. P.

XII. 5° Enfin la doctrine de M. De Herdt n'est pas si générale et si sûre qu'il parait le soutenir. Plusieurs, parmi les anciens surtout, enseignent qu'il y a un péché grave à ne pas
dire la Messe votive ou *de Requiem* à laquelle on est tenu. Sylvestre dit (1) qu'on ne satisfait pas : « Si etiam promisisset
» Missam de Spiritu Sancto, vel in tali loco, et diceret aliam
» vel in alio loco, infideliter ageret contra promissum et non
» satisfaceret. » Navarre, dans son manuel des confesseurs (2),
enseigne sans hésitation que c'est un péché mortel de ne pas
célébrer les Messes *quales* auxquelles on s'est obligé. Le Père
Azor (3) insinue assez clairement qu'on n'aurait pas satisfait,
et qu'il faudrait suppléer aux manquements *precibus et sacri-
ficiis.*

(1) *Summa* V° *Missa*, n. 10, fine.
(2) Cap. XXV, n. 134.
(3) *Instit. moral.* Part. I, lib. 10, cap. 32, quær. 4.

Enfin Pax Jordanus (1) dit que le célébrant est tenu, quand il l'a promis, ou quand la fondation le porte, de dire la Messe votive ou *de Requiem*, autrement il pèche, *quia grave censetur fidem fallere promissisque non stare*, et il cite Fraxinellus.

Voilà ce qu'enseignent des Théologiens de grand mérite : on ne doit donc pas être tout à fait rassuré sur la gravité de la faute, particulièrement si l'on examine la question suivante qui a beaucoup d'analogie avec la précédente. Il serait bien difficile, sinon impossible, de trouver une différence entre la gravité de la faute que commet celui qui ne dit pas la Messe votive à laquelle il est tenu, et la faute de celui qui célèbre à un autel différent de l'autel indiqué par un fondateur, ou par un fidèle. D'un côté comme de l'autre, on manque à ses engagements, on ne donne pas ce que l'on s'était engagé à donner. Or, tous les Théologiens, et nous pensons ne pas nous tromper, en disant *tous*, soutiennent qu'il y a *péché mortel*, à célébrer la Messe, à un autel différent de celui où l'on devait célébrer (2) : et beaucoup pensaient que le prêtre coupable était tenu à restitution, c'est-à-dire, devait recommencer les sacrifices défectueux. Ouvrons Bonacina (3). « Difficultas est, dit-il, » utrum qui ex titulo vel ex conventione, tenetur in aliqua Ecclesia, » vel altari celebrare, possit in alia Ecclesia absque labe pec- » cati celebrare? Respondeo, non posse *absque peccato mortali* » celebrare, nisi hoc faciat ex justa et rationabili causa. Ita » Henriquez, Graffius, etc., etc. Idem censuit Congregatio » Pœnitentiæ Mediolanensis me præsente et ita consulente. » Lezana (4) s'exprime aussi très-clairement sur ce point. « Te-

(1) Tom. I. *de re sacra*, lib. IV, tit. 1, n. 500.
(2) Au moins si le manquement était fréquent, dit S. Alph. lib. VI, n. 329.
(3) *De sacram. Euchar.* disp. IV, qu. 8, punct. 7, § 4, n. 2.
(4) *Summa quæst. regul.* vol. 2, Vᵒ *Missa*, n. 45.

» nentur sacerdotes celebrare missas in loco quo promissæ sunt.
» Imo aliter faciens videtur, regulariter loquendo, peccare
» mortaliter, quia in re magni momenti infideliter agit, fran-
» gendo promissum. » Navarre et Sylvestre cités plus haut le
disent positivement, et nous n'avons trouvé aucun théologien
qui enseignât le contraire. Nous nous bornerons à citer Sylvius (1) Diana (2), Barbosa (3), les Salamanques (4) et Bordonus (5).

Ce n'est pas tout; outre le péché mortel, le prêtre qui a ainsi
manqué à ses engagements n'est-il pas tenu à restitution?
« Major difficultas est, continue le savant Archevêque de Milan,
» utrum sacerdos qui absque justa causa alibi contra fundatoris
» voluntatem celebrat, non solum peccet mortaliter, verum
» etiam teneatur iterum in eodem altari vel ecclesia celebrare ?
» Respondent aliqui Doctores non solum peccare mortaliter....
» verum etiam teneri ad aliquam restitutionem, ut compenset
» sacrificia alibi facta : non enim videtur adimplevisse funda-
» toris voluntatem. Ita sentit Azorius, Graffius, etc. Mihi tamen
» cum nonnullis aliis... non videtur improbabile non teneri ad
» restitutionem. » Il y a donc grande probabilité que le prêtre
est tenu à restitution, et quelle restitution ? Pax Jordanus et
Castro Palao nous apprennent qu'il s'agit là de recommencer
les sacrifices. Le premier (6) dit : « Quamvis peccet qui alibi
» sacrificat, non tamen obligatur *ad restitutionem iterum cele-*
» *brandi* in loco destinato, quia non privavit institutorem

(1) *Resolut. variæ*, V° *Missa*, n. 1.
(2) *Edit. coord.* tom. IV, tract. 1, resolut. 15.
(3) *De officio et potestate episcopi*, alleg. XXIV, n. 33.
(4) *Cursus Theol. mor.* tr. V, *De sacrificio miss.* cap. 5, punct. 2,
n. 17.
(5) *Resol. Var. pars prior*, tom. 2, resol. XXV, n. 26.
(6) *Loc. cit.* n. 559.

» fructu sacrificii. Azorius cum Nav. Sylv. Bald. et aliis *com-*
» *muniter* sentit contrarium, quod imo teneatur ad restitutio-
» nem.... » La restitution consiste donc à recommencer, en la
manière convenable, les Messes qui n'avaient pas été dites selon
l'intention du fondateur.

Castro Palao tient aussi *per se* que l'on est obligé de restituer (1).
« Ego crederem te esse *per se* obligatum compensare Missas
» præternissas non ob fructum sacrificii, sed ob prætermissum
» cultum specialem... *per accidens* tamen videris deobligatus,
» *quia raro est possibilis compensatio.* »

Si donc nous appliquons la résolution des Théologiens au
cas que nous examinons, et qui a beaucoup d'analogie avec
celui-ci, nous devrons conclure que le manquement est grave,
et qu'il y a probabilité qu'on est tenu de restituer, c'est-à-dire,
de réitérer les sacrifices qui n'ont pas été offerts dans les conditions posées par le testateur, ou le fidèle qui a donné la ré-
tribution.

En résumé, nous disons qu'il ne faut pas trop compter sur la
probabilité du sentiment de M. De Herdt, et si elle suffit pour
se tranquilliser sur le passé, chose que nous sommes loin
d'assurer, au moins ne peut-elle servir de guide pour les obligations futures. C'est ici une matière dans laquelle, nous
semble-t-il, on ne peut pas suivre une opinion probable, et où
il faut toujours prendre le parti le plus sûr.

(1) Tract. XIII, *De beneficiis*, disp. 1, punct. 6, n. 27.

CONFÉRENCES MORALES DE ROME.

Un mot sur les mariages mixtes.

———•••——

La *Correspondance de Rome,* nous apporte, dans son numéro du 4 mars de la présente année, la solution d'un cas proposé aux conférences morales de Rome, et elle parait l'approuver sans réserve. Pour nous, il nous est impossible de nous rallier aux principes qui y sont émis : nous en donnerons tout à l'heure les raisons. Voici d'abord en entier l'article de la Correspondance :

Une certaine province d'Allemagne n'était peuplée autrefois que de catholiques ; le décret du Concile de Trente sur la réforme du mariage y fut publié, et observé généralement jusqu'au commencement de ce siècle. En 1815 elle passa sous la domination d'un prince hérétique ; les protestants obtinrent le libre exercice de leur secte, et formèrent une société avec ses pasteurs et ses rites. Or, dans une ville de cette même province, où les catholiques vivent aujourd'hui mêlés aux hérétiques, une jeune personne du nom de Marguerite, appartenant à une excellente famille de catholiques, contracta mariage devant un ministre non-catholique, sans observer les formalités du Concile de Trente, avec un hérétique du nom de Wenceslas. Elle le fit à l'insu de ses parents et en dépit de leur opposition. De graves querelles surgirent entre elle et son mari peu de temps après ; celui-ci obtint du consistoire protestant une sentence de divorce, et il passa à d'autres noces. Marguerite, abandonnée par son mari, voudrait, elle aussi, se remarier ; elle est sur le point de fiancer avec un catholique, mais avant de le faire, elle se décide de consulter un thélogien, qui se fait à lui-même les deux questions suivantes :

1° Quelles sont les personnes comprises dans le décret du Concile de Trente, chap. 1, sess. 24. sur la réforme du mariage ?

2ᵉ Que penser dans le cas présent ? Que prescrire à Marguerite ?

Quant à la première question, c'est une chose certaine que le décret du Concile de Trente fut obligatoire dans toutes les paroisses où il fut promulgué, par rapport à tous et chacun des catholiques qui les habitaient. Le doute est s'il s'étendait également aux hétérodoxes qui pouvaient s'y trouver mêlés aux catholiques. On peut aussi douter si, dans une province où il n'y avait pas d'hérétiques lors de la promulgation du Concile, et dans laquelle ils viennent s'établir dans la suite, on peut douter, disons nous, si la publication de la loi ecclésiastique qui a eu lieu avant leur introduction, les oblige d'en observer les prescriptions, sous peine de nullité du mariage.

Il semblerait, au premier aspect, qu'ils y sont obligés en effet, attendu que sans aucun doute les hérétiques, par le caractère qu'ils reçoivent dans le sacrement du baptême, sont soumis à l'autorité et aux lois de l'Église, ainsi que Gonzalez le prouve au chap. *sicut.* n. 12 *de hæreticis*, et Benoît XIV l'enseigne dans le bref qui commence *Singulari* du 9 février 1749 § *postremo exploratum.*

Mais une question semblable à celle du cas ci-dessus fut proposée à la S. Congrégation du Concile sous le pontificat de Clément XII, relativement aux provinces alors confédérées de la Hollande et de la Belgique, dans lesquelles on savait à n'en pas douter que le Concile de Trente avait été promulgué. Après que cette question eut été examinée avec maturité et discutée longtemps, même *coram Pontifice*, en présence de Benoît XIV, successeur immédiat de Clément XII, elle fut décidée en 1741, et l'on régla que les mariages qui seraient célébrés entre catholiques, lorsque les deux parties contractantes seraient catholiques, seraient soumis au décret du Concile de Trente, qui ordonne la présence du propre curé et de deux témoins sous peine de nullité du mariage. On décida le contraire par rapport aux mariages que les hétérodoxes contracteraient dans les mêmes provinces, et par rapport à ceux où l'une des parties contractantes ne serait pas catholique, ils furent reconnus valides sans qu'ils fussent assujettis aux prescriptions du Concile de Trente, bien entendu que la partie catholique qui contracterait avec un hétérodoxe, sans la dispense de l'Eglise, ferait un mariage illicite, mais non invalide. C'est là ce qui fut décidé, ainsi que chacun peut le voir, chap. 6, lib. 6, *de sy-nodo diœcesana* par le même pontife Benoît **XIV**, qui mentionne en cet endroit de son livre le décret de la S. Congrégation du Concile, en date du 3 mai 1741, ainsi que le décret confirmatoire qu'il rendit lui-même le 4 novembre de la même année.

La raison qui fit décider de la sorte, nous est donnée par le même Pape dans le bref *Singulari* déjà cité au § *at vero*. Voici ses propres expressions : « Ex verissimis argumentis, conjecturisque probatum est » Conc. Trident. quum novum illud dirimens impedimentum constituit, » decretum suum ad ea matrimonia non extendisse, quæ disceptationi a » Nobis anno 1741 solutæ occasionem dedere. » C'est-à dire que ce ne fut pas l'intention des Pères de Trente d'étendre ce nouvel empêchement diri-mant aux provinces soumises à des gouvernements hétérodoxes, qui au-raient empêché la promulgation du Concile. Ils ne voulurent pas même y soumettre les hétérodoxes qui vivaient mêlés aux catholiques sous des gouvernements catholiques, parce qu'il en serait résulté de plus grands inconvénients. Voyez encore Benoit XIV dans le chap. VI de *synodo diœcesana* déjà cité; il donne la raison pour laquelle, dans les mariages faits entre une partie hétérodoxe et une partie catholique, celle-ci est exemptée de la loi du Concile de Trente. Lorsqu'un des époux, soit à cause du lieu qu'il habite, soit à cause de la société au milieu de laquelle il vit, est exempt de la loi du Concile de Trente, l'exemption dont il jouit se communique à l'autre partie par l'individualité du contrat.

Ces principes établis, rien n'est plus facile que la réponse à la seconde question ci-dessus. Le mariage de Marguerite avec Wenceslas fut illicite, il est vrai, mais valide. Il faut donc prescrire à Marguerite de ne pas contracter de second mariage, puisqu'elle ne peut le faire, tant que Wenceslas sera vivant; le premier mariage ayant été bon, le second se-rait entièrement nul. Il ne lui reste par conséquent qu'à faire ce qu'elle pourra pour se réconcilier avec son mari.

Nous disons au contraire, que le mariage contracté par Mar-guerite est illicite et invalide à la fois, et qu'elle peut librement convoler à d'autres noces. Dans notre troisième article sur les

mariages mixtes (1), il a été établi par des preuves nombreuses
et irrécusables, que les hérétiques, lorsqu'ils habitent des pays
catholiques où la loi du Concile de Trente a été promulguée,
sont tenus de l'observer, à peine de nullité du contrat. Plusieurs décisions de la Congrégation du Concile, le Bref de
Pie VIII aux Evêques des provinces rhénanes, des décrets du
S. Office en font foi (2). On doit sur ce point abandonner Carrière, dont l'opinion n'est pas fondée.

Quels sont donc les lieux où les mariages clandestins des hérétiques seront valides ? Nous l'avons prouvé : ce sont les pays
où l'hérésie était dominante, au moment de la publication du
Concile (3). Mais dans ceux où l'hérésie s'est introduite depuis,
les hérétiques sont soumis à la loi, selon que le reconnaît l'historien du Concile, Pallavicin (4). « Quod tamen satis non præ-
» servavit illa loca quæ a catholicis tunc possessa, ideoque ligata
» hac lege solemniter ibi promulgata, in potestatem deinceps
» devenerunt hæreticorum incolarum et imperantium.» Ensuite,
les diocèses catholiques des provinces du Rhin et de Westphalie
n'étaient ils pas soumis à un prince protestant, et ne devait on
pas dès-lors, d'après les principes de l'article que nous examinons, déclarer valides les mariages mixtes qui y étaient contractés clandestinement ? Néanmoins Pie VIII les déclare nuls
et invalides, et il accorde aux Evêques le pouvoir de les reva-
lider (5). De même, avant 1830, la Belgique n'était-elle pas sous
la puissance d'un prince protestant, et les hérétiques, presque
aussi nombreux que les catholiques, n'avaient-ils pas le libre
exercice de leur culte ? Le Luxembourg n'est-il pas encore dans

(1) *Mélanges*, tom. III, pag. 60-105.
(2) *Ibid.*, pag. 81 84.
(3) *Ibid.*, pag. 92-96.
(4) *Hist. Conc. Trid.* Lib. XXII, cap. 8, n. 10.
(5) *Mélanges*, *ibid.* pag. 81, 82.

la même position? Et malgré cela la Congrégation du S. Office a déclaré, avec l'approbation du Souverain Pontife, que les mariages mixtes qu'on y contracte clandestinement, sont tout à fait nuls (1).

Ce peu de mots suffiront pour démontrer l'inexactitude de la solution rapportée par la Correspondance de Rome. Si quelque lecteur désire de plus amples détails, nous le renverrons à notre grand travail où toutes ces preuves sont détaillées *in extenso*, et nous prions la Correspondance d'y recourir. Quant à l'analogie qu'on veut déduire de la déclaration de Benoit XIV, touchant les mariages de Hollande, elle n'existe nullement. On s'en convaincra facilement, en lisant ce que nous avons dit dans l'article cité (2).

Nous ne relèverons pas une à une toutes les assertions hasardées que nous trouvons dans l'article dont il est question : il en est une cependant que nous ne pouvons laisser passer sous silence. « Ils ne voulurent pas même y soumettre les hétéro-» doxes qui vivaient mêlés aux catholiques sous des gouverne-» ments catholiques', parce qu'il en serait résulté de plus grands » inconvénients.' »

Cette proposition est fausse et complètement inexacte; elle est opposée à la pratique constante de Rome, et à une foule de décisions qui ont émané des diverses Congrégations. Toujours on y a enseigné, que les hérétiques qui habitent les lieux où le décret du Concile a été promulgué, sont tenus de l'observer à peine de nullité (3). Benoit XIV, à l'endroit de son ouvrage *de synodo* auquel on renvoie, ne dit pas un mot qui puisse servir de fondement à une telle assertion : nous croyons l'avoir surabondamment prouvé.

(1) *Ibid.* Pag. 83, 84.
(2) *Ibid.* Pag. 96 et ss.
(3) V. *Mélanges*, Ibid., pag, 81 et ss.

Une autre proposition que nous rencontrons dans le numéro du 14 Mars de la même *Correspondance* mérite quelques mots. Nous y lisons : « par exemple, dans le second degré d'affinité » *ex copula illicita*,..... les rapports d'un homme marié avec » une femme également mariée font que les enfants des deux » mariages respectifs ne peuvent pas s'unir entre eux légitime- » ment (1). » Cette assertion est aussi inexacte. *Affinitas non parit affinitatem*, comme le définit Innocent III, dans le 4ᵉ concile de Latran. De là vient, dit Ferraris, que le père et le fils peuvent épouser la mère et la fille, « et sic de aliis affi- » nibus, quia ex carnali commixtione fit quidem vir affinis cum » consanguineis fœminæ et e contra, non tamen consanguinei » ipsius viri affines cum consanguineis fœminæ, et e contra, ut » expresse definivit Innocentius III (2). » Il est donc bien évident que dans le cas posé par la *Correspondance*, il n'y a nul empêchement entre les enfants innocents, et qu'ils peuvént contracter entre eux une union légitime.

DES PROCESSIONS.

2ᵉ *Article* (3).

26. Dans l'article précédent où nous avons examiné les pro- cessions à un point de vue historique, nous avons dù nous borner, et restreindre considérablement les détails qui se pres- saient sous notre plume, afin de rester fidèle à notre pro·

---

(1) *Corresp. de Rome*, n. 93, pag. 57.
(2) *Bibliotheca canonica*, verb. *Affinitas*, art. 1, n. 11,
(3) Voir Vᵉ série, IVᵉ cah., pag. 533.

gramme et de ne traiter que des questions véritablement pratiques. Ici au contraire, nous nous étendrons davantage, et nous donnerons, avec d'autant plus d'assurance, les développements que nécessitera la matière, qu'il est plus difficile, voire même impossible, de les rencontrer dans les auteurs. Et d'où cela provient-il? C'est que la matière est mixte, elle est en partie canonique, elle n'est pas exclusivement liturgique : et de la sorte, elle a été négligée par les uns et les autres. Les Ritualistes seulement, tels que Barruffaldi, Catalanus, et d'autre part les Canonistes tout-à-fait pratiques, qu'on pourrait appeler *Curiales*, tels que Barbosa, Pax Jordanus, Pignatelli, Monacelli et Ferraris, qui les résume, ont eu occasion de parler des processions : les autres n'en disent mot. Toutefois ajoutons qu'on trouve dans la Collection de Gardellini une mine bien précieuse. A la vérité elle n'a pas demeuré inexplorée jusqu'ici : la Collection *S. R. C. Decreta authentica*, à laquelle nous renverrons à l'occasion, en a extrait les décrets principaux et les plus pratiques. Mais il en reste encore, et particulièrement de ceux qui donnent lieu à des discussions ou font naître des doutes. Nous nous efforcerons de faire disparaître toute incertitude, et de traiter tous les points qui se rattachent au sujet.

Le premier doute qui se présente est celui-ci : A qui appartient-il d'établir des processions, de les abroger, diriger, et d'indiquer les voies par lesquelles le cortège doit passer? Chaque curé est-il le maître dans son église, tant pour les processions publiques que pour les processions privées et moins solennelles, ou tout cela dépend-il de l'autorité épiscopale?

Il est certain que les processions publiques, solennelles, extraordinaires ne peuvent se faire qu'en vertu d'une autorisation épiscopale. Les motifs d'une telle disposition sont faciles à saisir : l'honneur du culte, le maintien de la discipline, le bien des âmes y sont intéressés. Les abus les plus monstrueux pourraient naître de la liberté laissée sur ce point aux recteurs des églises. N'ayant pas toujours assez de tête pour résister aux désirs et aux caprices de leur peuple, ils se verraient souvent entraînés à des actes répréhensibles, à des cérémonies singulières ou ridicules qui mettraient en péril la foi ou les mœurs. Tous les auteurs du reste, reconnaissent ce droit à l'Evèque : Pax Jordanus (1), Barbosa (2), Ferraris (3), Barruffaldi (4); et il est appuyé d'un grand nombre de décrets de la Congrégation des Rites (5).

Nous devons en dire autant des processions privées ou moins solennelles : car elles appartiennent aussi au culte public dont la surveillance est commise à l'Evêque. « Processiones publicas » et privatas capituli et cleri ordinare et dirigere ad Episcopum » et ejus vicarium pertinere, » dit la Congrégation des Rites, le 14 décembre 1602, in FUNCHALEN. (6). Un peu plus tard, elle déclare encore « Episcopi esse edicere, decernere, diri- » gere atque deducere processiones, de consilio tantum Capi- » tuli, non autem consensu, juxta declarationem S. C. Conc. » Trid. *Idque in omnibus processionibus servandum.* Die 28 » Martii 1626, in ELBOREN (7). » Quelques années après, un curé se plaignit de l'Evêque, qui lui défendait de faire une procession : il fut débouté, car la Congrégation fidèle à ses antécédents, répondit : « Ad Episcopum privative pertinere indi-

---

(1) *Elucubrat. divers.* Tom. 2, lib. XI, tit. 2, n. 30, 31.
(2) *De Officio et Potest. Episcopi*, Part. 3, alleg. 73, n. 3.
(3) *Bibliotheca canonica*, v. *Processiones*, n. 4.
(4) *In rit. rom.*, Tit. LXXVI, n. 19.
(5) *V. S. R. C. Decreta*, v *Processio*, n. 1.
(6) Ap. Gardellini, n. 35.
(7) *Ibid.*, n. 467.

» cere et dirigere processiones quo et qua maluerit , nec sine
» ejus licentia aliter fieri licere. » Die 2 Augusti 1631 , in
» THELESINA (1). »

Et l'Evêque a ce droit, non-seulement par rapport au clergé
séculier, mais aussi sur les réguliers, et s'il le juge convenable,
il peut ou interdire la procession , ou en modifier l'itinéraire.
L'Evêque de Capo d'Istrie exposa à la Congrégation qu'il trouvait utile de changer la direction d'une procession faite par les
Dominicains de cette ville , et demanda s'il avait ce pouvoir ;
on lui répondit : *Affirmative* (2).

27. Il ressort clairement de tous ces décrets que les processions
autres que celles fixées en certains jours par l'Eglise, ne peuvent
se faire sans la permission de l'Evêque (3) ; que c'est à celui-ci,
pour toutes les processions , de désigner les chemins par lesquels le cortège doit passer, ou de modifier l'itinéraire, s'il y a
lieu. Le curé n'est donc pas le maître de diriger la procession
du S. Sacrement, ou celle des Rogations, par où bon lui semble ;
il doit , à cet effet , recourir à l'autorité diocésaine. Et cela est
très-rationnel. Car si chaque recteur avait ce pouvoir , il en
userait largement, et désapprouvant ce qu'ont fait ses prédécesseurs , il modifierait un itinéraire suivi depuis longtemps , au
grand détriment de son influence pastorale et quelquefois de la
religion. Nous voyons tous les jours avec quelle ténacité le
peuple s'attache à ce qu'il regarde comme des droits acquis , et
combien il est froissé, s'il se les voit enlever sans motifs. Il y a
environ cent ans, à Avignon , le chapitre et le curé de l'Eglise

---

(1) *Ibid.*, n. 786.
(2) Die 24 nov. 1691 , in *Justinopolitana* , ibid. , n. 3103.
(3) C'est ce qui vient d'être aussi réglé par les nouveaux statuts du
diocèse. « Nulla enim processio nova instituatur nisi de Ordinarii licentia, in scriptis data, et in archivo parochiæ servanda. » *Statuta Diœc.*
Leod. Tit. IX, cap. 8, n. 253.

collégiale de S. Agricole, d'accord avec la confrérie du S. Sacrement, voulurent changer l'itinéraire de la procession du S. Sacrement, qui se fait au dernier jour de l'octave de la Fête-Dieu :
quelques habitants de la rue des *Princes* s'y opposèrent avec
acharnement , et la cause vint à Rome. La Congrégation des
Rites , après avoir consulté l'Archevèque, et examiné les titres
des deux parties , décida qu'on pouvait faire la modification
demandée (1). Nous pensons bien qu'en beaucoup de cas, la
chose n'irait pas aussi loin ; néanmoins les paroissiens, qui se
trouvent lésés dans leurs droits acquis, ont la faculté de
réclamer auprès de l'Evèque et d'en obtenir le maintien de
ce qui existait, si les motifs de changer ne sont pas suffisants.

Faut il étendre ces dispositions aux processions qui se font
simplement dans l'intérieur des Eglises, ou autour de l'édifice,
ou bien le curé est-il le maitre de les établir et de les supprimer
à son gré? Les décrets que nous venons de rapporter ne concernent à la vérité que des processions faites par les rues , mais
ne semblent-ils pas aussi comprendre les autres ? Nous sommes
assez porté à le croire. Parce que c'est là véritablement une procession, dans le sens ordinaire du mot : on n'en fait pas d'autre,
en quelques diocèses , pour gagner l'Indulgence accordée à
ceux qui assisteront à la procession du S. Sacrement (2) , et
même aux Rogations, quand le temps est pluvieux. C'est donc
bien véritablement une procession ; or, il a été déclaré que
toutes les processions nouvelles doivent être établies par l'E-
vèque , ainsi que nous venons de le dire. Ajoutons encore que
le motif de la loi nous semble militer pour ce cas, aussi bien

(1) Die 17 maii 1760, in *Aveṇionen*. Gardellini, n. 4139.
(2) Dans l'ancien diocèse de Cambray , une indulgence plénière était
accordée aux fidèles qui assistaient à la procession du premier Dimanche
du mois, à l'issue de la grand'messe.

que pour les autres spécifiés dans les décrets. La procession , quoiqu'elle ne s'avance point par les rues, est une cérémonie publique, elle appartient au culte public, et par là elle est soumise à la vigilance épiscopale : c'est pourquoi la Congrégation remit à l'Evêque la décision du doute suivant : « An in Dominicis et » festivis quibusdam diebus, quasdam processiones facere possint » per Ecclesiam , juxta eorum inveteratam consuetudinem , et » pro satisfactione onerum injunctorum ? S. R. C. decisionem, » seu declarationem Ordinario remisit. Die 20 martii 1604, in » BRACHAREN (92). » Du reste, il n'y a aucun doute pour la procession qui se ferait avec le S. Sacrement ; car si l'on ne peut extraire le S. Sacrement du tabernacle pour l'exposer à l'adoration des fidèles , sans une autorisation expresse de l'Ordinaire , à plus forte raison ne pourra-t-on le porter processionnellement dans l'Eglise (1). Remarquons cependant que l'Evêque n'approuve pas la procession , par là même qu'il autorise l'exposition : ces deux cérémonies sont distinctes et doivent être nommément exprimées.

28. Le pouvoir de l'Evêque sur les processions n'est pas absolu , il doit se restreindre d'après les usages de l'Eglise. Ainsi l'Evêque ne pourrait autoriser une procession solennelle à la Semaine Sainte, ni pendant la nuit, surtout si le S. Sacrement y est porté. C'est ce que décida autrefois la Congrégation des Rites.

Cum Episcopus Mantuanæ probibuerit abusum inventum in undecim oppidis seu terris suæ Diœcesis, quæ vel ex voto ob acceptas gratias , vel ex devotione, solebant feria V et feria VI majoris hebdomadæ de nocte facere processiones, portando SS. Sacramentum discoopertum in tabernaculo, prout fit in solemni festivitate ejusdem SS. Sacramenti :

(1) V. *Mélanges Théol.*, 5ᵉ série, pag. 425.

Congregatio S. R., visis literis ejusdem Episcopi Mantuani, ipsum laudavit et decretum ab ipso factum confirmavit : cum similes processiones solemnes cum SS. Sacramento tempore Passionis, ut mœstitiæ non conveniant, nisi feria V in Cœna Domini post Missam, ad deponendum et conservandum SS. Sacramentum pro officio feriæ VI sequentis : et similes Processiones de nocte facere, ut præmittitur, abusum esse censuit, cum repugnant communi stylo, ritui, cæremoniis, ac mysteriis universalis Ecclesiæ, et ideo nullo modo esse eo tempore permittendas. Die 8 augusti 1606, in Mantuana (1).

De même encore les Evèques ne peuvent autoriser des processions qui se feraient contre les dispositions du Rituel Romain, et ils devraient les interdire tout-à-fait. « Non licere Episcopo » pervertere vel immutare ritum processionum præscriptum a » Cæremoniali et Rituali Romano, neque de consensu capituli, » dit la Congrégation des Rites (2). C'est la marche que nous voyons adoptée par la Congrégation des archiprêtres de Malines, concernant quelques processions peu édifiantes (3). « Quia in » processionibus, quæ nimis magnum ambitum faciunt, depre-» henditur perire devotio, et subnasci compotationes et scan-» dala, ut Ninoviæ, Merbecæ, in Meldert et alibi ; Decani, ex » auctoritate Episcopi qui hoc illis committit, resecent ambitus » longitudinem, ut una vel ad summum sesqui hora processio » finiri possit, et continuari pia devotio ; idque sub pœna alio-» qui abrogandæ processionis. »

En l'absence de l'Evèque, le vicaire-général jouit de tous ses droits : le chapitre de l'Eglise cathédrale doit être, il est vrai, consulté, mais ce n'est pas à lui qu'il appartient de prononcer. Voici une décision qui en fait foi :

(1) Ap. Gardellini, n. 176.
(2) Die 26 januarii 1638, in Cajetana, v. Gard. n. 1714.
(3) Die 8 augusti 1606. *Synod. Belgic.* tom. 2, pag. 264.

Petiit Episcopus Vigilien. declarari : an absente Episcopo, spectet ad vicarium generalem, an vero ad archidiaconum cathedralis, edicere processiones publicas consuetas ?

Et S. C. respondit : Processiones publicas edicere ac dirigere absente Episcopo , spectare ad vicarium generalem cum consilio capituli , prout pertineret ad Episcopum, si præsens esset. Die 28 sept. 1630, in VIGILIEN.

29. Ici devrait revenir une question importante, à savoir, si l'Evêque, nonobstant la coutume générale qui existe aujourd'hui en Belgique, est encore tenu de consulter son chapitre , et si la coutume n'a pas périmé cette obligation. Nous avons déjà traité ce point ailleurs, le lecteur pourra y recourir (1). Ajoutons seulement un mot de la coutume contraire au droit de l'Evêque, d'indiquer seul et de diriger les processions. Un curé est dans l'habitude de faire une procession solennelle tous les ans, sans la permission de l'Evêque, depuis longtemps la chose existe et personne n'a réclamé : est-il en droit de continuer sa procession ? Non évidemment. Ce n'est pas ici ce qu'on appelle coutume. La coutume ne peut s'introduire que par la communauté en tout ou en grande partie : le fait d'un particulier, quelque longtemps qu'il ait duré , n'est pas une coutume. Supposons donc un diocèse dans lequel, au vu et au su de l'Evêque qui ne réclame pas, tous ou presque tous les curés établissent, suppriment les processions , quand ils le jugent à propos , changent l'itinéraire selon leur bon plaisir, etc. : pourra-t-on invoquer cette coutume contre le droit réservé à l'Evêque de les approuver et autoriser ?

Tous les auteurs répondent que non , et ils apportent en preuve des déclarations de la Congrégation des Rites : « Pro-

(1) V. 1ʳᵉ série, pag. 165, (2ᵉ cah. 69.)

» cessiones dirigere, dit Barbosa (1), et eas determinare quæ
» non sunt de jure, spectat ad Episcopum, non obstante quod
» capitulum vel alii sint in quasi possessione contraria per lon-
» gum tempus. Ald. qui attestatur resolutum sub die 16 fe-
» bruarii 1619. — Processiones dirigere a quocumque loco di-
» scesserint et iverint, pertinet ad Episcopum, non obstante
» etiam immemoriali consuetudine, ex Sel. qui ait decisum in
» *Camerinen.* 24 augusti 1619. »

Pax Jordanus (2) embrasse le même sentiment, ainsi que
Ferraris (3) qui rapporte les deux décisions mentionnées par
Barbosa. La première de ces décisions est attribuée à la Congrégation du Concile, et nous ne sommes pas en mesure d'en
contester ou d'en constater l'authenticité : quant à la seconde,
elle ne se retrouve pas dans la Collection de Gardellini. Toutefois il nous en reste d'autres pour diriger notre résolution. Nous
pensons donc que les curés peuvent être maintenus en possession de faire les processions *privées* qui sont d'un usage ancien,
mais qu'ils ne peuvent continuer à faire les anciennes processions *publiques*, s'ils n'ont reçu une autorisation formelle de
l'Evêque. Nous avons plusieurs motifs pour faire cette distinction entre les processions publiques, solennelles, et les processions simples et privées. D'abord, l'autorité des canonistes
cités plus haut. Ainsi que nous l'avons fait remarquer (4), lorsqu'ils reconnaissent à l'Evêque le droit d'ordonner, de diriger,
changer, etc., les processions, ils n'entendent parler que des
processions publiques, extraordinaires. Il faut donc restreindre
aux mêmes sortes de processions ce qu'ils disent dé l'impuissance de la coutume. Ensuite une déclaration authentique de la

(1) *Collectanea DD. in Conc. Trid.* sess. XXV, cap. 13. n. 43-44.
(2) *Loc. cit.* num. 31.
(3) *Loc. cit.* n. 5.
(4) n. 26.

Congrégation des Rites. On lui avait proposé le doute suivant
de la part du chapitre métropolitain de Séville. « An ad Archie-
» piscopum, adhibito consilio Capituli tantum, pertineat præfi-
» nire, quo, quando et qua dirigendæ ac deducendæ sint proces-
» siones tam ordinariæ quam extraordinariæ ? » La réponse fut :
Affirmative. Die 12 februarii 1690. Bientôt on revint à la
charge : le même doute fut de nouveau proposé, et la Congrégation distinguant les processions publiques des autres , répondit : « Quoad processiones *publicas* tam ordinarias quam
» extraordinarias, in decisis. Et quoad modum exquirendi con-
» silium in extraordinariis, posse servari solitum. Quo vero ad
» processiones *privatas consuetas fieri* a Capitulo , tam intra ,
» quam extra ecclesiam , recedendum a decisis , scilicet : non
» indigere novo consensu. Die 22 januarii 1695 in Hispalen.
» ad 1. (1). »

La raison de cette différence est facile à saisir. Les processions publiques et solennelles se faisant avec plus de pompe et
d'éclat, sortent en quelque sorte des offices ordinaires de
l'Eglise, et peuvent facilement donner lieu à des inconvénients
graves ou à des abus : il est donc convenable qu'elles ne puissent
se continuer, même après un long temps , sans une nouvelle
approbation de l'Evêque. Quant aux autres, les mêmes dangers
ne sont pas autant à craindre , et s'il se rencontre des abus,
l'Evêque conserve le droit de les supprimer , quelque temps
qu'elles aient duré. Il n'y a aucun doute sur ce dernier point,
après la déclaration suivante de la Congrégation des Rites.
« Posse Archiepiscopum ex causa prohibere, ne fiant aliquæ
» processiones , ex devotione populi et confraternitatum intro-
» ductæ , si fuerit repertum expedire ut prohibeantur. Die 14
» januarii 1617, in Elboren (2). »

___

(1) Ap. Gardellini, n. 3052, 3200.
(2) *Ibid.*, n. 381, v. *S. R. C. Decreta*, v. *Processio*, n. 4.

50. Appartient-il au curé, ou est-ce un droit réservé à l'Evèque, de transférer à un autre jour les processions qui ont été empêchées, à cause du mauvais temps, ou pour d'autres motifs?

La Congrégation des Rites avait répondu d'abord, dans la cause de Séville, que l'Evèque seul avait ce droit, avec le conseil du chapitre (1). Plus tard, elle fit la distinction des processions publiques et des processions privées. La translation de ces dernières fut remise au choix du chapitre, sauf l'approbation de l'Archevêque. « Recedendum esse a decisis sub die 11 »januarii 1690, et translationem processionum *privatarum* per- »tinere ad Capitulum, cum approbatione tamen Archiepis- »copi. Die 5 septembris 1695, in HISPALEN (2). »

Nous dirons donc d'après cela que si une procession solennelle, soit ordinaire, soit extraordinaire, n'a pu se faire au jour marqué, c'est à l'Evèque d'assigner le jour auquel elle sera transférée : et cela, nonobstant toute coutume contraire. Si c'est une procession privée, la translation pourra s'en faire par le curé, et, pensons-nous, sans recourir à l'Evèque, la coutume étant telle dans notre pays. Il est vrai que la Congrégation exigea que le chapitre de Séville sollicitât l'approbation de l'Archevêque, mais nous croyons que c'est surtout parce que la Cathédrale étant l'Eglise de l'Evèque, il ne convient pas d'y faire des offices, en des jours divers des jours accoutumés, sans sa participation. Le même motif n'existant pas pour les Eglises paroissiales, nous pensons que les curés ne doivent pas regarder cette décision comme leur étant applicable.

Voilà le droit général ; mais dans un grand nombre de diocèses, les statuts ou des ordonnances spéciales laissent au curé

(1) *S. R. C. Decreta*, *ibid.*
(2) Ap. Gardellini, n. 3220.

la faculté de transférer lui-même une procession publique qui
aurait été empêchée. C'est ainsi que nous lisons dans les ordonnances de Mgr Barrett, alors Vicaire général de Liège : « Notent
» RR. DD. diem dum determinata erit, absque gravi causa et
» sine licentia nostra amplius non esse immutandam : indulge-
» mus tamen, ut, si forte dictæ supplicationes solemnes diebus
» determinatis fieri non possent, eæ die Dominica aut festiva de
» præcepto immediate sequenti instituantur, post summum sa-
» crum..... (1). »

51. Toutefois, il y a quelque chose de réglé pour la procession du S. Sacrement. La Congrégation des Rites a déclaré en
1749, que là où la procession du S. Sacrement ne pouvait se faire
décemment au jour marqué par les rubriques, l'Evêque pouvait
désigner un des Dimanches suivants, auquel après la messe
solennelle du jour, on ferait la procession accoutumée (2).
N'oublions pas de mentionner que Caprara a désigné pour la
procession solennelle de la Fête-Dieu, le Dimanche dans l'Octave de cette fête, avec le Dimanche suivant, pour remplacer
les jours de la Fête-Dieu et de son Octave qui étaient marquées
par les rubriques romaines. Mais il est bien évident que par là
rien n'a été dérogé aux dispositions du décret de 1749, et que
l'un ou l'autre des Dimanches suivants peut remplacer ceux
qui sont spécifiés dans la réponse de 1804 (3). Mais s'il arrive
encore un empêchement au jour fixé pour la translation de la
procession? Cavalieri répond (4) qu'on peut la transférer de
nouveau. « Videtur quod commissio Episcopi per decretum
» facta executa fuerit, sed cum executa non fuerit decreti mens,

(1) *Mandements et lettres pastorales, etc., du diocèse de Liège*, tom. II,
page 238.
(2) Vid. *Sacr. Rit. Congr. Decreta auth.* V. *Processio*, n. 7.
(3) V. *Op. cit.* p. 268 (266).
(4) Tom. IV, cap. 19, decr. 1, n. 17.

» quæ est ut processio prædicta non omittatur , seu quod cele-
» bretur cum decenti pompa et solemnitate, idcirco satius saltem
» esse videtur , quod die designata similiter impedita, in diem
» alteram processio transferatur. »

52. Toutes les processions sont-elles de simple permission
et tolérance , ou bien y en a-t-il quelques-unes d'obligatoires,
au moins dans les Eglises paroissiales ?

Nous croyons qu'il est nécessaire de distinguer entre les
Eglises cathédrales , et les Eglises paroissiales dans lesquelles on
n'est pas tenu à l'office du chœur. Pour les premières, les processions de S. Marc, des Rogations et du S. Sacrement semblent
être de rigueur. « In die Sancti Marci fiunt litaniæ quas ma-
» jores vocamus. Igitur dicta die congregatur de mandato
» Episcopi totus clerus secularis..... In processionibus vero et
» litaniis minoribus quæ Rogationes vocantur , et fiunt tribus
» diebus ante Ascensionem Domini , eadem servantur..... »
Voilà les termes dont se sert le Cérémonial des Evèques (1). Et
parlant de la procession du jour de la Fête-Dieu , il s'exprime
ainsi (2) : « Ut processio quæ hac die erit facienda, rite et recte
» ac secundum debitas cæremonias in honorem tanti sacramenti
» fiat.... » Voilà , nous parait-il , un précepte bien clairement
exprimé. Ajoutons-y que si l'obligation n'existait pas pour ces
sortes d'Eglises, elle n'existerait pour aucune , et les plus belles
et les plus touchantes cérémonies de la religion pourraient être
omises partout , sans qu'aucune réclamation pût être élevée
de ce chef par les supérieurs, et cela au grand détriment de la
foi et de la piété. Au surplus, la coutume constante et universelle de toutes ces églises est un témoignage manifeste de l'obligation, ainsi que nous l'avons établi ailleurs. Ce que nous disons

(1) Lib. II, cap. 32.
(2) *Ibid.*, cap. 33.

des processions du S. Sacrement et des Rogations, il faut l'appliquer aux processions de la Purification et des Rameaux que le Missel Romain unit aux autres cérémonies de ces deux jours.

Quant aux Eglises paroissiales, il nous semble que, de droit, les processions dont nous avons parlé ne sont pas strictement obligatoires. Rien, dans les livres liturgiques, n'indique une telle obligation, et ce que porte le Missel romain de la procession des Cierges et de celle des Rameaux, doit s'entendre des Eglises tenues à la Messe conventuelle; puisque, de droit commun, la Messe ne doit pas être chantée dans les Eglises paroissiales, même les Dimanches, et de fait, à Rome, la messe paroissiale est très-souvent une messe basse. Or, il est évident que la procession, et les autres fonctions qui se font en-dehors de la Messe, impliquent la célébration d'une Messe chantée et solennelle. Et ce qui confirme notre assertion, c'est qu'il a fallu une concession de la Congrégation des Rites pour autoriser les offices de la Semaine Sainte, dans les églises rurales où il ne se trouve pas un nombre suffisant de prêtres pour les célébrer avec solennité (1).

33. Cavalieri semble enseigner que la procession du S. Sacrement est obligatoire. Il se fonde sur les termes de la réponse suivante de la Congrégation des Rites. « Ubi processio SS. Sa- » cramenti in ejus festo die, vel per octavam ea qua decet, » solemni pompa, nequiverit haberi, designabit Episcopus pro » suo arbitrio et prudentia, unicuique Ecclesiæ aliquam ex » sequentibus Dominicis, in qua celebrata Missa cum comme- » moratione SS. Sacramenti, juxta Rubricarum præscriptam » formam, solemnis illius processio peragi possit. Die 8 Martii » 1749, in LISBONEN (2). » Ce savant liturgiste trouve l'obliga-

(1) V. Gardellini, n. 4433.
(2) V. *S. R. C. Decreta*, v. *Processio*, n. 7.

tion exprimée par les mots *designabit Episcopus :* « Cum hoc
» verbum, dit-il, magis imperativum sit quam facultativum,
» abunde designat, quod Ecclesiæ se dispensare non possunt
» ab eadem processione facienda, sed quod magis, eam facere
» tenentur in die quam Episcopus designabit (1). » Belotti (2)
tient expressément cette opinion. Non seulement, dit-il, la
procession du S. Sacrement est ordonnée, elle est de plus
ordonnée en un jour fixe, comme on le peut déduire du Concile de Trente. (Sess. XIII, c. 5), de quelques Conciles particuliers, et du décret mentionné de la Congrégation des Rites.
Pour nous, nous croyons le contraire, et les décrets sur lesquels
s'appuyent Cavalieri et Belotti nous paraissent indiquer qu'il
n'y a pas d'obligation.

Quel est en effet le motif pour lequel l'Evêque est autorisé
à fixer un des dimanches qui suit la fête, pour la procession
du S. Sacrement? C'est afin qu'elle puisse se faire avec une
pompe solennelle. Quelles sont en outre les conditions sous
lesquelles le concile de Trente approuve la coutume de porter
le S. Sacrement en procession? C'est que la cérémonie se fasse
reverenter et honorifice. Or, nous pensons que ces conditions
doivent être indispensablement observées, et que la procession,
non-seulement n'est pas obligatoire, mais n'est pas même permise, si elle ne peut se faire avec pompe et éclat. De là il suit
que la procession n'est pas obligatoire partout, puisqu'il est
impossible en certains lieux de remplir ces conditions.

Il est facile de répondre aux raisons alléguées par les deux
auteurs cités. Le Concile de Trente, loin de porter une loi, ne
fait que louer la coutume de l'Eglise catholique qui rend par
une fête spéciale, et la pompe de ses processions, les honneurs

(1) *Loc. cit.,* n. 17.
(2) *Sui Parrochi,* Part. III, cap. 3, § 3.

dus au S. Sacrement de l'autel. Ensuite, les synodes particuliers n'obligent pas dans toute l'Eglise et n'ont pas force de loi générale. Enfin, le décret de 1749 n'emporte pas la signification que lui attribue Cavalieri, il fait simplement une concession aux Evêques, que c'est à ceux-ci de désigner le jour le plus convenable. Il est tout à fait arbitraire de prétendre que le futur *designabit*, ou même que le subjonctif *designet* implique une obligation, lorsque rien ne le prouve d'ailleurs. Nous croyons donc qu'il n'y a rien dans le droit écrit qui fasse aux églises paroissiales une obligation véritable de célébrer la procession du S. Sacrement, ou les autres marquées dans les rubriques, et en usage dans l'Eglise. Nous pourrions examiner s'il ne faut pas attribuer à la coutume l'introduction de l'obligation des processions dans toutes les églises, mais ce point est très-compliqué, et il ne présenterait qu'une solution douteuse : nous l'omettons donc, pour étudier la question sous un aspect plus intéressant (1).

34. La plupart des Evêques ont suppléé dans leurs diocèses respectifs au silence du droit commun, et ils ont rendu obligatoires certaines processions. Ainsi S. Charles Borromée ordonna de faire la procession dans toutes les paroisses, chaque troisième dimanche du mois, et il porta une peine contre les curés qui négligeraient de la faire (2). De même dans le diocèse de Cambray, une procession était ordonnée tous les dimanches et lundis. « Præcipimus ut presbyteri parochiales,

(1) On pourrait avec quelque fondement, apporter encore en preuve de notre sentiment, le droit que possède l'Evêque de convoquer aux processions publiques tout le clergé séculier et régulier de son diocèse. Cependant ce droit n'ayant jamais ou presque jamais été exercé chez nous au moins depuis la révolution française, étant même d'une application à peu près impossible, nous avons cru devoir le négliger, pour restreindre la difficulté à ce qui se pratique en Belgique.

(2) V. *Acta Mediol.* p. 96, 116.

» vel eorum vicem gerentes...... in singulis diebus dominicis,
» pro solemnitate diei, intra Ecclesiam vel extra, et qualibet
» feria secunda pro animabus, in cœmeteriis, ante Missam
» cum clero et populo eis subdito, prout consuetum est, pro-
» cessionaliter incedant... (1). » Dans les nouveaux statuts de
Liège, nous trouvons obligatoire la procession du S. Sacrement, dans toutes les paroisses : « Processio solemnis, in qua
» defertur sacro sancta Eucharistia, in omnibus parochiis in-
» stituatur in die festo, vel Dominica infra octavam corporis
» Christi (2). » Comme on le voit, il n'y est pas fait mention
des Rogations; toutefois nous pensons que la procession de ces
jours a été de tout temps regardée comme obligatoire, tant
dans ce diocèse que dans les autres diocèses de la Belgique,
et ainsi il faudra dire qu'elle est obligatoire, sinon par le droit
écrit, au moins en vertu de la coutume.

Quant aux autres pays, nous n'osons rien décider, ne con-
naissant pas ce qui s'y passe.

35. Après avoir recherché quels sont ceux qui ont le droit
d'établir ou de diriger les processions, nous devons examiner
quelles sont les personnes qui sont tenues d'y assister.

« Il faut distinguer ici les processions qui ont pour but le
bien public, de celles qui ne sont établies que pour des motifs
plus particuliers. A celles-ci, personne, de droit, n'est obligé
d'assister, si ce n'est les ecclésiastiques attachés à l'Eglise où
elles se font. Au contraire pour les processions de bien public,
l'Evêque a le droit de convoquer tous les clercs de son diocèse,
parmi lesquels sont compris les chanoines, bénéficiers, chapelains, et tous ceux qui possèdent un bénéfice ou remplissent un
office dans le diocèse, et sous ce nom il faut comprendre ceux

(1) *Antiqua stat. synod. recogn. an.* 1550, tit. XII, p. 108.
(2) *Statuta synod. Leod.* n. 253.

qui sont attachés à une église où ils servent. Les séminaristes peuvent aussi y être contraints, mais non les curés des villages du diocèse. Ainsi, quand on parle de bénéficiers, on entend les clercs qui ne possèdent que des bénéfices simples, et non ceux qui ont charge d'âmes. En outre les réguliers peuvent être contraints d'assister à ces processions, à l'exception de ceux qui vivent en cloture perpétuelle, tels que les Chartreux, les Camaldules, etc., excepté encore ceux qui sont éloignés de la ville d'un demi mille ou au-delà, à moins qu'ils ne soient dans l'habitude d'y assister. Il faut encore excepter les Jésuites et autres clercs réguliers, qui ont obtenu du S. Siège le privilége de ne pouvoir être contraints.

» Les confréries sont invitées, mais ordinairement ne sont pas forcées à assister aux processions, hormis à celle du St. Sacrement, lorsqu'elles ont été averties et menacées (1).

» Or, sous le nom de processions publiques, il faut comprendre celles des Rogations, de S. Marc, du S. Sacrement, celle que l'Evèque ordonne pour un motif grave qui intéresse le bien public, et les autres qui se font solennellement selon la coutume des lieux, comme pour l'élection d'un Pape, d'un Evèque, pour la première entrée d'un Evèque dans son église, mais non celles qu'on ordonnerait pour des causes légères. »

Voilà en peu de mots la doctrine que développe un canoniste célèbre, Pax Jordanus (2); cependant elle n'est pas exacte en tous points, et nous devons y faire quelques changements.

Les simples prêtres qui ne possèdent pas de bénéfice dans le Diocèse ne doivent pas être contraints d'assister aux processions, du moins en règle générale : il se rencontre des cas néanmoins où l'Evèque a ce droit, ainsi que l'a déclaré la

---

(1) La menace n'est pas nécessaire. V. Zamboni, v. *Processio*, n. 31.
(2) *Op. cit.* lib. VII, tit. 14, n. 37-56, lib. XI, tit. 2, n. 52-53.

Congrégation des Rites , revenant sur une décision antérieure.
Voici le texte de ce décret :

Cum in præterita Congregatione S. R. die 26 septembris currentis
anni, ad instantiam clericorum et presbyterorum simplicium Bitunti
de numero non participantium, fuerit propositum dubium : an clerici
sive sacerdotes nullis participantes emolumentis, et de gremio Capituli
non existentes, essent cogendi ad processiones accedere, et ad Ecclesiæ
inserviendum, etiam Episcopo pontificaliter celebrante ? fuerit responsum, *esse suadendos et non cogendos :* nunc vero ex noviter deductis
et reproposito dubio... eadem S. C. censuit : *In casu de quo agitur ,
cogendos esse et recedendum a decisis.* Die 28 Nov. 1682 in Bituntina.

56. Un autre point divisait les auteurs. Il s'agissait de
décider si l'Evêque a le droit d'employer les censures pour
contraindre les réguliers à assister aux processions. Sanchez (1)
Diana (2) et d'autres réguliers prétendaient que non : tout au
plus , s'ils laissaient à l'Evêque quelque moyen de coërcition
contre les religieux réfractaires. La plupart des canonistes
tenaient l'affirmative , et parmi eux nous comptons Barbosa (3),
Pignatelli (4) , etc.

Zamboni rapporte un décret de la S. Congrégation du
Concile , qui confirme leur opinion : « Constituit S. C. C. Mo-
» nachos, S. Hieronymi exemptos, ut proponitur ab Ordinario
» vocatos teneri, ac potuisse compelli etiam pœnis et censuris
» ecclesiasticis ad Rogationum Divi Marci aliasque publicas sup-
» plicationes accedere. *Albanen.* 25 *sept.* 1617 (5). »

---

(1) *De matrim.*, Lib. VII, disp. 33 , n. 23.
(2) *Edit. coord.*, Tom. VII, tract. 1, resol. 39.
(3) *De officio et potest. Episcopi*, alleg. 73 , n. 25.
(4) Tom. III, consult. 46.
(5) Zamboni , *op. cit.* v. *Processio*, n. 22.

57. Quant au privilège qui exempte les religieux de l'obligation d'assister aux processions publiques, remarquons avec
Ferraris (1) qu'il n'entre pas dans la communication générale,
mais qu'il doit être concédé *recta*, directement et nommément.
C'est ce qu'enseignent tous les auteurs, et la raison en est bien
simple, car autrement on rendrait illusoire, en vertu du privilége, la disposition du Concile de Trente qui veut que tout le
clergé soit obligé d'assister à toutes les processions publiques, sur
l'invitation de l Évêque. On invoquerait aussi en vain la coutume
ou une prescription immémoriale ; il s'agit dans l'espèce d'une
loi du Concile de Trente contre lequel l'Église ne reconnait
aucune coutume contraire. Au reste, voici un décret général
qui en fait foi, et qui confirme en même temps ce que nous
avons dit du pouvoir que l'Évêque possède d'employer la censure contre les réguliers récalcitrants. « Die 27 julii 1628
» habita fuit Congregatio particularis de ordine SS. D. N. Ur-
» bani VIII, cui interfuerunt Ill. et RR. DD. Cardinales Con-
» gregationum sacri Concilii, Episcoporum et Rituum, neenon
» secretarii earumdem : negotioque mature discusso, unani-
» miter censuerunt, posse Episcopos *pœnis sibi bene visis*
» compellere quoscumque Regulares recusantes, etiam monachos
» et quomodolibet exemptos, ad infrascriptas processiones acce-
» dere, atque illis interesse, exceptis dumtaxat in strictiori clau-
» sura viventibus, et monasteriis ultra medium milliare a civitate
» distantibus ; nempe in die festo SS. Corporis Christi, in
» litaniis majoribus, in rogationibus, ac in quibusvis aliis pu-
» blicis et consuetis, vel pro bono, causa et honore publico ab
» Episcopis indictis processionibus, *non obstantibus* quibus-
» cumque privilegiis, *consuetudinibus vel præscriptionibus etiam*
» *immemorabilibus ;* privilegiis tantum apostolicis sacro Triden-

(1) *Bibliotheca canonica,* V°. *Processiones,* n. 99.

» tino Concilio posterioribus contrarium desuper disponentibus
» minime sublatis..... Quæ resolutio fuit ab eadem Congrega-
» tione approbata, 21 Augusti ejusdem anni 1628, in Congrega-
» tione habita in palatio Montis Quirinalis , et deinde ab eodem
» SS. D. N. approbata, et jussu Sanctitatis Suæ observanda (1). »
Ce décret général fut confirmé à diverses reprises, et notamment par rapport aux Augustins de Tongres , dans le diocèse
de Liège (2).

Quelles sont les processions qui sont comprises soùs le nom
de publiques, ordonnées pour le bien public? Ce sont les processions qu'on fait à l'occasion d'un jubilé , pour demander la
paix, la pluie, ou le beau temps, et les autres analogues. Ainsi
l'a déclaré la Congrégation des Rites en 1664 (3). Il faut de
plus y faire rentrer les processions qu'on a accoutumé de faire
dans le diocèse, ou dans la ville épiscopale , soit de dévotion ,
soit en vertu d'un vœu (4). Mais, contrairement à ce qu'enseigne Pax Jordanus, il faut excepter la procession que fait un
Evêque pour sa première entrée dans le diocèse. La Congrégation du Concile l'a décidé par le décret suivant que rapporte
Ferraris (5).

Anagninæ processionis. Occasione suæ primæ visitationis, primique
ingressus in terram Carpineti, Dominus Episcopus Anagninus plenariam indulgentiam ex auctoritate S. D. N. publicare intendens, edictum tenoris sequentis promulgavit.... Jubentur omnes tam de clero
sæculari quam regulari personaliter intervenire , sub pœna excommunicationis latæ sententiæ, ex tunc incurrendæ, quum non intervene-

(1) Apud Gardellini, n. 1787.
(2) *Ibid.* n. 2040.
(3) *Ibid.* n. 2139.
(4) *Ibid.* n. 2160, 2392.
(5) V. *Processiones*, n. 17.

rint, etc. Conqueruntur Fratres ordinis strictioris observantiæ se
immerito atque injuste compelli ad hujusmodi processionem. E contra
vero conqueritur D. Episcopus dictos fratres præfatum Edictum, non
sine populi scandalo contemnentes dictæ processioni non interfuisse, et
non obstantibus censuris ob eorum contumaciam ipso facto incursis, a
celebratione divinorum officiorum non abstinuisse. Quare præsuppo-
sitis iis quæ ab utraque parte informante deducuntur, quæritur : An
dicti fratres potuerint ad prænominatam processionem ab Episcopo
compelli?

Die 9 decembris 1662, S. Congregatio EE. S. R. E. Cardinalium
concilii Tridentini interpretum censuit : *Non potuisse.*

Rappelons aussi ce point, que les processions publiques
extraordinaires auxquelles doivent assister les réguliers ne
peuvent pas se renouveler chaque année et à perpétuité, et
qu'il faut chaque fois un nouveau motif d'ordre public. C'est
l'enseignement des auteurs qui s'appuyent sur une déclaration
de la Congrégation des Rites que rapporte Monacelli (1). A la
vérité on ne la trouve pas dans la collection authentique de
Gardellini, néanmoins ce n'est pas un motif suffisant de la révoquer en doute, car elle est conforme aux principes.

59. Les réguliers peuvent faire quelques processions,
mais dans certaines limites tracées par la Congrégation
générale qu'assembla Urbain VIII à ce sujet. « Regularibus
» autem, dit le décret cité plus haut (2), et confratribus in
» Ecclesiis regularium esse permissum, intra eorum Ecclesias
» et claustra tantum, processiones facere et non extra. Si
» vero Ecclesiæ claustro careant, eisdem regularibus et
» confraternitatibus licere processiones facere intra ambitum
» dumtaxat earumdem Ecclesiarum, hoc est prope muros

_____

(1) *Formularium legale practicum,* tom. I, tit. 5, form. 7, n. 25.
(2) n. 37.

» Ecclesiæ, sive exeundo a janua Ecclesiæ et intrando per
» aliam, sive per eamdem januam, et semper prope muros
» Ecclesiæ, et non extra dictum ambitum, nisi de licentia et
» consensu Ordinarii, aut cum cruce Parochi : privilegiis pariter
» ut supra, apostolicis contrarium disponentibus, quibus per
» hoc decretum minime censetur derogatum. » Les Réguliers
ont donc besoin, pour sortir du cloitre ou s'écarter des murs
de l'Eglise, soit de la permission de l'Evêque, soit du consentement du curé, puisque c'est là, ainsi que le dit avec raison
Pignatelli (1), un acte de juridiction qui n'appartient pas aux
Réguliers. Mais du moment que l'Evêque autorise les religieux,
le curé ne peut pas faire d'opposition. « Episcopum in universa
» Diœcesi, absque Parochorum licentia, posse facultatém tribuere
» processiones peragendi, et per vias et plateas publicas, prout
» sibi benevisum fuerit eas ducendi : ideoque Fratribus præ-
» dictis licuisse et licere præfatam processionem peragere ,
» eamque ducere per vias et plateas intra limites dictæ Parochiæ
» cum sola licentia dicti EE. Episcopi, et absque ullo ipsius
» Parochi consensu, seu licentia, et ita in posterum servari
» et amplius non molestari, seu impediri, » répond la Congrégation des Rites en 1670 (2). De même, le curé ne pourrait
empêcher les Réguliers de faire la procession du S. Sacrement,
puisque le Pape Grégoire XIII les a autorisés à la faire , sans
qu'ils aient besoin du consentement de qui que ce soit. « Uni-
» versis et singulis clero et clericis, ac personis ecclesiasticis tam
» sæcularibus, quam ordinum, religionum, ac militiarum regu-
» laribus, etc. , liceat ipsis, tam die ipsa Dominica infra octa-
» vam Corporis Christi, quam aliis totius octavæ prædictæ die-

(1) *Consult. canon.* Tom. VI, consult. 65, tom. VIII, cons. 31.
(2) V. Gardellini, n. 2360. V. des décisions analogues de la Congrégation du Concile, dans Zamboni, V° *Processio*, n. 4.

» bus, processiones suas celebrare, nec super eo tam ab ordinis
» Prædicatorum hujusmodi, quam aliis quibuscumque personis,
» quomodolibet molestari, inquietari, vel perturbari, nec etiam
» aliquibus censuris vel pœnis etiam ecclesiasticis innodari, seu
» illas incurrere possint, tenore præsentium concedimus et per-
» mittimus (1). » S'il restait quelques doutes sur le droit dont
jouissent les religieux de sortir de leurs cloîtres pour la
procession du S. Sacrement, ils disparaîtraient devant les
nombreuses déclarations de la Congrégation des Evêques et
Réguliers, qui confirment et interprètent la Bulle de Grégoire XIII (2).

Outre cette concession générale faite à tous les Réguliers, il
y en a d'autres spéciales en faveur de quelques ordres seulement. Nous ne mentionnerons que le privilège des Dominicains, en vertu duquel ces religieux peuvent faire, sans qu'ils
aient besoin d'autorisation, la procession solennelle du St. Rosaire, au premier dimanche d'octobre (3).

40. Les Réguliers qui peuvent, en vertu d'un rescrit apostolique, faire la procession hors de leurs cloîtres, sont-ils
astreints à garder toujours le même itinéraire? Ferraris l'enseigne, et il apporte, à l'appui de son opinion, quatre déclarations de la Congrégation des Rites. Nous n'avons pu en trouver
aucune dans la Collection authentique, et nous n'en avons pas vu
d'autres qui indiquassent cette obligation. Toutefois, si la chose
n'est pas de précepte, elle est sans aucun doute de haute convenance, et un Evêque serait certainement écouté, s'il se plai-
gnait que des Réguliers changent souvent l'itinéraire, qu'ils
avaient adopté de prime abord pour leur procession. Au sur-

(1) Constit. *Cum interdum* du 11 mars 1573, § 2. *Bull. Rom.*, edit,
Luxemburg. Tom. 2, pag. 398.
(2) V. Ferraris, *loc. cit.*, n. 28.
(3) V. Zamboni, *loc. cit.*, n. 14.

plus, on peut soutenir avec raison l'opinion de Ferraris : car la concession pontificale se bornant à donner le droit de faire la procession, n'ôte rien au pouvoir épiscopal, touchant la détermination des lieux, par lesquels doit passer le religieux cortège. L'Evêque serait donc fondé à s'opposer au changement de l'itinéraire de la procession, et nous croyons que les religieux succomberaient, s'ils s'obstinaient à enfreindre les dispositions portées sur ce point.

Dans un prochain article, nous poursuivrons notre travail, et nous verrons en détail les cérémonies qui doivent s'observer aux processions.

EXTRAIT DES STATUTS SYNODAUX

DU DIOCÈSE DE LIÉGE.

1. Nous avons promis à nos lecteurs de leur mettre sous les yeux les principales dispositions adoptées par le synode diocésain de Liège, tenu l'an 1851. Parmi ces dispositions les unes demandent un examen détaillé, approfondi, les autres, bien que très-importantes ont déjà fait, dans notre recueil, l'objet de recherches spéciales; enfin une troisième catégorie renferme des avis, des conseils ou des encouragements. Quant à ceux-ci, nous les passerons sous silence, puisqu'ils n'emportent pas d'obligation, et qu'ils sont plutôt du ressort de la théologie ascétique, que de la morale ou du droit canon. Les dispositions qui demandent un nouvel examen seront étudiées plus tard et successivement, et nous nous bornerons aujourd'hui à rappeler les Statuts qui sont conformes à la doctrine expliquée précédem-

ment dans les *Mélanges théologiques*. Nous suivrons pour cela
l'ordre des nouveaux Statuts.

2. D'abord nous ferons remarquer avec quelle insistance le
synode, non seulement recommande l'étude des sciences ecclésiastiques en général, mais encore, engage aussi les prêtres à
se tenir au courant des discussions actuelles et à faire entrer dans
leur bibliothèque les ouvrages théologiques modernes, surtout
ceux du pays. Voici comment il s'exprime :

d) Experientia constat eos qui sacræ Theologiæ in seminario etiam cum
fructu operam navarunt, factos esse tantummodo aptos, qui postea
practice et intelligenter tantæ scientiæ studeant ; quod si studere
neglexerint, brevi esse, quæ optime didiscerant, oblivioni traituros ;
unde fiet, ut post annos aliquot, defectu scientiæ, ad regendam parochiam cessaverint esse idonei. Porro Episcopo non licet parochiis præ-
ficere, nisi quos moribus, *doctrina*, prudentia *idoneos* judicaverit (1).

e) Caveant igitur sacerdotes, præsertim in ministerio sacro constituti,
ne hujus tantæ studiis vacandi obligationis obliti, et turpi otio torpentes,
fiant animabus sibi concreditis in ruinam, in lapidem offensionis et
petram scandali. Conentur contra acquisitam scientiam theologicam
lectione auctorum classicorum, sanctorum Patrum et scriptorum qui de
præsentis temporis controversiis optime disseruerunt, magis magisque
excolere atque dilatare.

f) Clericis etiam necessaria est scientia Sanctorum, seu asceticæ Theologiæ, qua et seipsos et animas sibi commissas, maxime sacerdotum et
sanctimonalium, in viam perfectionis secure dirigant ; unde eos oportet
probatissimos auctores qui de vita spirituali scripserunt, assidue et me-
ditando pervolvere.

g) Uti studia, sic clericorum libri eorum vitæ instituto congruant.
Litteris, historiæ profanæ et scientiis naturalibus sic eis vacare licet, ut
nihil dematur studiis officiisque ad quæ vi vocationis jure tenentur

(1) Conc. Trid. Sess. 24. c. 18.

h) Bibliothecam suam locupletare satagant probatissimis libris de religione etiam recens scriptis, maxime a nostratibus. Ab ea prorsus arceantur libri contra fidem moresve aut nimis frivole conscripti; quod si ex officio vel ob graves causas cum licentia ejusmodi scripta possident, caveant ne in animarum ruinam ad hæredes transeant.

3. Nous avons surabondamment prouvé que la distribution des saintes huiles doit être faite aux curés sans délai, et avant le samedi-saint, à moins d'impossibilité (1). Auparavant, nous avions établi qu'on ne peut retenir chez soi les huiles saintes, pas même l'Extrême-Onction, hormis le cas d'une grande distance de l'Eglise, mais qu'il fallait les placer dans l'Eglise, en un lieu décent et orné, distinct du tabernacle qui renferme le S. Sacrement (2). Or ces deux points sont confirmés par le synode, dans les termes suivants :

2° Singulis annis in ipsa ecclesia cathedrali distributio fiet statim post sacrum solemne et ab hora tertia; in ecclesiis vero decanalibus feria VI in Parasceve post meridiem ; vel si ob varias causas hac die fieri nequeat, ultra feriam IV post Dominicam *in Albis* non differatur.

3° Fiat in ipsa ecclesia, hora a Decano indicanda, eique interesse tenentur omnes districtus parochi, nisi legitime fuerint impediti, quo casu vicarium aut alium sacerdotem deputent, datis ad Decanum litteris, quibus ss. olea petant.

c) Finita distributione, omnes ss. olea directe, reverenter, servatisque legitimis consuetudinibus, ad locum suæ residentiæ deferant ; eaque statim in loco nitido et decenter ornato, a tabernaculo in quo reponitur Sanctissimum diverso, in ecclesia deponant ac conservent.

4. Ailleurs il avait été question de la résidence des curés (3). En réponse à une consultation, nous avions établi par des dé-

(1) V. *Mél. théol.*, tom. IV, p. 90-93.
(2) Tom. III, p. 582-590.
(3) *Statuta citata*, n. 46.

cisions multipliées que non-seulement les curés, mais aussi les
vicaires sont tenus à la résidence stricte, que de droit, le prêtre
assujetti à résider ne peut s'absenter huit jours, sans la permission de l'Evêque, et que même celui-ci peut restreindre le
temps et défendre aux curés ou vicaires de s'absenter plus de
deux jours sans sa permission (1). Nous avions en même temps
rappelé le sage conseil donné par D'Abren et les Statuts de Bruges,
savoir que le curé, lorsqu'il s'absente, doit dire chez lui en quel
endroit il se trouvera, si toutefois l'on avait besoin de son ministère. Tous ces points sont encore rappelés et établis dans le
synode précité.

55. 1° Porro prima ex commemoratis præceptis derivata obligatio,
qua synodus Trid. adstrictos vult, quibuscumque committitur cura animarum, *residentia* est. Sciant ergo parochi, coadjutores atque vicarii,
se ad continuam personalemque residentiam adstringi; eosque, maxime
parochos, violati hujus officii reos esse, qui *gregi suo non invigilant,
neque assistunt.* Caveant ergo a *frequentibus,* etiam ad magnam diei
partem, a parochia excursionibus; memores, frequentiores
exitus indicium esse animi vagi, res serias et præsertim studia fasti-
dientis ac parum de suis solliciti, gregemque ex iteratis illis absentiis
haud exiguum detrimentum accipere.

2° Ne ullus igitur parochus aut coadjutor vel uno die parochia egre-
diatur, quin alium sacerdotem approbatum constituat, qui vices suas
implere præsto sit. Qui per sex dies infra hebdomadam abscedere optat,
de eo Decanum certiorem reddat; simulque ei indicet, cui commiserit
parochiam. Si per octiduum (inclusis quidem diebus exitus et reditus)
abscedere cogatur, licentiam recipiat in scriptis, est enim de officiis
divinis providendum. Quod si ultra quindenam abesse quis ob graves
causas debeat, recurrat ad Ordinarium. (Conf. n. 39. 4°).

56. 3° Vicario numquam, pro notabili diei parte, sine parochi con-

(1) *Mél. théol.,* tom. **IV**, p. 165-174.

sensu, c parochia exeundum est; et quum intra parochiam, etiam ad tempus sat breve, exit, semper domi domesticis, quo se conferat, indicare tenetur, ut si repente ad administrandum aliquod sacramentum vocetur, statim revocari possit.

4° Quum hodiedum maxima sit per vias ferreas iter faciendi facilitas, Decani sedulo advigilent, ut omnes sui districtus sacerdotes cura animarum onerati, residentiæ leges fideliter observent: et, si quem reprehensione dignum hac in re invenerint, statim eum moneant, ac non emendatum post tertiam admonitionem, ad Ordinarium deferant.

5. Le vicaire ne peut se refuser d'obéir au curé, sous prétexte que celui-ci excède son pouvoir : mais s'il a à se plaindre, un recours lui est ouvert auprès de l'autorité supérieure à qui il incombe de juger ses griefs.

Mais d'un autre côté, lorsqu'il célèbre ou chante la Messe à la place du curé, il a droit à tout l honoraire, sauf des Messes des funérailles. Cette doctrine a été prouvée fort au long, et nous avons montré également que la coutume contraire était un abus imprescriptible (1). En outre, contrairement à l'opinion de S. Alphonse, et à ce qui avait été statué, nous avions enseigné et prouvé par des décisions de la Congrégation du Concile, que les Messes fondées, anniversaires, qui ne constituaient pas un bénéfice, devaient être traitées sur le pied des Messes manuelles (2). Tous ces divers points sont rappelés et confirmés par les mêmes statuts.

68. 1° Principiis generalioribus supra expositis inbærendo, jam declaramus, quod si parochi vicarios suos ut fratres, imo et filios in Christo diligere debeant, vicariis vicissim intime oporteat esse persuasum, sibi in iis, quæ parochialis officii sunt, parocho suo obediendum, et tanquam superiori ac parenti bono animo obsequium esse præstandum. Imo spi-

(1) Tom. II, pag. 483-488.
(2) Ibid.

ritu obedientiæ ducti promptos se exhibeant, ut alacriter parochi vices suppleant, quotiescumque ad hoc fuerint requisiti. Caveant a murmurationibus, temerariis judiciis, detrectationibus, cæterisque contumaciæ indiciis ; caveant etiam ab inurbanitate, illiberalitate, moribus rusticis, et a nimii sui amoris oppositionibus; imo sciant propter bonum pacis nonnumquam abstinendum esse etiam ab iis, quæ bona et utilia videntur.

2º Quum tamen jugum obedientiæ oporteat esse tolerabile, si contingeret, quod absit, ut aliquis vicarius jure merito opinaretur, se plus æquo a suo parocho gravari, volumus equidem et districte mandamus, ut in ejusmodi casu, propter ordinem hierarchicum et bonum pacis, provisorie præceptum parochi veneretur eique obediat, sed simul jubemus, ut res ad Decanum vel etiam ad Nos deferatur.

70. 1º Coadjutoribus, vicem parochorum gerentibus, competit habitatio et mensa in ædibus parochialibus. Si vero ob rationes Ordinario probatas, coadjutor nequeat cohabitare, huic annuatim solvantur ad minus trecenti franci, conferentibus ad hanc summam perficiendam, pro variis locorum circumstantiis, tum parocho, tum ecclesiæ fabrica, vel etiam parochianis.

Ulterius dum coadjutor celebrabit pro grege, dabit ei parochus honorarium unius franci ; vicario vero, qui non est coadjutor, sesqui francum.

71. 2º Dum missas exequiales cantat, coadjutor vel vicarius jus habet, non quidem ad stipendium, extraordinarium istius exequialis, neque ad oblationes, si quæ fieri solent *ad offertorium,* sed ad stipendium quod pro missa ordinaria, die et hora fixa cantata, vi taxæ diœcesanæ aut ex consuetudine loci dari solet.

3º In missis, quæ expressis verbis intuitu beneficii seu sustentationis parochi fundatæ sunt, coadjutor vel vicarius nihil ultra consuetum stipendium missæ privatæ vel cantatæ exigere potest.

4º In aliis autem missis fundatis, uti et in missis manualibus omnibus, tum votivis, tum *de Requiem,* cum, vel sine cantu, totum stipendium debetur celebranti (1).

_____

(1) Bened. xiv. Constit. *Quanta cura.* T. 1. Bullarii p. 112, edit. Mechlin.

6. Il a été souvent question dans notre recueil des Réguliers et de leurs droits ou privilèges. Il n'est pas nécessaire, croyons-nous, de rappeler tout ce que nous avons écrit à ce sujet : il suffira de rapporter les dispositions adoptées dans les derniers statuts. Les lecteurs trouveront aisément les endroits où nous avons discuté les points qui s'y rattachent.

76. 1° Nullum monasterium, nulla congregatio religiosa, ne schola quidem fratrum vel sororum piarum in diœcesi instituatur, vel de ea instituenda pactio fiat, nisi expressa Ordinarii licentia prævie obtenta. Documentum hujus obtentæ licentiæ tam in monasterii quam in cancellariæ episcopalis archivo asservetur.

2° Ejusmodi licentia congregationibus novis non dabitur nisi visis prius et ab Ordinario approbatis earum statutis.

77. 3° Monasteria quæquæ non exempta curæ atque inspectioni Ordinarii immediate et exclusive subduntur. Nullus parochus vel Decanus aliqua jurisdictione in ea gaudet ; requiritur ad hoc specialis ab Ordinario delegatio statutis, vel alio documento, expressa.

78. 4° Meminerint Regulares, Nos ad amussim observatum velle transmissum ad Nos decretum S. Congregationis super statu Regularium, auctoritate SS. Dni Nri Pii PP. IX die 25 januarii 1848 editum, atque UBIQUE LOCORUM PERPETUIS FUTURIS TEMPORIBUS SERVANDUM, DE TESTIMONIALIBUS ORDINARIORUM LITTERIS REQUIRENDIS IN RECEPTIONE ILLORUM, QUI AD HABITUM RELIGIOSUM ADMITTI POSTULANT.

5° Nulla sanctimonialis ad professionem admittatur, nisi super vocatione ab Ordinario, vel a sacerdote specialiter ab Ordinario ad hoc delegato, fuerit examinata (1).

79. 6° Quæ de instituendis congregationibus religiosis, hæc et de erigendis confraternitatibus et sodalitatibus in parochiis statuta sint (2).

83. Superiores ordinum exemptorum ordinaria jurisdictione gaudent in sibi subditos religiosos ; his sacramenta Pœnitentiæ et Eucharistiæ,

(1) Conc. Trid. Sess. 25. C. 17. de Refor.
(2) Const. Clem. VIII. 24 decemb. 1604.

Viaticum et Extremam Unctionem administrare possunt et tenentur ;
defunctisque sepulturæ exequiarumque jura in suis ecclesiis et sacellis
persolvere. Religiosis æquiparantur novitii, et ii, qui juxta Tridentinum (1) in monasteriis actu serviunt et intra eorum septa ac domos
resident, subque eorum obedientia vivunt.

Superioribus ordinum non exemptorum, uti et rectoribus monialium
non exemptarum eadem jura et facultates concedimus.

84. 1° Seposita omni quæstione controversa de discipulis convicto-
ribus, justis de causis concedimus et statuimus, ut regulares proprie
dicti, qui cum consensu Ordinarii collegia vel scholas constituerint,
discipulos sive internos, sive externos, modo per sex saltem menses in
collegio habitaverint vel illud frequentaverint, certioratis quidem
saltem a bimestri parochis, obtentoque ab eis testimonio, quod ad
minus per annum integrum pueri, antequam in collegio admitterentur,
doctrinam christianam sedulo et cum fructu addidicerint, (alioquin in
ipso collegio, tempore diœcesanis statutis præfixo, ea prius erunt
imbuendi), ad primam Communionem, deinceps ad Communionem
paschalem ; et, anno a prima Communione elapso, ad Confirmationem
in ecclesiis vel sacellis admittere valeant ; nec non ut discipulis in
scholis vel collegiis decumbentibus s. Viaticum et Extremam Unctionem administrent, ae ibidem defunctis justa persolvant.

85. 2° Hæ autem facultates, sub iisdem conditionibus, extensæ sint
ad collegia majoris seminarii Leodiensis, minoris Trudonensis et
s. Rochi. Liceat quoque, sub iisdem conditionibus et non aliter, alumnis
internis aliorum collegiorum ecclesiasticorum, scholarumque monialium pro prima vice ad sacram synaxim accedere in ecclesiis vel sacellis
præfatarum domorum ; imo et alumnis collegiorum ecclesiasticorum
externis ibidem satisfacere præcepto Communionis paschalis.

3° Præsenti igitur ordinatione sarta tecta servantur statuta diœcesana
de frequentanda catechesi ante primam Communionem et Confirmationem. Absit enim, ut in istorum fraudem parentes valeant pueros, qui
catechesim neglexerunt et ignari sunt, post paucos menses ad primam

(1) Sess. 24. C. 11 de Refor.

Communionem, spretis parochi monitione et auctoritate, raptim pro-
trudere.

86. 1° De jure possunt regulares in suis ecclesiis Eucharistiæ sacramentum ministrare omnibus Christi fidelibus, excepta sola die
Paschatis (1).

2° Ab Ordinario approbati possunt quovis die fidelium confessiones
excipere, ita ut per eas impleatur præceptum annuæ confessionis (2).

3° Quando autem confessionem infirmi exceperunt, tenentur parochum illico certiorem facere, ut tuto deinde possit cætera sacramenta
eidem conferre (3); sufficit tamen ut certioratio hujusmodi fiat saltem
per scriptum aliquod apud ipsum infirmum relinquendum (4).

4° Tandem fideles in regularium ecclesiis verbum Dei audire, et præcepto audiendi missam satisfacere possunt (5).

87. Attamen, 1° enixe rogamus regulares omnes, ut non tantum pacis
causa, sed etiam pro animarum salute, appropinquante tempore paschali,
sæpius moneant fideles, Communionem paschalem in propria parochia
fieri debere.

2° Concilio Trid. (6), Rituali Leodiensi (7) et nostro etiam mandato
19 januarii 1842 insistentes, « Monemus populum, ut frequenter ad
» suas parochias, saltem diebus Dominicis et majoribus festis accedat ;
» imo teneri unumquemque parochiæ suæ interesse, ubi commode id fieri
» potest, ad audiendum verbum Dei. » Quare, hoc desuper, munere nostro
fungi volentes, cum prædecessore nostro Francisco Carolo (8) ad normam
constitutionum Apostolicarum Sixti IV (9), Clementis V (10), Alexandri VIII (11) et Clementis VIII (12), prohibemus, sub pœnis a jure statu-

(1) Bened. XIV. de syn. l. IX. C. 16. n° 3.
(2) Ibid. l. XI. C. 14. nⁱˢ 4 et 5.
(3) Ibid. l. IX. C. 16. n° 9.
(4) Ibid. de Syn. diœc. l. XI. C. 14. n° 5.
(5) Ibid. nⁱˢ 8 et 9.
(6) Sess. 22. Dec. de obs.... in celeb. mis. et Sess. 24, C. 4. de Refor.
(7) p. 152.
(8) Rit. Leod. p. 152.
(9) Extrav. *vices illius* l. 1. t. 9.
(10) Clem. *Religiosi* de privil. et excessibus privilegiat. l. v. tit, 7.
(11) Decret. 30 januarii 1659.
(12) Bulla an. 1592.

tis, omnibus confessariis et prædicatoribus diœcesis nostræ, ne publice in cathedra veritatis, nec privatim in tribunali confessionis, fideles divertant a frequentanda parochia; volumusque, ut circa præsentem materiam et Communionem paschalem fideles omnes frequenter et potenter hortentur, ut suis obligationibus satisfaciant.

7. Un article spécial a trait aux religieuses. Il y est question des qualités que doit réunir le confesseur. Voici ce que nous y lisons.

·90· **1°** Sanctimonialium vel sororum cujusvis ordinis vel instituti ab Episcopo aut S. Sede approbati confessiones excipere liceat solis confessariis earum ordinariis vel extraordinariis ab Episcopo constitutis vel approbatis; et quidem nullæ essent et prorsus invalidæ confessiones sanctimonialium *claustralium*, si aliter instituerentur.

2° Confessariis extraordinariis assimilentur presbyteri, tum seculares tum regulares Episcopi auctoritate missi ad quarumcumque sanctimonialium conventus, ut ibi tradant stadium exercitiorum spiritualium, quo durante, omnes sorores professæ, novitiæ et scholares liberum prorsus ad eorum sedem confessionalem accessum habeant.

3° Confessarii extraordinarii sanctimonialium, Episcopo subjectarum, quater in anno, (non vero sæpius nisi rogati et debite concessi), videlicet in singulis hebdomadibus Quatuor Temporum, aut, si tunc impediti, circa id tempus, sese præsentent; eisque se sistant, etiam si sacramentaliter confiteri non velint, tam superiorissæ et cæteræ sanctimoniales quam novitiæ; tuncque confessarii ordinarii etiam monialium exemptarum, a confessionibus audiendis omnino abstineant.

4° Si qua autem sanctimonialis, maxime infirma, non ex animi levitate, neque ex indiscreta affectionis singularitate, extra prædicta tempora, extraordinarium monasterii, vel *peculiarem* petat confessarium, illi ad quos spectat, videlicet superiorissa, director aut confessarius ordinarius haud se difficiles in eo concedendo præbeant (1); dummodo, qui

(1) Bened. **XIV.** Constit. *Pastoralis curæ.* Bullar. vol. **VI.** p. 187 ed. Mechl.

petitur confessarius, pro ea diœcesis parte sit simpliciter approbatus. Hujus tamen *peculiaris* confessarii concessio , extra gravis infirmitatis casum , Episcopo reservetur pro sanctimonialibus claustralibus, quibus eo fine semper liber ad Ordinarium patebit recursus.

5° Sanctimonialibus, quæ cum superiorissæ licentia ad tempus extra monasterium versantur, cuique diœcesis confessario confiteri liceat.

91. 6° Tenentur superiores regulares saltem bis aut ter in anno, (ut quater id faciant , multum optandum) , sanctimonialibus sibi subjectis extraordinarium offerre confessarium ab Episcopo ad hoc approbatum , cui omnes se sistere debent, ut supra dictum est. Tenentur quoque semel *saltem* in anno ad id munus eligere sacerdotem aut secularem aut regularem alterius diversi ordinis (1); imo et peculiarem concedere confessarium iis monialibus, quæ in gravi infirmitate vel in casu insuperabilis reluctantiæ adversus confessarium ordinarium, alium extra ordinem petunt (2).

7° Puellis, quæ educationis causa in monasteriis commorantur, confessarii extraordinarii concedantur , non tantum in exercitiis spiritualibus, quæ eis quotannis tradi solent , sed insuper , si fieri potest , bis in anno.

ARTICULUS III.

De prudentia in confessariis monasteriorum requisita.

92. 1° Confessariis extraordinariis districte inhibetur , ne , postquam officium suum adimpleverint, directioni sanctimonialium vel monasterii negotiis se immisceant. Hoc ultimum etiam spectet ad confessarios, ordinarios qui monasterii non sunt moderatores seu directores.

2° Monasteriorum directores ea se gerant morum gravitate eaque prudentia, qua et omnem cum sanctimonialibus vitent familiaritatem ,,frequentioremque cum eis sermonem , et vel a minima erga quampiam earum caveant prædilectionis specie , quæ nata foret aliarum parere æmulationem.

(1) Bened. XIV. Constit. *Pastoralis curæ.* Bullar. vol. VI. p. 202 ed. Mechl.
(2) Ibid. p. 194.

3° Tandem sanctimonialium directoribus sedulo vitandum est quidquid dominationis saperet spiritum. Non arbitrarie , sed secundum regulam et laudabiles monasterii consuetudines omnia dirigant ; nihil innovent , ne sub prætextu quidem majoris boni , sine prævia Ordinarii approbatione. (Hoc spectat etiam ad sacerdotes qui spiritualia exercitia tradunt , quibusque interiori ac minuto domus regimini sese immiscere nullatenus licet). Summopere etiam caveant quidquid superiorissæ labefactaret auctoritatem ; unde nihil umquam per se concedant monialibus, quod hæ a superiorissa petere tenentur, earumque querelas ægre patiantur nec facile suscipiant. Si autem superiorissa in aliquo deficiat, privatim et benigne admoneatur.

4° Directores sanctimonialium sint viri pii et docti , qui apprime calleant vitæ spiritualis principia , ex optimis auctoribus, qui de ipsis scripsere, haurienda, nec non constitutiones et regulas monasterii, cujus cura ipsis commissa est.

8. En parlant de la première communion , nous avions indiqué, comme méthode rationnelle et fructueuse, la division des enfants en deux catégories : les savants et les ignorants. Nous avions même recommandé aux Curés, qui sont seuls dans leurs paroisses, d'en agir de la sorte. Nous trouvons dans les statuts un règlement analogue.

Porro dividendi sunt in eos, qui legere valent, et eos qui non valent. Si adsit vicarius, poterit utraque turma eadem die accedere , siquidem alterutra vicario erudienda committetur ; si parochus solus sit , accedent diversis diebus aut horis (1).

9. Nous avons traité assez longuement ce qui concerne la confession des personnes du sexe, et la prudence que doit avoir le confesseur lorsqu'il traite avec elles. Ce point ne pouvait être

_____

(1) *Statuta*, n. 124.

omis dans les statuts. Tous les confesseurs y trouveront des règles sages et d'une incontestable utilité (1).

167. 8° Insignis sit confessariorum castimonia ac modestia. Caveant igitur, ne familiares sint feminis sibi confitentibus; imo, eo ipso quod eas audiunt in confessione, sciant, se ab earum familiaritate peculiariter debere abstinere, sicuti a sermonibus de illarum rebus et negotiis. Unde si inutilia confessioni addere velint, caute silentium ipsis imponatur.

Nullus, extra casum necessitatis, feminarum confessiones audiat nisi in ecclesia, in loco conspicuo, et nonnisi a latere, et per cratem interpositam. Sub gravi prohibetur, ne ab anteriori confessionalis parte feminarum confessiones audiantur.

Nullus inducat pœnitentem, præsertim si sit femina, ad sibi semper confitendum; imo volentem id promittere vel vovere, omnino et graviter prohibeat confessarius. Nam, etiamsi ejus castitas in discrimen non venerit, quis confessarius adeo prudentiæ suæ confidere audeat, ut existimet, pœnitentem suis unice consiliis stare debere? Contra sic agat, ut pœnitentes intelligant, sibi minime displicere, quod interdum alteri confessrio confiteantur; quinimo illud aliquando suadeat.

Unde parochi, præsertim si soli sint, quoties id fieri poterit, sive alicujus missionis sive jubilæi occasione, sed saltem semel in anno, dum fit Adoratio perpetua, confessarios extraordinarios suis parochianis procurent.

Ab excipiendis domesticorum, maxime propriæ ancillæ confessionibus, nisi urgeat aliqua necessitas, prudenter abstineant confessarii.

10. Nous avons fait des études spéciales touchant les règles à observer dans la conservation du S. Sacrement. Décence et recherche dans les vases sacrés et le tabernacle qui doivent le contenir, entretien d'une lampe perpétuelle qui brûle constamment devant le Saint des Saints, rénovation fréquente des

(1) V. tom. III, pag. 596-614.

saintes espèces : voilà autant de points que nous avons développés (1) et que rappellent aussi les Statuts de Liége.

170. 1° Sanctissima Eucharistia aut in summo altari, aut si ratio
aliqua probata suadeat, in alio insigni ecclesiæ loco honorifice conser-
vetur. Nusquam vas continens Venerabile Sacramentum deponatur nisi
in corporali mundo et candido, quod ex mero lino vel cannabe con-
textum sit et benedictum. Vas illud sit ex argento et intus deauratum ;
ita confectum, ut facile purgari possit.

171. 2° Quoad *Ostensorinm* optandum, ut ea pars, in qua exponitur S. Hostia, sit ex argento deaurato. Lunula debet esse ex argento
et undequaque deaurata. Pars ubi inseritur, bene et facile claudatur.
Crystalla apprime et arcte cohæreant metallo, ne per rimulas sacræ particulæ in terram possint excidere.

172. 3° Tabernaculum, in quo Venerabile Sacramentum reconditur,
sit intus panno pretioso, ad minus serico, vestitum ; ac pro cujusque
ecclesiæ facultatibus intrinsecus et extrinsecus ita ornatum, ut sit signum
vividæ fidei eorum, qui illius curam habent, et incitamentum ad pie-
tatemSanctissimum Sacramentum visitantibus. Diligenter a pulvere et
omni squalore mundum servetur. Sit vacuum a quibusvis Reliquiis,
ss. oleorum vasculis etiam infirmorum, purificatoriis, stolis, aliisque
rebus quibuscumque. Nullam aliam rem capiat præter vasa sacra Eucharistiam actu continentia.

Claves tabernaculi a parocho aliove sacerdote custodiantur sub sera.
Duæ sint, ut una forte amissa, ad manum habeatur altera.

173. 4° Ubicumque Sacrosancta Eucharistia asservatur, ardeat
lampas diu noctuque, tum in signum reverentiæ, tum ut significetur
ardens charitas, qua Christus Dominus ibidem colendus est. Nulla
admittetur excusatio ; si sumptibus non omnino sufficiant reditus fa-
bricæ, oleum vel eleemosynæ petantur a fidelibus, qui libenter vel
totum vel quod deest, præstabunt.

174. 5° Vasa sacra quotannis semel ad minus intrinsecus et extrinsecus mundentur et suo splendori restituantur.

(1) Tom. IV, pag. 356-379, 500-535.

6° Hostiæ consecratæ ad minus semel in mense renoventur et ista renovatio ultra non differatur ; in locis autem humidis aut tempore pluvioso sæpius, nempe decimo quinto die aut etiam octavo ; a sacerdote una cum fragmentis consumantur, ciborium purificetur et novæ recenterque confectæ hostiæ consecrentur; nunquam novæ hostiæ cum veteribus misceantur.

11. Tout ce qui concerne la première communion des enfants est expliqué avec détail dans les Statuts de Liège. L'âge des enfants, la préparation qui doit précéder ce grand événement, le prêtre auquel il incombe d'examiner les enfants et de les admettre à la participation du pain divin, le temps auquel cette première communion doit se faire : tout cela est précisé et réglé. Il n'y a pas un mot dans les Statuts qui ne puisse s'accorder avec ce que nous avons écrit sur la matière, bien plus, un grand nombre de points sont tout à fait conformes à la doctrine des *Mélanges théologiques* (1).

Voici les principales dispositions qui se rattachent à la première communion :

Nullus regulariter ad primam Communionom admittatur , nisi per duos anuos integros catechesim assidue et cum fructu frequentaverit (2).

179.4° Puellæ non ante annum undecimum saltem a quatuor mensibus incœptum, pueri non ante duodecimum etiam sic incœptum, communiter admitti possunt. Si ante hanc ætatem admitti cupiunt, et digni judicantur, dispensatio super regula petatur ab Ordinario, qui eam libenter concedet. Pro rudibus , ignaris et tardo ingenio impeditis, annus extendatur, quantum fieri poterit, usque ad complementum , tumque fiat serium examen , an sic instructi sint, ut liceat sperare, eos, licet catechesi fere valedicturos, tamen esse in officiis vitæ christianæ sufficienter perseveraturos. Si ejusmodi spes non affulgeat, præparatio ad alium annum prolongetur.

(1) *Mélanges*, tom. I , p. 279-323.
(2) *Statuta*, n. 124.

Ultra annum quartumdecimum prima Communio a parochis, inconsulto Ordinario, non differatur.

In mortis periculo prima Communio per modum Viatici ad arbitrium parochi anticipetur.

181. 7° Nullus ad primam Communionem admittatur nisi examinatus circa doctrinam et mores, et idoneus repertus. Examen illud propriis puerorum parochis, et sacerdotibus delegatis, reservatum volumus. Monet s. Carolus Borromæus, ut ante examen parochi « de puerorum pietate et ingenii præstantia usuque rationis a parentibus perquirant. »

« 8° Qui primo ad s. Communionem accedunt, inquit idem Sanctus, illam de manu parochi sui sumere studeant. » Ideo parochi, sine justa causa, nemini licentiam concedant primam Communionem ab alio sacerdote recipiendi. Justa causa videtur quæ pueri bono suffragetur. Neque etiam puerorum instructionem vel examen facile alteri committant. Meminerint primam Communionem parochum inter et neocommunicantem nodum esse, quo alter alteri paterna filialique affectione, alternisque benevolentiæ et fiduciæ sensibus inter se connectuntur.

182. 9° Prima puerorum Communio non ante Dominicam *Lætare*, nec post Dominicam *Jubilate* instituatur; sic parochis quindena erit, ut proximæ eorum præparationi serio vacent. Pueris, ut toto hoc temporis spatio Ecclesiæ præcepto satisfaciant, permittitur.

12. Le binage a aussi occupé le synode diocésain de Liége. Bien que tout ce qui s'y rattache ne soit pas développé, néanmoins les principes qui s'y trouvent exprimés, principes conformes à ceux que nous avons établis dans un article spécial, suffisent pour résoudre la plupart des difficultés.

251. 1° Hodierna Ecclesiæ generalis disciplina, quæ a sæculo decimo viget, prohibet sub gravi, ne idem sacerdos eodem die plus quam semel missæ Sacrificium offerat, sola die Nativitatis Domini excepta, et nisi necessitas aliter urgeat.

(1) *Mélanges*, tom. IV, pag. 433-458.

Hæc necessitas adest, quoties duabus ecclesiis jus habentibus ad Sacrum unus præficitur; vel quando ob ecclesiæ exiguitatem, vel ob locorum distantiam, vel viarum difficultatem, omnes parochiani non possunt simul convenire, ut officio suo satisfaciant, et unus tantum adest sacerdos, nec alius potest ei in auxilium dari.

2° Sacri canones licentiam bis celebrandi missam non in bonum sacerdotis, sed in publicum bonum, nempe animarum, ut observatione officiorum vitæ christianæ, salventur, unice hodiedum concedendam esse censent; imo, « Qui pro pecunia aut oblationibus secularium una »die præsumunt plures celebrare missas, non existimo evadere damna- »tionem (1). »

252. 3° Ex his sequitur *primo:* ob solam ecclesiæ alicujus paupertatem, vel ad augendos sacerdotis redditus, facultatem bis Sacrum faciendi nullatenus posse nec peti nec concedi; hoc consectarium spectat maxime ad sacerdotes; *secundo :* ubi concessa est hæc facultas, ob rationes canonibus probatas, eam cessare debere, cessante penuria sacerdotum ; unde statim atque poterit Episcopus vicarium vel præmissarium mittere in parochias, ubi bis celebrare consuetum habebant parochi, sub gravi tenentur hi a concessa facultate abstinere, et sacerdotem auxiliarem admittere ; hæc disciplinæ regula maxime inculcanda est populo; *tertio :* quum advenerit aliquis sacerdos in loco ubi fit binatio, et ille voluerit celebrare, illico cesset binatio.

Advigilent Decani ut in casibus particularibus sana fiat principiorum circa binationem observatio. Eorum conscientiam desuper gravamus.

Voilà, en quelques mots, les points traités précédemment par nous, dont s'est occupé le synode diocésain de Liège. Il n'est pas nécessaire de faire remarquer combien s'accorde admirablement sa doctrine avec la nôtre, et ce n'est pas étonnant, puisque l'une n'est non moins que l'autre le reflet des vrais principes.

(1) Cap. *sufficit* de consecr. distinct.

CONSULTATIONS ADRESSÉES A LA RÉDACTION

Des Mélanges théologiques.

—⸱◦⸱—

CONSULTATION.

La consultation suivante nous est adressée avec prière d'une prompte solution.

In mandato Capituli nuper dato inter alia legimus... « 2° Ut salvis »rubricis, in Missa addatur collecta pro defuncto Episcopo , *Deus qui* »*inter apostolicos* » : Hinc varia dubia orta sunt. Vix enim determinari potest quandonam prædicta oratio est recitanda ; causa enim propter quam est præscripta , ab omnibus non habetur ut *publica.* Unde quæ-ritur ;

1° Quandonam dicta collecta est legenda ?

⸱ 2° An etiam est legenda in Missis defunctorum ? Si affirmative , tunc datur alia difficultas. Nam hodiedum probatissimi scriptores non im-merito docent , quoad orationes in missis quotidianis defunctorum , ordini Missalis esse obtemperandum , adeoque in casu dato eadem, oratio est bis recitanda. Inde quæritur quænam et quot orationes in missis defunctorum quotidianis sint dicendæ.

Voici ce que nous écrivions l'an dernier à pareille époque(1), en réponse à une question semblable à celle-ci : «Nous dirions »l'oraison commandée *pro regina defuncta ,* dans toutes les »Messes des vivants , de la même manière que toute autre

(1) *Mélanges,* 5ᵉ série, pag. 140 et suiv.

» oraison ordonnée, la plaçant la pénultième toutes les fois qu'il
» serait possible , avant même la commémoraison d'un simple ,
» d'une octave , etc. Nous la réciterions également aux Messes
» des morts, hormis celle des funérailles, le corps présent, ou
» enterré sans la Messe. Elle serait alors la dernière , excepté à
» le messe quotidienne où nécessairement elle doit se dire avant
» l'oraison *Fidelium*. » Tel était le résumé de notre opinion,
que nous avions établie un peu plus haut par des preuves
d'analogie. Ce peu de mots renferme aussi la solution à une
partie des doutes proposés par notre respectable abonné , c'est
pourquoi nous ne traiterons aujourd'hui que les points omis
alors.

On demande si c'est bien là une oraison *commandée*, parce
que la cause ne parait pas grave. Mais nous demanderons de
notre côté, pourquoi elle ne le serait pas. Lorsque le supérieur
commande, appartient-il au sujet d'examiner la gravité du
motif ? Ne doit-il pas se soumettre ? Et n'est-ce pas un motif
bien grave et une cause publique que celui de faire entrer au
plus tôt au ciel un protecteur spécial pour le diocèse ? N'est-ce
pas un motif grave que l'obligation de reconnaissance contractée envers un Prélat qui a si sagement gouverné son vaste
et important diocèse pendant de longues années ?

Au surplus , les rubriques ne mentionnent pas que l'oraison
commandée doive l'être pour une cause grave ou publique,
elles emploient simplement les termes *oratio imperata a supe-*
riore, et dès-lors de quel droit vient-on requérir une condition
que les rubriques n'imposent pas ? Ajoutons-y que les décrets
de la Congrégation des Rites semblent faire une distinction
entre l'oraison commandée *pro re gravi* et celle qui ne l'est pas :
celle-là doit se faire , dans les messes de 1re et de 2e classe ,
sous une conclusion, avec celle de la Messe, tandis que celle-ci

s'omet (1). Il nous semble qu'après ces raisons, il n'y a plus
de doute sérieux à avoir sur l'obligation d'ajouter l'oraison ordonnée *pro def. Episcopo*, aux mèmes Messes que toute autre
oraison ordonnée, et de plus à la plupart des Messes des
morts.

Abordons maintenant la difficulté spéciale qui nous est proposée. Combien d'oraisons faut-il aux messes quotidiennes, et
quelles seront telles, si l'on doit dire la collecte *pro Def. Episcopo?* D'abord il faudra quatre oraisons, puisque l'oraison
commandée doit se réciter au-delà du nombre requis par la
rubrique : il serait toutefois loisible d'en dire cinq ou sept.

Mais quelles seront ces oraisons? Il y a à ce sujet deux points
hors de contestation ; les voici : 1° La première oraison aux
messes quotidiennes doit être *Deus qui inter apostolicos*. Outre
les décrets de la Congrégation des Rites que nous avons mentionnés ailleurs (2), et que les consulteurs de la Congrégation
interprètent tout à fait dans le mème sens (3), nous avons à
opposer à nos contradicteurs une preuve irréfutable, et d'autant plus forte contre eux qu'elle repose sur leurs principes. Il
convient, disent-ils (4), que la première et principale oraison
se rapporte à celui pour qui on célèbre la messe, et si le Missel
donne les trois oraisons de la messe quotidienne dans l'ordre
que nous connaissons, c'est uniquement pour les cathédrales
et collégiales qui sont tenues quelquefois à cette messe en vertu
des rubriques. Or, tout cela est faux. L'Eglise ne veut pas
que, dans la messe quotidienne, la première oraison convienne

(1) V. *S. R. C. Decreta authentic.*, V. *Oratio*, n. 9, pages 194.
(Edit. alt.)
(2) *Mélanges*, 2ᶜ série pag. 614 (628).
(3) V. Table du 8ᵉ volume de Gardellini, v. Defunct. § 6, n. 59.
(4) De Herdt, *prax. liturg.* tom. 1, pag. 73, 3°.

à celui à l'intention duquel on célèbre, *elle établit le contraire.*
La messe quotidienne du premier du mois, et des lundis dans
les cathédrales, a pour première oraison *Deus qui inter aposto-*
licos, nos adversaires l'admettent (1) : or, cette messe doit
nécessairement se dire *pour les bienfaiteurs.* En 1847, la Congrégation des Rites décida que cette messe ne pouvait pas s'appliquer aux chanoines, Evêques défunts de l'Eglise, mais *pro*
Benefactoribus in genere (2). C'est du reste ce que Benoit XIV
avait établi dans sa Constitution *Cum semper oblatas* (5) pour
une messe conventuelle tous les jours, et pour la deuxième et la
troisième, dans les églises qui avaient conservé l'usage imposé
par le droit de les célébrer pour les bienfaiteurs. Ainsi, d'un
côté l'Eglise prescrit l'application de la messe pour tous les
bienfaiteurs en général, et d'autre part elle ordonne que la
première oraison soit pour les prêtres défunts. L'argument des
adversaires ne croule-t-il pas par sa base ? et comment M. de
Herdt, après avoir attaqué longuement notre doctrine, a-t-il
pu écrire dans la même phrase, sans penser à la contradiction
dans laquelle il tombait : *si tres recitentur orationes, dicuntur*
ut in missa quotidiana ponuntur.... quia pro benefactoribus in
genere applicari debet ?

2° Un autre point est encore incontestable : c'est que l'oraison
commandée ne s'omet pas, mais varie seulement, quand elle
est identique à celle que le Missel ordonne de réciter. En 1855,
l'évêque de Namur s'adressa à la Congrégation des Rites et
demanda : « An alia oratio addenda loco imperatæ, quando
» hæc reperitur in missa diei, ex. gr. in Dominicæ XXII post
» Pentecosten, si oratio imperata sit *Deus refugium ?* S. Con-

(1) Ibid. pag. 74, not. 1°.
(2) Die 27 februarii 1847, in Aretinen. ad 2. v. Gardell. n. 4910.
(3) Du 19 août 1744, § 11-22.

» greg. respondit : in casu collecta erit sequens *Ne despicias*, n. 13,
» posita. Die 23 maii 1855, in Namurcen. ad 1.» De là découle
la conséquence suivante. L'oraison *Deus qui inter apostolicos*
prescrite pour l'Evêque défunt, étant déjà récitée en vertu des
rubriques, devra être changée en une autre équivalente. L'o-
raison à substituer à l'oraison commandée est facile à trouver :
le Missel lui-même donne une oraison *pro def. Episcopo*. Elle
est la 7ᵉ en ordre et commence par ces mots : *Da nobis Domine*, etc.

D'après tout ce qui précède, nous répondrons à la consultation, que dans les messes quotidiennes des morts, on devra
dire quatre oraisons dont la pénultième sera *Da nobis Domine*,
que le Missel indique pour un Evêque défunt.

BIBLIOGRAPHIE.

MANDEMENTS,

*Lettres pastorales, Circulaires et autres documents publiés dans
le diocèse de Liége, depuis le concordat de 1801 jusqu'à 1850.
2 volumes, Liége 1851.*

On a souvent eu à regretter la perte des lettres pastorales,
mandements, ordonnances, etc., publiés par les Évêques des
divers diocèses, particulièrement en France et en Belgique.
Adressés par feuilles détachées aux recteurs des paroisses,
l'insouciance d'un grand nombre, les bouleversements inévi-
tables qu'apportent dans les presbytères les mutations des

curés , enfin, et surtout les troubles de la révolution française
ont dispersé la plus grande partie de ces monuments , à tel
point qu'ils sont introuvables aujourd'hui. Les collections
conservées dans les secrétariats des Évêchés ou dans les biblio-
thèques des Séminaires ont elles-mêmes été pillées et dévas-
tées : c'est là une grande perte pour les sciences ecclésiastiques,
et spécialement pour l'histoire et le droit canon. Instruits par
une triste expérience, les administrateurs actuels de nos diocèses ont compris ce qu'ils devaient à la postérité, et ils se sont
attachés à prévenir la perte des documents qui se rapportent à
leur administration. Parmi les diocèses qui possèdent aujour-
d'hui la collection intégrale des ordonnances épiscopales , celui
de Liège occupe une place distinguée. Feu Mgr. Van Bommel,
fit publier en 1844 et 1845 deux volumes de ses Mandements,
et nous espérons bien que le troisième ne tardera guère à
paraitre.

Ce n'était pas assez pour le vigilant Prélat de réunir en un
seul corps d'ouvrage les actes de sa glorieuse administration ;
il voulut le faire aussi pour les chefs diocésains qui avaient
passé par les temps durs de l'empire français et du royaume
des Pays-Bas. Cette période n'était pas, à coup sûr, la moins
importante, puisque c'est d'elle, à proprement parler, que date
l'organisation ecclésiastique actuelle de nos provinces.

Un jeune et savant ecclésiastique fut donc chargé de recueillir
les matériaux épars, de les classer et de les publier : c'est ce
qu'il fit avec une modestie égale à son talent, et de ses nombreuses recherches sortirent les deux volumes dont nous parlons aujourd'hui. Le premier Tome est précédé d'un Avant-
Propos de xxviii pages, et contient de courtes et excellentes
notices biographiques sur chacun des supérieurs ecclésiastiques
qui ont gouverné le diocèse de Liège depuis l'érection du nou-

veau Siége. Il renferme ensuite des pièces très-intéressantes :
le concordat de 1801 avec la Bulle qui le confirme, les Bulles
relatives à la nouvelle circonscription des Diocèses , un grand
nombre de rescrits du Cardinal Caprara , Légat *a latere* , touchant les pouvoirs des Évêques , les mariages nuls , les fêtes
supprimées , le Jubilé , etc. Il contient encore tout ce qui se
rattache à l'administration de Mgr. Zaepffel , et entr'autres
choses, la délimitation des paroisses du diocèse , le règlement
pour la sonnerie des cloches , pour les droits d'étole , etc.
Parmi les pièces qui figurent dans le reste du premier volume,
et qui furent publiées pendant la vacance du Siège et avant
1815 , nous remarquons diverses circulaires relatives aux
fabriques , aux vicaires et d'autres pièces de circonstances concernant les affaires de l'époque.

Le Tome second commence et finit avec le Royaume des
Pays-Bas , il est rempli de documents intéressants et d'une
haute importance ; nous citerons entr'autres les instructions
sur le mariage , les réclamations au Gouvernement contre le
collège philosophique , la réponse du Souverain Pontife à trois
doutes par rapport à ce collège, enfin diverses lettres qui condamnent des abus.

A la suite de tous ces documents viennent deux appendix
qui ne le cèdent pas en intérêt à ce qui précède. Le premier
renferme tous les avis publiés depuis 1815 dans les directoires
du diocèse par ordre de l'autorité supérieure. L'autre rapporte
diverses pièces émanées de Rome sur les mariages mixtes, les
relations avec les protestants , etc.

Ce simple exposé suffit pour montrer combien sera utile la
publication dont nous parlons , et quelle reconnaissance doivent
au savant compilateur, et le clergé actuel et le clergé futur de
la Belgique, et particulièrement celui du diocèse de Liège.

CORRESPONDANCE DE ROME,

Recueil des Allocutions, Bulles, Encycliques, Brefs et autres Actes du Saint-Siége apostolique, Décrets des sacrées Congrégations romaines, etc. — *Années* 1848, 1849 et 1850. — 1 vol. in-8° de 640 pages. Liège, chez Spée-Zelis. — Prix : 5 francs.

En commençant la réimpression du second volume de la *Correspondance de Rome*, l'Éditeur Belge a cru ne pouvoir mieux faire que de communiquer à ses lecteurs le jugement que la *Bibliographie catholique* de Paris a porté sur cette publication dans sa livraison du mois d'avril 1852, et que nous reproduisons :

« La *Correspondance de Rome* est une feuille périodique, fondée à Rome même, le 28 juin 1848. Interrompue au moment du siége de la ville sainte par l'armée française, elle reparut au bout de quatorze mois, après avoir subi de nombreuses vicissitudes, et des modifications radicales dans les conditions de son existence.

» Mais quel est l'objet de la *Correspondance de Rome ?* — Le Pontife romain, gardien et maître du trésor céleste, dispensateur des biens éternels, interprète de la pensée divine, arbitre des lois chrétiennes, juge de tous les hommes, successeur de celui à qui il a été dit : *Confirme tes frères; pais mes agneaux, pais mes brebis,* chef de l'Eglise universelle, en un mot, ne saurait suffire seul à sa tâche immense, ni au gouvernement de son vaste empire. Il a pour lieutenants dans le monde les Evêques dispersés par toute la terre, et il garde auprès de lui, comme conseillers et collaborateurs, les cardinaux de la

sainte Eglise romaine. Ces sénateurs de la Rome chrétienne et
de l'univers mettent au service de l'Eglise et du souverain
Pontife le fruit de leurs longues études et de leur vieille expérience ; et pour leur faciliter cette tâche auguste, pour concentrer les efforts de chacun sur les points les plus conformes à
ses goûts et à sa science, on les a distribués en différentes
Congrégations qui ont toutes leurs attributions particulières,
et que l'on consulte, aujourd'hui surtout, de toutes les parties
de l'univers catholique. Expliquer les canons des conciles,
soumettre à un examen sérieux les productions de la théologie
et de la philosophie moderne, veiller à la conservation des
rites et à la décence du culte, administrer le trésor des
indulgences, pacifier les différends qui peuvent s'élever dans
l'Eglise, sauvegarder la foi, les mœurs et la discipline ecclésiastique : telles sont les fonctions départies aux Congrégations
romaines. De là la spécialité, de là le titre de chacune :
*Congrégation du Concile, Congrégation de l'Index, Congré-
gation des Rites,* etc. Leurs réponses aux doutes proposés sont
rendues au nom du souverain Pontife ; ainsi en est-il des décrets
qu'elles publient ; et Sa Sainteté veut que ces réponses et ces
décrets aient la même autorité que s'ils émanaient d'Elle
directement et immédiatement, quand même on ne les lui
aurait pas communiqués. C'est ce qui résulte d'un décret du
23 mai 1846, formellement approuvé par le souverain Pontife :
*An decreta a sacra Rituum Congregatione emanata, et respon-
siones quœcumque ab ipsa propositis dubiis scripto formiter
editœ, eamdem habeant auctoritatem, ac si immediate ab ipso
Summo Pontifice emanarent, quamvis nulla facta fuerit de
iisdem relatio Sanctitati Suœ ? — Resp. Affirmative.* — Or,
la *Correspondance de Rome* a pour but d'enregistrer les décrets

et les réponses des diverses Congrégations romaines, ainsi que les Allocutions, les Bulles, les Brefs et les autres actes du saint Siège apostolique. Parmi ces décrets, qui embrassent une foule de questions relatives à la liturgie, aux indulgences, aux confréries, aux livres défendus, au sens de tel ou tel décret du saint Concile de Trente, les uns n'étaient jamais publiés et ne pouvaient servir à la solution de difficultés analogues, les autres faisaient partie de collections très-rares, et, pour la plupart, extrèmement coûteuses. On comprend donc quel service l'éditeur de la *Correspondance de Rome* rend au clergé, en lui fournissant un moyen facile et économique de répondre promptement et avec exactitude, à une multitude de questions qui peuvent lui être adressées dans l'exercice du saint ministère. Ce qui augmente encore l'autorité de ce Recueil, c'est qu'il puise tous ses documents à une source sinon officielle, comme on l'a dit à tort quelquefois en France, du moins officieuse, et que chaque numéro ne paraît qu'avec le *visa* de la censure apostolique. La *Correspondance de Rome*, dont le premier volume contient déjà plus de sept cents décisions et décrets, doit donc être au clergé ce que le *Bulletin des lois* est aux jurisconsultes, avec cette différence en sa faveur, que ses décisions émanent d'une autorité bien plus haute et sont sujettes à bien moins de versatilité.

Ce volume renferme encore un grand nombre d'articles originaux sur divers sujets de théologie, de liturgie et de droit canon, le compte-rendu des conférences morales et liturgiques qui se tiennent à Rome, etc. Là se trouvent plusieurs dissertations intéressantes sur *les trois messes de Noël*, sur *les messes basses du Jeudi saint et du Samedi saint*, sur *la Communion le Vendredi saint et le Samedi saint*, sur *l'application de la messe pro populo*, sur *la messe conventuelle pour les bienfaiteurs*, sur *les concours pour l'obtention des cures*, sur *les cas réservés*, sur *l'inamovibilité des desservants*, sur *l'emploi des bougies stéarines*, etc. C'est pour ces sortes d'articles que la *Correspondance de Rome* a encouru le blâme de la critique. On lui a reproché de l'exagération et de la passion. Il est certain que plusieurs de ses principes vont à l'encontre de nos idées et de nos usages français; mais il faut bien reconnaître, d'un autre côté, qu'ils sont basés, presque toujours, sur des décisions formelles, soit du saint Siège, soit des Congrégations romaines. Plusieurs de ces décisions ayant été jusqu'à ce jour, ainsi que nous l'avons dit, ensevelies dans des archives inconnues ou inabordables au plus grand nombre, il n'est pas étonnant que les règles canoniques n'aient pas été observées avec plus d'uniformité. Nous ne voulons pas prétendre qu'un gallicanisme exagéré n'ait pas contribué à la violation de la loi; mais *que les temps sont changés!* Il n'y a pas aujourd'hui de différence de conduite entre les ultramontains et les gallicans, lorsqu'il s'agit de recourir à Rome et de respecter ses décisions. Peut-être les rédacteurs de la *Correspondance* auraient-ils dû tenir plus de compte soit des difficultés du passé, soit de l'état présent des esprits. Quoi qu'il en soit, nous en avons assez dit pour montrer l'importance de ce Recueil : il est utile, indispensable même à tous les membres du clergé qui tiennent à connaître la jurisprudence ecclésiastique et à y conformer leurs décisions et leur conduite. Il aura encore bien mérité de l'Eglise, s'il peut contribuer à effacer de fatales divisions, et à mettre sur toutes les lèvres et dans tous les cœurs le mot fameux de saint Augustin : *Roma locuta est, causa finita est.*

DE MGR VAN BOMMEL, ÉVÊQUE DE LIÉGE.

Bien que notre recueil soit exclusivement scientifique, et que, jusqu'ici, nous nous soyons tenus dans une réserve complète touchant les événements contemporains et les faits historiques, aujourd'hui, cependant, une circonstance douloureuse, une grande perte nous contraignent de sortir du cadre où nous nous étions renfermés, et nous devons quelques détails à nos lecteurs sur la vie, les travaux et les vertus de Mgr. Van Bommel, dont le diocèse de Liège et l'Eglise pleurent la mort prématurée. Nous le devons surtout par reconnaissance pour la protection puissante et éclairée dont il a bien voulu nous honorer, car il est bien à croire que, si elle n'avait trouvé un défenseur dans le vénérable Prélat, notre publication, qui entre dans sa sixième année, serait tombée devant les préventions dont elle était l'objet. Nous ne voulons pas entrer ici dans des détails circonstanciés et réveiller des choses passées en oubli : seulement, nous tenons à faire connaître à nos lecteurs et à tous ceux qui s'intéressent à nos laborieux travaux, que c'est surtout à Mgr. Van Bommel que nous devons d'avoir pu leur communiquer le fruit de nos veilles et de nos recherches. Ami de la véritable science, il la protégeait, l'encourageait ; et quoique accablé d'une infinité d'affaires, le digne Prélat ne dédaignait pas de prendre connaissance par lui-même des articles soumis à l'approbation des examinateurs, et d'y faire des annotations de sa main. Que dirons-nous de plus ? il s'était même engagé à revoir lui-même et à corriger un article qui n'avait pu recevoir l'approbation, à cause qu'il renfermait une doctrine opposée à celle des statuts diocésains non encore publiés à cette époque.

Après cela, chacun comprendra sans peine la grandeur de notre douleur, et le besoin que nous avions d'exprimer tout haut notre reconnaissance. Passons maintenant à quelques détails sur la vie du vénérable défunt : nous les emprunterons à l'*Eloge* si simple, si vrai et si éloquent de M. le chanoine Jacquemotte, son vicaire général (1).

Mgr. Van Bommel naquit à Leyde de parents catholiques et profondément attachés à leur foi. Le malheur des temps le força de s'expatrier pour chercher une éducation solide et religieuse. . . . .

« A l'âge de treize ans, l'année même de la mort de son père, le jeune Van Bommel fut conduit en Allemagne, et placé, aux environs de Munster, dans une maison d'éducation récemment organisée par des ecclésiastiques français qui, loin des troubles de leur patrie, étaient venus chercher, sur la terre étrangère, la sécurité pour leurs personnes, la liberté pour leur foi, un théâtre pour leur zèle et leur dévouement. Là se trouvaient réunis, sous le toit de la vieille hospitalité germanique, des prêtres du plus haut mérite ; hommes habiles dans les langues, les lettres et les sciences, profondément versés dans toutes les branches de la théologie catholique ; remplis surtout d'un zèle infatigable, unissant et harmonisant leurs efforts pour former à la science et à la vertu la jeunesse confiée à leur sollicitude. Là, se pressaient aux leçons de maîtres dévoués des jeunes gens d'élite venus de toutes parts : français, allemands, belges, hollandais, différant de patrie, de langage, de vocation peut-être, mais étroitement unis par la foi et la charité, ne luttant entre eux que par l'émulation du bien, tous également pénétrés d'amour et de respect pour leurs vénérables précepteurs. »

Ses cours terminés avec les plus brillants succès, le saint jeune homme reçut la prêtrise en 1816 et revint dans sa patrie : là il organisa et ouvrit le collège catholique ou petit séminaire de Hageveld.

« Il avait compris que la marche du temps avait fait naître dans sa

(1) En vente chez l'Editeur des *Mélanges*.

patrie des besoins nouveaux qu'il fallait songer à satisfaire; il avait
compris que la science devait plus que jamais entourer de son auréole la
couronne sacerdotale, et que, au clergé régulier qui, en Hollande
comme ailleurs, avait sauvé du naufrage les élus de Dieu pendant la
tourmente des hérésies, on devait joindre désormais un clergé séculier,
n'ayant avec le premier d'autre rivalité que celle de la science, du zèle
et de la vertu.

»C'est surtout à former ce jeune clergé que les prêtres de Hageveld
consacrèrent leurs talents et leurs forces, et l'histoire peut déjà nous dire
s'ils remplirent dignement leur mission. Dévoués sans relâche à leur
œuvre, jamais ils ne perdirent de vue la pensée qui l'avait inspirée. Elle
animait, elle soutenait ces hommes infatigables dans l'accomplissement
de leur pénible tâche; elle fécondait leurs veilles et leurs travaux, et,
comme un rayon bienfaisant, elle portait la lumière et la vie à l'esprit
et au cœur de leurs élèves. L'éducation, aussi bien que l'instruction de
la jeunesse, étaient, à Hageveld, l'objet de soins quotidiens, d'efforts
persévérants. La Religion, cette reine des âmes, y réglait, sanctifiait,
dominait toutes choses, par sa douce et salutaire influence. D'éclatants
succès ne pouvaient manquer de couronner des travaux entrepris dans
un si noble but, et poursuivis avec tant de zèle. Aussi, les anciens élèves
de Hageveld sont-ils aujourd'hui, soit dans le clergé, soit dans le monde,
la gloire de leurs maîtres, la joie de leurs familles, l'honneur de la religion et du pays. Heureuses les contrées où les jeunes générations s'inspirent de tels enseignements! Heureuse la jeunesse chrétienne qui rencontre de tels maîtres au seuil de la vie!

»Le collége de Hageveld avait vécu huit ans, entouré de l'estime
publique, honoré de la confiance et du respect des familles. C'était un
des beaux fruits d'une sage et sainte liberté. Le gouvernement, qui aurait
dû applaudir à ses triomphes, en prit de l'ombrage. Des hommes mal
inspirés, vieux débris du protestantisme et du joséphisme, s'effrayèrent
des progrès que faisait, là et ailleurs, l'enseignement catholique, et ils
persuadèrent au Prince que la Constitution, en faisant de l'instruction
publique l'objet de ses soins constants, lui en assurait le monopole.
Bientôt les droits sacrés de la religion et des familles furent méconnus;
l'on vit paraître les arrêtés tristement célèbres du mois de juin de 1825;

et quelques mois plus tard, la violence, fille de l'arbitraire, vint fermer les petits séminaires et les colléges qu'une pensée généreuse avait ouverts aux lévites du sanctuaire et à la jeunesse catholique. Hageveld subit la proscription commune : maîtres et élèves furent expulsés, et l'émeute venant en aide à la violence, fit craindre les derniers excès.

»Resté debout sur les ruines de son établissement, M. l'abbé VAN BOMMEL s'associa franchement à la croisade qui ne tarda pas à s'organiser pour revendiquer les droits de la religion et de la liberté. Mgr. de Méan, notre ancien Prince-Evêque, métropolitain de Belgique, était le chef naturel de cette association catholique, et, malgré l'accablement de l'âge, il ne faillit point à son devoir. Les autres chefs de nos diocèses, ceux des missions de Hollande, tous les hommes de cœur et d'intelligence, s'unirent à lui. Des représentations respectueuses, mais pleines de dignité et d'énergie, eurent bientôt couvert les marches du trône. Les plaintes des pères de famille retentirent jusqu'au sein de la représentation nationale, où elles trouvèrent d'éloquents interprètes. Mais de tous les hommes qui prirent part à cette noble lutte du droit contre l'injustice et l'arbitraire, pas un, peut-être, ne déploya plus d'énergie, de constance et de talent que l'abbé VAN BOMMEL; pas un, surtout, ne contribua davantage à concentrer, dans un accord parfait, toutes les réclamations du pays. Il était, si vous me permettez cette expression, le trait d'union entre le Nord et le Midi, entre l'autorité religieuse et les hommes parlementaires. Un succès éclatant, le concordat de 1827, couronna deux années d'efforts, et fit renaître l'espoir au cœur des catholiques. Et pourtant, tels étaient l'aveuglement du Prince et l'obstination de ses conseillers, qu'il fallut encore deux années de luttes et de négociations pour obtenir l'exécution du concordat et la restauration de la liberté du sacerdoce. Je ne sais si je me fais illusion, mais je vois là une des plus belles pages de la vie de notre Evêque. Il aimait lui-même à rappeler cette glorieuse époque, et il a laissé, sur tous les incidents qui l'ont remplie, des documents précieux pour l'histoire de l'Eglise et du pays. »

Ses talents et ses mérites reçurent bientôt une glorieuse récompense; le S. P. Pie VIII, le plaça à la tète du vaste et important diocèse de Liège. . . . .

« S'il est vrai que l'épiscopat est un ministère redoutable, qui exige un dévouement de tous les jours et de tous les instants, il l'est également que Mgr. Van Bommel en comprenait admirablement toutes les obligations. Il s'était penétré de cette parole de St. Chrysostôme, qu'on ne vit dans le monde, en évêque surtout, qu'autant qu'on vit pour les autres. Eh bien ! après les devoirs de sa propre sanctification, qui ne furent jamais oubliés, il vivait tout entier pour son diocèse. Le clergé et les simples fidèles, le riche et le pauvre, le juste et le pécheur, l'enfant et le vieillard, et surtout la jeunesse, étaient tour à tour ou simultanément l'objet de son zèle. Arracher et détruire, édifier et planter, instruire, reprendre, consoler, soulager : tel était l'ensemble de ses devoirs, et les œuvres qui remplissent ses vingt-deux années d'épiscopat nous disent assez qu'il n'y faillit jamais.

» Ses premiers soins dans la carrière de l'apostolat, furent consacrés à l'organisation du diocèse et au rétablissement des études ecclésiastiques. Il associa à ses travaux, comme Vicaire-Général, l'homme distingué qui avait porté avec honneur, quinze années entières, le poids de l'administration diocésaine et qui occupa si dignement, dans la suite, le siége épiscopal de Namur. De concert avec ce prêtre aussi modeste qu'habile et courageux, il compléta le Chapitre de la cathédrale qui ne comptait plus que deux membres, rouvrit le séminaire des théologiens, où il ne restait qu'un petit nombre d'élèves, et rétablit, en l'agrandissant, celui des humanistes que la violence avait rendu désert. D'honorables vieillards, que recommandaient de longs et utiles services, furent appelés aux places vacantes du Chapitre. Les fonctions plus pénibles de l'enseignement furent confiées à des ecclésiastiques en qui les forces de l'âge s'unissaient au savoir et à la vertu...... »

« Les séminaires que Mgr. Van Bommel a créés ou renouvelés; l'extention qu'il a donnée au cercle des études ecclésiastiques; les soins prodigués aux élèves du sanctuaire, particulièrement à l'approche des ordinations; les conférences et les retraites ecclésiastiques; la division du diocèse en doyennés et les réunions annuelles de tous les Doyens sous la présidence de l'Evêque; l'augmentation du nombre des paroisses; l'amélioration du sort des chapelains et des vicaires; l'établissement de nouveaux statuts diocésains, concertés avec le clergé, et qu'il regardait

lui-même comme le résumé de tous ses travaux ; la tenue d'un synode,
chose inouïe dans notre pays depuis plus de deux siècles ; enfin les luttes
parfois publiques, plus souvent secrètes, qu'il a soutenues pour l'honneur, l'indépendance et les droits du sacerdoce : voilà autant de preuves
éclatantes de sa paternelle sollicitude pour le clergé...... »

« La jeunesse chrétienne nous dira à son tour l'ardeur de son zèle,
elle, qu'il instruisait, exhortait, encourageait avec un charme qui ravis-
sait tous les cœurs ; elle, pour qui il se montrait toujours plein de grâce
et de bonté ; elle, pour qui il déployait toutes les ressources de sa charité,
multipliant les écoles où, avec un enseignement assorti à la condition
de chaque famille, elle venait puiser ces éternels principes d'ordre, de
vérité et de justice, qui sont le fondement du bonheur d'ici-bas aussi
bien que des joies futures. Pour les jeunes Samuels : c'est le petit séminaire établi d'abord à Rolduc et transféré aujourd'hui à Saint-Trond.
Pour les enfants du peuple : ce sont les écoles des *Frères*, ces amis
incomparables des petits et des pauvres. Ce sont encore les écoles nor-
males de St.-Roch et de St.-Trond, deux pépinières d'instituteurs
modestes, pieux, capables et dévoués. Pour l'enseignement moyen : ce
sont les colléges dirigés, ici et ailleurs, par des prêtres séculiers ou par
des communautés religieuses. Pour l'enseignement supérieur, c'est
l'Université catholique, œuvre de l'épiscopat, du clergé et des fidèles,
où brillent de tout leur éclat, sous l'égide de la foi, les sciences divines
et humaines.

»Les jeunes personnes n'avaient ni moins de droits ni moins de part
aux épanchements de son zèle pour l'éducation chrétienne de la jeunesse.
Il faudrait nommer ici toutes les institutions religieuses vouées à l'enseignement, dont le Pontife a béni les commencements, encouragé les
efforts, applaudi les succès. Mais je crains de devenir long et plus encore
d'alarmer par mes éloges la modestie de ces humbles religieuses.

»Vous parlerai-je, MM., de l'écrivain ? Vous citerai-je les ouvrages
publiés par notre savant pontife depuis sa promotion à l'Episcopat ? Mes
paroles ne pourraient ajouter à ce que vous en savez, à ce qu'en sait
l'Europe catholique. L'*Exposé des vrais principes* eût un long reten-
tissement en France et chez toutes les nations civilisées, où les questions
qui y sont traitées préoccupent si vivement les esprits graves et sérieux.

Que dire des instructions pastorales et des mandements où il revient sur ces matières avec le même esprit, les mêmes convictions, la même élévation d'idées et de principes? Soldat courageux, il a combattu jusqu'au bout le combat du Seigneur pour la jeunesse chrétienne, et la mort l'a trouvé sur la brêche........ »

Sa charité était inépuisable et n'avait pas de bornes. Combien d'établissements de bienfaisance doivent leur existence à sa généreuse liberalité. . . . .

« Comptez : la maison de Miséricorde et celle de Beauregard, où se forment au travail et à la vertu cent orphelines qui n'auraient rencontré dans le monde que les misères du corps et de l'àme; l'établissement des jeunes Economes, asile de filles momentanément hors de service, qui y trouvent, avec le pain du travail, un abri contre tous les dangers; le Refuge, ce palais de l'innocence profanée par le vice, mais réparée par la pénitence; un hospice à Maeseyck pour l'éducation des sourds-muets et des aveugles; les sociétés de St. Jean-François Régis, devenues en quelques jours si populaires, et qui préviennent ou guérissent tant de désordres, fléaux communs de la société civile, de la religion et des mœurs; les conférences de St. Vincent de Paul, la plus douce expansion de la charité sur les misères du pauvre; l'association de la Ste-Famille, qui unissant sous la protection de St. Joseph les ouvriers de la cité, les rattache les uns aux autres par les sentiments d'une bienveillance toute chrétienne, réprime les convoitises illicites pour y substituer l'amour de la vertu, et donne à la société plus de garanties que ne peuvent lui en offrir toutes les législations humaines. »

Que dirons-nous de son attachement aux doctrines et aux traditions apostoliques?

« Mgr. Van Bommel se place, sous ce rapport aussi, au rang des grands pontifes. Pasteur d'une Eglise qui s'appelle avec orgueil la sainte fille de Rome et qui, dans tous les siècles, s'est constamment montrée digne de ce titre, Mgr. Van Bommel, était lui-même l'expression vivante de ses traditions. Il avait pour le Vicaire de J.-C., et pour le Siége apostolique, un respect et une affection sans bornes; et si les soins multipliés d'un vaste diocèse l'empêchèrent longtemps de se rendre au tombeau des saints Apôtres, avec quel empressement il partit pour la ville éternelle, dès que Dieu lui eut accorde quelque loisir ! Avec quel bonheur il renouvela ce pèlerinage, six ans plus tard, l'année même qui précéda celle de sa mort ! De quels sentiments de foi et d'amour il se sentait pénétré, quand il contemplait les divines merveilles de la ville sainte, ou qu'il recevait les embrassements du Saint-Père ! Il revint de Rome, honoré du titre de Prélat de la maison du Pape et d'Evêque assistant au trône pontifical. Confus des bontés de deux grands papes, il ne s'apercevait pas qu'elles étaient la récompense de son mérite.

» Mgr. Van Bommel avait pour le Pontife romain les sentiments d'un fils aimant et dévoué pour le meilleur des pères, et il les manifestait en toute occasion, dans sa conduite comme dans ses discours. Qu'il s'agisse d'une question de foi, ou d'un point de discipline; que son diocèse soit en cause, ou que le débat s'agite au loin : dès que Rome a parlé, il ne voit place, pour tous, qu'à la soumission la plus humble. Sa maxime est celle du grand évêque d Hippone : *Roma locuta est, causa finita est.*

Mais sa mort fut encore, s'il se peut, plus admirable que sa vie. . . . .

« Son lit de douleur devient le siége d'où il préside aux délibérations de ses conseillers et à la marche des affaires. Les exercices de piété sont devenus l'occupation habituelle du jour et des longues insomnies de la nuit. Privé du bonheur de monter à l'autel, il s'en dédommage en recevant fréquemment le *pain des forts.* Il faut avoir vu le Pontife lors-qu'il reçut solennellement le St. Viatique et l'Extrème-Onction, pour comprendre la ferveur de sa piété. Sa résignation était héroïque. « Ne » priez pas, disait-il, pour que Dieu prolonge mes jours, demandez-lui » qu'il me donne la patience dans les souffrances. » La patience lui fut donnée, Messieurs, et elle le soutint jusqu'à sa dernière heure. *« Sei-* » *gneur,* disait-il encore, *je ne refuse pas de travailler, si c'est votre* » *volonté,* » et il se hâtait d'ajouter : « *J'aime mieux pourtant d'entrer* » *dans la joie de votre demeure.* » Il s'offensait presque de nos attentions; et lorsqu'un prince de l'Eglise et le représentant du vicaire de Jésus-Christ vinrent successivement le visiter, il s'étonna, lui *pauvre Evêque,*

près de trois mois, il s'occupa tout entier à préparer la victime pour l'heure du sacrifice.

»Cette heure suprême s'annonça, triste et solennelle comme toutes les heures de la mort. Mais qu'elle fut belle pour la victime préparée à l'immolation ! L'âme du prélat, adorant la profondeur des jugements de Dieu, s'épurait et s'élevait à mesure qu'elle se dégageait des liens du corps. Avec quel abandon il renouvelle alors le sacrifice de sa vie ! Avec quel amour il colle ses lèvres sur l'image de Jésus crucifié ! Avec quelle ferveur il invoque la sainte Vierge, patrone de toute sa vie ! Avec quelle ardeur il soupire après les tabernacles éternels ! Nous priions et nous pleurions, attendant le moment suprême, lorsque levant sa main, il nous dit d'une voix défaillante : « *Je vous bénis, et en vous je bénis* »*tout mon diocèse, le clergé, les communautés religieuses, et mes chers* »*enfants qui ont tant prié pour moi.* » La jeunesse chrétienne a eu sa dernière parole, une parole d'amour, de bénédiction, de pieuse reconnaissance.

»C'était le Mercredi-Saint à sept heures du soir. Son agonie avait duré trois heures, quand s'évanouit son dernier souffle. Il mourut en invoquant Jésus et Marie, avec la dignité d'un pontife et le calme d'un saint. Il avait vécu soixante-deux ans et deux jours..... »

Telle fut la vie de notre vénérable Evèque, telle fut la fin qui la couronna. Dieu, sans doute, ne l'aura appelé à lui que pour le récompenser au ciel : espérons que sa divine bonté nous destine un autre Van Bommel, et que le successeur sera le digne émule des talents, du zèle et des vertus du Prélat que nous pleurons.

Nihil obstat : Imprimatur.

Leodii, 19ᵃ Junii 1852.
H. NEVEN, Vic.-Gen. Cap.

MÉLANGES THÉOLOGIQUES.

6me Série. — 2me Cahier.

DU PATRON ET DU TITRE (1).

1. Tous les jours nous sommes interrogés sur des difficultés relatives à la célébration de la fête, de l'octave, etc., des patrons, et il nous arrive quelquefois de rester en suspens, sans oser donner de résolution catégorique, tant la matière présente de doute : les principes sont clairs, mais l'application n'en est pas facile. Nous nous efforcerons dans le travail actuel de mettre les principaux points en lumière, afin que s'il reste quelque obscurité, elle ne se rapporte qu'à des choses secondaires.

Il est de la plus haute importance de ne pas confondre le *Patron* avec le *Titre*. Le Patron est le *protecteur* d'un lieu, d'une ville, d'un royaume, il a un rapport direct avec les habitants du lieu patroné. Le Titre au contraire est un saint ou un mystère, sous l'invocation duquel l'église est placée, c'est le *vocable* d'une église : il n'a qu'un rapport très-indirect avec les habitants. Un Patron peut n'avoir aucune église placée sous son invocation, de même que le titre d'une église, même principale, peut n'être pas du tout patron du lieu. Par exemple à

---

(1) Un de nos amis a eu l'obligeance de détacher une page d'un *Manuel liturgique*, qu'il se propose de publier sous peu, et de nous l'adresser. Nous y avons ajouté quelques développements pour l'offrir à nos lecteurs. (*Rédaction.*)

Liège, S. Hubert est le patron de la ville, quoiqu'il n'ait pas
d'église qui lui soit dédiée ; S. Paul, S. Denis, S. Martin sont
des titres, des vocables d'églises, nullement des patrons ou
protecteurs. Il en est de même à Paris : Ste Geneviève, la
patrone de cette grande ville, n'a-t-elle pas été pendant un
demi-siècle sans une église qui portât son nom ? C'est là la
différence radicale, fondamentale qui existe entre le patron et
le titre, et de celle-là découlent toutes les autres. Les voici en
peu de mots.

1° Le Patron est indépendant des églises et des limites des
paroisses, il conserve son patronat sur toute l'étendue du lieu
qui lui a été soumis d'abord, quoiqu'une nouvelle paroisse ait
été érigée sur une partie du territoire de la première, ou
quoique l'ancienne église ait été tout-à-fait détruite. Le Titre
au contraire est attaché à l'église, il nait et périt avec elle ; sans
église, pas de titre ; l'église détruite, le Titre disparait, et l'on
est libre dans la reconstruction de l'édifice, de faire revivre le
titre, ou de le laisser éteint pour toujours.

2° Le Patron, nous parlons en particulier du patron des
villes, bourgs, villages, etc., a, de droit commun, fériation
dans le peuple. Il n'est que trop juste en effet que le peuple
fasse la fête de son protecteur spécial, et qu'il consacre un jour
à sa mémoire. Le Titre au contraire n'a pas de fériation. La
solennité, qui accompagne le jour consacré au Titre, se borne
à l'église et n'en sort pas.

3° L'office du Patron doit être célébré par tous les prêtres
qui habitent le lieu, qu'ils soient ou non attachés à une église.
Pourvu qu'ils aient acquis le domicile suffisant, en un lieu,
pour y être tenus aux obligations spéciales, ou y jouir des
droits et privilèges qui y sont attachés, ces prêtres sont tenus à
réciter l'office avec octave du Patron, ou protecteur du lieu. Il
n'en est pas de même du Titre. Personne ne doit, et ne peut

en réciter l'office, s'il n'est attaché *strictement* à l'église dont on célèbre le titre. La raison de cette différence saute trop aux yeux pour avoir besoin d'explication.

4° Le Patron doit être choisi par le peuple et le clergé du lieu, et cette élection est aujourd'hui de rigueur : il est le protecteur du lieu et des habitants, et à ce titre, il doit être, au moins c'est de convenance, choisi comme celui auquel le peuple a le plus de confiance. Pour le Titre, la chose est différente, c'est à celui qui bénit ou consacre une église, à l'imposer au nouvel édifice.

5° Pour un Titre, il est indifférent que l'on prenne un saint, ou un mystère. La Ste. Trinité, les cinq plaies, le S. Sauveur, la Conception, la Visitation de la Ste. Vierge peuvent être des Titres. Mais les Patrons doivent être des personnes, puisque ce sont des protecteurs, des intercesseurs.

6° Il est certain et évident que dans toutes les paroisses, il y a un Titre à l'église paroissiale, mais il n'y a pas dans tous les villages, ni même dans toutes les villes, de Patron, du moins connu. En voici la preuve. L'élection des patrons, depuis 1630, a dû se faire en la forme prescrite par Urbain VIII, sous peine de nullité : or, combien trouvera-t-on ici de lieux où ces formalités ont été observées ? En est-il même un seul ? Il ne reste donc que les patrons anciens c'est-à-dire ceux qui existaient avant le démembrement et l'érection des paroisses. Or, sur ce point, les doutes ne manquent pas. Quel est le patron dont on faisait la fête autrefois ? Ce patron n'était-il pas en réalité un Titre d'église paroissiale ? Enfin, le patron, par suite de l'oubli dans lequel son culte est tombé, peut-il être encore considéré comme tel, et n'a-t-il pas perdu ses droits liturgiques ? Voilà autant de difficultés souvent insolubles pour les recteurs des églises paroissiales, et sur lesquelles il serait presque impossible de faire descendre la lumière.

2. Cette différence établie entre le patron et le titre, nous devons dire un mot des lieux qui ont un patron, et des personnes qui sont obligées d'en faire la fête.

Les cités épiscopales, les villes, les villages peuvent avoir un patron, comme aussi les royaumes ou provinces, et c'est de droit, d'après la constitution d'Urbain VIII. « Unius ex princi-» palioribus patronis in quocumque regno sive provincia, et » alterius pariter principalioris in quacumque civitate, oppido » vel pago, ubi hos patronos haberi et venerari contigerit (1). »

Les diocèses n'ont pas un patron de droit, et s'il arrive qu'il y en ait un, il n'a pas de fériation dans le peuple. L'office de ce patron ne peut pas non plus être récité à ce seul titre, par le clergé d'un lieu qui a son patron particulier. Mais s'il arrive qu'une ville, ou un village n'ait pas de patron proprement dit, le patron du diocèse en tient la place, et jouit des mêmes droits.

Les monastères, les ordres religieux n'ont pas de patron, toutefois ils pourraient en obtenir par privilège et en vertu d'une concession du S. Siège (2).

Quels sont les prêtres tenus à célébrer l'office d'un patron ?

D'abord tous les prêtres séculiers qui habitent un lieu, sont tenus à faire l'office du patron de ce lieu, sous le rit double de première classe avec octave. Le jour du patron étant férié, il faut que dans l'église ou les églises paroissiales, lorsqu'il y en a plusieurs, on chante la Messe et l'office du soir, comme aux dimanches, avec application de la Messe pour le peuple. Le dimanche suivant, on célébrera la solennité du patron, par une Messe votive solennelle, selon le décret de Caprara. C'est là ce qu'on doit observer à Liège pour la fête de S. Hubert, à Gand

(1) V. *S. R. C. Decreta*, v. *Festa*, not. pag. 101 (99).
(2) V. *opus cit.*, v. *Patronus*, n. 5.]

pour S. Liévin, à Tournay pour St. Eleuthère, etc. Cette assertion est incontestable, à n'examiner que les dispositions du droit commun ; mais, nous devons l'avouer, les termes du décret de 1802, pour la réduction des fêtes, font naitre une difficulté réelle : nous en parlons plus loin.

3. Quant au patron du royaume, il se présente une question préalable. S. Joseph est-il bien le patron de la Belgique? Son élection a-t-elle été faite en la forme prescrite par Urbain VIII, ou n'est-elle pas nulle pour vice de formes? Janssens (1) prétend que l'élection est valide, et que S. Joseph est canoniquement le patron de la Belgique. Les raisons qu'il apporte à l'appui de son opinion nous paraissent néanmoins très-faibles : on en jugera par l'exposé suivant. Dans son ouvrage admirable *De Canonizatione Sanctorum* (2), le savant Benoit XIV rapporte qu'en 1679, Charles II roi d'Espagne avait choisi S. Joseph pour patron et protecteur de ses royaumes, et qu'Innocent XI avait approuvé ce choix, par un Bref du 19 avril 1679 : « Nos..... de venerabilium fratrum nostrorum S. R. E.
» cardinalium sacris Ritibus præpositorum consilio, electionem
» memorati S. Joseph, in patronum et protectorem regnorum
» et dominiorum præfatorum factam, ut præfertur, authoritate
» Apostolica tenore præsentium confirmamus et approbamus. »
On réclama contre ce Bref auprés du S. Siège, pour ce motif que le culte de S. Jacques, l'ancien patron du royaume d'Espagne, en éprouverait une diminution, et après une seconde instance, la Congrégation des Rites répondit que le Bref précité était nul et de nul effet, parce qu'il avait été accordé contrairement aux prescriptions d'Urbain VIII. « Eadem S. R. Congregatio re-
» spondit non suffragari Breve, attenta inobservatione decre-

(1) *Explanat. rubric.* Part. I, append. ad tit. XI, p. 152.
(2) Lib. IV, p. 2, cap. 14, n. 11.

» torum ipsius sacræ Congregationis. Et ita declaravit 31 au-
» gusti 1680 (1). » Mais Benoît XIV a soin d'ajouter que si
l'on n'avait pas élevé des réclamations contre le Bref, il fût resté
en son entier, suppléant, en vertu de l'autorité pontificale, au
consentement du clergé et du peuple. Tel est l'exposé de
Benoit XIV.

Voici maintenant les raisons de Janssens. 1° Le Bref d'Innocent XI approuvant l'élection de S. Joseph fut reçu et appliqué
incontinent en Belgique, et sa fête devint de précepte. De la
sorte, ce qui manquait aux conditions exigées par Urbain VIII,
y fut ajouté par la suite. 2° Le Bref de dérogation ne s'étend
pas à la Belgique, tandis que le Bref de confirmation du patronat de S. Joseph s'y étendait. Celui-ci parle en effet de *regno-*
rum et dominiorum, tandis que celui-là ne parle que de
regnorum. 3° Aucune controverse ne s'éleva en Belgique,
aucune réclamation contre le Bref d'Innocent XI, et conséquemment, selon les paroles de Benoît XIV, il a suffisamment
dérogé au décret d'Urbain VIII. 4° Enfin, l'usage est tel depuis
l'an 1630. Janssens répond après cela à quelques objections,
mais elles sont de trop peu d'importance pour trouver place ici.

4. Pour notre part, nous avons des objections beaucoup plus
fortes à faire contre la doctrine de Janssens. D'abord, nous
pensons que la fête de S. Joseph n'a été nulle part, en Belgique, fêtée dans le peuple et n'a pas eu de fériation. L'ordonnance de l'Archevêque de Malines du 8 juillet 1751 (2), celle
de l'Archevêque de Cambray de la même année (3), le rituel de
Tournay qui mentionne néanmoins toutes les fêtes d'obligation, n'en laissent apercevoir aucune trace. Le mandement de

(1) Cf. *Bened. XIV*, loc. cit.
(2) *Nova collectio synod. Mechlin.* Tom. II, p. 504.
(3) *Ritual. Camerac.* ann. 1779, *in calend. et ad festa majora,* etc.

l'Evêque de Gand (1) est le seul où nous ayons vu la fête de
S. Joseph comptée parmi celles de précepte. L'assertion de Janssens est donc loin d'être d'une exactitude rigoureuse, et tant
s'en faut que toute la Belgique reçût avec joie et observât ponc-
tuellement le premier Bref d'Innocent XI, que le plus grand
nombre, au contraire, de nos diocèses ne traita pas S. Joseph
comme patron de la patrie, puisqu'on ne lui donna pas la fériation exigée par les décrets d'Urbain VIII. On ne peut donc
pas avancer que le clergé et le peuple ratifièrent l'élection de
Charles II, et qu'ainsi toutes les formalités auraient été rem-
plies, sinon avant, du moins après. Au surplus, dans l'espèce,
une ratification, si le terme peut s'employer, ne saurait reva-
lider l'acte : l'élection d'un patron, qui n'a pas été faite aux
termes du décret de 1628, est nulle et de nul effet.

La seconde raison de Janssens nous paraît aussi de fort peu
de poids. Il est vrai que dans le premier Bref on emploie le
terme *Dominiorum*, qui ne se retrouve plus dans le second ; mais
n'est-il pas clair que les deux expressions avaient la même
portée, puisque le dernier déclare que le précédent est comme
non avenu. Si la Congrégation des Rites avait voulu faire une
distinction, ne devait-elle pas l'expliquer clairement? Du reste
nous pourrions établir par l'état géographique du monde à cette
époque, que le terme *regnorum* doit nécessairement s'appliquer à la Belgique, parce qu'alors déjà l'Amérique et les autres
possessions espagnoles, dans les Indes occidentales, avaient pour
patronne Ste. Rose de Lima (2).

Vous direz que la Belgique n'a pas élevé de réclamations
contre le Bref. Mais cela est-il nécessaire? Benoit XIV nous dit
bien à la vérité que si *aucune* réclamation n'est faite, le Bref

(1) *Synod. Belgic.* Gandav., pag. 403.
(2) V. Bened. XIV, *op. cit.*, n. 10.

corrige ce qui a été défectueux, mais ajoute-t-il que les réclamations doivent partir des divers points du pays? Dans le cas
présent, on a réclamé, le Bref a été retiré : que faut-il de plus,
pour que celui-ci réste sans force et sans vertu? En dernier lieu
l'usage dont on réclame l'appui est sans aucune force ici, puisque
l'élection a été nulle *ipso jure;* elle ne peut devenir légitime par
la suite du temps. « Nec ulla qualiscumque licet præscripta ac
» centenaria consuetudo celebrandi festum patroni defectuose
» electi suffragari valet ad illud continuandum, » dit Cavaliéri (1).
Il en donne la raison un peu après. Une telle coutume ne peut
être prescrite, puisqu'elle est repoussée par le droit. « Omnis
» omnino consuetudo contraria per dictum decretum manet
» extincta, dum formam eligendi patronos in posterum statuit,
» et insuper declarat quod aliter facta electio nulla est ipso
» jure...... in nihilo igitur consuetudo suffragari valet, quæ in
» casu prætendi posset inducta, receptà atque præscripta (2). »

D'après tout ce qui précède, on comprend combien reste
douteux le sentiment adopté par Janssens. Il serait très-sage de
recourir au S. Siège, pour faire décréter que, nonobstant les
vices de forme dans l'élection de S. Joseph, comme patron de la
Belgique, il conserve le patronage que l'usage lui a attribué.
Laisser les choses dans l'état où elles sont, c'est s'exposer à voir
par la suite s'élever des difficultés sérieuses, et nier hardiment
que S. Joseph soit le protecteur spécial, le patron de la Belgique.

5. Lorsqu'il y a un patron du royaume, tous les prêtres
séculiers qui l'habitent sont tenus d'en faire l'office avec octave,
si l'octave est permise par les rubriques. Ce patron a en outre
fériation dans le peuple : ainsi, selon les dispositions du Bref de

(1) Tom. 1, cap. 3, decret. 1, n. 5.
(2) *Ibid.,* decr. 2, n. 6.

Caprara en 1802, les recteurs des églises paroissiales seraient
tenus d'appliquer la Messe pour le peuple, au jour de la fête,
et d'en transférer la solennité au dimanche suivant.

Toutefois remarquons deux choses. 1° S. Joseph, tombant
dans le Carême, ne peut jouir d'une octave, et s'il est transféré
au-delà de la semaine de Pâques, il perd également son droit
à en avoir une. 2° En vertu d'une concession faite par Benoît XIV, et amplifiée par Clément XIV, S. Joseph, s'il l'avait
quelquefois eu, aurait perdu son droit à la fériation : ces deux
Pontifes daignèrent en effet accorder la suppression de la fériation, pour tous les Patrons autres que celui de la ville, ou du
lieu. « Necnon sancti patroni et titularis civitatum et cujuslibet
» loci Diœcesium hujusmodi, pro hominibus ejusdem loci dum-
» taxat, in quibus integra præcepti obligatio maneat... (1). » Clément XIV était aussi exprès (2). « Et unius tantum principa-
» lioris patroni... et in ejus tantum propria die festivitatis
» præceptum designet. » Le seul patron du lieu conservait donc
sa fériation, et le patron du royaume, quoiqu'il fût d'obligation
pour l'office, cessait d'avoir une solennité dans le peuple. Or,
Caprara, loin d'avoir créé de nouvelles solennités, a réduit le
nombre de celles qui existaient encore; il n'a donc pas rétabli
la solennité de S. Joseph, si tant est qu'elle ait existé.

6. Actuellement revenons au patron du diocèse. Nous avons
dit plus haut que les prêtres, qui habitent un lieu ayant un
patron spécial, ne doivent et ne peuvent même pas (hormis le
cas d'une coutume) faire l'office du patron du diocèse, comme
tel, mais que les prêtres, placés dans un lieu qui n'a pas de
patron, doivent considérer le patron du diocèse comme le
patron du lieu, en faire l'office avec octave et fériation. C'est la

(1) Brev. Bened. XIV, *Synod. Belg.* Tom. II, p. 503.
(2) *Ibid.*, p. 508.

doctrine claire de Cavaliéri qui concilie parfaitement les décrets qu'on croirait contradictoires en cette matière (1); c'est aussi celle de Gardellini qui la donne comme indubitable (2); c'est encore la disposition qu'adopta Pie VII, dans son Bref pour la réduction des Fêtes en Sicile, où il déclare (3) : « Quando res » sit de patronis diœcesium, præceptum non protendatur ultra » civitatem priucipalem, vel ultra ea loca quæ, *cum peculiari* » *Patrono carcant*, festum patroni diœcesis ex rubricæ præ-» scripto pari solemnitate celebrare tenentur. » Enfin, on peut produire, à l'appui de la même doctrine, une foule de décrets de la Congrégation des Rites. Nous ne les citerons pas ici, le lecteur les trouvera pour la plupart dans l'excellent recueil des *Décrets* imprimés à Liège (4). Si quelques-uns semblent présenter une décision différente, c'est qu'ils ont été portés pour des circonstances spéciales qui nécessitaient une réponse particulière.

De ces principes il est facile de conclure que dans les paroisses où il n'y a pas de patron du lieu, on doit célébrer la fête du patron du diocèse, avec application de la Messe pour le peuple, et la translation de la solennité au dimanche suivant. Mais que devra-t-on faire dans les paroisses nouvellement démembrées, à la circonscription qui a suivi le Concordat, et dans lesquelles on a fait la fête du titre, en qualité de patron?

Il est de la plus haute convenance qu'on reprenne le patron dont on a omis l'office par négligence. « Quod si qui demum, » dit Guyet (5), aliquibus in locis, hominum incuria ex pristino » patronorum gradu exciderint, eos suæ dignitati ac juribus

(1) Tom. I, cap. 3, decr. 5, n. 3; et decr. 6, n. 3.
(2) Ad n. 4455, note *a*.
(3) V. Gardell., n. 4402.
(4) V. *Patronus*, n. 1, 3, 4, 6.
(5) *Heortologia*, Lib. I, cap. 8, quæst. 11, pag. 45.

» restituere, nedum illegitimum non est ; ut id etiam omni cura
» studioque prosequendum putem : nec ad hoc (veritate com-
» perta) alia opus est quam superiorum loci authoritate. »
Cavaliéri (1) est du même avis ; il ajoute qu'il n'est pas nécessaire de recourir pour cela à la Congrégation, puisqu'il ne s'agit
pas ici de choisir un nouveau patron, mais de reconnaître les
titres qu'un patron canoniquement élu n'a pu perdre par la
négligence de ses protégés. Nous ne croyons pas néanmoins que
cela soit obligatoire, puisque le patron du diocèse est réservé
pour les lieux qui n'ont point de patron, et qu'on peut dire,
que tel lieu n'a pas de patron, puisque la mémoire en est
perdue depuis longtemps. Au surplus, le parti à prendre dans
le plus grand nombre de cas, ce sera de s'en tenir au patron
du diocèse. Souvent il sera difficile, sinon impossible, de déterminer si le patron de la paroisse principale est un patron de
lieu véritablement, et s'il n'est pas simplement un titulaire.
Nous conseillerions donc en général ce dernier parti qui coupe
court à tous les embarras.

7. Jusqu'ici nous n'avons parlé que des prêtres séculiers, et
nous devons ajouter un mot pour les Réguliers. Ceux-ci sont
tenus à la fête du patron du lieu, sous le rit double de première
classe, sans octave : mais qu'on le remarque bien, c'est du
patron du lieu strictement dit qu'il faut l'entendre, nullement
du saint, titulaire de l'Eglise paroissiale. Si le lieu, la ville, ou
le village n'a pas de patron proprement dit, les Réguliers feront
en place la fête du patron du diocèse. Cela résulte de plusieurs
décrets de la Congrégation des Rites rapportés dans le Recueil
déjà mentionné.

Quant au patron du royaume, la chose n'est pas tout à fait
aussi claire ; toutefois les auteurs s'accordent à reconnaître que

(1) Tom. II, cap. 3, decr. 6, n. 6.

les Réguliers sont tenus à l'office du patron du royaume, comme à celui du lieu : Mérati (1), Ferraris (2), Gardellini (3), etc., le disent positivement. Il serait, du reste, très-difficile de découvrir une différence entre l'un et l'autre cas, puisque les deux patrons, celui du lieu et celui du royaume, sont de précepte d'après la Constitution d'Urbain VIII.

8. Les difficultés relatives aux patrons étant résolues, nous devons présentement aborder celles qui concernent les Titres. Le titre d'une église est le saint, ou le mystère, sous l'invocation duquel une église est placée ; il se donne lors de la consécration, ainsi qu'il conste par le Pontifical romain. Déjà, dans la bénédiction de la première pierre qui doit servir de base à l'édifice, le Pontife invoque le saint titulaire de l'église future :

« Locum hunc quæsumus beatæ Mariæ semper virginis, et » beati N. (nominando sanctum vel sanctam in cujus honorem » ac nomen fundabitur ecclesia), omniumque sanctorum inter- » cedentibus meritis. »

Le procès-verbal de la consécration de l'église, qui est renfermé dans le sépulchre aux reliques, doit aussi mentionner le saint auquel l'église est dédiée. Immédiatement avant de procéder à la consécration, l'Evêque rappelle encore le titre de l'église. « Nobis, » dit le Prélat en s'adressant au peuple, humiliter supplicastis ut » eam consecrare dignaremur. Nos autem vestris honestis suppli- » cationibus inclinati, eam in honorem omnipotentis Dei, B. M. » semper Virginis, ac omnium Sanctorum, ut memoriam Sancti » N. dedicavimus. » Il n'y a donc pas de doute possible sur ce point. De là nous tirerons les conséquences suivantes : 1° Une église qui n'a pas été bénite, ni consacrée, n'a pas de titre, puisque c'est

(1) Tom. II, sect. 3, cap. 12, n. 7.
(2) V. *Patronus*, n. 8.
(3) V. *Index gener.* verb. *Regulares*, p. 185, colon. 2.

seulement dans l'acte de sa bénédiction, ou de sa consécration qu'elle le reçoit (1). 2° Un oratoire privé n'a pas de titre, de quelque nom qu'on le décore, car un oratoire privé ne peut pas être bénit; « oratoria privata nunquam benedicuntur ritu præscripto » in Rituali Romano pro publicis oratoriis » dit la Congrégation des Rites, en 1820 (2). 3° La destruction d'un édifice sacré entraîne la perte totale du titre, en sorte que celui-ci ne peut revivre qu'à une seule condition, savoir, que la nouvelle église soit replacée sous la même invocation que la première (3).

Ces principes posés, voyons quelles sont les églises ou chapelles qui ont un titre, et quels sont les prêtres qui sont tenus à en célébrer l'office.

D'après ce que nous avons dit, rien n'est plus simple à résoudre que la première difficulté : les églises et chapelles bénites ou consacrées ont un titre, les autres n'en ont pas.

9. Toutefois, en pratique, il s'élève des doutes sérieux et il n'est pas aisé de décider quels sont les titulaires véritables, c'est-à-dire ceux dont on doit faire l'office.

Il est hors de doute que les églises cathédrales, collégiales et paroissiales ont un titre véritable, jouissant de tous les droits inhérents à cette qualité. Nous en dirons autant des églises d'abbayes, de couvents, surtout lorsqu'elles sont publiques, et qu'on y récite l'office en chœur, ou lorsqu'on y célèbre solennellement la Messe, etc. Nous y ajouterons les églises des séminaires quand elles rentrent dans ces conditions. Mais s'il s'agissait de chapelles, ou d'oratoires même bénits, établis dans

(1) La Congrégation des Rites a déclaré en 1710 que l'on devait faire l'office du titulaire, quand même l'église n'aurait pas été consacrée, mais seulement bénite. V. Gardellini, n. 3684, ad 1.
(2) V. *S. R. C. Decreta*, V. *Oratoria*, n. 1.
(3) Si l'église était seulement polluée, on devrait également faire la fête du titre. V. Gardellini, n. 3704.

l'intérieur du couvent, ou de l'hospice, ou du séminaire, nous
dirions que ce n'est pas alors un titulaire véritable, et qu'on
n'en doit pas faire l'office. Tout cela nous semble résulter clairement du décret du 12 novembre 1831, en réponse à l'Evêque
de Marsi et d'un autre du 27 février 1847, porté pour le vicariat
apostolique de Ruremonde (1).

Ici nous nous trouvons devant un décret embarrassant. La
Congrégation a paru se déjuger en 1844, et accorder un titulaire aux oratoires auxquels est attaché un prêtre, par commission de l'Evêque. Voici le décret tel que le rapporte Gardellini.

Juxta Decretum S. R. C. diei 12 nov. 1831, celebrari non debet,
ritu duplicis 1. classis cum octava et *Credo*, festum titularis capellarum
publicarum, quæ existunt in hospitalibus domibúsque regularium.
Verum existunt in diœcesi Mechliniensi plura hujusmodi oratoria benedicta, quandoque etiam consecrata, quibus unus saltem sacerdos, tanquam director seu pastor adscriptus est, qui ex speciali commissione
Ordinarii, non tantum ibidem celebrat, sed et munia quædam pastoralia exercet, v. g., instruendo populum, aliqua sacramenta administrando, etc. Quæritur ergo, an sub decreto citato comprehendantur etiam
prædicta oratoria, 1. si sint publica ; 2. si non sint publica, sed tantum
inserviant determinatis personis, ex. gr., infirmis in Nosocomio, vel
Monialibus, aut aliis in Monasterio, sive conventu commorantibus ?

Et S. R. C. respondendum censuit : *Negative, juxta Decretum diei*
12 *novembris* 1831. Die 7 decembris 1844, in Mechlinien. ad II (2).

Tout bien considéré, il nous est impossible de nous ranger
à l'avis de M. De Herdt (3), et de voir dans ce décret une correction, ou une exception à celui de 1831 : nous pensons au
contraire que c'en est une confirmation, et qu'au lieu d'expli-

(1) V. *S. R. C. Decreta*, v. *Patronus*, n. 5.
(2) Apud Gardellini, n. 4839.
(3) Tom. II, pag. 243; tom. III, pag. 147.

quer *negative*, en ce sens, *quod non comprehendantur in citato decreto*, il faut l'entendre ainsi, *non potest fieri de titulari juxta decretum diei*, etc. La Congrégation, d'après cette interprétation, n'aurait pas répondu au doute tel qu'il était formulé, mais à l'idée générale qu'il renferme, savoir, si dans le cas on doit faire la fête du titulaire avec octave. Nous avons une foule de motifs pour porter ce jugement.

1° Entendu, comme le veut M. de H., le décret de 1844 n'est plus *juxta*, mais *contra* le décret de 1831. Ici en effet l'Evêque de Marsi demandait s'il fallait faire, sous le rite de 1re classe avec le *credo* et l'octave, la fête des oratoires publics qui existent dans les séminaires, monastères, hôpitaux, etc., puisque ces oratoires reçoivent quelquefois le nom d'églises. La Congrégation répond tout uniment, *Negative*. Rien n'est plus clair, plus catégorique que cette réponse. Les oratoires publics n'ont pas de titre proprement dit. Aucune exception n'y est faite. La negation a bien plus d'étendue que l'affirmation, et selon Barbosa (1), *negativa dispositio nullum casum excipit*. Où trouver la place d'une exception dans cette réponse? Si l'exception existait quelque part dans le décret de 1831, elle se trahirait par quelque endroit; si elle ne s'y trouve pas, la Congrégation n'a pas pu y renvoyer. Ajoutons à cela que la préposition *juxta* établit une relation de parité, de similitude, entre les deux parties de la phrase, elle a pour synonymes *sicut, tanquam, ad instar* (2). Or, il est manifeste que, s'il faut expliquer la réponse donnée en 1844, par le décret de 1831, notre sentiment seul peut être admis.

2° Pour entendre comme M. De Herdt le décret de 1844, il faut admettre que la Congrégation s'est déjugée complètement et à diverses reprises, et que dans ce décret, elle donne

(1) *Axiomat. juris usufreq.* 158. *Negative.*
(2) *Dictiones usufreq.* 187. *Juxta.*

une doctrine opposée aux décrets antérieurs et postérieurs. Nous avons parlé de celui de 1831 ; en voici un autre très-récent qui renferme une doctrine identique.

Ecclesia collegiata habet quatuor alias ecclesias sibi subjectas, et totidem sacerdotes, unum ab alio independentem pro servitio harum quatuor ecclesiarum. Sed isti quatuor sacerdotes, in suis respectivis ecclesiis dumtaxat pro commoditate populi concurrentes, Missam celebrant, Pœnitentiæ et Eucharistiæ sacramentum administrant, concionem habent, catechismum explicant, et alia ecclesiastica munia explent. Verum nequeunt administrare sacramentum Baptismi, communionem paschalem, viaticum infirmis, sepulturam defunctis dare, neque habent tabernaculum SS. Sacramenti... Quæritur ergo an ii quatuor sacerdotes sint veri parochi ? et an istæ ecclesiæ possint celebrare officium cum Missa de suo respectivo sancto titulari, tanquam ecclesiæ parochiales, et quidem sub ritu duplicis 1 classis cum octava ? vel potius dicendæ sunt capellæ publicæ, in quibus juxta decretum S. R. C. diei 12 nov. 1831, festum titularis non debet celebrari, sub ritu duplicis 1 classis cum octava ?

S. R. Congregatio respondendum censuit : *Negative ad utrumque, et servetur Decretum diei 12 nov. 1831. Die 23 maii 1846 in Tuben.* ad 4 (1).

S'il y avait une différence entre le cas actuel et celui de 1844 rapporté plus haut, il serait à l'avantage de celui-ci, où il est question d'églises filiales, d'annexes, et non simplement d'oratoires. Mais, direz-vous, les prêtres, dont parle l'Archevêque de Malines, sont attachés en qualité de pasteurs aux oratoires des hospices, etc., c'est de là que vient la différence... A cela nous répondons que les quatre prêtres indépendants l'un de l'autre, pour lesquels la difficulté est posée, étaient strictement attachés à leurs églises respectives et que l'Archevêque de Tuy doutait s'ils n'étaient pas curés : *an ii sacerdotes sint veri parochi?*

(1) Apud Gardellini, n. 4904.

Néanmoins on déclare que leur église n'a pas de titre véritable. Direz-vous qu'en Belgique les prêtres sont envoyés par l'Evêque, *ex commissione Ordinarii?* Mais si en Espagne, en Italie, etc., on observe l'ancien droit, selon lequel le curé choisit ses vicaires, s'ensuit-il que ceux-ci ne sont pas attachés au service strict de l'église? S'ensuit-il que les vicaires, dans ces pays-là, n'ont pas les mêmes droits et prérogatives que ceux de France et de Belgique? Nous ne pensons pas qu'on puisse le soutenir sérieusement. Du reste, les prêtres attachés aux oratoires, dans le diocèse de Malines, ne sont pas curés, ils n'exercent pas tous les droits pastoraux : *munia* quædam *pastoralia exercent,* mais quelques-uns seulement, de même que les quatre vice-curés de l'archevêché de Tuy (1). Or, s'il est vrai que pour les mêmes cas la même solution doit être donnée, nous conclurons que le décret de 1844 doit s'interpréter conformément à celui de 1831 : c'est-à-dire que ce qui est chapelle, oratoire, n'a pas de titulaire proprement dit.

3° En dernier lieu, s'il faut expliquer, comme le prétend M. De Herdt, le décret de Malines, on sera forcé de conclure que les oratoires *privés* ont un titulaire; assertion tout à fait fausse, et réprouvée par la Congrégation des Rites. Nous ne connaissons, et il n'existe en droit que deux espèces d'oratoires, les oratoires publics et les oratoires privés : les oratoires et chapelles non publics sont nécessairement des oratoires privés. Or, dans le doute de Malines, on demande s'il faut faire la fête du titulaire, 1° si l'oratoire est public, 2° s'il ne l'est pas, c'est-à-dire si c'est un *oratoire privé,* à l'usage de quelques personnes déterminées par la concession. La réponse ne pouvait

(1) Du reste, ces conditions ne sont pas toujours nécessaires pour qu'on soit tenu à la fête du titre. Les professeurs et élèves du séminaire sont tenus au titre de l'église qui y est annexée; où est cependant leur commission de curé ou de vicaire?

être douteuse à la seconde question, elle ne peut l'être non plus pour la première, puisqu'on les a réunies et comprises sous la même négation.

On nous objectera, peut-être, que notre interprétation est forcée. Pas du tout; nous avons le choix entre les deux parties de la réponse, l'une ne s'accorde pas avec l'autre, à la prendre strictement, et si nous faisons plier la première pour l'expliquer d'après la seconde, c'est que nous y sommes contraint par la doctrine constante de la Congrégation des Rites. Il faut en prendre son parti, si l'on ne veut pas admettre que la Congrégation des Rites n'a pas de principes fixes et arrêtés.

10. Pour résumer en deux mots la doctrine que nous estimons être celle de la Congrégation, nous dirons que les *églises* ont un titre, et que les *chapelles* ou *oratoires* n'en ont pas. Une difficulté reste, c'est de déterminer ce qui sera église, ce qui ne sera que chapelle. « Capella, dit Guyet (1), communiter acci- » pitur pro minori æde sacra a majori ex toto separata ac se sola » constante, quales sunt ordinarie prioratus illi simplices ex » abbatia pendentes. » Une différence ordinaire d'une chapelle à une église, c'est « quod capellæ ut plurimum altare sit uni- » cum; at vero in ecclesia multa sunt altaria. » Une chapelle, selon le dictionnaire de Trévoux, est une petite église distincte et séparée, qui n'est ni paroisse, ni cathédrale, ni prieuré qui subsiste d'elle-même et que les canonistes appellent *sub dio*. Une chapelle est proprement un oratoire où il n'y a qu'un autel. Toutes les autres définitions et explications que donnent les canonistes ou rubricistes reviennent à celles-là. Voici donc quelques petites églises, *ecclesiolæ*, que nous rangerions dans la catégorie des chapelles. 1° Celles qui sont intérieures, n'ayant pas d'issue ou de porte sur la voie publique; cela a lieu spé-

(1) *Heortologia*, lib. I, cap. 16, quæst. 1.

cialement pour les couvents, ou les hôpitaux. 2° Celles qui sont destinées à l'usage des malades, ou de quelques personnes, lorsqu'il y a déjà une église annexée au monastère ou couvent. 3° Les églises non paroissiales, les annexes, etc., de quelque nom qu'on les appelle, et qui sont ouvertes pour la commodité du peuple. Mais nous regarderions comme églises, celles des séminaires, lorsqu'elles sont assez vastes pour les ouvrir aux fidèles, et qu'elles ont une porte extérieure donnant sur la voie publique ; aussi celles des couvents ou monastères placées dans les mêmes conditions ; enfin, toutes les églises paroissiales, quoiqu'elles soient très-petites et ne possèdent qu'un autel ; ou quand elles seraient sous la dépendance d'une autre église mère. On comprend assez que les indications qui sont données ici ne sont pas rigoureusement taxatives, et qu'elles ne se rapportent qu'à la généralité des cas : les circonstances ont beaucoup d'importance, quand il s'agit de décider en cette matière.

11. Quels sont les prêtres obligés à l'office du titulaire ? Nous l'avons déjà fait pressentir : ceux qui sont strictement attachés au service de l'église, ou qui font partie intégrante de la communauté tenue à solenniser le titulaire. Pour une cathédrale, les chanoines, les bénéficiers, etc. Pour une église paroissiale, le curé ou recteur et les vicaires ; dans un séminaire, les professeurs et élèves ; pour un monastère, les religieux, et de même les religieuses, si elles sont astreintes à l'office en chœur. Tout cela est non-seulement très-rationnel, mais en outre la Congrégation des Rites l'a ainsi établi par divers décrets (1). Par conséquent, ne peuvent pas faire du titulaire d'une église, les prêtres, soit séculiers, soit réguliers, qui ont leur domicile sur la paroisse, lors même qu'ils y rendraient des services, comme célébrer, prêcher, confesser, etc., parce qu'ils ne sont

(1) V. *S. R. C. Decreta*, v. *Patronus.*

pas *de gremio ecclesiæ*, et qu'ils ne sont pas attachés au service strict de cette église.

12. Un doute nous a été proposé il n'y a pas longtemps. Un prêtre résidant en un lieu doit-il faire la fête secondaire du patron du lieu, par exemple, l'office de la translation des reliques du patron? D'abord, remarquons avec Guyet (1), que la fête *natalitia* du saint, c'est-à-dire le jour de sa mort, doit toujours être la fête principale, lorsqu'il y en a plusieurs. « Servari » semper debet diei natalis seu transitus suum jus, suaque præ- › rogativa, ut nimirum pro præcipuo habeatur, quantumcumque » perinde celebres recolantur inventionis, translationis aliique » similes dies ; nec secus in ecclesiis bene ordinatis fieri video. » Néanmoins, s'il ne se célébrait qu'une fête d'un patron, elle pourrait se faire à la translation, ou à une autre solennité.

Avant de répondre à la question, il faut savoir si l'établissement de la fête secondaire du patron est légitime. Guyet (2) pense que l'Evêque a le droit d'établir de telles fêtes. « Imo aio » Episcopum, aliosve quibus id competit, etiam Breviario Ro- » mano utentes, posse item anniversarium festum ejusdem » translationis, etc., perpetuis deinceps temporibus celebran- » dum indicere..... Ratio est, quod neque rubricæ novi Breviarii » Pii V, neque decretum Urbani VIII in fronte Breviarii appo- » situm quidquam adimant potestatis quam hac in parte habent » ex jure Prælati Ordinarii..... Hujus porro rei exempla etiam » recentiora nonnulla suppetunt. » Il ajoute cependant que cette fête doit être instituée dans l'acte même de translation des reliques, ou peu après ; autrement l'Evêque perdrait son droit, de même que s'il s'agissait de la dédicace d'une église. Cava-

(1) *Heortologia*, lib. I, cap. 8, qu. 10. Cet auteur fait remarquer qu'un grand nombre de saints qui ont un culte local, sont honorés par deux fêtes, l'une en hiver, l'autre en été.
(2) *Ibid.*, quæst. 8.

liéri (1) rejette avec raison cette opinion, et il démontre qu'après
le décret d'Urbain VIII, l'Evêque n'a pas ce pouvoir. Ce Pape
défend aux ordinaires des lieux d'ajouter, même à leur propre
calendrier, quelqu'office des saints, et Gavantus ajoute, en
commentant cette disposition, « sine apostolica auctoritate non
« posse fieri officium, eo quia translatio est reliquiarum (2). »
Le décret suivant de la Congrégation des Rites vient confirmer
l'opinion de Cavaliéri. On demandait si l'office de la translation
du patron, en concurrence avec un double, doit avoir les
vêpres entières. Il fut répondu : « Exprimi casum, et doceri de
« indulto recitandi officium translationis patroni. » Die 10 januarii 1693, in una GALLIARUM (3). S'il faut un indult, c'est que
l'Evêque n'est pas en droit d'autoriser la fête. La Congrégation
des Rites a du reste eu à accorder plusieurs indults de cette
espèce, et elle en a rejeté aussi un certain nombre (4). De là
nous tirerons cette conséquence, que si la fête secondaire du
patron a été introduite depuis la promulgation du Bréviaire
Romain, personne ne peut en faire l'office, quand même
l'Evêque y eût donné son assentiment. Il y manquerait en effet
une condition essentielle, savoir l'approbation du S. Siège.

Mais supposons le cas que la fête secondaire dont nous parlons soit très-ancienne, et que son origine se perde dans la nuit
des temps : alors on peut continuer la récitation de l'office,
ainsi que l'a déclaré à diverses reprises la Congrégation des
Rites, notamment en 1783 (5). Si donc un prêtre habite un
lieu, dans lequel on célèbre depuis longues années la fête secondaire du patron, il pourra réciter son office, comme les autres,
et satisfaire ainsi à son obligation.

(1) Tom. I, cap. 3, decr. 15, n. 9 et ss.
(2) *Comment. in Brev. Rom.*, sect. 2, cap. 2, n. 26.
(3) Ap. Gardellini, n. 3152 ad 2.
(4) V. Bened. XIV, *de canoniz. ss.*, lib. IV, part. 2, cap. 7 et ss.
(5) V. Gardellini, n. 4260.

Nous pensons même qu'il y sera tenu, car c'est une fête locale de même espèce que celle du patron dont elle dérive, et
qui lie conséquemment tous ceux qui habitent le lieu.

13. Nous avons raisonné jusqu'ici dans l'hypothèse qu'il
s'agisse d'un patron, dans sa stricte acception; nous devons
dire maintenant un mot du cas où la fête secondaire serait celle
d'un titre d'église.

On sait qu'en règle générale, le clergé attaché à une église
est seul tenu à la fête du titre; néanmoins, s'il y avait une
coutume ancienne que les prêtres résidants sur la paroisse,
récitassent l'office comme les prêtres attachés à l'église, on
pourrait la continuer, et par là on satisferait au précepte des
heures canoniales. Voici un Décret qui confirme tout à fait
cette doctrine.

An Clerus adscriptus alicui ecclesiæ parochiali, choro tamen illius
non obligatus, nec gaudens beneficio, et *Clerus sub eadem parochia tan-*
tum degens, et alteri ecclesiæ non addictus, teneatur recitare particu-
laria officia illius parochiæ, id est dedicationis, titularis, vel alicujus
sancti ob insignem ejus reliquiam, eo quod in illa parochia fuerit in-
troducta consuetudo recitandi prædicta officia a sacerdotibus et clericis
adnotatis, ante Bullam S. Pii V de Breviario Romano editam anno
1568, ita ut si officium juxta calendarium suæ diœcesis dumtaxat celebrent, non adimpleant onus horarum canonicarum ?

Et S. Congregatio rescribendum censuit : Posse, sed non teneri,
ideoque adimplere onus horarum canonicarum, se conformando in
recitatione officii calendario diœcesano. Die 20 septembris 1806 in
Brixien. ad 16 (1).

Cependant il ne faut pas oublier que la coutume, pour qu'on
puisse s'en prévaloir, doit être antérieure à la Bulle de Pie V,

_____

(1) V. Gardellini, n. 4350.

ainsi qu'il est spécifié au décret. Si elle était plus récente, on ne pourrait la suivre : la Congrégation l'a défini dans la même cause.

14. Il est évident par la rubrique du Bréviaire romain qu'il peut y avoir des patrons secondaires. La table des *doubles majeurs* cite en effet parmi les fêtes de ce rit, celle *patronorum minus principalium*. Ces patrons doivent aussi être élus par le peuple et le clergé et approuvés par la Congrégation des Rites, à moins qu'ils ne soient plus anciens que le décret d'Urbain VIII. De la même manière, il peut y avoir un titre secondaire à une église, lorsque, dans l'acte de la consécration ou de la bénédiction, on l'a placée sous une double invocation (1).

Les prêtres séculiers qui sont tenus à l'office du patron ou du titre principal, sont aussi tenus à l'office du patron et du titre secondaire : mais jamais, à moins d'un Indult, ces fêtes n'ont une octave.

Quant aux réguliers, ils sont tenus seulement *ad officium tantum præcipui patroni Diœcesis, si adsit, vel loci,* selon la définition de la Congrégation des Rites, en 1846 (2).

En terminant la partie spéculative de cet article, nous ferons remarquer qu'un curé chargé de deux paroisses est tenu à l'office du titre des deux églises, puisqu'il est attaché strictement à l'une et à l'autre, de la même manière qu'il est obligé d'appliquer, pour le peuple des deux paroisses, les deux Messes qu'il célèbre le dimanche.

15. A la demande d'un grand nombre de nos confrères, nous traitons ici plusieurs cas particuliers relatifs aux patrons. Ce n'est pas que tous présentent de grandes difficultés, mais pour s'épargner la peine de parcourir et de comparer les rubriques du Bréviaire, ou les auteurs qui les ont commentés, on sera satisfait de trouver ici les solutions réunies.

(1) Cfr. Gardellini, n. 2940, ad 4.
(2) V. Gardellini, n. 4896.

Commençons par l'Avent. Le premier dimanche de l'Avent étant celui qui est le plus rapproché de la fête de S. André, il peut tomber tous les jours, depuis le 27 novembre jusqu'au 3 décembre inclusivement. Supposons qu'on ait pour patron S. Eloi, dont la fête est fixée au 1er décembre, dans le Martyrologe Romain. Si le jour de la fête est en même temps le premier dimanche de l'Avent, il faudra la transférer au premier jour libre, et réciter l'office de S. Eloi le jeudi 5 décembre, si rien ne s'y oppose d'ailleurs.

Voilà pour l'office. Quant à l'octave, puisque l'office est transféré quatre jours plus loin, elle perdra aussi quatre jours. On fera conséquemment mémoire de l'octave de S. Eloi, les 6 et 7 décembre. Le 8 est le dernier jour de l'octave *dies octava*, mais c'est aussi, dans la supposition, le deuxième dimanche de l'Avent, dont l'office est privilégié. Les vêpres, le samedi, seront de S. Ambroise, et l'on y fera les commémoraisons du second dimanche de l'Avent, puis de l'octave de S. Eloi. Et le lendemain, on ne fera même, à la messe et à l'office, que la commémoraison de l'octave. Et même s'il arrivait que le 7 décembre il n'y eût pas d'office, sinon celui de l'octave, les vêpres du samedi seraient *de sabbato*, à capitule du second dimanche de l'Avent. Pourquoi donc le jour octave n'a-t-il pas des premières vêpres? C'est, répondent tous les auteurs, parce que l'octave n'a pas son office en un dimanche privilégié. La chose est du reste bien certaine « si dies octava inciderit in domini- » cam, vesperæ de sabbato præcedenti dicuntur de feria, ut in » psalterio, et a capitulo fit de Dominica cum commemoratione » diei octavæ. » Ainsi porte la rubrique du Bréviaire (1), par rapport à l'octave de la Conception de la sainte Vierge. Et c'est ainsi que le décida aussi la Congrégation des Rites, sur la

_____

(1) *Rub. Brev. ad diem* 14 *decembris.*

demande de Gavantus qui en était consulteur : « sed quid agen-
» dum erit in primis vesperis communibus diei octavæ et domi-
» nicæ privilegiatæ? Recitabis vesperas cum psalmis sabbati,
» a capitulo de dominica privilegiata, et in fine addes comme-
» morationem diei octavæ, ut in primis vesperis festi. Ita de-
» crevit, me petente, S. R. C. die 9 novembris 1622. » Le
même Gavantus ajoute qu'il faut faire la commémoraison de
l'octave aux Laudes, aux secondes Vêpres, et qu'en outre on
omet les suffrages et les prières ordinaires à Prime et à Com-
plies (1).

A la vérité, le 8 décembre est le jour de la Conception de la
sainte Vierge, mais cette fête étant incompatible avec un
dimanche privilégié de 2ᵉ classe, doit être transférée.

16. Venons maintenant à la solennité. D'abord il n'y a aucune
solennité, aucune fête le 5 décembre, jour auquel on a transféré l'office de S. Eloi. Il a été déclaré plusieurs fois par la
Congrégation des Rites (2), et nous avons déjà dit ailleurs (3)
que la solennité d'une fête ne se transfère pas avec l'office. La
solennité que Caprara a attachée au jour de la fête, si c'est un
dimanche, ou au dimanche suivant, ne peut se faire le premier dimanche de l'Avent qui est privilégié, et qui, excluant
toute fête de première classe, exclut en même temps la solennité de toute fête. Il faudra donc la remettre au dimanche
suivant, qui est le deuxième d'Avent, à moins qu'on ne pré-
fère user de la concession de la Congrégation des Rites, qui
permet d'ajouter l'oraison de la fête, sous une seule conclusion,
à la collecte de la Messe. Nous ne citerons pas ce décret :

(1) *Comment. in Brev.* sect. 3, cap. 8, n. 13.
(2) V. *S. R. C. Decreta auth.*, V. *Translatio*, § 2, n. 8, pag. 252.
(3) *Mél. théol.* 2ᵉ série, pag. 127.

il est rapporté dans l'excellent Dictionnaire des décrets auquel nous avons déjà renvoyé (1).

En résumé donc, si la fête de S. Eloi, patron, coïncide avec le premier dimanche de l'Avent, on remettra l'office au 5 décembre ; le dimanche suivant, on fera seulement mémoire de l'octave qui prend fin à ce jour, et l'on y célébrera la solennité, si l'on n'aime mieux employer le moyen indiqué par la concession de la Congrégation des Rites.

Les mêmes principes serviront de règle pour tout autre patron, par exemple, S. André, S. Lucius, qui tomberait au premier dimanche de l'Avent. Dans le cas d'un *titulaire*, on réglera l'office et l'octave comme ci-dessus, mais il n'y a rien à faire pour la solennité, ainsi que nous l'avons dit précédemment.

17. Si le patron tombe dans la semaine qui précède immédiatement le premier dimanche d'Avent, l'office se fera au jour même de la fête, ensuite l'octave. La solennité aura lieu ou le deuxième dimanche d'Avent; ou bien au premier, on ajoutera l'oraison de la fête à la collecte du dimanche, sous une seule conclusion.

Lorsque le patron tombera au second dimanche de l'Avent, l'office s'en fera ce jour-là avec la solennité, et la commémoraison du dimanche partout ; il y aura octave pleine. Toutefois, pour le huitième jour, on se bornera à la commémoraison du patron, parce que le troisième dimanche de l'Avent est aussi privilégié. N'oublions pas que si la fête de la Conception de la sainte Vierge tombait en l'un des jours de l'octave, il faudrait observer ce qui est prescrit par les tables d'occurrence et de concurrence du Bréviaire Romain.

18. Venons à une autre supposition : J'ai pour titulaire de

(1) V. *Occurentia*, n. 18, pag. 180.

mon église Ste. Eulalie de Méréda, au 10 décembre ; un autre
a pour patron S. Fuscien, martyr d'Amiens, au 11 décembre.
Comment faudra-t-il disposer l'octave, puisque toute octave
s'interrompt à partir du 17 décembre ? C'est tout simple.
A partir des Matines et des Laudes du 17, on ne fait plus
absolument rien de l'octave. Mais aux Vêpres du jour précédent, du 16, doit-on faire l'office, ou la commémoraison de
l'octave ? Dans le premier cas, non, parce que le dernier jour
de l'octave de Ste. Eulalie tombant le 17, il ne peut avoir ses
premières Vêpres, n'ayant pas l'office le lendemain, comme
nous avons dit plus haut. On cessera donc toute mémoire de
l'octave après les nones du 16, dans la première hypothèse.
Dans la seconde, il faudra faire encore aux Vêpres la commé-
raison de l'octave, et cela parce qu'un jour *infra octavam* a
les secondes Vêpres. C'est l'enseignement de Cavaliéri (1) et
de Pavone (2), et la doctrine de la Congrégation des Rites,
ainsi que le prouve le décret suivant :

Quæsitum fuit an conformiter ad decretum S. R. C. de commemoratione octavæ S. Scolasticæ in die cinerum omittenda, etiam in Dominica Passionis, infra octavam S. Benedicti cadente, et ejusdem Dominicæ
in primis vesperis sit omittenda commemoratio octavæ ? Et responsum
fuit : in primis vesperis facienda est commemoratio de die infra octavam,
quando octava celebratur *post* Dominicam Passionis, secus autem si dies
octava incidat in eamdem Dominicam, quia propter Dominicam privile-
giatam cessat octava. *Die* 23 *julii* 1736 *in* EINSIDLEN. ad 5 (3).

A dater du 17 décembre, le patron ou le titulaire n'a plus
d'octave, et l'on se borne au jour de la fête. La solennité s'en
fait toujours le dimanche suivant, et il n'y a d'exceptés,

(1) *Comment.* Tom. II, cap. 19, n. 1 et 11, et decr. 5, n. 2.
(2) *La guida liturg.*, n. 115.
(3) Ap. Gardellini, n. 3895.

jusqu'à l'Epiphanie, que la veille et la fête de Noël, la fête de la Circoncision et celle de l'Epiphanie. Si l'un de ces jours était le dimanche auquel devrait se faire la solennité, il faudra la différer au dimanche suivant.

19. Que faire si l'on a pour patron S. Delfin ou Daufin, dont la fête tombe le 24 décembre?

Plusieurs points sont certains ici : 1° On devra chanter ce jour-là la Messe, et les Vêpres ou le Salut, comme si l'on faisait l'office du patron, la fériation restant attachée au jour de la fête. 2° L'office doit se faire de la Vigile de Noël, qui exclut toute fête, même de première classe, selon les rubriques du Bréviaire (1), et non du patron. 3° L'office du patron ne peut pas être transféré, à moins d'un indult particulier, à l'année suivante, après le 31 décembre : la Congrégation des Rites l'a décidé à différentes reprises (2).

En quel jour donc remettra-t-on l'office du S. patron? Lorsque le dimanche tombe au jour de S. Sylvestre, et d'après cette supposition, quand le patron et la vigile de Noël tombent le Dimanche, il y a un jour libre avant la fin de l'année, c'est le samedi 30 décembre. Et quoique ce soit dans l'octave de Noël, parce que cette octave n'est pas privilégiée contre les doubles transférés, on pourra y placer le patron transféré. Toutefois, si le 30 n'était pas un samedi, le patron ne pourrait y être transféré, parce qu'alors ce jour est fixé par le Bréviaire, pour l'office du Dimanche dans l'octave de Noël (3).

Il reste alors une dernière ressource, c'est de réduire la fête de S. Thomas de Cantorbéry au rite simple, et de faire à sa place la fête du patron : et cela en vertu d'une concession géné-

_____

(1) *Tit. X, de translat. fest.*, n. 1.
(2) V. *S. R. C. Decreta*, v. *translatio*, § 2, n. 6.
(3) V. Caval., tom. 2, c. 21, n. 1; et Tetam, *Diar. liturg.* ad 30 dec.

rale de la Congrégation des Rites, du 13 mars 1804, qu'on peut lire dans le dictionnaire déjà cité (1).

Pour la solennité, elle se fera, ou le jour même, si c'est un dimanche, ou au dimanche suivant, le seul cas excepté où c'est en même temps le jour de Noël. Et dans cette dernière hypothèse, il faudra différer de trois semaines la solennité du patron. Car lorsque Noël vient un dimanche, la circoncision l'est aussi, et le dimanche suivant 8 janvier est désigné pour la solennité de l'Epiphanie; on n'aura donc de libre que le second Dimanche après l'Epiphanie. Mais alors n'y aurait-il pas moyen d'anticiper la solennité et de la célébrer au dernier dimanche de l'Avent? Certes, nous n'oserions blâmer celui qui prendrait ce parti, puisque la Congrégation a déjà accordé la même faveur, pour des cas moins extraordinaires que celui-ci (2); d'autant plus qu'il est au moins de convenance que la solennité aussi ne soit pas transférée au-delà de l'année. Cependant nous n'affirmons pas que la chose est tout-à-fait permise, et le plus sûr serait de demander ou une déclaration, ou un indult de faveur à Rome.

Si le patron ou le titulaire tombe en un des jours de l'octave de Noël, il y a plusieurs choses à remarquer. 1° S'il n'est pas un des trois saints qui suivent immédiatement la fête de Noël, il n'a pas d'octave (3). 2° L'octave de Noël se revendique toujours la première moitié des Vêpres. 3° Le patron a le reste des Vêpres de préférence aux autres fêtes qui ne sont que de seconde classe. 4° Au jour du patron, on ne ferait mémoire que de l'octave de Noël, et non des autres. 5° L'octave du patron, s'il en a une, a la préférence sur les autres, hormis l'octave de

(1) V. *Translatio*, loc. cit.
(2) V. *Mélanges*, 2° série, pag. 129.
(3) La rubrique du Bréviaire, à la suite de la table *de occurrentia officii*, le dit positivement.

Noël. 6° Enfin, s'il y a une translation ou une solennité à faire, on observera ce qui a été dit tout à l'heure. Ces observations résument la doctrine de Mérati (1), Cavaliéri (2), Tetam (3), etc.

20. Avant de sortir de la première période où les octaves sont défendues, nous avons à voir une autre difficulté, pour le cas où le patron tomberait avant l'Epiphanie, par exemple, Ste. Geneviève au 3 janvier. Il est clair que la solennité devra être différée de huit jours, à moins que le dimanche ne vienne avant le jour de l'Epiphanie. Mais pour l'octave, comment la disposer, si elle est permise ? Guyet (4) enseigne que l'octave est défendue, dans l'hypothèse que nous examinons, car il serait tout à fait inutile d'avoir une octave dont on pourrait tout au plus faire la commémoraison. Mais Cavaliéri fait remarquer que cette raison n'est pas solide, parce qu'elle conduirait à supprimer les octaves qui sont bornées à une simple commémoraison, à cause de leur coïncidence avec d'autres plus élevées. Il faudrait supprimer l'octave de S. Philippe quand il tombe avec l'Ascension, de S. Jean-Baptiste, quand cette fête vient au jour du S. Sacrement, et ainsi de suite. Toutefois il semble aussi pencher pour le sentiment de Guyet, et n'admettre d'octave que pour les fêtes qui tombent après l'Epiphanie. « Usque ad Epiphaniam rubrica octavas inhibet, et accipi » debet in sensu exclusivo ab ejusdem octava, quare festa quæ- » libet patroni, titularis, aut dedicationis, quæ infra octavam » Epiphaniæ alicubi occurrere valent , sua non carebunt » octava (5). »

(1) Tom. II, sect. 3, cap. 8, n. 3, 13.
(2) Tom. II, cap. 14, decr. 4.
(3) *Op. cit., notanda ad 25 decembris*, n. 136, 137.
(4) *Heortologia*, lib. I, cap. 19, qu. 11, n. 2.
(5) Tom. II, cap. 19, n. 4 et 8. Tetam paraît être du même avis, *in 7 jan.*

Néanmoins cette opinion nous paraît contraire aux principes. La défense de la rubrique ne s'étend que jusqu'à la fête de l'Epiphanie; de quel droit vient-on amplifier cette défense, et y comprendre l'octave? Si l'on accorde l'octave à une fête qui arrive après l'Epiphanie et pendant l'octave, pourquoi la refuser à une fête qui arrive la veille, ou l'avant-veille de l'Epiphanie? Est-ce parce qu'on n'aurait pas fait ici le premier ou le second jour de l'octave? Mais dans combien d'antres circonstances, cela ne se présente-t-il pas, sans que l'octave cesse pour cela? Supposez une fête avec octave suivie de deux autres fêtes de première classe, l'octave de la première fête ne commencera qu'au quatrième jour. Supposez encore une fête avec octave qui doit être transférée de 5 jours, son octave ne commence qu'au sixième jour, mais elle reste cependant.

Enfin nous dirons que la rubrique du Bréviaire enseigne clairement ce qu'il faut faire quand une octave est commencée, avant le jour fixé pour la cessation des octaves; il faut l'interrompre tout à fait, fussiez-vous au 2ᵉ, ou au 7ᵉ jour. Avant le jour de rigueur, vous faites de l'octave tout ce qui est possible selon les règles, mais à ce jour, tout cesse (1). Or, nous le demandons, en bonne logique, ne doit-on pas agir d'une manière identique, et lorsque le terme d'une défense est passé, et avant qu'il n'ait commencé? Et si vous interrompez forcément une octave où vous êtes entré, au jour même où la rubrique la clot, ne devez-vous pas pouvoir reprendre ce qui reste d'une octave dont les premiers jours sont empêchés par la même clôture? Nous croyons donc qu'on peut tout aussi bien finir une octave dont les premiers jours arrivent au temps clos, que l'on peut commencer celle qui ne peut s'achever, les derniers jours étant en temps clos.

(1) *Rubr. Brev. tit. VII, de octavis,* n. 1.

D'après cela nous répondrons que tous les jours depuis le 7 jusqu'au 10 de janvier inclusivement, on devra faire tant à la Messe qu'à l'office, la commémoraison de l'octave de Ste Geneviève. C'est tout ce qu'elle peut revendiquer, puisque l'octave de l'Epiphanie est privilégiée contre tout double qui n'est pas de 1re classe.

21. Les principes que nous venons d'établir suffisent pour résoudre la plupart des cas, il ne reste que les applications à faire. Ainsi, pour la cessation de l'octave au mercredi des Cendres, on observera ce que nous avons dit pour le 17 décembre. Si la fête du patron arrive en Carême, ou pendant la quinzaine de Pâques, elle n'a pas d'octave (1), le seul cas excepté où la fête étant transférée au lundi de *Quasimodo*, il lui resterait encore quelque chose de son octave. La solennité du patron ne peut pas se faire aux 1er dimanche du Carême, dimanche de la Passion, des Rameaux, de Pâques et de *Quasimodo*, ni aux fêtes de 1re classe qui sont plus dignes que le patron, ni au dimanche où l'on doit faire la solennité du S. Sacrement, quand même ce serait le jour véritable de la fête du patron. Ici l'office est distinct de la solennité, et le concours n'ayant lieu qu'entre les solennités, il faut accorder la préférence à la solennité la plus digne. De cette règle il faut conclure que là où S. Jean-Baptiste est patron, sa solennité a toujours lieu le dimanche suivant, fût-ce en même temps la fête des SS. Apôtres Pierre et Paul.

Il suit encore de là que la solennité des SS. Apôtres se fait au Dimanche suivant, lors même qu'on célébrerait la fête de la commémoraison de S. Paul, sur le rit double de première classe. La plupart de ces points ont été réglés par la Congréga-

(1) Même l'office du patron doit être transféré s'il tombe, soit au mercredi des Cendres, soit pendant la quinzaine de Pâques.

tion des Rites, ainsi qu'on le voit dans le Dictionnaire précité (1). Cette Congrégation a encore décidé que la Dédicace
des églises l'emporte sur le patron, et il faut entendre cette
préférence tant de la solennité que de l'office. Conséquemment
si la Dédicace tombe au 11 novembre, jour de S. Martin votre
patron, vous devez faire l'office et la solennité de la Dédicace,
remettre la solennité du patron au dimanche suivant, et l'office au premier jour libre, qui est le 14 du même mois dans le
calendrier romain. Quant aux jours de l'octave, la préférence
est accordée à la Dédicace, et S. Martin non-seulement perd
les 5 premiers jours de la sienne, mais encore n'a que la commémoraison pendant toute l'octave.

Il nous reste pour terminer tous ces points, à ajouter quelques
mots pour le choix du jour auquel on doit remettre l'office de
son patron, quand il est empêché. L'office du patron transféré
doit être remis au premier jour libre qui suit. Ce premier jour
est celui qui, le premier après le patron, n'est pas occupé par une
fête au moins semi-double, et qui n'est pas du nombre des pri-
vilégiés qui excluent les doubles transférés, comme l'octave de
l'Epiphanie, du S. Sacrement, etc. Il n'y a de cette règle à excepter qu'un seul cas; c'est quand un semi-double tombant en
une fête qui a octave, ou au dimanche dans l'octave, doit être par
privilège remis au lendemain (2). Dans cette supposition le patron
ne sera transféré et n'aura son tour qu'après le semi-double. En
voici un exemple. J'ai pour titulaire ou pour patron S. Paschal
Baylon, qui tombe au jour de l'Ascension, et par conséquent doit
être transféré. Les 18 et 19 de mai sont occupés par des fêtes
doubles.

Le 20, qui est le dimanche, arrive la fête de S. Bernardin de

(1) V. *Occurrentia*, § 3, n. 18 et 19, pag. 180.
(2) Les semi-doubles ont ce privilége parce qu'ils ne péuvent pas être
transférés pendant les octaves.

Sienne, semi-double qui ne peut pas avoir lieu. Le 21 est un jour libre. Or, ce n'est pas mon patron que je mettrai le 21, mais bien S. Bernardin, quoique semi-double, parce qu'il est tombé un dimanche pendant une octave. Le patron sera donc rejeté plus loin.

22. Que faire lorsqu'on a pour patron un saint qui, dans le Bréviaire Romain, a un office pour lui et ses compagnons : par exemple, S. Denis et ses compagnons, S. Sébastien et S. Fabien, etc.? Voici ce qui est réglé sur ce point par la rubrique du Bréviaire. 1° Il faut faire l'office du patron tout seul, sans rien faire, pas même la commémoraison des autres. 2° Si la fête était simple dans le Bréviaire, on ne fait rien du tout des autres, puisque les simples ne se transfèrent pas. 3° Si la fête est double ou semi-double d'après le calendrier romain, le saint ou les saints dont on n'a rien fait au jour du patron sont transférés au premier jour libre et ils ont alors l'office du rit semi-double. 4° Néanmoins, si le saint ainsi transféré était au nombre des principales fêtes, il ne perdra rien de son rite au jour de la translation (1).

Puisqu'on fait l'office du patron seulement, il est tout naturel qu'au lieu d'employer le commun de plusieurs martyrs, on ait recours au commun d'un martyr, pontife ou non pontife, selon sa qualité. La messe suivra l'office, et l'on retiendra, autant que possible, tout ce qu'il y a de propre (2), pourvu, ajoute Cavaliéri, qu'il convienne au saint dont on fait l'office. Ainsi lors-

---

(1) *Rubr. Brev. post tabell. occurentiæ.* Ces règles ne sont applicables qu'au cas d'un patron, titulaire, etc., pour un double de 1re ou 2e classe. Car si le saint dont on fait l'office, par exemple, à cause des reliques, ou parce qu'il est patron secondaire, n'a que le rite double mineur ou majeur, il ne faut pas disjoindre les saints du bréviaire, mais faire l'office tel qu'il s'y trouve. Décret du 22 nov. 1698, in *Cremen.,* et du 2 maii 1801, in *Carthaginen.* ad 9.

(2) V. Gavantus, sect. 3, cap. 10, n. 14.

qu'on doit séparer les apôtres S. Philippe et S. Jacques, on
réservera pour celui-ci les leçons du premier nocturne tirées de
l'épître de S. Jacques, et pour le premier saint, on retiendra
les antiennes et l'évangile, suppléant pour le reste du commun,
pour autant qu'il soit nécessaire (1). L'oraison sera celle du jour,
si elle peut se rapporter au saint dont on fait l'office, sinon on
la remplace. Ainsi pour S. Denis séparé de ses compagnons,
on omet dans l'oraison les mots *quique illi ad...* (2) Pour S. Sébastien séparé de S. Fabien, l'oraison n'est pas *infirmitatem*,
puisque S. Sébastien n'est pas pontife, mais une autre du commun d'un martyr non pontife (3).

Si les leçons du second nocturne peuvent se diviser sans difficulté, par exemple, pour S. Philippe et S. Jacques, la quatrième et quelquefois la cinquième leçon est propre, le reste se
prend du commun. Si les leçons conviennent tellement aux
divers saints qu'on ne puisse les séparer sans un grand travail,
et sans les modifier complètement, on les lira telles qu'elles sont
au Bréviaire (4).

Voilà, croyons-nous, les principales difficultés relatives à la
fête et à l'office des patrons, ou titulaires. Nous ne pouvons pas
toutes les prévoir ou les supposer : c'est pourquoi nous prions
ceux de nos lecteurs qui en rencontreraient qui ne sont pas renfermées dans cet article, de vouloir bien nous en faire part.
Nous nous empresserons de répondre à leur confiance.

(1) V. Tetam, *Diarium*, ad 1 maii, n. 7 et ss. Caval., tom. 1, cap. 5,
decr. 2, n. 8 et ss.
(2) Décret de la Congrégation des Rites du 4 sept. 1745, *in Aquen.*
ad 5.
(3) Décret du 2 mai 1801, in Carthaginen. ad 6.
4) Décret du 16 janvier 1677, *in Hispalen. ad* 2.

DES PROCESSIONS (1).

3e article.

41. Nous sommes arrivés à la partie véritablement pratique
des processions, savoir, aux cérémonies qu'on doit y observer.
Nous suivrons ici un certain ordre. D'abord nous parlerons du
lieu où le cortége doit se réunir, ensuite de l'ordre dans lequel
marchent les différentes parties du cortège, après cela nous
verrons quelles choses on y porte, et de quels ornements on
doit se servir. Enfin, après avoir dit un mot de ce qu'il faut
chanter pendant la procession, nous terminerons par expliquer
comment doit se comporter le recteur d'une église, où entre le
cortège qui fait la procession. Ce n'est qu'après avoir traité ces
points généraux que nous en viendrons à ce qui est spécial au
Saint Sacrement.

Selon la disposition claire du Rituel romain. le lieu où doivent
se réunir tant le peuple que le clergé, est l'église d'où la procession doit partir. « Clerus et populus hora statuta, mane
» in ecclesia congregati... precentur. » Cette rubrique, à la
vérité, se rapporte aux litanies de S. Marc, mais, comme
l'observe avec raison Baruffaldi (2), l'ordre prescrit dans ce
paragraphe se rapporte à toutes les processions. « Ordo iste
» non tantum præscribitur servandus in litaniis majoribus, in
» die S. Marci evangelistæ, et in minoribus rogationum, sed in
» quacumque alia processione, quæ fiat ad Dei impetrandam
» opem, et pro aliqua. publica necessitate ; atque ideo ponitur

(1) V. *Mélanges*, Ve série, pag. 533 ; VIe série, pag. 72.
(2) *Comment. in Rit. Rom.* Tit. LXXIX, n. 1.

» in hoc loco, tanquam regula universalis tenenda in quibus-
» cumque similibus processionibus, quæ tamen non incipiunt
» a litaniis, vel litanias babent in corpore. » C'est aussi ce qui
est prescrit par le Cérémonial des Evèques, pour la procession
du S. Sacrement. « Et intimentur omnes in rotulo descripti,
» ut ipsa die festivitatis SS. Corporis Christi, summo mane ad
» ecclesiam cathedralem conveniant, et ibidem, vel in aliquo
» ejusdem ecclesiæ atrio, seu platea congregentur... (1). »

'Ce n'est donc pas sur les chemins, ou dans une église voi-
sine, que ceux qui doivent faire partie du cortège de la procession, doivent attendre, mais dans l'église 'même d'où le
départ a lieu. « Processio incipere debet a matrice, ad quam con-
» venire debent omnes interesse debentes enumerati in Cæremo-
» niali Episcoporum, et *nullo modo per vias expectare*, » dit la
Congrégation des Rites (2). Plus tard, on lui proposa encore
la question suivante : « An in processionibus, quando inter-
» venit capitulum collegiatæ, tam parochi, quam alii de clero,
» debeant congregari in dicta ecclesia collegiata, etiamsi pro-
» cessio inchoanda sit in alia ecclesia? » Elle répondit : « Ubi
» inchoanda est processio (3). » La Congrégation du Concile a
donné aussi des décisions conformes, au rapport de Pignatelli (4).

Non seulement avant la procession, le clergé, les confréries, etc., doivent se réunir à l'église ; ils doivent encore s'y
rendre, la procession finie, en sorte qu'ils ne peuvent abandonner le clergé de l'église principale, que lorsque la fonction

---

(1) Lib. II, cap. 33.
(2) Die 6 sept. 1636, in *Syracusana*, ad 1, ap. Gardellini, n. 900.
(3) Die 16 junii 1663, in *Eugubina*, ad 3, ibid. n. 2074.
(4) *Consult. canon.* tom. IV, consult. 30; tom. III. consult. 46.
n. 32. V. Ferraris, V. *Processiones*, n. 25 ; Corsetti, *Praxis Sacr. Rit.*
tr. 1, part. 1, cap. 18, n. 13.

est terminée. La chose a été résolue à diverses reprises par la Congrégation des Rites. Voici deux de ses décrets : « An re-» gulares existentes in curia Cæssiliensi teneantur, in festo Cor-» poris Christi, ad ecclesiam matricem reassociare SSmum., » ibique permanere usque ad benedictionem? Resp. *Teneri*. Die » 10 martii 1685, in *Gnesnen* (1). » La décision suivante est encore, s'il se peut, plus claire et plus catégorique, car elle réprouve tout usage contraire. « Supplicante capitulo cathe-» dralis ecclesiæ Materanensis a S. R. C. declarari : An regu-» lares accedentes ad publicas processiones teneantur associare » prædictum capitulum, nedum in accessu quo dirigitur pro-» cessio, verum etiam in suo recessu ad metropolia in qua re-» vertitur. Et quatenus affirmative, an possint ab ordinario » ecclesiasticis censuris cogi et compelli? Et eadem S. R. C. re-» spondit : *Teneri, non obstante contraria consuetudine quam* » *abusum esse declaravit.* Die 20 julii 1686, in *Materanen* (2). » La cause fut reproposée trois ans après par les religieux, et la Congrégation maintint sa résolution : *in decisis de anno* 1686 (3).

42. Venons-en maintenant à l'ordre dans lequel doit marcher le cortège. Selon la disposition du Cérémonial des Evéques (4), en tête doivent passer les confréries des laïques, viennent en-suite les réguliers selon l'ordre d'ancienneté, ou selon la place qu'ils occupent d'habitude. Après les réguliers, ce sont les officiers civils et les magistrats, et puis le clergé séculier : le célébrant ferme le cortège. Rien n'est moins compliqué, semblé-t-il, que cette distribution, et cependant elle a donné naissance à une foule de doutes, de contestations et de procès religieux.

(1) Ap. Gardellini, n. 2934.
(2) *Ibid.*, n. 2969.
(3) *Ibid.*, n. 3030, ad 2.
(4) Lib. II, cap. 32 et 33.

Nous nous bornerons à élucider les points principaux, car un volume ne suffirait pas pour traiter à fond la question des *pré-séances*.

Parmi les confréries, la préséance, c'est-à-dire la place la plus rapprochée du célébrant, doit être accordée à celle qui est en possession. « Qui in quasi possessione præcedentiæ ac juris » præcedendi sunt, ii (quibuscumque reclamationibus, prote- » stationibus, appellationibus et aliis subterfugiis prorsus remotis, » et cessantibus et postpositis), in processionibus, tam publicis, » quam privatis, præcedere debent, » dit Grégoire XIII (1). Et lorsqu'il est impossible de déterminer par là quelle confrérie doit avoir la préséance, le même Pontife veut qu'on l'accorde à la confrérie qui la première, dans l'endroit, a porté des sacs (2). « Ii qui prius saccis usi sunt, in processionibus tam publicis quam » privatis præcedere debeant. » De nombreuses décisions de la Congrégation des Rites sont venues confirmer les dispositions adoptées par Grégoire XIII, et établir en outre que l'Evêque n'a pas le pouvoir d'y rien changer. En voici quelques-unes.

Societates S. Antonii et SS. Conceptionis in oppido Cereti, Telesinæ diœcesis, S. R. C. exposuerunt, quod cum novissime erecta et instituta fuerit societas SS. Trinitatis, in ecclesia S. Leonardi ejusdem oppidi, Episcopus voluit et ordinavit, ut dicta societas SS. Trinitatis novissime erecta, præcedat aliis societatibus antiquioribus, in eodem oppido erectis et institutis, quod cum in præjudicium ipsarum antiquarum confrater-nitatum sit, et ad eamdem S. R. C. recursum habuerint;

S. R. C. *Bullam felicis recordationis Gregorii XIII servandam esse, et in oppido Cereti Telesinæ diœcesis servari mandavit. Die 19* martii **1611** in *Telesina.*

(1) Constit. 84, *Exposcit*, du 15 juillet 1583, Bullar. Luxemb. tom. II, pag. 501.
(2) Sous ce nom il faut entendre les habits particuliers de certaines confréries, ce qu'on appellerait en français un *costume.*

S. R. C. censuit præcedentiam inter confraternitates illi deberi quæ
prius saccis usa est, etiam in consursu cum confraternitate SS. Sacramenti, cui tamen debelur præcedentia in processionibus SS. Sacramenti,
dummodo accedat etiam ad alias processiones, et in loco sibi debito
incedat. Die 17 junii 1689 *in Lunen. Sarzanen* (1).

On remarquera dans ce dernier décret une exception, en
faveur de la confrérie du S. Sacrement, mais seulement pour
la procession du S. Sacrement, et à la condition que cette confrérie assiste à sa place, selon l'ordre d'ancienneté, dans les
autres processions. « In processionibus sanctissimi corporis
» Christi, præcedentiam dandam esse confraternitati SS. Sacra-
» menti : *dummodo* eadem aliis processionibus intersit et anti-
» quioribus locum cedat, » dit encore la même Congrégation le
17 août 1833 (2).

43. Les confréries, dont les membres n'ont pas de costume
spécial, peuvent-elles assister en corps aux processions, et occuper le rang qui leur revient d'après l'ancienneté? Mérati (3)
pensait que ces sortes de confréries ne pouvaient occuper de
place distincte, dans le cortège de la procession, et que leurs
membres devaient se mêler au peuple. Il pouvait se fonder sur
la constitution de Grégoire XIII citée plus haut, et qui semble
supposer, que toutes les confréries qui marchent aux processions, portent le sac. Son sentiment est trop rigoureux. Les
confréries non costumées peuvent assister en corps aux Processions, mais elles perdent quelques-uns de leurs privilèges; elles
doivent marcher au dernier rang, c'est-à-dire tout en avant,
et ne peuvent élever leur croix. Tout cela a été décidé par la
Congrégation des Rites, dans le décret suivant.

(1) V. Gardellini, n. 292 et 1017.
(2) In *Beneventana*, ap. Gard. n. 4564.
(3) Tom. 1, part. 4, tit. 12, n. 13.

Cum fratres ordinis servorum B. M... supplicem libellum præsenta-
verint, in quo præjudicium sibi afferri asserunt a confratribus societatis
SS. Rosarii, in eodem loco existentis... qui nunquam in præteritum de
et per se extulerunt crucem, et semper in habitu laicali incesserunt,
nunc vero prætendunt absolute posse extollere crucem, et cum eodem
habitu laicali accedere ad funeralia mortuorum, etiamsi non fuerint vocati,
et ad processiones SS. Sacramenti et alias, quæ fiunt in eadem parochia,
accedere, digniorem locum sibi arrogando, processiones dirigendo, etc.

S. R. C. declaravit : Dictos confrates SS. Rosarii non posse deferre crucem sine habitu, nec præcedentiam eis competere super alias societates, quæ
ante eos habent habitum, nec etiam posse accedere ad funeralia mortuorum,
nisi specialiter et expresse vocentur. Die 9 dec. 1617, in Bononien (1).

L'instruction de Clément XI veut aussi que les confréries,
aussi bien celles qui n'ont pas de costumes que celles qui en
ont, marchent à la procession des XL heures, avant le clergé
séculier et régulier. « Quod si existant sæcularium confrater-
» nitates, sive sacco sint induti, sive non, tam eorum guardiani
» et officiales quam confratres, ii omnes simul capitulariter pro-
» gredientur ante ibi præsentem sæcularem et regularem clerum,
» cui semper digniorem locum cedere debebunt (2). » On voit
d'après ce qui précède combien est peu fondé le sentiment de
Mérati.

Nous dirons tout-à-l'heure que les plus jeunes doivent se
mettre en avant, et que les plus anciens ou les plus dignes
viennent à la fin. On avance toujours deux à deux. Si le passage
est étroit, le plus jeune passe le premier, puis attend son com-
pagnon. Il faut aussi une certaine distance entre les personnes
qui forment la même file, environ trois ou quatre pas, disent
André Piscaro Castaldus (3) et Corsetti (4).

(1) Ap. *Gardellini*, n. 403.
(2) *Instruct. Clement.* n. 15, V. *S. R. C. Decreta*, pag. 274.
(3) *Praxis Cærem.*, lib. II, sect. 10, num. 7.
(4) *Op. cit.*, n. 14.

44. A la suite des confréries marchent les réguliers, dans l'ordre qui leur est assigné, selon l'ancienneté de leur établissement dans la ville, ou selon des usages légitimes. Que les réguliers doivent marcher avant le clergé séculier, et laisser la préséance à celui-ci, c'est ce qui résulte clairement du Cérémonial des Evêques, et de plusieurs décrets de la Congrégation des Rites. Parmi ces diverses décisions, en voici une qui met fin à un conflit élevé par quelques réguliers d'Espagne.

Clerum sæcularem in universo regno Castiliæ et Leonis, Fratribus, Monachis et Regularibus quibuscumque, præferendum esse in omnibus processionibus, et aliis actibus publicis, declaratum fuit, tam per Breve SS. D. N. Papæ, quam per decreta S. Congregationis Rituum. Sed quum aliquando contigerit eumdem clerum sæcularem ad ecclesias regularium ex quavis causa accedere, nonnulli ipsius regni regulares præcedentiam clero sæculari, in eorum propriis ecclesiis, dare recusant, quasi sub Brevi et decretis prædictis, casus iste comprehensus non fuerit.

Quare eadem S. R. Congregatio, ad tollendam omnem dubitandi rationem, in omni loco, etiam in propriis ecclesiis, et Conventibus Fratrum, Monachorum et Religiosorum quorumcumque, in universo regno Castiliæ et Leonis, clerum sæcularem eisdem fratribus, Monachis et religiosis præferendum esse declaravit. Die 6 sept. 1603 in *Castiliæ et Leonis* (1).

La préséance doit être accordée à l'ordre religieux qui a eu le premier son établissement, dans la ville où se fait la procession. C'est ce que marque clairement Grégoire XIII, dans la Bulle citée plus haut : «Quando vero non probetur, aut non constet de » quasi possessione præcedentiæ hujusmodi, inter Fratres Men- » dicantes, ii, qui antiquiores in loco controversiæ.... sunt, in » processionibus tam publicis quam privatis, præcedere debeant,

(1) Ap. *Gardellini*, n. 67.

» ita ut si contigerit nova monasteria, aut domus alicujus or-
» dinis Mendicantium, in loco, in quo alterius ordinis ex dictis
» Mendicantibus Monasteria, aut domus prius erecta, et instituta
» sint, ille ordo, qui prius Monasterium seu domum in loco ha-
» buerit, præcedat. »

La Congrégation des Rites, qui maintes fois a eu à juger des
questions de préséance, a toujours suivi à la lettre la Bulle de
Grégoire XIII. Nous nous bornerons à en donner un exemple.
Dans une ville du diocèse de Cosenza, dans le royaume des
Deux-Siciles, les Minimes qui y avaient une maison depuis quatre-
vingt-dix ans ne voulaient pas céder la préséance aux Carmes.
Ceux-ci nouvellement établis, depuis neuf ans à peine, prétendaient cependant avoir la préséance, pour ce double motif que
l'ordre des Carmes est beaucoup plus ancien que l'ordre des Minimes, et que dans les autres villes, les Carmes ont la préséance
sur les Minimes. La Congrégation, à laquelle le conflit fut
porté, ne trouva pas fort solides les prétentions des Carmes, et
répondit : « Ut alias, ita nunc servandam esse Bullam fel.
» record. Gregorii XIII, in qua cavetur, quod illa religio aliis
» præcedat, quæ prius in civitate seu loco ubi residet, fundavit
» et habuit monasterium, et ita, etc. Die 1 martii 1614, in
» *Cusentina* (1). » On ne doit donc jamais s'écarter de la Bulle,
et l'on peut être sûr, en s'y conformant, que les décisions
qu'on aura prises, seront droites et équitables.

45. Mais que faire si le conflit s'élève au moment de marcher en procession, ou si l'on ne peut pas découvrir quel est
l'Ordre auquel revient la préséance, par priorité de temps?
L'Evêque doit prononcer, et sa sentence est sans appel, du
moins, suspensif, en sorte que si certains religieux croient

_____

(1) Ap. *Gardellini*, n. 337.

leurs réclamations fondées contre la sentence de l'Evèque, et veulent en appeler à Rome, ils doivent néanmoins se soumettre provisoirement à ce qui a été décidé. Il en est de même pour le clergé séculier. C'est le concile de Trente qui a conféré ce pouvoir aux Evèques, dans le but d'éviter les scandales qui résultent toujours de ces conflits : mais, comme l'observe judicieusement Pax Jordanus (1), il ne faut pas qu'il y ait scandale, pour que l'Evèque puisse user de son droit ; il suffit qu'il y ait conflit, puisque de celui-ci nait naturellement le scandale, et qu'il est toujours à craindre. Et si d'ailleurs le cas de scandale était requis, le droit de l'Evèque se réduirait à rien, par suite de l'incertitude où l'on serait toujours, si les circonstances sont telles qu'il puisse en user. Le Concile veut encore que l'Evèque prononce sa sentence sommairement, et sans observer les formalités juridiques. Voici ce qu'il porte (2) : « Contro- » versias omnes de præcedentia, quæ persæpe cum scandalo » oriuntur inter ecclesiasticas personas tam sæculares quam » regulares, cum in processionibus publicis, tum in iis quæ » fiunt in tumulandis defunctorum corporibus, et in deferenda » umbella et aliis similibus, Episcopus amota omni appellatione, » et non obstantibus quibuscumque, componat. » Si l'on désire des détails plus étendus sur ce sujet, on pourra consulter Barbosa (3) et le cardinal de Luca (4).

46. La plaçe des magistrats est marquée, par le Cérémonial, après les réguliers, et immédiatement avant la croix du clergé

----

(1) *Elucubrat. divers.* Lib. XI, tit. 2, n. 59. A l'appui de ce sentiment on peut faire valoir le texte même du concile : *Omnes controversias,* dit-il, toutes sans exception, néanmoins le scandale n'arrive pas toujours, *quæ persæpe,* quoique très-souvent. Ainsi, lors même qu'il n'y aurait pas de scandale, l'Evèque a le droit d'assoupir la controverse.

(2) Sess. **XXV**, *de Regularibus,* cap. 13.

(3) *De officio et potest. Episcopi,* alleg. 78, n. 26 et ss.

(4) Tit. *de Præeminentia,* discurs. 25 ; et *de Regularibus,* disc. 19.

séculier : c'est ce qu'on doit observer partout. Le Maître des
cérémonies de la cathédrale de Palestrine demanda naguère à la
Congrégation des Rites : « An in solemni supplicatione SS. Cor-
» poris Christi, gubernator et magistratus cum intortitiis ac-
» censis, incedere possint immediate post SS. Sacramentum,
» ad instar majorum magistratuum? On lui répondit : *Negative*,
» *ad tramites cæremonialis, lib. II, cap.* 33, § 5. Die 27 aug. 1836
» in *Prænestina*, ad 5 (1). » Cependant s'il y avait en certains
lieux une coutume très-ancienne, selon laquelle le magistrat
marche à la suite du célébrant, on pourrait s'y tenir, parce
que le Cérémonial n'a pas détruit les coutumes anciennes et
louables, qui étaient en vigueur, lors de sa promulgation, ainsi
que l'a déclaré en propres termes, la Congrégation des Rites,
pour la ville de Forli, en 1615 (2).

47. Actuellement c'est le tour du clergé séculier. Et d'abord,
suivant la disposition du Cérémonial, c'est un ministre élevant
la croix de la cathédrale, au milieu de deux acolythes portant
leurs chandeliers; viennent ensuite les élèves du séminaire,
s'il y en a, puis les curés des paroisses en surplis, alors le clergé
des collégiales, et enfin celui de la cathédrale. Les séminaristes
marchent donc les premiers après la croix de la cathédrale,
cependant une certaine préséance leur est accordée en divers
cas. Ainsi, ils ont la préséance sur les clercs seulement mi-
norés, et sur les étrangers. Ils l'ont encore, lorsque les curés
ne voulant pas marcher sous la croix de la cathédrale, élèvent
leur croix séparément (3). La raison en est que le séminaire,
quoiqu'il ne fasse pas partie du clergé de la cathédrale, est

(1) Ap. Gardellini, n. 4645.
(2) *Ibid.*, n. 356.
(3) On peut voir les Décrets qui établissent ces divers points dans le
S. R. C. Decreta, V. Præcedentia, n. 7, pag. 214. Cfr. aussi Gardellini,
n. 4512, 4518, 4778.

cependant attaché au service de la cathédrale, et doit y assister
aux offices en certains jours; il ne convient donc pas de le
séparer du clergé au service duquel il est attaché, et de le
faire marcher sous une croix paroissiale. Mais si les curés observent l'ordre du Cérémonial, les séminaristes doivent marcher
en avant.

48. L'ordre de préséance à observer entre les curés se déduit, non de leur antiquité ou dignité, mais de l'ancienneté,
ou de la dignité de l'église à laquelle ils sont attachés. Ainsi un
doyen, à raison de ses fonctions décanales, et comme commis-
saire de l'Evêque dans un canton, n'a aucune prééminence,
aucune préséance sur les autres curés, à ce titre : et il devra
céder le pas aux curés dont l'église est plus ancienne, ou d'un
rang supérieur. Quant aux vicaires, ils n'ont de préséance sur
les autres prêtres, que dans les fonctions qu'ils remplissent en
qualité de vicaires, et conséquemment, hors de leurs paroisses,
ils ne doivent avoir aucune préséance sur les simples prêtres.
Pour les prêtres, la préséance se déduit de l'ancienneté de
l'ordination sacerdotale. Ainsi celui qui a été ordonné prêtre
avant un autre, n'eût-il reçu le diaconat qu'après celui-ci, a la
préséance de droit. On doit raisonner proportionnellement de
même pour la préséance à garder entre ceux qui n'ont reçu que
des ordres inférieurs. Tous les points ci-dessus mentionnés ont
été fixés par la Congrégation des Rites, dont les décrets sont rapportés au Dictionnaire cité par nous (1) : nous croyons cependant
devoir encore en ajouter un qui résume clairement la doctrine
de la Congrégation, en cette matière. Nous le traduisons en
latin (2).

(1) *Loc. cit.*, n. 4.
(2) V. *Gardellini*, n. 2607.

1. An sacerdotes non capitulares qui interveniunt, diebus festivis, vel choro, vel processionibus, debeant sedere aut procedere, juxta anterioritatem ordinis; an vero debeant præcedere illi qui sunt graduati in jure canonico, aut theologia, etsi sint ordine posteriores?

2. An idem dicendum quoad diaconos, subdiaconos et clericos?

3. Num sacerdotes civitatis aut oppidi habent præcedentiam super diœcesanos, et alios qui peregrinantur ad civitatem, quantacumque sit istorum antianitas in ordine?

4. An in ecclesiis adscriptitiis (1) diœcesis, debeant præcedere illi qui prius adscripti sunt, an vero illi qui ordine sunt priores?

5. Si sacerdos aliquis non adscriptus interveniat illi ecclesiæ adscriptorum, an præcedere possit, vi antianitatis ordinis, illis qui sunt adscripti, sed ordine posteriores?

6. An ordo præcedentiæ, qui in suprarelatis dubiis servandus est in civitate, æque locum habeat in tota diœcesi?

Et eadem S. C. ad suprascripta dubia respondit :

Ad 1. Præcedentiam inter presbyteros sumi ex antianitate ordinis, non ex gradu doctoratus : quia presbyteratus ordo longe dignior est quam gradus doctoratus. Sed inter plures parochos, seu curatos ecclesiarum parochialium, attenditur prærogativa ecclesiæ parochialis, non antianitas ordinis.

Ad 2. Idem servandum ut supra ex iisdem rationibus.

Ad 3. Civitatem et incolatum nullam majorem prærogativam tribuere.

Ad. 4. Attendendam antianitatem ordinum, dum in ecclesiis adscriptitiis non potest considerari aliquis honor, seu aliquis titulus perpetuus et realis pro adscripto.

Ad 5. Affirmative, ex proxima allegata ratione.

Ad 6. Affirmative, cum militet eadem ratio, et non cognoscitur posse assignari disparitatem rationis.

Et ita declaravit et servari mandavit. Hac die 23 novembr. 1675, in *Syporttina.*

(1) Il nous semble que les prêtres attachés à ces sortes d'églises avaient à peu près le rang des vicaires d'aujourd'hui. C'est du moins ce qui semble résulter de la réponse.

49. Nous n'avons qu'un mot à dire du chapitre. La préséance dans les processions est la même qu'au chœur, seulement elle a lieu dans l'ordre opposé. Les derniers, c'est-à-dire les plus rapprochés du célébrant, doivent être les plus dignes. Tous marchent deux à deux, dit le Rituel Romain, et si le nombre des chanoines est impair, de sorte que la plus haute dignité n'ait personne pour aller de pair avec elle, elle se placera au milieu des deux plus dignes qui la précèdent immédiatement. « Si nu-» merus sit dispar, idem Archipresbyter incedat in medio duo-» rum digniorum, » dit la Congrégation des Rites en 1675 (1). Le vicaire général et le vicaire capitulaire peuvent revendiquer aussi la préséance, dans certaines conditions; on pourra voir les décisions de la Congrégation dans le dictionnaire pré-cité (2).

Vient enfin le célébrant entre le diacre et le sous-diacre. Si l'Evêque assiste à la procession, il marche derrière le célébrant, mais non sous le dais, lorsqu'il y en a un (3). Enfin suit le peuple, les hommes séparés des femmes, dit le Rituel Romain.

50. Il nous reste à examiner quelle place doivent occuper certaines catégories de personnes dont ne parlent pas le Céré-monial et le Rituel. Le Maître des cérémonies, s'il est en fonc-tion, n'a pas de place fixe, mais il parcourt la procession pour veiller à ce qu'il n'y ait aucun désordre (4). La musique, et sous ce nom il faut entendre une société de chant, doit être placée au gré de l'Evêque, mais toujours avant le clergé tant régulier que séculier (5). Les chantres revêtus de chapes ne peuvent

(1) Ap. *Gardellini*, n. 2608.
(2) *Loc. cit.*, n. 2.
(3) *Gardellini*, n. 2786.
(4) V. *S. R. C. Decreta*, V. *Magister Cærem.* n. 7.
(5) *Gardellini*, n. 4667.

pas se placer devant le dais sous lequel se trouve l'officiant avec le S. Sacrement, mais des deux côtés, ainsi que la Congrégation l'a décidé tout récemment. Les prêtres étrangers, et tous ceux qui ne sont pas du nombre des curés, doivent prendre place après le séminaire. C'est là que se placent aussi les professeurs du séminaire, s'ils ne sont pas attachés à la cathédrale, et ils ne doivent pas se mettre au rang des séminaristes. Ce point a été aussi décidé (1).

Ne serait-il pas convenable d'avoir une place distincte pour les enfants qui fréquentent les écoles, ou le catéchisme, qui sont affiliés à telle ou telle congrégation, surtout s'il n'y a pas de confrérie, ni d'ordre religieux, ainsi qu'il arrive pour la plupart des processions en Belgique? Nous pensons bien que oui, et nous placerions ces enfants, d'abord les garçons, en-suite les filles, immédiatement après la croix, ou la bannière qui ouvre la marche. Il serait même à souhaiter que ces enfants eussent leur bannière à eux et qu'ils la portassent à leur tête. C'est le sentiment d'un rubriciste célèbre, Vinitor (2). « Primum » occupant locum catecheticæ lectiones puerorum ac puellarum, » si quæ sint, vexillis propriis distinctæ, ac suavibus melodiis » Deum laudantes. » Nous mettrions d'autant plus volontiers ce sentiment en pratique, que les enfants, lorsqu'ils sont confondus dans la foule, sont sujets à mille distractions, et qu'ils peuvent être exposés à de grands dangers pour leurs mœurs, surtout s'il n'y a aucun ordre dans la masse qui se presse à la suite du célébrant. Les enfants gagneraient donc sous tous les rapports à être mis à part, et d'un autre côté, la procession, tout en s'embellissant considérablement, serait plus recueillie :

(1) V. *S. R. C. Decreta*, V. *Præcedentia*, n. 7.
(2) *Compendium S. Rit.* Part. IV, tit. 6, n. 15, pag. 438.

les grandes personnes, ayant sous les yeux les exemples de modestie et de piété que leur donnent les enfants, seraient portées
au silence et à la prière.

Il est bien entendu que pour ce faire, il est nécessaire que
dans ce groupe d'enfants, il n'y ait rien que de décent, de modeste et de digne. S'ils tiennent la place des confréries, ils
doivent en avoir, autant que possible, la gravité et la dévotion.

51. Nos livres liturgiques se bornent à peu de mots sur les
objets qui doivent être portés en procession. Le Cérémonial ne
mentionne que la croix de la cathédrale, et le Rituel fait à
peine entrevoir qu'on peut porter les statues des Saints aux
Rogations. Nous devrons donc développer encore ce sujet, en
prenant pour guide les décrets de la Congrégation des Rites.

Parlons d'abord de la croix. Chaque confrérie, chaque ordre
religieux se fait précéder de sa croix. Léon X, dans sa constitution *Licet alias* (1), autorisait les Frères-Mineurs conventuels
et ceux de l'Observance à élever chacun leur croix distincte-
ment. La croix en effet est comme un drapeau qui montre qu'un
corps est distinct d'un autre, et de même que s'il n'y a qu'une
croix, tout le corps qui la suit est censé un, ainsi de la multiplicité des croix on peut déduire la pluralité des corps (2).
C'est aussi ce que la Congrégation des Rites a résolu dans plusieurs décrets, entre autres dans le suivant. « Guardianus et
» fratres minores observantes S. Francisci supplicarunt decla-
» rari, juxta alias resoluta — licere ipsis in processionibus incedere
» sub propria cruce. Et S. C. respondit : Decreta in casu pro-
» posito alias edita, videlicet, quod unaquæque religio incedat
» in processionibus sub propria cruce, esse exequutioni deman-
» danda, prout omnino exequi mandavit, quibuscumque non

(1) *Constit.* 26, du 6 décembre 1517.
(2) V. Pignatelli, tom. IV, consult. 30, n. 7.

» obstantibus. Die 7 maii 1659, in *Assisien*. (1). » Les mèmes
règles s'appliquent aux confréries.

Il en est quelques-unes, dit Baruffaldi (2), et certains ordres
religieux font de mème, qui en démonstration de leur pauvreté
et humilité, portent une simple croix de bois, sans image du
Sauveur, mais cette manière de porter la croix ne doit pas
nécessairement ètre adoptée, car si le Rituel n'ordonne pas de
porter sur la croix, l'image du Sauveur, il ne le défend pas non
plus, et d'ordinaire les croix des processions sont à la fois des
crucifix. Il ést aussi d'usage, ajoute cet auteur, que, du haut
de la croix des ordres religieux et des confréries, pende un
voile orné de peintures, qui le plus souvent réprésentent le
saint ou le mystère, sous l'invocation duquel cet ordre ou
confrérie est établi. C'est donc une espèce de bannière, qui,
pour servir à l'embellissement de la solennité religieuse, sera
de soie chargée de broderies ou d'ornements faits à l'aiguille.
Ce voile indique l'infériorité du clergé régulier relativement au
clergé séculier. Celui-ci en effet ne peut porter à sa croix une
bannière ou drapeau. Voici un décret qui confirme la doctrine
de cet auteur.

S. R. C. censuit et declaravit non licere Canonicis Regularibus Late-
ranensibus S. Petri ad Aram, in publicis processionibus, deferre eorum
crucem discoopertam, sicut defert clerus et capitulum ecclesiæ archiepiscopalis; sed debere eorum crucem deferre in dictis processionibus,
cum velo, seu pallio appenso, sicut deferunt omnes Regulares, et prout
etiam ipsi canonici Regulares Lateranenses S. Petri ad Aram alias in
eadem civitate Neapolitana, cum velo appenso propriam crucem detule-
runt et portaverunt, et ita in futurum in dicta civitate Neapolitana

(1) V. Gardellini, n. 1004.
(2) *Comment. in Rit. Rom.* tit. LXXVI, n. 64, ss.

servandum esse censuit et declaravit et servari mandavit, die 14 junii 1617, in *Neapolitana* (1).

52. Nous avons déjà fait remarquer (2) que la croix doit être portée de manière que la figure du Christ soit tournée en avant, comme si N. S. marchait à la tête des siens.

Les Dominicains prétendaient, au rapport de Pax Jordanus (3), avoir le privilège du S. Siège, de tourner la croix en sens opposé; mais la Congrégation n'a pas reconnu ce prétendu privilège, puisque c'est dans une cause qui concernait directement les Dominicains que le décret a été porté. Il n'y a d'exception à cette règle que pour la croix papale, ou archiépiscopale, laquelle a le crucifix tourné vers le Pape ou l'Archevêque, selon l'interprétation que donnent au Cérémonial des Evêques, les auteurs qui ont détaillé ces sortes de cérémonies (4).

Par qui doit-on faire porter la croix? La croix des réguliers est portée par un frère lai ou convers de l'ordre et non par un régulier profès. Telle est la décision portée en 1718 par la Congrégation des Evêques et Réguliers, au rapport d'Ursaya (5). C'est aussi ce que marque le Processionnel des Carmes déchaux (6). « In processionibus, in quibus secundum rubricas » Missalis subdiaconus non debet portare crucem, *Frater aliquis* » rochetto seu cotta indutus, cruem, imagine ad populum versa » portabit. » La croix du clergé séculier doit être portée, soit par le sous-diacre, soit du moins par un clerc revêtu du surplus. Nous avons dit ailleurs que la Congrégation l'avait décidé. Voici

(1) V. Gardellini, n. 379.
(2) *Mélanges*, 4ᵉ série, pag. 263.
(3) Lib. XI, tit. 2, n. 19.
(4) V. Ferraris, v. *Crux*, n. 7.
(5) V. Ferraris, *ibid.*, n. 12.
(6) Part. I, cap. 1, § 2.

encore un décret qui, tout en déclarant ce dernier point, indique en peu de mots quelles sont les processions auxquelles le sous-diacre est tenu de porter la croix.

In processionibus quibusdam solemnioribus, utpote candelarum, palmarum, Feriæ V et VI majoris hebdomadæ, sabbati sancti, in absolutionibus defunctorum, et quoties Episcopus pontificaliter celebraturus in ecclesia cathedrali processionaliter procedet a sacrario, sive ab alio loco deputato, ad altare, subdiaconus etiam canonicus deferre debet crucem, quæ tamen sit longitudinis competentis et ad portandum facilis : in aliis autem processionibus a supradictis aliis, nempe cruciferarius consuetus ipsam deferet superpelliceo, vel tunicella indutus, nullo autem modo pluviali. Die 16 Martii 1591, ad 18 (1).

L'instruction de Clément XI pour les prières de XL heures marque aussi clairement que le crucifère n'est pas un sous-diacre, mais un clerc revètu du surplis. *Crucifer in hac functione, non subdiaconali habitu, sed superpellicceo erit indutus* (2). C'est pourquoi la procession du S. Sacrement n'est pas comprise parmi celles qu'énumère la Congrégation des Rites.

53. Il est permis aussi de porter en procession des étendards, bannières, gonfanons, guidons, etc., ornés de saintes images, pourvu toutefois qu'ils n'aient pas la forme militaire, ou triangulaire. Ainsi s'exprime le Rituel Romain.

Comme la forme seule de ces bannières est limitée et qu'il n'y a pas de restriction pour le nombre, chaque confrérie, chaque ordre religieux pourra avoir ses étendards, non pas un seul, mais plusieurs, s'ils sont décents et propres. Toutefois, il faut se garder aussi de l'excès en ce point. Mais par qui peuvent être portées ces bannières? Bien que nous n'ayons aucune

---

(1) Ap. Gardellini, *supplem.*, n. 17. V. aussi le décret rapporté *S. R. C. Decreta*, V. *Process.*, n. 6, pag. 221.
(2) § 13, V. *S. R. C. Decreta*, pag. 220.

preuve directe, pour appuyer notre sentiment, nous croyons
que des hommes seuls peuvent les porter (1). Nulle part, en effet,
on ne voit que les femmes aient le droit de figurer dans une
procession, en avant du célébrant (2), elles sont exclues de tout
ministère religieux, et conséquemment de toute participation
directe à la cérémonie de la procession. Et si le Rituel ordonne
qu'à la suite du célébrant, les femmes soient séparées des
hommes, ainsi que la chose se pratiquait autrefois dans les
églises (3), à combien plus forte raison ne semble-t-il pas défendre aux femmes de s'immiscer dans les rangs distingués qui
appartiennent au clergé et aux confréries, et d'y exercer une
fonction presque religieuse?

54. Peut-on porter aux processions des statues ou des reliques
des saints : comment et par qui doivent-elles être portées?

Il faut distinguer les processions dans lesquelles on porte le
S. Sacrement des autres processions. Aux premières il est défendu, en règle générale, de porter des statues ou des reliques
des saints : devant le S. Sacrement disparait le culte d'honneur
qu'on rend aux images ou aux reliques, et le même motif qui
fait voiler les statues et éloigner les reliques en présence du
S. Sacrement exposé (4), doit aussi les éliminer de la procession. Si du reste les objets dignes au plus haut degré de notre
vénération, non cependant d'un culte de latrie proprement dit,
sont exclus de toute procession du S. Sacrement, il faudra
conclure la même chose de toute relique, de toute image. Or,
les instruments de la passion sont écartés de la procession du
S. Sacrement, ainsi qu'il est prouvé par le décret suivant: «An

(1) V. plus loin, p. 191.
(2) Les confréries dont parlent les livres liturgiques sont toutes des
confréries d'hommes.
(3) V. Steph. Durantus, de *Eccl. cath. Rit.*, lib. 1, cap. 18, n. 2.
(4) V. *Mélanges*, 5ᵉ série, p. 220.

» in solemnl processione SS. Eucharistiæ, tam in die Corporis
» Christi quam in majori hebdomada, deferre liceat instru-
» menta SS. Passionis Salvatoris nostri J. C., scilicet fragmen-
» tum SS. Crucis vel spinas? Responsum fuit, *Negative.* Die 17
» junii 1684, in *Veneta* ad 1 (1). » Il faut donc déduire que la
présence des reliques et des images est interdite aux processions
du S. Sacrement.

Cette défense n'existe pas seulement pour Rome et l'Italie,
on la retrouve aussi dans plusieurs statuts de notre pays.

L'Evêque de Gand porta en 1786 un décret de la teneur suivante (2) : « Conformiter ad statuta diœcesis nostræ, in proces-
» sionibus in quibus circumfertur SS. Eucharistiæ Sacramen-
» tum, numquam simul circumferantur reliquiæ et imagines
» sanctorum. » Cependant, quelques années plus tard, en 1790,
ayant appris que son ordonnance avait donné lieu à des discussions et à des troubles, il la modifia en partie, et permit seulement de porter la statue de la Ste Vierge, en même temps que
le S. Sacrement (3). » Permittimus ut in processionibus solem-
» nioribus, una cum Venerabili, circumferatur ejusdem Dei-
» paræ Virginis imago. Sanctorum tamen venerandæ reliquiæ,
» sicuti hæ in tabernaculo SS. Sacramenti asservari non pos-
» sunt, ita etiam in solemni illa processione, in qua Sanctum
» Christi Corpus circumfertur, ne deferantur. »

Un siècle plus tôt l'archevêque de Malines, Alphonse de
Bergues, avait porté une ordonnance semblable à celle de
l'Evêque de Gand, et il s'était vu aussi forcé d'en adoucir la
rigueur. Voici la partie de ce décret qui se rapporte à notre
sujet (4) : « Præcipit synodus provincialis Mechliniensis (III),

---

(1) V. Gardellini, n. 2910.
(2) *Synod. Belgic.*, tom. IV, pag. 517.
(3) *Ibid.*, p. 533.
(4) *Ibid.*, tom. II, pag. 369.

» tit. 7, cap. 8, in hunc qui sequitur modum : sacrosancta
» Eucharistia pie et utiliter ad populi devotionem interdum in
» publicis supplicationibus defertur ; potissimum vero in festo
» Sacro Christi Corpori consecrato, ejusque octava... In com-
» munibus autem supplicationibus circumgestari poterunt
» SS. Reliquiæ... Mandamus... ut non nisi rarissimo et ex causis,
» ut supra, venerabile sacramentum tali publicæ venerationi
» exponant, nec aliquas sanctorum venerandas reliquias, aut
» imagines etiam B. M. Virginis una cum ipso SS. Sacramento
» circumferant, aut circumferri permittant, ut populi non dis-
» trahatur ad plures devotio, et ut uni, soli Deo, qui debetur
» in solidum, suus reddatur honor et gloria. » Nous avons déjà
rapporté (1) la controverse que fit naitre ce décret, et le Bref
d'Innocent XI qui donnait gain de cause aux réguliers. Ceux-ci
étaient autorisés à porter des images et des reliques aux processions du S. Sacrement : « Licitum sit iisdem regularibus
» gestare in publicis processionibus cum SS. Eucharistiæ Sacra-
» mento, reliquias et imagines sanctorum, hoc tamen servato,
» ut dictæ reliquiæ et imagines portentur in principio proces-
» sionis inter prima luminaria, ita ut inter ipsas et SS. Sacra-
» mentum sit rationabilis et competens distantia. » L'Archevêque fut donc forcé de tolérer ce qu'il n'avait pu défendre, et
bientôt son successeur autorisa la présence des statues et des
reliques des saints à la procession du S. Sacrement (2). « At-
» tamen et virtute Bullæ Innocentii Papæ XI, quæ emanavit 20
» maii 1682, permittimus ut, ubi viget hæc pia et laudabilis
» consuetudo, una cum Sanctissimo Eucharistiæ Sacramento,
» imagines B. Dei Matris ejusque sanctorum, et horum reliquiæ

(1) V. *Mélanges*, 5ᵉ série, p. 437 et ss.
(2) *Synod. Belg.*, l. c. pag. 445.

» (non tamen plures quam uniuscujusque una) in supplicatio-
» nibus circumferantur. »

55. Tel est donc l'état des choses en Belgique. Les évêques
y avaient d'abord tenu la main à l'observance des règles, mais
la coutume contraire y était trop générale, et elle reçut, dans
la personne des réguliers, une confirmation trop éclatante, pour
qu'il fût possible de l'arrêter. Cette coutume générale est-elle
bien légitime? Nous sommes très-enclin à le penser. Car le
décret de la Congrégation des Rites ne la condamne pas, et le
Bref d'Innocent XI semble lui donner une haute sanction. D'un
autre côté, elle n'est pas formellement opposée au Rituel
Romain, et il est possible de la considérer comme *pia et laudabilis,* ainsi que s'exprime l'Archevêque Humbert. On pourra
donc, vu la coutume générale en Belgique, continuer à porter
les images et les reliques des saints en procession, et même
introduire cet usage là où il n'existe pas, puisque la loi, si elle a
cessé, cesse pour le pays tout entier. Il serait bon toutefois de
suivre les avis donnés, savoir, de ne porter qu'une image ou
relique de chaque saint, et de les mettre assez en avant, pour
que leur distance d'avec le S. Sacrement soit convenable et
suffisante.

Quant aux autres processions, il est bien clair qu'on peut y
porter des statues ou des reliques des saints : et si nous en
croyons Ferraris (1), la chose a été décidée à plusieurs reprises
par la Congrégation des Evêques et Réguliers. La Congrégation
des Rites, si elle n'a pas décidé le principe, a du moins donné
une foule de résolutions qui font supposer clairement que cela
est permis. Du reste, tout doute disparait devant le texte du
Cérémonial des Evêques, qui dit, en parlant de la procession des

(1) V. *Processiones,* n. 37 et 38.

Rogations (1): « Et si consuetum sit in hujusmodi processione
» portari aliquas sanctorum reliquias, et sacras imagines, ser-
» vabitur consuetudo : removendi tamen erunt a processionibus
» ludicri et indecori actus. »

56. Mais peut-on faire porter les statues des saintes, par exemple
de la Sainte Vierge, par des jeunes filles? La réponse à cette
question sera facile, lorsqu'on aura considéré les motifs suivants : « Regulares, dit Ferraris (2), in suis processionibus non
» possunt, nec debent ducere puellas habitu fictitio angelorum,
» neque *Bizzocheras*, ut declaravit S. C. Episc. et Regul. apud
» Monacelli. Et jam decreverat quod in dictis processionibus nec
» intermisceantur pueri, puellæ, vel etiam viri cum extraordi-
» nariis habitibus, puta angelos vel dœmones referentibus :
» *Puellæ vero neque cum suis vestibus ordinariis, nisi in loco*
» *solito aliarum mulierum,* cum facultate Ordinario procedendi
» contra Regulares cujuscumque ordinis inobedientes, ut in
» Cremon. apud Nicol. in flosculis. » Le synode de Cologne de
1662, rappelant les prescriptions du Concile provincial tenu sous
l'archevêque Herman, porte (3) : « Cum publice in templo aut
» processione, sacrarum reliquiarum thecas gestare ad clericos
» duntaxat spectare videatur, nunquam reliquiæ *vel imagines*
» in Processionibus *a puellis,* sed clericis ecclesiasticis para-
» mentis indutis (quoad ejus fieri potest), vel saltem a piis
» honestisque viris sæcularibus palliatis, aperto capite, et hinc
» inde comitantibus tædiferis deferantur. »

Le 3e Concile provincial de Malines tenu en 1607, et approuvé l'année suivante à Rome, décrète (4) : «Nunquam etiam

(1) Lib. II, cap. 32.
(2) *Ibid.*, n. 34.
(3) Part. I, tit. 8, cap. 3.
(4) Tit. 14, cap. 5.

» reliquiæ vel imagines in Processionibus deferantur, nisi per
» clericos sacris initiatos, quantum fieri potest. »

Les nouveaux statuts de Liège, après avoir défendu de porter
aux processions du S. Sacrement d'autres images que celle de
la Sainte Vierge, sauf deux exceptions, ajoute que les bannières
ne peuvent jamais être portées par des femmes (1). « Gravitate
» et modestia deferantur vexilla, *nunquam a feminis*, ne ea
» quidem in quibus depicta est imago B. M. V., sed a clericis,
» vel saltem a parochianis piis et religiosis, si fieri potest, veste
» talari et superpelliceo indutis, ab ipso parocho designandis. »
Or, ce qui se dit des étendards ne doit-il pas s'entendre *a fortiori*
des images et statues ? Nous lisons encore dans les ordonnances du Diocèse :

« Nobis constat puellas pluribus in parochiis deferre in processionibus statuam seu imaginem B. Mariæ Virginis, aut aliarum
sanctarum. Nullum pastorem latere debet quam severe ea
prohibita sint, uti passim videre est in statutis diœcesanis quæ
referre longius foret.... Itaque hæc prohibere severius intendimus, aliter provisuri contra delinquentes, si qui in posterum
reperiantur. Datum in synodo Leodii 29 Aug. 1823. » *Sign.*
Barrett, *vic. gen. V. Mandements,* etc. Tom. 2, pag. 412.

A ces défenses expresses ajoutons l'opinion de graves auteurs. Voici comment s'exprime Vinitor qui n'est pas toujours
trop difficile (2) : « Si contingat aliquam statuam piæ alicui
» confraternitati præferri, ea deferri debet per clericos sacris
» initiatos et linteatos, seu in quorum defectu, non a comptem-
» tibilibus, sed honestis ac spectatis viris palliatis, quoad fieri
» potest, et aperto capite, omni cum reverentia et devotione.
» Non tam ex consuetudine aliqua pia quam *detestabili abusu*

(1) Num. 256, c.
(2) *Compendium S. Rit.* Part. IV, tit. 6, § 36.

» introductum conspicitur, quod plerisque in locis puellæ nu-
» biles, sæculariter comptæ, procis cinctæ, risui, joco, aliisque
» levitatibus indulgentes, in processionibus seu supplicationibus
» præeunt; atque crucem, reliquias, vel statuas sanctorum
» parva cum reverentia et ædificatione gestant ac deferunt. »

Manigart n'est pas moins fort. Voici ses paroles (1).

« Præterea non tam pia quam *damnata consuetudine* et super-
» stitione introductum est, inquit Ferdinandus Archiepiscopus
» Coloniensis, et episcopus Leodiensis, in constitutione de anno
» 1643, quæ fuit communicata pastoribus et regularibus anno
» 1644, quod aliquibus in locis puellæ nobiles aliæque mulieres in
» processionibus, supplicationibus, crucem, vexillum, B. Mariæ
» Virginis aut Sanctorum statuas gestent. Nam putantur a plebe,
» si ferant, tribus annis, aut etiam citius habituræ maritos.
» Unde multi abusus, etc.... Insuper si puellæ illæ sint pul-
» chræ aut aliquo modo deformes, multa verba obscœna in
» ipsamet processione a juvenibus dici audiuntur, et risus in-
» decentes videntur, non sine magna Dei offensione. Hinc idem
» Ferdinandus tantis malis occursurus, ferri imagines aut vexilla
» a puellis aut mulieribus in Processionibus vetuit. Quod præ-
» ticatum fuit Leodii isto anno, non sine magna ædificatione
» piorum. » La même défense fut renouvelée en 1666, et 30 ans
plus tard, Joseph Clément ordonna de sévir contre les personnes du sexe et les curés rebelles aux ordonnances épiscopales. « Isti temeritati parochorum et puellarum per se vel per
» alios importune parochos sollicitantium, ut crucem vel vexil-
» lum, vel imagines Divæ Virginis, aut aliorum sanctorum
» deferant obviare volentis... injungentes omnibus parochis
» nostræ diœcesis et aliis curam animarum exercentibus, ut
» crucem, vexillum et prædictas imagines per presbyteros, aut

(1) *Manipulus theol. mor.*, part. II, cap. 2. *de Process.*

» religiosos, vel juvenes deferri curent, et serio mandantes
» Fiscis, ut contra puellas sæpedicto decreto contravenire præsu-
» mentes, et parochos permittentes agant indilate et sine indul-
» gentia, et eosdem nostro coadministratori referant (1). »

Des auteurs italiens, nous ne citons personne, l'usage dont
nous parlons n'existant pas dans leur pays. Nous ferons seulement observer que Baruffaldi (2) et Cavalieri (5) trouvent
mauvais que des femmes portent aux funérailles le corps de
femmes défuntes : que n'auraient-ils donc pas dit, s'ils avaient
vu de jeunes personnes se donner en spectacle, en portant
l'image d'une sainte en procession ? La place des femmes n'est
pas au milieu du cortège, elles doivent suivre les hommes
laïques, derrière le célébrant, dit le Rituel.

Concluons donc que les femmes ou filles ne peuvent porter
ni croix, ni bannières, ni images, ni statues dans les processions,
et que l'usage contraire est un abus, *damnata consuetudo et
superstitio*, comme l'appelait un Evêque de Liége. On invoquerait vainement ici l'embellissement que les jeunes personnes en
costume, ou en uniforme, donnent à la procession, le beau coup-
d'œil que cela produit ; car les embellissements défendus sont
loin de concourir à la gloire de Dieu et à l'honneur du S. Sacrement. Ce n'est pas ce qui est plus beau, que nous devons
rechercher, mais ce qui est plus convenable et plus digne de
Dieu : ce n'est pas tant la parure et la vanité des femmes que
nous devons exciter, mais bien plutôt leur humilité et leur dévotion. Que si l'on ne peut trouver personne de convenable
parmi les hommes, pour porter la statue de la Ste Vierge,
qu'on la laisse dans sa niche, il n'y a rien de mieux à faire.

(1) Ap. Manigart, tom. III, pag. 144, edit. 1754.
(2) *Comment. in Rit. Rom.*, tit. XXXIV, n. 146.
(3) Tom. III, cap. 15, decr. 50, n. 3.

57. En quel lieu de la procession doivent marcher les images, ou les reliques? Nous avons vu tout à l'heure que le Bref d'Innocent XI, et à sa suite l'Archevêque de Malines, prescrivent qu'il y ait une distance convenable entre le S. Sacrement que tient le célébrant, et les images qui sont portées à la tête du cortège. Il serait inconvenant qu'une statue fût tellement rapprochée de l'officiant que celui-ci ne pût être vu facilement : c'est une procession en l'honneur du S. Sacrement, il faut donc que tout l'honneur lui revienne. Autre chose serait, si dans la procession, il n'y avait que des images ou des reliques, alors l'image, ou la relique que l'on vénère se place immédiatement avant l'officiant, quand celui-ci ne la porte pas. « Episcopum post imaginem seu reliquiam incedere » debere, nisi adsit consuetudo in contrarium, » répond la Congrégation des Rites en 1628 (1), et en 1627 elle avait déclaré : « Episcopum debere omnino ire post imaginem B. V. non » autem ante, ita ut dicta imago omnino proxima sit capitulo » sine intermedio (2). »

58. Un point qui a fait naitre de longues controverses et donné lieu à un grand nombre de décrets de la Congrégation des Rites, est celui qui concerne l'emploi du baldaquin, ou dais. Il a été définitivement fixé par Léon XII en 1827. On ne peut, sous aucun prétexte, porter en procession les reliques des saints, sous un dais : cet honneur étant réservé au S. Sacrement. Néanmoins comme les instruments de la passion ont été sanctifiés par le contact immédiat du corps de N. S., et qu'ils sont par là dignes d'un culte spécial, la Congrégation tolère et permet qu'on les porte sous le dais, à condition toutefois que ce soit séparément des reliques des saints, *seorsim et disjunctim*

(1) Ap. *S. R. C. Decreta*, V. *Processio*, num. 6, pag. 221.
(2) Gardellini, n. 529.

a sanctorum reliquiis, auxquelles ne convient pas ce signe distinctif de vénération. Les Evêques sont rigoureusement chargés de faire observer ce décret, et de réprimer les abus qui sont à leur connaissance (1). Il est inutile sans doute de faire remarquer que cette défense s'applique encore plus strictement aux images des saints, fussent-elles miraculeuses ou célèbres de toute autre manière. Le dais est réservé au S. Sacrement, et s'il sert aux instruments de la passion, c'est par tolérance et pour les raisons données plus haut.

59. La troisième difficulté dont nous avons annoncé la solution, concerne les ornements que l'on peut ou que l'on doit porter dans les processions. Nous n'en dirons que deux mots, parce que la plupart des décrets qui s'y rapportent se trouvent dans le petit recueil des décrets authentiques (2). Lorsqu'on porte le S. Sacrement, personne ne peut se couvrir. Il en est de même quand on porte la relique de la vraie croix, si l'on excepte l'Evêque. Dans toutes les autres processions, le clergé peut se couvrir, à l'exception de ceux qui portent les reliques ou les images des saints. Les laïques doivent toujours avoir la tète découverte : les magistrats seuls, lorsqu'on ne porte pas de relique, peuvent se couvrir, s'ils ne sont pas au baldaquin.

Voilà en résumé ce qui est contenu dans les décrets, touchant le bonnet carré. Quant au chapeau dont on se sert en dehors des fonctions ecclésiastiques, on ne peut l'employer que s'il pleut, dit le Rituel Romain. Tous les membres du clergé doivent être revêtus du surplis, ou d'autres habits sacrés, comme sont, dit Cavalieri (3), les habits particuliers des moines et des ordres mendiants. Si un ecclésiastique n'avait point de surplis,

(1) *S. R. C. Decreta*, V. *Reliquiæ*, n. 5, pag. 230.
(2) *Ibid.*, V. *Processio*, n. 6, per totum.
(3) Tom. III, cap. 15, decr. 39, n. 4.

il ne prendrait pas rang dans la partie du cortège qui précède l'officiant, mais il marcherait à sa suite, dans la foule des laïques.

Le célébrant porte la chape ou du moins le surplis et l'étole, « Sacerdos pluviali... vel saltem superpelliceo et stola... sit »indutus,» dit le rituel, pour la procession des rogations; il n'y a que la procession du S. Sacrement dans laquelle la chape soit de rigueur, *sacerdos pluviali albo indutus*, porte le même Rituel Romain, pour cette circonstance. Aussi la Congrégation des Rites a-t-elle déclaré à diverses reprises, que sans la chape, il n'était pas permis de porter le S. Sacrement processionelle-ment (1). Le diacre porte la dalmatique, et le sous-diacre la tunique, lorsque le célébrant a une chape; mais ils déposent le manipule (2). Quant aux chanoines, ils observent ce que pre-scrit le Cérémonial, mais s'ils portent des chasubles, ou des dal-matiques, c'est avec le surplis et non avec l'aube.

Les chantres peuvent porter des chapes, mais cela n'est pas permis même à des diacres, si ce n'est dans les grandes céré-monies et à défaut des prêtres nécessaires. Les curés doivent se contenter du surplis et ne peuvent porter l'étole. Peut-être cependant s'ils marchaient en un seul corps, ou collège, pour-raient-ils invoquer le privilège que Benoît XIV accorda aux curés de Rome, de porter l'étole aux processions, pour distin-guer leur honorable collège des autres membres du clergé (3). Les réguliers ne peuvent jamais porter l'étole aux proces-sions (4).

60. Que peut-on et que doit-on chanter aux processions?

(1) *S. R. C. Decreta, loc. cit.*, n. 9.
(2) V. Mérati, tom. I, part. 4, tit. 12, n. 8.
(3) V. Gardellini, n. 4409, avec la note.
(4) *Ibid.*, n. 4067.

Le Rituel Romain a réglé ce point. Aux rogations, il faut chanter les litanies des Saints. Si la procession est trop longue, on recommence les litanies, ou l'on chante des psaumes soit pénitentiaux, soit graduels, et non des hymnes ou des cantiques de joie. Pour les processions qu'on fait en d'autres circonstances, le Rituel s'explique encore clairement, ainsi que pour celle du S. Sacrement. S'il arrive que le cortège s'arrête à l'une ou l'autre église, ce qui a lieu surtout aux rogations, on interrompt les litanies ou les psaumes, pour chanter l'antienne avec le verset et l'oraison du saint patron de cette église (1). On prend à cet effet, non l'oraison propre, mais celle du commun, ou celle qui sert dans les suffrages pendant l'année. Quant à des évangiles ou des choses analogues, il est défendu de les chanter en place des litanies (2).

61. Nous venons de dire qu'il arrive quelquefois que le cortége de la procession entre en passant dans l'une ou l'autre église, pour y réciter l'antienne et l'oraison du titulaire; comment doit alors se comporter le recteur de cette église? Baruffaldi n'exige pas autre chose, sinon qu'il y ait un prêtre avec l'aspersoir à l'entrée de l'église, qu'on orne convenablement l'autel et qu'on sonne les cloches. « Primo. Intra ostium per
» quod ingreditur processio, esse debet unus sacerdos superpel-
» liceo et stola (si sit parochus) indutus, a latere dextero ingre-
» dientium, cum apersorio aqua benedicta madido, quo aspergat
» identidem ordines introeuntes, ne divertant ad aquam bene-
» dictam attingendam in pila. Secundo. Parari debet genuflexo-
» rium ante altare Augustissimi Sacramenti, cum convenienti
» tapete et pulvinaribus, ad hoc ut celebrans cum diacono et

_____

(1) V. Rit. Rom. *De process. rogat.*
(2) V. Gardellini, n. 894.

» subdiacono genuflecti valeant (1). Tertio. Ad idem altare
» ardere debent cerei accensi, in consueto numero, in signum
» solemnitatis et commemorationis sancti titularis. Quarto de-
» mum. Campanæ illius ecclesiæ, apud quam transeant istæ
» processiones, pulsari debent eo tempore. » Corsetti ajoute
quelque chose de plus, il veut (2) que le clergé de l'église aille
au devant du cortège en surplis, ou en habits de l'ordre. « Si
» ad unam vel plures ecclesias in via sit divertendum, illius loci
» clerus superpelliceis mundis, vel si fuerint regulares, habitu
» sui ordinis usque ad ecclesiæ januam obviam procedere de-
» bent. »

Nous croyons d'abord que le recteur de l'église, ou son rem-
plaçant, est tenu de recevoir solennellement le cortège religieux,
à son entrée dans l'église. Nous nous fondons sur le décret
suivant de la Congrégation des Rites.

1. An quando episcopus, capitulum et clerus cathedralis Legionen.
accedit ad ecclesiam S. Isidori processionaliter in die festivatis ejusdem
sancti, vel alias quandocumque ob aliquam necessitatem et causam,
prior et clerici regulares S. Augustini commorantes in monasterio
ejusdem ecclesiæ possint impedire et recusare dictam processionem, vel
potius debeant et teneantur illam intra eorum ecclesiam reverenter admittere et recipere, ibidemque dictos episcopum et capitulum pontificaliter vel alias Missas votivas et litanias cantare, dicere, et celebrare?

2. An quandocumque dictum capitulum processionaliter iter faceret
prope dictam ecclesiam et monasterium S. Isidori, dicti clerici regulares
teneantur et debeant campanas eorum ecclesiæ pulsari facere et partem
viarum ei tangentem et pertingentem tergere, præparare et ab omni
immunditia expurgari facere, prout fit in aliis viis civitatis?

(1) Le devant d'autel doit être de la couleur conforme à l'office.
V. S. R. C. Decreta V. Rogationes, n. 8, p. 235.
(2) Tract. 1, part. 1, cap. 18, de Processionibus, n. 19.

S. R. C. decrevit, ut infra, videlicet.

Ad 1. Tenentur prior et clerici regulares monasterii S. Isidori obviam ire, et recipere processionem in die festi S. Isidori, et litaniarum majorum, vel publicam aliquam ob causam, vel si viget consuetudo.

Ad. 2. Tenentur clerici regulares prædicti in transitu processionis campanas pulsare, ac vias mundare in præfatis diebus tantum et ob narratas causas. Die 7 aprilis 1598 in *Legionen.* (1).

Il nous semble ensuite qu'il ne suffit pas d'un simple ecclésiastique en surplis, mais que le clergé de l'église, en majeure partie, doit aller recevoir la procession. Le décret précité semble l'indiquer, *tenentur prior et clerici obviam ire.* Cette réception se fera à l'entrée de l'église : et comme il y a un certain rapport entre cette cérémonie et la réception d'un Evêque ou d'un Prélat, on observera proportionnellement les mêmes rites, c'est-à-dire que le clergé se rendra à la porte principale de l'église en surplis, précédé de la croix et des acolythes portant leurs chandeliers. Là le recteur se tiendra du côté droit, de manière à pouvoir asperger facilement tous ceux qui font partie du cortége, et si le célébrant est un Prélat, il lui offrira l'aspersoir. Mais doit-il continuer son aspersion jusqu'à ce que tous les laïques soient passés, ou accompagner le célébrant à l'autel, pour lui faire honneur? Nous n'avons rien trouvé qui pût nous donner des éclaircissements sur ce point : et pour dire ce que nous pensons, il nous parait qu'il est plus convenable que le clergé de la paroisse attende, avant de se retirer, que tout le monde soit passé. Voici nos raisons. 1° C'est la procession qu'on vient recevoir, or, les laïques et ceux qui suivent le célébrant en font partie, comme ceux qui marchent en avant. 2° Il y aurait double sujet de trouble, si le clergé se mettait

(1) Ap. Gardellini, n. 144, *Supplem.*

en rang auprès du célébrant : l'ordre de la procession serait
dérangé par l'entrée de nouveaux membres quelquefois nombreux, et d'un autre côté, tout le peuple devrait courir aux
bénitiers pour prendre de l'eau bénite. 3° Le cortège de la
procession est un tout complet, organisé, et nous ne voyons
pas ce qu'y viendrait faire le clergé propre de l'église où il entre.
Voilà notre opinion avec les raisons que nous avons de la tenir,
et nous ne prétendons nullement l'imposer à ceux qui croiraient
plus probable le sentiment opposé.

Il ne nous reste plus à étudier maintenant que les cérémonies propres à la procession du S. Sacrement : ce sera le
sujet d'un prochain et dernier article.

DES EMPÊCHEMENTS DE MARIAGE.

Suite (1).

PREMIÈRE PARTIE.

ARTICLE SECOND.

Du pouvoir d'établir des empêchements de mariage.

XXI. Cet article sera divisé en deux points. — Dans le premier nous examinerons à quelle puissance appartient le droit
d'établir des empêchements de mariage. Dans le second nous
verrons par qui ce pouvoir est exercé dans l'Eglise.

Ier POINT.

Quelle puissance peut établir des empêchements de mariage ?

XXII. Trois systèmes sont ici en présence : le premier
attribue au pouvoir civil seul le droit d'établir des empêche-

(1) Voir V^e série, page 505.

ments dirimants de mariage ; le second système reconnaît ce droit aux deux puissances ecclésiastique et civile ; le troisième ne l'admet que dans l'Eglise.

Le Protestantisme paraît être le père du premier système. Avant les Protestants, les Vaudois avaient à la vérité rejeté les empêchements établis par l'Eglise (1) ; mais nous ne voyons pas qu'ils aient accordé aux princes temporels le pouvoir qu'ils déniaient à l'Eglise. Leur refus de reconnaître les empêchements ecclésiastiques était tout simplement la conséquence de leur principe qu'on ne doit obéir qu'à Dieu (2). Les Protestants, du moins une partie d'entre eux (3), partant du principe que le mariage n'est point quelque chose de sacré, mais de purement profane, le soumettent au pouvoir civil, et n'admettent que les empêchements établis par l'autorité civile : « Quia Christus » palam affirmat, lit-on dans la confession de Wirtemberg, » conjugium pertinere ad hoc præsens sæculum, administratio » autem rerum hujus sæculi constat politicis legibus, recta et » probabili ratione constitutis, idcirco docemus, quod liceat con- » jugium inire in his gradibus consanguinitatis et affinitatis, » quos politicæ leges, quæ sunt divinæ ordinationes, permit- » tunt (4). »

---

(1) « Gradus affinitatis et consanguinitatis carnalis et spiritualis, quos »Ecclesia instituit, et impedimenta ordinis et publicæ honestatis, et » Ecclesiæ vetitum spernunt. » Ainsi parle un de leurs anciens pasteurs, le Dominicain Rainier, *contra Waldenses hæreticos*, cap. V, *Magna bibliotheca veterum Patrum*, tom. XIII, pag. 300.

(2) « Undecimus error, dit Rainier, quod non sit obediendum Præla- »tis, sed tantum Deo. » *Loc. cit.*

(3) Nous disons *une partie d'entre eux* : car plusieurs n'admettaient comme vraiment *dirimants* que les empêchements de droit naturel et de droit divin.

(4) *Corpus et syntagma confessionum fidei*, etc. Part. II, pag. 120. D'après Boehmer, Luther avait les mêmes principes : « Lutherus cen- »suit, écrit-il, causas matrimoniales haud necessario ad forum ecclesia-

XXIII. Nous avons déjà vu (1) à quel moyen Marc-Antoine
de Dominis, Launoy, Nuytz, etc., etc., ont eu recours pour
arriver au même résultat. Le contrat, selon eux, existant anté-
rieurement au sacrement et en étant tout-à-fait indépendant,
l'église ne pourra jamais rendre le contrat nul en lui-même ;
ses empêchements n'auront d'autre effet que de mettre obstacle
à l'existence du sacrement.

En voulant atteindre le contrat, l'Eglise empiéterait sur les
droits des souverains. Voici comment le trop fameux synode
de Pistoie formule la conséquence de leur principe. « Jésus-
» Christ, vrai Dieu aussi bien que vrai homme, avait certaine-
» ment en sa main tous les droits des souverains. Mais il n'est
» venu en ce monde que pour y établir un royaume tout spiri-
» tuel, et pour mériter aux hommes par sa mort le droit au
» royaume des cieux, et non pour ravir aux rois de la terre des
» droits fragiles et périssables. Ainsi il a laissé aux souverains
» temporels l'exercice pleinement libre de ces mêmes droits; et
» il a ordonné à tous les hommes une parfaite soumission aux
» puissances souveraines, en tout ce qui regarde la discipline
» extérieure et publique, sans aucune distinction, comme l'en-
» seigne S. Chrysostôme, entre le Laïque et l'Evangéliste, le
» Prophète et l'Apôtre, ou quelqu'autre que ce soit. Nous affir-

---

» sticum pertinere, sed in principum et magistratuum potestate esse, et ab
» his.... ad ductum verbi divini et rectæ rationis leges et tribunalia in his
» constitui posse. » *Jus eclesiasticum Protestantium*, lib. II, tit. II, § 24.
Guenin estime que Luther n'admettait que les empêchements de droit
naturel et de droit divin, et ne reconnaissait-à aucun pouvoir humain le
droit d'établir des empêchements dirimants. Cf. *Commentarius historicus
et dogmaticus de sacramentis*, dissert. X, quæst. VI, cap. 1. Perrone
combat cette assertion. Cf. *Prælectiones theologicæ*, tom. VII, n. 176 et
187, pag. 297 et 304, edit. Lovan. Carrière la rejette également. *De
matrimonio*, n. 521.

(1) N. VII, sq. *Mélanges*, tom. V, pag. 509 sq.

» mons donc sans aucun doute, que la puissance civile et sou-
» veraine a le plein droit de faire, pour tous les contrats, et
» d'une manière plus particulière pour le contrat de mariage,
» les loix qu'elle juge convenables pour la tranquillité publique,
» et pour l'avantage et l'honneur des familles soumises à sa
» domination. D'où nous concluons qu'il n'appartient originai-
» rement qu'à cette puissance d'apposer au contrat de mariage
» cette sorte d'empêchements qui le rendent nul, et qu'on
» appelle dirimants (1). « Si l'Eglise peut établir des empêchements vraiment dirimants, c'est en vertu d'une concession des
souverains temporels : « Supposé donc un pareil consentement
» ou connivence (des souverains), nous confessons que l'Eglise a
» pu avec justice établir des empêchements dirimants du contrat
» même de mariage, et qu'elle n'est tombée dans aucune
» erreur, en les établissant, attendu les circonstances des temps,
» comme le S. Concile de Trente l'a justement décidé contre
» les Novateurs (2). »

L'Eglise a condamné ce système, et les subterfuges dont
Launoy et ses sectateurs usèrent pour le concilier avec la doctrine catholique.

XXIV. Le second système, n'ayant point encouru la même
réprobation, compte un plus grand nombre de partisans,
parmi lesquels Carrière tient sans contredit le premier rang (3).
Les défenseurs de ce système sont divisés entre eux sur l'exercice du droit qu'ils accordent aux souverains temporels. Les
uns, et c'est le plus grand nombre, le soumettent à l'action de
l'Eglise et prétendent que les princes ne peuvent plus user de

—

(1) *Actes et décrets du Concile diocésain de Pistoie de l'an* 1786, t. I,
pag. 473.
(2) *Ibid.*, pag. 484.
(3) *De matrimonio*, n. 547-598, tom. I, pag. 389 sq.

leur pouvoir, depuis que l'Eglise s'est réservé le droit d'établir des empêchements. Telle est l'opinion de Sanchez (1) et des Docteurs de Salamanque (2). « Licet, disent ces derniers, talis » potestas ex se conveniat sæcularibus principibus, usus tamen » illius est ab Ecclesia ipsis prohibitus : ita ut jam non possint » nec valide, nec licite impedimenta dirimentia matrimonii in- » stituere pro fidelibus sibi subjectis : et si contra tale præceptum » Ecclesiæ ea instituere attentaverint, nihil efficient. Ideoque ma- » trimonia a fidelibus contracta, etiam cum talibus impedimentis, » omnino erunt valida (3). » Carrière et la plupart des auteurs français rejettent cette restriction et regardent le pouvoir des princes comme indépendant, imprescriptible, inaliénable. « Le pouvoir de mettre des empeschemens au mariage, dit » Gerbais, à raison du contract civil qui en est comme insépa- » rable, est un appanage de la couronne des princes, et fait » partie de leur souveraineté; donc ce pouvoir est hors des » prises de l'Eglise, et par conséquent elle n'a pu les en pri- » ver (4). » Si, depuis plusieurs siècles, les princes ont cessé d'user de leur pouvoir, ce n'est point qu'ils l'aient perdu, mais c'est par piété, par déférence pour l'Eglise. « On ne peut, à » mon avis, dit Gerbais, mieux faire en ce rencontre, que de

(1) *De sancto matrimonii sacramento*, lib. VII, disp. III, n. 3 sq.

(2) *Cursus theologiæ moralis*, tract. IX, cap. XI, n. 15. Les Docteurs de Salamanque et Sanchez ne s'entendent pas sur l'étendue de la réserve qu'ils supposent. D'après Sanchez, cette réserve ne prive pas les princes infidèles du droit d'établir des empêchements dirimants même pour leurs sujets catholiques ; *loc. cit.* n. 7. Les Docteurs de Sala·manque soutiennent au contraire que les fidèles ne sont pas soumis à ces empêchements, *loc. cit.*, n. 17.

(3) Le P. Martin accuse ces auteurs d'inconséquence. Cf. *De matrimonio*, n. 215, tom. II, pag. 42.

(4) *Traité du pouvoir de l'Eglise et des princes sur les empêchements du mariage*, part. II, chap. III, propos. 2ᵉ, pag. 344. Cf. Carrière, n. 571.

» s'en tenir au sentiment du sçavant Pierre Soto, et que de dire
» avec lui, que si les princes se sont relâchez de l'usage et de
» l'exercice de leur pouvoir sur les empeschemens du mariage,
» et s'ils ont abandonné en cela quelque chose de ce qui pouvait
» estre de leur compétence, à la jurisdiction ecclésiastique, c'est
» un effet de leur piété et de leur dévotion envers l'Eglise (1).»

XXV. Le troisième système a toujours rallié les suffrages
du plus grand nombre des théologiens. Au jugement de Carrière, c'est Moser qui a le mieux défendu ce système (2); aujourd'hui il doit céder la palme au savant Jésuite Martin, qui a
consacré tout le second volume de son ouvrage (3) à réfuter Carrière et à établir ce système. Ses raisons sont si fortes, ses preuves
si concluantes, enfin sa thèse est si solidement démontrée,
qu'il nous semble impossible de lui refuser son assentiment.
Adoptant donc l'opinion commune, nous montrerons 1° que
l'Eglise a, en vertu d'un pouvoir qui lui est propre et qu'elle
tient de son fondateur, le droit d'établir des empêchements
dirimants de mariage; et 2° que ce droit n'appartient qu'à elle
seule, à l'exclusion des princes temporels.

XXVI. 1° *Ce droit appartient à l'Eglise :* C'est un point qui
ne peut être révoqué en doute par les catholiques, c'est une
vérité de foi définie par le saint Concile de Trente. Des douze
canons sur le Sacrement de mariage, quatre proclament ce
dogme. Le canon IV° le fait d'une manière générale; il porte :
« Si quelqu'un dit que l'Eglise n'a pu établir certains empêche-

---

(1) *Op. cit.* Part. III, chap. II, pag. 378. Cf. Collet, *De matrimonio,*
Cap. VIII, n. 82 seq.
(2) Dans son ouvrage : *De impedimentis matrimonii,* Mechlin. 1834.
(3) Il a pour titre : *De matrimonio et potestate ipsum dirimendi
Ecclesiæ soli exclusive propria.* 2 vol. in-8°. Liége 1844.

» ments qui irritent le mariage, ou qu'elle a erré en les établis-
» sant : qu'il soit anathème (1). »

Le troisième et le neuvième s'occupent d'empêchements particuliers. Le troisième frappe d'anathème ceux qui nient à
l'Eglise le pouvoir d'établir des empêchements de consanguinité ou d'affinité : « Si quelqu'un dit qu'il n'y a que les seuls
» degrés de parenté et d'alliance énoncés dans le Lévitique qui
» puissent empêcher ou annuler le mariage ; et que l'Eglise ne
» peut pas..... établir un plus grand nombre de degrés qui
» empêchent et annulent le mariage : qu'il soit anathème (2). »
Le neuvième définit que les ordres sacrés et le vœu solennel
invalident le mariage : « Si quelqu'un dit que les ecclésiastiques
» qui sont dans les ordres sacrés, ou les réguliers qui ont fait
» profession solennelle de chasteté peuvent contracter mariage,
» et que l'ayant contracté, il est valide, nonobstant la loi ecclé-
» siastique ou le vœu qu'ils ont fait.... qu'il soit anathème (3). »
Enfin le douzième canon déclare soumises à l'Eglise toutes les
causes matrimoniales : « Si quelqu'un dit que les causes qui
» concernent le mariage n'appartiennent pas aux juges ecclé-
» siastiques : qu'il soit anathème (4). »

(1) « Si quis dixerit Ecclesiam non potuisse constituere impedimenta
» matrimonium dirimentia, vel in iis constituendis errasse ; anathema
» sit. » Sess. XXIV, *De matrimonio.*
(2) « Si quis dixerit eos tantum consanguinitatis et affinitatis gradus,
» qui Levitico exprimuntur, posse impedire matrimonium contrahen-
» dum, et dirimere contractum ; nec posse Ecclesiam in nonnullis illorum
» dispensare, aut constituere ut plures impediant, et dirimant ; anathema
» sit. » *Ibid.*
(3) « Si quis dixerit clericos in sacris ordinibus constitutos ; vel regu-
» lares castitatem solemniter professos, posse matrimonium contrahere,
» contractumque validum esse, non obstante lege ecclesiastica, vel voto....
» anathema sit. » *Ibid.*
(4) « Si quis dixerit causas matrimoniales non spectare ad judices
» ecclesiasticos ; anathema sit. » *Ibid.*

XXVII. Quelque clairs que soient ces décrets, quelque évident qu'en soit le sens, la mauvaise foi, ainsi que l'esprit de dispute et de chicane des adversaires du pouvoir de l'Eglise, nous forcent d'ajouter quelques observations. Tous les catholiques ont toujours vu, dans ces canons, des décrets dogmatiques sur un pouvoir qui appartient en propre à l'Eglise. Cette interprétation ne plait pas à nos adversaires. A la suite de Launoy (1), Nuytz prétend que ce ne sont point des définitions dogmatiques, mais de simples décrets disciplinaires; et quand même ces canons contiendraient des définitions de foi, il n'y est pas décidé si c'est *jure proprio* que l'Eglise peut établir des empêchements, ou si elle ne le peut qu'en vertu d'une concession de la part des princes temporels. Ces assertions ne soutiennent pas le plus léger examen.

XXVIII. En effet, ils sont bien dogmatiques les canons qui prescrivent aux fidèles, non ce qu'ils doivent faire ou éviter, mais ce qu'ils doivent croire. Or, tels sont évidemment les canons cités ci-dessus, puisqu'ils décident ce que nous devons croire sur le pouvoir de l'Eglise en cette matière. Quel était d'ailleurs le but du Concile de Trente, sinon de proscrire les erreurs de Luther, de définir le pouvoir de l'Eglise et d'en justifier l'usage? « Quorum (impiorum hominum) temeritati sancta » et universalis synodus cupiens occurrere, insigniores prædicto- » rum schismaticorum hæreses, et errores; ne plures ad se » trahat perniciosa eorum contagio, exterminandos duxit, hos » in ipsos hæreticos eorumque errores decernens anathematis- » mos (2). » Le Concile fait suivre ce préambule des canons que

(1) Nous passons sous silence un autre subterfuge de Launoy, qui prétend que le mot Eglise dans les canons cités signifie les princes. Il est trop absurde pour nous y arrêter. Du reste, les partisans du système de Launoy abandonnent eux-mêmes ce moyen.

(2) *Conc. Trid.* Sess. XXIV. *Doctrina de Sacramento matrimonii.*

nòus avons rapportés. Leur forme donc et le but du Concile
prouvent à l'évidence que ce sont de véritables définitions de
foi. C'est donc avec raison que Pie IX a réprouvé et condamné
l'interprétation de Nuytz (1).

XXIX. Si ces canons contiennent une définition dogmatique, il s'ensuit que le pouvoir dont il y est question est propre
à l'Eglise, ne lui vient point d'une concession des princes.

Un caractère essentiel d'un dogme catholique est d'être im-
muable, d'être vrai dans tous les temps. Or, si l'Eglise n'avait
pas reçu de son divin Fondateur, mais tenait de la libéralité des
princes le pouvoir d'établir des empêchements dirimants, le
dogme contenu dans les canons du Concile de Trente manquerait de ce caractère. C'est le raisonnement de Pie VI dans son
Bref à l'Archevêque de Trèves; écoutons comment il le développe : « Cum ergo nullo unquam tempore dogma fidei falsum
» fuisse potuerit, aut esse possit, necesse est ut ab ecclesiæ ori-
» gine et omni anteacto tempore verum fuerit, et omni consequenti
» ætate verum futurum sit, Ecclesiam ea, quæ a Concilio asseritur,
» potestate pollere. At si tacita saltem principum requireretur
» ad eam habendam potestatem concessio, sequeretur, illud
» primis ecclesiæ temporibus, sub principibus nimirum ethnicis,
» verum esse non potuisse, neque hoc tempore verum esse posse
» illis in locis, in quibus Christi fideles degunt sub infidelium
» dominatione; et si ob aliquam, ut vocant, rationem status,
» principes, revocata ea quæ obtenditur indulgentia et conces-
» sione, abrogare sancita ab ecclesia impedimenta valerent,
» fieri posset ut verum esse desineret quod a Tridentino defini-
» tum est, idque portenti existeret, ut aliquando dicendum foret
» Ecclesiam non posse, quod Ecclesiam posse Spiritus Sanctus

(1) V. le bref de Pie IX, *Mélanges théologiques*, tom. V, pag. 482.

» œcumenicæ Synodi oraculo declaravit (1). » En outre, les Pères
du Concile de Trente ont montré par leur conduite qu'ils
croyaient tenir ce pouvoir, non des princes, mais de Dieu. Les
princes catholiques avaient prié les Evêques assemblés à Trente
d'établir quelques nouveaux empêchements dirimants (2). Si
les Evêques avaient reçu ce pouvoir des princes, ne se seraient-
ils pas empressés de condescendre à leur volonté? Il n'en fut
point ainsi. Le Concile rejeta une partie de la demande et refusa,
malgré les vives instances des ambassadeurs français, d'exiger
le consentement des parents pour la validité des mariages des
enfants de famille. S'il établit l'empêchement de clandestinité,
il déclare en même temps que les mariages clandestins étaient
valides tant que l'Eglise ne les avait pas annulés (3). Enfin,
l'Eglise a condamné solennellement l'interprétation que nous
combattons, l'a réprouvée comme *contraire au Concile de
Trente*, comme *hérétique*. Ainsi que nous l'avons vu ci-dessus
(n. XXIII), le Concile de Pistoie avait adopté l'explication de
Launoy; or, voici le passage de la Bulle *Auctorem fidei,* où le
Pape condamne cette doctrine : « Doctrina synodi asscrens,
» *ad supremam civilem potestatem dumtaxat originarie spectare,*
» *contractui matrimonii apponere impedimenta ejus generis, quæ*
» *ipsum nullum reddunt, dicunturque dirimentia,* quod *jus ori-*
» *ginarium* præterea dicitur cum *jure dispensandi essentialiter*
» *connexum,* subjungens, *supposito assensu vel conniventia prin-*
» *cipum, potuisse ecclesiam juste constituere impedimenta diri-*
» *mentia ipsum contractum matrimonii;* — Quasi Ecclesia non
» semper potuerit, ac possit in Christianorum matrimoniis *jure*

_____

(1) V. ce bref à la suite de l'ouvrage de Moser, n. X, pag. 167.
(2) Cf. Pallavicini, *Istoria del Concilio di Trento,* Lib. XXII, cap. I,
n. 16.
(3) Sess. XXIV, cap. 1, *De reformatione matrimonii.*

»*proprio* impedimenta constituere, quæ matrimonium non
» solum impediant, sed et nullum reddant quoad vinculum,
» quibus Christiani obstricti teneantur etiam in terris infidelium,
» in eisdemque dispensare; — Canonum III, IV, IX et XII
» Sess. XXIV Concilii Tridentini eversiva, hæretica (1). » Nous
devons donc rejeter les moyens employés par Launoy, Nuytz, etc.,
pour éluder les décrets du Concile de Trente.

XXX. Cette définition du Concile de Trente repose sur une
tradition constante. Dès les premiers siècles du Christianisme,
l'Eglise, usant du pouvoir que lui avait légué son divin fondateur, établit des empêchements dirimants de mariage. Au
second siècle déjà, Athénagore déclare que les mariages des
chrétiens sont réglés par les lois de l'Eglise : « Uxorem suam
» unusquisque nostrum eam reputat, quam legibus nostris
» duxit (2). » Au commencement du IVᵉ siècle, le Concile de
Néocésarée établit l'empêchement d'affinité : «Mulier, si duobus
» fratribus nupserit, abjiciatur usque ad mortem. Verumtamen
» in exitu, propter misericordiam, si promiserit, quod facta
» incolumis hujus conjunctionis vincula dissolvat, fructum pœni-
» tentiæ consequatur (3).» Dans sa lettre à Amphiloque, S. Basile mentionne différents empêchements. Le sixième canon
parle au moins de l'empêchement du vœu : «Canonicorum for-
» nicatio pro matrimonio non reputetur, sed eorum conjunctio
» omnino divellatur (4). » Dans le vingt-troisième, il rappelle

---

(1) *Bullarii Romani continuatio*, tom. IX, pag. 410. Le Bref de
Pie IX déjà cité renouvelle cette condamnation. Cf. *Mélanges*, tom. V,
pag. 484.
(2) *Legatio pro Christianis*, n. 33.
(3) Can. 2, Labb. Tom. I, col. 1484.
(4) Labb. Tom. II, col. 1722. Nous disons au moins du vœu. Plusieurs auteurs y voient en outre l'empêchement de l'ordre; le mot *canonicos* comprend, selon eux, les clercs, les religieux et les religieuses.
« Canonicos eos dicit, dit Natalis Alexander, qui in Ecclesiæ canone

l'empêchement d'affinité : « De his qui duas sorores uxores
» ducunt, vel eis quæ duobus fratribus nubunt, a nobis edita est
» epistola, cujus exemplum tuæ pietati misimus (1). Qui autem
» sui fratris uxorem accepit, non prius admittetur, quam ab ea
» recesserit (2). »

Dans une lettre aux Evêques Français, le Pape Sirice leur
donne les véritables traditions de l'Eglise Romaine sur différentes questions qui lui étaient adressées. Il y suppose évidem
ment que le vœu solennel de chasteté est un empêchemen
dirimant (3). Au siècle suivant, le Pape S. Léon étend l'empêchement de l'Ordre aux sous-diacres: « Ad exhibendam perfectæ
» continentiæ puritatem, nec subdiaconis quidem connubium
» carnale conceditur : ut et qui habent, sint tanquam non ha-
» bentes, et qui non habent permaneant singulares. Quod si in

» numerantur, scilicet Clericos, Monachos, Moniales, omnesque virgini-
» tatem professas, ut Balsamon interpretatur. » *Theologia dogmatica et
moralis*, lib. II, cap. IV, art. 1. Chardon estime que ce mot ne comprend que les vierges consacrées à Dieu. *Histoire des Sacrements*,
tom. IV, pag. 224, note.

(1) Dans cette lettre, S. Basile décide qu'en vertu de la coutume qui
a force de loi, ces personnes ne peuvent validement s'unir ensemble :
« Primum ergo quod in istis est maximum, consuetudinem nostram
» objicere possumus, quæ legis vires habet, eo quod a sanctis viris nostra
» nobis jura tradita sint. Ea autem est ejusmodi : ut si quis unquam
» impuritatis perturbatione superatus, lapsus sit ad nefariam duarum
» sororum societatem, ne matrimonium hoc existemus, nec eos ad ecclesiæ
» cœtum prius admittamus, quam ipsi se invicem separaverint. » Ap.
Labb. Tom. II, col. 1759.

(2) Labb. Tom. II, col. 1735.

(3) « Si virgo velata jam Christo, y lit-on, quæ integritatem publico
» testimonio professa, a sacerdote prece fusa benedictionis velamen acce-
» pit, sive incestum commiserit furtim, seu volens crimen protegere,
» *adultero* mariti nomen imposuit, tollens membra Christi, faciens
» membra meretricis; ut quæ sponsa Christi fuerat, conjux hominis di-
» ceretur.... » Ap. Coustant. *Epistolæ Romanorum Pontificum*, tom. I,
col. 688, n. 3. V. les peines qu'il décerne contre ces personnes, *Epist.
ad Himerium*, n. 7, *ibid.* col. 629.

» hoc ordine, qui quartus a capite est, dignum custodiri ;
» quanto magis in primo, aut secundo , vel tertio servandum
» est, ne aut levitico, aut presbyterali honore, aut episcopali
» excellentia quisquam idoneus æstimetur, qui se a voluptate
» uxoria necdum frenasse detegitur (1). » Le second Concile
d'Orléans, tenu en 533, défend aux diaconesses de se marier :
« Feminæ quæ benedictionem diaconatus hactenus contra in-
» terdicta canonum acceperunt (2), si ad conjugium probantur
» iterum devolutæ, a communione pellantur. Quod si hujus-
» modi contubernium admonitæ ab episcopo cognito errore
» dissolverint, in communionis gratiam acta pœnitentia rever-
» tantur (3). »

Malgré la loi Romaine qui permettait les mariages entre
cousins germains, S. Grégoire le Grand déclare ces unions
nulles et absolument défendues : « Quædam terrena lex in
» Romana Republica permittit, ut sive fratris, sive sororis, seu
» duorum fratrum germanorum, vel duarum sororum filius et
» filia misceantur. Sed experimento didicimus, ex tali conjugio
» sobolem non posse succrescere. Ut sacra lex prohibet cogna-
» tionis turpitudinem revelare. Unde necesse est ut jam tertia
» vel quarta generatio fidelium licenter sibi jungi debeat (4).
» Nam secunda quam diximus, a se omnimodo debet absti-

(1) Epist. XIV, cap. 4, tom. I, col. 687, edit. Ballerin.
(2) Le Concile d'Orléans fait ici allusion aux Conciles d'Orange et
d'Epone qui avaient défendu de consacrer- les diaconesses. Cf. Conc.
d'Orange, can. 26, Labb. tom. III, col. 1451 ; Conc. d'Epone, can. 21,
Labb. tom. IV, col. 1578.
(3) Can. 17, Labb. tom. IV. col. 1702.
(4) C'est une dispense qu'accorde ici S. Grégoire en faveur des Anglais nouvellement convertis. Sa lettre à Félix, évêque de Messine,
prouve que dans l'Eglise Romaine le mariage n'était permis entre parents qu'au delà du septième degré ; et S. Grégoire dit que quand les
Anglais seront affermis dans la foi, il les forcera à observer cette loi.
Lib. XIV, epist. 17, Oper., tom. II, col. 1277, edit. Paris. 1705.

»nere (1). » A la fin du septième siècle, le Concile *in Trullo* établit l'empêchement de parenté spirituelle : « Quoniam spiritalis
» necessitudo seu affinitas, corporum conjunctione major est;
» in nonnullis autem locis cognovimus quosdam, qui ex sancto
» et salutari baptismate infantes suscipiunt, postea quoque cum
» matribus illorum viduis matrimonium contrahere, statuimus
» ut in posterum nihil fiat ejusmodi. Si qui autem post præ-
» sentem canonem hoc facere deprehensi fuerint, ii quidem
» primo ab hoc illicito matrimonio desistant, deinde et fornica-
» torum pœnis subjiciantur (2). » Les neuf premiers canons du
Concile assemblé à Rome en 721 par le pape Grégoire II, énu-
mèrent différents empêchements (3). Le Concile de Mayence de
813 s'exprime ainsi sur l'empêchement de parenté spirituelle :
« Nullus proprium filium vel filiam de fonte baptismatis susci-
» piat : nec filiolam, nec commatrem ducat uxorem ; nec illam
» cujus filium, aut filiam ad confirmationem duxerit. Ubi autem
» factum fuerit, separentur (4). » En 895, le Concile de Tribur
décrète l'empêchement du crime : « Illud vero communi de-
» creto secundum canonum instituta diffinimus, et præjudi-
» camus, ut si quis cum uxore alterius, vivente eo, fornicatus
» fuerit, synodali judicio aditus ei claudatur illicitus, ne ulterius
» ei conjungatur matrimonio, quam prius polluit adulterio.
» Nolumus enim, nec Christianæ religioni oportet, ut ullus
» ducat in conjugium quam prius polluit per adulterium (5). »
En 998, le Concile de Rome ordonne au roi Robert de se séparer de sa cousine qu'il avait épousée contrairement aux lois

---

(1) Lib. XI, epist. 64, tom. II, col. 1154.
(2) Can. 53, Labb., tom. VI, col. 1168.
(3) Labb., tom. VI, col. 1456 sq.
(4) Can. 55, Labb., tom. VII, col. 1252.
(5) Can. 51, Labb., tom. IX, col. 464.

canoniques : « Ut rex Robertus consanguineam suam Bertam,
» quam contra leges in uxorem duxerat, derelinquat, et septem
» annorum pœnitentiam agat, ut secundum præfixos ecclesia-
» sticos gradus judicatum est : quod si non fecerit, anathema
» sit. Idemque de eadem Berta fieri præceptum est (1). » Dans
le siècle suivant, le pape Alexandre II défend de suivre le droit
civil dans la supputation des degrés de parenté, et ordonne de
s'en tenir à la règle canonique (2).

XXXI. Les documents que nous venons de citer et qui sont
pris au hasard parmi une foule d'autres, prouvent à l'évidence
que l'Eglise exerçait une autorité qui lui était propre. Ce ne
sont certes pas les empereurs païens qui lui ont donné le droit
d'établir des empêchements de mariage, et déjà de leur temps
cependant, l'Eglise usait de ce pouvoir. En portant la lumière
de l'Evangile aux infidèles, les missionnaires soumettaient les
nouveaux convertis aux lois ecclésiastiques qui réglaient le
mariage, sans demander le consentement du prince, sans
attendre même sa conversion. N'avons-nous pas encore vu
l'Eglise déclarer invalides les mariages que permettait la loi
civile ? Si l'Eglise tenait son pouvoir des princes, ceux-ci
eussent-ils toléré cette conduite ? Les empêchements établis
par l'Eglise n'eussent-ils pas été sans force, par là même qu'ils
étaient opposés à la loi civile? Bien plus, comment, dans cette
hypothèse, l'Eglise eût-elle pu citer les princes à son tribunal,
les condamner à répudier leurs prétendues épouses, les soumettre à la pénitence publique ? Et comment les princes, de
leur côté, se seraient-ils adressés à l'Eglise pour obtenir dispense
des empêchements qui tiraient toute leur force de leur seule
volonté? Il est donc bien clair que l'Eglise exerçait alors un pou-

(1) Can. 1. Labb., tom. IX, col. 772.
(2) Epist. 27 et 38, Labb., tom. IX, col. 1134 et 1140.

voir qui lui avait été donné par son divin fondateur. « Quod si
» a Domino non recepissent, dit le Pape Pie VI dans son bref à
» l'archevêque de Trèves, profecto in ea sibi tribuenda (pote-
» state) errassent, ac in legitima principatus jura invasissent. Id
» quam sit absurdum, quisque facile intelliget (1). »

XXXII. La raison vient se joindre à la tradition pour reconnaître ce pouvoir à l'Eglise. Le mariage doit être compté, non
parmi les choses terrestres, mais parmi les choses sacrées, dit
le Pape Pie VIII (2). Tout en effet concourt à lui assurer ce
rang. Son institution divine, sa fin, qui est principalement spirituelle, son élévation à la dignité de sacrement ne permettent
en aucune manière de lui refuser cette qualité. De là découle la
conséquence qu'il est directement soumis à la puissance que
Dieu a préposée au soin des choses spirituelles, c'est-à-dire à
l'Eglise. L'Eglise a donc le droit de veiller à la sainteté du sacrement, de prescrire les conditions nécessaires pour s'en approcher, d'en éloigner ceux à qui l'intérêt de la société religieuse
ne permet point de contracter mariage, enfin de rendre inhabiles à former un vrai mariage ceux en qui elle ne trouve point
les dispositions nécessaires, pour en remplir le but essentiel dans
l'ordre de la religion. Aussi S. Thomas affirme-t-il que les
préceptes de l'Eglise touchant le contrat de mariage ont la
même force obligatoire que les préceptes divins : « Sicut Deus
» non conjungit illos qui conjunguntur contra divinum præ-
» ceptum, ita non conjungit illos qui conjunguntur contra
» ecclesiæ præceptum, quod habet eamdem obligandi efficaciam
» quam et præceptum divinum (3). »

(1) Ap. Moser, op. cit., pag. 168.
(2) Epist. encyclica 24 maii 1829, in qua ait matrimonium « non
» humana tantum ex lege, sed ex divina regi debere, ac non terrenis, sed
» sacris rebus ipsum accensendum esse, ideoque Ecclesiæ omnino subjici.»
(3) In IV sent. Dist. XL, quæst. un. art. IV, ad 1.

XXXIII. Passons maintenant à la seconde partie de notre proposition, et montrons II° qu'à *l'Église seule appartient le droit
d'établir des empêchements dirimants.* Nous tirerons nos preuves
de deux sources : 1° de la raison ; 2° de l'autorité, c'est-à-dire
de la doctrine et de la pratique de l'Eglise. Commençons par les
preuves tirées de la raison. 1) L'élévation du mariage à la dignité de sacrement a eu pour effet d'identifier le contrat et le
sacrement, de sorte qu'ils ne peuvent être séparés, qu'ils ne
font qu'une seule et même chose (1). Nous en concluons que
la puissance qui a été chargée par le Sauveur de l'administration des sacrements, peut seule prescrire les conditions que
doivent présenter ceux qui prétendent au mariage ; car c'est à
cette puissance seule que Jésus-Christ a confié le pouvoir de
déclarer quelle est la matière des sacrements, de régler et décider ce qui la rend légitime ou illégitime. Or, l'Eglise a seule
été chargée de ce soin : elle seule peut donc régler l'habilité des
contractants. C'est ce que proclamait le Pape Pie VI dans ses
lettres à l'évêque de Motula. « Dogma enim fidei est ut matri-
» monium, quod ante adventum Christi nihil aliud erat nisi in-
» dissolubilis quidam contractus, illud post Christi adventum
» evaserit unum ex septem legis evangelicæ sacramentis a
» Christo Domino institutum, quemadmodum adversus hære-
» ticos et impios homines sæculi insanientes, Sacrum Concilium
» Tridentinum sub anathematis pœna definivit. Hinc fit ut ad
» *solam* Ecclesiam, cui tota de sacramentis est cura concredita,
» jus omne ac potestas pertineat suam adsignandi formam huic
» contractui ad sublimiorem sacramenti dignitatem evecto, ac
» proinde de matrimoniorum validitate, aut invaliditate judi-
» cium ferre (2). »

(1) V. ci-dessus, n. XIV, *Mélanges*, tom. V, pag. 522.
(2) V. ces lettres à la fin de l'ouvrage de Moser, n. XIII, pag. 175.

2) S'il n'en était ainsi, il faudrait dire que Notre Seigneur aurait abandonné la matière du sacrement de mariage au caprice des princes, même de ceux qui sont ensevelis dans les ténèbres de l'idolâtrie. La matière du sacrement varierait selon la législation des divers pays ; les personnes habiles dans un endroit seraient inhabiles dans le pays voisin ; le mariage valide dans un royaume serait un véritable concubinage dans le royaume voisin, comme une union illégale dans un pays serait tenue pour légitime dans une autre contrée. Que s'ensuivrait-il encore ? Que, malgré l'obligation que leur en font et la loi divine et la conscïence, les fidèles ne pourront vivre ensemble. Notre code nous en fournit un exemple frappant dans l'article 295. Il était donc de la sagesse de notre divin Sauveur de soustraire le sacrement de mariage au bon plaisir des princes, et de ne le soumettre qu'à l'autorité de l'Eglise.

3) Quel est d'ailleurs le motif sur lequel on se fonde pour attribuer ce pouvoir au prince ? C'est que le mariage, nonobstant sa qualité de sacrement, reste un contrat naturel et civil, qui intéresse le bien temporel de la société, et est par conséquent soumis à la puissance civile.

Cet argument suppose que l'influence du mariage sur le bien temporel de la société le place, comme les autres contrats, dans la dépendance de l'autorité civile. Or, cette supposition n'est rien moins que certaine. Par son institution, et de sa nature, le mariage a pour fin directe et immédiate le bien spirituel de sa société. Le mariage, en effet, a pour but de donner et former des hommes qui connaissent et honorent Dieu, par la profession et la pratique de la vraie religion, et qui tendent vers lui comme vers leur fin dernière (1). Or, peut-on admettre

___

(1) V. sur ce point Martin, *De matrimonio*, n. III, tom. I, pag. 316 sq.

que des choses qui, de leur nature, tendent directement au
bien spirituel de la société, soient soumises à la puissance
civile? Mais admettons même que le contrat de mariage, en lui-
même et avant son élévation à la dignité de sacrement, ait été
un contrat purement naturel, et soumis à l'autorité des princes
temporels, s'ensuit-il qu'il le soit encore aujourd'hui? Non ; car
le Seigneur, en lui conférant la qualité de sacrement, lui a
donné une consécration spéciale, se l'est soumis à un titre particulier. En vertu de cette consécration, le mariage a perdu
son caractère profane, et a revêtu un caractère spirituel qui le
fait tomber sous l'entière dépendance de l'Eglise. Si, malgré
son caractère spirituel, le mariage affecte l'intérêt temporel de
la société, il s'ensuit seulement que l'autorité civile pourra faire
des règlements sur les effets civils du mariage (1); mais il ne
s'ensuit aucunement qu'elle pourra atteindre et régler le lien
conjugal lui-même.

4) C'est un dogme de foi que le mariage est soumis à l'Eglise
quant à sa substance ou au lien conjugal. D'où il suit qu'il ne
peut, sous ce rapport, dépendre de l'autorité civile. Il répugne
en effet qu'un seul et même objet soit, sous le même rapport,
également et immédiatement soumis à deux puissances également souveraines et indépendantes l'une de l'autre ; car l'une ne
pourrait exercer son empire, sans le consentement de l'autre, ou
sans violer son droit, et par conséquent ni l'une ni l'autre ne serait
souveraine et indépendante. En outre, le pouvoir souverain sur
le contrat de mariage emporte essentiellement la vertu de le
rendre nul ou valide, selon que les fins du mariage l'exigent ; ce
qui exclut le droit simultané de deux puissances suprêmes et
indépendantes. En effet, ou l'une pourrait valider le contrat que

(1) Pourvu que ces règlements ne soient pas en opposition avec les
lois de l'Eglise.

l'autre annulle, ou annuler le contrat que l'autre légitime ; ou elle ne le pourrait. Direz-vous qu'elle ne le peut? Elle n'est donc pas suprème, indépendante. Prétendez-vous au contraire qu'elle a cette autorité? Mais alors comment la puissance dont l'acte est annulé resterait-elle indépendante, souveraine? On ne peut donc dire que le contrat de mariage est également soumis aux deux puissances. Ce serait encore créer une source de conflits entre les deux pouvoirs ; souvent l'un décrétera la validité d'un contrat que l'autre jugera nul, *et vice-versa*. Est-il probable que Dieu, l'auteur de l'ordre, de la paix et de l'union, ait établi une source permanente de discorde et de division entre l'Eglise et l'état ?

XXXIV. Les arguments apportés jusqu'ici sont certes d'un grand poids ; mais ceux que nous fournit la doctrine et la pratique de l'église sont tels qu'un catholique sincère ne peut refuser de se rendre à leur autorité. Nous en allons énumérer brièvement les principaux. La doctrine de l'église nous est principalement intimée par la voix des Conciles et des Souverains Pontifes. Or, voyons ce que les uns et les autres nous enseignent.

1) Le second Concile de Lyon (1) et le Concile de Florence ont défini que les secondes, troisièmes et quatrièmes noces sont permises lorsqu'aucun empêchement canonique ne s'y oppose. « Declaramus non solum secundas (nuptias), sed tertias et »quartas atque ulteriores, si aliquod canonicum impedimen-»tum non obstat , licite contrahi posse (2). » Ces définitions ont pour conséquence directe, que les princes ne peuvent établir

____

(1) « Soluto legitimo matrimonio per mortem conjugum alterius, »dit ce Concile, secundas et tertias deinde nuptias successive licitas esse »dicit, si impedimentum canonicum aliud ex causa aliqua non obsis-»tat. » Ap. Labb. Tom. XI, col. 966.
(2) Labb. Tom. XIII, col. 1211.

des empêchements de mariage. Comme le dit Pie VI, dans un Bref cité ci-dessus (n. XXIX), une définition dogmatique doit être vraie en tous temps et en tous lieux. Or, reconnaissez aux princes le droit d'établir des empêchements dirimants, et la définition du Concile sera fausse, puisque la loi civile pourrait rendre les troisièmes et quatrièmes noces illicites ou invalides. Il ne serait plus vrai alors qu'elles sont permises, si aucun empêchement ecclésiastique ne s'y oppose (1).

2) Nous puisons dans le Concile de Trente un argument du même genre. « Tametsi dubitandum non est, définit ce Concile, » clandestina matrimonia, libero contrahentium consensu facta, » rata et vera esse matrimonia, *quamdiu Ecclesia ea irrita non* » *fecit,* et proinde jure damnandi sint illi, ut eos S. Synodus » anathemate damnat, qui ea vera ac rata esse negant (2). » Il est donc de foi que les mariages clandestins sont valides, *aussi longtemps que l'Eglise ne les a pas annulés.* Si les princes pouvaient établir des empêchements vraiment dirimants, cette définition serait inexacte, fausse. Le Concile de Trente ne permet donc aucunement d'attribuer ce pouvoir aux princes temporels.

XXXV. 3) Le Concile de Trente nous fournit encore un

---

(1) Il faut remarquer que les Conciles de Lyon et de Florence voulaient condamner les erreurs particulières qui avaient cours en Orient. « Propter diversos errores, dit le Concile de Lyon, a quibusdam ex igno»rantia et ab aliis ex malitia introductos, dicit et prædicat, etc... » Et le Concile de Florence : « Quoniam nonnullos asseritur quartas nuptias »tanquam condemnatas respuere, ne peccatum, ubi non est, esse pu»tetur, etc. » Or, où trouve t-on l'erreur proscrite par les Conciles ? Dans la législation civile elle-même de l'Orient : elle annulait en effet les quatrièmes noces, et défendait les troisièmes sous des peines graves. Si ces lois avaient eu l'effet que leur prêtent les adversaires, comment pourrait-on maintenir la vérité des définitions de Lyon et de Florence?

(2) Sess. XXIV, cap. 1, *De reformatione matrimonii.*

argument non moins concluant, dans le douzième canon de la XXIV° session : « Si quis dixerit causas matrimoniales non » spectare ad judices ecclesiasticos, anathema sit. » De ce canon il suit que *toutes* les causes matrimoniales appartiennent *exclusivement* aux juges ecclésiastiques. C'est l'interprétation authentique que nous en donne le Pape Pie VI, dans ses lettres à l'Evêque de Motula, en date du 16 septembre 1788 (1).

« Ignotum Nobis non est, dit-il, quosdam adesse, qui sæcula-
» rium principum auctoritati plus nimio tribuentes, et verba
» hujus canonis captiose interpretantes, illud defendendum sus-
» ceperunt; ut quoniam Tridentini Patres hac dicendi formula
» usi non fuerint, *ad solos judices ecclesiasticos,* aut *omnes causas*
» *matrimoniales,* potestatem reliquerint judicibus laicis cogno-
» scendi saltem causas matrimoniales, quæ sunt *meri facti.* Sed
» scimus etiam hanc captiunculam, et fallax hoc cavillandi genus
» omni fundamento destitui. Verba enim canonis ita *generalia*
» sunt *omnes ut causas* comprehendant, et complectantur. Spi-
» ritus vero, sive ratio legis adeo late patet ut nullum exceptioni
» aut limitationi locum relinquant : si enim hæ causæ non alia
» ratione pertinent ad unum ecclesiæ judicium, nisi quia con-
» tractus matrimonialis est vere et proprie unum ex septem
» legis Evangelicæ Sacramentis, sicut hæc sacramenti ratio com-
» munis est *omnibus* causis matrimonialibus, ita *omnes* hæ causæ
» spectare *unice* debent ad judices ecclesiasticos, cum eadem sit
» ratio in omnibus, ut concors est canonistarum sententia, ne iis
» quidem exceptis, quos minime favere ecclesiæ juribus satis

(1) Dans cette lettre, le Pape y parle au nom du pouvoir qu'il a reçu de Jésus-Christ d'instruire ses frères, de les confirmer dans la foi. « Accipe nunc, Ven. Frater, paternam illius vocem, qui, ut probe nosti, » cum miseratione divina in Cathedra Petri sedeat, jus habet suprema » Christi ipsius auctoritate sibi collatum docendi et confirmandi. »

» superque eorum scripta demonstrant (1). » Si les causes matrimoniales sont, comme on vient de le voir, du ressort exclusif de
l'autorité ecclésiastique, il s'ensuit qu'à cette autorité seule
appartient le droit d'établir des empêchements dirimants. En
effet, l'établissement d'un empêchement est bien certainement
une cause matrimoniale. Par conséquent ceux qui accordent
aux princes le droit d'en établir vont à l'encontre du Concile de
Trente. C'est encore ce que déclare Pie VI : « Quo quidem
» canone certum est, non eos modo comprehendi, qui docent
» esse summarum potestatum hujus sæculi leges de nuptiis
» dicere, sed eos quoque, qui factis hoc ipsum confirmant (2). »
Si le Concile de Trente dénie aux princes le droit de porter des
lois sur le mariage, *leges de nuptiis dicere,* n'est-il pas évident
qu'il ne leur reconnaît pas le pouvoir d'établir des empêchements?

Prétendra-t-on, avec Carrière (3), qu'il ne s'agit point dans
ce canon du pouvoir d'établir des empêchements? Mais outre
que cette interprétation est contraire à celle que vient de nous
donner Pie VI, elle est encore en opposition avec une Bulle,
qui, d'après Carrière lui-même « vim irrefragabilem habet in
» universa ecclesia (4). » La Bulle *Auctorem fidei* définit en
effet, que ce canon s'applique aussi au pouvoir d'établir des
empêchements de mariage (5). La raison du reste ne le dit-elle
pas assez? N'est-ce pas à celui qui porte la loi à juger des effets
de sa loi, à décider sur la validité ou la nullité des actes posés

(1) Ap. Moser, *De impedimentis matrimonii,* pag. 175.
(2) *Ibid.,* pag. 180.
(3) *De matrimonio,* n. 574. Carrière est du reste en contradiction avec
lui-même; car au n. 531, il emploie ce même canon pour prouver que
l'Eglise a le droit d'établir des empêchements de mariage.
(4) *De matrimonio,* n. 533.
(5) Nous avons cité le texte ci-dessus, n. XXIX.

en opposition avec sa loi (1)? De quel droit l'Eglise, contrairement à ses principes (2), viendrait-elle interpréter une loi qu'elle
n'a pas portée, qu'elle n'est pas chargée d'appliquer? Concluons
donc que le canon du Concile de Trente renverse de fond en
comble le système de Carrière.

XXXVI. 4) Dans une de ses Constitutions, Benoît XIV
refuse expressément toute autorité à la loi par laquelle l'empereur Théodose défendait les mariages entre les chrétiens et les
juifs : «Hæc lex, dit-il, utpote a laico principe condita nullam
» habere vim in matrimoniis debet (3). » Ces paroles sont
trop claires pour avoir besoin de commentaire.

5) Dans son encyclique du 24 mai 1829, Pie VIII recommande aux Evêques d'inspirer à leur troupeau des sentiments
conformes à la sainteté du mariage ; puis il ajoute : « Id porro
» fiet unice, si non humana tantum ex lege, sed ex divina
» regi ipsum debere, ac non terrenis, sed sacris rebus ipsum
» accensendum esse, ideoque *Ecclesiæ omnino subjici,* Chris-

---

(1) C'est ce que Carrière lui-même reconnaît au n. 557. Comment
concilie-t-il cela avec le concile de Trente, c'est ce qu'il ne nous apprend
point.

(2) « Unde jus prodiit, interpretatio quoque procedat, » dit Innocent III, cap. 31, *De sententia excommunicationis.*

(3) Constit. *Singulari Nobis,* § 7, *Bullar. Bened. XIV,* vol. VII,
pag. 18, edit. Mechlin. 1827. Dans une autre Bulle, Benoît XIV n'approuve une loi de Justinien sur le mariage, que parce l'empereur voulait
seulement se conformer aux canons. « Et licet in juribus ecclesiasticis
» potestati laicæ sola relicta sit gloria obsequendi, non auctoritas impe-
» randi; in subjecto tamen casu loquitur imperator relative ad SS. ca-
» nones, ibi : *quæ et sacris visa sunt canonibus.* » Const. *Eo quamvis
tempore,* § 39, vol. III, pag. 146, edit. cit. Si, quand il s'agit des empêchements de mariage, l'empereur ne peut rien commander, s'il n'a
que la gloire de pouvoir obéir, comment veut-on qu'il ait le droit d'établir des empêchements de mariage? On ne lui accorde donc ce droit
qu'en se mettant en opposition manifeste avec les Bulles de Benoît XIV.
Cf. etiam *De synodo diœcesana,* lib. VIII, cap. XII, n. 6 ; lib. IX,
cap. IX, n. 3 sq. et cap. XI, n. 4 sq.

» tianus populus accurate edoceatur. » Puisque, selon l'enseignement de Pie VIII, le mariage est entièrement soumis à l'Eglise, il s'ensuit que les princes ne peuvent revendiquer aucun droit, ni exercer aucun acte d'autorité sur lui.

6) L'encyclique de Grégoire XVI, du 15 août 1832, nous fournit un argument tout-à-fait semblable : « Memores, y est-» il dit, sacris illud rebus adnumerari, et Ecclesiæ proinde » subjici, præstitutas de ipso ejusdem Ecclesiæ leges habeant ob » oculos, iisque pareant sancte accurateque, ex quarum exse-» cutione omnino pendet ejusdem connubii vis, robur ac justa » consociatio. » Si la valeur du mariage dépend entièrement de l'observation des lois ecclésiastiques, l'autorité civile n'a aucun pouvoir sur le lien conjugal.

XXXVII. 7) Nous avons vu jusqu'ici la doctrine de l'Eglise telle qu'elle est formulée dans les décrets des Conciles et des Papes.

Nous allons maintenant montrer que l'Eglise y conforme entièrement sa pratique. a) L'Eglise recommande instamment aux curés d'instruire les fidèles des empêchements canoniques de mariage (1). Si elle reconnaissait aux empêchements civils la vertu d'annuler le mariage, ne devrait-elle pas apporter le même soin à en instruire les fidèles, puisqu'ils ne pourraient alors ni licitement, ni validement recevoir le sacrement? L'Eglise cependant se tient dans la plus parfaite indifférence sur ce point. Le curé ne doit pas même s'informer s'il y a un autre empêchement au mariage que des empêchements canoniques : « Parochus admonitus de aliquo matrimonio in sua parochia » contrahendo, porte le Rituel Romain, primum cognoscat ex

_____

(1) Cf. *Conc. Trid.* Sess. **XXIV**, cap. **1**, *De reformatione matrimonii* : et *Catechismus Concilii Tridentini*, titul. *De Sacramento matrimonii*, § **VI**.

» his ad quos spectat... An inter eos sit aliquod canonicum im-
» pedimentum (1)? » L'Eglise ne lui enjoint que de connaitre
les empêchements qu'elle a établis : « Noverit ex probatis
» auctoribus, quæ sint canonica impedimenta matrimonii con-
» trahendi, et quæ contractum dirimant (2). » b) Dans les dispenses de mariage, dans celles du moins qui émanent de la
S. Pénitencerie, on donne la faculté de procéder au mariage,
dummodo aliud eis canonicum *non obstet impedimentum.* La
déclaration de Benoît XIV sur les mariages de Hollande contient la même clause (3). Nouvelle preuve que l'Eglise ne tient
compte que des empêchements canoniques. c) A différentes
reprises, elle a aboli des empêchements établis ou reconnus par
le droit civil : Benoit XIV en cite plusieurs exemples (4). Si les
princes avaient le droit de constituer des empêchements, ces
empêchements auraient continué à subsister, nonobstant l'abro-
gation décrétée par l'Eglise.

XXXVIII. d) Enfin la pratique de l'Eglise nous est connue
par la pratique des tribunaux de Rome. Plusieurs fois ils ont
été appelés à se prononcer sur cette question, et toujours ils
ont déclaré que le mariage était valide, nonobstant les empêchements établis par le pouvoir civil. Voici d'abord une réponse
de la Pénitencerie, qui nous prouve que l'Inquisition et la
S. Congrégation du Concile sont du même avis (5).

Sacra Pœnitentiaria, perpensis expositis, Venerabili in Christo Patri
Episcopo Vivariensi respondet primum matrimonium a Petro contra-

(1) *De sacramento matrimonii.*
(2) *Ibid.*
(3) *Bullar. Bened XIV*, vol. I, pag. 178, edit. cit.
(4) *De synodo diœcesana*, lib. IX, cap. XI, n. 2 sq. et cap. XIII,
n. 1 sq.
(5) Elle se trouve dans le *Rituel du diocèse de Belley*, tom. III,
pag. 83, not. 3.

ctum in forma Ecclesiæ consueta absque impedimento canonico, sed tantum cum impedimento civili, validum esse. Ita enim eruitur ex instructione a suprema Inquisitione per Sacræ Congregationis Concilii organum ad Episcopum Brexinonensem anno 1804 transmissa : « Matrimoniis fidelium quibus nullum obstat canonicum impedi- »mentum, suam quoad maritalem nexum inesse vim et valorem, »eorumque vinculum indissolubile manere, qualiacumque tandem fue- »rint impedimenta a seculari potestate, ecclesia non consulta, nec pro- »bante, perperam ac nulliter constituta. » Quo posito clare patet secundum matrimonium a Petro attentatum, nullum et irritum fore, ac propterea nullo modo posse parochum eidem benedictionem tribuere.

Datum Romæ in S. Pœnitentiaria, die prima junii 1824.

TIBERI, *S. P. Regens.*

J. B. LALIMEI, *S. P. Secretarius.*

Le P. Martin rapporte la réponse suivante adressée à l'Evêque du Puy, par la S. Pénitencerie, le 7 avril 1826 (1).

Utrum valeat in foro conscientiæ matrimonium initum coram legitimo parocho et testibus, quod non præcesserat contractus civilis coram magistratu ; vel aliis verbis, utrum lex civilis nunc vigens in Galliis, quæ nulla declarat et irrita matrimonia, quæ non fuerunt inita coram magistratu, et, ut gallice appellantur, *enregistré à la mairie*, obliget in conscientia ? — Resp. — S. Pœnitentiaria, mature perpensis expositis, respondendum censuit, matrimoniis fidelium coram ecclesia contractis, quibus nullum obstat canonicum impedimentum, suam quoad maritalem nexum inesse vim et valorem, eorumque vinculum indissolubile manere : in reliquis consulendum constitutionem Benedicti XIV, cujus initium : Redditæ sunt Nobis, necnon responsum ad Episcopum Lucionensem anno 1793, jussu Pii VI missum.

XXXIX. Tels sont les principaux arguments qu'on fait valoir en faveur du pouvoir exclusif de l'Eglise. Leur force est suffisamment prouvée par l'adhésion qu'ils ont reçue des théolo-

(1) *De matrimonio*, n. 334, tom. 2, pag. 517.

giens. A l'exception d'un petit nombre d'entre eux, toute
l'école, jusque vers la fin du siècle dernier, attribuait à l'Eglise
seule le droit d'établir des empêchements de mariages. C'est
ce que proclamait notre glorieuse université de Louvain, le
12 janvier 1759 (1); c'est ce que le clergé de France lui-même
reconnut, lorsque le roi Louis XIII porta ure loi pour annuler
les mariages des enfants sans le consentement des parents (2).
Enfin, pour nous borner, nous nous contenterons d'invoquer
l'autorité de S. Thomas et de S. Bonaventure. Discutant
la question si l'adoption produit un empêchement de mariage, S. Thomas se propose l'objection suivante : « Sacramenta
» Ecclesiæ non subduntur humanis legibus. Sed matrimonium
» est sacramentum Ecclesiæ. Cum ergo adoptio sit inducta per
» legem humanam, videtur quod non possit impedire matri-
» monium per aliquod vinculum ex adoptione contractum. »
Dans la solution de la question, S. Thomas adopte le principe
que les lois humaines ne peuvent introduire un empêchement ;
toute leur force vient de l'approbation de l'Eglise. « Legibus
» humanis prohibitum est inter tales matrimonium contrahi ;
» et talis prohibitio est per Ecclesiam approbata ; et *inde ha-*
» *betur* quod legalis cognatio matrimonium impediat. » Répondant ensuite à l'objection, il ajoute : « Ad quartum dicendum,
» quod prohibitio legis humanæ non sufficeret ad impedimen-
» tum matrimonii, nisi interveniret auctoritas Ecclesiæ, quæ
» idem etiam interdicit (3). » S. Bonaventure, examinant la
même question que S. Thomas, la décide comme lui : « Dicen-
» dum quod cognatio legalis impedit matrimonium : et ratio

(1) Nous donnons ci-après l'avis doctrinal de l'Université, qui lui a
valu les félicitations de Clément XIII. Ce Pape la fit féliciter de ce
qu'elle conservait intacte et enseignait *Sanam solidioremque doctrinam.*
Cf. Moser, *De impedimentis matrimonii,* page 140, note p.
(2) Cf. Moser, *De impedimentis matrimonii,* cap. XXIV, n. 9 sq.
(3) In IV sent. Dist. XLII, quæst. II, art 2.

» hujus est statutum Ecclesiæ, quæ legem (civilem) confirmat ac
» approbat. » Le docteur Séraphique s'objecte ensuite : « Matri-
» monia reguntur jure Poli (Ecclesiæ), non jure Fori (civili) ;
» sed tales adoptiones sunt de jure Fori ; ergo per tales
» adoptiones non habet matrimonium impediri. » A quoi le saint
Docteur répond : « Patet responsio , quia Ecclesia tale impedi-
» mentum sua constitutione et approbatione fecit esse validum,
» alioquin non posset impedire (1). » Ces textes sont clairs et
résument l'enseignement de l'école.

XL. Terminons ce point par une conclusion pratique. « Quod
» si controversia aliqua fuerit excitata, dit le Pape Pie VI, ea
» non aliter est interpretanda, quam juxta probata ab apostolica
» sede judicia : illius enim sanctiones, uti ab ore Petri deri-
» vantes, normam præbuerunt iis quæ in Conciliis postmodum
» acta sunt.... Contra ea, quæ apostolicis sunt fundata decretis,
» nihil cuique audere conceditur (2). » Partons de ce principe
pour tirer notre conclusion. Carrière tenant son opinion comme
plus probable (3), et croyant qu'on ne peut pas avoir de certitude sur cette question, conclut qu'on doit prendre le parti le
plus sûr, qui est de considérer les empêchements civils comme
annulant le mariage en conscience (4); il conclut en outre que
le prêtre ne peut prêter son assistance à un mariage, auquel
s'oppose un empêchement civil (5); que les époux ne peuvent
user du mariage qu'ils ont contracté malgré l'existence d'un
empêchement civil (6), et qu'ils peuvent validement contracter
un nouveau mariage (7).

(1) In IV sent. Dist. XLII, art. II, q. 2.
(2) Ap. Moser, *De impedimentis matrimonii*, cap. XXIV, n. 6.
(3) *De matrimonio*, n. 597.
(4) *Ibid.*, n. 598.
(5) *Ibid.*, n. 1033 et 1036.
(6) *Ibid.*, n. 1038.
(7) *Ibid.*, n. 1040.

Pour nous, nous ne serons pas aussi difficile; nous nous en tiendrons à la règle de Pie VI. Conformant notre jugement aux décrets du Saint-Siège, nous aurons pour certaine l'opinion qui attribue exclusivement à l'Eglise le droit d'établir des empêchements dirimants, et qui proclame le mariage valide malgré l'existence d'un empêchement civil; et par conséquent nous la mettrons en pratique en pleine sécurité de conscience. Notons cependant qu'il pourrait y avoir souvent de graves inconvénients à négliger l'empêchement civil; v. g., les enfants seront regardés au civil comme illégitimes; la loi permettra aux époux de se séparer et de contracter un nouveau mariage; le ministre du culte sera traîné devant les tribunaux civils et condamné à diverses peines. Ces inconvénients sont tels qu'on peut dire, ce nous semble, qu'*en règle générale*, le curé agira très-prudemment en refusant son ministère, lorsqu'il ne lui sera pas justifié de la célébration du mariage civil, ou lorsqu'il connaitra l'existence d'un empêchement civil. Du reste, les curés feront très-sagement de consulter leurs supérieurs lorsque des cas semblables se présenteront.

IIe Point.

Par qui le pouvoir d'établir des empêchements de mariage est exercé dans l'Eglise.

XLI. Il n'y a aucun doute que ce pouvoir ne puisse être exercé dans toute l'Eglise par les Conciles généraux et par le Souverain Pontife. « Appellatione Ecclesiæ habentis potestatem » instituendi impedimenta dirimentia matrimonium, dit Cléri- » catus, venire Ecclesiam universalem, id est Concilia gene- » ralia, ac ejusdem Ecclesiæ universalis caput, nempe Summum

» Pontificem omnes scribentes concedunt (1). » En vertu de sa primauté, le Souverain Pontife a le droit de porter des lois qui ont force obligatoire dans toute l'Eglise ; les lois par lesquelles il établirait des empêchements de mariage , sortiront leurs effets dans toute l'étendue du monde chrétien. Ce que le Pape pourrait faire pour l'univers par une loi générale, il le pourrait également à l'égard des particuliers, ainsi que l'enseignent communément les auteurs. « Cum Papa possit per suam uni-
» versalem legem novum impedimentum dirimens matrimonio
» apponere, potest etiam in aliquo speciali eventu prohibere, ne
» inter peculiares personas matrimonium contrahatur, simulque
» decernere, ut contra suam prohibitionem contractum, sit
» irritum. » Ce sont les paroles de Benoît XIV (2).

XLII. Il n'y a donc point de doute sur le pouvoir du Souve-rain Pontife; on n'est plus aussi d'accord, lorsqu'il s'agit des conciles provinciaux et des Evêques. Deux opinions sont en présence. Gibert est d'avis que les églises particulières peuvent encore établir des empêchements dirimants. « Il est certain,
» dit-il, qu'il n'y a point de textes dans le corps du droit cano-
» nique, ni dans le Concile de Trente, qui réserve le pouvoir à
» l'Eglise universelle ou au Pape..... Il faut donc que si ce pou-
» voir est réservé au Pape, la réserve vienne de la coutume.....
» Mais il seroit bien difficile de trouver des preuves de cette pré-
» tendue coutume; car les empêchemens qui sont présentement
» en usage sont fort anciens ; puisqu'à la réserve de deux, clan-
» destinité et rapt, ils étoient tous établis avant le douzième
» siècle, et dans ce siècle, les Papes ont reconnu que les cou-
» tumes particulières avoient la force d'y déroger, et consé-

(1) *Decisiones de matrimonio,* decis. **XVIII,** n. 18.
(2) *De Synodo diœcesana,* Lib. **XII,** Cap. **V,** n. 3. Cf. Carrière, *De matrimonio,* n. 543; Schmalzgrueber, *jus ecclesiasticum universum,* Lib. **IV,** Tit. **XVI,** n. 11.

» quemment d'en établir d'autres; les deux empêchemens qui
» ont été ajoutez, ont été établis par un Concile général....
» Comme donc la coutume ne s'établit que par des actes réïterez
» pendant un long espace de tems, et que l'on ne voit pas par de
» tels actes que le Pape soit depuis long-tems en possession
» d'établir les empêchemens du mariage privativement aux
» églises particulières : on ne peut soutenir que la coutume ait
» réservé au Pape le pouvoir d'établir les empêchemens du
» mariage (1). »

XLIII. L'immense majorité des théologiens et canonistes
refuse ce pouvoir soit aux Conciles provinciaux, soit aux
Evêques (2). Quoique les Evêques et les Conciles provinciaux
jouissent du pouvoir législatif, leur juridiction est cependant
soumise à l'autorité du Souverain Pontife, et peut être restreinte
par ses lois. Or, soit qu'on ait considéré l'établissement d'un
empêchement de mariage comme rentrant dans les causes
majeures réservées au Souverain Pontife (3), soit que la coutume ait pris sa source dans un autre principe, toujours est-il
qu'on ne peut nier que la coutume ait limité le pouvoir des
Evêques et des Conciles provinciaux sur ce point. Tous les
auteurs d'abord, à l'exception de quelques-uns, en attestent
l'existence. Aussi le premier Concile provincial de Cologne
(1536), défendant sévèrement le mariage des enfants sans le

___

(1) *Traité historique du pouvoir d'établir les empêchemens du mariage*,
pag. 101 sq. Riegger incline aussi vers cette opinion, comme on peut
en juger par ces paroles : « Dicendum est quemlibet Episcopum vi
» potestatis legislatoriæ, quam in sua diœcesi habet, impedimenta matri-
» monii tam impedientia quam dirimentia statuere, nisi forte demon-
» strari possit, per consuetudinem jure communi posteriorem istud jus
» Sedi Romanæ reservatum fuisse. » *Institutiones jurisprudentiæ ecclesiasticæ*, Part. IV, § 88.
(2) Cf. Schmalzgrueber, *Jus ecclesiasticum universum*, Lib. I, tit. I,
n. 361 ; Carrière, *De matrimonio*, n. 546.
(3) Cf. cap. 1, *De translatione Episcopi.*

consentement des parents, exprime-t-il le désir qu'un Concile
général en décrète la nullité (1). L'Eglise de France ne
s'adressa-t-elle pas aussi au Concile de Trente pour lui demander d'annuler ces mariages et les mariages clandestins ?
Quoi qu'en dise Gibert, des actes positifs ne sont pas toujours
nécessaires pour donner un droit à quelqu'un. Par le seul fait
de l'abstention de la part des Evêques ou des Conciles provinciaux, ce droit a pu appartenir exclusivement au Pape par voie
de dévolution (2). Du reste, des Evêques et des Conciles provinciaux ont voulu, depuis le Concile de Trente, user de ce
pouvoir; mais le Saint-Siège a annulé leurs actes. Pour prévenir certains abus, un archevêque porta un décret qui annulait les mariages qui ne seraient pas précédés de la publication
des bans. La question fut portée à Rome, où l'ordre fut donné
à l'archevêque de retirer son décret : « Omissio quippe denun-
» tiationum, dit Benoit XIV à ce sujet, sine Episcopi dispensa-
» tione, reddit utique matrimonium illicitum, non tamen efficit
» invalidum ; neque in Episcopi potestate est, novum statuere
» impedimentum dirimens, quod a solo summo Pontifice potest
» induci (3). » Un Concile provincial russe, assemblé le 6 août
1626, au lieu de faire publier le décret du Concile de Trente
sur les mariages clandestins, trouva plus convenable de faire
un décret semblable et d'annuler, de son autorité propre, les
unions contractées contre les dispositions de cette loi. Après un
long et mûr examen de la question, la S. Congrégation du
Concile déclara le 2 décembre 1628, que le décret du Concile
provincial n'avait pu invalider les mariages clandestins, et qu'on

(1) Part. VII, Can. 43, Labb. Tom. XIV, col. 542.
(2) Cf. Gerdil, *Trattato del matrimonio,* Part. II, § VIII, Tom. XV,
pag. 235.
(3) *De synodo diœcesana*, Lib. XII, cap. V, n. 2.

devait en conséquence tenir pour valides les mariages contractés aprés la promulgation de ce décret. Le 20 mars 1629, le Souverain Pontife Urbain VIII approuva et confirma la décision de la S. Congrégation (1). La question peut donc se dire décidée. Le Concile général et le Souverain Pontife ont seuls le droit d'établir des empêchements dirimants de mariage.

Avis doctrinal de la S. Faculté de théologie de Louvain, sur la matière du pouvoir des Souverains touchant les empêchements dirimants de mariage.

SERENISSIME PRINCEPS REGIE !

Ad nos directas Regiæ Celsitudinis Tuæ litteras, ea qua par est reverentia suscepimus, nec eas minori, quam rei momentum postulabat, attentione perlegimus.

Ut igitur injuncti per regiam celsitudinem tuam muneris partes impleamus, hæc ad propositos nobis articulos omni quo possumus studio discussos respondenda duximus.

Ad duos primos, quibus quæritur, utrum per filios-familias, matrimonia non obtento prius parentum aut tutorum consensu contracta, nulla, invalida, prorsusque irrita quoad effectus quoslibet declarare expediret ?

Respondemus : 1° Timenda sane, imo potius ex parte S. Sedis certo expectanda foret gravis eaque maxime fundata oppositio, casu quo S. C. M. matrimonia sive a minoribus, sive a majoribus contracta, absque parentum seu tutorum consensu irrita seu nullius valoris quoad omnes effectus absolute decerneret : cum enim oppositum sanciverit Tridentina Synodus (sess. 24, c. 1.) anathemate damnans eos qui falso affirmarent matrimonia a filiis-familias sine consensu parentum contracta irrita esse, existimamus S. Sedem non passuram ut sine suo con-

(1) V. Benoît XIV, *ibid.*, n. 7-11.

sensu ulla sæcularis potestas matrimonia antedicta, modo supradicto nulla esse declararet novum introducendo impedimentum, quod ab Ecclesia hucusque non est positum; quandoquidem hujusmodi impedimenta statuere, certo spectat ad Ecclesiam; quod dici non potest de sæculari potestate; et ideo ex præfata dictorum matrimoniorum nullitatis declaratione quæ fieret per C. M. sine consensu Sedis Apostolicæ, nonnisi turbæ ac difficultates summæ in orbem christianum inveherentur, quæ forti nunquam vel nonnisi difficile sopirentur.

2° Respondemus quidem extra dubium esse positum, penes sæculares principes esse potestatem irritantia impedimenta statuendi respectu matrimoniorum non baptizatorum sibi subditorum, quominus primis Ecclesiæ sæculis impedimenta matrimonii a principibus tum ethnicis tum christianis constituta admisit Ecclesia. Sæculo quarto Theodosius christianus pientissimusque Imperator decretum tulit quo consobrinorum matrimonia irrita decernebantur; cujus decreti cum elogio meminit S. Ambrosius, epist. 66. ad. Paternum.

Nunquam principes sæculares potuere irrita facere matrimonia fidelium quoad omnes effectus; nisi consentiente et robur addente principum edictis, ipsa Ecclesia. Hoc docet S. Thomas (quem passim theologi sequuntur) : namque tametsi jus aliquod in matrimonia potestati civili competere non diffiteatur, dum dicit, l. 4, sent. dist. 34. q. 1, a. 1, ad 4, jure naturæ, divino, ecclesiastico et civili impedimenta dirimentia constitui posse; circa christianorum tamen matrimonia eorum esse restrictam potestatem asserit, dum ait l. 4, dist. 42, q. 2, a. 2, ad 4, *prohibitio legis humanæ non sufficeret ad impedimentum matrimonii, nisi interveniret Ecclesiæ auctoritas, quæ idem etiam interdicit.* Quæ verba saltem de fidelium matrimoniis intelligi debent: cum nemo sit qui in dubium revocet, utrum principes sæculares matrimonia infidelium seu non baptizatorum quoad omnes effectus irritare valeant. Idem factis historicis valet demonstrari. Pallavicinus enim, lib. 22, Hist. Conc. Trid. c. 4, refert regis Galliæ oratores diu multumque institisse apud patres Concilii, ut matrimonia filiorum-familias non consentientibus parentibus contracta irritarentur; quod patres, post diuturnum examen, multis et gravibus de causis abnuerunt. An ita per oratores institisset rex Galliæ, si penes se hanc potestatem esse reputasset? An Ecclesia abnuente generale impedi-

mentum constituere pro omnibus christianis fidelibus, rex christianis-
simus pro suis subditis legem irritantem non tulisset ?

Hoc tamen Galliæ reges nunquam attentarunt, et proinde id esse posse
non existimarunt; varii quidem Galliæ reges matrimonia filiorum-familias, absque parentum consensu contracta, nulla et irrita declararunt :
at quoad effectus civiles tantum quod eorum non excedit potestatem.
Talia autem matrimonia quoad effectus tantum civiles esse irrita patet
ex Ludovici XIII responso : Hic enim Galliæ clero superdicta clausula sol-
licito et anxio, respondit *non valide contrahi*, intelligi quoad effectus
civiles : quorsum tam inquieta cleri gallicani sollicitudo, ut regis edicti
tolleretur ambiguitas, si principi sæculari potestas competeret contractus
matrimoniales sic irritandi, ut nec naturale vinculum inducere, nec
sacramenti materia esse possint ?

Igitur qualiscumque sit quorumdam Galliæ parlamentorum circa talia
matrimonia praxis et sententia ; si ambigua sit, ad prædictam Ludovici XIII declarationem et ad mentem ipsius est explicanda ; si vero inve-
niatur adversa, per eamdem erit emendanda.

Notum tamen est parlamenta, quæ matrimonia filiorum-familias, non
obtento prius parentum consensu contracta, irrita omnino declarant et
nulla, id agere non quasi defectus ille parentum consensus id efficeret,
sed ob præsumptum raptus impedimentum à Conc. Trid. introductum,
quod duplex esse sustinent abductionis nempe et seductionis. An id recte
ab illis fiat, non attingimus.

Ecclesiæ Gallicanæ circa talia matrimonia sententiam manifestam
facit Habertus, qui cleri Gallicani nomine scribens adversus edicti de-
trectatores sub titulo optati galli, sic ait : « Tamquam divini juris inter-
» pretis ac oraculi de veritate, de validitate, substantia, causis, partibus,
» contractu, consensuque ut materia et forma conditionibusque effectis-
» que Sacramenti matrimonii decernere, unius Ecclesiæ est. Id fidei
» caput esse, nemo dubitat orthodoxus. » Quod si tamquam fidei caput
in ipsismet Galliis adstruitur soli Ecclesiæ competere potestatem statuendi conditiones requisitas ad validitatem contractus matrimonialis,
quatenus ad sacramentum ordinem habet, potestati civili jus non est
adscribendum, quo valet contractum matrimonialem, irritum facere,
nisi in ordine ad effectus civiles. Ipse Van Espen, quem nemo suspica-

bitur nimium ecclesiasticis favisse, Ecclesiæ jus tribuit impedimenta matrimonii dirimentia privative statuendi : sic enim scribit *juris eccl. Univ.* p. 2, n. 16, c. 1, sect. 1, tit. 13. « Quidquid sit, hoc constat jam »pluribus sæculis Ecclesiam et quidem privativa auctoritate et cum »exclusione principum sæcularium, impedimenta dirimentia inter ca- »tholicos ordinasse, eaque pro tempore et locorum circumstantiis non »nunquam extendisse vel limitasse, aut etiam relaxasse, ac per conse- »quens negari non potest quin Ecclesia hac potestate à primis sæculis »pacifie usa sit. »

Constat etiam impedimenta matrimonii stetisse auctoritate Ecclesiæ, quæ principes sæculares cessare volebant; nam, cum Theodosius sta- tuisset irrita matrimonia in secundo gradu consanguinitatis, illud decre- tum sic suum fecit Ecclesia, ut cum Arcadius et Honorius illud revocassent, hoc minime obstante, idem impedimentum perseveravit.

3° Ad tertium quæsitum, quomodo obviandum sit nimiæ parochorum facilitati in assistendo hujusmodi matrimoniis? Utrum inhiberi eis non possit sub pœna apprehensionis bonorum vel pecuniaria ?

Respondemus quod nonnisi de consensu vel mandato Episcopi aut ejus officialium, pastores antedictis matrimoniis assistentes, non cen- seantur nec censeri possint nimis facile assistere; sed munere suo sim- pliciter funguntur, servantque regulam in similibus præscriptam, nempe ut illis tunc demum assistatur, dum Episcopus aut ejus officialis illis assistendum judicat. Nempe ipsorum est de rationibus illos moven- tibus judicare. Si qui autem pastores præfatis matrimoniis citra Episcopi aut ejus officialis consensum assistere præsumant, hi nimiæ facilitatis merito accusantur, neque functiones pastorales, ut decet, adimplent, ac proinde tamquam rei puniri debent. Sed non judicamus hæc fieri posse a potestate sæculari, sed Episcoporum est taliter delinquentes cor- rigere et punire; quia in materia in qua delinquunt, nempe in functio- num pastoralium exercitio, episcopo directe subjecti sunt, non vero potestati sæculari.

4° Quæritur an et quomodo provideri potest usui episcoporum Belgii Austriaci promiscue petentibus concedendi dispensationem in bannis à Concilio Trid. præscriptis?

Respondemus quidem, cum per Concilium Trid., prout perpetua

consuetudo interpretata est, Episcoporum prudentiæ et judicio relictum sit, ut proclamationes matrimoniales remittere valeant, dum illud expedire judicaverint, non videtur quo pacto sæcularis potestas in dictis proclamationibus dispensandi usum Episcopis jure competentem, vel impedire valeat vel restringere. Non convenit quidem, imo fieri non potest ut quibuscumque dispensationem hac super re petentibus hoc indiscriminatim aut sine delectu et sine justa causa concedatur. At si hoc aliquando et quibusdam in locis contingat, S. Sedis est hujusmodi abusibus obviare, ubi illos re ipsa subesse cognoverit.

5° Quæritur, utrum non expediat penitus tollere officialium usum, quo consensum parentum tutorumque supplere solent?

Respondemus : officiales diœcesium proprie tantum examinant utrum parentes aut tutores filiorum aut pupillorum suorum matrimonii rationabiliter sese opponant, necne? Nullatenus autem convenire videtur, ut ille officialium usus immemorabilis tollatur, quo judicare solent utrum parentes aut tutores, quoad filiorum pupillorumve suorum matrimonia, causas rationabiliter discutiant necne; causæ siquidem matrimoniales procul dubio ad ecclesiasticos spectant, definiente Concilio Tridentino, sess. 24, c. 12, *de matrim. Si quis dixerit causas matrimoniales*, etc. Quis autem dubitat quin dictæ causæ sint proprie matrimoniales? Proinde usum tollere esset judicibus ecclesiasticis causarum matrimonialium judicium, quod ipsis de jure competit, denegare, et Concilii Tridentini definitioni adversari.

Unum est quod fieri maxime expediret, et quo facto, si non omnia, saltem multa mala eaque gravia tollerentur : nempe si S. Sedes absolute et omnino irritare dignaretur scandalosa ista matrimonia, quæ toties coram parocho quidem (sed prorsus invito et reluctante) contrahuntur, et ex quibus funesti exitus familiarumque turbatio sequuntur.

His Regiæ tuæ Celsitudinis mandato pro officii nostri munere satisfecisse confidimus, summaque veneratione subscribimur.

Tui humillimi et obsequentissimi famuli
Decanus et DD. RR. Fac. Theologicæ,

Signatum DE LAITTRES.

Lovanii, hac 12 januarii 1759.

DES SYNODES ET DE L'OBLIGATION DES STATUTS SYNODAUX (1).

§ III.

Attributions du Synode. (*Suite.*)

XXXV. Nous avons dit (n. **VI**, pag. 8) qu'une des fins du synode est de donner au diocèse la législation la plus convenable, la plus appropriée à ses besoins. Il nous reste, pour terminer le troisième paragraphe, à voir quelles sont les attributions du synode par rapport à la confection des lois. Le pouvoir législatif réside-t-il dans l'Evêque seul, ou bien est-il une prérogative de toute l'assemblée? L'Evêque n'est-il pas tenu d'obtenir son approbation, ou du moins de prendre son avis? Voilà la question que nous avons à examiner.

XXXVI. Dans son *Corps de droit canon*, Gibert (2) s'efforce de prouver que les curés, dans le synode, jouissent conjointement avec l'Evêque du pouvoir législatif, et qu'en conséquence les décrets ou statuts synodaux n'ont de force qu'autant qu'ils ont réuni la majorité des suffrages. L'avocat Maultrot, qui, dans le courant du siècle dernier, mit sa plume au service du parti janséniste en France, publia un ouvrage spécial pour prouver cette thèse (3). L'Evêque de Pistoie, Scipion de Ricci, adoptait ces principes dans la lettre de convocation de son trop fameux

---

(1) V. ci-dessus, pag. 1.
(2) *Prolegomena,* part. I, tit. XVIII.
(3) *Le droit des prêtres dans le synode,* 2 vol.

synode (1). « Vous êtes, vénérables Pasteurs, y lit-on, plus à
» portée que qui que ce soit de connoître les besoins de notre
» Eglise, quant aux portions respectives qu'en vertu de l'auto-
» rité divine vous gouvernez conjointement avec l'Evêque ; et
» *c'est de vous comme de moi que dépend la réforme, à laquelle*
» *nous devons travailler, de tant d'abus qui défigurent l'ancienne*
» *beauté de la discipline ecclésiastique.* Si vous n'aviez autre
» chose à faire qu'à écouter mes exhortations, et les instructions
» que j'ay coutume de vous adresser ; si vous deviez vous con-
» tenter de rendre compte du bien et du mal que vous remar-
» quez dans vos paroisses, comme vous êtes dans l'usage de le
» faire chaque année, l'assemblée à laquelle je vous invite seroit
» inutile et sans aucune nécessité. Mais il n'en est pas ainsi.
» *Nous devons concourir tous ensemble à former des lois géné-*
» *rales pour le meilleur gouvernement du Diocèse,* pour en régler
» la police, et *du consentement unanime de tous les Pasteurs,* en
» publier les décrets pour la gloire de Dieu, l'affermissement de
» la foi et le maintien de la saine morale (2). » De nos jours
enfin, les frères Allignol ont renouvelé ces doctrines erronées.
« Qu'il nous suffise d'observer, écrivent-ils, que la loi du saint
» Concile (de Trente) n'ayant jamais été abrogée par une auto-
» rité légitime, mais au contraire ayant été confirmée en France
» par plusieurs conciles provinciaux, l'obligation pour les évêques
» d'assembler tous les ans le synode diocésain, et *le droit pour*
» *les curés* d'y assister et *d'y donner librement leur suffrage,*
» subsistent toujours (3). »

XXXVII. Nous allons rapporter brièvement les principaux
arguments sur lesquels s'appuient ces auteurs. Le premier est

(1) On sait que c'est contre ce synode et contre les doctrines qui y
furent sanctionnées, que Pie VI publia sa bulle *Auctorem fidei*, du 28
août 1794.

(2) *Actes et décrets du Concile diocésain de Pistoie,* Tom. I, p. 23 sq.
(3) *De l'état actuel du Clergé en France,* Part. I, chap. II, pag. 23.

tiré de l'ancienne discipline de l'Eglise. On prétend que dans les premiers siècles, les Evêques gouvernaient leurs diocèses de concert avec leurs curés; qu'ils ne pouvaient rien faire sans le concours et le consentement du *presbytère*, c'est-à-dire de tous les prêtres du diocèse qui l'entouraient perpétuellement. « La » fixation des curés à la campagne, dit Maultrot, a fait du pres-» bytère comme deux parties : le presbytère de la ville, le pres-» bytère de la campagne ; le presbytère ordinaire, le presbytère » extraordinaire ; le petit presbytère, le grand presbytère. Il » est certain que pour le détail de l'administration journalière, » il n'a plus été possible à l'Evêque de consulter continuelle-» ment des prêtres obligés de droit divin à demeurer à dix et » quinze lieues. Il a toujours pu, et par conséquent il a toujours » dû délibérer avec les prêtres qu'il avait sous sa main..... Pour » les affaires majeures, et surtout pour la législation, dont les » suites sont si importantes, l'Eglise a toujours voulu que le synode » fût son conseil. En effet, on ne peut nier que les synodes ne » soient de la plus haute antiquité; que l'obligation de les con-» voquer, ou deux, ou au moins, une fois l'année, ne soit » imposée à l'Evêque, sous des peines graves. Cette convocation » du synode n'est qu'une continuation de l'ancien presbytère. » Or, si dans les premiers siècles, l'Evêque convoquait son pres-» bytère par nécessité, parce qu'il était obligé de le consulter » sur tout, et qu'il ne pouvait rien faire sans lui, pourquoi en » serait-il autrement du synode ? Il faudrait présenter des canons » qui élevassent un mur de séparation entre l'ancien presbytère » et le synode, qui fissent sentir la différence de ces deux » assemblées. Il n'existe pas de loi de ce genre; et par cela seul » il est prouvé que le synode a les droits de l'ancien presbytère, » et qu'il est convoqué à la même fin (1). »

(1) *Op. cit.*, tom. I, pag. 176 sq. Cf. Gibert, *loc. cit.*, cap. 2 et 3 ; Allignol, *loc. cit.*, pag. 17 sq.

XXXVIII. 2º Ce droit est si constant que les Evêques eux-mêmes le reconnaissent dans leurs statuts synodaux. Un grand nombre de statuts portent qu'ils ont été reçus, approuvés, confirmés par tous les membres du synode. Quelquefois la réception ou l'approbation, ou les deux ensemble sont exprimés simplement, et l'Evêque dit qu'il statue avec la réception, l'approbation du synode : « Si quis hanc definitionem, dit le synode d'Auxerre (578), » quam ex auctoritate canonica *communi consensu et convenien-* » *tia conscripsimus ac instituimus* (1)..... » D'autres fois on demande aux assistants s'ils acceptent et approuvent les statuts qu'ils viennent d'entendre, et ils répondent que oui, souvent en employant le mot *placet.* Enfin d'autres synodes portent clairement qu'on recueillit les suffrages de tous les membres. C'est ainsi qu'au synode d'Augsbourg, en 1548, après avoir fait lire les décrets de réforme, le cardinal Othon, évêque de cette ville, ajouta : « Quomodo reformationis formulæ hodie publicatæ » statutorum ratio conveniat, ex lectione hac perspectum plane » omnibus esse : *restareve illud solum, ut universa synodus de* » *his omnibus suffragia ferat :* ut igitur cogitandi deliberandique » de singulis spatium habeant ad synodum vocati (2)..... » Les actes du premier synode de Malines (1574), prouvent également que tous les membres participaient à la rédaction des décrets : « Atque, y lit-on, super illis (articulis) et eorum singulis, » tam ante quam post meridiem ejusdem diei, deliberationibus » et consultationibus utrimque communiter præhabitis, ac non- » nullis eorum, quæ in dictis articulis continebantur, ad proxime » celebrandam provincialem synodum Mechliniensem remissis, » deletis, mutatis seu correctis et additis ; tandem iidem Ordines

(1) Cap. 45. Labb. Tom. V, col. 961.
(2) Labb. Tom. XIV, col. 595.

» synodales ab eodem Præsidente prius interrogati, num aliqua
» alia haberent proponenda et in hac synodo definienda, nihil
» allegantes : contenta eorumdem articulorum unanimiter omnes
» acceptarunt, laudarunt, et approbarunt ; consentientes ut
» iidem articuli, sic ut præmittitur, visitati et correcti publicen-
» tur, edantur et stricte observari mandentur (1). » Les synodes
de Tournay de 1679, 1680, 1681, 1683 et 1688 déclarent
aussi que les décrets étaient portés sur la délibération du synode.

ᵣ Et deliberatione habita, opinantibus alternatim præfatis DD.
» assistentibus, initio facto a latere D. Decani, decreta sunt ea
» quæ sequuntur (2). »

XXXIX. 3° La différence entre les statuts synodaux et les
autres ordonnances épiscopales prouve encore le concours du
clergé à la confection de ces statuts. Les statuts synodaux, sont
perpétuels et conservent toute leur force après la mort de
l'Evèque; il n'en est pas de même des lois que l'Evèque a faites
hors du synode ; elles expirent avec lui et perdent de plein
droit leur vertu obligatoire. « Alia vero (statuta), dit Barbosa,
» ab Episcopo condita extra synodum, temporanea sunt, illiusque
» obitu expirant... Hujusmodi edicta seu ordinationes factæ in
» synodo diœcesana sunt perpetuæ, et non expirant morte con-
» ditoris (3). » Les lois portées dans le synode ont donc incon-

(1) *Synodicum Belgicum*, tom. II, pag. 192.
(2) *Summa statutorum synod. Tornac.*, pag. 472, 481, 488, 493 et
500.
(3) *De officio et potestate Episcopi*, part. III, alleg. XCIII, n. 23 et
24. S. Alphonse parait aussi adopter cette distinction dans son traité
De censuris, lib. VII, n. 6, où il dit : « Nota igitur, quod censuræ, quas
» fert Episcopus in synodo diœcesana, dicuntur latæ per modum statuti;
» et hæ tanquam latæ a jure durant post mortem Episcopi. Aliæ vero
» extra synodum dicuntur latæ ab homine per modum præcepti, seu
» mandati, aut sententiæ, et hæ per mortem ferentis cessant, sive præcep-
» tum sit particulare, sive generale. » Notons, en passant, que c'est à

testablement une plus grande autorité que les simples ordonnances épiscopales. Or, d'où viendrait cette différence, si les unes et les autres émanaient de la seule volonté de l'Evêque? Pour l'expliquer, il faut nécessairement admettre qu'il y a, dans le synode, un pouvoir qui se joint à celui de l'Evêque pour donner cette autorité aux statuts synodaux. Il est par conséquent nécessaire que le synode délibère avec l'Evêque sur les statuts, concoure avec lui à leur confection.

XL. 4° Le synode serait inutile, serait une dérision, si les prêtres n'y avaient point voix délibérative. « Il est évident aux » yeux de tous les gens sensés, dit Maultrot, que le synode » doit avoir une utilité qui lui est propre et particulière, dont » on serait privé, s'il n'y en avait point. Cette utilité ne peut » être que le co ncours de tous les pasteurs du diocèse au gou » vernement commun et à la formation des lois générales. Le » synode serait une pure vexation, si on assemblait tous les » curés de vingt lieues à la ronde, uniquement pour écouter un » sermon ou la lecture de statuts auxquels ils ne contribueraient » en rien ; si pour cela, on les forçait à s'éloigner de leur trou » peau qu'ils ne doivent jamais perdre de vue. On conçoit au » contraire les grands avantages du synode, malgré cet incon » vénient, si on doit y fixer la police du diocèse, et y dresser, dans » la congrégation de tous les pasteurs, des décrets sages pour » l'affermissement de la foi et des mœurs (1). »

XLI. 5° Enfin le droit des curés est clairement inscrit dans le Pontifical Romain. Ce livre liturgique a réglé l'ordre et les cérémonies du synode (2). Or, voici ce qu'il contient à la fin de

tort que S. Alphonse cite Lacroix et les Docteurs de Salamanque comme partageant cet avis. Rien chez eux ne fait soupçonner qu'ils soient de cette opinion.

(1) *Op. cit.*, tom. I, pag. 17, sq.
(2) Part. III, tit. *Ordo ad synodum.*

l'ordre du second jour : « Quo finito, leguntur constitutiones
» per synodum approbandæ; quibus lectis, habito scrutinio,
» quæ placent, per Patres confirmantur. » D'après ces termes,
les statuts doivent donc être approuvés par les membres du
synode; c'est l'approbation des pères qui donne aux décrets leur
force obligatoire : *confirmantur.* L'allocution que le Pontifical
met dans la bouche de l'Evêque, le troisième jour, suppose encore
évidemment que les statuts émanent de toute l'assemblée, et
non de l'Evêque seulement : « Et cui, dit l'Evêque, fortasse
» aliquid, quod digestum est, displicet, charitati vestræ cum
» benignitate et modestia intimare non differat; quatenus totum
» *quod synodali conventione nostra statutum fuerit, vel reno-*
» *vatum,* absque omni contrarietate, concordia sanctæ pacis ab
» omnibus æque custodiatur, ac teneatur ad augmentum æternæ
» beatitudinis omnium nostrum. » Immédiatement après cette
allocution, le Pontifical ajoute de nouveau : « Post hæc leguntur
» constitutiones, si quæ sint per synodum approbandæ; quibus
» lectis, et per patres, si placet, confirmatis, atque omnibus
» terminatis, Pontifex sedens cum mitra omnium orationibus se
» commendat. » Ici encore le Pontifical proclame bien clairement la nécessité de l'approbation des membres du synode pour
la validité des décrets.

XLII. Malgré ces raisons, tous les auteurs catholiques s'accordent à soutenir que les Evêques n'ont pas besoin de l'assentiment du synode pour faire et publier leurs statuts. En effet,
c'est un dogme de foi catholique que les Evêques sont supérieurs aux prêtres, non-seulement quant au pouvoir de l'ordre,
mais aussi quant au pouvoir de juridiction (1). Or, le pouvoir

(1) « Ecclesiæ catholicæ firmissimum dogma est, dit Benoît XIV,
» Episcopos esse superiores presbyteris, non solum potestate ordinis, sed
» etiam jurisdictionis. » *De synodo diœcesana,* lib. XIII, cap. I, n. 2.

de juridiction renferme essentiellement le droit de porter des
lois, et par suite celui de contraindre à les observer et de punir
les trangresseurs. « Potestas ecclesiastica jurisdictionis in foro
» exteriori, dit Gerson, est potestas ecclesiastica coercitiva, quæ
» valet exerceri in alterum, etiam invitum, ad dirigendum
» subditos in finem beatitudinis æternæ.... Proprie vero dicitur
» jurisdictio facultas seu potestas propinqua dicendi, vel senten-
» tiandi jus in alterum, etiam invitum (1). » En vertu de son
pouvoir de juridiction, l'Evêque a donc le droit d'imposer des
lois à tout le clergé de son diocèse; et ce droit est le même, que
le clergé soit ou non assemblé en synode. Pour restreindre le
pouvoir épiscopal, pour soumettre la validité de ses lois à l'assentiment du synode, il faudrait donc montrer une loi claire,
qui établisse cette condition. Or, Gibert lui-même avoue qu'il
n'en existe pas. « Verum, cum nulli fucum facere velimus hoc in
» opere, quod eo duntaxat fine aggredimur, ut omnium oculis
» subjiciantur quæ hac in materia veriora sunt, monitum vo-
» lumus lectorem, nullam reperiri legem, quæ clare determi-
» naverit, quæ esse debeat secundi ordinis in synodo diœcesana
» auctoritas (2). » D'où nous sommes en droit de conclure que
l'Evêque peut, indépendamment du synode, former et publier
des statuts ou réglements, puisqu'aucune loi précise ne les
oblige à obtenir le concours du synode.

XLIII. A ce raisonnement, qui parait concluant, vient se
joindre l'autorité de la S. Congrégation du Concile. Voici
d'abord une lettre qu'elle écrivit au Patriarche de Venise, le
27 avril 1592. « Sacra Congregatio per libellum Amplitudinis
» Tuæ nomine porrectum consulta, respondit, eamdem Ampli-

(1) *De potestate ecclesiastica*, Consider. IV.
(2) *Loc. cit.*, Tit. XVIII, *Præfatio.*

» tudinem Tuam in synodo diœcesana facere posse constitu-
» tiones absque consensu et approbatione cleri; debere tamen
» requirere consilium capituli, licet illud non teneatur sequi,
» nisi in casibus a jure expressis ; non obstante quod ex forma
» Romani Pontificalis in celebranda diœcesana synodo expresse
» habeatur, ut constitutiones in synodo publicandæ, a Patribus
» per verbum *Placet* confirmentur (1). »

Peu de temps après, l'Evêque d'Alghier consulta aussi la
S. Congrégation, et en obtint la réponse suivante : « Ad quæ-
» situm Episcopi in sua relatione, nempe, an Canonici, ac
» Rectores parochialium, et vicarii perpetui in synodalibus con-
» stitutionibus faciendis, faciant unum votum in synodo, an
» vero singula vota habeant; S. C. respondit, Episcopum posse
» in synodo diœcesana constitutiones facere absque consensu et
» approbatione cleri; debere tamen exquirere consilium Capi-
» tuli, licet illud sequi non teneatur, nisi in quibusdam casibus
» jure expressis. *Algaren. 12 januar.* 1595 (2). »

Vers la fin du dix-septième siècle, une discussion s'éleva à
ce sujet entre le chapitre de Séville et l'Archevêque. Voici deux
des doutes proposés par le chapitre, avec la réponse qu'y donna
la S. Congrégation. « II. An ipse Archiepiscopus sine consensu
» dicti Capituli possit in diœcesana synodo condere statuta et
» constitutiones de rebus gravibus et arduis? IV. An sit neces-
» sarius assensus Clericorum synodo interessentium, ita ut
» major pars contradicendo, possit omnium seu alterius consti-
» tutionis exitum retardare? Et S. Congregatio, die 26 no-
» vembris 1689, respondit : Ad II. Affirmative; debere tamen
» Archiepiscopum requirere consilium capituli, licet illud non

---

(1) Ap. Bened. XIV, *De synodo diœcesana*, Lib. XIII, cap. I, n. 12.
(2) Ap. Zamboni, *Collectio declarationum S. Congr. Concilii*, V° *Synodus diœcesana*, § II, n. 2.

» teneatur sequi, præterquam in quibusdam casibus a jure
» expressis. Ad IV. Negative (1). » On ne peut donc douter de
la doctrine de la S. Congrégation.

XLIV. Une autorité plus imposante encore se présente en
faveur de notre thèse. Nous avons vu (n. XXXVI) que l'Evêque
de Pistoie reconnaissait aux membres du synode le droit de
concourir à la formation des lois. Or, dans sa bulle *Auctorem
fidei*, le Pape Pie VI condamne cette doctrine et la réprouve
avec les qualifications suivantes :

« IX. Doctrina quæ statuit, *reformationem abusuum circa
» ecclesiasticam disciplinam in synodis diœcesanis ab Episcopo et
» Parochis æqualiter pendere, ac stabiliri debere; ac sine liber-
» tate decisionis indebitam fore subjectionem suggestionibus et
» jussionibus Episcoporum ;*

» Falsa, temeraria, episcopalis auctoritatis læsiva, regiminis
» hierarchici subversiva, favens hæresi Arianæ a Calvino inno-
» vatæ (2). »

Si, dans le synode, la réforme des abus ne dépend pas également de l'Evêque et des curés ; s'il n'est pas nécessaire qu'elle
soit établie par l'Evêque et les curés ; si enfin ceux-ci doivent
se soumettre aux ordres de l'Evêque, alors même qu'il ne leur
donne point voix délibérative dans le synode ; c'est une preuve
bien évidente que la validité des statuts ne dépend aucunement
de l'approbation du synode.

XLV. Les décrets de la S. Congrégation, que nous avons
rapportés ci-dessus, prouvent non-seulement que l'Evêque n'a
pas besoin du consentement du synode, mais qu'il peut même
se passer de son avis, sans qu'on puisse attaquer de ce chef la
validité de ses statuts. Il convient à la vérité que l'Evêque con-

(1) Ap. Bened. XIV, *loc. cit.*, n. 14.
(2) *Continuatio Bullarii Romani*, Tom. IX, pag. 400.

sulte son clergé sur les lois qu'il doit porter (1); mais la validité
des lois n'est pas soumise à cette condition. La S. Congrégation
prescrit une seule formalité comme essentielle : c'est que l'Evêque
prenne l'avis de son chapitre. S'il omet cette formalité, comme
le dit Benoît XIV, ses règlements seront dénués d'autorité :
« Quod si Episcopus, inconsulto capitulo, novas constitutiones
» ediderit, atque in synodo promulgaverit, illæ profecto, utpote
» deficientes a norma a jure præscripta, firmitate carebunt (2). »
C'est aussi ce que la S. Congrégation du Concile a décidé à
diverses reprises, ainsi que l'atteste le Cardinal Petra. Il ajoute
cependant que la Congrégation a coutume de valider les statuts,
lorsqu'ils lui paraissent justes et louables : « Atque ita pluries
» respondit S. Congregatio Concilii, quæ tamen quandoque,
» comperto quod Constitutiones synodales sint justæ et lauda-
» biles, synodum, nullam ob defectum consilii Capituli non
» petiti, sanare solet ut practicatum fuit in una S. Miniati, 4 de-
» cembris 1638 (3). » Quoi qu'il en soit, l'Evêque n'est pas
tenu de suivre l'avis de son chapitre, à moins qu'il ne veuille
faire une loi sur un point pour lequel le droit exige le consentement du chapitre. Cela résulte des décrets cités de la S. Congrégation du Concile.

XLVI. Nous ne pouvons clore cette discussion sans donner
un mot de réponse aux arguments de Gibert et de Maultrot.
Le premier argument pèche sous plusieurs rapports. D'abord,
il n'est pas vrai de dire que l'Evêque ne pouvait rien faire sans
le consentement du presbytère. On ne montre aucune loi qui
imposait aux Evêques l'obligation de suivre en tout le bon

(1) Cela résulte de ce qui a été dit ci-dessus, n. 6 et 7, pag 8 sq.
(2) Loc. cit., n. 16.
(3) Commentaria ad Constit. Apostolicas, in const. 1 Bened. XII,
sect. unic., n. 17.

vouloir du presbytère. Or, en l'absence d'une loi semblable,
nous sommes en droit de dire que l'Evêque n'y était pas tenu;
car lui seul est chargé du gouvernement de l'Eglise. « Ipse
» enim est, dit le 38ᵉ canon des Apôtres, cujus fidei populus est
» creditus, et a quo pro animabus ratio exigetur. » S. Cyprien
dit aussi : « Inde per temporum et successionum vices, Epi-
» scoporum ordinatio, et Ecclesiæ ratio decurrit, ut Ecclesia
» super Episcopos constituatur, et omnis actus Ecclesiæ per
» eosdem Præpositos gubernetur (1). » A la vérité, dès l'origine
de l'Eglise, on voit les Evêques s'entourer des lumières du presbytère, le consulter sur toutes les affaires d'importance, et l'on
ne peut guères douter que ce ne fût un devoir pour les Evêques.
Mais l'obligation de consulter entraine-t-elle celle de suivre les
avis demandés? Aucunement. Les lois ecclésiastiques nous fournissent plusieurs exemples de cas où l'Evêque est tenu de demander l'avis de son chapitre, et où il lui est libre cependant de
s'en écarter(2). Le but du législateur, en ordonnant de prendre
conseil, est que les Evêques n'agissent point avec précipitation et
inconsidération, qu'ils acquièrent plus de lumières sur la question, qu'ils connaissent mieux les avantages ou les inconvénients
des mesures proposées, et qu'ainsi leur détermination soit mieux
fondée, plus sagement motivée. Ce but est atteint, quoique
l'Evêque ne soit pas astreint à suivre l'avis de la pluralité de
ceux qu'il a consultés. « Etsi enim Episcopus, dit Benoit XIV.
» non teneatur illud (consilium) sequi, consulentium tamen
» rationibus instruitur atque edocetur, ne inconsideranter et
» præcipitanter agat (3). » Le premier vice de l'argumentation

(1) Epist. 33 ad lapsos, p. 216, edit. Amstelodam. 1700.
(2) Cap. 4 et 5, De his quæ fiunt a Prælato sine consensu Capituli.
Cf. cap. 7, De arbitris; cap. 1, De capellis monachorum.
(3) Loc. cit., n. 6.

des adversaires consiste donc à confondre l'obligation de consulter avec celle de suivre l'avis demandé.

Un second vice non moins capital est de prétendre que le synode a succédé aux droits du presbytère pour les causes majeures. Ce n'est pas le synode, mais le chapitre qui a hérité des droits du presbytère. Outre que les adversaires ne peuvent donner aucune preuve de leur assertion, ils sont encore contredits par les plus anciennes lois qui nous restent, obligeant les Evêques à prendre l'avis de certaines personnes. Dans sa lettre au Patriarche de Jérusalem, Alexandre III lui ordonne, pour les actes importants de l'administration diocésaine, de consulter son chapitre seulement : « Fraternitati tuæ mandamus, » quatenus in concessionibus et confirmationibus, et aliis Eccle-» siæ tuæ negotiis fratres tuos requiras, et cum eorum consilio » vel sanioris partis, eadem peragas et pertractes, et quæ sta-» tuenda sunt statuas, et errata corrigas, et evellenda dissipes » et evellas (1). » Si l'Évêque n'avait pu porter de loi sans l'assentiment du synode, Alexandre III n'en eût-il pas fait mention ? Eût-il dit qu'il suffit au Patriarche de consulter son chapitre avant de faire des décrets, *quæ statuenda sunt, statuas ?* Quand le législateur a voulu astreindre l'Evêque à consulter son synode, il l'a dit expressément. En dehors de ces cas, c'est le chapitre qui forme le conseil de l'Evêque (2), et qui a succédé aux droits du presbytère. On ne peut donc rien conclure des attributions de l'ancien presbytère en faveur du synode diocésain.

XLVII. Si un grand nombre d'Evêques, dans leurs synodes,

---

(1) Cap. *quanto* 5, *De his quæ fiunt a Prælato sine consensu Capituli.*
(2) Tel est le droit commun. Quant aux modifications que la coutume y a pu apporter dans nos pays, voyez ce qui a été dit dans les *Mélanges,* I⁰ᵉ série, pag. 195 et suiv., *nouvelle édition.*

ont cru devoir demander l'avis de leur clergé, et obtenir son approbation sur les statuts qu'ils se proposaient de publier, s'ensuit-il qu'ils aient cru cette mesure nécessaire? Non; ils ont vu que c'était un moyen de procéder avec plus de maturité, de concilier plus d'autorité et partant plus de stabilité à leurs règlements (1) et ils y ont eu recours. Voilà tout ce que l'on peut déduire de la conduite de ces Evêques dans leur synode. Jamais on ne pourra en tirer une preuve en faveur du droit que les adversaires attribuent au synode. Ceci soit dit en réponse au second argument.

XLVIII. Le troisième argument part d'une fausse supposition, en posant en principe que les lois portées par l'Evêque hors du synode, ne sont pas perpétuelles. Barbosa et quelques autres auteurs ont à la vérité émis cette opinion, mais ils ne la motivent aucunement : c'est de leur part une simple assertion, qui est en contradiction avec les principes du droit et avec leur propre doctrine. Elle est 1° *contraire aux principes du droit.* Il est certain que les Evêques ont le pouvoir de faire des lois pour leurs diocèses; or, de sa nature, toute loi est stable et permanente. Qu'elle soit donc portée dans le synode, ou hors du synode, elle sera perpétuelle; car toute sa force vient du pouvoir de l'Evêque, pouvoir qui est le même, et hors du synode et dans le synode. « Illa (statuta), dit Benoît XIV, suas vires » et efficaciam unice mutuantur ab auctoritate et jurisdictione » Episcopi, quæ eadem prorsus est, sive in synodo, sive extra » synodum exerceatur (2). » A moins donc qu'on ne montre un texte légal qui soumette la perpétuité des règlements épiscopaux à la condition de les porter dans le synode, on doit re-

____

(1) Cela se comprend par ce qui a eté dit ci-dessus, n. **VI** et **VII**. pag. **8** sq.

(2) *De synodo diœcesana,* lib. **XIII**, cap. **V**, n. **1**.

jeter l'opinion de Barbosa : or, ce texte il est impossible de le trouver (1). Nous disons, en second lieu, que ces auteurs se contredisent, en tenant ce sentiment. En effet, ils enseignent, avec tous les autres canonistes (2), que les lois portées par le chapitre, pendant la vacance du siège épiscopal, conservent leur force jusqu'à ce qu'elles aient été révoquées par le nouvel Evêque. Mais le chapitre, succédant à la juridiction de l'Evêque, n'a certainement pas des pouvoirs plus étendus que celui-ci; si donc les lois du chapitre sont perpétuelles, quoique non portées en synode, celles de l'Evêque le seront également. Pour nier cette conséquence, il faut ou se mettre en contradiction avec le principe, ou tomber dans l'absurde, en soutenant que le chapitre a plus de pouvoir que l'Evêque. La base du troisième argument des adversaires est donc fausse, et par là cet argument est sans valeur.

Quand même on admettrait l'opinion de Barbosa, l'argument n'en acquerrait pas plus de force. Un exemple nous le fera sentir d'une manière palpable. Ainsi qu'il a été dit ci-dessus (n. XLV), l'Evêque est tenu de consulter son chapitre, et cette formalité est essentielle, de sorte que la loi serait nulle, s'il la négligeait. Dira-t-on pour cela que le pouvoir du chapitre se

(1) S'il s'agissait d'établir des cas réservés, nous conseillerions toujours de le faire dans le synode. Outre les raisons qu'en donne Benoît XIV, *De synodo diœcesana*, lib. V, cap. IV, n. 3, il y a encore celle-ci. Comme nous l'avons dit ci-dessus, n. XXXIX, note, S. Alphonse adopte le principe de Barbosa ; or, à la mort de l'Evêque, le confesseur non approuvé pour les cas réservés, ne pourrait-il pas, embrassant le sentiment de S. Alphonse, considérer la réserve comme abolie, et absoudre de ces péchés? Du moins qui oserait le condamner?

(2) Barbosa, *Jus ecclesiasticum universum*, lib. I, cap. XXXII. n. 73. Cf. Leurenius, *Vicarius episcopalis*, quæst. 470, n. 4; Ferraris, *Bibliotheca canonica* V° *Capitulum*, art. III, n. 26; Smalzgrueber, *Jus ecclesiasticum universum*, lib. I, tit. II, n. 13; Reiffenstuel, *Jus canonicum universum*, lib. I, tit. II, n. 89.

joint à celui de l'Evêque pour donner autorité à la loi ? Non, car l'Evêque n'est pas tenu de suivre l'avis du chapitre. De même, quand il serait vrai que les statuts épiscopaux, pour être per- pétuels, c'est-à-dire pour être de véritables lois, doivent être portés en synode, il ne s'ensuivrait aucunement que le synode a le droit d'y concourir, de les approuver, ou de les rejeter.

XLIX. Le quatrième argument est encore plus faible. Tout le paragraphe premier de nôtre dissertation y répond suffisam- ment. Inutile donc de nous y arrêter. Quant au cinquième argument, il est plus sérieux, mais ne paraît toutefois pas inso- luble. On peut répondre que le Pontifical ne prescrit point ces formalités comme nécessaires ; seulement il trace la marche que l'Evêque doit suivre dans le synode, pour donner à ses statuts plus de poids, pour leur concilier plus d'autorité. Par l'approbation que leur donne le synode, les statuts acquièrent une plus grande confiance, obtiennent une obéissance plus prompte et plus assurée. Voilà toute la portée du Pontifical. Le mot *confirmer,* dont il se sert, n'a pas toujours toute la valeur qui lui prêtent les adversaires : souvent il ne signifie que donner plus de poids à un acte ou loi, lui concilier plus de res- pect ; quelquefois même il marque une simple adhésion. C'est ainsi que, dans sa profession de foi, insérée dans les actes du septième Concile général, Théodore, patriarche de Jérusalem, dit qu'il reçoit, *confirme* et embrasse avec joie les six Conciles généraux précédents (1). C'est ainsi encore que nous lisons dans le Décret de Gratien : « Leges instituuntur, cum promul- » gantur : *firmantur,* cum moribus utentium approbantur. Sicut

_____

(1) « Suscipimus autem, et *firmamus,* et alacriter amplectimur sanctas »et universales sex synodos, quæ per spiritum sanctum contra qmnem »congregatæ sunt hæresim.... » Labb. Tom. VII, col. 179.

» enim moribus utentium in contrarium, nonnullæ leges hodie
» abrogatæ sunt ; ita moribus utentium ipsæ leges *confirman-*
» *tur* (1). » Ce n'est pas l'observation de la loi qui lui donne sa
force obligatoire, puisqu'elle oblige indépendamment de l'ac-
ceptation ; mais cela lui donne plus de considération, plus de
poids, *confirmatur*. Le mot *confirmer* n'exprime donc pas toujours un complément essentiel à la loi, et dans notre question,
il ne peut avoir cette portée ; il faut le restreindre au sens que
nous venons d'indiquer : l'adhésion du synode conciliera à la
loi plus de respect, plus d'autorité. Nous avons vu du reste
comment les organes légaux des Souverains Pontifes, les Congrégations de Rome, interprètent ces paroles. Leurs décisions,
qui sont postérieures au Pontifical, ne laissent aucun doute à
cet égard. L'assentiment du synode n'est pas nécessaire pour la
validité des statuts synodaux.

(1) **Dist. IV**, cap. 3.

FAVEURS ACCORDÉES

AU TIERS-ORDRE DE SAINT FRANÇOIS D'ASSISE

Dit Ordre de la Pénitence,

PAR

N. S. P. LE PAPE PIE IX.

Le pape Benoit XIV, par sa Constitution — *Ad Romanum Pontificem* — du 15 mars 1751 (1), avait révoqué, en grande partie, toutes les faveurs spirituelles accordées par les Pontifes romains, ses prédécesseurs, au Tiers-Ordre, jadis si renommé et si répandu, du séraphique Père S. François. Mais le pape Pie IX, reconnaissant pour l'époque actuelle la haute utilité de cet Ordre, dont il est membre lui-même, vient de renouveler et de confirmer par son Bref du 7 juillet 1848, les Bulles de Benoit XIII qui commencent — *Paterna Sedis Apostolicæ providentia* — du 10 décembre 1725 et — *Singularis devotio* — du 5 juillet 1726.

Nous croyons faire chose agréable aux lecteurs des *Mélanges*, parmi lesquels il y a tant de membres de cet Ordre illustre, en reproduisant ici les Constitutions de Benoit XIII et les Brefs de Pie IX, qui les renouvellent.

(1) *Bullar.*, tom. VIII, p. 340, edit. Mechlin.

I.

Constitutio Benedicti XIII, 10 dec. 1725, pro Tertiariis Ordinis
Sancti Francisci (1).

*Universa privilegia toti Tertiariorum cœtui, in tres status distincto, a
summis Pontificibus concessa, confirmantur; ipsique Tertiarii omni-
modæ jurisdictioni , et regimini Ministri generalis totius Ordinis Minorum, pro tempore exstituri, denuo subjiciuntur et commendantur.*

BENEDICTUS PAPA XIII.

AD FUTURAM REI MEMORIAM.

§ 1. *Sedis Apostolicæ amor erga Dei famulos Tertiarios præsertim Beati
Francisci.*

Paterna Sedis Apostolicæ providentia erga pios homines, sub habit u
humilitatis et pœnitentiæ Deo famulantes, sæpe Romanos Pontifices antecessores Nostros impulit, pro eorum solatio et commodo pridem concessa
approbare et renovare, et jam approbata, rursus Apostolica auctoritate
munire, ut eo firmiora persisterent, quo sæpius essent ejusdem Sedis
auctoritate suffulta. Hinc, ut Ordinis Tertiariorum, Beati Francisci de
Pœnitentia nuncupati, qui in tres status divisus, secularium scilicet, collegialiter viventium, et regularium, magnos pietatis et doctrinæ fructus
in Ecclesia Dei semper protulit, et quotidie proferre satagit, quieti, regimini, atque incremento probe consuleretur, ab iisdem Romanis Pontificibus antecessoribus Nostris complures litteræ diversis temporibus jam-
dudum vulgatæ fuerunt, in quibus variæ gratiæ, concessiones, libertates,
prærogativæ, favores, immunitates, exemptiones, indulgentiæ, declarationes, facultates, privilegia, et indulta eisdem immediate, et directe, vel
etiam per communicationem cum aliis Ordinibus, præsertim Fratrum
Minorum, concessa, ampliata, extensa, et confirmata fuere, prout in ipsis
Apostolicis litteris plenius, et uberius continetur.

(1) *Bullarium Roman.* tom. VIII, p. 486, edit. Luxemb. 1727.

§ 2. *Motiva hujus constitutionis.*

Cum autem, sicut accepimus per bujusmodi concessiones , ampliationes, declarationes, extensiones, communicationes, et confirmationes, adhuc omnimodo ejusdem Ordinis, et illius professorum tranquillitati plene, ut decet, non consulatur; asserentibus nonnullis, gratias, et indulta bujusmodi non esse in usu, vel revocata aut restricta fuisse, nec ea parte subsistere, quæ directionem, curam, et regimen eorumdem Tertiariorum concernit; sive Tertiarios tantum Regulares, seu sub clausura, vel collegialiter dumtaxat viventes respicere, non autem alios in sæculo commorantes ; cum tamen idem Ordo pro utriusque sexus christi-fidelibus in ipso sæculo, et in conjugio, propriisque domibus manentibus, a Beato Francisco institutus, nonnisi quarto decimo labente sæculo, in Italia præsertim, ad statum Religionis fuerit evectus, et propterea Tertiarios bujusmodi ab Ordinariis locorum alicubi controversiis, et litibus in dies molestari, ac perturbari contingat, non sine ejusdem instituti, et Fratrum ipsorum detrimento, et quietis jactura.

§ 3. *Lites et controversiæ quæcumque abolentur et exstinguuntur.*

Ideo Nos, attenta consideratione pensantes, quantum utilitatis catholicæ religioni, morumque instaurationi per humilitatis, suique abjectionis exempla Ordinis prædicti professores hactenus attulerint, et imposterum, juvante Domino, afferre valeant ; ac proinde valentes, ut decet, eorum conservationi, incremento, et tranquillitati uberius providere, motu proprio, non ad ipsorum Fratrum aut Sororum, nec alterius pro eis Nobis super hoc oblatæ petitionis instantiam, sed de Nostra mera liberalitate, et ex certa Nostra scientia, ratione eorum, quam profitentur, altissimæ paupertatis, omnes, et singulas lites, ac controversias tum in prima, cum etiam in secunda, et ultima instantia actu pendentes, ac eorum quibuscumque judicibus, et Tribunalibus, quantumvis exemptis, et privilegiatis, etiam prævia commissione manu Nostra signata, vel coram Palatii Apostolici causarum Auditoribus, aut Sacris Congregationibus, necnon Nostris, et Sanctæ Sedis de Latere Legatis actas, ipsasque, earumque status, nomina, et cognomina judicum, et conliti-

gantium, aliorumque necessario exprimendorum qualitates, et circum-
stantias præsentibus Litteris Nostris pro sufficienter expressis habentes,
et ad Nos advocantes, harum serie exstinguimus, cassamus, et abolemus,
perpetuumque silentium de cætero eis imponi volumus et mandamus.

§ 4. *Omnia privilegia a Summis Pontificibus Tertio Ordini S. Francisci*
concessa approbantur et renovantur.

Quascumque insuper Litteras, et gratias, tam spirituales, quam temporales, concessiones, indulgentias, exemptiones, indulta, privilegia,
communicationes, extensiones, libertates, prærogativas, favores, peccatorum remissiones, et similia, tam in genere, quam in specie Fratribus,
et Sororibus prædictis de Pœnitentia, eorumque Monasteriis, Domibus,
Conservatoriis, aut aliis, quovis nomine nuncupatis habitationibus,
Ecclesiis etiam, Oratoriis, et Cappellis vel immediate, et directe, aut
etiam per communicationem cum aliis Ordinibus, et præsertim Fratrum
Minorum, a Romanis Pontificibus, antecessoribus Nostris, quomodolibet
concessa , quorum tenorem, ac si de verbo ad verbum, his Nostris Litteris insereretur, haberi volumus pro expresso, harum serie approbamus,
et confirmamus, ac pro potiori cautela, Apostolica auctoritate singula de
novo concedimus, et largimur.

§ 5. *Triplex Tertiariorum status unum et eumdem Tertium Ordinem,*
sanctum, meritorium, et verum, non confraternitatem componit : quo-
rum regula denuo confirmatur.

Ut vero detractorum calumniis adversus hunc Ordinem, quantum
Nobis ex alto conceditur, occurramus, Antecessorum Nostrorum vestigiis
inhærentes, qui hunc vivendi modum, et formam approbarunt, vel
confirmarunt, aut etiam summis laudibus extulerunt, Nos eumdem
Sanctum, meritorium, et Christianæ perfectioni conformem, necnon
verum, et proprium Ordinem , unum in toto Orbe ex sæcularibus,
aliisque collegialiter viventibus, et Regularibus promiscue compositum,
et a quacumque Confraternitate ex comprehensis in Bulla recolendæ
memoriæ Clementis Papæ VIII, omnimode distinctum, utpote qui sub

propria Regula, ab hac Romana Sede approbata, cum Novitiatu, Professione, et Habitu sub certis modo, et forma, prout cæteri Ordines tum Regulares, tum Militares, et alii hujusmodi consueverunt, dispositus reperitur, fuisse semper et esse decernimus et declaramus; atque motu simili, Regulam prædictam a felicis recordationis antecessoribus Nostris Romanis Pontificibus Nicolao IV pro Tertiariis utriusque sexus et cujuscumque status, sive Ecclesiastici, sive Laicalis, quomodocumque in sæculo sub proprio tecto, ac in conjugio ipso degentibus, 16 kalendas septembris 1289 approbatam, a Clemente V 3 kalendas septembris 1308, atque a Gregorio XI 8 idus februarii 1372, aliisque in forma specifica confirmatam, necnon per Leonem X pro personis, tria substantialia vota emittentibus, accommodatam, et appropriatam per quasdam suas litteras incipientes : Inter cætera, etc., sub dat. Romæ 20 januarii 1521, Nos denuo approbamus, et confirmamus, atque Apostolica auctoritate perpetuum firmitatis robur illis adjicimus.

§ 6. *Minister generalis totius Ordinis Minorum, et secundarii superiores confirmantur in auctoritate supra omnes Tertiarios utriusque sexus.*

Sed quia accidit olim, et non sine animi Nostri dolore in dies etiam didicimus evenire, ut fratres dicti Ordinis, sæculares præsertim, Ministri Generalis totius Ordinis Minorum, et Provincialium respective, quorum curæ et jurisdictioni hæc sancta Sedes eos subesse voluit, obedientiam, et regimen detrectantes et non parere, ut debent, sed imperare, quod non possunt, sæpius affectantes, omnia susque deque vertant Regulamque prædictam, ac statuta, atque adeo Nostrorum etiam Antecessorum constitutiones, quamvis contraria intendentes, atque præcipientes, inflectant in sensus suos, et multoties Ordinariis locorum, aut sponte sua, aut ad eorum Fratrum Tertiariorum instantiam, mittentibus, et quo prohibiti sunt, extendentibus manum in non suam hanc messem, pro bona fruge, quæ, ut desideranda est, etiam exspectanda esset, zizania tantum modo producantur, Nos, memoria recolentes, primum hunc Tertii Ordinis statum, sæcularium nempe sub proprio tecto degentium, dum Institutis suis obedientes insisteret, non tantum pravos populorum

mores in melius reformasse, sed etiam sanctitatis egregiæ fructus uber-
rimos protulisse, cupientesque ipsum ad pristinæ observantiæ, quem
tenuit apicem, revocare, motu simili, deque Apostolicæ potestatis plenitudine, omnes et quascumque litteras Apostolicas, per quas aliqua supe-
rioritas, præeminentia, et auctoritas in ejusdem Instituti Fratres, et Sorores primario Ministro Generali prædicto totius Ordinis Minorum,
aliisque secundariis superioribus conceditur, et tribuitur, præsentium
tenore non solum approbamus, et confirmamus, verum, et concessa
renovamus, ac robur perpetuæ firmitatis obtinere debere decernimus,
et mandamus; speciatim vero quæ in litteris Innocentii PP. IV incipientibus : vota devotorum, etc., sub datum Lugduni Idibus junii 1246,
in aliis Nicolai IV, incipientibus : Unigenitûs Dei Filius, etc., sub datum
apud Urbem veterem 6 Idus Augusti 1290, in aliis Martini V incipientibus : Licet inter cætera. etc., sub datum Romæ 9 decembris 1427, in
aliis Sixti IV, incipientibus : Romani Pontificis Providentia, etc., sub
datum Romæ 18 Kalendas januarii 1471, in aliis Alexandri PP. VI,
incipientibus : Exponi Nobis, etc., sub datum Romæ 16 maii 1500, in
aliis Julii II, incipientibus : Exponi Nobis fecistis, etc., sub datum
Romæ 15 octobris 1507, in aliis Leonis X, incipientibus : Superioribus
diebus, etc., sub datum Romæ 14 maii 1517, in aliis denique Beati
Pii PP. V, incipientibus : Ea est officii Nostri, etc., sub datum Romæ
5 nonas julii 1568 continentur, auctoritate, et tenore præmissis de novo
confirmamus, et renovamus.

§ 7. *Privilegia Apostolica Congregationum particularium extenduntur*
ad universum Tertium Ordinem.

Extendimus deinde ad universum Tertii Ordinis gregem quæcumque
Apostolica Indulta, aut privilegia, regimen, et directionem hujusmodi
respicientia, pro una, vel altera congregatione in particulari alias vulgata, et speciatim, quæ pro Tertiariis Ferrariæ in quibusdam Joannis,
in sua obedientia nuncupati XXIII incipientibus : Cum privilegiis, et litteris apostolicis ambigitur, etc., sub datum Bononiæ 16 Kalendas julii
1414, et aliis Pii II pro Tertiariis regnorum Castellæ, incipientibus : Pia
Deo et Ecclesiæ desideria, etc., sub datum apud Abbatiam S. Salvatoris

Clusii III Idus julii 1462, aliis etiam Pauli III pro Tertiariis universæ Hispaniæ, incipientibus : Exponi Nobis, etc., sub datum Romæ 14 septembris 1537, aliisque ejusdem Pauli III similiter pro Hispaniis, incipientibus : Ad fructus uberes, etc., sub datum Romæ 5 nonas julii 1547, ac aliis Alexandri VII pro Hispaniis, incipientibus: Exponi nobis,etc., sub dat. Romæ 28 julii 1657, sicuti et aliis Innocentii XIII pro Brasiliis, incipientibus : Ordines et Congregationes, etc., sub datum Romæ 23 januarii 1724 edita, et publicata fuere omnia et similia, directionem et regimen Ordini Fratrum Minorum attribuentia, Apostolica auctoritate confirmantes, ad gregem ipsum universum extendimus, et ampliamus.

§ 8. *Omnes Tertiarii non tamen Regulares Italiæ subjiciuntur directioni Fratrum Minorum.*

Mandamus propterea universis, et singulis hujusmodi instituti professoribus, per universum mundum existentibus, præsentibus et futuris, cujuscumque status, gradus, et conditionis existant, ac tam in sæculo sub proprio tecto, vel in conjugio ipso, quam collegialiter congregatis aut etiam sub clausura sub tribus votis essentialibus degentibus, ut sicuti cum primo et secundo Ordine, Minorum scilicet, et Clarissarum, unum et eumdem institutorem, auctorem, et Patriarcham habent, ita unum et eumdem ipsiusmet fundatoris legitimum successorem, veluti Patrem, et caput totius seraphici gregis, atque trium ordinum Beati Francisci primarium generalem honorent, observent et recognoscant; ejusque secundarios delegatos, sive Provinciales, sive Guardianos, aut etiam commissarios visitatores, tanquam suos legitimos et veros superiores venerentur, ita ut ipsorum judicio in dubiis, aut controversiis circa regulam et statuta se conforment, atque in iis omnibus, quæ concernunt ordinem ipsum, nec Regulæ sunt contraria, illis pareant et obediant; quod si secus fecerint, ab eisdem cassari, atque habitu spoliari possint; imo nullis proinde Tertiariorum gratiis, et privilegiis gaudere decernimus et jubemus. Non intendimus tamen per hoc Tertiariis Regularibus Italiæ præjudicium aliquod inferre, aut in aliquo denegare constitutioni felicis memoriæ Sixti PP. V Antecessoris Nostri, incipienti : Romani Pontificis Providentia, etc., sub datum Romæ 29 martii 1586. Sed eam in suo robore permanere decernimus : imo pro potiori cautela ipsam de novo confirmamus ; idem omnino statuentes circa Moniales, tria vota essentialia emittentes, aut etiam Tertiarias alias in conservatoriis communiter tantum viventes, ut scilicet pleno jure visitationi, correctioni, et directioni Fratrum Minorum subjaceant, nisi aliter ab hac sede reperiatur specialiter ordinatum.

§ 9. *Ministro generali totius Ordinis Minorum, injungitur propagatio Tertiariorum per universum Orbem, eidemque Ministro facultas conceditur statuendi, quæ bonum eorum respiciunt.*

Injungimus autem eidem Generali Ministro totius Ordinis, ut Beati Francisci Patris sui vestigiis inhærendo, ubilibet intra provincias per universum Orbem eidem commissas, hujusmodi Tertii Ordinis Congregationes sæculares, tam Fratrum, quam Sororum per patentes litteras suas, vel sui Commissarii Generalis erigere, ipsasque sic erectas juxta constitutiones, seu statuta a felicis recordationis Paulo PP. III Antecessore Nostro approbata, vel secundum alia in speculo Seraphico contenta, atque Directorio Trium Ordinum inserta, necnon per recolendæ memoriæ Innocentios PP. XI, XII et XIII confirmata, quæ etiam præsentium tenore renovamus et approbamus, confovere et moderari curet, studeatque ; nisi tamen eidem Generali Ministro, et Capituli Generalis Patribus, aliud in Domino videbitur expedire ; quibus propterea plenum jus, ac liberam auctoritatem ea innovandi, immutandi, augendi, aut minuendi, ac alia de cætero statuendi, quæ bonum dicti gregis regimen concernere possunt ; dummodo tamen Regulæ præfatæ, sacrisque canonibus non adversentur, ad tenorem litterarum Clementis PP. VII incipientium : Dum uberes fructus, etc., sub datum 15 martii 1526 perpetuis futuris temporibus facultatem facimus atque largimur.

§ 10. *Solis superioribus Minorum competit quoscumque recipere ad Tertium Ordinem, eisque Confessarium et Visitatorem, qui præcideat, et rationes examinet, adsignare.*

Insuper dicti Ordinis profectum et incrementum præ oculis habentes, ac prædictis Prædecessorum Nostrorum constitutionibus inhærentes, eidem Generali Ministro privative quoad alios quoscumque, concedimus, ut per secundarios superiores, ad id opportuna et necessaria facultate suffultos, utriusque sexus Christifideles juxta morem dicti Ordinis recipere, commissarium etiam Visitatorem, seu Confessarium, moribus, vitæ sanctimonia, et ætate idoneum, qui ipsis Ecclesiastica Sacramenta ministret, ac de præceptis Regulæ instruat, Congregationes seu congressus convocet, et in ipsis, ac aliis quibuscumque actibus et functionibus præcideat; duplex etiam in paritate suffragium ferat, assignare possit, ac valeat; necnon easdem Congregationes, et earum domos, Conservatoria, Hospitalia, Cappellas et Oratoria opportunis temporibus, vel per seipsum, vel per Ministros Provinciales, aut etiam Commissarios Visitatores, seclusis locorum Ordinariis, et aliis quibuscumque personis cujusvis status, gradus vel conditionis existant, et quacunque auctoritate fungantur, visitare, ac instruere, et paterne corrigere ac reformare tam in capite, quam in membris, ad cassationem usque Mantelli, et Habitus, quæ correctionis, aut reformationis officio cognoverit indigere, aliaque ad bonum dicti Ordinis, juxta ejus constitutiones ordinare et exequi, sicuti in Domino expedire animadverterit; et speciatim, ut quoties sibi placuerit, per Visitatores suos libros et rationes redituum ac bonorum ipsarum Congregationum examinare, et recognoscere possit, quin in eorum administratione, aut eleemosynarum perceptione, vel distributione se ingerant; sed tantum, an videlicet deputati, et officiales piis operibus, ac legatis, oneribusque præfatæ Congregationi injunctis, atque impositis, debitis modo et forma, et opportuno tempore satisfaciant, concedimus, et indulgemus; et pro potiori cautela, piæ memoriæ Innocentii PP. XI dispositionem per suas litteras in forma Brevis, incipientes : Exponi Nobis, ete., sub datum Romæ 10 februarii 1688, circa rationem redituum per omnia monasteria Monialium, eorumque exactores superioribus Ordinis Minorum reddendam, expresse confirmamus, et ad universas Tertii Ordinis Congregationes, sive Fratrum sæcularium sub proprio tecto, sive etiam Sororum, collegialiter viventium, extendimus, et renovamus.

§ 11. *Tertiarii possint sub proprio habitu, et cruce, vel sub cruce Minorum publicis processionibus, et associationibus interesse : nec in loca ubi jam sunt, alii introducantur.*

Volumus proinde, ut Tertiarii ipsi, sub proprio tecto viventes, in omnibus se præbeant hujus sæculi contemptores, atque eorum exemplo cæteri alliceantur, et ad humilitatem incitentur, ut sub propria cruce, vel etiam sub cruce Fratrum Minorum, ad publicas processiones, et ad associanda cadavera, aliasque ecclesiasticas functiones se conferre, et sub proprio habitu, per Ordinis Constitutiones designato, incedere valeant, ac possint, tenore præsentium concedimus, et largimur; præcipientes pariter, ad evitanda jurgia et contentiones omnibus et singulis, etiam inter subditos prædicti Generalis Ministri non comprehensis, et facultate pro fundandis Tertiis Ordinibus sæcularibus prædictis per Sedem Apostolicam concessa gaudentibus, ne quocumque prætextu audeant uti hujusmodi privilegio ubicumque Tertium Ordinem repererint jam fundatum, eoque minus jam fundatas Tertii Ordinis Congregationes ad se recipere, si a conventu recedere, apud quem et sub cujus directione, ac gubernio erecti prius inveniuntur, recedere voluerint. Propterea declaramus omnia irrita, et mera attentata, quæcumque ab aliis, præter voluntatem antedictorum superiorum Ordinis Minorum circa Tertios Ordines illos, aut innovari aut mandari contigerit contra hanc nostram constitutionem, Tertiosque Ordines memoratos in posterum erigendos ubi jam alii erecti, et fundati sunt, aut a conventu, apud quem existunt, transferendos ad alium, præsertim eidem Generali Ministro nequaquam subjectum, inter Tertios Ordines approbatos ab Apostolica Sede habendos non esse, minusque gaudere indulgentiis, et privilegiis Tertio huic Ordini per eandem Sedem Apostolicam impertitis.

§ 12. *Confirmantur indulgentiæ Tertio Ordini concessæ.*

Ut autem Christifideles sacrum hoc Institutum ferventius quærant, et inventum non dimittant, libentiusque vacent exercitiis pietatis et humilitatis. a Beato Francisco in Regula sua præscriptis, omnes et singulas concessiones, et gratias tam spirituales, quam temporales, indulgentias

præsertim per quoscumque Romanos Pontifices Prædecessores Nostros
uni vel alteri Congregationi Tertii Ordinis hujusmodi, sive sæcularium,
sive collegialiter viventium, sive etiam Religiosorum, eorumque personis, atque monasteriis, Domibus, Conservatoriis, Ecclesiis, Hospitalibus,
Capellis, et locis quibuscumque, tam directe et specifice, quam etiam
per communicationem cum aliis Ordinibus, Minorum scilicet, Sanctæ
Claræ, Prædicatorum, Augustinianorum, Carmelitarum, aliorumque
Mendicantium, necnon cum Archiconfraternitatibus Cordigerorum, et
Confalonis de Urbe, sub quacumque forma, et expressione verborum
concessas approbamus, et confirmamus, atque de novo concedimus, et
largimur; singulatim vero illas, quæ leguntur in literis felicis memoriæ
Antecessorum nostrorum Clementis PP. V, incipientibus : Cum illu-
minatum sit, etc., sub datum 8 maji 1305, et aliis Sixti PP. IV, incipientibus : Sacri Prædicatorum et Minorum fratrum Ordines, etc., sub
datum Kalendas augusti 1479, in aliis Leonis X, incipientibus :
Dudum per nos accepto, etc., sub datum 10 decembris 1519, atque
etiam aliis Clementis VII, incipientibus : Ad uberes, etc., sub datum
1526, sicuti et aliis Pauli PP. III, incipientibus pariter : Ad uberes
fructus, etc., sub datum 8 novembris 1584, aliis etiam Clementis
PP. VIII, incipientibus : Ratio pastoralis officii, etc. , sub datum
20 decembris 1597, atque aliis Pauli PP. V, incipientibus : Cum
certas, etc., sub datum 11 martii 1607. Eas præterea, quæ aliis quam
plurimis continentur, ut Innocentii PP. XI, incipientibus : Universis, etc., sub datum 30 septembris 1681 et Ecclesiæ catholicæ, etc.,
28 junii 1686, atque etiam : Exponi Nobis, etc., 5 septembris, et
Alias emanavit, etc., 10 octobris ejusdem anni, necnon Exponi
Nobis, etc., 15 Maji 1688, sicuti et aliis Innocentii PP. XII incipientibus : Ad ea, etc., sub datum 24 decembris 1692: Et debitum, etc., sub
datum 19 maji 1694, necnon : Sua Nobis, etc., 17 kal. januarii 1695, et
Cum sicut Dilectus, etc., 21 novembris 1696, atque : Exponi Nobis, etc.,
3 decembris 1697, sicuti : Ex debito pastoralis, etc., quæque aliis aliorum Romanorum Pontificum Prædecessorum Nostrorum Literis in
favorem dicti Ordinis expeditis, continentur, auctoritate, et tenore præmissis renovamus et confirmamus.

§ 13. *Clausula pro hujus constitutionis observatione.*

Decernentes has nostras literas Apostolicas semper et perpetuo validas, et efficaces esse, et fore, suosque totos plenarios, et integros effectus obtinere, et sortiri debere, ac ab omnibus, et singulis, ad quos quomodolibet nunc spectat, et in futurum spectabit, firmiter et inviolabiliter observandas, ac nullo unquam tempore ex quocumque capite, et qualibet causa, quantumvis pia, legitima, et juridica, etiam ex eo, quod Tertii Ordines prædicti, et quicumque in præmissis, et circa ea quomodolibet, et ex quavis causa, ratione, actione, vel occasione, jus vel rem habentes, aut habere prætendentes, illis non consenserint, nec ad id vocati, citati, et auditi fuerint, et causæ propter quas eædem præsentes, litteræ prodierint, adductæ, verificatæ, et justificatæ non fuerint, de subreptionis, vel obreptionis aut nullitatis, seu invaliditatis vitio, seu intentionis nostræ, aut quolibet alio, quantumvis magno, substantiali, inexcogitato et inexcogitabili, ac specificam, et individuam mentionem, ac expressionem requirente, defectu; sive etiam ex eo, quod in præmissis, eorumque aliquo solemnitates, et quævis alia servanda, et adimplenda, servata, et adimpleta non fuerint; aut ex quocumque alio capite, a jure, vel facto, aut statuto, vel consuetudine aliqua, resultante, aut quocumque alio colore, prætextu, ratione, vel causa, etiam in corpore juris clausa, occasione, aliave causa, etiam quantumvis justa, rationabili, legitima, juridica, pia, privilegiata, etiam tali. quæ ad effectum validitatis præmissorum necessario exprimenda foret, aut quod de voluntate nostra, et aliis superius expressis nusquam appareret, seu alias probari posset, notari, impugnari, invalidari, retractari, in jus, vel controversiam revocari, aut ad terminos juris reduci, vel adversus illas restitutionis in integrum, aperitionis oris, reductionis ad viam, et terminos juris, aut aliud quodcumque facti, gratiæ, vel justitiæ remedium impetrari, seu quomodolibet, etiam motu proprio, et ex certa scientia, ac de Apostolicæ potestatis plenitudine concesso, impetrato, seu vulgato uti, vel se juvare in judicio, vel extra, posse; neque ipsas præsentes Literas Apostolicas sub quibusvis similium, vel dissimilium gratiarum revocationibus, suspensionibus, limitationibus, modificationibus, derogationibus, aliisque contrariis dispositionibus, etiam per Nos, et successores Nostros Romanos Pontifices pro tempore extituros, et Sedem Apostolicam prædictam, etiam in crastinum assumptionis eorumdem successorum ad Summi Apóstolatus apicem, vel alias motu proprio, et ex certa scientia, ac consistorialiter, et ex quibuslibet causis, et sub quibuscumque verborum tenoribus, et formis, ac cum quibusvis clausulis, et decretis, etiamsi de eisdem præsentibus Literis Apostolicis, eorumque toto tenore, ac data specialis mentio fiat, pro tempore factis, et concessis, ac faciendis, et concedendis, comprehensas, sed semper et omnino ab illis exceptas, et quoties illæ prodierint, toties in pristinum, et validissimum, ac eum, in quo antea quomodolibet erant, statum restitutas, repositas, et plenarie reintegratas, ac de novo etiam sub quacumque posteriori data concessas esse, et fore, sicque, et non alias in præmissis omnibus, et singulis per quoscumque judices ordinarios, vel delegatos, etiam causarum Palatii Apostolici Auditores, ac Sanctæ Romanæ Ecclesiæ Cardinales, etiam de Latere Legatos, Vice-Legatos, dictæque Sedis Nuntios, ac alios quomodolibet quavis auctoritate, potestate, prærogativa, et privilegio fungentes, ac honore, et præeminentia fulgentes, sublata eis, et eorum cuilibet quavis aliter judicandi, et interpretandi facultate, et auctoritate in quovis judicio, et quavis instantia, judicari, et definiri debere : irritum quoque, et inane decernimus, si secus super his a quoquam quavis auctoritate, scienter, vel ignoranter contigerit attentari.

§ 14. *Ministro generali totius Ordinis Minorum injungitur hujus Constitutionis executio.*

Quocirca dilecto Filio actuali Ministro totius Ordinis Minorum, ejusque successoribus pro tempore extituris per præsentes committimus, et mandamus, quatenus ipse, vel per se, vel per suum commissarium generalem, sive per judices, conservatores ipsius ordinis, aut etiam per alios quoscumque sibi benevisos, et ab ipso delegatos, præsentes literas, et in eis contenta quæcumque, ubi, et quando opus fuerit, et quoties fuérit requisitus, solemniter publicans, illisque in præmissis efficacis defensionis præsidio assistens, faciat auctoritate nostra, tanquam commissarius Apostolicus ad hunc effectum speciatim delegatus, easdem præsentes Literas, et in eis contenta hujusmodi ab illis, ad quos spectat, et spectabit in futurum, inviolabiliter, et inconcusse observari; omnesque, et in singulos, quos ipsæ præsentes literæ concernunt, præmissorum omnium, et singulorum commodo, et effectu pacifice frui, et gaudere; non permittens, illas super his a locorum ordinariis, aut ab alio quocumque, quavis auctoritate fulgente, quomodolibet, et indebite molestari, perturbari, vel inquietari; nullum, et insubsistens declarans quidquid sit, aut fuerit in contrarium factum; divisiones, obstacula, et perturbationes inter præfatum Tertium Ordinem, præsertim sæcularium, et contra ipsos Tertiarios prædicto Ordini Minorum, ut præmisimus, subjectos, insimulque rebelliones, ac sublevationes adversus superiores, et Religiosos primi Ordinis, eorumque in prædictum Tertium Ordinem superioritatem, correctionem, jurisdictionem, et privilegia sub quocumque prætextu, ratione, vel causa exortas, latas, et deductas, non permittens; contradictores quoslibet, et rebelles per censuras, et pœnas Ecclesiasticas, aliaque opportuna juris, et facti remedia, appellatione postposita, compescendo; legitimisque super his habendis, servatis processibus censuras, et pœnas ipsas, etiam iteratis vicibus, aggravando; invocato etiam ad hoc, si opus fuerit, auxilio brachii sæcularis.

§ 15. *Contrariis derogatur.*

Non obstantibus felicis recordationis Bonifacii PP. VIII, Prædecessoris nostri de una, et Concilii Generalis de duabus dietis, dummodo ultra tres dietas aliquis vigore præsentium ad judicium non trahatur; aliisque quibusdam forsan in contrarium præmissorum quomodolibet editis, vel edendis, specialibus vel generalibus Constitutionibus, et Ordinationibus Apostolicis; ac quatenus opus sit, dicti Tertii Ordinis, etiam juramento, confirmatione Apostolica, vel quavis firmitate alia roboratis statutis, eorumque reformationibus, et novis additionibus, stylis, usibus, et consuetudinibus, etiam immemorialibus; privilegiis quoque, indultis, et litteris Apostolicis sub quibuscumque tenoribus, et formis, ac cum quibusvis etiam derogatoriarum derogatoriis, aliisque efficacissimis, et insolitis clausulis irritantibusque; et aliis decretis in genere, vel in specie, etiam motu proprio, et ex certa scientia, ac etiam consistorialiter, aut alias quomodolibet, etiam

iteratis vicibus, in contrarium eorumdem præmissorum concessis, approbatis, innovatis, et confirmatis; etiamsi in eis caveatur expresse, quód illis
per quascumque litteras Apostolicas, etiam motu proprio, ac consistorialiter, et ex certa scientia, deque Apostolicæ potestatis plenitudine, pro
tempore concessas, quascumque etiam derogatoriarum derogatorias in
se continentes derogari non possit, neque censeatur eis derogatum, nisi
hujusmodi derogationes consistorialiter factæ, et per diversas literas
intimatæ fuerint ; quibus omnibus, et singulis, etiamsi de illis, eorumque
totis tenoribus specialis, specifica, expressa, et individua, ac de verbo ad
verbum, non autem per clausulas generales, idem importantes, mentio,
seu quævis alia expressio habenda, aut aliqua alia exquisita forma ad
hoc servanda foret, illorum omnium, et singulorum tenores, formas, et
causas, etiam quantumvis prægnantes, pias, et privilegiatas præsentibus
pro plene, et sufficienter, ac de verbo ad verbum nihil penitus omisso,
insertis, expressis, ac specificatis habentes; illis alias in suo robore per-
mansuris, ad præmissorum omnium, et singularum validissimum effectum, hac vice dumtaxat, latissime, et plenissime, ac sufficienter, necnon
specialiter, et expresse derogamus, cæterisque contrariis quibuscumque.

§ 16. *Hujus constitutionis transsumptis habenda fides.*

Volumus præterea, ut earumdem præsentium literarum transsumptis,
seu exemplis etiam impressis, manu alicujus ex Secretariis Ministri, vel
Commissarii Generalis dicti Ordinis, sive Notarii publici subscriptis, et
sigillo officii ejusdem Ministri, vel Commissarii, aut procuratoris generalis ipsius ordinis, vel alterius personæ, in Ecclesiastica dignitate constitutæ munitis eadem prorsus fides in judicio, et extra adhibeatur, quæ
præsentibus ipsis adhiberetur, si forent exhibitæ, vel ostensæ.

§ 17. *Nemo hanc constitutionem violare audeat.*

Nulli ergo omnino hominum liceat hanc paginam nostræ confir-
mationis, innovationis, approbationis, concessionis, extensionis, or-
dinationis, largitionis, decreti, voluntatis, mandati, et derogationis

infringere, vel ei ausu temerario contraire. Si quis autem hoc attentare praesumpserit, indignationem Omnipotentis Dei, ac Beatorum Petri et Pauli Apostolorum ejus, se noverit incursurum. Datum Romæ apud S. Petrum Anno Incarnationis Dominicæ millesimo septingentesimo vigesimo quinto, quarto idus decembris, Pontificatus Nostri anno secundo.

Loco † plumbi

P. Cardinalis prodatarius F. Cardinalis OLIVERIUS.

Visa de Curia J. Archiepiscopus Ancyranus.

Lucas Martinettus.

———•———

II.

Benedicti XIII constitutio die 5 julii 1726, *pro Tertiariis Fratrum Minorum Beati Francisci, qui conventuales appellantur* (1).

BENEDICTUS EPISCOPUS,

Servus servorum Dei, ad perpetuam rei memoriam.

I. *Proœmium.*

Singularis devotio, quam erga beatum Franciscum, ordinis Fratrum Minorum in plures familias distincti, piissimum conditorem, profitemur, jure exigit, ut universos tanti parentis Religiosos filios pari nostræ benevolentiæ significatione complectamur et omnia litium semina ex illis, qui sub ejus Regula Deo famulantur, prorsus evellere studeamus.

II. *Constitutio edita pro Tertiariis Fratrum Minorum observantium non respicit Tertiarios Fratrum Minorum conventualium.*

Non modica quidem animi nostri molestia nuper accepimus, inter illos discordiæ occasionem inde ortam, quod per Constitutionem nostram,

(1) *Bullarium Roman*, tom. X, pag. 290, edit. Luxemb. 1730.

quæ incipit : Paterna Sedis Apostolicæ providentia, vulgatam IV Idus decembres, anno Domini 1725, Pontificatus nostri secundo, totius ordinis Fratrum Minorum beati Francisci, qui alias a regulari observantia nuncupantur, ministro generali et secundariis superioribus auctoritatem et jurisdictionem in suos Tertiarios, per felicis memoriæ antecessores nostros Romanos Pontifices traditam, confirmaverimus, ut per ejusdem beati Francisci vestigia gradientes, alacrius in Dei famulatu perseverarent, suique sanctissimi Institutoris Exempla aliis imitanda proponerent. Hanc enim constitutionem tam luculentam, atque alienæ interpretationis expertem, quæ unos Tertiarios, Ministro Generali Fratrum Minorum, qui a regulari observantia nuncupantur, subjectos tantum respicit, et singulatim nominat, non vero alios, speciali nota dignos; nihilominus, contra expressam mentem nostram, ad illos Tertiarios etiam, qui vivunt, semperque vixerunt, sub ministro generali et secundariis superioribus Fratrum Minorum beati Francisci, qui conventuales dicuntur, detortam fuisse intelleximus. Quare nos ipsi, quibus cura specialis incumbit, ut auctoritate nobis divinitus tradita, jus suum unicuique pro virili servemus, atque ordines regulares privilegiis, ob suarum virtutum merita sibi ab hac sancta Apostolica Sede concessis, pacifice in Domino utantur; huic dissidio post maturam deliberationem occurrere volentes, præsentibus literis nostris, perpetuum robur imposterum habituris, motu proprio et ex certa scientia declaramus, sancimus atque statuimus, uni ministro generali et secundariis superioribus ordinis Fratrum Minorum beati Francisci, qui conventuales dicuntur, non vero aliis auctoritatem et jurisdictionem in suos Tertiarios deberi et competere.

III. *Privilegia per summos Pontifices Fratribus Minoribus conventualibus concessa iterum confirmantur.*

Hanc autem auctoritatem et jurisdictionem, iisdem fratribus conventualibus piæ memoriæ Romani Pontifices antecessores nostri pluribus abhinc sæculis Apostolica largitate indulserunt, videlicet Innoc. IV, literis incipientibus : Vota devotorum, datis Lugduni idibus juniis anno Domini 1246, Pontificatus IV, Nicolaus IV, literis incipientibus : Unigenitus Dei filius, datis apud Urbem Veterem VI idus Augustas anno 1290,

Pontificatus III, Martinus V literis incipientibus : Inter cætera, datis Romæ V idus decembres anno 1425, Pontificatus X, et Sixtus IV literis incipientibus : Romani Pontificis providentia, datis Romæ 18 kalend. januarias anno 1475, Pontificatus I : quare nos quoque decessorum nostrorum gestis inhærentes, eorumdem Apostolicas literas, jam recensitas, auctoritate nostra iterum confirmamus, inque suo primævo robore nunc et deinceps manere volumus : ideoque approbantes, atque iterum confirmantes omnem potestatem, auctoritatem et jurisdictionem in eosdem Tertiarios Ministro Generali cæterisque secundariis superioribus Ordinis Fratrum minorum conventualium beati Francisci, ab antecessoribus nostris olim concessam, omnesque facultates, exemptiones, prærogàtivas, Indulgentias, et præeminentias, in prædicta Constitutione nostra, Paterna Sedis Apostolicæ providentia, Ministro Generali totius Ordinis Fratrum Minorum, B. Francisci, qui Observantes dicuntur, in proprios Tertiarios a nobis indultas, pariter indulgemus easdemque extendimus ad Ministrum Generalem Fratrum Minorum, qui Conventuales dicuntur, super Tertiarios, eidem Ordini et Ministro Generali subjectos; volentes præterea et statuentes, ut hi Tertiarii subsint uni eidem Ministro Generali Fratrum Minorum conventualium, præterea nemini ; utque ad unum eundem Ministrum Generalem dumtaxat, et non ad alium quemcumque, in quibuscumque locis, civitatibus, provinciis et regnis, etiam ubi alii Tertiarii sunt, spectet instituere, condire et propagare eundem suum Ordinem, utriusque sexus Tertiariorum, de pœnitentia nuncupatum; quæque illorum profectum spiritualem respiciunt, stabilire et decernere, illos corrigere et reformare, et omnia disponere, quæ jam laudata constitutio nostra Ministro Generali Fratrum Minorum observantium in proprios Tertiarios disponenda concedit. Etenim æquum est, ut Ministro Generali Ordinis Fratrum Minorum conventualium B. Francisci, qui inter cæteros Ordines, sub uno et eodem seraphico patre, et capite Deo famulantes vetustissimus est, omnem jurisdictionem, auctoritatem, facultates et gratias in Tertii Ordinis, ab eodem celeberrimo confessore instituti, pœnitentis indulgeamus, quæ aliis fratribus minoribus indultæ fuerunt, maxime cum ejusdem seraphici patris et confessoris corpus requiescat in eorumdem Fratrum conventualium Basilica Cœnobii Assisiensis, quam propterea esse caput, et matrem totius Ordinis Fra-

trum Minorum felicis recordationis antecessores nostri Romani Pontifices suis Apostolicis literis decreverunt, nimirum Gregorius IX,
incipientibus : Is, qui Ecclesiam suam, datis Laterani X kalendas majas
anno 1230, Pontificatus IV, Clemens IV literis pariter incipientibus : Is,
qui Ecclesiam suam, datis Perusiæ XVII kalendas majas anno 1266,
Pontificatus II, Nicolaus III, literis incipientibus : Gloriosissimi confessoris, datis Reate, pridie idus majas 1277, Pontificatus I, et Sixtus IV
literis incipientibus : Ad insignem, datis Romæ VI idus decembres
anno 1480, Pontificatus V.

IV. *Tertiarii Fratrum Minorum conventualium fruantur privilegiis et
gratiis spiritualibus, quæ cæteris Tertiariis concessæ fuerunt.*

Volumus etiam, decernimus atque statuimus, ut Tertiarii, directioni
Ministri Generalis Fratrum Minorum conventualium subjecti, omnino
gaudeant et fruantur omnibus exemptionibus, immunitatibus, prærogativis, indulgentiis, privilegiis, gratiis et favoribus spiritualibus et tempo-
ralibus, quas Antecessores nostri Romani Pontifices iisdem largiti fuerunt,
quapropter has iterum approbamus, confirmamus atque concedimus,
easdemque etiam omnes et singulas, quas pridem concessimus in eadem
Constitutione nostra, quæ incipit : Paterna Sedis apostolicæ providentia;
decernentes tamen et declarantes, ut quacumque consuetudine in contrarium nonobstante, memorati Tertiarii, directioni et correctioni Ministri
Generalis Fratrum Minorum conventualium subjecti, vestes religiosas,
colore et forma Tertiariis proprias, induant, eo prorsus modo, quem
Romani Pontifices suis apostolicis literis observandum præscripserunt,
ad hoc, ut iisdem indulgentiis et gratiis frui possint.

V. *Clausulæ derogatoriæ et consuræ in contra-facientes.*

Hæc vero universa Ministro Generali Fratrum Minorum conventualium in Tertiarios ei subjectos, præsentibus literis nostris concessa, ita,
et non aliter judicari et firma atque inconcussa ab omnibus haberi statuimus, non obstantibus ordinationibus, et constitutionibus apostolicis
aliisque contrariis quibuscumque, quibus quatenus opus est, derogamus,

easque abrogamus, proque abrogatis, derogatis et nullis hac in re haberi volumus ; pœnam excommunicationis ipso facto incurrendam aliasqu censuras pro arbitrio nostro iis interminantes, qui contraire, vel temerario ausu ea impugnare præsumpserint, quæ hac nostra constitutione firmamus atque decernimus : ob cujus plenam perfectamque observantiam injungimus venerabilibus fratribus, Patriarchis, Archiepiscopis, Episcopis, et eorumdem Vicariis et ministris, ut pro horum omnium plena executione tuenda, auctoritate sua vigilent, invocato etiam, si opus fuerit, ad hoc auxilio brachii sæcularis.

VI. *His literis fides ubique adhibeatur.*

Volumus autem, ut præsentium litterarum transumptis, seu exemplis, etiam impressis, manu alicujus ex Secretariis, Ministris vel procuratoris generalis dicti Ordinis Fratrum Minorum conventualium, sive Notarii publici subscriptis, et sigillo officii ejusdem ministri vel procuratoris generalis ipsius ordinis, vel cujuscumque personæ in ecclesiastica dignitate constitutæ munitis, eadem prorsus fides in judicio, et extra adhibeatur, quæ præsentibus ipsis adhiberetur, si forent exhibitæ, vel ostensæ.

VII. *Nemo has literas infringere audeat.*

Nulli ergo omnino hominum liceat hanc paginam nostræ approbationis, declarationis, confirmationis, innovationis, concessionis,| decreti, voluntatis, præcepti et derogationis infringere, aut ei temerario ausu contraire. Si quis autem hoc attentare præsumpserit, indignationem omnipotentis Dei, ac beatorum Petri et Pauli Apostolorum ejus se noverit incursurum.

Datum Romæ apud Sanctum Petrum, Anno Dominicæ Incarnationis millesimo septingentesimo bicesimo sexto, tertio nonas Julias, pontificatus nostri Anno tertio.

P. Card. PRODATARIUS.

Pro Domino Card. OLIVERIO.

C. Archiepiscopus Emissenus.

Visa

De Curia J. Archiepiscopus Ancyranus.

Lucas MARTINETTUS

III.

Nota. La pièce suivante est extraite du *Manuel du Tiers-Ordre* (pag. 47), imprimé à Lyon (1849), et composé par le très-révérend P. Laurent, Provincial des Capucins de France. Nous la donnons en français, parce que nous n'avons pas le texte original.

PIE IX,

SERVITEUR DES SERVITEURS DE DIEU, POUR SERVIR DE MONUMENT ÉTERNEL.

L'office du suprême apostolat que la volonté de Dieu nous a imposé, malgré la faiblesse de nos mérites, exige que nous enrichissions particulièrement de l'abondance des trésors spirituels, dont le Très-Haut nous a confié le dépôt, ces sociétés pieuses, fondées avec une rare sagesse, pour propager la religion et la charité des serviteurs de Jésus-Christ, afin que les chrétiens, excités par un si puissant motif, s'empressent de s'y agréger, et méritent, par un accroissement de vertus, de s'unir plus intimement à Dieu.

C'est pourquoi les supérieurs et les confrères du Tiers-Ordre de St. François dit de la Pénitence, de Marseille, nous ayant demandé qu'à l'exemple de Pie VII, d'heureuse mémoire, notre prédécesseur, dans ses lettres apostoliques en forme de Bref du 10 février 1818, en faveur des Tierçaires franciscains de la ville de Gerunden, Nous voulions bien aussi accorder à ces mêmes Tierçaires de tout le royaume de France, la confirmation, soit l'extension de tous les priviléges accordés en faveur du Tiers-Ordre, par Benoît XIII d'heureuse mémoire, notre prédécesseur, dans ses lettres qui commencent par Paterna Sedis; Nous avons jugé devoir condescendre à des désirs qui intéressent à un si haut degré le salut des âmes.

Voulant donc favoriser les demandeurs d'une grâce spéciale, et acquiescer à leurs pieuses supplications, plein de confiance en la miséricorde du Dieu tout-puissant et en l'autorité des BB. apôtres Pierre et

Paul, Nous confirmons à perpétuité, et autant que cela est nécessaire, Nous accordons de nouveau et Nous donnons, en vertu de l'autorité apostolique et par la teneur des présentes, en faveur desdits Tierçaires de tout le royaume de France, toutes et chaque Indulgence, rémission des péchés et des pénitences, et autres grâces spirituelles, généralement accordées au même ordre des Tierçaires, par le même Benoît XIII, notre prédécesseur, dans ses susdites lettres Paterna Sedis.

Et de plus les mêmes demandeurs nous ayant manifesté le désir que les Indulgences plenières attachées aux jours de l'Immculée Conception de la bienheureuse Vierge Marie, de St. François d'Assise, de ses stigmates sacrées, de saint Louis, roi de France, et de sainte Elisabeth, de Hongrie, puissent être gagnées par lesdits Tierçaires du royaume de France, le dimanche qui suivra immédiatement chacune de ces fêtes, en vertu de la même autorité, nous transférons à perpétuité aux jours ces indulgences; nonobstant les paroles du même Benoît XIII, dans les lettres citées et toutes autres choses contraires.

Nous voulons qu'on donne aux traductions et aux copies des présentes, même imprimées, pourvu qu'elles soient signées de la main d'un notaire public, et revêtues du sceau d'une personne constituée en dignité ecclésiastique, la même autorité qu'on donnerait aux présentes, si elles étaient exhibées et montrées.

Donné à Rome, à Sainte-Marie-Majeure, sous l'anneau du Pêcheur, 7 juillet 1848, l'an III de notre Pontificat.

A. Card. LAMBRUSCHINI.

———

IV.

PIUS, PAPA IX.

Ad perpetuam rei memoriam.

Cum sicut nobis nuper exponit dilectus filius Joannes Carolus, magni minister generalis Fratrum Ordinis Minorum Sti Francisci conventualium nuncupatorum, Christifidelium devotio erga Tertium Ordinem ejusdem

S^{ti} Francisci vel restitui, vel crescere in dies longe ac late videatur, idem exponens a Nobis humiliter petiit, ut ad hanc pietatem augendam, quas Indulgentias aliasque spirituales gratias Tertiariis Franciscalibus Galliarum ad preces sodalitatis Tertii Ordinis Massiliensis, per litteras Nostras Apostolicas, datas die VII mensis julii 1848 concessimus, easdem sodalibus Tertii Ordinis sancti Francisci ubique existentibus, ad normam litterarum Apostolicarum felicis recordationis Benedicti XIII, prædecessoris Nostri, diei V mensis julii, anni 1726, quarum initium : — *singularis devotio* — concedere dignaremur. Nos autem, quibus pro munere supremi Apostolatus, maximæ curæ est Gregi Dominico majora quæ possumus auxilia conferre, ut in hac præsertim acerbitate temporum, vel nunquam a recto salutis tramite deflectant, vel in illum quantocyus reducantur, plis hisce postulationibus benigne annuere censuimus : igitur de omnipotentis Dei misericordia, ac Beatorum Petri et Pauli Apostolorum ejus auctoritate confisi, *omnibus et singulis utriusque sexus Christi fidelibus Tertio Ordini sancti Francisci Assisiensis adscriptis,* vel pro tempore adscribendis, auctoritate Nostra Apostolica, per præsentes litteras ea omnia et singula in perpetuum concedimus, quæ Tertiariis Franciscalibus Galliarum prædictis litteris Nostris diei VII julii 1848, concessa sunt juxta tenorem aliarum, quas diximus, literarum Apostolicarum decessoris nostri Benedicti XIII. Non obstante nostra et cancellariæ Apostolicæ regula de non concedendis Indulgentiis ad instar, aliisque constitutionibus et ordinationibus quibuscumque.

Datum Romæ, apud sanctum Petrum, sub annulo Piscatoris, die XI martii 1851, Pontificatus nostri anno quinto.

A. card. LAMBRUSCHINI.

CONSULTATIONS ADRESSÉES A LA RÉDACTION

Des Mélanges Théologiques,

CONSULTATION I.

Dans le remarquable article que vous avez publié dernièrement sur la célébration des Messes *de Requiem*, il n'est pas fait mention d'un décret du 11 avril 1840, qui semble contredire en plusieurs points vos assertions. Ce décret est rapporté en ces termes, dans le *Journal historique et littéraire*, tome 8, pag. 485 :

« Utrum sacerdos satisfaciat obligationi celebrandi Missam pro de-» funcio, servando ritum feriæ, vel cujuscumque sancti, etiamsi non sit »semiduplex vel duplex ? R. Affirmative. »

Ce décret permettrait de faire concorder plus souvent la Messe avec l'office, selon le désir exprimé par les règles générales du Missel.

Veuillez, Messieurs, avoir l'obligeance de dire ce que vous en pensez, et agréer d'avance l'expression de ma gratitude.

Votre abonné.

Cette décision est, nous l'avouons, contraire à ce que nous avons enseigné, et par suite de ce décret, nous n'oserions blâmer ceux qui le mettraient en pratique. D'un autre côté cependant il ne change pas notre manière de voir.

Notre respectable abonné voudrait, semble-t-il, expliquer ou modifier par celui-ci les décrets de la Congrégation des Rites, sur la question. Ce serait là, à notre avis, s'écarter des règles. Ce n'est qu'incidemment que la Congrégation des Indulgences résout des doutes semblables, et la Congrégation des Rites seule est établie pour représenter le législateur dans tout ce qui concerne le culte et les cérémonies de la religion. Le décret qu'on nous objecte doit donc être expliqué par ceux de la S. Congrégation des Rites, et ainsi il ne prouve *rien*, parce qu'il prouve *trop*. Tout est permis par ce décret : qu'il y ait ou non fondation, que ce soit un véritable anniversaire, ou une autre messe, qu'on ait requis expressément, ou non, une Messe *de Requiem*, aucune exception n'est faite. Or, il est bien certain que cela est en opposition directe avec les principes de la S. Congrégation des Rites. Il nous semble donc qu'on doit abandonner ce décret, ou le restreindre aux cas où, d'après la S. Congrégation des Rites, il est permis de dire la messe du jour.

Ajoutons en terminant que le désir exprimé par le Missel, que la Messe soit le plus souvent possible conforme à l'office, que ce désir, disons-nous, se rapporte aux Messes votives, et non aux Messes *de Requiem*. C'est la remarque judicieuse de Cavaliéri (1). Plusieurs auteurs étendaient les paroles *id vero passim non fiat*, etc., aux Messes des morts ; mais c'est à tort, puisque en désignant les jours auxquels les Messes *de Requiem* sont permises, le Missel n'apporte pas cette exception. N'oublions pas non plus de remarquer que la Messe *de Requiem* est d'obligation en certains jours pour les chapitres des cathédrales ou collégiales, tandis que les Messes votives ne sont que *ad libitum* aux jours marqués. De tout cela nous ne concluons rien pour notre sentiment, nous avons seulement voulu montrer qu'on invoque quelquefois à tort le Missel contre nous.

CONSULTATION II.

Nous extrayons les deux questions suivantes d'une lettre d'un de nos abonnés :

(1) Tom. III, cap. 10, decr. 2, n. 7.

1° M. De Herdt, tom. I, pag. 194, s'exprime ainsi : « Quando Palla
»ad lavandum dissuitur, aut interior charta vel lignum eximitur, verosi-
»militer perditur benedictio. » Or, je puis affirmer que la pratique
générale est contraire, et qu'on se sert encore des Pales ainsi décousues,
sans les avoir fait bénir de nouveau. Veuillez nous dire MM. ce que vous
en pensez.

2° Un curé pourrait-il, dans son régistre de mariage, inscrire, comme
légitimé par mariage subséquent, un enfant naturel qui n'est pas le fait
des œuvres de l'époux? Pourrait-il du moins annoter que cet enfant a été
légitimé dans le contrat civil ? L'époux avoue sa non-paternité, et la
chose n'est pas contestée.

I. Nous ignorons quel est l'auteur ou quels sont les auteurs
que M. D. H. a consultés pour soutenir ce qu'il avance ;
jusqu'ici du moins nous n'en avons pas trouvé qui tienne ce
sentiment. Il apporte, à la vérité, une raison, mais à notre avis,
bien faible : *Quia hac separatione facta usui suo esse nequit.*
Nous croyons au contraire que la Pale ne perd pas sa bénédiction, lorsqu'on la découd, ou qu'on en extrait le carton. La
Pale, liturgiquement parlant, n'est qu'une partie du corporal (1). Un morceau de toile (de lin) assez grand pour couvrir
le calice, et bénit; voilà tout ce qu'il faut pour une pale. Si
cette toile se met en double, si elle est fortement amidonnée en
Italie, et si nous y insérons ici un carton, tous ces moyens, dont
le but est de la rendre plus résistante, ne changent rien à la
pale et ne lui donnent pas une nouvelle destination. Est-ce
qu'une aube, parce qu'elle a perdu son amidon et ses plis, est
privée de sa bénédiction? Et pourquoi une pale la perdrait-
elle davantage ? N'est-il pas possible à la rigueur de couvrir le
calice avec une pale réduite à sa plus simple vérité ? On l'a
bien fait jusqu'au 12e siècle. Voici l'objection la plus sérieuse

(1) Voir *Mélanges*, 4e série, pag. 376 et 490.

contre notre sentiment. Une pale est cousue en double et bénite ainsi; or, si vous la décousez, il ne vous restera plus que deux parties, et non une pale. La bénédiction est donc perdue. Cet argument suppose que la partie inférieure ou supérieure de nos pales n'est pas suffisante à elle seule pour faire une pale; or, c'est là une erreur manifeste, ainsi qu'il vient d'être expliqué. Mais pourquoi un cordon (cingulum) conserve-t-il quelquefois sa bénédiction, s'il est brisé, et pourquoi la perd-il ailleurs? C'est parce que dans les cas de la première supposition, il en reste encore une partie suffisante à elle seule, pour ceindre le prêtre. Et ne devons-nous pas dire la même chose de la pale, puisque l'une de ses parties suffit pour remplir sa destination?

On pourra donc continuer sans scrupule à suivre l'usage reçu, *quia separatione facta, adhuc usui suo esse potest.*

II. Nous ne pouvons donner qu'une réponse négative à la seconde question. Dans le droit canon, la légitimation s'opère de plein droit, par le mariage des parents (1), de telle sorte que quand les parents s'y opposeraient, les enfants nés d'eux avant le mariage seraient légitimés par le mariage subséquent (2). La reconnaissance des parents n'opère donc rien au for ecclésiastique, de même que le refus de reconnaître leur enfant naturel ne peut être préjudiciable à celui-ci. D'après cela, ne peut être légitime aux yeux de l'Eglise que l'enfant né de l'époux et de l'épouse; un étranger ne le sera jamais. Il n'est donc pas permis à un curé de déclarer sur ses registres que tel enfant est légitimé, lorsque d'après le droit canon cet enfant reste naturel. Le curé ne doit pas non plus signaler que l'époux a reconnu tel enfant comme sien, devant l'officier de l'état civil.

(1) Voir *Mélanges,* 1re série, pag. 508, 2e édit.
(2) V. Barbosa, *Collect. Doct.* in lib. IV. Decret. Tit. 17. n. 16.

Ce serait là ou vouloir légitimer un enfant malgré les lois ecclésiastiques, ou dévoiler au public l'injustice et le péché d'un
époux qui, au détriment de ses enfants légitimes, introduit un
étranger dans sa famille.

CONSULTATION III.

Messieurs,

Un décret de la Sacrée Congrégation des Rites, en date du 7 septembre 1816 porte : « Stolam non esse adhibendam præterquam in col-
»latione et confectione Sacramentorum, ideoque consuetudinem in
»contrarium esse abusum, per locorum Ordinarios *omnino eliminan-*
»*dum.* »

Un autre du 19 août 1651 : « In missa quæ canitur sine ministris non
»debet thurificari, neque *altare*, neque chorus. » Il est confirmé par
un autre du 18 décembre 1779, cité par Baldeschi, *Esposizione delle
sacre cerimonie*, tom. II, cap. 9 ; et dont je n'ai plus le texte sous les
yeux ; mais si la mémoire ne me fait pas défaut, il renferme la clause :
Non obstante quocumque usu contrario.

Un autre du 15 mars 1721, cité dans les *Mélanges*, 2ᵉ série, pag. 404 :
« Non esse permittendum, sed *omnino tanquam abusum* prohibendum
»esse mandavit usum ut simplices sacerdotes, præter diaconum et sub-
»diaconum, adhibeant in Missa solemni presbyterum assistentem. »

Or, dans ce diocèse, on voit rarement paraître un prêtre au chœur
sans étole, pour quelque fonction que ce soit, dès qu'il porte le surplis. Souvent on y trouve un prêtre assistant, un simple prêtre officiant. L'usage de
l'encens y est aussi fréquent, quand même il n'y a pas de ministres. Il est
à remarquer que dans les paroisses rurales, il est très-rare qu'aux principales solennités, il y ait des ministres ; l'usage de l'encens y serait donc
presque nul à la messe, tandis qu'en Italie généralement, il est très-
facile d'avoir des ministres. D'autre part, considérant avec quelle prudence, avec quelle maturité de jugement la Sacrée Congrégation procède
dans ses décisions, je vous prie, Messieurs, de me faire connaître votre
opinion sur ces usages.

Un abonné.

1. Nous répondons, quant au premier point sur lequel nous sommes interrogés, qu'il faut de toute nécessité s'en tenir aux Décrets : ils sont trop formels, trop positifs, et ont été renouvelés un trop grand nombre de fois, pour que l'on puisse élever des doutes sur l'interprétation qu'il leur faut donner. Le décret de 1816 a été confirmé spécialement par le Souverain Pontife qui ordonna de le publier. Il le fut encore en 1847, par une autre décision qui atteint surtout les recteurs des églises paroissiales. Nous la mettons sous les yeux de nos lecteurs, quoiqu'elle se trouve rapportée dans le Dictionnaire des Décrets de la Congrégation des Rites (1). « Num celebrans, ubi non est obligatio » chori, in vesperis festivis, vel votivis, possit stolam induere, » quum sit veluti præeminentiæ signum in choro, maxime in » Ecclesiis ruralibus? *Negative, juxta alias Decreta.* Die 11 » sept. 1847, in *Veronen.* ad 5. » On ne pourra donc prétexter aucune raison, aucun usage, pour s'autoriser à porter l'étole pendant les vêpres. Il est du reste si facile d'observer en cela les décrets, qu'une obstination déraisonnable peut seule maintenir les abus existants.

2. Les décrets relatifs à l'encensement de l'autel pendant une Messe qui est chantée sans diacres, ne nous paraissent pas aussi décisifs qu'à notre respectable abonné. Ils se rapportent tous à des ordres religieux, ou à des églises tenues à la messe conventuelle. Celui de 1651 a été porté pour les Carmes, un autre de 1701, pour les Camaldules, et le dernier de 1779, à la demande des Mineurs de l'Observance, et dans ces deux derniers décrets, il est fait une mention expresse de la messe conventuelle (2). Or, un principe qui nous paraît évident, c'est

(1) V. *Stola*, n. 1, in fine, pag. 241.
(2) V. *Opus cit.* V. *Thurificatio*, n. 2, pag. 244, *Missa*, § 7, n. 11, p. 148. Nous avons déjà rappelé, 5ᵉ série, pag. 320, que les Carmes étaient tenus à la messe conventuelle ; et conséquemment c'est de la messe conventuelle qu'il faut entendre le doute proposé.

qu'il ne faut pas étendre une défense au-delà des termes qui lui sont assignés. La défense d'employer l'encens dans les messes conventuelles a été portée, et non sans de justes motifs, parce qu'il est toujours facile d'avoir des Diacres pour assister à ces messes ; mais il n'est pas question des messes paroissiales, ou solennelles qu'on chante dans les paroisses rurales, et dès lors nous ne pouvons pas assurer que la défense a été portée pour ces dernières.

Bien plus, nous croyons trouver, non seulement dans les auteurs (1), mais aussi dans le Mémorial des Rites publié par Benoit XIII, la confirmation de notre sentiment. Le Missel romain qui dispose les cérémonies, dans la supposition qu'il y a diacre et sous-diacre, ordonne, au Vendredi-Saint, de faire l'encensement, comme à l'offertoire, après qu'on a rapporté le Saint Sacrement sur l'autel. « Deinde imponit incensum in » thuribulo absque benedictione, et incensat oblata, et altare » more solito... » Or, le Mémorial dont nous parlons et qui a été approuvé par la Congrégation des Rites, indique les mêmes cérémonies à faire par le curé qui fait l'office seul avec acolythes et thuriféraires. « Stando nel medesimo luogo pone » l'incenso nel turibolo senza benedizione e senza baci... ed in- » censa le oblate dicendo al solito... etc. (2). » Et qu'on ne s'imagine pas que cet encensement se fait par ce motif qu'on vient de rapporter le S. Sacrement sur l'autel, puisque le même Mémorial a déjà indiqué cet encensement auparavant, comme il est marqué au Missel (3). Mais pourquoi ce qui est permis au Vendredi-Saint serait-il défendu aux autres jours de l'année? La disposition du Missel est générale, les décrets de

(1) Merati, tom. I, part. 2, tit. 6, n. 44 ; Cavalieri, tom. III, cap. 12, decr. 10, n. 10, et alii passim.

(2) Tit. V, cap. 2, § 4, n. 6 et ss. ap. Baldeschi, tom. 4, pag. 122.

(3) Ibid. § 3, n. 16. Baldeschi, pag. 121.

la Congrégation des Rites ne mentionnent pas d'exception, et conséquemment la défense, si elle existait, à l'égard des petites églises, s'étendrait au Vendredi-Saint aussi bien qu'au reste de l'année.

Nous pensons donc, jusqu'à ce qu'on rapporte un décret clair et catégorique, que les églises rurales ne sont pas comprises dans les défenses réitérées de la Congrégation des Rites, et qu'il y est permis, aux jours solennels, de faire les encensements ordinaires pendant la Messe.

3. Sur la troisième question, il est évident qu'on doit éliminer l'abus d'employer un prêtre assistant, dans les Messes chantées par des prêtres qui ne sont pas prélats. « Quod si ali- » cubi, écrit Gardellini (1), in solemnioribus festivitatibus, » præter diaconum et subdiaconum, presbyter pluviali indutus » assistit, id fit *per abusum, nullo prætextu cohonestandum,* » *imo prorsus reprobandum et abolendum.* » La Congrégation a quelquefois accordé le privilège d'un prêtre assistant, ou elle en a toléré l'usage, à cause d'une coutume immémoriale, mais c'était à l'égard des chanoines des cathédrales, ou des dignités ecclésiastiques. Une coutume en faveur de simples prêtres, quelque temps qu'elle ait duré, ne peut être invoquée, puisqu'elle a été formellement réprouvée par la Congrégation des Rites.

CONSULTATION IV.

Le Missel romain, aux jours des Rogations, enseigne qu'à la Messe, il ne faut pas faire mémoire de la fête occurrente. J'avais cru que cela ne concernait que les cathédrales qui sont tenues à célébrer tous les jours une messe conforme à l'office : mais examinant l'ordre ou cartabelle du Diocèse, j'ai remarqué qu'elle portait aussi *Missa Rogationum sine commemoratione festi.* Suis-je dans l'erreur, ou le rédacteur du Calendrier s'est-il trompé ?

_____

(1) Not. ad num. 4473.

Nous avons eu occasion de faire remarquer qu'un grand nombre de prescriptions du Missel romain s'appliquent aux églises astreintes à la messe conventuelle, et qu'il faut donner une décision contraire, lorsqu'on parle des églises simplement paroissiales. Ainsi les messes votives solennelles, dans les cathédrales et collégiales, se chantent *cum unica oratione*, tandis qu'ailleurs, la Congrégation l'a décidé naguères, on doit y ajouter les commémoraisons de la fête occurrente, du Dimanche, etc. La messe des Rogations rentre manifestement dans la catégorie des messes votives, et, conséquemment, est soumise aux mêmes principes. D'après cela il faut conclure que dans les églises paroissiales, la messe des Rogations doit comprendre la mémoire de la fête occurrente. C'est du reste ce qui vient d'être déclaré par la Congrégation des Rites.

Sub die 12 novembris 1831, sacra Rituum Congregatio decrevit : « In Ecclesiis in quibus non solet quotidie Missa decantari, vel adest » solus Parochus, in festo sancti Marci ac in triduo Rogationum, etiamsi » occurrat festum duplex, si fiat Processio, legenda est Missa Rogatio- » num : secus legenda est de festo cum commemoratione earumdem. » Quæritur ergo, si post Processionem legatur Missa Rogationum, debet in ea fieri commemoratio festi occurrentis, et fieri debent omnès aliæ commemorationes, quæ dicendæ essent in Missa diei? Vel his omnibus omissis, dicendæ sunt secunda et tertia orationes, quæ in Missa Rogationum dicendæ præscribuntur in Missali ?

Et S. eadem C. respondendum censuit *faciendam esse commemorationem festi occurrentis cum sola tertia oratione, quæ secundo loco præscribitur in Missa Rogationum.* Die 23 maii 1846 in TUDEN. ad 2 (1).

La chose est donc claire. Lorsqu'il y a une fête occurrente, la seconde oraison sera celle de la fête, et la troisième *concede*, on

(1) V. Gardellini, n. 4904.

omettra la troisième qui est *Ecclesiæ* ou *pro Papa*. S'il y avait en outre un simple, la deuxième oraison serait de la fête, la troisième du simple, et l'on ne dirait pas les deux indiquées au Missel. Remarquons que la décision, quoique portée pour le cas où un curé est seul, doit néanmoins s'appliquer à toutes les églises non astreintes à la messe conventuelle, c'est le même principe et la même raison que pour les messes votives.

CONSULTATION V.

Messieurs,

Dans votre avant-dernière livraison des *Mélangès*, vous priez vos abonnés de ne vous adresser que des doutes pratiques. Je prends la confiance de vous en adresser quelques-uns qui se rapportent aux questions traitées dans cette publication.

1° Vous enseignez, *Mél.* 5ᵉ série, p. 231, qu'en général il n'est pas permis de célébrer à l'autel où le Saint-Sacrement est exposé; comment expliquer alors l'injonction générale faite par les directoires diocésains, au moins plusieurs, d'exposer pendant la messe, chaque premier dimanche du mois? *Directorium Tornac.*, p. 7.

2° Doit on suivre les mêmes rubriques pendant l'exposition du jour de l'adoration perpétuelle qu'aux jours des 40 heures, pour la collecte de la messe dans toute l'église, pour l'exclusion des messes *de requiem*, etc. — Dans une paroisse où le registre aux inscriptions des adorateurs serait perdu ou n'aurait pas existé, ou s'il y avait plusieurs heures sans adorateurs, gagnerait-on l'indulgence dans cette paroisse, et pourrait-on pour la solennité faire usage du rescrit du 25 janvier 1850, rapporté dans le directoire de Tournay de cette année, p. 6.

3° Y a-t-il obligation de distribuer au peuple, pour l'emporter dans ses habitations, l'eau des fonts baptismaux bénite la veille de Pâques et Pentecôte; quel usage peut-il en faire?

Que penser de la pratique des pasteurs qui pour éviter le tumulte et même la profanation de cette eau que le peuple se dispute, font ap-

porter par chacun des assistants, un vase rempli de la quantité d'eau
qu'il désire conserver, et la bénit ainsi avec celle des fonts sacrés,
quoique séparée de celle-ci, comme les palmes que chacun tient en
main pour être bénites le dimanche des rameaux?

Un abonné.

I. S'il est vrai que le Directoire diocésain enjoigne d'exposer
le S. Sacrement à l'autel où se chante la Messe, nous croyons
qu'il faut s'y conformer. L'usage en effet que nous suivons généralement ici n'est pas tellement contraire aux rubriques, qu'il
ne puisse être légitimé par de bonnes raisons, ainsi que nous
l'avons expliqué. Or, l'injonction faite par l'Evêque est une
raison plus que suffisante d'agir ainsi, et les recteurs des Eglises
ne peuvent exciter des doutes à ce sujet.

II. Il nous paraît qu'on ne peut pas appliquer au jour de
l'Adoration perpétuelle les privilèges accordés aux prières des
XL heures. Il est défendu de sortir des termes de l'Indult. Si
l'Indult pontifical accorde seulement la Messe votive du Saint
Sacrement, en la forme de celle des XL heures, on n'est pas
autorisé à conclure que la même chose a lieu pour les autres
priviléges non spécifiés dans la demande. Il ne faut pas oublier
non plus que les prières des XL heures sont établies pour une
cause grave, publique, et qu'à ce titre, elles jouissent de
nombreux privilèges que ne peuvent revendiquer les autres
expositions du S. Sacrement.

Quant à l'autre partie du doute, savoir, si l'on peut faire
usage du rescrit qui permet la Messe votive du S. Sacrement,
dans les paroisses où l'adoration ne se fait pas selon les règles,
nous donnerions une réponse affirmative. Quel est en effet le
but, et quel est le motif de la concession pontificale?

Le but, c'est de relever la cérémonie, d'y ajouter un certain éclat, et de faire rendre plus d'hommages à J.-C. Le but, c'est encore d'attirer plus de personnes à la messe, au sermon et à la fréquentation des sacrements. Le motif, c'est le concours du peuple, l'empressement des fidèles à s'approcher de la table sainte, enfin, l'espèce de solennité extrinsèque qu'on attache généralement à ce jour. Or, ce même motif existe dans les paroisses où certaines heures n'ont pas d'adorateurs : la cérémonie s'y fait comme ailleurs, avec le même extérieur. Le but de la concession est atteint, et d'autant mieux qu'on a plus grand besoin de réveiller le zèle des fidèles, et leur amour pour le S. Sacrement. Au surplus, aucune condition n'est apposée dans le rescrit du Souverain Pontife, et dès qu'une paroisse est du nombre de celles qui font l'adoration perpétuelle, elle peut réclamer les avantages qui y sont attachés.

Pour les indulgences, c'est autre chose : une opinion, quelque fondée qu'elle soit, ne peut leur donner de la validité, si elles n'en ont pas; et il nous est impossible de répondre catégoriquement à la question de notre abonné, n'ayant pas de documents authentiques sur ce point. Si l'on tient à connaitre notre sentiment, nous dirons que nous penchons pour le parti le plus favorable aux fidèles, et que nous croyons que l'Indulgence se gagne par les fidèles qui font leur adoration d'une heure devant le Saint Sacrement, quoiqu'en certaines heures il n'y ait pas d'adorateurs. Pourquoi cela? C'est qu'à notre avis, l'intention de l'Eglise n'est pas de priver du fruit de l'indulgence les fidèles qui ont rempli les conditions prescrites, et cela pour la faute d'autrui. C'est cependant ce qui arriverait, si, dans l'hypothèse, ceux qui font l'adoration ne pouvaient gagner l'indulgence. Il faudrait dire que dans une paroisse où une seule heure manque d'adorateurs, personne ne gagne l'indulgence, que dans un diocèse où le même manquement a lieu, personne

non plus ne gagne l'indulgence. Car si le tout est subordonné à
la partie, c'est-à-dire, si l'enchaînement moral est tel qu'un
manquement particulier fasse crouler l'ensemble, on doit convenir que telles seront les conséquences d'un manquement
partiel. On serait même conduit à conclure, pour le rosaire
vivant, par exemple, que si une personne de la quinzaine
manque à son engagement, aucune des autres ne pourra gagner
ni indulgences partielles, ni indulgences plénières, puisque
c'est un tout moral. Or, tel n'est pas, croyons-nous, l'esprit de
l'Eglise, telle n'est pas sa volonté : du moins le penserons-nous
ainsi, jusqu'à ce que nous ayons des preuves manifestes du contraire.

III. L'eau des fonts, quoique la bénédiction s'en fasse surtout
pour servir de matière au baptême solennel, est destinée cependant à d'autres usages. Ainsi elle doit être employée pour asperger le peuple, le jour même et le lendemain de sa bénédiction.
C'est ce que nous apprend le Missel romain. « Deinde per assis-
» tentes sacerdotes spargitur de ipsa aqua benedicta super
» populum (1). » Et ailleurs : « In die sancto Paschæ et Pente-
» costes ubi est fons baptismalis, fit aspersio cum aqua pridie
» benedicta in fonte baptismi, et ante infusionem olei et chri-
» smatis accepta (2). »

Cette eau sert encore à bénir les maisons et autres lieux, le
samedi-saint. Le Missel romain nous l'apprend encore. « Et
» interim unus ex ministris Ecclesiæ accipit in vase aliquo de
» eadem aqua ad aspergendum in domibus et aliis locis (3). »
Et le Rituel romain dit absolument la même chose. « Parochus
» seu alius sacerdos, superpellicco et stola alba indutus cum

(1) *Bened. Fontis in Sabb. Sancto.*
(2) *Bened. aquæ.*
(3) *Loco prius cit.*

» Ministro deferente vas *aquœ ex benedictione fontium,* antc » perfusionem chrismatis acceptæ, visitat domos suæ parochiæ, eas aspergens eadem aqua benedicta (1). » Cet usage est très-ancien, au rapport de Grancolas et de Cavalieri (2).

En troisième lieu, l'eau des fonts sert à la collation du bap-tême, même en cas de nécessité, et cela est tellement vrai que le Rituel Romain ne permet l'usage de l'eau commune, que lorsqu'on manque tout-à-fait d'eau des fonts. Voici comment il s'exprime (3) : « Si infans vel adultus ægrotus adeo graviter la-» boret, ut periculum immineat ne pereat antequam baptismus » perficiatur, sacerdos, omissis quæ baptismum præcedunt, eum » baptiset…. si non habeatur aqua baptismalis, et periculum » impendeat, sacerdos utatur aqua simplici. » Tel est donc le triple usage auquel est destinée, hors du baptême, l'eau des fonts baptismaux. D'après cela il est facile d'indiquer l'origine de la coutume d'un grand nombre des lieux où le peuple em-porte de cette eau dans ses maisons. C'est pour servir au bap-tême des enfants au cas de nécessité, et en même temps c'est pour en asperger les maisons et autres lieux habités. « Sole-» bant veteres, dit Etienne Durant (4), ut testantur Gregorius » lib. Sacramentorum, Ordo Romanus, et Albinus Flaccus de » Sabbato Paschæ, de aqua in baptisterio consecrata, in vasculis » accipere ad aspergendum in domibus suis, sive agris : quod » etiam bodie passim fieri solet. »

Venons en maintenant aux questions proposées.

La coutume d'emporter l'eau dans ses maisons étant très-ancienne dans l'Eglise, et autorisée en quelque sorte par le Rituel Romain, étant en outre louable et raisonnable, ne peut

(1) *Bened. domorum in Sabb. S. Paschœ.*
(2) Tom. IV, cap. 21, n. 6.
(3) *Ordo baptismi parvulor.*
(4) *De ritibus eccles. cathol.,* lib. I, cap. 19, n. 13.

être blamée ni réprouvée par le curé, et conséquemment celui-
ci ne peut se refuser à donner de l'eau bénite des fonts à ceux
qui en demandent. Nous parlons en général, parce qu'il
pourrait se présenter à ce sujet des abus que le curé peut et
doit réprimer. Par exemple, si des désordres graves s'élevaient
dans l'Eglise, s'il y avait du tumulte, des rixes entre les personnes qui se disputent l'eau des fonts. Encore, si un grand
nombre emportait cette eau dans des vues superstitieuses,
comme pour composer ce qu'ils appellent la triple eau bénite (1).
Le devoir du curé serait alors d'arrèter ces abus et de refuser
de l'eau des fonts à ceux qui veulent s'en servir contrairement
à l'institution de l'Eglise.

L'eau est-elle bénite en même temps que celle des fonts,
dans les vases que le peuple tient à la main? Quarti (2), Baruffaldi (3) et Mérati (4) parlant de la bénédiction de l'eau, telle
qu'on la fait le dimanche, pensent qu'on peut validement et licitement bénir plusieurs réservoirs d'eau, quoiqu'ils soient à une
certaine distance l'un de l'autre, pourvu que le prêtre après les
prières et les exorcismes, mette du sel dans chacun d'eux. Il
suffit en effet d'une présence morale, et une distance de vingt
pas n'éloigne pas un objet au point qu'on ne le dise pas présent. D'après cela nous dirons aussi que dans le cas posé, l'eau
sera bénite en même temps que celle des fonts, et qu'il ne sera
pas nécessaire pour cela, qu'on plonge le cierge pascal dans
tous les vases, ni qu'on fasse à chacun les cérémonies pres-

---

(1) Elle est formée de l'eau bénite de Pâques, de la Pentecôte et de la
Trinité, et sert très-souvent dans les procédés superstitieux. L'eau des
fonts produit encore d'autres effets merveilleux, si l'on en croit les gens
simples et ignorants. V. Thiers, *Traité des superstitions*, tom. I, pag. 384,
4ᵉ édition.
(2) *De Benedict. simplici*, tit. 3, dub. 3, n. 209.
(3) *In Rituale Rom.*, tit. XLV, n. 29.
(4) Tom. I, part. 2, tit. 19, n. 2.

crites, parce que rien ici n'est mélangé véritablement avec
l'eau, et que tous les rites faits sur l'eau des fonts ont plutôt
une signification morale et mystique qu'une action matérielle
et physique.

Nous ne pensons pourtant pas qu'on puisse induire quelque
chose en faveur de notre sentiment, de l'usage de certains
lieux, où le peuple tient les rameaux à la main, pour leur
bénédiction solennelle ; parce qu'un tel usage est *præter rubri-
cam*. D'après le Missel, les rameaux doivent être placés près de
l'autel... « Ramos palmarum et olivarum, sive aliarum arbo-
» rum, in medio ante altare, vel ad cornu Epistolæ positos. »
Nous ne condamnons pas cependant la coutume dont parle
notre correspondant (1), parce qu'on peut quelquefois avoir de
fortes raisons d'agir de la sorte, mais cela ne prouve rien,
croyons-nous, pour la difficulté présente.

Il nous paraît aussi qu'on peut licitement employer le moyen
indiqué par notre respectable abonné, mais seulement dans le
cas où l'on craint des troubles ou du tumulte. Il ne convient
pas sans raison de s'écarter de la rubrique ; or, c'est des fonts
baptismaux mêmes que le Rituel veut que soit tirée l'eau dont
on se sert pour bénir les maisons et autres lieux. Avec des
raisons, cet expédient sera permis, parce que d'un côté la chose
ne paraît pas de conséquence, et que d'un autre côté, ce que
les auteurs trouvent licite pour l'eau bénite des dimanches, doit
l'être proportionnellement pour celle des fonts.

(1) Un rubriciste distingué pense même que la chose est permise en
certains cas. V. Vinitor, *Comp. S. Rit.*, part. VI, tit. 2, n. 13.

BIBLIOGRAPHIE.

DES SENTENCES ÉPISCOPALES

BITES

DE CONSCIENCE INFORMÉE , OU DU DROIT DE SUSPENDRE , SANS PROCÉ-
DURE , UN TITULAIRE MÊME INAMOVIBLE , ET DE L'APPEL DE CETTE
SENTENCE. *Dissertation historique et théorique* , par MGR. L'EVÊQUE
DE LUÇON ; *suivie de la décision de la S. Congrégation du Concile,
du 8 avril 1848 , approuvée par S. S. le pape* PIE IX, *le 22 mai
suivant.* — Paris. J. LEROUX et JOUBY, mai 1852. 1 fort vol.
in-12 de c-477 pages.

Nos lecteurs se rappelleront sans doute le jugement que
rendit en 1848 la S. Congrégation du Concile, dans la cause de
Luçon. Nous avons inséré cette pièce importante dans la
deuxième série de ce recueil, pag. 353 et sqq.

Mgr. l'Evêque de Luçon, que concernait spécialement cette
décision, vient de publier le remarquable ouvrage dont nous
venons de transcrire le titre. La question disciplinaire, qui y
est discutée dans une juste étendue, est trop intéressante, et elle a
été, nous devons le dire, traitée avec trop de savoir et de talent
par le digne prélat, pour que les *Mélanges* ne s'empressent pas
de faire connaître au clergé belge cette importante publication.
Outre une introduction du plus haut intérêt, dont nous dirons
un mot plus loin, l'ouvrage de l'Evêque de Luçon renferme
deux parties bien distinctes. La première est soumise à l'exposé
des faits qui ont provoqué la rédaction de cet écrit et porte le
titre de *Dissertation historique;* la seconde, intitulée *Disserta-*

tion théorique, est employée à l'examen de la question de droit.

I.

Dès avant son entrée dans le diocèse de Luçon, Monseigneur Jacques Baillés, nommé à cet évêché en 1846, eût la douleur d'apprendre d'un bon nombre de personnes graves et dignes de foi, que l'une des meilleures paroisses de l'église dont le Saint-Siège allait lui confier la conduite, Bordeneuve (1), était depuis bien des années désolée par de tristes scandales. Titien (c'est le pseudonyme par lequel le charitable Evêque désigne celui qui les causait) n'avait pas cessé d'être, pour l'ancien Evêque qui l'avait nommé à ce poste, le sujet de poignants regrets et d'une continuelle affliction. Les fidèles gémissaient depuis très-longtemps de cet état de choses, non seulement dans ce diocèse, mais encore dans les diocèses limitrophes.

Après avoir pris possession de son église, le nouveau prélat s'abstint d'abord de prendre des renseignements touchant la conduite de Titien. Il voulut le voir, afin de l'accueillir avec une bonté qui pût faire sur ce cœur endurci une impression salutaire. Tel est le caractère de la discipline de l'Eglise. Elle veut que les Evêques soient toujours remplis de bonté, de patience et de douceur, à l'égard de leurs coopérateurs dans le ministère de J.-C. qui est un ministère de charité, de miséricorde et de pardon (2). Malgré les remontrances pleines d'indulgence et de douceur de son digne Evêque, Titien n'en continua pas moins ses désordres et ses scandales : il rentra dans sa paroisse, insultant par sa morgue et par sa jactance cette portion de pieux fidèles qui, profondément affligés de sa conduite,

(1) Cette paroisse n'existe pas dans le diocèse de Luçon : c'est un pseudonyme.
(2) S. C. Trid. sess. XIII, *De reform.* C. I.

lui étaient opposés. Le mal donc au lieu de diminuer, comme on l'avait espéré d'abord, ne fit que s'accroître, et il vint à un tel degré d'intensité que le prélat se vit obligé de procéder à plusieurs enquêtes secrètes. Il reçut lui-même un bon nombre de dépositions contre Titien de la part de personnes très-graves, craignant Dieu, sages, prudentes, dignes, en un mot, de toute confiance. Cependant les plaintes se multipliaient de tous côtés à proportion des scandales, et les choses arrivèrent au point que Mgr. l'évêque de Luçon ne crût pas pouvoir en conscience différer plus longtemps d'y apporter le remède nécessaire. Le 25 mai 1846, après avoir tenté un dernier et inutile effort pour amener Titien à de meilleurs sentiments, voyant qu'il ne pouvait toucher ce cœur endurci, l'évêque fut contraint de rendre une ordonnance portant suspense encourue *ipso facto*, pour délits occultes. Toutefois, à la suite d'une longue conférence qu'il eût ce jour là même avec Titien, et dans laquelle il s'efforça d'éclairer, de toucher et de ramener ce prêtre coupable, Mgr. l'évêque de Luçon se fit remettre son ordonnance, et il en suspendit l'effet jusqu'au 1er juillet suivant. Comme on le voit, le digne évêque ne pouvait procéder avec plus d'indulgence, ni avec plus de bonté, et pourtant, chose incroyable! dès le surlendemain, ce prêtre se laissait entraîner dans de nouveaux excès. Après s'être procuré les preuves de la réalité de ces derniers délits, l'Evêque, par une ordonnance du 15 juin suivant, suspendit immédiatement et définitivement Titien de toutes ses fonctions cléricales, sacerdotales et curiales. Cette ordonnance parvint à Titien le lendemain; et dès ce même jour, 16 juin, il se pourvut en appel auprès du Métropolitain. Le lecteur va être amené à penser qu'il appela de cette dernière ordonnance du 15 juin. Mais il n'en était pas ainsi. Il feignit de n'avoir pas reçu cette ordonnance et il se pourvut contre celle du 25 mai précédent, laquelle ne devait avoir son effet qu'au 1ᵉʳ juillet suivant, et qui d'ailleurs n'avait plus d'objet après celle du 15 juin. Il s'imaginait ainsi pouvoir continuer l'exercice du saint ministère, même postérieurement à la réception de cette dernière ordonnance qui le lui interdisait formellement. Il continua en effet, au mépris de la suspense, d'exercer les fonctions sacrées, et le prélat ne pouvant triompher de cette obstination, rendit le 24 juin une nouvelle ordonnance qui confirmait, en tant que de besoin, les deux ordonnances précédentes et déclarait Titien irrégulier.

Cependant le métropolitain répondit à Titien, par l'un de ses grands vicaires, sous la date du 27 juin : « Il me semble, d'après ces motifs...., que l'ordonnance précitée (du 25 mai doit être regardée comme une simple intimation de peine disciplinaire, contre laquelle il n'y a pas lieu à appel. »

L'évêque de Luçon s'était réservé la dispense de l'irrégularité qu'avait encourue le prêtre coupable, en violant la suspense du 15 juin. A cet égard, il usait d'un droit que lui reconnaît formellement le S. Concile de Trente, dan sle chapitre *Liceat* de la session 24ᵉ (*De reform.*); car lorsque ce prêtre violait sa suspense, il se rendait coupable d'un délit occulte. En effet, l'ordonnance du 25 mai ne pouvait produire aucun résultat avant le 1ᵉʳ juillet suivant; d'ailleurs elle n'avait pas été publiée. Celle du 15 juin, dont l'effet était immédiat, ni celle du 24 juin n'avaient reçu non plus aucune espèce de publication, ni à Bordeneuve, ni ailleurs. Il résulte donc que, le 24 juin, la suspense dont avait été frappé le curé de Bordeneuve, n'était pas connue dans cet endroit, que par conséquent la violation de cette suspense était un délit occulte, et que l'évêque pouvait dispenser de l'irrégularité qui en provenait; il a pu dès-lors s'en réserver la dispense.

Cependant, le dimanche 28 juin, malgré les sages représentations qui lui avaient été adressées, Titien résolut d'annoncer

à la paroisse assemblée de Bordeneuve la suspense dont
il avait été frappé. Il le fit lui-même, revêtu du surplis, pendant la grand'messe, immédiatement après l'Evangile, au
moment même où allait se faire le prône. Cet acte entraîna irré-
médiablement ce prêtre dans une irrégularité dont le Saint-Siége
pouvait seul le dispenser désormais. Aussi la S. Congrégation
du Concile déclare, à bon droit, que, dans l'état où se trouvait
cette cause au moment où elle lui a été soumise, la dispense
de l'irrégularité n'était plus dans les attributions de l'évêque diocésain (1).

Mais il était temps de se pourvoir auprès de l'administration
des cultes, pour obtenir que Titien, après sa suspense, ne
touchât plus la totalité de son traitement. Mgr. l'évêque de
Luçon écrivit donc confidentiellement, le 16 juin, au ministre
chargé des cultes; le 20 du même mois et le 12 juillet suivant, il lui écrivait officiellement et lui transmettait ses trois
ordonnances du 25 mai, 15 et 24 juin. Avant de dire quel
fut le résultat obtenu par ces trois lettres, voyons comment
le Métropolitain, Mgr. l'archevêque de Bordeaux, donna suite
à l'appel.

L'évêque de Luçon avait tout lieu de se promettre que le
métropolitain n'admettrait pas l'appel interjeté par Titien; car
cet appel, qui, dans le principe surtout, était aussi illusoire
pour le fond que pour la forme, consistait en une simple lettre,
sans date certaine, sans presque aucun de ces renseignements
qui lui auraient donné la valeur d'une requête, et par-dessus
tout, ce semblant d'appel réclamait contre une disposition pénale,
après même qu'elle avait cessé d'être obligatoire. D'ailleurs,

(1) Voy. *Mélanges théologiques*, 2ᵉ série, pag. 353 et sqq., la décision de la S. Congr. du Conc. du 8 avril 1848 dans sa réponse au 5ᵉ
doute.

l'examen attentif de l'ordonnance du 25 mai, dont Titien avait joint une copie à sa lettre, datée du 16 juin, aurait pu donner au métropolitain la conviction que cet appel n'était pas admissible à son tribunal, et que le coupable devait recourir à un tribunal bien autrement élevé. En effet, l'évêque de Luçon citait, dans la dite ordonnance, le S. Concile de Trente, chapitre I *Cum honestius*, session 14ᵉ (*De reformatione*), et immédiatement après, le sentiment de Benoît XIV dans son ouvrage *Du synode diocésain*, pour faire comprendre toute la portée de ce décret disciplinaire de Trente. Du reste, dans une correspondance confidentielle qu'il eût à ce sujet avec son métropolitain, l'évêque de Luçon lui déclara d'une manière plus explicite encore, sur quels graves motifs il basait sa décision. Ces confidences très-spéciales avaient pour but, et devaient avoir pour effet immédiat d'arrêter toute procédure; mais il n'en fut pas ainsi. Titien présenta, le 29 juillet suivant, une requête au métropolitain, à l'effet d'interjeter appel, non plus de la première ordonnance seule, mais encore des deux autres qui la suivirent. Le 31 juillet, le métropolitain écrivait à son suffragant que, malgré *la répugnance qu'il éprouvait à s'occuper de cette affaire, il croyait* pourtant, *dans un intérêt même de conciliation, ne pas devoir refuser son intervention.* L'évêque de Luçon répondit : qu'*usant d'un droit qui est incontestablement dans l'autorité de l'évêque, il avait,* pour délits occultes, *suspendu Titien de toutes fonctions* extrajudiciairement; que cette *détermination qu'il avait prise seul n'était dès-lors en rien susceptible d'appel auprès du métropolitain.*

Les graves motifs que faisait valoir l'évêque de Luçon ne persuadèrent point son métropolitain, qui écrivit à son suffragant, le 17 août, une longue lettre au sujet des sentences *de conscience informée,* et dans laquelle il lui conseillait de *reprendre* toute cette affaire *en sous-œuvre,* pour instruire une procédure en bonne et due forme. Le suffragant ne pouvait adopter cet avis; c'eût été compromettre son autorité. Il répondit donc par une lettre du 28 août aux raisons que faisait valoir l'Archevêque, son métropolitain.

Entretemps l'affaire de Titien s'instruisait au ministère des cultes. Le garde des sceaux, chargé des cultes, avait reçu du Préfet l'avis qu'il avait coutume de demander en semblable rencontre, et il répondit, le 24 juillet, aux trois lettres écrites par l'évêque de Luçon les 16 et 20 juin, et le 13 juillet. Les deux autorités locales du chef-lieu de canton, savoir l'autorité civile et l'autorité judiciaire, avaient fourni leurs renseignements. Or, d'après eux « depuis 19 ans que Titien résidait à Bordeneuve, il y aurait joui et y jouissait encore d'une bonne réputation. » Ils ajoutaient : « La raison qui le priverait des deux tiers de son traitement ne serait nullement motivée aux yeux de ses paroissiens..... » Après avoir cité ces témoignages, le ministre disait encore : « Si l'affaire de Titien est portée au Conseil d'Etat, il serait fâcheux qu'il s'y présentât soutenu du suffrage des autorités locales et de l'opinion publique..... »

L'évêque de Luçon répondit le 4 août. Après avoir dit quelques mots sur ce que tout le monde savait et disait de Titien, il arrivait au recours du prêtre coupable près le Conseil d'Etat, et exposait, avec autant de vigueur que de clarté, combien les moyens de défense seraient tout ensemble simples et puissants. Le vénérable prélat ne pouvait pas, ne devait pas se borner, pour justifier les mesures disciplinaires prises contre Titien, aux assertions contenues dans sa réponse du 4 août, à la lettre ministérielle. Il avait fait espérer au ministre une réfutation positive; pour y parvenir, il ne perdit pas un instant. Dans ce but il adressa, le 6 août, une circulaire à quelques notables de Bordeneuve, et à deux ou trois autres personnes étrangères, il est vrai, à cette paroisse, mais qui la connaissaient très-bien. Les réponses ne se firent pas attendre. Le prélat les avait reçues dès le 20 du même mois, et deux jours après, il en transmit au garde des sceaux la copie certifiée. Bientôt après le conseil de fabrique et le conseil municipal, c'est-à-dire, ce que Bordeneuve renferme de plus distingué et de plus honorable, se prononcent pour l'évêque de Luçon, contre le curé coupable et ses rares partisans. Le moment était enfin venu où la divine Providence allait ménager à ce digne Evêque et à tous les amis de la religion, une consolation d'autant plus douce qu'elle avait été plus longtemps désirée.

Un peu moins de quatre mois après la suspense de Titien, le ministre des cultes, par un arrêté du 15 octobre, adoptait la demande de l'Evêque, en appliquant à ce prêtre suspens les dispositions du décret du 17 novembre 1811.

Mgr. l'évêque de Luçon s'empressa de faire connaître à son Métropolitain, par une lettre datée du 23 octobre suivant, le résultat de ses réclamations. Il le priait de nouveau de détourner Titien de poursuivre une affaire dont il ne pouvait être interjeté appel au Métropolitain ; mais il fut moins heureux auprès de l'Archevêque qu'il ne l'avait été auprès du ministre. En effet son archevêque lui écrivait le 14 novembre, qu'*ayant cru devoir consulter quelques évêques et tous les archevêques de France, leur sentiment unanime avait été qu'il ne pouvait se dispenser de donner suite à l'appel ; de plus, qu'une sentence définitive contre M. le curé de Bordeneuve exigerait un jugement canonique, accompagné des conditions essentielles.* Il reconnaissait du reste que le Suffragant avait eu le droit de punir extra-judiciairement le curé coupable pour des délits occultes, mais qu'il ne pouvait envisager la sentence qu'il avait portée que comme *provisoire.* Il ajoutait que M. le Curé de Bordeneuve avait le droit de *réclamer un jugement canonique et dans les formes accoutumées.* Le Suffragant se hâta d'écrire dès le surlendemain, 16 novembre, pour empêcher le Métropolitain d'adopter une mesure qui pouvait compliquer singulièrement la situation des choses, mais celui-ci ne jugea pas convenable d'avoir égard à ses observations, car, quelques jours après, Mgr. l'évêque de Luçon reçut la sentence de l'Archevêque par laquelle celui-ci déclarait, entre autres choses, que *la suspense portée contre le curé de Bordeneuve ne pouvait être considérée que comme une peine transitoire.* Le Métropolitain ne se borna pas là ; il voulut faire introduire une procédure en forme. Alors le suffragant, après avoir mûrement pesé cette affaire, l'avoir examinée sous tous les rapports, l'avoir attentivement considérée dans toutes ses phases, se hâta de rédiger une requête, portant appel à S. S. le pape Pie IX, de toute la procédure suivie par son Métropolitain ; et il put transmettre au Saint-Siège, dès le 25 mars 1847, la réclamation qu'il se voyait forcé de lui adresser. Le 8 avril 1848, la Sacrée Congrégation chargée d'interpréter le S. Concile de Trente prit, en faveur de Mgr. l'évêque de Luçon, la décision solennelle qui avait été provoquée par la requête. Il n'a pas fallu moins d'une année pour recueillir les documents, avis et autres pièces qui devaient préparer cette importante décision.

Tels sont, en abrégé, les faits principaux qui remplissent la première partie de l'ouvrage que nous analysons, faits qui ont fini par donner lieu à la décision définitive de la S. Congrégation du Concile. Nous avons essayé de les raconter fidèlement, et autant que possible dans les termes mêmes du vénérable auteur. Nous arrivons maintenant à la seconde partie de ce savant travail intitulé : *Dissertation théorique ou examen du droit.*

II.

Ainsi que le fait remarquer le savant évêque, le but de cette dissertation est d'examiner rapidement quelques difficultés sur ces sortes de jugements, décisions ou sentences que les canonistes appellent *de conscience informée.* L'une des questions les plus importantes sur cette matière, remarque-t-il encore, est celle de savoir si le métropolitain a quelque droit de réviser ces sentences aprés qu'elles ont été rendues. L'état de la question dans le présent écrit, continue-t-il, est tout entier et uniquement d'examiner si le métropolitain a le droit de connaitre, par suite de l'appel interjeté à son tribunal, d'un jugement ou d'une décision prise par son suffragant, en matière de réforme des mœurs, quand l'Evêque a rendu cette sentence pour la punition d'un délit même occulte, à l'égard d'un titulaire ecclésiastique même inamovible, sans observer aucune formalité de procédure, ni suivre aucune forme de jugement, en un mot, *extrajudiciairement,* ou même en suivant certaines formalités arbitraires. Dans cette seconde partie, comme dans la première, le courageux prélat dévoile, quand l'occasion s'en présente, les fausses maximes dont la puissance séculière se prévaut pour ruiner la juridiction ecclésiastique et opprimer l'Eglise. Honneur aux évêques qui ne craignent pas de défendre avec une énergique fermeté les droits sacrés de l'Epouse de Jésus-Christ, accomplissant ainsi un des devoirs les plus graves qui leur soient imposés dans les circonstances où nous vivons!

Notre intention étant de donner aux lecteurs des *Mélanges,* une idée exacte et complète de l'important écrit de Mgr. l'évêque de Luçon, nous nous attacherons surtout à l'analyser fidèlement, empruntant, autant que possible, son langage pour exposer sa doctrine.

L'auteur commence par établir en peu de mots l'existence

du pouvoir de juridiction contentieuse que J.-C. a donné à son Eglise, pouvoir indépendant de la puissance civile. Il emprunte au P. Suarez la proposition suivante : *L'Eglise a reçu de J.-C. un pouvoir de juridiction au for extérieur contentieux, et ce pouvoir est indépendant de la puissance temporelle.* Le P. Suarez déclare que cette proposition est de foi. En effet, cette prérogative de l'Eglise est fondée sur les paroles de Notre Seigneur Jésus-Christ à ses apôtres, et sur les divines promesses qu'elles renferment (*Matth.* XVI, 19. — *Joan.* XXI, 16, 17. — *Matth.* XVIII, 18) (1). Pie VI, dans la bulle *Auctorem fidei,* a condamné cette erreur dangereuse qui tend à dépouiller l'Eglise de sa juridiction extérieure au for contentieux. De nos jours, l'immortel Pie IX a condamné de la manière la plus solennelle les mêmes doctrines exposées, quoiqu'à des degrés de hardiesse différents, dans de pernicieux écrits de François de Paul, G. Vigile, et de J. Népom. Nuytz, professeur de droit canonique à Turin.

Les termes dans lesquels ce pouvoir de juridiction extérieure a été donné à l'Eglise, et l'usage qu'elle en a fait dès le principe, prouvent l'origine divine de ce pouvoir et son indépendance de la puissance temporelle. Notre divin Sauveur, s'adressant à l'Eglise dans la personne des Apôtres, leur confère, ainsi qu'à leurs successeurs, le pouvoir de juger au for extérieur et contentieux (*Matth.* XVIII, 15, 16, 17). Les Apôtres, en toutes rencontres, firent usage du pouvoir dont ils avaient été investis, comme le prouvent surabondamment plusieurs endroits des épitres de S. Paul (I *Timoth.* I, 19, 20. — II *Timoth.* IV, 14, 15. — I *Cor.* V, 3, 4, 5. — II *Cor.* II, 6, 7, 8.

(1) Voy. Suarez, *De legibus,* Lib. IV, cap. I, conclus. 1, 2 et 3. — L'abbé Pey, *De l'autorité des deux puissances,* III part. chap. V, § I, II, III.

— I *Cor.* IV, 21. — II. *Cor.* X, 6, 9, 11. *Ibid.* XIII, 2. —
II *Thessal.* III, 14) (1). Enfin les Apôtres ont établi des règles
qui ont toujours été la base des jugements ecclésiastiques.
S. Paul écrit à son disciple Timothée (I *Timoth.* V, 19) : *Ne
recevez point d'accusation contre un prêtre, à moins que deux
ou trois témoins ne déposent contre lui.*

L'Evêque peut-il se réserver l'exercice de la juridiction contentieuse, indépendamment du pouvoir civil ? Tous les canonistes s'accordent à reconnaître qu'il le peut, et ils invoquent,
pour le prouver, la pratique constante que les Evêques ont
faite de ce droit depuis les Apôtres jusqu'à nos jours. Ils exer-
cèrent cette juridiction, même sous les empereurs payens et
malgré les dispositions des lois civiles, avant que Constantin
eût appelé la religion à s'asseoir avec lui sur le trône des Césars.
Ce pouvoir essentiel à l'Eglise est donc indépendant de la puissance civile qui ne peut ni le réglementer, ni le dominer, ni
le diriger, bien moins encore s'opposer en quoi que ce soit
à son libre et plein exercice (2). Cette imposante tradition
de tous les siècles chrétiens, relativement au pouvoir des
Evêques à cet égard, n'empêche pourtant pas des ministres des
cultes de prétendre, tant les doctrines destructives de l'autorité
épiscopale ont fait des progrès, que *la juridiction contentieuse
n'appartient pas naturellement à l'Eglise* (3).

(1) Voy. encore les Actes des Apôtres, VIII, 20, 23. Et la II° Epitre
de S. Jean, III, 9, 10.
(2) Cftur. J. Devoti, *Inst. can*, Lib. III, tit. I, § 10-18, lib. IV,
tit. I, § 4. — Mgr. l'Evêque de Digne, *Institutions diocésaines*, Tom. I,
pag. 355-367. — Ce principe est si incontestable qu'il est admis par
des avocats un peu parlementaires. Voy. Pierre Lemerre, père et fils,
*Recueil des actes, titres et mémoires concernant les affaires du clergé de
France.* Tom. VII, col. 236-240.
(3) Lettre ministér. an XI. *Traité de l'administration du culte catholique,* par M. Vuillefroy. V° *Juridiction,* p. 404.

Lorsque l'Evêque se réserve l'exercice personnel de la juridiction extérieure et coactive, il doit, même dans les sentences
sommaires, s'assujettir à certaines formes qui sont essentielles
à tout jugement. La nécessité de ces formes est établie par les
passages mêmes des divines Ecritures que nous avons indiqués
plus haut, ainsi que par les prescriptions, les dispositions et la
pratique des saints Apôtres. Dans tous les siècles de l'Eglise,
certaines formalités essentielles ont été rigoureusement exigées
pour les jugements ecclésiastiques (1). Ecoutons, sur cette matière, le témoignage d'un grave et savant canoniste, Fagnanus :
« Si le Concile provincial, dit-il dans son commentaire sur le
» chapitre XXV, *Sicut olim, De accus.*, doit porter quelque
» décret touchant les jugements et la manière d'y procéder, il
» faudra se souvenir que, lorsqu'une cause n'est pas du nombre
» de celles qui, par leur nature ou par la disposition du droit,
» sont appelées sommaires, ni les Evêques, ni le concile Pro-
» vincial ne peuvent la ranger parmi les causes sommaires, ou
» diminuer la durée de l'instance, ou rien retrancher aux forma-
» lités prescrites par le droit même pour les causes sommaires.
» Bien moins encore peuvent-ils interdire l'appellation dans tous
» les cas où le droit la permet. Ils ne peuvent pas non plus
» omettre la forme ni la procédure prescrites par le droit, sur-
» tout par le S. Concile de Trente, quand il s'agit de punir ou
» de corriger les excès (2). »

Il est donc hors de doute que l'Evêque, de même, et à plus
forte raison que le Concile provincial, est obligé de suivre les

(1) Théodoret, *Hist. ecclés.*, Liv. 1, ch. 20 et ch. 27, 28, 29. —
Ruffin, *Hist. ecclés.*, Liv. 1, ch. 15, 16, 17. — *Recueil des actes, titres
et mémoires concernant les affaires du clergé de France.* Tom. VI,
col. 31.

(2) Decret. lib. V, tit. I, *De accusation.*, n. 83, 84, 85, pag. 139,
col. 1.

formes essentielles de droit, jusque dans les causes sommaires, et ces formes ne peuvent être, comme le remarque Fagnanus, que celles établies par les SS. Canons. Benoit XIV, dans son admirable traité *du synode diocésain*, s'exprime dans le même sens de la manière la plus formelle.

Quant aux procédures à suivre en matière criminelle ecclésiastique, le Pape Innocent III, dans le XII° Concile œcuménique de Latran, a déterminé trois manières de poursuivre les crimes, savoir : l'*accusation*, la *dénonciation* et l'*information* (1).

L'*accusation* est la délation d'un criminel en justice, faite avec la solennité prescrite, pour attirer sur lui la vindicte publique des lois ecclésiastiques.

La *dénonciation* est la déclaration secrète du crime d'une personne pour obtenir son amendement et sa conversion.

La procédure par voie d'*inquisition* ou d'*information* est celle que le juge fait de lui-même sans accusateur ni dénonciateur, étant seulement excité par la diffamation, c'est-à-dire, par la voix publique.

Dans l'*accusation*, il y a, ainsi qu'on vient de le voir, une partie plaignante, à la requête de laquelle se font les poursuites.

Dans la *dénonciation*, au contraire, celui qui donne avis au juge ne se porte point ordinairement partie civile ; les poursuites se font à la requête du promoteur.

On comprend facilement toutes les difficultés que présentent ces deux procédures, quand il s'agit de la répression des crimes. On trouverait difficilement, de nos jours surtout, des hommes assez fermes, assez indépendants, assez dévoués au bien pour se porter partie civile dans une accusation contre un prêtre, pour intenter un procès à cette fin et le poursuivre. La *dénon-*

(1) Can. **XIV**. *Qualiter et quando*, tit. **I**. *De accusationibus*.

ciàtion, qui doit être précédée d'admonitions charitables et
salutaires, est un moyen excellent pour réussir en bien des
rencontres, et remédier à beaucoup de scandales ; mais elle suppose un grand courage dans celui qui, après avoir fait la correction fraternelle au coupable, le défère au juge supérieur.
D'ailleurs la nature même de cette procédure toute secrète ne
permettra d'opposer au mal qu'une barrière impuissante. C'est
pour remédier à ces maux qu'Innocent III introduisit la procédure d'office par voie d'*information*.

Cette sorte de procédure fut introduite vers le commencement du XIIIe siècle, au Concile général de Latran, par le
chap. **XXIV** *Qualiter et quando*, qui reproduisait et complétait
les canons **XVII** *Qualiter et quando* et **XXI** *Inquisitioni* du
même titre I *De accusationibus*.

Il défend expressément d'user de cette procédure nouvelle
pour la recherche et la punition de crimes occultes. Les théologiens et les canonistes observent que l'Eglise a eu de très-justes
raisons d'introduire cette sorte de procédure, où le supérieur
instruit l'affaire lui-même et *d'office ;* sans quoi, au grand détriment des fidèles, les crimes auraient pu rester impunis. Cette
procédure fut introduite comme un moyen exceptionnel auquel
on recourait, dans le cas où l'application du remède ordinaire
devenait trop difficile. Aujourd'hui cette procédure d'office par
voie d'*information* est devenue si commune, que l'on y recourt
beaucoup plus souvent qu'à la procédure ordinaire, parce qu'elle
l'emporte en bien des manières sur les autres procédures, par
la simplicité de sa marche. Cependant elle entraîne encore à sa
suite bien des difficultés, qui sont autant d'obstacles à la répression des délits. Le S. Concile de Trente a voulu y apporter
un remède efficace, après qu'une expérience de quatre siècles
avait démontré évidemment là nécessité de modifier cette procédure.

Le chapitre préliminaire des canons *de la Réforme*, publié dans la XIV° session du S. Concile de Trente, annonce une voie exceptionnelle pour arriver à la répression des crimes occultes. Les procédures dont nous venons de parler n'atteignant que très-difficilement ces sortes de crimes, le S. Concile de Trente voulut opposer un remède à ce mal. Mais d'abord il fallait empêcher la multiplicité des appels qui venaient susciter à chaque instant de nouveaux obstacles à la marche des pro-cédures, ou qui en paralysaient les résultats. Le S. Concile s'en était occupé dès la XIII° session, célébrée le 1ᵉʳ mai 1551 (1). A cette occasion intervint le décret qui forme la seconde partie du chap. I de la XIII° session (*De Reformatione*). Il corroborait l'autorité de l'Ordinaire, et la débarrassait de beaucoup de chi-canes pendant la durée des instances. Mais après être entrée dans cette voie de la réformation, cette sainte assemblée voulut la poursuivre dans la XIV° session, tenue le 25 novembre 1551. Il fallait en effet la pousser plus loin et écarter au besoin, non-seulement les appels qu'on interjetait des procédures, mais encore les procédures mêmes. Ce fut l'objet du canon *Cum honestius* qui est une voie exceptionnelle ouverte pour la ré-pression des crimes secrets. L'analyse fidèle que fait le cardinal Pallavicini de ce premier canon montre à l'évidence qu'il s'agit d'une disposition de droit toute nouvelle. « Dans le premier chapitre, on défend, dit le savant historien que nous venons de citer, *que les clercs auxquels l'Evêque a interdit de monter à un Ordre supérieur, ou d'excercer celui qu'ils ont déjà obtenu, pour une raison quelconque, connue de lui-même, sans qu'il y ait jugement, puissent le faire, en vertu de quelque permission ou de quelque réhabilitation que ce soit.* »

(1) Voy. le cardinal Sforza Pallavicini, *Hist. du S. Conc. de Trente*, liv. XII, ch. IV, n. 3.

Le canon *Cum honestius* est manifestement une dérogation
au droit ecclésiastique alors en vigueur touchant les matières
criminelles. L'on peut s'en convaincre par la seule comparaison
de ce décret avec ceux qui précèdent et ceux qui suivent, à la
marge desquels se trouvent cités les passages des Conciles ou
des Constitutions apostoliques, ou Bulles précédentes, au lieu
qu'ici nul passage du droit ancien et antérieur n'est cité à la
marge. Mais le savant Fagnanus nous en fournit une preuve
bien plus puissante encore, dans son commentaire sur le
canon IV *Ex tenore*, Tit. XI, *De temp. ordin.* Après avoir
rapporté la décision adressée par le pape Alexandre III au
cardinal Valterus, évêque d'Albano, l'an 1170, décision par
laquelle le clerc coupable de crime occulte peut être prévenu
de n'avoir pas à se présenter à l'ordination, sans pourtant que
l'on ait le droit de l'en empêcher, Fagnanus s'exprime ainsi :
« Mais aujourd'hui cette decrétale est corrigée en ce point par
le droit nouveau qu'a établi le S. Concile de Trente (Ch. I. Session XIV°, *De reform.*). Afin que les Evêques puissent accom-
plir plus aisément le devoir propre de leur charge, c'est-à-dire,
réprimer les vices de leurs subordonnés, ainsi qu'on le trouve
exprimé dans le chapitre préliminaire, il est établi dans celui-ci
que le clerc, à qui la promotion aux ordres sacrés aura été
interdite par son Prélat, pour quelque motif que ce soit, même
pour un crime occulte, de quelque manière que ce soit, en
dehors même de toute forme judiciaire, ou celui qui aura été
déclaré suspens de ses ordres, ou grades, ou dignités ecclésiastiques, ne pourra s'aider ni d'une licence quelconque qui lui serait donnée, contre la volonté de son propre Prélat, pour se faire
promouvoir, ni d'une réintégration dans ses premiers ordres,
grades, dignités ou honneurs pour en remplir les fonctions.

» En sorte que, d'après les décisions de la S. Congrégation
du Concile, ce canon de Trente corrige la disposition du texte

que nous commentons, en tant qu'il décidait que le criminel occulte devait être seulement averti, mais non empêché de s'avancer dans les ordres supérieurs.

» Les dispositions du Chap. V, *Ad aures, eod. tit.*, qui s'appliquait aux religieux, s'étendent même aux clercs séculiers.

» Le chapitre *Cum honestius* va même plus loin ; en ce que l'Évêque peut non-seulement empêcher la promotion aux ordres, à cause d'un crime occulte, comme le pouvaient les Prélats réguliers, en vertu du chapitre V, *Ad aures;* mais encore les suspendre des ordres, grades et dignités déjà reçus, ce qui n'était permis ni à l'Évêque ni aux Prélats réguliers avant le Concile, ainsi que je l'ai expliqué plus à fond dans le chapitre suivant sur le canon V, *Ad aures.* En effet, j'y ai prouvé qu'aujourd'hui, pour ce qui est de la faculté d'interdire et de suspendre, les Évêques et les Prélats réguliers jouissent des mêmes droits (1). »

Em. Gonzalez Tellez, le canoniste portugais Barbosa, et le savant Ubald Giraldi, sont d'accord sur ce point avec Fagnanus. Il est donc incontestable que le canon *Cum honestius* est une dérogation au droit reçu à l'époque du Concile de Trente, puisque, au sentiment de ces grands canonistes, ce canon *corrige* le ch. IV. *Ex tenore,* y *déroge,* et qu'il modifie le chapitre V, *Ad aures,* en lui donnant plus d'étendue, d'une manière favorable à l'autorité épiscopale.

Le chapitre préliminaire de la XIVe session *de la Réforme,* ne doit pas, suivant Fagnanus, être séparé du chapitre I *Cum honestius* qui le suit. Ce canoniste soutient que le décret de Trente s'applique à celui qui est promu aux ordres, aussi bien qu'à celui qui veut s'y faire promouvoir. Mais quelle consé-

(1) Fagnanus, in Can. IV, *Ex tenore,* tit. XI, *De tempor. ordinat.*, n. 12, t. 2, p. 182-183. Col. 2 et 1.

quence doit-on tirer du chapitre *Cum honestius?* La décrétale V, *Ad aures*, Tit. XI, *De tempor. ordin.* autorisait les
supérieurs réguliers à empêcher leurs religieux de se faire
promouvoir aux saints Ordres, alors même qu'ils n'étaient coupables que de crimes occultes. Eh bien, la première partie du
chapitre *Cum honestius,* donne à l'Evêque ce même droit. car
l'Evêque, avant le S. Concile de Trente, ne jouissait pas de ce
droit important (1). De sorte que si le chapitre *Cum honestius*
était inconnu et non admis dans la pratique en France, les
Evêques de ce pays, privés du bienfait salutaire qu'a introduit
cette discipline nouvelle, n'auraient, en certains cas, aucun
moyen de remédier aux plus graves abus. Heureusement ces
principes, malgré le refus des Rois de France de les publier,
furent admis par le zèle des Evêques, réunis dans leurs conciles
provinciaux.

On peut donc affirmer, en s'autorisant du sentiment commun
des docteurs, qu'avant le S. Concile de Trente, l'Evêque ne
pouvait pas, sans forme de procès, rejeter de l'ordination à
cause d'un crime occulte dont il était coupable, celui qui est
obligé d'entrer dans les ordres pour conserver un bénéfice ou
pour en être pourvu, si d'ailleurs il était digne pour tout le
reste. Le peut-il aujourd'hui aux termes du chapitre *Cum
honestius?* Il le peut incontestablement, quelque occulte que
soit le crime du bénéficier, quelque grandes que soient sa
capacité, sa science, sa vertu apparente et ses qualités, sur tout
le reste. Quelques canonistes, admettant difficilement que
le pouvoir de l'Evêque fût aussi restreint sous ce rapport
avant le S. Concile de Trente, répondent que l'ordination est
un acte de juridiction *volontaire* ou même *gracieuse;* que
l'évêque, par conséquent, fut toujours le maitre de donner ou

(1) Voy. Fagnanus, I, in cap. V, *Ad aures*, n. 7.

de refuser, à son gré, l'ordination à ceux-là du moins qui n'étaient pas engagés dans les ordres, ou qui n'étaient pas pourvus de bénéfices. Mais cette réponse est plus spécieuse que solide. Elle tire toute sa force de l'idée peu exacte que donnent de la juridiction les jurisconsultes (1). De cette fausse notion de la juridiction volontaire découle tout naturellement la conséquence que les actes de cette juridiction dépendent si essentiellement de la volonté du supérieur, qu'il peut les accorder, les refuser à son gré, ou les retirer. N'est-ce pas là créer un arbitraire indigne de celui qui doit être sans cesse appliqué, selon les paroles de l'Evangile, *à devenir de plus en plus ce dispensateur fidèle et prudent, que le Seigneur a établi sur ses serviteurs, pour distribuer à chacun d'eux en temps opportun la mesure de froment qu'il leur revient* (2)?

On a voulu opposer à la doctrine exposée par Mgr. l'Evêque de Luçon relativement au décret du S. Concile de Trente, dont nous avons parlé, le silence des théologiens ou des canonistes français, qui ne se seraient occupés ni de ce décret, ni des décisions de la S. Congrégation chargée de l'interpréter, pour leur donner le sens et la portée que leur donne le savant Prélat. Mais cette objection tombe en présence de plusieurs faits d'une très-haute importance qui prouvent irréfragablement que non seulement des canonistes, mais le clergé de France lui-même, connaissaient ces principes, les admettaient, et s'empressaient au besoin de les adopter dans la pratique, avec une fermeté et

---

(1) L'abbé de Brézolles (*Traité de la juridiction ecclésiastique*), ainsi que Durand de Maillane (*Dict. du droit canonique*, V° *Juridict.*, § 2. Diff. sort. de jurid.) donnent de la juridiction *volontaire* et *gracieuse* des idées confuses et fort inexactes. Cette confusion et cette inexactitude ont passé dans plusieurs ouvrages de droit canon, et notamment dans le *Manuel abrégé du droit canon*, de M. Lequeux.

(2) Luc. XII, 42.

une persévérance que la persistance hostile des cours supérieures ne parvenait pas à ébranler.

Les conciles provinciaux célébrés en France, durant les XVIe et XVIIe siècles furent très-nombreux. L'une de ces assemblées, celle qui se tint dans l'illustre métropole de Bordeaux en 1624, introduisit textuellement dans ses canons le chapitre *Cum honestius*. D'autres, telles que le Concile provincial de Cambray, en 1565, celui de Rouen, en 1581, celui de Rheims, en 1583, celui d'Aix, en Provence, en 1585, celui de Toulouse en 1590, celui de Narbonne, en 1609, se bornèrent à en indiquer la substance. On doit rendre cette justice au clergé de France, qu'il s'efforça constamment, dans ses assemblées, de faire publier dans le royaume tous les décrets de discipline de Trente. En présence des témoignages nombreux et authentiques qui sont là pour l'attester, il est impossible de révoquer en doute la publication formelle de tous les décrets de discipline, soit dans les Conciles provinciaux, soit dans les synodes diocésains. Chose étrange, cependant, les ennemis les plus constants et les plus redoutables de la publication de ces décrets se trouvaient dans les rangs mêmes du clergé. Les chapitres des cathédrales et des collégiales et quelques autres communautés, qui auraient dû être les premiers appuis de l'autorité épiscopale, travaillèrent à la paralyser, se ménagèrent des intelligences dans le camp des jurisconsultes, ennemis dangereux de la juridiction de l'Eglise, et fortifièrent ainsi ces funestes doctrines gallicanes qui ont causé tant de maux à l'Eglise et à la société.

Au surplus, l'autorité des Evêques, sur le sujet qui nous occupe, fut, en partie du moins, reconnue par la déclaration du 15 décembre 1698 ; et les Prélats les plus recommandables, les plus instruits, les plus saints confirmèrent par leur pratique le sens et la portée du chapitre, *Cum honestius*.

Le Père Thomassin, dont personne à coup sûr ne voudra contester les profondes connaissances en matière de discipline ecclésiastique, déclare de la manière la plus positive que le chapitre *Cum honestius* est un droit nouveau donné aux Evêques par le S. Concile de Trente. Ce n'est pas tout : il invite même l'épiscopat à chercher dans ce canon quelque remède efficace aux maux de l'Eglise (1). Le R. P. Julien Loriot, de l'Oratoire, qui a abrégé son grand ouvrage de la *Discipline de l'Eglise*, a transcrit, à peu près dans les mêmes termes et avec la même énergie, le passage où le savant Thomassin émet son opinion à cet égard (2).

On avait aussi opposé à la doctrine de Mgr. de Luçon, dans le cours de l'affaire qui a donné lieu à son livre, le sentiment du canoniste Gilbert sur le Concile de Trente et sur sa réception en France. Le docte Prélat, après avoir examiné et refuté l'opinion de ce canoniste sur le chapitre *Cum honestius*, fait voir que les jurisconsultes français qui s'occupent de matières canoniques, concèdent aux Evêques, en cours de visite, l'usage d'un pouvoir à peu près semblable à celui qui leur est accordé par le chapitre *Cum honestius*, quoiqu'ils s'obstinent à ne vouloir pas reconnaître la véritable source de ce pouvoir.

Dans le paragraphe XXIX° de la présente *Dissertation* où le courageux évêque rapporte les sentiments de quelques avocats sur la question dont il s'est occupé, nous trouvons un passage remarquable que nous tenons à mettre sous les yeux de nos lecteurs, persuadé qu'ils le liront bien avec un vif intérêt.

« Il ne faut pas se dissimuler néanmoins que les avocats furent toujours très-hostiles à la juridiction ecclésiastique ; que les

---

(1) Thomassin, *Discipline de l'Eglise*, part. IV, l. 2, c. 24, à la fin.
(2) Ancienne et nouvelle discipline de l'Eglise.... extraite de la *Discipline* du R. P. Thomassin, p. 302.

Parlements, les hommes de loi et les gens de la cour s'appli-
quèrent, pendant près de quatre siècles, à ruiner l'autorité de
l'Eglise, et que cet esprit parlementaire a composé presque
tous les livres où les bureaux des cultes vont puiser leur science
canonique ; si l'on peut appeler de ce nom les quelques notions
incohérentes et incomplètes qu'ils invoquent au secours de leur
administration rationaliste.

» Mais ce ne sont ni les avocats parlementaires ni les employés
du ministère des cultes qui forment les convictions des Evêques ;
alors même que, jouant un rôle très-ridicule, ces employés
leur transmettent de longues dissertations de leur prétendu
droit canonique. C'est ainsi que partait du ministère, le
23 janvier 1850, une dépêche de *vingt-une* pages, destinée à
convertir un Evêque, et à lui prouver, par toutes sortes de
paralogismes, que deux communes pouvaient très-légitimement
s'emparer d'un legs de 40 francs fait à deux fabriques, pour
les pauvres de deux paroisses.

» On connaîtrait bien peu son époque, si l'on pensait qu'aujourd'hui M. Proudhon soit le seul qui soutienne la légitimité
du vol. Depuis plus de trente ans, le Conseil d'Etat avait posé
le principe du vol *légal*. Il y a quinze ans qu'on applique sans
rougir, presque chaque jour, ce désolant principe, et que, sous
les prétextes les plus illusoires, on dépouille les fabriques, et
l'on refait tous les testaments. Ces spoliations légales fausseront
à la longue la conscience des administrateurs et d'un bon
nombre d'administrés, et elles amèneront nécessairement le
règne du communisme le plus brutal. »

Peut-on s'empêcher de louer hautement un Evêque qui sait
tenir un langage à la fois si énergique et si vrai?

Il résulte donc de tout ce qui vient d'être dit que la doctrine
des sentences *de conscience informée*, bien loin d'être ignorée
en France, était, au contraire, connue et pratiquée par les

évèques, proclamée par les Conciles provinciaux, admise dans les synodes diocésains, recommandée par de très-habiles docteurs, en partie reconnue par des actes législatifs, et tolérée en quelques points par les hommes de loi.

Après cette excursion, où l'ont entrainé les usages de la France, le savant Prélat revient au chapitre *Cum honestius* dont l'explication a été interrompue. Il établit victorieusement que ce chapitre a deux parties bien distinctes, et qu'il s'entend de la promotion aux dignités aussi bien que de la promotion aux ordres ; que les mots *Ex quacumque causa, etiam ob occultum crimen ; quomodolibet, etiam extrajudicialiter*, ne sont pas particuliers à la première partie du chapitre, mais qu'ils s'appliquent encore à la seconde (1). Il dit ensuite quelle doit être la véritable signification de ces mots, et conclut, avec le savant canoniste Zallinger (2), qu'en vertu de ce canon, l'Evêque n'est pas obligé de faire connaitre au coupable le délit qu'il lui reproche, pour lui interdire la réception des ordres, ou pour le suspendre de ses fonctions. Enfin après avoir donné quelques notions très-exactes sur les appellations en général et sur les appellations *suspensives* et *dévolutives* en particulier, il stigmatise énergiquement les maximes funestes et pleines de prétention des bureaux des cultes, d'après lesquelles, *l'appel doit suspendre l'exécution de la peine prononcée par l'Evêque,* en matière d'interdiction et de correction des mœurs. Les maux de l'Eglise seront bien diminués, dit-il à ce sujet, quand l'Etat aura le courage de dire : Mes lois civiles sur les matières ecclésiastiques même mixtes, n'obligent que conformément aux saints canons.

(1) Barbosa, *Diction. usufrequentior.* — *Quicumque.* n. 11, op. t. XI, p. 636, col. 1. — *Ibid.* Dictio *Quomodolibet,* n. 1-10, p. 642, col. 2. — *Ibid.* Dictio *Extra*, n. 1, 2, 5, pag. 556, col. 2. — *Ibid.* Dictio *Etiam*, n. 1-4, 8-10, p. 551, col. 1 et 2.

(2) In lib. V, Decretal. tit. XXXIX, § 302.

dont elles protègent et assurent l'exécution ; en dehors de ces canons sacrés, elles n'ont ni force ni valeur.

Ces notions générales sur les appellations une fois établies, le sage Prélat prouve avec une grande force de raisonnement, qu'aux termes du chapitre *Cum honestius* et d'autres constitutions des Souverains Pontifes, il ne peut être interjeté appel au tribunal du Métropolitain de la procédure introduite par le premier chapitre de la XIV° session, alors même que la suspense serait illimitée et non temporaire.

Abordant ensuite la question de savoir si l'Evêque peut suspendre du bénéfice aussi bien que de l'office, et si la violation de cette supense entraine l'irrégularité, Mgr. de Luçon n'hésite pas à soutenir qu'il le peut. On révoquerait difficilement en doute, dit-il, le pouvoir qu'a l'Evêque de suspendre du bénéfice aussi bien que de l'office, par un jugement *de conscience informée*, lorsqu'il s'explique formellement sur ce point. Il cite, à l'appui de son opinion, l'estimable annotateur du canoniste Ferraris (1). A cet égard, si l'on considère la pratique, on voit que le gouvernement, en approuvant la décision de l'Evêque qui suspend des fonctions de l'Ordre, prive le titulaire de la jouissance du presbytère, de la perception du casuel, et d'une portion très-considérable du traitement. Il ne supprime totalement le traitement du titulaire que lorsque ce dernier est déposé de son titre. Quant au sujet suspens qui viole sa suspense, il devient irrégulier. Les décisions de la Sacrée Congrégation du Concile, l'autorité de Benoît XIV et celle du P. Suarez sont plus que suffisantes pour ôter, sur cette question, jusqu'à l'ombre même du doute.

Il est manifeste que le sujet suspens ne peut appeler au

(1) Biblioth. v° *Suspensio*, n. 19 et 20.

métropolitain, mais il est également hors de doute qu'il peut du moins se pourvoir par un recours auprès du Saint-Siège (1). Ce même recours est ouvert à l'ordinand à qui l'Evêque interdit l'accès des saints Ordres, d'après le sentiment de Fagnanus et de Benoit XIV.

Ici l'Evêque de Luçon cite en faveur de sa doctrine une lettre remarquable de Mgr. l'évêque de Langres, aujourd'hui évêque d'Arras, sur le sens du décret *Cum honestius*. L'éminent Prélat se range entièrement à l'avis de son vénérable collègue dont la thèse, dit-il, lui parait invincible. Mgr. l'évêque de Digne, aujourd'hui archevêque de Paris, professe aussi la même doctrine que l'évêque de Luçon, dans l'ouvrage remarquable ayant pour titre : *Institutions diocésaines*, et à l'endroit même de cet ouvrage où il s'occupe de ce qui concerne *l'exercice de la juridiction ecclésiastique* (2).

Ceux qui avaient combattu la doctrine de l'évêque de Luçon s'étaient principalement appuyés de l'autorité du canoniste belge, Van Espen. Le Prélat ne pouvait donc pas se dispenser de combattre à son tour les doctrines de ce canoniste, de faire voir combien est pauvre et suspecte une pareille autorité et quel triste courage il faut avoir pour s'abandonner à un guide aussi hardi et aussi aveugle. C'est ce qu'il fait avec beaucoup de savoir et une grande vigueur d'argumentation au § XLIXᵉ.

Après avoir réduit à néant l'autorité et la doctrine de Van Espen sur le point discuté, le vénérable auteur examine la valeur de ces lois organiques, frauduleusement annexées au concordat du 15 juillet 1801, et qui chargèrent l'Eglise de

(1) Bened. XIV. *De synodo diœcesana*, lib. XII, c. 8, n. 4. Barbosa, in cap. I, sess. XIV. *De reformatione*. Zallinger, in lib. V, Decretal. tit. XXXIX, § 302.
(2) Tom. I, p. 477-480.

chaînes lourdes et dégradantes, contre lesquelles la vigilance
courageuse du Saint-Siège apostolique n'a point cessé de réclamer. Ces lois, dit-il, ne venant point de l'autorité qui est
investie du pouvoir législatif dans l'Eglise, ne peuvent assurément être invoquées pour justifier l'appellation d'une sentence
de conscience informée interjetée auprès du métropolitain. Géné-
ralisant ensuite son argumentation, il déclare et prouve que les
lois civiles, qui statuent sur les choses ecclésiastiques, n'obligent
pas au for ecclésiastique, et ne doivent ni ne peuvent y être
observées, quand elles sont contraires aux saints canons. Et
cependant, poursuit-il, les gouvernements rationalistes s'étudient avec une application et un soin qu'il eût fallu réserver
pour une meilleure cause, à ruiner l'influence de l'Eglise par un
ensemble de lois, de décrets, de mesures qui vont droit à
placer cette Epouse de Jésus-Christ dans une dépendance entière et une servitude absolue.

Quant à la nouvelle procédure introduite par le chapitre
Cum honestius, elle est incontestablement pleine de sagesse, de
bonté et de douceur. L'évêque peut la suivre, même lorsque le
prêtre coupable de délits occultes est tombé dans des fautes
publiques. Toutefois, comme le remède que fournit ce chapitre est extrême, il ne convient d'y avoir recours que lorsque
les autres moyens de guérir le mal sont inapplicables ou inef-
ficaces. « Pour ce qui concerne l'usage à faire de ce pouvoir,
dit Mgr. l'évêque de Luçon en empruntant les paroles d'Ubald
Giraldi, les Evêques et les autres Prélats se souviendront de
cet avertissement salutaire que les Pères du Concile de Trente
leur donnent, avec un sentiment affectueux de charité paternelle, pour l'édification et pour le salut de leurs subordonnés,
savoir : qu'avant de procéder à la correction de leurs inférieurs
par la sentence *de conscience informée*, ils se feront un devoir

rigoureux de lire ce que le saint Concile a écrit au chapitre I, de la Session XIII, de la *Réforme* (1). »

En finissant le remarquable écrit que nous venons d'analyser, le vénérable Evèque de Luçon émet des vœux aussi touchants que légitimes : « Puisse notre travail, dit-il, procurer la gloire de Dieu et le salut des âmes ! Puisse-t-il remplir le cœur du prêtre de *soumission et d'obéissance* pour son Evèque ! Tandis que les supérieurs ecclésiastiques *veillent sans cesse, comme devant un jour rendre compte pour l'âme de chacun de leurs subordonnés* ; il faut que ces derniers s'appliquent à rendre cette surveillance facile, douce, *agréable à Dieu* ; ils ne doivent pas la condamner *à des gémissements qui la rendraient beaucoup moins profitable et moins salutaire.* »

Qu'il nous soit permis, en terminant, d'offrir à Monseigneur l'Evèque de Luçon l'hommage de nos sympathies, pour les doctrines qu'il professe, et celui de nos félicitations pour le courage plein de zèle et d'ardeur qu'il déploie, dans la défense des intérêts catholiques, en ces jours agités où l'Eglise a plus que jamais besoin de la plume de ses docteurs et de la voix de ses Pontifes, pour résister aux efforts de ses ennemis. On ne peut plus se faire illusion sur la nature des rapports qui existent entre l'Eglise et plusieurs Etats de l'Europe. Les tendances des gouvernements issus du rationalisme, sont perfidement hostiles à la religion catholique. Il importe donc souverainement qu'on produise au grand jour, pour les flétrir et les déjouer, les sourdes menées de ces gouvernements contre l'Eglise et les libertés religieuses. Vainement voudrait-on se dissimuler le mal profond qui ronge la société; ce mal existe et exerce des

(1) *Expos. jur. pont.* Sect. XLIII, t. 3, p. 418, col. 2.

ravages d'autant plus déplorables, que l'on se montre moins
disposé à les reconnaître pour y porter remède. Les désastreux
principes posés, il y a trois siècles, par le Protestantisme, ont
conduit les peuples au *penchant des abîmes,* pour parler le
langage de l'Ecriture, c'est-à-dire, à la haine de toute influence
religieuse, au mépris de toute autorité et de toute hiérarchie,
à la négation des lois sacrées qui assurent à la société l'ordre,
le bonheur et la paix. Bien des personnes s'imaginent qu'on
ne doit plus compter avec le Protestantisme. Il n'existe guère
plus, il est vrai, comme religion ; mais son principe fonda-
mental va toujours déroulant ses funestes conséquences, et
déversant sur la société tous les maux que renferme l'abime
profond de l'orgueil. Pour celui qui, considérant les choses
d'un point de vue plus élevé, observe attentivement la filiation
des doctrines et la marche de l'histoire, le Protestantisme n'a
point cessé d'exister. Il est vivant, comme philosophie, dans ce
rationalisme dont notre siècle est si fier et qui a pourtant abaissé
si fort la raison de l'homme ; il est vivant dans cette théorie
subversive de tout ordre, qu'on a décorée du nom de *Socialisme,*
et qui aurait ramené les siècles à la barbarie la plus sauvage
si la divine Providence ne nous eût sauvés de ses coups ; il est
vivant dans ces gouvernements dissimulés et trompeurs, qui,
sous des dehors pleins de bienveillance, ne cessent de combattre dans l'ombre par tous les moyens que leur fournissent
la ruse, l'intrigue et au besoin la violence, cette Eglise de
Jésus-Christ qui a pourtant marqué par des bienfaits chacun
de ses pas à travers les siècles, et qui seule, est en mesure de
rallumer, d'entretenir le flambeau de la civilisation. Grâce à
Dieu, en ce qui concerne les tendances rationalistes des gouvernements, la cause catholique n'a pas manqué, en France,
d'ardents et vigoureux défenseurs. Mgr. le Cardinal de Bonald,

Archevèque de Lyon, et Mgr. Parisis aujourd'hui Evèque d'Arras, pour ne citer que ces deux illustres Prélats, ont bien mérité de l'Eglise, par les travaux importants qu'ils ont consacrés à sa défense, contre les empiètements du pouvoir civil. Puissent-ils avoir de dignes et de nombreux imitateurs dans le clergé de tous les pays! Mgr. Baillés, Evèque de Luçon, est entré dans ces glorieuses voies : dans l'importante *introduction* dont il fait précéder l'ouvrage qui vient d'ètre l'objet de notre attention, il dévoile et signale une à une les servitudes révoltantes que le pouvoir civil impose à l'Eglise et qui remontent, pour la plupart, à l'époque de la publication du concordat de 1801. Le tableau qu'il en fait est désolant, mais il est bien propre à éveiller dans toute âme chrétienne, une légitime indignation contre les tendances et les actes oppressifs de plusieurs gouvernements, à l'endroit de l'Eglise catholique. Dans un siècle où les gouvernements eux-mèmes parlent tant de liberté, et où la liberté est accordée avec une aveugle générosité à tout ce qui tend à dissoudre et à anéantir l'ordre social, on devrait, ce semble, assurer par toutes les garanties possibles la libre action d'une institution divine qui ne veut que la gloire et le bonheur des peuples. Or, comme nous l'avons dit, c'est précisément cette institution bienfaisante et civilisatrice qu'on attaque, et qu'on s'efforce de renverser au nom de je ne sais quels principes qu'inspirèrent un jour l'orgueil et la passion à un moine fougueux du XVIe siècle.

JÉSUS RÉVÉLÉ A L'ENFANCE ET A LA JEUNESSE, par M. l'abbé F. LAGRANGE, professeur à l'Institution de M. l'abbé Poiloup. — 1 volume in-12 de 286 pages, plus 4 gravures, chez J.-G. LARDINOIS, à Liége. — Prix . 1 fr. — Sans gravures, 80 c.

Combien de fois n'avons-nous pas déploré la malheureuse et profonde ignorance, où vivent la plupart des hommes du siècle touchant la vie et les actions de notre divin Sauveur! L'enfance et la jeunesse, à qui, de nos jours, on se croit obligé d'enseigner toutes choses, ne sont pas elles-mêmes plus instruites sur un objet qui pourtant les intéresse à un si haut point Beaucoup étudient et connaissent, jusque dans ses plus minutieux détails, la biographie des grands hommes de l'antiquité et des temps modernes; plusieurs seraient en état de raconter, année par année et mot pour mot, l'histoire d'Alexandre ou de César : quant à la divine et incomparable vie de notre Seigneur, presque tous n'en ont qu'une idée vague, superficielle, incomplète, puisée çà et là comme au hasard. Et cependant, y aura-t-il jamais pour eux un récit tout à la fois plus utile et plus gracieux, plus attachant et plus profitable, qu'une Histoire du Sauveur Jésus exposée avec ordre et enrichie de tous les détails que nous fournissent l'Evangile et la tradition? — Telle est la matière du travail que M. l'abbé Lagrange offre à l'enfance et à la jeunesse chrétienne. Pour le signaler et le faire connaître à nos lecteurs, il nous suffira d'en retracer le plan succinctement. — L'ouvrage se divise en trois parties : La vie cachée, la vie publique de Jésus-Christ, et sa vie permanente dans l'Eglise. La première partie raconte la naissance, l'enfance, et la vie privée du Sauveur jusqu'au commencement de sa vie publique. — La seconde est, de beaucoup, la plus considérable et la plus importante : elle remplit, à elle seule, presque tout le volume. L'auteur la subdivise en plusieurs chapitres sous les titres suivants, qui peuvent donner une juste idée de l'ordre et du fond de l'ouvrage entier : la tendresse de Jésus et sa bonté comme Sauveur, sa toute-puissance comme Dieu, sa doctrine (sur le royaume de Dieu, sur Dieu, sur le culte dû à Dieu, sur l'amour du prochain, sur la richesse et la pauvreté), son sacrifice. — La troisième partie montre Jésus-Christ vivant et personnifié dans l'Eglise catholique, par laquelle il agit perpétuellement, au milieu du monde, par le moyen de la grâce et des sacrements. — Ce plan est large, naturel et bien conçu. Il se prête facilement à tous les récits et à toutes les instructions de l'Evangile, ainsi qu'aux réflexions, commentaires et pieux conseils que la vie du Sauveur suggère naturellement, et que l'auteur a très-bien su approprier aux dispositions et aux besoins du jeune âge pour lequel il écrit. — Toutefois, en reproduisant fidèlement les faits et la doctrine évangélique, M. l'abbé Lagrange ne se borne pas à une traduction simple et littérale : son style est toujours celui de l'Ecriture ; mais il ne craint pas de commenter ou de resserrer le texte, quand il le juge à propos pour l'avantage de ses lecteurs Nous sommes loin de l'en blâmer. C'était, selon nous, le moyen le plus efficace de faire comprendre et goûter la céleste doctrine aux jeunes esprits qu'il avait en vue. — Un style simple et gracieux, l'élégance et la fraîcheur des idées, l'onction de la piété, la sagesse des conseils, telles sont les qualités qui distinguent cet excellent livre. Il sera lu avec intérêt et avec fruit; ajoutons qu'il le sera aussi avec plaisir, grâce à la beauté de l'impression, à la grosseur et à la netteté des caractères, grâce encore aux belles gravures qui peuvent faire de ce volume non-seulement un livre classique, mais encore un charmant livre à donner en prix, livre bien supérieur, pour le fond littéraire et pour le résultat moral, à cette multitude d'ouvrages frivoles qui semblent n'avoir d'autre but que d'amuser les yeux et l'imagination de l'enfance. — Nous le recommandons avec confiance aux maîtres et aux parents chrétiens.   (*Bibliogr. cath*)

Nihil obstat : Imprimatur.

Datum Leodii, 29ᵃ septemb. 1852.

H. NEVEN, Vic. Gen. Cap.

MÉLANGES THÉOLOGIQUES.

6ᵐᵉ Série. — 3ᵐᵉ Cahier.

DÉCRET TRÈS-IMPORTANT

DE LA SACRÉE CONGRÉGATION DES RITES.

CENOMANEN.

Quas sanctus Pius V edidit Bullas, quæ Breviarium Missaleque Romanum respiciunt, illas de anno 1583, cum omni laude, reverentia et gaudio, excepit Concilium provinciæ Turonensis, ac proinde Cenomanensis Episcopalis Ecclesia, quæ provinciæ ipsius limitibus concluditur : quæ, etsi speciali tunc ritu a duobus sæculis uteretur, attamen ritus iste adeo erat Romanus, ut vix pro vigesima parte proprium Cenomanense intermisceretur : in eodem siquidem ritu sibimetipsi constans, nec ullo modo sancto Pio V contraria studiosius perstitit Cenomanensis Ecclesia spatio centum quinquaginta annorum, nimirum usque ad annum 1748 aut 1749, in quo, auctore tunc temporis Episcopo, et consentiente capitulo, sed prorsus Apostolica Sancta Sede inconsulta, novum conditum fuit Breviarium novumque Missale. Alia tunc facta fuit Psalmorum distributio, alia ratio lectionum, tum de sacra Scriptura, tum de sanctis, aliæ antiphonæ, alia responsaria, alii hymni, aliæ rubricæ et cæremoniæ. Insuper de Kalendario quamplures expuncti sunt sancti, ut novi in eorum locum sufficerentur : quum itaque nova pene omnia illis in Breviario et Missali appareant, de veteri ritu Romano Cenomanense vix impræsentiarum vigesima pars exstat. Si Itaque locorum Ordinarii prohibentur, etiam in Breviariis, quæ juxta mentem sancti Pii Pontificis tolerata tantum fuere, uti antiquum Cenomanense, aliquid propria auctoritate addere, aut aliquid demere sub interminatis pœnis in Decretis Sacrorum Rituum Congregationis, dierum 8 aprilis, et 28 octobris 1628, de non satisfaciendo muneri divini officii recitandi, inde clare concluditur quantum a præfinitis legibus aberret Breviarium Missaleque Cenomanense editum medio sæculo decimo octavo, in quo tam graves immutationes factæ sunt, ut a romano æque ac ab antiquo Cenomanense in omnibus recedat. Quæ singula inter cæteros Rev. D. Lotin, canonicus cathedralis Cenomanen. Ecclesiæ sedulo commemorans, sacram hanc Rituum Congregationem precibus adire constituit, eique sequentia dubia proponere pro opportuna solutione, nimirum :

I. Utrum licita fuerit, annis 1748 et 1749, innovatio Breviarii Missalisque Cenomanensium a ritu Romano prorsus alienorum, amotis prius veteribus ad formam Romanam correctis Breviario et Missali, sola Episcopi et capituli Ecclesiæ Cenomanensis auctoritate, et inconsulta Sede Apostolica, facta aut probata ?

II. Quatenus negative : Utrum saltem hujusmodi Liturgia vi præscriptionis seu consuetudinis sæcularis facta sit legitima, ita ut hodie quilibet sacerdos Cenomanensis possit eam tuta conscientia servare?

III. Quatenus iterum negative : An quilibet sacerdos Cenomanensis, etiam canonicus, aut parochus, statim teneatur in conscientia tum et horas canonicas persolvere, missamque celebrare juxta ritum Romanum, quando scilicet privatim recitat, et celebrat, tum et insuper omnibus quibus potest modis Reverendissimo Episcopo supplicare, quatenus et idipsum pro divino officio publico opportunis mediis, et temporibus promovere dignetur?

IV Etiamsi Ecclesia Cenomanensis sibi de Breviario et Missali iterum atque iterum, ut libuerit, providere queat, an istiusmodi facultas extendenda sit ad Pontificale, Cæremoniale Episcoporum, Martyrologium, et Rituale Romanum, ita videlicet ut *præceptivas* prædictorum librorum *regulas*, tolerante nempe, aut permittente, aut etiam aliter quidpiam statuente Reverendissimo Episcopo, canonici, aliive sacerdotes possint illæsa conscientia infringere aut omittere, atque Reverendissimi Episcopi voluntas his in casibus sit pro ipsis sufficiens dispensatio?

V. Utrum possint et ipsi canonici qui, ex antiquo more, mozetta et rochetto insigniti sunt, uti rochetto in administratione, seu confectione sacramentorum et sacramentalium, quum reverendissimus Episcopus usum rochetti generaliter, et pro majori seminario, recenter præceperit, seu saltem probaverit, et pro omnibus insuper suæ diœcesis presbyteris, etiam in sacramentorum administratione, se toleraturum esse voce et scripto declaraverit, quidquid in contrarium faciant Cæremoniale Episcoporum, Rituale Romanum, Missale et Pontificale, licetque nulla in diœcesi Cenomanensi antiqua, aut usquedum generalis pro ea sacræ liturgiæ derogatione exstiterit consuetudo? Quas quidem preces insertisque cum dubiis in ordinariis S. R. C. comitiis ad Vaticanum hodierna die babitis referens infrascriptus R. D. prosecretarius, Eminentissimi et Reverendissimi Patres Sacris tuendis Ritibus præpositi, omnibus maturo examine perpensis rescribendum censuerunt.

Ad I. — Negative.

Ad II. — Negative.

Ad III. — Consulat conjunctim utramque Constitutionem sancti Pii V, videlicet illam quæ incipit : *Quod a nobis*, VII idus julii 1568, et aliam quæ incipit : *Ex proximo*, XII kalendas octobris 1571.

Ad IV. — *Negative et amplius.*

Ad V. — Rochettum non esse vestem sacram adhibendam in administratione sacramentorum, ac proinde tum ad ea administranda, tum ad suscipiendam primam tonsuram, et minores ordines necessario superpelliceo utendum.

Atque ita declaravit. Die 10 januarii 1852.

(Loco † Sigilli.)

A. Card. LAMBRUSCHINI, *S. R. C. præf.*
Dominicus GIGLI, *S. R. C. prosecretarius.*

1. Dans son numéro du 14 mai de l'année courante, la *Correspondance de Rome*, en donnant l'analyse du décret précèdent, promettait de le présenter textuellement à ses lecteurs. On sait que cette feuille a été suspendue depuis peu et qu'elle n'a pu réaliser ses promesses : nous avons donc du chercher ailleurs, et c'est à la *Voix de la vérité* que nous avons emprunté le texte du décret ci-dessus, dont l'authenticité ne peut être douteuse. Nous ne nous arrêterons pas aux deux premiers doutes ; déjà ailleurs (1) nous avons montré que les constitutions de S. Pie V sont obligatoires partout et qu'aucune coutume, fût-elle immémoriale, ne peut prescrire ni contre l'usage, ni contre les rubriques du Missel ou du Bréviaire romain. Le cinquième doute sera aussi passé sous silence. La Congrégation a décidé à satiété que c'est le surplis et non le rochet qui doit servir dans l'administration des sacrements : rappelons seulement ce qui a été dit, dans une autre série (2), que plusieurs personnes appellent *rochet* ce qui en réalité est un surplis, et que le surplis ailé n'est qu'une transformation du surplis à manches pendantes.

2. Au troisième doute, on demande si, dans la supposition que le Missel et le Bréviaire du Mans soient illégitimes, les curés, les chanoines, etc., sont tenus en conscience de se servir tout de suite des Missel et Bréviaire romains, au moins dans les offices privés, et s'ils doivent faire des instances auprès de leur évêque, pour que celui-ci rétablisse la liturgie romaine dans son diocèse ? La Congrégation des Rites ne répond pas directement au doute proposé, mais renvoie aux deux constitutions de S. Pie V. Or, que portent ces constitutions ? La première ordonne, sous peine de ne pas satisfaire, de suivre en tout le

(1) *Mélanges*, 2ᵉ série, pag. 405.
(2) 4ᵉ série, pag. 151.

Bréviaire Romain, non seulement dans la récitation privée, mais aussi dans la récitation publique (1). « Omni itaque alio
» usu quibuslibet, ut dictum est, interdicto, hoc nostrum Bre-
» viarium, ac precandi psallendique formulam, in omnibus
» universi orbis Ecclesiis, monasteriis, ordinibus et locis, etiam
» exemptis, in quibus officium ex more et ritu dictæ Ecclesiæ
» Romanæ dici debet, aut consuevit (salva prædicta institutione
» vel consuetudine prædictos ducentos annos superante), præci-
» pimus observari. Statuentes Breviarium ipsum nullo unquam
» tempore, vel in totum, vel ex parte mutandum, vel ei aliquid
» addendum, vel omnino detrahendum esse, ac quoscumque,
» qui horas canonicas, ex more et ritu ipsius Romanæ Ecclesiæ,
» jure vel consuetudine dicere, vel psallere debent, *propositis*
» *pœnis per canonicas sanctiones constitutis, in eos qui divinum*
» *officium quotidie non dixerint, ad dicendum et psallendum post-*
» *hac in perpetuum horas ipsas diurnas et nocturnas ex hujus*
» *Romani Breviarii præscripto et ratione omnino teneri, nemi-*
» *nemque ex iis, quibus hoc dicendi psallendique munus necessario*
» *impositum est, nisi hac sola formula satisfacere posse.* »

Le langage de S. Pie V est formel. Ceux qui sont tenus à suivre le rit romain, *qui dicere vel psallere debent*, parmi lesquels il faut compter les prêtres du diocèse du Mans, ceux-là ne peuvent satisfaire à la récitation, soit privée, soit publique de l'office, qu'à la condition de suivre le Bréviaire romain, *nemi-nemque nisi hac formula satisfacere posse.* La Congrégation va donc au-delà de ce qu'on demandait ; elle est interrogée sur la récitation privée, elle répond aussi quant à l'office public, et exige qu'on se soumette à la Bulle de S. Pie V. Voilà donc les prêtres du diocèse du Mans, tenus à reprendre le Bréviaire

(1) *Quod a nobis,* 7 des Ides de juillet 1568. *Bull. Luxemb.* tom. II, pag. 278, § 7.

Romain, et à le suivre toujours, au chœur et chez eux. La
sanction de cette obligation n'est pas peu de chose : c'est, outre
le péché, la restitution des fruits qu'on n'a pas faits siens. Et il
n'y a pas de raison de difficultés, d'embarras, de scandale, etc.,
à faire valoir : le cas a été parfaitement exposé à la Congrégation. Mais celle-ci, loin de demander au S. P. des adoucissements à la loi, ne s'est pas contentée de répondre au doute, elle
a été plus loin et a rappelé toute la rigueur des lois pontificales
contre ceux qui ne s'y soumettraient pas aussitôt.

La seconde constitution rappelée par la Congrégation des
Rites regarde aussi le Bréviaire. C'est dans celle-là que le saint
Pape Pie V détermine la partie des fruits qu'on est obligé de
restituer, en proportion de ce qui a été omis dans l'office. Ce
n'est pas sans motifs qu'on renvoie à cette constitution : la
Congrégation a voulu montrer par là combien les prêtres du
Mans sont strictement obligés de suivre le rit romain, puisqu'en ne le faisant pas, la peine de restitution doit leur être
infligée.

3. Le quatrième doute est aussi très-intéressant. On demandait, si dans la supposition, que l'Evêque du Mans ait eu le droit
de changer le Missel et le Bréviaire, il jouissait du même pouvoir, concernant le Cérémonial, le Pontifical, le Martyrologe et
le Rituel. La Congrégation répond *negative et amplius.* Quant
aux trois premiers livres, la réponse n'était pas douteuse, puisque les constitutions des S. Pontifes qui les concernent sont
conçues en termes formellement préceptifs, et s'opposent à
toute modification qui serait tentée par les Evêques. Nous avons
déjà rappelé les Bulles qui regardent le Cérémonial (1). Voici
ce que dit Clément VIII pour le Pontifical (2) : « Motu proprio

(1) 2ᵉ série, page 404.
(2) *Ex quo in Ecclesia,* du 10 février 1596, en tête du Pontifical.

» et ex certa scientia ac de apostolicæ potestatis plenitudine,
» omnia et singula Pontificalia in hunc usque diem, in quibus-
» cumque terrarum orbis partibus impressa et approbata.....
» per præsentes supprimimus et abolemus, eorumque usum in
» posterum universis Ecclesiis..... Episcopis..... cæterisque om-
» nibus et singulis personis ecclesiasticis..... interdicimus et
» prohibemus, et hoc nostrum Pontificale sic restitutum et re-
» formatum in omnibus universi terrarum orbis Ecclesiis.....
» recipi et observari præcipimus. Statuentes Pontificale præ-
» dictum nullo unquam tempore in toto, vel in parte mutandum,
» vel ei aliquid addendum, aut omnino detrahendum esse, ac
» quoscumque qui Pontificalia munera exercere, vel alias quæ
» in dicto Pontificali continentur, facere aut exequi debent, ad
» ea peragenda et præstanda, ex hujus Pontificalis præscripto,
» et ratione teneri, neminemque ex iis..... nisi formulis quæ
» hoc ipso Pontificali continentur servatis satisfacere posse. »

Urbain VIII renchérit, s'il se peut, sur le pape Clément VIII,
et défendit aux Evêques d'accorder aux libraires l'autorisation
de réimprimer le Pontifical, avant qu'ils ne l'aient collationné
avec le sien et déclaré conforme en tous points, sous peine de
suspense *a divinis,* et d'être interdit de l'entrée de l'Eglise.

Grégoire XIII est aussi exprès pour la conservation intacte
du Martyrologe romain (1). « Mandamus igitur omnibus Pa-
» triarchis, Archiepiscopis, Episcopis, etc., ut in peragendo
» divino in choro officio, omni alio Martyrologio amoto, hoc
» tantum nostro utantur, *nulla re addita, mutata, adempta.....*
» omnibusque aliorum Martyrologiorum omnium publice priva-
» timque in Ecclesiasticis horis usu interdicimus..... Si quis
» aliter quam hoc nostro Decreto comprehensum est, fecerit,

_____

(1) Const. *Emendato,* du 14 janvier 1584, en tête du Martyrologe
Romain.

» noverit se in Dei omnipotentis, beatorumque Apostolorum
» Petri et Pauli indignationem incursurum. » Les lois portées par
ces constitutions sont claires, les expressions nettes et catégo-
riques, et il est bien évident que les Evèques sont tenus de les
observer, sans qu'ils puissent y rien changer.

4. La seule difficulté réelle concerne le Rituel Romain.
Paul V en effet, dans la Bulle qu'il publia en tête de ce livre,
invite, exhorte les Evèques, les Curés, etc., à se servir en tout
de son Rituel, mais il ne parait pas en faire une obligation. Ce
point doit donc être traité avec quelque détail.

Nous voulons prouver que le Rituel Romain est obligatoire
partout, et que les Evèques n'ont pas le pouvoir d'indiquer des
cérémonies et des Rites différents de ceux du Rituel Romain,
du moins pour ce qui concerne les Sacrements et les Sacramen-
taux, à moins que le Rituel lui-mème ne le permette. Les
preuves seront nombreuses et nous pensons qu'elles sont de
nature à porter la conviction dans les esprits.

1° Le Concile de Trente, dans sa 7° session, porta le canon
suivant : « Si quis dixerit receptos et approbatos Ecclesiæ
» catholicæ ritus, in solemni sacramentorum administratione
» adhiberi consuetos, aut contemni, aut sine peccato a mi-
» nistris pro libitu omitti, aut in novos alios per quemcumque
» ecclesiarum pastorem mutari posse; anathema sit. » Or,
considérons que ce canon n'est pas exclusivement dirigé contre
les hérétiques, mais qu'il se rapporte aussi et particulièrement
aux catholiques. En effet le Concile, dans son *proœmium*, nous
marque qu'il a voulu atteindre des erreurs aussi bien que des
hérésies : *ad errores eliminandos et extirpandas hæreses.*

Le Rituel Romain, aux règles générales de l'administration
des sacrements, commence par mettre ce canon sous les yeux
des prêtres, pour leur apprendre avec quelle fidélité, quel

soin et quelle religion ils doivent garder les cérémonies qui y
sont marquées. Or, où trouverons-nous ces *receptos et approbatos Ecclesiæ catholicæ ritus* que chacun doit observer, que
personne ne peut modifier? N'est-ce pas dans le seul Rituel
Romain? N'est-ce pas lui qui contient, selon les paroles de
Paul V, *receptos et approbatos Ecclesiæ catholicæ ritus suo
ordine digestos?* L'infaillibilité n'est pas le partage d'un Evèque,
et s'il établit ou continue dans son diocèse des rites qui diffèrent de ceux du Rituel, on ne peut être certain que ce soient
là les rites approuvés et reçus de l'Eglise. Il y a ici deux choses
certaines, très-certaines. La première, que le Rituel Romain
contient *les rites reçus et approuvés de l'Eglise*, Paul V le
déclare. La seconde qu'un Evèque ne peut changer *les rites
approuvés et reçus de l'Eglise catholique :* la chose est de foi,
elle a été définie par le Concile de Trente. Et ne doit-on pas
conclure de là, sans ombre de doute, que l'Evèque ne peut,
dans son Rituel, s'écarter du Rituel Romain, au moins pour
l'administration des sacrements, et par conséquent que le
Rituel Romain est obligatoire partout. Et qu'on ne s'imagine
pas que le Concile de Trente a entendu parler des rites essentiels
des sacrements, de la matière et de la forme ; car il a soin de
mettre qu'il s'agit *de solemni administratione.* En outre le mot
ritus ne s'est jamais pris pour l'essence du sacrement. Enfin il
est question des rites *adhiberi consuetos*, qu'on ne peut omettre
pro libitu, mais seulement en certains cas : toutes choses qui
nous montrent qu'il s'agit bien là de cérémonies, de rites et
non de l'essence d'un sacrement (1).

_____

(1) L'Eglise tient si fort à ces cérémonies que ce n'est qu'avec la plus
grande difficul é, et dans des circonstances très-critiques, qu'elle permet
de les omettre Certaines peuplades de l'Asie ont une répugnance invincible pour quelques-unes des cérémonies du baptême : voici cependant

5. 2° L'Index des livres prohibés renferme bien certainement la pensée de l'Eglise, et il n'y a pas le moindre doute
qu'un Evèque ne puisse pas publier un ouvrage, ni corriger
un livre, lorsque cette publication ou .correction est défendue
par les règles de l'Index. Et que portent les règles de l'Index?
Ouvrez les nouvelles éditions qui en ont été faites depuis
Benoit XIV : après la Constitution de ce grand Pontife portée
en 1753, et dans laquelle il trace une marche pour la correction et la proscription des livres, vous trouverez *Decreta de
libris prohibitis, nec in Indice nominatim expressis.* Là vous
lirez que, vu leur grand nombre, il a été impossible de
recueillir, dans le corps de l'Index, tous les ouvrages qui sont
proscrits en vertu des constitutions pontificales, ou des décrets
de la Congrégation tant du S. Office que de l'Index, et qu'on a
cru nécessaire de les indiquer par ordre des matières, « ut si
» quod circa librum aliquem in Indice non descriptum, aut in
» regulis ejusdem Indicis non comprehensum, exoritur dubium,
» intelligi possit, *utrum inter prohibitos sit computandus.* »
Ce sont donc des ouvrages prohibés, quoiqu'ils ne soient pas
compris nominativement dans l'Index, ni atteints par les règles
générales.

Or, par rapport à notre sujet, voici ce que nous trouvons
au § IV, *Quœdam ad Ritus sacros spectantia quœ prohibita
sunt.* D'abord ce sont *toutes* les bénédictions qui n'ont pas été
approuvées à Rome. *Benedictiones omnes ecclesiasticœ, nisi*

comment Clément XII dispensa : « Ad decennium duraturam · omit-
» tendi in collatione baptismi salivam, et occulte utendi insufflationibus,
» in casibus tamen particularibus, et in quibus gravis et proportionata
» necessitas urgeat..... Insuper monendos esse Missionarios super
» gravi negligentia non recurrendi ad S. Sedem pro obtinenda facultate
» dispensandi, *et male se gessisse Episcopos concedendo hujusmodi dispen-
» sationem, inconsulta Sancta Sede.* » Bened. XIV. Inst. 98, n. 16.

approbatœ fuerint a sacra Rituum Congregatione (n. 1).
Ensuite, ce sont *toutes* les additions faites ou à faire au Rituel
Romain. *Rituali Romano additiones omnes factœ aut faciendœ,
post reformationem Pauli V, sine approbatione sacrœ Congregationis Rituum* (n. 7). Quel pouvoir restera-t-il donc à un
Evêque de faire un nouveau rituel, qui ne tombe sous les coups
de l'Index? Donne-t-il une formule nouvelle de bénédiction,
ou renouvelle-t-il une ancienne formule autrefois en usage
dans son diocèse? Cette formule est prohibée, elle est à l'Index.
En vain répondra-t-on que ce décret concerne les fidèles, les
prêtres, et non pas les Evêques; la Congrégation des Rites
viendrait démentir aussitôt cette assertion, et de la manière la
plus formelle; elle défend d'employer les formules approuvées
par les Evêques, quand elle ne les a pas approuvées elle-
même (1). Ajoute-t-il quelque chose au Rituel Romain? Les
additions sont réprouvées et prohibées. Voudra-t-il changer
et corriger le Rituel? Le canon du Concile de Trente vient
détruire l'entreprise; personne n'a le pouvoir de changer les
rites approuvés et reçus de l'Eglise.

Après ces considérations, faut-il prouver que le Rituel Romain
est obligatoire partout, et qu'il doit être suivi par les Evêques
et les prêtres du monde entier? Puisque l'Eglise condamne,
réprouve, défend d'employer ce qui n'est pas conforme au
Rituel romain, c'est qu'elle entend que le Rituel soit suivi et
employé partout (2).

(1) V. *Mélanges*, 2ᵉ série, p. 629 (640).
(2) Les règles générales placées en tête de l'index sont véritablement
obligatoires. «Nous rappelons à la connaissance de tous, dit Grégoire XVI
»(Bulle du 8 mai 1844), qu'on doit s'en tenir aux règles générales et
»decrets de nos prédécesseurs placés en tête de l'*Index* des livres pro-
»hibés : et qu'ainsi il ne faut pas seulement se garder des livres men-
»tionnés nommément dans cet *Index*, mais encore des autres dont il est
»parlé dans lesdites prescriptions générales. » V. *Institutions liturgiques*
de Fornici, pag. 21, *édit. Paris.*

6. 3° La Bulle de Paul V est préceptive. Voici d'abord comment le prouve un auteur que Benoit XIV tenait en grande
estime, Clericati (1). « Certum est apud professores sacrorum
» canonum quod Rituale Romanum est liber habens vim legis,
» et quod ejus rubricæ obligant sub præcepto. *Loterius, Menoch.*
» *Gratianus et Sperellus.* In Bulla enim quam Paulus V præ-
» misit eidem Rituali, contestatur, in eo esse comprehensos
» sacros et sinceros catholicæ Ecclesiæ ritus, qui in sacramen-
» torum administratione, aliisque ecclesiasticis functionibus
» servari *debent* ab iis, qui curam animarum gerunt. Ubi no-
» tandum est verbum illud *debent*, quod de jure importat ne-
» cessitatem et est præceptivum. *Fagnanus.* Non obstante quod
» in eadem Bulla summus Pontifex dicat *Hortamur in Do-*
» *mino... ut eodem Rituali in sacris functionibus utantur :*
» nam etiam verbum illud *Hortamur* prolatum a Papa in re
» gravi habet vim præcepti. *Fagnanus.* Potissimum quia constat
» de ejus enixa voluntate, dum ibidem in fine subdit *ut in re*
» *tanti momenti quæ catholica Ecclesia, et ab ea probatus usus*
» *antiquitatis statuit, inviolate observent.* »

Ce raisonnement de Clericati ne fera peut-être pas impression sur certaines personnes, qui répondront que, lorsque le
Pape veut ordonner, commander, il emploie des termes qui
manifestent clairement sa volonté, ainsi que la chose a lieu
pour les autres livres liturgiques.

7. Voici donc les raisonnements qui nous semblent les plus
propres à porter la conviction dans les esprits. On se contente
d'habitude de jeter un coup d'œil rapide sur la Bulle, et lorsqu'on a trouvé le mot *hortamur*, on s'écrie que tout est fini, et
qu'il n'y a là qu'un simple conseil. Voyons donc et posons avec
maturité tout ce que la Bulle renferme. « Nous avons compris,

(1) *Decision. sacrament.* tom. 1, decis. 66, n. 19, ss.

dit Paul V, que l'un de nos plus grands devoirs est de veiller
à ce que tout se fasse dans l'Eglise avec décence et selon l'ordre,
et particulièrement l'administration des sacrements, dans lesquels « religiose observare apostolicis traditionibus et sanctorum
» Patrum decretis constitutos ritus et cæremonias, pro nostri
» officio debito, omnino tenemur. » C'est à cette fin que S. Pie V
a publié le Bréviaire et le Missel, que Clément VIII a édité le
Cérémonial des Evêques. Cela fait, il restait à comprendre en
un seul volume les rites sacrés et véritables de l'Eglise, que
doivent garder ceux qui ont le soin des âmes, dans l'administration des sacrements et les autres fonctions ecclésiastiques,
et à les publier par l'autorité du Siège Apostolique, afin qu'au
milieu de la multitude des rituels existants les prêtres pussent
avoir une règle publique et approuvée, dans les prescriptions
de celui-ci, *ad cujus præscriptum... tanquam ad publicam et*
obsignatam formam ministeria peragerent. Le Rituel a donc été
composé avec un grand soin par des hommes savants et éclairés,
et ayant vu qu'il renfermait les rites reçus et approuvés de
l'Eglise catholique, nous avons cru devoir l'éditer sous le nom
de Rituel Romain. C'est pourquoi nous exhortons dans le Seigneur nos vénérables frères les Primats, Evêques, les Curés, etc.,
et tous ceux que la chose concerne, en leur qualité d'enfants
de l'Eglise Romaine, à se servir désormais, dans les fonctions
saintes, du Rituel établi par l'Eglise mère et maîtresse de toutes
les autres, et à observer inviolablement, dans une affaire de
cette importance, ce qu'ont établi l'Eglise catholique et les
usages anciens approuvés par elle. »

Or, que dit Paul V dans cette constitution ? Qu'il a fait pour
l'administration des sacrements ce que Pie V et Clément VIII
avaient fait pour la Messe, le Bréviaire, etc.; qu'il a réuni les

rites qu'on doit obsérver dans l'administration des Sacrements ;
que ces rites sont ceux de l'Eglise catholique ; que le Rituel
est la régle suivant laquelle on donnera les Sacrements,
inoffenso pede. Mais cela ne suffit-il pas pour que nous soyons
tous obligés de suivre ce Rituel ? Le Concile de Trente ne
défend-il pas de toucher aux rites de l'Eglise catholique
dans l'administration des sacrements ? Si l'on ne veut pas que
la Bulle de Paul V soit clairement préceptive, du moins ne
doit-on pas admettre qu'elle est le complément du Concile de
Trente, et qu'ainsi elle a force de loi ? Le Concile a posé la
majeure du syllogisme : *on ne peut rien changer aux rites de
l'Eglise* : Paul V déclare la mineure : *le Rituel romain renferme les rites véritables de l'Eglise*. La conséquence inévitable
n'est-elle pas celle-ci : qu'on doit observer le Rituel Romain, et
Paul V devait-il le dire en termes exprès ? Le Pape exhorte
tous les Prélats et Prêtres à le suivre fidèlement, mais ce n'est
pas à dire que ce ne soit pas une obligation : tous les jours
nous exhortons les fidèles à fuir le péché et à remplir leurs
devoirs de chrétiens.

La Bulle de Paul V est donc préceptive, puisqu'elle n'est
que le complément d'un canon du Concile de Trente.

8. Elle l'est encore parce qu'elle a toujours été entendue
en ce sens ; c'est-à-dire que l'autorité chargée par le Souverain
Pontife de veiller sur les rites ecclésiastiques, a toujours regardé
le Rituel Romain comme obligatoire. Faut il rappeler quelques-
unes de ses décisions ? Mille fois elle a déclaré, et elle le fait
encore dans la cause que nous commentons, *Cenomanen.* qu'un
chanoine ne peut porter le rochet en administrant les sacrements. Elle a décidé qu'il fallait observer les règles du Rituel,
pour la conservation des Saintes-Huiles à l'église, pour l'administration de l'extrème-onction, pour la rénovation des espèces

sacramentelles, pour les cérémonies à suppléer, quand le
baptême a été donné dans la nécessité, etc., etc., et très-souvent
elle a proscrit l'usage contraire comme un abus condamnable.
Or, quelle plus sage interprétation de la loi pouvons-nous
donner, sinon celle du législateur lui-même ? Si la loi n'est pas
tout à fait claire, si la Bulle de Paul V n'est pas catégorique,
à qui nous adresserons-nous pour savoir si elle est préceptive,
sinon à la Congrégation des Rites ? Au surplus, elle a parlé
clairement. Dans une réponse à l'Evêque de Troyes, elle disait
naguères, en rappelant les dispositions du Rituel, *Rit. Rom.
cujus leges universam afficiunt Ecclesiam* (1). Et dans le décret
que nous commentons, mettant sur la même ligne le Rituel et
le Cérémonial, etc., elle répond *negative* ET AMPLIUS : ce qui
est de la plus grande force.

9. Enfin s'il y a une autorité grave et imposante, c'est bien
celle du Concile Romain tenu par le Pape Benoît XIII (2). Or,
ce Concile déclare strictement obligatoire pour tous les Evêques
le Rituel aussi bien que le Missel Romain, et abusives toutes
les coutumes contraires. « Mandamus ut in sacramentorum
» administratione.... recepti et approbati Ecclesiæ catholicæ
» ritus qui, in minimis etiam, sine peccato negligi, omitti, vel
» mutari haud possunt, peculiari studio ac diligentia serventur.
» Quamobrem *Episcopis districte præcipimus* ut contraria omnia
» quæ in Ecclesiis.... contra Rubricas Missalis, Breviarii et
» Ritualis, irrepsisse compererint, detestabiles tanquam abusus
» et corruptelas omnino prohibeant et omnino studeant amovere,
» quavis non obstante interposita appellatione vel immemorabili

---

(1) V. *Correspondance de Rome*, n. du 14 mars 1851.
(2) V. *Mélanges*, 5e série, p. 636.

» allegata consuetudine(1).» Que faut-il encore ajouter à cela (2)?

10. Répondons en peu de mots aux objections formulécs contre notre thèse. M. De Herdt fait valoir 1° la Bulle de Paul V qui se sert du mot *hortatur*; 2° un décret de 1626; 3° la tolérance du S. Siège; 4° le concile de Malines approuvé par le S. Siège; 5° l'appui du concile de Trente qui permet de conscrver pour la célébration du mariage, les coutumes louables de chaque province. Voilà, croyons-nous, toutes les raisons éparses dans le n° 1 de sa sixième partie (3).

A la première objection nous avons répondu. dans notre thèse. A la seconde : le décret cité désire qu'on introduise non pas le Rituel Romain, mais l'observance du Rituel en un point particulier : ce qui est bien différent. Du reste un *placere*, un désir de la Congrégation ne prouve pas contre l'obligation.

3° On pourrait faire valoir cette tolérance contre le Missel, le Bréviaire, etc. La tolérance prouve la prudence, la longanimité du S. Siège, et pas autre chose. 4° Le concile de Malines a été approuvé en 1608, et le Rituel Romain publié seulement

---

(1) *Concil. provinc. Rom.*, ann. 1725, tit. 15.

(2) Dans une Bulle adressée aux Evêques d'Espagne, bulle qui fut confirmée l'année suivante par Benoît XIII, son successeur, Innocent XIII enjoint aux Evêques d'éliminer tous les abus qui se sont élevés contre le Rituel Romain, aussi bien que contre le Missel et le Briviaire. « Episcopi insuper *abusus omnes* qui in ecclesiis aut sæcu-»laribus aut regularibus, *contra præscriptum* cæremonialis Episco-»porum et Ritualis Romani, vel rubricas Missalis et Breviarii irrepse-»rint, studeant omnino removere. » V. Bull. Luxemb., ·tom. VIII, pag. 472. N'est-ce pas là bien clairement déclarer que le Rituel Romain est obligatoire ?

(3) *S. Lit. prax.* Tom. III. Comment concilier le principe général de cet auteur touchant le Rituel Romain et les Rituels diocésains avec cette autre assertion émise un peu auparavant, part. 5, n. 37, IV. « In bene-»dictionibus tantum utendum est Missali et Rituali Rom. non autem »aliis libris *licet approbatis a locorum Ordinariis*, nisi Miss. et Rit. »Rom. sint conformes, juxta, etc. ? »Nous serions curieux de l'apprendre.

en 1614 : il ne pouvait être question de celui-ci, lors de l'approbation du 3ᵉ concile provincial de Malines. Mais le 3ᵉ concile provincial de Cambray, tenu en 1631, et approuvé par Urbain VIII, exhorte tous les Evêques de la province à adopter le Rituel Romain (1). L'Evêque de Namur seul le fit à la vérité, mais n'est-ce pas là un argument très-fort que ce désir manifesté par le Souverain Pontife à des Evêques qui tenaient à de vieux Rituels? 5° On ne peut rien conclure de la permission du Concile relative au mariage, pour les autres parties du Rituel : ceux qui l'avancent ne le prouvent pas, *quod gratis asseritur, gratis negatur*. La Congrégation, du reste, a maintes fois prouvé le contraire dans ses décrets.

11. Que reste-t-il donc à faire aux Evêques qui veulent maintenir d'anciens usages, dont la suppression pourrait occasionner du scandale, ou l'éloignement et la perte de quelques âmes ? Le moyen est très-facile, recourir à Rome. C'est ce qu'ont fait les Evêques des Etats-Unis, c'est aussi ce qu'avaient fait précédemment plusieurs Evêques de la province Romaine, ainsi que l'atteste le Concile Romain précité. Au surplus, remarquons que les Evêques ont tout à gagner ainsi, pour l'uniformité de la discipline et des cérémonies religieuses, dans leurs diocèses : car aussi longtemps que le Rituel diocésain ne sera pas approuvé, chaque prêtre pourra suivre librement le Rituel Romain : et en cela il ne fait qu'accéder au désir du Souverain Pontife : « Hortamur.... Parochos universos ubique locorum » existentes et alios ad quos spectat, » dit Paul V dans sa constitution. Et la Congrégation des Rites a aussi déclaré que le curé de Bar-sur-Aube au diocèse de Troyes, bien qu'il ne pût adopter le Bréviaire Romain, pouvait cependant, malgré qu'il

(1) Tit. III, cap. 14.

y eût un Rituel diocésain imposé par l'Evèque, employer le Rituel Romain dans l'administration des sacrements (1).

Il faut donc, si l'on veut atteindre véritablement le but qu'on a en vue, passer par cette alternative : ou prendre le Rituel Romain purement et simplement, ou faire approuver à Rome et rendre obligatoire le Rituel diocésain.

Nous prions ceux de nos confrères qui ne seraient pas d'accord avec nous sur les principes ci-dessus énoncés, de relire nos preuves avec attention, même plusieurs fois : nous croyons être dans le vrai, mais comme notre thèse est un peu neuve, et que nous avons peut-être donné dans l'exagération, nous sommes tout disposé à modifier notre opinion, si l'on nous prouve qu'elle n'est pas fondée. Nous attendrons donc leurs observations avec confiance.

(1) V. *S. R. C. Decreta*, v. *Rituale*, n. 2.

DES EMPÊCHEMENTS DE MARIAGE.

Suite (1).

PREMIÈRE PARTIE.

ARTICLE TROISIÈME.

De la force obligatoire des empêchements.

Nous verrons dans cet article, d'abord quelles personnes sont soumises à la loi des empêchements ; ensuite si l'ignorance ou un grave dommage empêche l'effet de cette loi ; enfin si le doute ou la probabilité de l'existence d'un empêchement suffit pour mettre obstacle au mariage.

XLIV. Comme nous l'avons déjà dit ci-dessus (n. II), on distingue plusieurs sortes d'empêchements dirimants. Les uns sont de droit naturel ou divin ; les autres de droit ecclésiastique seulement. La loi divine et naturelle oblige tous les hommes sans exception aucune, et par conséquent tous sont soumis aux empêchements de droit divin ou naturel. Ainsi, si un infidèle veut épouser sa fille, ou une infidèle son fils, il n'y aura qu'un véritable concubinage, parce que la loi naturelle s'oppose à ces sortes d'alliances. Ainsi encore, si, du vivant de son épouse légitime, un infidèle prétend contracter un nouveau mariage, cette union est illégitime, est radicalement nulle. Ce point n'offre pas de difficulté ; mais il n'en est pas de même des empêchements de droit ecclésiastique seulement.

XLV. « Quid mihi de iis, qui foris sunt, judicare, » dit l'apôtre S. Paul (2)? Par là, il nous apprend que les infidèles

_____

(1) Voir V⁰ série, pag. 505 ; VI⁰ série, pag. 200.
(2) I Cor. V, 12.

ne sont pas soumis à la juridiction de l'Eglise. D'où il suit que les païens ne sont point liés par les empêchements que l'autorité ecclésiastique a constitués. C'est ce qu'a reconnu solennellement le Pape Innocent III dans sa réponse à l'Evêque de Tibériade. Il y déclare expressément que les infidèles peuvent contracter mariage dans les degrés de consanguinité défendus par l'Eglise, parce que les constitutions canoniques ne les obligent point. « Et in præmissis gradibus a paganis quoad eos » matrimonium licite est contractum, *qui constitutionibus cano-* » *nicis non arctantur* (1). » Les empêchements de droit ecclésiastique n'atteignent donc point les infidèles.

XLVI. Quant à ceux qui sont entrés dans le sein de l'Eglise par le sacrement de baptême, ils sont incontestablement soumis à sa juridiction. A la vérité, une partie d'entre eux refusent de la reconnaître pour mère et rejettent son autorité. Mais cet état de rébellion ne diminue en rien les droits de l'Eglise, ne peut lui enlever la puissance qu'elle tient de son divin fondateur. Il est donc certain que l'Eglise peut, si elle le veut, établir des empêchements qui concernent tous les chrétiens, les hérétiques aussi bien que les catholiques.

XLVII. Mais si le pouvoir de l'Eglise n'est pas contestable, peut-on en dire autant de sa volonté? L'Eglise veut-elle que, depuis leur défection, les hérétiques restent encore soumis aux empêchements qu'elle a établis? Peut-elle le vouloir raisonnablement?

Remarquons, avant de répondre à cette question, qu'elle comprend tous les empêchements, excepté celui de clandestinité. Nous verrons les spécialités de cet empêchement quand nous en parlererons *ex professo* dans la seconde partie.

(1) Cap. *Gaudemus,* 8, *De divortiis.*

Le mode le plus sûr de connaître la volonté de l'Eglise, est de consulter ses actes, c'est-à-dire les pièces émanées de celui qui possède la suprême autorité, le pouvoir législatif sur toute l'Eglise. Or, si nous ouvrons ces documents, nous voyons l'intention du législateur clairement manifestée, savoir que les mariages des hérétiques sont nuls, s'ils sont contractés avec un empêchement canonique. C'est ce qu'attestent les facultés extraordinaires que le Souverain Pontife accorde à un grand nombre d'Evèques et aux Vicaires Apostoliques. Nous y trouvons en effet le pouvoir de dispenser avec les hérétiques convertis, dans divers degrés de consanguinité : « Dispensandi in » tertio et quarto simplíci mixto tantum, nedum cum paupe- » ribus, sed etiam cum nobilibus et divitibus in contrahendis ; in » contractis vero cum hæreticis conversis, etiam in secundo sim- » plici et mixto, dummodo primum gradum nullo modo attin- » gat, et in his casibus prolem susceptam declarandi legitimam.» On regarde donc à Rome les mariages contractés par les Protestants avec des empêchements canoniques comme nuls de plein droit. La déclaration de Benoit XIV, touchant les mariages de Hollande, nous en fournit une nouvelle preuve. Benoit XIV y décide la validité des mariages clandestins contractés en Hollande par les hérétiques, pourvu toutefois qu'il n'y ait aucun autre empêchement canonique : « Declaravit, » statuitque (Sua Sanctitas) matrimonia in dictis Fœderatis Belgii » Provinciis inter hæreticos usque modo contracta, quæque » imposterum contrahentur, etiamsi forma a Tridentino præ- » scripta non fuerit in iis celebrandis servata, *dummodo aliud* » *non obstiterit canonicum impedimentum*, pro validis habenda » esse (1). » Cette clause de Benoit XIV nous montre clairement

_____

(1) Const. *Matrimonia*, § 2, *Bullar. Benedicti XIV*, vol. I, pág. 180, Edit. Mechlin.

l'intention du Saint-Siége. Elle nous apparait encore dans une autre constitution du même Pontife. Ayant à décider si le mariage d'une protestante avec un juif était valide, il déclare que le mariage est invalide à cause de l'empêchement de la disparité de culte : « Exorta, ut accepimus, hæc controversia est, utrum » scilicet, cum Hebræus e secta Protestantium uxorem duxerit, » quæ aut hæresim ejuravit, aut ejurandæ parata est , utrum , » inquam, initum antea matrimonium, post susceptum ab He- » bræo baptisma, sit iterandum. Te igitur hac Nostra epistola » certiorem facimus, ambos , postquam catholicæ fidei nomen » dederint , per baptismum alter , altera per hæresis detesta- » tionem, rursus esse matrimonii vinculo conjungendos. Nam » quod ante inierant, irritum omnino fuit propter impedimentum » dirimens, quod vocatur *disparitatis cultus* (1). » Benoit XIV s'objecte ensuite que l'hérétique étant hors de l'Eglise ne doit plus être soumise à ses lois : « At objicere quis forte » posset... mulierem, utpote hæresi mancipatam, post susce- » ptum baptisma , extra sinum Ecclesiæ Catholicæ fuisse, nec » ideo ejus legibus obligatam (2). » Ecoutons la réponse du savant Pontife : « Hæretici Ecclesiæ subditi sunt, et legibus eccle- » siasticis tenentur. Cum vero inter Ecclesiæ leges illa quoque » recenseatur, quæ matrimonia illorum, quorum alter rite » baptismum acceperit , secus alter, rata non habet ; in nostra » etiam quæstione statuendum erit, cum hæretica mulier bap- » tismo initiata Hebræo nupsit, matrimonium illud pro irrito » habendum esse (3). » Ces paroles sont claires. De nos jours encore le Saint-Siège tient les mêmes principes. Consultée sur la validité du mariage d'un Anglican avec une autre sectaire

---

(1) Const *Singulari Nobis*, § 1, *Ibid.*, vol. VII, pag. 10.
(2) § 12, *ibid*, page 24.
(3) § 16, *ibid.*, pag. 26.

non baptisée , la Congrégation de l'Inquisition décida que le mariage était nul, et le Souverain Pontife confirma cette décision le 20 juillet 1840.

XLVIII. Des preuves aussi manifestes de la volonté de l'Eglise ne laissent aucun lieu à la présomption sur laquelle s'appuyaient des auteurs, du reste très-respectables (1), pour soustraire les hérétiques à l'obligation des lois matrimoniales.

La sagesse, la prudence, la condescendance de l'Eglise leur faisaient présumer qu'elle ne voulait pas astreindre les hérétiques à l'observation de ces lois. La présomption ne peut prévaloir contre la vérité : *Præsumptio cedit veritati.* Nous venons de donner des preuves positives de la volonté de l'Eglise ; toute présomption contraire doit donc être rejetée. Cette volonté de l'Eglise n'a rien que de raisonnable. En effet, l'Eglise doit-elle des faveurs à des enfants rebelles et opiniâtres dans leur révolte? Doit-elle faire cesser ses lois pour ceux qui s'obstinent à nier

(1) Voici comme Pichler developpe cet argument : « Ecclesia non »videtur urgere suas leges circa impedimenta matrimonii adversus hære»ticos, sed connivere, permittendo matrimonia cum illis impedimentis »contracta et non irritando : ergo de facto non ligantur hæretici impe»dimentis a jure ecclesiastico latis. *Ant. prob.* Non est credibile quod »Ecclesia urgere velit leges, ex quibus plus damni quam utilitatis conse»quitur (cum lex debeat esse utilis communitati), et quarum observan»tiam sperare moraliter non potest : sed ex legibus connubialibus, si eas »apud hæreticos observari vellet Ecclesia, plus damni oriretur quam »utilitatis ; quia matrimonia eorum, cum impedimento juris ecclesiastici »contracta, essent meri concubinatus et fornicationes, proles illegitimæ, »animi hæreticorum, si viderent suas proles a nobis haberi pro illegi-»timis, magis alienarentur a catholicis, et sic a conversione magis abster»rerentur, luxuriosis daretur occasio deserendi matrimonia, et contrahendi »alia ritu catholico, etc., et hæc sine ullo fructu. Accedit, quod non sit »speranda observatio legum ecclesiasticarum in hoc puncto apud hære»ticos. » *Summa jurisprudentiæ sacræ universæ.* Lib IV, tit. I, n. 98. V. la réfutation de cet argument dans Holzman, *Theologia moralis,* Part VI, n. 489 ; Böckhn, *Commentarius in jus canonicum universum,* Lib. IV, tit. III, n. 36.

son pouvoir législatif? Ne serait-ce point paraitre céder devant les exigences et les prétentions des hérétiques, leur donner gain de cause? « Qualiscumque sit, dit Böckhn, congruentiæ ratio, » quæ ex adverso opponitur.... semper urgentior adhuc visa est » ratio, ne aecatholicis occasio detur, ut Pontificem de sua sua- » rumque legum authoritate quidquam remisisse ac eorum » obstinationi cessisse glorientur (1). » On recourrait avec aussi peu d'avantage à la coutume pour combattre notre thèse (2) : La coutume tire toute sa force du consentement du législateur ; or, comment supposer que le législateur approuve la coutume qu'on nous objecte, lorsque nous avons des preuves évidentes du contraire? « Neutiquam, dit Widmann, supponi potest tacitus » illius consensus; cum de constanti dissensu expresso manifeste » constet (3). » Concluons donc que nous devons tenir pour invalides les mariages contractés par les hérétiques avec un empêchement de droit ecclésiastique, aussi longtemps que l'Eglise ne changera pas de volonté.

XLIX. Il est des cas où l'on n'est point censé violer la loi, et où par conséquent l'obligation de la loi cesse pour celui qui la transgresse, ne l'atteint point. Tel est le cas où l'on ignore invinciblement la loi; tel encore le cas où il est moralement impossible de l'observer, c'est-à-dire où l'on ne peut s'y sou- mettre sans subir un grave préjudice. Ces principes sont-ils applicables à la loi des empêchements dirimants de mariage? Voyons d'abord le premier cas, c'est-à-dire si celui qui ignore invinciblement l'empêchement, y reste soumis ou contracte validement mariage.

---

(1) *Commentarius in jus canon. univers.* Lib. IV, tit. III, n. 36.
(2) C'est l'argument apporté par Schmalzgrueber, *Jus ecclesiasticum universum*, Lib. IV, tit. I, n. 379.
(3) *Jus canonicum theorico-practicum*, Lib. IV, tit. III, n. 29,

Ce point n'est guères contesté. Les auteurs s'accordent à reconnaître la nullité du mariage contracté avec cette circonstance. L'ignorance excuse, à la vérité, de péché celui qui a violé la loi, de sorte que sa transgression ne lui est pas imputable; mais elle ne lui rend pas la capacité dont la loi l'a privé. « Quod ignorantia legis irritantis, non impediat irritatio-
» nem actus, sive ignorantia sit de sola vi irritandi legis, sive
» absolute de tota lege, indubitatum est apud omnes...... Ratio
» autem est, quia ignorantia solum potest excusare a culpa;
» hæc autem irritatio non pendet a culpa, quia non est pœna...
» Quia non in odium seu vindictam peccati ponitur, sed per se
» propter commune bonum : ergo ignorantia non potest obstare
» huic effectui. » Ainsi parle Suarez (1). « Matrimonium, dit
» aussi Biner, cum impedimento dirimente, ex. gr. clandesti-
» nitatis aut consanguinitatis contractum, invalidum est, licet
» invincibiliter atque inculpabiliter ignoraveris impedimentum,
» aut metu gravi ad contrahendum fueris adactus.... Ratio est,
» quia vel est defectus potestatis in agente, vel defectus solèm-
» nitatis aut requisiti ad substantiam actus, vel actus ipse sim-
» pliciter et absolute propter bonum commune est irritatus a
» jure. Nihil autem horum supplere potest ignorantia, metus,
» vel necessitas, ut passim omnes agnoscunt (2). » Le concile
de Trente nous fournit une preuve irréfragable en faveur de
cette doctrine. « Si vero, y lisons-nous, solemnitatibus adhi-
» bitis, impedimentum aliquod postea subesse cognoscatur,

---

(1) *De legibus*, lib. V, cap. XXII, n. 7.
(2) *Apparatus eruditionis ad jurisprudentiam ecclesiasticam*, Part. I, cap. II, n 57. Cf. Sanchez, *De matrimonio*, Lib. III, disp. XVII, n. 10; Lacroix, *Theologia moralis*, Lib. VI, part. III, n. 525; Dens, *De matrimonio*, n. 70; Gury, *Compendium theologiæ moralis*, Tom. II, n. 597; Bouvier, *De matrimonio*, Cap. VI, art. II, in fine.

» *cujus ille probabilem ignorantiam habuit,* tunc facilius cum
» eo, et gratis dispensari poterit (1). » Par *ignorance probable*,
le Concile entend l'ignorance invincible, c'est-à-dire celle qui
persiste après l'emploi des moyens nécessaires pour la vaincre :
«Ignorantia probabilis, » dit De Justis, en interprétant ce décret
du Concile, « quæ etiam invincibilis dicitur, est illa quæ manet
»postquam quis debitam diligentiam adhibuit; et qua homines
»sui status communiter post debitam adhibitam diligentiam
»laborant; qualis est illa, qua quis homines doctos et timoratos
»consulens, non recte instruitur, vel quia factis legitimis
»denunciationibus, nullum fuit detectum impedimentum ad
»contrahendum (2). » Or, cette ignorance ne fait pas, au
jugement du Concile, cesser l'empêchement; le mariage n'en
est pas moins invalide : preuve évidente que la loi ne cesse
pas en tant qu'elle annulle le mariage. Enfin une réponse de
la S. Congrégation du Concile, mentionnée par Benoît XIV (3),
confirme ces principes.

L. Passons maintenant au second cas et voyons si cette loi
cesse, lorsqu'elle ne peut être observée sans un grave préjudice, v. g. lorsque le mariage ne peut être omis ou différé sans
scandale, sans diffamation.

Commençons par établir une distinction entre l'empêchement de clandestinité et les autres. Le premier n'affecte pas
directement les personnes, mais la forme de l'acte. Les autres
empêchements au contraire frappent immédiatement les per-

---

(1) Sess. XXIV, cap. 5, *De reform. matrimonii.*
(2) *De dispensationibus matrimonialibus,* Lib. III, cap. XVI, n. 45.
Cf. Sanchez, *De matrimonio,* Lib. III, disp. XLII, n. 2.
(3) « Dubitatum aliquando fuit, an, stante bona fide, sustineri posset
»pro valido matrimonium coram parocho et unico teste contractum. At
»sæpe dicta congregatio Concilii, die 14 januarii 1673, negative re-
»spondit, ut relatum habetur, *Lib.* 28 *Decretorum, pag.* 4 *a tergo, et* 5, »
De synodo diœcesana, Lib. XII, cap V, n. 5.

sonnes, les privent de la capacité de contracter mariage, ou du moins avec telle ou telle personne. Il ne sera donc pas étonnant que la solution de la question puisse varier, selon qu'il s'agira de l'empêchement de clandestinité ou d'un autre.

LI. Quant à la loi qui a établi l'empêchement de clandestinité, il est certainement des cas où elle cesse d'obliger, du moins quant à toutes ses parties, comme il en est où elle conserve toute sa force. Nous croyons qu'on peut donner là-dessus les règles suivantes : 1° Lorsque la loi n'est pas moralement impossible pour la communauté, elle ne cesse point dans un cas particulier, quelque grave dommage qu'on doive subir en l'observant, ou quelque impossible qu'elle soit dans un cas particulier. Donnons des exemples. Pour satisfaire à la loi de la clandestinité, il faut que le mariage soit contracté en présence du curé et de deux témoins. Supposons deux personnes vivant ensemble et passant aux yeux du public comme légitimement mariées, quoiqu'elles ne le soient pas. L'une des deux, se trouvant à l'article de la mort, découvre la vérité au prêtre qui l'assiste, et manifeste l'intention de contracter une union valide, afin de légitimer ses enfants, afin de laver la tache qui resterait imprimée à sa mémoire, et à la réputation de son complice. Le curé est absent; il n'a chargé personne de le remplacer; il n'y a pas d'espoir de le voir arriver avant la mort du pénitent, et il est impossible de recevoir avant ce moment une délégation de la part de l'Evêque. La loi qui requiert la présence du prêtre cessera-t-elle, puisqu'il est impossible de l'observer? Non. — Supposons que le curé soit présent, mais qu'il ne puisse, vu le peu de temps, trouver des témoins assez discrets pour ne pas compromettre la réputation des deux coupables. La loi qui exige la présence de deux témoins obligera-t-elle dans ce cas, quoiqu'on ne puisse l'observer sans diffamer

le moribond et son complice? Oui. — Supposons enfin que
deux personnes ont contracté le mariage civil, avec l'intention
de se présenter ensuite à l'église pour remplir la loi du concile
de Trente. On les menace de mort, s'ils accomplissent la cérémonie religieuse. La loi cessera-t-elle pour eux, attendu qu'ils
ne peuvent s'y soumettre sans s'exposer au plus grand des
périls, à la mort? Non. — Telles sont les conséquences de la
première règle, et tel est l'enseignement des auteurs. « Certum
» omnino tenendum est, disent les Docteurs de Salamanque,
» quod in nullo casu, quantumvis magnæ necessitatis, validum
» erit inter fideles matrimonium absque solemnitate a Triden-
» tino requisita celebratum in locis, in quibus est receptum :
» quemadmodum inter consanguineos nunquam erit validum
» matrimonium, quantumvis urgens necessitas occurrat cele-
» brandi illud absque dispensatione Pontificis... Probatur ergo
» conclusio 1°, quia quamvis necessitas excuset a lege præcep-
» tiva, non tamen potest facere habiles alias inhabiles, nec
» ratum facere, quod erat irritum : atqui decretum Concilii
» omnino inhabiles facit ad contrahendum absque Parocho et
» testibus fideles, et tamen contractum omnino irritum reddit :
» ergo quantumvis necessitas urgeat, non poterit valide cele-
» brari matrimonium sine hac solemnitate; 2°, quia quando in
» jure habetur aliter fieri non posse, vel quando traditur decre-
» tum annullans, inducitur forma rei substantialis, et cum nihil
» sine forma esse possit, non poterit res sine illo, quod in tali
» decreto ponitur, subsistere; sed in præsenti traditur decretum
» annullans matrimonium sine solemnitate dicta, et aliter fieri
» non posse decernitur : ergo, etc. (1). »

(1) *Cursus theologiæ moralis*, tract. IX, cap. VIII, n. 13 et 14. Cf.
Sanchez, *De matrimonio*, lib. III, disp. XVII, n. 4 ; De Justis, *De dis-
pensationibus matrimonialibus*, lib II, cap. XIX, n. 31 ; S. Liguori,
Theologia moralis, lib. VI, n. 1079.

LII. 2° Lorsque la loi, ou une partie de la loi est impossible pour la communauté, elle cesse d'obliger dans les cas où l'on ne pourrait l'observer sans un grand danger. Ainsi dans les temps de persécution, lorsque les pasteurs sont en fuite ou obligés de se cacher, ceux qui ignorent leur retraite, ou qui ne peuvent s'y rendre avec sécurité, ou sans un grave inconvénient, ne sont pas liés par la loi qui exige la présence du curé, mais bien par celle qui prescrit la présence de deux témoins. C'est la règle tracée, pour une cause de notre pays, par la S. Congrégation du Concile, le 27 mars 1632, dans les termes suivants :

Ubi constat decretum Sacri Concilii esse publicatum, vel aliquo tempore in parochia, tanquam decretum sacri Concilii observatum, sed parochialis Ecclesia, utpote carens proprio parocho, et cathedralis itidem Episcopo, atque capitulo habente facultatem alium sacerdotem delegandi careat, nullusque alius ibi sit, qui vices parochi vel Episcopi suppleat, matrimonium valere absque præsentia parochi, servata tamen in eo, in quo potest, forma Concilii, nempe adhibitis saltem duobus aut tribus testibus. Si existant quidem parochus, vel Episcopus, sed, nullo constituto Vicario, uterque metu hæreticorum latet, ita ut vere ignoretur ubinam sit, vel eodem metu a diœcesi absit, nec ad alterutrum sit tutus accessus, validum esse matrimonium contractum absque forma sacri Concilii Tridentini, adhibitis tamen, ut dictum est, duobus testibus (1).

Le 30 mars 1669, la S. Congrégation donnait les mêmes règles pour les Indes Orientales :

Vel parochi legitimi, aut missionarii, aderant in ea regione, et accessus ad eos erat tutus et facilis, vel non aderant, nec, si aderant, accessus ad eos erat tutus, facilis ; si primum, omnia præfata matri-

___

(1) *Thesaurus resolutionum S. Congregationis Concilii*, tom. IX, pag. 648. Ed. Rom. 1843.

monia, cum potuerint fieri coram parocho legitimo, vel missionario, et
non fuerunt sic facta, esse invalida et revalidanda : si secundum, juxta
alias decisum ab eadem S. Congregatione, stante impossibilitate habendi
legitimum parochum, vel missionarium, esse valida, si coram testibus
saltem facta sunt (1).

La révolution française vit encore l'application de cette règle.
Voici le doute proposé alors au S. Siège avec la réponse qui y
fut faite.

Quaenam scilicet postremo sententia tenenda sit de iis, qui cum ad
parochum aut superiorem legitimum nullatenus aut non nisi difficillime
aut periculosissime recurrere possint, vel nullum alium possint adire quam
parochum juramenti aut communionis schismaticæ reum, alii coram
extraneo sacerdote celebrarunt, alii coram sæculari magistratu. Utrum
videlicet tanquam irritæ prorsus haberi debeant nuptiæ hujusmodi, sicque nubentes ad alia vota transire valeant ; aut si fœdere aliquo vincian-
tur, utrum invitari aut compelli debeant ad recipiendam a vero Ecclesiæ
ministro sacram matrimonii benedictionem.

R. Ad dubium unicum, matrimonia contracta coram sæculari magistratu, aut coram extraneo sacerdote, cum contrahentes ad parochum aut
superiorem legitimum nullatenus, aut non nisi difficillime seu periculosissime recurrere possint, esse valida, quoties duo saltem adfuerunt testes,
juxta resolutiones S. Congregationis Concilii, in causa Belgii diei
27 martii 1632, in alia diei 30 martii 1669, et juxta resolutionem Congregationis Sancti Officii in causa provinciæ Malabaricæ diei 8 maii 1669,
in quibus adhæsit hæc particularis Congregatio in resolutione capta,
die 2 junii præteriti, in responsione ad epistolam Lucionensis Episcopi (2)..... Matrimonia vero contracta coram sæculari magistratu, aut

(1) *Ibid.*, pag. 673.
(2) On lit dans cette réponse : « Quoniam complures ex istis fidelibus
» non possunt omnino parochum legitimum habere, istorum profecto
» conjugia contracta coram testibus, et sine parochi præsentia, si nihil
» aliud obstet, et valida, et licita erunt, ut sæpe sæpius declaratum fuit a
» S. Congregatione Concilii Tridentini interprete. » *Collectio Brevium
atque instructionum SS. D. N. Pii P. VI*, part. I, pag. 327.

coram extraneo sacerdote, cum nullum alium possint contrahentes adire quam parochum juramenti aut commmunionis schismaticæ reum , pariter valida , quoties duo saltem testes præsentes fuerint , et parochus proprius, sive propter juramentum, sive quavis alia ex causa schismati adhæserit (1).

\ On conçoit la différence de solution entre le cas de cette règle et celui de la règle précédente. Dans celui-ci , l'intérêt d'un individu seulement est en jeu, or, le bien particulier doit céder au bien public. Il en est autrement dans le cas de la seconde règle ; c'est l'intérêt de toute une communauté qui est compromis. Que le législateur maintienne sa loi dans ce cas , et voilà tous les membres de cette communauté privés du droit de contracter mariage. Une telle volonté ne serait-elle pas déraisonnable. Il était donc juste et équitable que, pour ce cas, le législateur fît cesser la partie de la loi qui ne peut être observée.

LIII. 3° Cette règle est-elle aussi applicable aux cas exceptionnels, où les fidèles auraient pu, sans danger, et sans grande difficulté, contracter en présence de leurs pasteurs légitimes ? Dans une *Instruction sur le mariage*, les Evêques français réfugiés à Londres appliquaient aussi la règle à ce cas : « Chaque » fidèle, y disent-ils, est censé dans l'impuissance de recourir » aux propres pasteurs légitimes, quand le recours est habituel- » lement et généralement interdit, par une force dominante à » la communauté des fidèles. » Les auteurs toutefois s'écartent généralement de cette manière de voir, et jugent invalides les mariages de ceux, qui pouvant facilement recourir à leur curé ou à son délégué, ne l'ont point fait (2). La raison qui faisait

(1) *Ibid.* Part. II, pag. 139. Cf. *ibid.*, pag. 206.
(2) Cf. Carrière, *De matrimonio*, n. 1210.

cesser la loi dans ces tristes circonstances, était l'impossibilité de l'observer ; dans les cas donc où cette impossibilité n'existait pas, il semble rationnel qu'on ne puisse invoquer le privilège de la cessation de la loi.

LIV. Voilà pour ce qui concerne la clandestinité. Quant aux autres empêchements, on doit, ce nous semble, observer les règles suivantes. 1° Lorsque le recours au supérieur qui jouit du droit de dispenser, est possible, la loi ne cesse pas. Aucune raison ne le demande.

2° Si l'empêchement est public, la loi ne cesse jamais, quelque dommage que souffrent les parties. A la vérité cette règle n'est pas reçue unanimement. Quelques auteurs, recommandables d'ailleurs, admettent que la loi cesse, si l'on n'a point le temps de recourir au supérieur. « Quoniam lex ordi- » natur ad bonum communitatis, dit Pignatelli en motivant cette » opinion ; unde quando lex desinit esse bona, et potius evadit » perniciosa, habet locum Epieikeia, quod non obliget..... Quia » quod est ordinatum ad bonum, non debet esse perniciosum, » neque est de intentione legislatoris obligare, quando quod » præcipitur ratione subjectæ materiæ incipit esse præjudiciale. » Tunc enim si lex obligaret, non esset recta, sed injusta, et » peccaret.... Et proinde superior immediatus, licet inferior » legislatore, potest in tali casu dispensare, seu potius declarare, » quod lex non obliget (1). » Cet argument n'a aucune valeur pour notre cas. De l'avis de tous les théologiens et canonistes, le principe qu'une loi cesse, quand elle ne peut être observée sans un préjudice notable, n'est pas applicable aux lois irritantes, n'empêche pas que l'acte fait en opposition à la loi ne reste nul. « Quæritur 3°, se demande le P. Gury, an lex irri-

(1) *Consultationes canonicæ*, tom. III, consult. XXXIII, n.5.

» tans, nonobstante incommodo valde gravi, irritet? R. *Affirm.*
» nisi agatur de damno communi, quia lex irritans actum potius
» quam personam afficit, nec agitur de obligatione conscientiæ,
» sed de bono communi; secus enim homines facilius sibi fin-
» gerent incommoda, et lex totum robur suum amitteret (1). »
En outre si la loi cessait dans ce cas, il n'y a pas de doute qu'on
devrait alors reconnaitre à l'Evêque le pouvoir de dispenser,
lorsque le temps permettrait de recourir à son autorité; aussi
Pignatelli lui accorde-t-il ce droit. Mais cette opinion a été cen-
surée par le Saint-Siège comme fausse, téméraire, scandaleuse,
pernicieuse et séditieuse. Soumise à la S. Congrégation de l'Inquisition, ce tribunal porta le jugement suivant : « Propositio
» asserens Episcopum posse dispensare in publico impedimento
» matrimonii dirimente consanguinitatis pro matrimonio contra-
» hendo, sive in articulo mortis, sive in alia urgentissima neces-
» sitate, in qua contrahentes non possint expectare dispensationem
» Sedis Apostolicæ, est falsa, temeraria, scandalosa, perniciosa
» et seditiosa (2). » La S. Congrégation du Concile, qui avait
déféré cette proposition à l'Inquisition, la proscrivit également
le 19 janvier 1661. « S. Congregatio Concilii censuit, mox
» exscriptam propositionem esse falsam et temerariam (3). » Il
est donc hors de doute que la loi conserve toute sa force dans
ce cas, et que le mariage contracté est nul.

LV. 3° Lorsque l'empêchement est occulte et que, de sa
divulgation, il ne résulte aucune infamie pour les contractants,
la loi ne cesse pas, et si l'on procède au mariage, il est nul. Il

_____

(1) *Compendium theologiæ moralis*, Part. I, n. 142. Nous avons cite
ailleurs les principaux théologiens et canonistes. V. tom. II, pag. 456 sq.
Qu'on fasse surtout attention aux arguments de Suarez, *ibid.*, p. 462 sq.
(2) Ap. Rigantium, *Commentaria in regulas Cancellariæ Apostolicæ*,
in reg. XLIX, n. 2.
(3) *Ibid.*

n'y a pas plus de raisons, pour que la loi cesse dans ce cas que dans le cas précédent.

4° Si l'empêchement est occulte et ne peut être révélé sans diffamer les contractants, nous pensons encore, avec presque tous les auteurs (1), que la loi ne cesse point, de sorte que si l'on célèbre le mariage, il sera nul. La raison en est, comme nous l'avons déjà dit ci-dessus, 1° que les lois irritantes ne cessent jamais dans un cas particulier. 2° Si la loi cessait lorsque l'empêchement est occulte, elle devrait également cesser, lorsqu'il est public, et qu'on ne peut différer le mariage sans souffrir un grave dommage. 3° Elle devrait à bien plus forte raison cesser, lorsque l'empêchement est ignoré au moment du mariage; car les inconvénients seront souvent plus grands que dans le cas qui nous occupe (2). Or, nous l'avons vu ci-dessus, n. XLIX, la loi ne cesse pas dans ce cas. 4° Enfin le motif sur lequel s'appuient les rares auteurs qui ont combattu ce sentiment, est le scandale ou l'infamie qui résulterait du retard apporté au mariage. Mais ce motif n'existe pas, vu que, comme l'enseignent presque tous les théologiens, on peut procéder licitement à la célébration extérieure du mariage (3). Ainsi donc en résumé, nous pensons que le préjudice, quelque grave qu'il soit, que les contractants devront subir, ne suffira jamais pour rendre leur union valide, légitime aux yeux de Dieu et de l'Eglise.

LVI. Nous arrivons enfin au dernier point de cet article, où nous devons rechercher si l'on peut contracter mariage, dans

---

(1) Nous les avons cités, *Mélanges*, Tom. II, pag. 457 sq.

(2) V. le développement de cet argument, *Mélanges*, Tom. II, pag. 461, n. XVIII.

(3) On peut voir l'opinion des théologiens, avec ses motifs, dans les *Mélanges*, Tom. II, pag. 465. Voir aussi les conditions requises pour que le curé puisse assister au mariage, *ibid.*, pag. 467 sq.

le doute s'il existe ou non un empêchement. Cette question peut être examinée à un double point de vue : 1) par rapport au curé ou à l'autorité ecclésiastique ; 2) par rapport aux contractants.

1° *Par rapport à l'autorité ecclésiastique.* Il arrive que, à la suite de la publication des bans, on dénonce au curé des empêchements dont l'existence est contestée, ou des faits qui ne sont pas revêtus de toutes les circonstances requises pour constituer des empêchements certains. Dans le premier cas, il y a doute de fait ; dans le second, doute de droit. Cette différence ne modifie aucunement le devoir du curé qui, dans l'un et l'autre cas, doit en référer à l'Evêque, si, après avoir mûrement examiné la chose, il n'est pas clair qu'il n'y a aucun empêchement. La connaissance des empêchements est un acte de la puissance judiciaire, puissance dont les curés ne sont pas investis. « Cum parochus, dit Sanchez, careat judiciali potestate, » non spectat ad ipsum de impedimento cognoscere (1). » Il en serait de même, et pour le même motif, si la rumeur publique témoignait de l'existence d'un empêchement. Le curé devrait encore recourir à l'Evêque avant d'assister au mariage. C'est la règle que traçait S. Charles Borromée, dans ses *Instructions sur le mariage.* « Si probabilis dubitatio impedimenti sit, sive » ex verbis eorum qui contracturi sunt, sive aliunde ; superse- » deat (Parochus), et consulat Archiepiscopum, aut ejus Vica- » rium. Multo magis si fama impedimenti oriretur, aut testis » aliquis etiam unicus de impedimento affirmaret (2). » Le curé

---

(1) *De matrimonio*, Lib. III, disp. XV, n. 3.
(2) *Acta Ecclesiæ Mediolanensis*, Part. IV, pag. 552. Edit Bergom. 1738. Nous appelons aussi l'attention des curés sur la règle suivante des nouveaux Statuts de Liége : « Dum aliquod impedimentum consanguini » tatis, affinitatis, aut aliud ejusmodi, aliqua verisimilitudine denuntia » tum est, cesset parochus a proclamationibus, nec procedat ad matri-

n'a donc qu'un parti à prendre dans tous ces cas : consulter ses supérieurs et suivre leurs ordres.

LVII. Quant à l'Evêque ou à l'official chargé de connaître les causes matrimoniales, si, après un mûr examen, il leur est impossible d'arriver à la connaissance de la vérité, voici les régles, qu'à notre avis, ils pourront suivre.

1) Dans le doute de fait, si la présomption est pour l'empêchement, on ne doit pas permettre de contracter le mariage, du moins sans dispense, lorsqu'il y a lieu de l'accorder. «Quando » præsumptio stat pro impedimento, dit Lacroix, quamvis vi » deatur aliquo modo dubium, illicitum est sine dispensatione » contrahere, uti fatentur communiter omnes cum Sanchez et » Krimer (1). » Or, on peut dire que la présomption est pour l'empêchement, quand le fait duquel résulte l'empêchement, a été certainement posé, et qu'on doute seulement si ce fait a cessé d'exister, ou s'il a été revêtu de telle ou telle circonstance qui l'accompagne ordinairement. Ainsi dans le doute de la dissolution du premier mariage par la mort du conjoint, le premier mariage est en possession ; la présomption existe donc en faveur de l'empêchement ; et l'officialité ne permettra un second mariage, que lorsqu'on lui aura donné une certitude morale de la mort du premier conjoint. C'est la règle tracée par le Pape Clément III à l'Evêque de Sarragosse : « Nec autoritate Ecclesiæ » permittas contrahere, donec *certum* nuncium recipiant de › morte virorum (2). » Ainsi encore, dans le cas suivant, la présomption sera pour l'empêchement. « Si quis cum femina » coeat, et dubitet an semen inciderit intra vas, quia vel dubitat

» monii celebrationem, etiamsi denuntiatores se postea retractaverint, » quum experientia constet, illas retractationes nonnunquam emi pecunia » vel favoribus; ergo recurrat ad officialitatem. » N. 209, pag. 164.

(1) *Theologia moralis*, Lib. VI, part. III, n. 537.

(2) Cap. 19, De *sponsalibus et matrimoniis*.

» an seminarit, an intra extrave (1). » Dans le for externe, du consentement unanime des auteurs, l'acte sera présumé parfait, et suffira pour produire l'empêchement d'affinité, de crime, etc.

« In foro exteriori, dit Clericati, ubi constaret de congressu viri » cum muliere, et de copula cum ea exercita, ulterius non esset » indagandum ; sed pronunciandum foret pro impedimento affi- » nitatis ex præsumpta seminum effusione, ac commixtione (2). »

LVIII. 2) Dans le doute de fait, s'il n'existe pas de présomption en faveur de l'empêchement, on ne défendra pas de procéder au mariage. C'est conforme aux principes et à la pratique de la S. Congrégation du Concile. En effet, l'existence d'un empêchement est un fait ; or, les faits ne se présument pas, ils doivent être *prouvés.* « Factum non præsumitur, nisi probetur (3). » A moins donc qu'on ne *prouve* que quelqu'un est devenu inhabile à contracter tel ou tel mariage, on ne peut s'y opposer sans violer son droit. Aussi chaque fois qu'une question de ce genre se présente devant la S. Congrégation du Concile, à moins que les opposants ne donnent des preuves suffisantes de l'existence de l'empêchement, la Congrégation se contente de répondre : *Non constare de impedimento,* et laisse procéder au mariage (4). Les tribunaux inférieurs ne sauraient prendre de meilleur guide que la S. Congrégation.

LIX. 3) Dans le doute de droit, l'Evêque a le choix entre différents partis dont aucun n'est susceptible de blâme. Il peut d'abord déférer la question de droit à Rome, et suspendre le

(1) Sanchez, *De matrimonio,* Lib. VIII, disp. VI, n. 18.
(2) *Decisiones sacramentales,* De sacramento matrimonii, Decis. XXXI, n. 7. Cf. S. Lig. *Theologia moralis,* Lib. VI, n. 1075.
(3) Cf. S. Lig. *Theologia moralis,* Lib. I, n. 26; Barbosa, *De axiomatibus juris usufrequentioribus,* Ax. XCIII, n. 27.
(4) On peut en voir de nombreux exemples dans Zamboni, *Collectio declarationum S. Congregationis Concilii,* V° *Matrimonium.*

mariage, jusqu'à ce que le Saint Siége ait donné une réponse, à moins toutefois que les parties n'aient obtenu une dispense *ad cautelam*. Il aurait encore le droit, d'après le sentiment assez commun des théologiens et des canonistes (1), de dispenser lui-même de l'empêchement, de sorte que les parties pourraient se marier de suite. Enfin il peut laisser aux parties la liberté de contracter immédiatement. Comme nous le verrons tout-à-l'heure (n. LXVII), ce doute ne s'oppose pas à la licéité de la célébration du mariage; or, si les parties peuvent licitement s'unir malgré ce doute, il est évident que l'Evêque leur permettra légitimement de former cette union.

LX. 2° Examinons maintenant la question *par rapport aux contractants*. Les avis sont très-partagés sur ce point. Trois opinions surtout se disputent le terrain. La première, défendue par Carrière, déclare illicite tout mariage contracté avec un empêchement douteux, dont on n'a pas obtenu dispense. Elle se fonde sur la décision d'Innocent XI, qui a proscrit l'usage du probabilisme dans l'administration des Sacrements, quand leur validité serait en péril (2). « Probatur, dit Carrière, ex » decisione Innocentii XI jam indicata : hic enim agitur de » valore Sacramenti, et omnino applicari videtur ratio deci- » sionis; etenim quacumque opinionem sibi efformaverit agens, » non inde efficietur matrimonium validum, posito quod in rei » veritate existat impedimentum : ac proinde aderit Sacramenti » profanatio (3). » Il faut pour contracter licitement, d'après les partisans de cette opinion, une certitude morale qu'il n'y a aucun empêchement. « Ex his omnibus, ajoute Carrière, dedu-

_____

(1) Cf. S. Lig. *Theologia moralis*, Lib. VI, n. 902.
(2) Il a condamné la proposition suivante : « Non est illicitum in Sa- » cramentis conferendis sequi opinionem probabilem de valore Sacra- » menti, relicta tutiore. »
(3) *De matrimonio*, n. 626.

» citur 1° matrimonium iniri non posse, nisi moraliter constet
» non adesse impedimentum (1). »

LXI. La seconde opinion a pour défenseur S. Alphonse de
Liguori, qui distingue entre le doute de fait et le doute de droit.
Dans le doute de fait, on ne peut licitement contracter sans
dispense. « Ratio, quia, licet Ecclesia præsumatur supplere sive
» dispensare in impedimento, quando adest probabilitas orta ex
» jure, attamen hoc non procedit, quando habetur probabilitas
» tantum orta ex facto, quæ non fundat nisi semiplenam pro-
» bationem. Quo supposito, non licet in matrimonio contrahendo
» uti prima sententia ; nam quamvis probabilis esset prima
» opinio, quod cum sola probabilitate facti pro carentia impedi-
» menti præsumatur Ecclesia etiam dispensare ; tamen cum hæc
» opinio non sit communiter aut certe recepta tanquam proba-
» bilis (prout quidem esse debet ad præsumendum quod Ec-
» clesia suppleat), et cum agatur de valore Sacramenti, non
» possumus opinionem illam tuto sequi (2). »

Lorsqu'il y a doute de droit, S. Alphonse fait une nouvelle
distinction. S'il s'agit d'un empêchement de droit ecclésiastique,
et si l'opinion, qui nie son existence, est généralement reçue
comme probable, le mariage est permis, nonobstant le doute
sur l'existence de l'empêchement. « Nec obstat dicere, dit
» S. Alphonse, quod cum opinione probabili non liceat sponsis
» administrare Sacramentum matrimonii. Nam respondetur,
» quod eo casu non ministratur Sacramentum cum sola opi-
» nione probabili, sed cum morali certitudine ; quando enim
» adest opinio probabilis de jure, quod non subsit impedi-
» mentum, tunc Ecclesia ex antiquissima consuetudine præsu-
» mitur contractum matrimonii approbare, et omne removere

(1) *Ibid.*, n. 627.
(2) *Theologia moralis*, lib. VI, n. 902, quær. III.

» impedimentum, ut communiter dicunt præfati AA. cum aliis,
» et fuse probant Cardenas *l. c.*, n. 542, pluribus decisionibus
» Rotæ Romanæ, ac quædam declarationes Urbani VIII (1). »

Mais s'il s'agit d'un empêchement de droit naturel ou divin,
le doute s'oppose à ce qu'on contracte licitement mariage.
« Tunc enim, ajoute le même saint, Ecclesia nequit dispensare,
» ut potest et præsumitur jam dispensare, cum adest dubium
» positivum de impedimento juris tantum ecclesiastici (2). »

LXII. Enfin une troisième opinion, qui compte parmi ses
partisans Sanchez (3), Kugler (4), De Coninck (5) et Castropalao (6), estime que le mariage est licite, soit que le doute
concerne le fait ou le droit, soit qu'il s'agisse d'un empêchement de droit naturel ou de droit ecclésiastique. La raison en
est que la liberté est en possession. « Opinio (quod adsit im-
» pedimentum impotentiæ), dit Castropalao, vel dubium ma-
» trimonio contrahendo non obstat, eo quod stat possessio, et
» præsumptio pro potentia, dum manifeste contrarium non pro-
» batur... Si tempore contrahendi matrimonii opinionem, vel
» dubium habeas subesse impedimentum, et diligentia facta ad
» veritatem investigandam, vincere dubium non potuisti; a ma-
» trimonio contrahendo non impediris, quia dum tibi non constat
» de impedimento jure humano inducto, liberum te reputare
» debes ob possessionem innatæ libertatis. » Il faut bien remarquer que ces auteurs exigent qu'on ait fait toutes les perqui-
sitions nécessaires pour s'assurer de la vérité. Avant ces

(1) *Ibid.*, n. 901.
(2) *Ibid*, n. 902, Quær. II.
(3) *De matrimonio*, Lib. VIII, disp. VI, n. 18.
(4) *De matrimonio*, Tom. I, n. 1050 sq., 1533 sq., et tom. II,
quæst. XXVII, p. 631 sq.
(5) *De sacramentis*, Tom. II. disp. XXXIV, n. 104.
(6) Tract. XXVIII, disp. III, punct. IV, n. 4. Cf. Pontius, *De matrimonio*, Lib. VIII, cap. XIII, n. 1.

recherches, il serait sans aucun doute illicite de contracter mariage ; mais lorsqu'on a pris tous les moyens de découvrir la vérité et qu'on n'a pu y parvenir, alors, disent ces auteurs, on peut, sans aucune crainte de pécher, recevoir le sacrement.

Toutefois cette opinion reconnaît une exception pour les cas où une présomption de droit existerait en faveur de l'empêchement (V. n. LVII). Pour élider cette présomption, il faudrait une certitude morale contraire, selon la régle tracée par Lucius III pour un de ces cas : « Respondemus, ut nullus amodo » ad secundas nuptias migrare præsumat, donec ei constet, » quod ab hac vita migraverit conjux ejus (1). »

LXIII. Telles sont les trois grandes opinions qui partagent les auteurs. La seconde nous parait la moins fondée. Et d'abord la différence de solution pour le doute de fait et le doute de droit n'est pas suffisamment motivée. La raison de cette différence est, dit S. Alphonse avec les auteurs qui tiennent son sentiment, que l'Eglise est présumée dispenser lorsqu'il y a doute de droit, et qu'on n'a pas la même présomption, quand il n'y a qu'un doute de fait. Dans un article spécial, qui sera publié dans le prochain cahier, nous montrerons le peu de fondement de cette présomption. Les décisions de la Rote et la déclaration d'Urbain VIII, auxquelles S. Alphonse recourt avec Cardenas, pour l'établir, ne prouvent rien moins que la thèse de ces auteurs. D'où nous concluons que s'il n'est pas permis de contracter mariage avec un empêchement douteux, lorsque le doute concerne le fait, il ne l'est pas non plus lorsque le doute regarde le droit. Si au contraire le mariage est licite dans ce dernier cas, il l'est également dans le premier.

LXIV. Un autre motif de différence que les auteurs mettent

(1) Cap. 3, *De secundis nuptiis.*

èncore en avant, c'est que dans le doute de fait, on peût facilement parvenir à la découverte de la vérité : « Ratio dispari-
» tatis, dit Viva, inter probabilitatem circa factum et circa jus
» est, quia opinio probabilis circa factum facile deprehendi
» potest falsa ; quod si contingeret, jam matrimonium cum ea
» probabilitate contractum deberet dissolvi; at non facile depre-
» hendi potest falsa opinio probabilis circa jus (1). » Mais que
fait à la question le plus ou moins de difficulté de découvrir la
vérité? Rien, absolument rien. La question est de savoir ce
que l'on doit faire quand on ne découvre pas la vérité. On voit
donc que ce raisonnement est hors de notre hypothèse; car la
troisième opinion suppose qu'on a employé les moyens nécessaires pour arriver à la connaissance de la vérité. Aussi c'est
une chose curieuse de voir que la plupart des auteurs, après
avoir attaqué, *ex professo*, le principe de la troisième opinion,
finissent par en adopter la doctrine. « Nihilominus, dit Viva,
» si circa factum de impedimento dirimente detur dubium in-
» vincibile, tunc standum pro libertate, quæ est in possessione;
» unde licite potest matrimonium contrahi (2). » Cardenas n'est
pas moins exprès : « Quando in quæstione facti ex conjecturis
» utrinque probabilibus resultat purum dubium, si hoc dubium
» est vincibile, non licet contrahere matrimonium, donec vin-
» catur dubium, ut stet certitudo pro carentia impedimenti. Si
» vero resultet purum dubium omnino invincibile, non obstat
» impedimentum contrahendo matrimonio. Prima pars conclu-
» sionis est certa. Nam si quis contrahat matrimonium cum eo
» dubio vincibili, exponit frustrationi sacramentum ; potest
» enim contingere, quod facta debita diligentia, clarius et certius.

(1) *Damnatarum thesium theologica trutina*, In prop. I Innocenti XI,
n. 31.
(2) *Ibid.*

» appareat existentia impedimenti dirimentis. Secunda etiam
» pars conclusionis videtur certa. Nam dum impedimentum
» dirimens est in statu puri dubii invincibilis, illud non impedire,
» nec dirimere, quia standum est pro libertate, cum communi
» sententia docet P. Thom. Sanchez, lib. 8 *de matrim.* disp. 6,
» n. 18 (1). » Lacroix se sert presque des mêmes termes que
Cardenas : « Quando in quæstione facti ex conjecturis utrinque
» probabilibus resultat purum dubium, si hoc dubium sit vinci-
» bile, est illicitum contrahere, donec ita vincatur dubium, ut
» stet certitudo pro carentia impedimenti, alioquin sacramentum
» adhuc exponitur periculo nullitatis, cum aliunde non accedat
» certitudo de valore. Si autem resultet dubium omnino invinci-
» bile, contrahi potest matrimonium, quia possessio tum est pro
» libertate, ideoque communiter docent auctores, quod tale
» impedimentum tum desinat, uti habet Sanchez, lib. 8, d. 6,
» n. 18 (2). »

LXV. Enfin cette distinction est contraire à la pratique de
la S. Congrégation du Concile, qui ne met pas plus d'opposition
au mariage, quand le doute porte sur le fait de l'existence de
l'empêchement, que quand il tombe sur le droit (3).

(1) *Crisis theologica in propositiones damnatas ab Innocentio XI,*
Dissert. II, n. 525-527.

(2) *Theologia moralis,* lib. VI, part. III, n. 41. Cf. etiam, n. 535.
Lacroix et Cardenas se trompent, quand ils disent que, selon Sanchez,
l'empêchement cesse alors. Sanchez enseigne expressément le contraire; il dit même que la dispense de l'Evêque ne ferait pas disparaître
l'empêchement : « Et ideo si postea etiam inito matrimonio constaret
» impedimentum dirimens, alia dispensatio Pontificis quærenda esset.
» Quia nullibi invenio posse Episcopum vere dispensare in hoc dubio in
» impedimentis dirimentibus : sed est quædam prudentialis declaratio,
» quam etiam vir doctus posset facere. » *De matr.* Lib. VIII, disp. VI,
n. 18. Nous ne discutons pas ici l'opinion de Sanchez; nous aurons
occasion de le faire plus tard. Nous rectifions seulement l'erreur de
Lacroix et Cardenas.

(3) V. ci-dessus, n. LVIII.

LXVI. En second lieu la distinction entre les empêchements de droit ecclésiastique et les empêchements de droit divin ne nous semble pas mieux justifiée. Elle repose sur la même présomption que la précédente, et est par conséquent infectée du même vice (n. LXIII). En outre la déclaration d'Urbain VIII, invoquée par S. Alphonse (n. LXII), a été donnée pour un cas d'empêchement naturel (ligaminis), et par conséquent, si elle a quelque force, on peut l'appliquer non-seulement aux empêchements de droit ecclésiastique, mais aussi aux empêchements de droit naturel ou divin. Il nous semble donc suffisamment prouvé qu'il ne reste qu'à choisir entre la première et la troisième opinion. Elles seules sont conséquentes.

LXVII. Nous préférons la troisième opinion, parce qu'elle est conforme aux principes de la règle de la *possession* (1) : les époux, en contractant mariage dans ce cas, ne posent pas un acte nuisible à autrui ; nous n'avons donc pas de raison de nous écarter de notre règle. Cette raison acquiert un nouveau poids de la pratique des tribunaux ecclésiastiques. Si les époux ne pouvaient licitement s'unir avec un empêchement douteux, la S. Congrégation ne devrait-elle pas exiger qu'ils obtinssent une dispense, au moins *ad cautelam*, avant de les laisser procéder au mariage? Cependant elle ne le fait pas (n. LVIII), et en agissant ainsi, elle nous insinue suffisamment qu'on peut suivre dans ce cas la règle de la possession.

LXVIII. On objecte, à la vérité, la condamnation faite par Innocent XI, d'une proposition (V. n. LX) qui semble contenir notre doctrine ; condamnation d'où il résulte qu'il n'est pas permis de suivre une opinion probable et moins sûre, quand il s'agit de la validité d'un sacrement. Mais nous croyons que cette règle n'est pas applicable à notre question. Voici nos

(1) V. *Mélanges*, tom. V, pag. 68, n. 217 et 218.

preuves. La première est tirée de la déclaration d'Urbain VIII,
à laquelle nous avons déjà fait allusion. Un doute s'était élevé
parmi les Pères jésuites qui travaillaient à la conversion des
peuples du Paraguay sur la validité du premier mariage contracté par les infidèles. Les uns, regardant ce mariage comme
valide, exigeaient que les nouveaux convertis retinssent leur
première épouse, ou la reprissent, s'ils l'avaient répudiée. Les
autres, jugeant ce mariage invalide, laissaient aux nouveaux convertis la liberté de choisir une autre épouse. Le cas fut exposé
au Saint-Siège, avec prière d'user de la plénitude de l'autorité
Apostolique. « Cæterum, lit-on dans la supplique, ad tollendos
» scrupulos et dubia, et ad hoc gravissimum impedimentum au-
» ferendum illius gentis conversionis ad fidem, a Sanctitate
» vestra humiliter petitur, ut quandoquidem juxta doctorum
» virorum doctrinam Sedes Apostolica ex gravi causa potest ali-
» quando matrimonium infidelium dissolvere..... et quidem in
» hoc gravissimæ causæ sunt, immo necessitas ad conversionem
» illorum infidelium; dignetur Sanctitas Vestra ex benignitate
» Apostolica concedere Provinciali Societatis Jesu facultatem,
» ut ipse et ii ex Societate, quibus ipse conversionem gentis de-
» mandaverit, et communicandum censuerit, possit, occurrente
» casu, et facto examine, et manente dubio de valore prius ma-
» trimonii in infidelitate facti, vel magna difficultate inveniendi
» veritatem, vel magna difficultate repetendi primum conjugem
» jam dimissum, possint, inquam, ad conversionem faciliorem
» reddendam, vel ad conversorum manutentionem in fide et obe-
» dientia legum ecclesiasticarum, dispensare cum ejusmodi
» conversis, ut possint post baptismum contrahere verum ma-
» trimonium in facie Ecclesiæ. » Urbain VIII n'accorda pas aux
PP. Jésuites la faculté demandée, mais leur donna la réponse
suivante : « Urbanus VIII, indicto sapientum virorum super ea

» re consulto, pronunciavit, non videri sibi speciali sua dispen-
» satione opus esse; sed *ubi Doctorum sententiæ utrimque pro-*
» *babiles intercederent, sequerentur opiniones pro conditione*
» *locorum ac hominum barbaris favorabiliores,* salva interim
» utriusque parṭis authoritate, sinerent doctis hominibus sen-
» tiendi libertatem (1). » De cette réponse ne suit-il pas qu'on
peut licitement contracter mariage avec un empêchement douteux? Si on ne le pouvait, si l'on devait alors prendre le parti
le plus sûr, le Pape n'aurait-il pas manqué à son devoir en
refusant le pouvoir qu'on lui demandait, et en mettant ainsi les
fidèles dans l'impossibilité d'embrasser ce parti? Pouvait-il alors,
sans violer les principes, répondre qu'aucune dispense n'était
nécessaire? Il résulte donc de cette réponse que la sentence
d'Innocent XI n'atteint point notre opinion?

LXIX. En veut-on une nouvelle preuve? Nous la trouve-
rons dans la doctrine des auteurs. Un grand nombre d'entre
eux examinent des cas où la validité du mariage est douteuse,
et résolvent communément ces cas d'après le principe de la
possession. Ainsi, par exemple, dans les cas où l'on doute de la
validité de la dispense, comme la valeur du mariage est en
péril, si l'on devait appliquer la proposition condamnée, on ne
pourrait procéder au mariage avant d'avoir obtenu une nouvelle dispense. Or, le sentiment commun est qu'on peut faire
le mariage, et cela parce que la possession est en faveur de la
dispense. « Quid dicendum, demande S. Alphonse de Liguori,
» si dubitatur an causa, falso allegata, fuerit finalis, aut impul-
» siva? Vel an fuerit vera, an falsa? Resp. quod in omnibus his
» et similibus dubiis valida censenda est dispensatio; quia in

(1) La pièce entière, rapportée par Nicolas Del Techo dans son *His-*
toria provinciæ Paraguariæ, lib. X, cap. 15, se trouve aussi dans Cardenas, *loc. cit.,* n. 552 et 553.

»dubio standum pro validitate actus (1). » Un certain nombre
d'auteurs rejettent à la vérité ce sentiment, mais parce qu'ils
trouvent que la possession favorise l'empêchement, et non la
dispense (2). Toujours est-il que les deux sentiments fondent
leur solution sur la règle de la possession, sans faire aucune
mention de la proposition condamnée. Cela se concevrait-il,
s'ils donnaient à la condamnation de cette proposition toute
l'étendue qu'on veut lui attribuer ? Il nous semble donc que la
proposition condamnée ne s'oppose aucunement à l'adoption de
la troisième opinion.

DES PROCESSIONS.

Dernier article (3).

62. Nous voici enfin arrivés à la partie principale de nos
articles, à celle que nous avions en vue, en commençant notre
travail, les rites de la procession du S. Sacrement. Le Rituel
Romain sera notre guide, et nous nous servirons aussi au
besoin de l'instruction de Clément XI et XII relative aux
prières des XL Heures.

Un des premiers soins du pasteur est non seulement d'orner
et d'embellir son église, mais d'exhorter aussi ses paroissiens

---

(1) *Theologia moralis*, lib. VI, n. 1133. Cf. Gury, *Compendium theologiæ moralis*, part. II, n. 662, *Quær.* 1° ; Cardenas, *loc. cit.*, n. 572
et 573; Salmanticenses, *Cursus theologiæ moralis*, tract. IX, cap. XIV,
n. 37.

(2) Cf. Heislinger, *Resolutiones morales de matrimonio*, part. III,
cas. IV, n. 23 ; De Justis, *De dispensationibus matrimonialibus*, lib. I,
cap. VI, n. 184 ; Viva, *Opuscula moralia*, op. II, quæst. V, art. II.

(3) V. 2e cahier, pag. 168.

à décorer d'images, de tapis et de tentures les rues par lesquelles doit passer la procession. C'est la recommandation
expresse du Rituel Romain. « Decenter ornentur Ecclesiæ et
» parietes viarum per quas est transeundum, tapetibus et aulæis
» et sacris imaginibus, non autem profanis aut vanis figuris,
» seu indignis ornamentis. » Le Cérémonial des Evêques n'est
pas moins exprès : il veut même qu'un maître des cérémonies
soit chargé de visiter les lieux et de s'assurer que tout est en
ordre (1). « Ut processio quæ hac die erit facienda , rite et
» recte , ac secundum debitas cæremonias in honorem tanti
» sacramenti fiat... cura erit Episcopi pridie hujus diei, vel
» etiam per aliquos dies ante, demandare Magistris Cæremo-
» niarum, vel alteri, ad quem forsan secundum loci consuctu-
» dinem, hujusmodi cura spectabit , ut omnia decenter et
» diligenter præparentur et prævideantur. Nempe, ut viæ per
» quas processio transire debebit, mundentur et ornentur
» aulæis, pannis, picturis, floribus frondisbusque virentibus,
» secundum posse et qualitatem loci. Et ipsa Ecclesia similiter
» perpulchre ornata sit. »

Toutes les églises sans doute n'ont pas des revenus suffisants
pour les décorer avec luxe et splendeur, mais du moins
faut-il que, si l'on ne peut pas briller par la profusion des
richesses, on se distingue par une ornementation pleine de
goût et de propreté : *super omnia curandum est*, dit Merati (2).
Le pavement du lieu saint, selon le même auteur, doit être
bien net et jonché de fleurs ou d'herbes odoriférantes, particulièrement aux lieux où doit passer la procession. Toutefois
ces fleurs ne doivent pas se jeter sur les personnes qui font
partie du cortège, selon que l'a déclaré la Congrégation des

(1) Lib. II, cap. 33.
(2) Tom. 1, part. IV, tit. 12, n. 6.

Evê.|ues et Réguliers, au rapport d'Ursaya, mais uniquement sur le pavement ou le chemin que foule aux pieds le prêtre qui porte le S. Sacrement. Quant à l'autel, il sera orné comme aux plus grandes fêtes, puisque c'est le triomphe de J.-C. qu'on célèbre en ce jour. Les rues par lesquelles on passe seront bien nettoyées et parées de fleurs, de branches verdoyantes, etc., selon les usages des lieux. Il sera aussi trèslouable de dresser des arcs de triomphe aux endroits convenables avec des vers, des emblèmes et des peintures allégoriques. Pourvu que tout soit décent, modeste et religieux, on ne saurait pécher par excès dans la décoration des rues et des maisons, pour cette sainte solennité (1). C'est au pasteur à éveiller et soutenir le zèle des fidèles: il doit être bien convaincu qu'il aura beaucoup gagné quand la foi de son peuple se sera traduite en marques d'honneur et de vénération envers J.-C.

63. En règle générale la messe doit suivre les processions, comme cela se pratiquait autrefois dans les stations (2), pour faire servir en quelque façon la procession de préparation au S. Sacrifice. « Processiones prius fieri debent, deinde missa » solemniter celebrari, nisi aliter ob gravem causam interdum » Ordinario vel clero videatur. » Ainsi porte le Rituel Romain (3). Il n'y a d'exception que pour les processions du S. Sacrement: « Sacerdos primum missam celebret, » porte le même Rituel (4). C'est aussi ce que marque clairement le Cérémonial des Evêques (5) et l'instruction de Clément XI (6). La raison

(1) Merati, *Ibid.*, n. 26.
(2) V. *Mélanges*, 5e série, 4e cahier, pag. 544.
(3) Tit. LXXVI, *de Processionibus*.
(4) Tit. LXXX, *de Process. in festo SS. Corp. Chr.*
(5) *Loc. cit.*
(6) V. *S. R. C. Decreta*, p. 275, § 12.

de cette différence est, croyons-nous, que la procession du
S. Sacrement est pour ainsi dire une suite de la messe, c'est
la glorification, le triomphe du Sauveur qui vient de descendre
sur l'autel et de s'immoler pour nous. Il est plus rationnel de
le porter triomphalement après qu'il est venu au commandement du prêtre, et c'est pourquoi le Rituel Romain veut que,
dans la messe qui précède immédiatement la procession, soit
consacrée la sainte hostie qui doit entrer dans l'ostensoir. « Sa-
» cerdos primum Missam celebret, in qua duas hostias conse-
» cret, et sumpta una, alteram in tabernaculum in processione
» deferendam ita reponat ut per vitrum seu crystallum, quo
» ipsum tabernaculum circumseptum esse debet, exterius ado-
» rantibus appareat. » D'après cela, il parait aussi plus rationnel
de ne pas exposer à la Messe du S. Sacrement qui précède la
procession, et si l'on suivait à la lettre le Rituel Romain, on
agirait de la sorte. Nous ne voulons pas toutefois blâmer la
coutume généralement admise ici d'exposer à la Messe du
S. Sacrement, puisque, outre qu'elle est approuvée par les
Evêques, elle peut se justifier par de très-bonnes raisons. Il
nous suffit d'avoir montré que ce n'est pas sans des motifs légitimes que le Rituel Romain a établi cette disposition de célébrer
la Messe, avant la procession du S. Sacrement.

La Messe ne doit pas être nécessairement chantée et solennelle. Le Cérémonial des Evêques (1) permet une Messe basse
dans les cathédrales; à plus forte raison la chose sera-t-elle
permise dans les églises paroissiales. « Si vero Episcopus
» voluerit ex sua particulari devotione hac die celebrare, et
» SS. Sacramentum pro processione conficere, poterit summo
» mane Missam planam sine cantu legere, omissa pro hac die,
» propter processionem ad celeriorem actus expeditionem et

(1) *Loc. cit.*

» ad evitandum calorem, Missa solemni. » Quant à l'espèce de Messe qu'on doit dire, hors du jour même du S. Sacrement, on la dira conforme à l'office, si celui-ci ne permet pas une Messe votive, et l'on y ajoutera la commémoraison du S. Sacrement. C'est ce que la Congrégation des Rites a décidé en 1653, et il ne faut excepter de sa déclaration que le dimanche dans l'octave, où, selon le décret de 1802 pour la réduction des fêtes, la Messe paroissiale doit être votive du S. Sacrement. Voici la décision textuelle de la S. Congrégation (1).

Prætendentibus confratibus SS. Sacramenti... quod tertia quaque Dominica cujuslibet mensis, qua solet fieri particularis processio cum SS. Sacramento, deberet cantari Missa de eodem SS. Sacramento, cum commemoratione Dominicæ; et canonici Collegiatæ Ecclesiæ ejusdem loci, in qua fit processio, contenderent dictam Missam cantari de Dominica cum commemoratione SS. Sacramenti.

Eadem S. R. C. respondit : Missam in dicto casu celebrandam esse de Dominica, seu de festo duplici, si in illa die occurrat, cum commemoratione SS. Sacramenti ad formam rubricarum Missalis. Die 6 decembris 1653, in FANEN.

Si nous citons ce décret, c'est parce qu'il a une grande extension, et qu'il accorde un privilège que peu de personnes reconnaissent aux Messes qui ne sont pas chantées devant le S. Sacrement exposé. Il n'est pas fait mention du tout dans la demande que la Messe soit chantée en présence du S. Sacrement exposé, et néanmoins on lui accorde la commémoraison *ad formam rubricarum Missalis.* Par conséquent à la Messe conforme à l'office qui précède la procession, on peut faire mémoire du S. Sacrement non exposé.

Mais, objectera quelqu'un, rien ne prouve que le S. Sacre-

(1) Ap. Gardellini, *Collect. authent.* n. 1545.

ment n'était pas exposé; du silence sur ce point on ne peut
rien conclure. Nous avons plusieurs réponses à cette difficulté.
1° Où la loi ne distingue pas, nous ne devons pas distinguer.
2° Le Rituel, ainsi que nous l'avons fait observer, de même
que le Cérémonial supposent que l'hostie de la procession se
consacre à la Messe qui précède immédiatement. 3° L'instruction de Clément XI accorde la commémoraison du S. Sacrement à la première Messe appelée Messe d'exposition, quoique
le S. Sacrement ne soit exposé qu'après la Procession. 4° Il
n'y a pas de rubrique du Missel qui se rapporte à la commémoraison du S. Sacrement exposé; la seule rubrique du Missel
qui nous semble applicable ici est celle qui concerne l'ordre à
garder dans les commémoraisons. (Part. 1, tit. VII, n. 5.)
5° Enfin la Congrégation des Rites a confirmé la doctrine que
nous soutenons ici par un décret assez récent et qui ne sera
pas déplacé dans cet acticle.

In tertia Dominica cujuslibet Mensis, ex antiqua consuetudine, in
solemni Missa duæ consecrantur hostiæ, quarum una in usum sacrificii,
altera pro publica veneratione in ostensorio collocatur : confectaque
celebratione processionaliter per Ecclesiam gestatur... An omissa, in
casu, supplicatione, commemoratio SS. Sacramenti in Missa solemni
debeat omitti?

Et S. C. respondendum censuit : Commemorationem SS. Sacramenti
in præfata Missa solemni faciendam esse, licet accidentaliter omittatur Processio. Die 15 maii 1819, in Pisauren.

Or, il est manifeste que dans le cas proposé, le S. Sacrement
n'était pas exposé à la Messe, puisque l'hostie de la procession
se consacrait à la Messe solennelle qui précédait immédiatement. 6° Enfin Gardellini nous assure que cela ne fait doute
pour personne. *Nemo est qui de hoc quæstionem moveat* (1).

(1) N. 4411, dub. 2, not. *a.*

Il reste donc bien certain que la collecte du S. Sacrement doit être ajoutée à la Messe qui précède la procession, bien qu'il n'y ait pas exposition. Quant à la place que cette oraison doit occuper, nous n'en parlons plus, ayant déjà traité ce sujet ailleurs (1).

64. Il arrive assez fréquemment qu'une cérémonie sacrée exige telle couleur au commencement, et telle autre à la fin ; néanmoins comme il serait fort incommode de l'interrompre ou de la retarder, pour changer la couleur selon l'exigence de la rubrique, l'Eglise est dans l'usage de n'employer pour toute la cérémonie qu'une seule couleur, savoir celle de la partie qui revendique le plus d'égards. Ainsi au Vendredi-Saint, la procession du S. Sacrement se fait avec la couleur noire qui est celle de la Messe, quoiqu'elle paraisse ne pas convenir à la procession. Ainsi encore, lorsque les Vêpres sont au capitule du suivant, on emploie dès le commencement la couleur qui convient au Saint dont on chante l'hymne. Rien d'étonnant donc que pour la procession du S. Sacrement qui est unie si intimement à la Messe, on ne doive porter des ornements conformes à la couleur de la Messe. Il n'y a d'exception que pour le voile huméral, le dais ou baldaquin qui sont toujours blancs. Le Rituel Romain exige à la vérité un pluvial blanc, mais on doit remarquer qu'il parle de la procession *in festo SS. Corp. Christi;* or, en ce jour, le prêtre porte à l'autel des ornements blancs.

D'ailleurs l'instruction de Clément XI qui a expliqué ou corrigé plusieurs dispositions du Rituel enseigne clairement ce que nous venons de dire. « Le célébrant, dit-elle, qui doit porter le S. Sacrement en procession, sera revêtu du pluvial blanc, pourvu qu'il n'ait pas célébré en ornements d'une autre

____

(1) V. *Mélanges*, 5ᵉ série, pag. 423.

couleur; car en ce cas il conserverait la couleur de la Messe ; en
tous cas le voile huméral sera toujours blanc, mais les habits
des ministres seront d'une couleur conforme à celle que porte
le célébrant..... Le baldaquin qui sert à la procession sera
aussi de couleur blanche (1). » On dira avec Pavone (2) que
cette instruction n'est pas obligatoire hors de Rome : cela est
vrai, si on la considère simplement comme telle. Mais ici elle
a la valeur d'une interprétation authentique du Rituel Romain.
Le même auteur fait encore valoir cette raison que le célébrant
aura endossé aussi facilement le pluvial blanc qu'un autre conforme à la couleur de la Messe. Pour le célébrant, soit; mais
les ministres, dans la supposition de Pavone, n'auront-ils pas
aussi à échanger contre des ornements blancs, l'étole, la dalmatique et la tunique ? Au surplus la Congrégation des Rites, qui
en 1678, c'est-à-dire avant l'instruction de Clément XI, employait le terme *posse*, veut que, si une fonction ecclésiastique
suit immédiatement les Vêpres, et sans qu'on s'éloigne de
l'autel, on la fasse avec la couleur des Vêpres, et elle ne permet
les ornements blancs que lorsque les deux fonctions sont distinctes. Or, nous avons déjà dit et répété que la procession est
intimement unie à la Messe, non-seulement de fait, mais aussi
de droit ; et par conséquent on devra conclure que dans le sentiment de la Congrégation, la procession du S. Sacrement devra
se faire avec la couleur du jour, sauf l'huméral et le dais qui
sont toujours blancs.

65. Nous avons dit que l'Evêque avait le droit de contraindre
les prêtres séculiers et les ordres religieux d'assister à la procession du S. Sacrement (3), et cela devait faire pressentir qu'il

(1) V. *S. R. C. Decreta.* pag. 275, § 11.
(2) *La guida liturg.* Tom II, n. 510, not.
(3) Ap. Gardellini, n. 900, ad 1.

n'est permis à aucune église de célébrer cette procession, dans
la ville épiscopale, au moment où on la fait à la cathédrale.
Puisqu'il n'y a pas de droit opposé au droit, les curés devront
se rendre à l'invitation de l'Evèque et assister à la procession
de la cathédrale, sans rien faire chez eux : c'est aussi ce que
nous voyons observer et pratiquer partout.

Mais dans les autres villes ou communes qui ont plusieurs
paroisses, sera-t-il permis à chacune d'elles de faire la procession au jour du S. Sacrement ? Non : cet honneur est réservé à
l'Eglise matrice, quelle que soit la coutume contraire. La ville
de Modica au diocèse de Syracuse renfermait plusieurs collégiales, dont la plus remarquable était celle de S. Georges, qui
était l'Eglise matrice. On s'adressa à la Congrégation des Rites,
pour qu'elle daignât spécifier et préciser les privilèges de cette
Eglise; elle déclara pour le premier privilège le suivant (1) :
« Quod in solemnitate Corporis Christi, Processio incipere de-
» beat ab ipsa Ecclesia matrice, ad quam convenire debeant
» Archipresbyter S. Petri cum suo clero et omnes alii interesse
» debentes.... » Die 6 sept. 1636 in Syracusana... De même
la Congrégation du Concile déclara en 1683, que « Processio
» SS. Corporis Christi inchoari non debet ab Ecclesia inferiori,
» non attenta immemorabili consuetudine. » Bien plus elle
a déclaré qu'une église paroissiale perd son droit de faire la
procession, si une autre église de la même ville est érigée en
collégiale et devient matrice. Cette érection avait eu lieu dans
la ville de Pontremoli en Toscane : on proposa donc le doute
suivant à la Congrégation du Concile :

An processio in festo Corporis Christi facienda cum Venerabili, com-
petat dicto archipresbytero, illam inchoando a dicta Ecclesia collegiata

---

(1) Ap. Caval. Tom. IV, cap. 19, decr. 1, n. 2

vel ab alia inter oppidum Pontiemuli, privative ad Præpositum et Capitulum Ecclesiæ collegiatæ; sive potius jus faciendi eamdem processionem pertineat ad eumdem Præpositum et Capitulum, respectu dicti archipresbyteri et aliorum parochorum dicti oppidi?

R. Negative quoad primam partem, affirmative quoad secundam (1).

A la vérité il ne sera pas toujours facile de déterminer entre plusieurs églises quelle est celle qu'on doit considérer comme mère ou matrice, mais il n'en reste pas moins certain que c'est en celle-ci seulement qu'on peut faire la procession au jour du S. Sacrement.

En règle générale, il est défendu de faire deux processions publiques, le même jour, dans la même localité : on craint avec raison que ces solennités ne perdent de leur éclat par la division et qu'elles ne fassent naître des contentions et des scandales. C'est d'après ce principe que S. Pie V avait accordé aux Frères Prêcheurs, à l'exclusion de tous les autres, le droit de faire la procession au Dimanche dans l'octave du S. Sacrement. Grégoire XIII avait révoqué en partie ce privilège ou plutôt l'avait communiqué à tous les clercs tant séculiers que réguliers : mais Clément VIII, par sa constitution *Dum felicis* du 8 mars 1592, renouvela la concession faite par S. Pie V; il tempéra seulement l'exclusion, et au lieu de dire, *eodem tempore et die*, il écrivit : *Ne dicto tempore et hora, in dicta Dominica*, etc. Par là il laissait aux Dominicains le droit de choisir l'heure qui leur était plus convenable pour leur procession, mais permettait cependant aux autres de la faire à une heure différente. Ce point a été clairement défini par Innocent XII, dans sa constitution *Sua nobis* (2), où il s'exprime en ces termes : « Licet Patribus Franciscanis facere processionem extra clau-

(1) Ap. Cavalieri, *loc. cit.*
(2) Du 25 février 1696, ap. Cav., *loc. cit.*, n 10.

» stra per loca solita, etiam de mane in die Dominica infra octa-
» vam SS. Corporis Christi, distinctis tamen boris ab Episcopo,
» et data electione horæ Patribus Dominicanis, a qua semel
» electa non liceat amplius recedere. »

Les mêmes privilèges subsistent-ils encore ? On sait que la
procession solennelle du S. Sacrement ne se fait plus au jour
de la Fête-Dieu , qui est transférée , mais au Dimanche
suivant , selon la déclaration du cardinal Caprara. « Les pro-
» cessions instituées par l'Eglise dans l'octave de la Fête-Dieu ne
» commenceront que le Dimanche auquel la solennité est trans-
» férée, et se termineront au Dimanche suivant. Elles ne se feront
» que le jour indiqué par l'Evêque (1). » Le Dimanche dans
l'octave étant maintenant le jour de la grande procession qu e
fait le clergé de la cathédrale réuni au clergé séculier et régulier, ne peut plus être le jour où, selon l'intention des Souverains Pontifes, les réguliers faisaient leur procession. Ils devront
maintenant se contenter du Dimanche suivant qui, par rapport à
la procession, est devenu véritablement le Dimanche dans l'octave.

66. Le Rituel Romain suppose que le célébrant, qui a chanté
la Messe , porte aussi le S. Sacrement à la procession : est-ce
là une chose de rigueur? Oui, car la procession est intimement
unie à la Messe et ne fait avec elle qu'une même fonction :
aussi la Congrégation des Rites s'est-elle toujours prononcée
dans ce sens, comme on peut le voir dans le recueil alphabétique des Décrets de la Congrégation (2). Nous nous bornerons
à en rapporter deux très-récents qui condamnent toute coutume
contraire.

An non obstante quacumque in contrarium consuetudine, intangibile
sit jus celebrantis semper per se deferendi, in publica supplicatione
Corporis Christi, SS. Eucharistiæ Sacramentum ?

(1) V. *Mandements et ordonnances de Liége*, etc. Tom I, pag. 185.
(2) V. *Processio*, n. 8, pag. 222.

Resp. S. C. *Affirmative*, juxta alias decreta. Die 3 aug. 1839 in TRIVENTINA, ad 1.

— An Episcopus tolerare possit, vel eliminare teneatur invectam in sua diœcesi consuetudinem, ut in una eademque supplicatione SS. Eucharistiæ Sacramentum deferatur per plures sacerdotes qui sibi invicem succedant?

Resp. Consuetudinem tanquam abusum eliminandam. Die 22 maii 1841, in TRIVENTINA.

Conséquemment dans une paroisse si, le curé étant fatigué ou indisposé, le vicaire chante la Messe, c'est à celui-ci de porter le St. Sacrement, pendant toute la durée de la procession. Ce n'est pas ici un acte de juridiction, mais une fonction sacerdotale qui appartient de droit à celui qui a fait la première et la plus importante partie de la cérémonie : son droit est *intangible*, et l'abus contraire doit être éliminé.

67. Actuellement examinons quels rites le célébrant doit observer en commençant la procession. Le Rituel Romain se borne à dire que le célébrant, revêtu d'un pluvial blanc, s'agenouille et encense le St. Sacrement de trois coups (1). Le diacre lui met ensuite sur les épaules le voile huméral, de telle sorte que les extrémités qui pendent par devant puissent couvrir les mains du prêtre. Le prêtre se met à genoux sur le degré supérieur de l'autel, et là il reçoit du diacre, dans ses mains voilées, l'ostensoir qui renferme la Ste. hostie, il monte après cela à l'autel, et tenant devant lui le St. Sacrement, il se

(1) Le même Rituel veut que l'ostensoir reste voilé sur l'autel jusqu'au moment de partir. Sur ce point on doit l'abandonner, parce que le Cérémonial des Evêques et l'Instruction de Clément XI qui sont d'une date plus récente, n'en font pas mention. Gardellini nous prouve que cette rubrique du Rituel est un reste d'un rite ancien qui s'était conservé en quelques églises ; mais ce rite ayant été depuis abandonné partout, il ne convient pas de le reprendre, surtout qu'il n'y a aucune raison solide pour l'appuyer. *Instruct. Clement*, § 19, n. 9.

tourne vers le peuple et descend sous le dais accompagné de ses ministres, et précédé de deux acolythes qui portent leurs encensoirs fumants.

On voit que le Rituel est bien concis et qu'il s'est restreint dans les limites indispensables. Nous emprunterons donc au savant Gardellini le détail des cérémonies qui ne sont ici qu'ébauchées.

Aussitôt après que le Célébrant a pris le S. Sang, un Cérémoniaire, ou le sous-diacre apporte l'ostensoir à l'autel, et le place hors du corporal du côté de l'Epître. Le diacre et le sous-diacre changent alors de place, faisant la génuflexion avant et après; le diacre éloigne un peu le calice et place au milieu du corporal l'ostensoir qu'il a ouvert du côté où se met la lunette, et aussitôt le Célébrant, ayant fait la génuflexion avec ses ministres, y place la Ste. hostie. Le diacre ferme l'ostensoir et le laisse au milieu du corporal sans le couvrir. La Messe se poursuit comme lorsque le S. Sacrement est exposé (1).

La Messe finie, le Célébrant et les Ministres reviennent au milieu de l'autel, font la génuflexion et descendent par les degrés latéraux au banc qui est du côté de l'Epître. Là le Célébrant ôte sa chasuble avec le manipule et prend le pluvial de même couleur, le diacre et le sous-diacre ôtent aussi leur manipule seulement; puis le Célébrant met, sans le bénir, de l'encens dans les deux encensoirs et revient à l'autel les mains jointes entre ses ministres. Ils font d'abord au bas des degrés une génuflexion à deux genoux avec une profonde inclination de tête, puis ils se mettent à genoux sur le dernier degré, et après une courte prière, le Célébrant encense de trois coups le

(1) V. Gardellini, *Comment. in instruct. Clem.* § 19, n. 2.

S. Sacrement. Les thuriféraires vont se placer au milieu du sanctuaire, mais ils n'encensent qu'à la procession (1).

Nous ferons deux remarques sur ce passage de Gardellini. La première que la plupart des auteurs, à l'exception de Cavalieri, Baldeschi et un ou deux autres, enseignent que l'encens se met au pied de l'autel, après que le Célébrant y est revenu revêtu du pluvial. Leur sentiment doit être rejeté, d'abord parce que l'instruction de Clément XI qui, en ce point, ne fait que commenter le Rituel Romain, prescrit clairement de mettre l'encens au banc du côté de l'Epître ; ensuite le Cérémonial des Evêques, qui fait retourner le Prélat à la sacristie et veut qu'il y mette l'encens dans les encensoirs, nous montre aussi qu'il ne convient pas, en cette circonstance, de mettre l'encens, lorsqu'on est au pied de l'autel.

La seconde remarque est que le grand nombre des anciens auteurs indiquent le second degré ou le palier de l'autel comme le lieu où le Célébrant doit s'agenouiller pour encenser le S. Sacrement. Mais cette opinion doit être abandonnée en présence du Cérémonial des Evêques et de l'instruction pour les prières des XL heures, qui veulent que le Célébrant s'agenouille sur le degré inférieur. Et c'est ainsi que l'enseignent Bralien (2), Mérati (3), Cavalieri (4), et Gardellini (5).

68. Le Célébrant, après qu'il a reçu le voile huméral du diacre qui peut être aidé en cela par le maître des Cérémonies, se lève avec ses ministres, et s'agenouille sur le palier ayant à sa gauche le sous-diacre aussi à genoux. Le diacre au contraire monte sur le palier, fait la génuflexion, prend l'ostensoir

(1) *Ibid.*, n. 11.
(2) *Cœrem. Canon.*, Cap. 17, n. 1.
(3) *Loc. cit.*, n. 9.
(4) Tom. IV, cap. 8, § 19, n. 5.
(5) *Loc. cit.*, n. 12.

et se tourne vers le Célébrant ; il doit avoir soin de tourner l'ostensoir de telle sorte que l'hostie regarde le peuple, durant la procession. Le Célébrant reçoit à genoux l'ostensoir, se lève et monte sur le palier. Le diacre, après une génuflexion, vient se mettre à la droite du Célébrant tenant l'extrémité du pluvial, ce que fait aussi le sous-diacre à la gauche. Ils se tournent alors tous trois vers le peuple, le diacre restant à droite et le sous-diacre à gauche (1).

En quel moment précis le diacre fait-il la génuflexion, lorsqu'il a donné l'ostensoir au Célébrant? Gardellini semble dire que c'est après que le Célébrant s'est levé. Mais Cavalieri (2) et Merati (3), veulent que ce soit pendant que le Célébrant est encore agenouillé tenant l'ostensoir. Le diacre fait donc sa génuflexion à deux genoux, selon Merati, ou à un seul genou sans inclination de tête, d'après Cavalieri, ce qui nous paraît plus conforme aux règles, et il vient ensuite s'agenouiller à la droite du Célébrant. Il prend alors, et le sous-diacre aussi, l'extrémité du pluvial et ils se lèvent tous trois en même temps, montent sur le palier où ils se retournent vers le peuple, les ministres faisant un demi cercle avec le pluvial qu'ils tiennent en mains (4).

En même temps que le prêtre se retourne vers le peuple, tenant l'ostensoir, deux chantres entonnent l'hymne *Pange lingua*, qui est continuée par tout le chœur. Toutefois dans les églises paroissiales où il n'y a pas ou presque pas de chantres, le célébrant peut lui-même entonner cette hymne au moment

---

(1) Gardellini, *loc. cit.*, n. 15.
(2) Tom. IV, cap. 8, § 19, n. 7.
(3) Part. 4, tit. 12, n. 10.
(4) Cette explication de Merati et Cavalieri est en tous points conforme aux rites marqués par le cérémonial des Evêques.

où il descend de l'autel. C'est ce que nous apprend le Rituel Romain. « Dum vero sacerdos discedit ab altari, clerus, vel » sacerdos, cantare incipit sequentem hymnum, *Pange lingua.*» Il convient même qu'en de telles paroisses, le célébrant chante pendant la procession : «Qui etiam per processionis tractum, adju- » vantibus ministris cantare potest. Non desunt namque loca, in » quibus vel nullus vel pauci admodum sunt qui Gregorianum » cantum, vel tonos hymnorum calleant, atque vix quod audiunt » repetunt; unde si sacerdos sileret, aliquando vel nemo ca- » neret, vel inordinate, et extra tonum boatus omnes ederent. » Ita Cavalieri. Forte etiam hisce in locis satius esset hymnos et » psalmos voce tantillum elata recitare quam canere. » Ainsi s'ex- prime Gardellini(1) qui ajoute que, hors de telles églises le prêtre n'entonnera pas l'hymne et ne chantera pas durant la proces- sion, mais qu'il récitera à voix basse les hymnes et les psaumes, alternativement avec ses ministres.

Le Célébrant va se placer sous le dais entre ses ministres qui lèvent chacun de leur côté le coin du pluvial. Mais comme il est difficile, pour le plus souvent, de faire entrer le baldaquin dans le sanctuaire, on porte au-dessus de la tête du célébrant une ombrelle, jusqu'à ce qu'il soit parvenu au dais (2).

69. La procession se met en marche dans l'ordre qui a été expliqué ailleurs. Tous doivent avoir la tête découverte, et même les dignités ou les chanoines qui ont le privilège de porter la mitre ne peuvent l'avoir sur la tête. La Congrégation

(1) *Loc. cit.*, n 15, pag. 127.
(2) Cette ombrelle est un petit baldaquin de soie blanche soutenu par un seul bâton ; il est de forme ronde orné de franges en soie, en argent, ou en or, qui pendent tout autour. V. Fornici, *Institutions litur- giques*, part. 4, chap. 14. Il se trouve des ombrelles dans toutes les églises de Rome, mais ailleurs on les voit rarement en usage. V. Caval., *loc. cit.*, n. 10.

des Rites a déclaré que la coutume contraire, voire même une
coutume immémoriale, est un abus qu'on doit extirper. Les
chanoines du Puy étaient dans l'usage immémorial de porter
la mitre à la procession du S. Sacrement, mais ayant quelque
doute sur la licéité de cette coutume, ils supplièrent la Congrégation de déclarer que cela leur était permis. Il leur fut répondu : *Non posse et abusum esse tollendum.* Dans un doute
analogue pour les chanoines d'Urbin, elle répondit encore :
Negative et amplius (1). Les prêtres ne peuvent donc pas se
couvrir du bonnet, mais ils le tiendront en main, parce qu'il
ne convient pas qu'ils marchent sans cet ornement clérical.
« Non ideo tamen, dit Merati (2), absque birreto clericali in-
» cedere convenit clericis ; sed illud manu a candela non impe-
» dita ante pectus gestare debent. » Gardellini (3) indique aussi
clairement que c'est là l'usage de Rome. « Patet igitur.... mi-
» tram manu esse gestandam, ut ab aliis fit quoad birretum. »
Et ailleurs il dit (4) : « Possunt quidem hi (clerici) manu facula
» non impedita birretum gestare, *imo debent*, sed nequeunt
» capiti imponere. » On ne peut même porter une simple calotte, ainsi que la Congrégation l'a décidé en 1700 (5).

Tous les ecclésiastiques doivent porter des cierges en main.
Omnes præcedent nudo capite accensos cereos gestantes, dit le
Rituel Romain ; et le Cérémonial émet le vœu que tous les
laïques mêmes portent sinon des flambeaux, du moins des
chandelles de cire blanche. C'est aussi l'enseignement de tous
les auteurs. Outre ceux qui ont été cités plus haut, nous rapporterons les paroles de Cavalieri. Commentant un décret de

(1) Ap. Gardellini, n. 2835 et 4075, ad 13.
(2) *Loc. cit.*, n. 12.
(3) *Instruct. Clement.* § 21, n. 11.
(4) *Ibid.*, § 20, n. 12.
(5) V. Gardellini, *collect. auth.* n. 3395.

la Congrégation des Rites qui porte, *cereosque accensos gesta-bunt,* il ajoute (1) : « Per hæc verba eorum carpitur error qui
» sine cereis huic intersunt processioni. » Autant qu'il est pos-sible, il doit y avoir immédiatement avant le baldaquin de
chaque côté, placés sur deux lignes, huit prêtres en surplis
tenant des flambeaux allumés. Le Cérémonial des Evêques et
l'Instruction de Clément XI réclament cet honneur pour le
S. Sacrement.

De quelle main doit-on porter les flambeaux à la procession
du S. Sacrement? C'est de la main extérieure, c'est-à-dire, que
ceux qui sont à droite les portent de la main droite, et ceux
qui sont à gauche de la main gauche. Cette disposition est
ordonnée par l'instruction d'Innocent XII renouvelée par Clé-ment XIII, par rapport à l'administration du viatique, et elle
est enseignée par presque tous les auteurs. Nous nous borne-rons à citer Gardellini (2), Merati (3), Cavalieri (4). Il sera
aussi très-convenable d'avoir des lanternes à proximité du
S. Sacrement, afin que si tous les cierges s'éteignent, le Seigneur
ne soit pas privé du moins de l'honneur d'être entouré de lu-mières. C'est du reste ce qui se pratique en beaucoup d'endroits.

70. Le Cérémonial des Evêques prescrit aux chanoines de
la cathédrale de porter les ornements correspondants à leur
ordre, savoir les diacres et sous-diacres des dalmatiques, les
prêtres des chasubles, et les dignités des chapes, et cela doit
s'observer nonobstant la vacance du siège ou l'absence de
l'Evêque, ainsi qu'il a été déclaré par la Congrégation des
Rites (5). Mais ce qui est d'obligation pour les cathédrales ne

(1) *Loc. cit.* cap. 19, n. 8.
(2) *Loc. cit ,* § 20, n. 12.
(3) *Loc. cit.,* n. 14.
(4) Tom. IV, cap. 8, § 20, n. 2.
(5) V. *Collect. Gardell.* n. 588 et 852.

sera-t-il pas facultatif ailleurs, ou sera-t-il interdit aux églises paroissiales qui ont un clergé nombreux de rendre cet honneur au S. Sacrement? Merati enseigne que ce serait là une chose très-louable (1). « Quod videtur observandum in aliis » etiam Ecclesiis non cathedralibus (præsertim si sit consuetudo » quæ admodum laudabilis est) quod Ecclesiastici in sacris » vestibus convenientibus suo ordini, in tali processione ince- » dant. » Cavalieri admet aussi ce sentiment, lorsque telle est la coutume ou la disposition du rituel particulier (2). Mais Gardellini loue et recommande beaucoup cette pratique, et il appuie son sentiment sur un décret de la Congrégation des Rites qui l'autorise formellement. Le voici.

An sacerdotes, diaconi et subdiaconi in processione quæ peragitur dominica infra octavam solemnitatis SS. Corporis Christi, intra limites totius parœciæ S. Felicis, possint induere super albas, casulas, et respective dalmaticas et tunicellas? R. *Affirmative.* Die 20 maii 1741, in Nucerina Paganorum, ad 1.

71. Les deux thuriféraires qui marchent devant le baldaquin, doivent, aux termes du Cérémonial, encenser le S. Sacrement, durant toute la procession, mais ils ne doivent pas à cet effet, se placer tout à fait devant le baldaquin et tourner le dos au Célébrant, ils doivent se mettre sur les côtés et se tourner à demi vers le S. Sacrement. « Duo thuriferarii cum cottis qui » thuribula cum incenso fumigantia lente ducent ante cele- » brantem, facie, non dorso, ad sacramentum semiversa in » incessu, » dit la Congrégation des Rites (3). Ils ne peuvent donc pas encenser, comme on encense les personnes, mais

(1) Part. IV, tit. 12, n. 6.
(2) Cap. 19, n. 9.
(3) 15 sept. 1742, *in una ord. Erem. Mont. Coronæ.*

mouvoir lentement et sans cesse leur encensoir, l'un, celui de droite, de la main gauche, et l'autre de la main droite. Ainsi l'enseignent Baruffaldi, Cavalieri et tous les auteurs (1).

Pendant toute la procession, on doit sonner les cloches : nous renvoyons pour ce point à ce qui a été dit ailleurs à ce sujet (2).

72. L'ostensoir doit être de toute nécessité porté en main par le célébrant, et il est strictement défendu de le conduire sur un char, ou de le faire porter sur les épaules de quelques prêtres. La Congrégation des Rites s'est prononcée clairement là dessus à diverses reprises, entre autres le 2 juin 1618, où elle déclare « servandam esse dispositionem libri Cœremonialis, » ut scilicet SS. Sacramentum a celebrante propriis manibus » deferatur, non obstante quavis contraria consuetudine, quam » abusum declaravit ; » et le 24 juillet 1638, elle déclare « » SS. Eucharistiæ Sacramentum non sacerdotum humeris, » sed manibus dumtaxat illius qui solemniter celebravit in dicta » solemnitate deferendum esse (3). »

Toutefois, comme il arrive que le parcours de la procession soit assez long, et que le célébrant pourrait être très-fatigué, s'il n'avait quelques instants de relâche, le Cérémonial des Evêques autorise l'érection d'un ou deux reposoirs sur le trajet (4).

« Si via longior fuerit, poterit Episcopus in aliqua Ecclesia et » super altare deponere SS. Sacramentum et aliquantulum » quiescere et ibidem antequam discedat, thurificare SS. Sa- » cramentum et orationem de Sacramento cantare : quod » tamen non passim in singulis ecclesiis, vel ad singula altaria

(1) V. Gardellini, *Instr. Clem.* § 20, n. 13.
(2) V. *Mélanges*, 4ᵉ série, p. 634.
(3) V. Gardellini, n. 411, 931.
(4) *Loc. cit.*, n. 22.

»quæ forsitan per viam constructa et ornata reperiuntur, fa-
»ciendum est, sed semel tantum, vel iterum, arbitrio Epi-
»scopi. » Ces reposoirs ont la forme d'un autel. Ils doivent être
ornés de fleurs, d'un nombre suffisant de cierges allumés, avec
une espèce de trône sur lequel on dépose le S. Sacrement.

Pendant ce repos le célébrant et les ministres peuvent-ils
s'asseoir? La Congrégation des Rites, interrogée sur ce point, a
donné une réponse négative, et elle a défendu de porter des
sièges dans la procession, quand même ce ne serait que pour
l'ornement. La cause ayant été proposée de nouveau, un peu
plus tard, la Congrégation a persisté dans sa résolution (1).

Avant que la procession ne se remette en marche, peut-on
donner la bénédiction avec le S. Sacrement? En droit, cela
n'est pas permis et l'on ne peut donner la bénédiction qu'une
seule fois, à la fin de la cérémonie. C'est ce que nous voyons
décidé par la Congrégation des Rites, en 1652. On demandait
si c'était aux chanoines de la cathédrale qui faisaient la procession, ou aux réguliers qui avaient érigé les autels, qu'appartenait le droit de donner la bénédiction aux reposoirs. Elle
répondit : « In hoc servanda esse Cæremonialis præscripta,
» et semel tantum elargiendam esse populo benedictionem in
» fine processionis (2). »

Cependant comme la coutume s'était généralisée de donner
aussi la bénédiction aux reposoirs, la Congrégation crut devoir
mitiger la rigueur des réponses précédentes, et elle permit,
en 1820, de maintenir cet usage là où il existait, en observant
toutefois la règle du Cérémonial, savoir, qu'il ne faut pas s'arrêter et donner la bénédiction à tous les autels qui se trouvent

(1) V. Gardellini, n. 3052, 3200, 4.
(2) V. Gardellini, n. 1492.

sur le trajet de la procession, mais seulement une fois ou deux, pourvu que les autels soient bien ornés (1).

Voici donc comment on se comportera aux reposoirs. Le célébrant étant arrivé devant l'autel, le diacre reçoit à genoux le S. Sacrement qu'il dépose sur le corporal, après que le célébrant a fait une génuflexion. Le diacre fait la génuflexion à un genou et descend à la droite du célébrant qui s'est débarrassé de l'huméral. On chante le *Tantum ergo*, selon Merati (2), ou d'après Cavalieri (3) une autre strophe d'une hymne du S. Sacrement, réservant le *Tantum ergo* pour la fin de la procession. Entre temps le célébrant se lève, met de l'encens et encense de trois coups le S. Sacrement. Cela fait, deux chantres agenouillés chantent le v. *Panem de cœlo*, et le célébrant chante l'oraison du S. Sacrement, sur le livre que tiennent les diacre et sous-diacre agenouillés. Le célébrant fait une génuflexion, reçoit l'huméral et reprend le S. Sacrement, en la manière qu'il a été expliqué plus haut. Le chœur continue l'hymne ou le cantique qui avait été interrompu.

73. Pendant la procession, on ne doit chanter que des hymnes ou des cantiques de joie, *Pange lingua, Sacris solemniis, Verbum supernum, Salutis humanæ sator, Æterne rex altissime, Te Deum, Benedictus, Magnificat :* tels sont ceux qu'indique le Rituel Romain. Cependant, si la procession était trop longue, on pourrait en ajouter d'autres, tels que le *Lauda Sion*, et certains psaumes. Il ne convient pas, quoique la chose ne nous paraisse pas défendue, de chanter les litanies de la Sainte Vierge ou des Saints, le *Veni creator*, etc., parce que cette cérémonie est établie uniquement en l'honneur et pour le triomphe du S. Sacrement.

(1) V. *S. R. C. Decreta*, v. *Benedictio*, § 4, n. 2.
(2) Part. IV, tit. 12, n. 16.
(3) Cap. 19, decr. 1, n. 5.

Ici se présente une difficulté dont nous n'avons pas trouvé mot dans la plupart des auteurs. On a vu par le Cérémonial que les pauses qu'on fait durant la procession peuvent avoir lieu dans les églises : faut-il en y entrant chanter l'antienne et l'oraison du Saint auquel l'église est dédiée, ainsi qu'on le pratique à la procession des Rogations? Nous ne le pensons pas. Premièrement, le Cérémonial des Evêques nous apprend clairement qu'on doit chanter l'oraison du S. Sacrement : or, s'il avait fallu chanter autre chose, ne l'eût-il pas tout aussi bien exprimé ? S'il ordonne de dire cette oraison, sans faire mention d'aucune autre, ne défend-il pas implicitement de rien ajouter à ce qu'il a prescrit ? Ensuite, ainsi que nous venons de le faire observer, la procession du S. Sacrement se fait uniquement pour honorer ce grand mystère, et devant le culte de latrie rendu à Dieu s'efface le culte des Saints. Les Rogations, au contraire, ayant pour but d'attirer la miséricorde de Dieu, il convient d'y mêler l'intercession des Saints dont on visite les sanctuaires. Ajoutons que l'entrée de la procession dans une église n'est pas, à proprement parler, une visite rendue au Saint qui y est honoré, mais un simple moyen de se délasser, un repos (1).

74. Lorsqu'on rentre à l'église où se termine la procession, le clergé se met sur deux rangs de chaque côté du chœur, se

_____

(1) Vinitor, part. IV, tit. 6, addit. § 33, est d'un autre avis. « Si in » via Processionis ad aliquam Ecclesiam divertendum erit, illius loci » clerus superpelliceis.... induti, usque ad ecclesiæ suæ januam obviam » procedere, atque suffitu thuris excipere debent, et si cantentur litaniæ » vel aliud, cantores januam Ecclesiæ ingressi desistunt a cantu, et ibi » sono campanarum atque organorum excipiuntur; et ubi ante altare ad » hoc præparatum celebrans pervenerit, cantores incipiunt altiori et so- » lemniori tono antiphonam titularis illius ecclesiæ, deinde subdunt » versum et celebrans dicit orationem. » Il cite en sa faveur le Cérémonial, mais c'est bien à tort : le Cérémonial ne mentionne que l'oraison du S. Sacrement.

tournant l'un vers l'autre, et tous se mettent à genoux, lorsque le Célébrant passe avec le S. Sacrement. Celui-ci monte sur le degré supérieur de l'autel et remet l'ostensoir au diacre qui est agenouillé sur le palier, le dos tourné au côté de l'épître ; il adore ensuite le S. Sacrement à deux genoux, dit Merati (1) , descend et s'agenouille sur le dernier degré de l'autel. Entre temps le diacre repose l'ostensoir sur l'autel et descend à côté du Célébrant, après avoir fait une génuflexion. C'est seulement alors , dit Gardellini (2), qu'on chante la strophe *Tantum ergo*, pendant laquelle personne ne peut être debout. Au *Genitori*, le Célébrant se lève avec ses ministres, met de l'encens, pendant que le sous-diacre lève l'extrémité droite de son pluvial. Ils se remettent à genoux et le célébrant encense trois fois le S. Sacrement, faisant avant et après une inclination profonde de tête. Telle est la suite des cérémonies qu'on doit observer , dit Gardellini, si l'on veut être d'accord avec le Rituel, le Cérémonial et l'instruction de Clément XI. Cet auteur ne condamne pas cependant deux usages qui diffèrent un peu de sa doctrine. L'un de ces usages veut que le célébrant se lève après le mot *cernui*, pour mettre l'encens ; toutefois l'encensement ne se fait qu'au *Genitori*. L'autre, qui est enseigné par Bauldry, est que le célébrant mette l'encens avant l'intonation du *Tantum ergo* , de telle sorte qu'il puisse encenser à ces mots. Du reste il est défendu de mettre l'encens pendant les deux premiers versets de la strophe *Tantum ergo*.

Après ces deux strophes, deux chantres disent le verset *Panem de cœlo*, et pour cela ils doivent être à genoux, dit Merati (3) après Bauldry et a Portu. Le célébrant alors se lève

(1) *Loc. cit.*, n. 17.
(2) *Instruct. Clem.*, § 24, n. 8-17.
(3) *Loc. cit.*, n. 18.

et chante l'oraison du S. Sacrement qu'il doit terminer par la conclusion brève : *qui vivis et regnas in sœcula*, ou *per omnia sœcula sœculorum.*

Le Rituel Romain indiquait le *Dominus vobiscum* comme devant être chanté avant l'oraison du S. Sacrement, mais il faut s'en tenir au Cérémonial des Evêques qui le passe sous silence. Ainsi l'a décidé la Congrégation des Rites, le 16 juin 1663. « Servanda est dispositio Cæremonialis Episcoporum de » Festo SS. Corporis Christi, ubi nulla fit mentio de versu » *Dominus vobiscum*, sed jubetur tantum post versum *Panem* » *de cœlo*, etc., cantari orationem, et sic servat in Urbe » SS. Dominus noster, et observatur ab omnibus, quidquid » alii in contrarium asserant (1). » Aussi les éditions du Rituel Romain qui suivirent ce décret ne renferment-elles plus le verset susdit, à l'exception toutefois de celle qui se fit sous Benoit XIV en 1752. Mais en cela le savant Pontife ne voulut pas corriger les décrets, puisqu'il laissa subsister la rubrique du Cérémonial, mais on doit attribuer l'erreur à l'inadvertance de l'éditeur, dit Gardellini (2). C'est pourquoi la Congrégation des Rites déclara encore, en 1761, que nonobstant le texte du Rituel imprimé sous Benoît XIV, on devait omettre le *Dominus vobiscum* avant l'oraison qui termine la procession (3).

Mais pour quelle raison faut-il omettre ici le verset *Dominus vobiscum*, tandis qu'on le récite en d'autres circonstances? Gardellini (4), après Merati et Cavalieri, apporte le motif suivant. « Quia immediate post cum Sacramento populo adstanti » impertienda est benedictio, quæ est realis et validior depre-

(1) *Collect. Gardell.* n. 2076, ad 7.
(2) *Instruct. Clement.* § 31, n. 8.
(3) *Collect.* n. 4150, 7.
(4) *Instruct. Clem.*, loc. cit., n. 6.

» catio, quod Dominus sit cum adstantibus, quam ea qùæ per
» vocem exprimitur. » Et de la raison exposée il tire cette
règle générale : « quod vocalis deprecatio *Dominus vobiscum*
» sit omittenda ante orationem de SS. Sacramento, ad quam
» sequitur illico ipsa realis deprecatio, media benedictione ejus-
» dem Sacramenti. Secus vero si immédiate non subsequatur. »

75. L'oraison chantée, le célébrant se met à genoux,
reprend l'huméral, et monte à l'autel, y fait la génuflexion,
prend l'ostensoir de ses mains couvertes, se retourne vers le
peuple et donne la bénédiction. En même temps que le célébrant, le diacre et le sous-diacre montent à l'autel et s'age-
nouillent sur le palier, où s'inclinant, ils lèvent les extrémités
du pluvial pendant que le Célébrant donne la bénédiction.

Durant la bénédiction, on ne doit rien chanter, cependant
l'orgue peut faire entendre des accords suaves et mélodieux
comme à l'élévation de la Messe.

Quel est le mode qu'on doit suivre pour donner la bénédiction avec le S. Sacrement? Le Cérémonial se borne à indiquer
qu'on fait sur le peuple un signe de croix avec l'ostensoir, sans
rien détailler. Les auteurs ont presque tous rapporté la manière
indiquée par Bauldry et approuvée par la Congrégation des
Rites. Voici comme elle se pratique. Le prêtre tient d'abord
l'ostensoir devant lui, il l'élève ensuite par une ligne droite
jusqu'à la hauteur des yeux et le descend jusques en-dessous
de la poitrine, après cela il ramène son ostensoir devant la poitrine, puis le tourne à gauche et de là à droite par une ligne
circulaire, sans dépasser les épaules; il ramène encore l'ostensoir devant la poitrine et l'y tient un moment, enfin il
achève le tour et remet l'ostensoir sur l'autel. D'après Merati,
qui assure que tel est l'usage général, après qu'on a porté l'ostensoir du côté droit, on ne le ramène plus au milieu, mais on

parfait aussitôt le tour. Ici et en plusieurs lieux le prêtre n'achève pas le cercle, mais retourne du côté gauche pour déposer l'ostensoir. On peut suivre cette manière sans aucun scrupule; il suffit en effet qu'on fasse le signe de croix avec l'ostensoir. « Requiritur tantummodo ut cum eodem SS. Sa-» cramento celebrans producat crucis signum super populum,» dit la Congrégation des Rites en 1676 (1).

Il est strictement défendu de chanter pendant la bénédiction du S. Sacrement. Le Rituel Romain, le Cérémonial des Evêques et l'Instruction de Clément XI s'expriment clairement à ce sujet. La Congrégation des Rites s'est aussi prononcée très-formellement et elle a toujours réprouvé l'usage cantraire comme abusif. Elle répond en 1762 : « In benedicendo popu-» lum cum SS. Sacramento, celebrans nihil dicere, cantores et » musici nihil quoque canere interim debent, ad præscriptum » Ritualis Romani et Cæremonialis Episcoporum, non obstante » quacumque contraria consuetudine (2). » Ce n'est pas d'ail-leurs sans raison que cette prescription est portée, le peuple est bien plus attentif, plus recueilli quand il reçoit la bénédic-tion en silence, que lorsque l'on chante; il n'y a qu'à en faire l'expérience pour s'en convaincre.

Le Rituel et les auteurs passent sous silence l'encensement que le prêtre fait ici après qu'il a donné la bénédiction, et selon eux, la bénédiction est le dernier acte de vénération envers le S. Sacrement. Cet encensement est-il défendu? Nous n'oserions l'affirmer; cependant le silence des livres liturgiques est très-significatif. « Amplius non incensatur, dit Vinitor (3), juxta

(1) V. *S. R. C. Decreta*, loc. cit., n. 13.
(2) *Ibid.* n. 10.
(3) *Compend. Sacror. Rit.* Part. 4, tit. 6, n 19.

»Rituale Rom. et Cærem. Episcoporum, sufficit enim unica
»incensatio statim post reditum processionis ut supra, contra
»multos qui multoties absque ratione valida illud incensant. »
Il faut dire la même chose de l'encensement du S. Sacrement
par le thuriféraire pendant la bénédiction. Néanmoins la Congrégation interrogée là-dessus s'est bornée à répondre que cet
encensement n'était pas prescrit. Elle paraît donc avoir laissé
toute latitude à ceux qui sont en usage de pratiquer cet encensement. Nous ferons seulement observer qu'il vaut infiniment
mieux ne pas encenser du tout que de le faire d'une manière
indécente, comme en quelques paroisses où un enfant de chœur
debout lance de toutes ses forces son encensoir devant le
S. Sacrement. Pour être un acte de respect, un hommage de
la religion, l'encensement doit se faire avec modestie et révérence.

Nous nous proposions de tracer brièvement, comme appendix
à cet article, les cérémonies à observer dans l'exposition du
S. Sacrement, les saluts, etc. ; mais comme cet article est assez
étendu, nous en ferons l'objet d'un article spécial pour le prochain cahier.

CONFÉRENCES DU DIOCÈSE DE LIÉGE.

Solution de quelques cas compliqués.

1. On nous a sollicité à plusieurs reprises et de divers points
du Diocèse de traiter et résoudre les principales questions proposées dans les conférences ecclésiastiques du Diocèse : nous
avons longtemps été indécis sur le parti que nous devions
prendre, car notre immixtion dans les difficultés que pré-

sentent certaines questions ne nous paraissait pas exempte
d'inconvénients. Cependant le désir d'être utile à nos confrères de
tous les diocèses, et spécialement celui d'encourager et de faciliter la tenue de ces réunions si profitables sous tous les rapports, nous a déterminé à examiner en détail et sous toutes
leurs faces les plus embarrassants des cas proposés. Nous
n'avons pas la prétention d'imposer notre avis : il n'y a rien
de si difficile en théologie que la casuistique, et malheureuse-
ment on se contente, pour le plus souvent, de résoudre les cas
par la seule raison et le sens moral, ce qui est de toute impossibilité. Qu'on veuille seulement bien étudier la chose, avant de
nous condamner.

Le premier que nous avons étudié est celui du mois de juin.

Philippus una cum Paulo operam suam in gerendis negotiis cuidam
ditissimo mercatori commodat. Brevi Philippus intelligit Paulum Domino per fraudem ingentem pecuniæ vim surripere; furta posset mo-
nendo Dominum facile impedire, sed mavult ipsum monere Paulum
qui gravissimas ei minas intentat, si flagitium prodat, et contra mille
nummos tacenti spondet. Annorum decursu ob Pauli furta gravissimis
damnis urgetur mercator, unde stimulis conscientiæ pressus, confessarium adit Philippus, a quo anxie quærit : 1° quænam requiruntur ut
omissio imputetur ad culpam; 2° an, et ex qua virtute teneretur Domino
manifestare Pauli furta; 3° ad quid in præsenti teneatur?

2. Ce cas, tout détaillé et circonstancié qu'il paraisse, demanderait néanmoins encore quelques explications de plus,
pour amener une résolution catégorique. Ainsi il faudrait
savoir de quelle nature est la gestion des affaires du négociant
qui est confiée aux deux employés. Sont-ce simplement des
commis qui s'occupent chacun d'une spécialité, par exemple,
l'un est-il employé au bureau, ou au magasin, l'autre chargé
de voyager, ou de contrôler les marchandises, sous la direction

immédiate du maître : ou bien ces deux individus gèrent-ils en
commun toutes les affaires de leur patron et sous leur responsabilité commune? Dans la première supposition, l'un n'est pas
chargé de surveiller les opérations de son confrère, dans la
seconde hypothèse, il y est tenu : Cette dernière supposition,
à ne considérer que les termes, nous paraît plus probable. Le
terme *una* marque une union plus étroite que la conjonction *et*,
et d'après Barbosa (1), « denotat hæc dictio simultaneitatem,
» congregationem et unionem diversorum ac actuum conjunc-
» tionem. »

Il n'est pas non plus expliqué si Philippe a reçu les mille
francs que lui promettait Paul, pour prix de son silence : ce
point est cependant de la dernière importance : car si Philippe
a reçu le salaire promis, il a pu changer sa coopération négative en coopération positive, et devenir *consentiens* et *partici-
pans* de *mutus* qu'il était auparavant. En outre, ayant reçu une
somme considérable prise, comme tout l'indique, sur l'argent
volé à son maître, il est devenu détenteur du bien d'autrui. Ces
deux conséquences n'existent pas, si Philippe n'a pas reçu les
mille francs promis. Ces observations faites, nous allons passer
à la solution du cas, émettant d'abord les principes.

3. Ceux qui concourent *négativement* au dommage du prochain ne sont tenus à la restitution que lorsqu'ils sont obligés
par contrat ou quasi contrat à empêcher ce dommage. Cajetan
dans sa Somme (2) avait soutenu le contraire, mais il fut abandonné par tous les autres théologiens : et en effet on ne peut
être tenu à restituer que lorsqu'on a violé la justice, puisque la
restitution est un acte de la justice commutative; or, si l'on
n'est pas obligé en vertu d'un contrat ou quasi contrat à éloi-

(1) *Diction. usufreq.* Dict. 430, *Una*, n. 1.
(2) *Summul.* V. *Restitutio*, cap. 1, n. 7.

gner le dommage du prochain, on ne peut pécher que contre
la charité, et ainsi l'on ne peut encourir l'obligation de restituer (1). Veut-on maintenant savoir quelles sont les personnes
obligées en vertu d'un quasi contrat à empêcher le dommage
d'autrui, nous n'avons qu'à consulter Voit qui les explique (2).

« 1° *Negotia gesta* : sic qui negotia absentis gerit, dicitur quasi
» contractum habere cum absente, cujus negotium gerit. 2° *Tu-*
» *tela et cura;* tutor cum pupillo, et curator cum furioso aut
» minorum. 3° *Communio rerum :* sic habentes rem aliter quam
» ex contractu societatis communem, ultro utroque ex quasi
» contractu tenentur. 4° *Aditio hœreditatis :* sic tenetur hæres
» adiens hæreditatem erga legatarios et creditores defuncti.
» 5° *Solutio indebiti :* sic tenetur qui recipit indebitum solutum
» per errorem. Denique juxta communem ex quasi contractu
» tenentur gubernator, judex, advocatus, medicus, parochus, etc.
» Sic enim dum ejusmodi officia in se suscipiunt, tacite saltem
» et virtualiter se obligant ad debitam diligentiam. »

Un domestique, un employé à gages est-il tenu en justice à
veiller sur les biens de son maitre et à empêcher les dommages
qu'on voudrait lui causer? Les théologiens français les plus
récents soutiennent l'affirmative (3). Mais St. Alphonse de
Liguori (4), avec le sentiment le plus commun des théologiens, *communius et probabilius,* fait une distinction, et soutient
qu'un domestique n'est tenu en justice à empêcher le dommage
que dans deux cas. 1° Lorsque la surveillance de la chose lui a
été spécialement confiée. 2° Quand le dommage est causé par

---

(1) V. Voit, *Theol. moral.* Tom. I, n. 775 ; Collet, *Contin. Prœlect.*
Tournelii, De jure et injur. Part. 2, n. 422; Carrière, *De Justit. et jure,*
n. 1164.
(2) *Loc. cit.,* n. 776.
(3) V. Carrière, *ibid.,* n. 1210.
(4) Lib. IV, tr. 3, n. 344.

des étrangers : hors ces cas il n'est tenu que par la vertu de charité.

4. Actuellement recherchons quels sont les motifs qui peuvent excuser de péché celui qui ne révèle pas le dommage causé à tel qui l'empêcherait. Outre ceux qui excusent de tout péché comme la bonne foi, l'ignorance, etc., il en est un de particulier admis par tous les théologiens : la crainte d'un grand mal. « Rursum, dit Collet (1), si omittat loqui, quia » sine suo gravi incommodo loqui non potest, puta periculo » vitæ, famæ aut rei familiaris, erit a restitutione liber; quia » nemo prudens sibi communiter tantum onus assumere voluit. » Et ita docet S. Thomas. » C'est ce qu'exprime aussi Vernier (2). « Non tamen tenentur, cum sine damno gravi injus- » titiam impedire nequiverunt, nisi agatur de bono publico. » Il est inutile du reste de nous appesantir sur ce point, nous aurons occasion de l'examiner en détail, au cas suivant.

5. Il reste encore un doute à étudier. Celui qui a reçu d'un voleur une somme d'argent pour se taire, est-il regardé comme ayant coopéré positivement au vol?

Plusieurs théologiens donnent à cette question une réponse affirmative : cependant Prickartz regarde l'opinion contraire comme très-probable, et c'est avec raison, dit Carrière (3), après Lugo et les docteurs de Salamanque. Voici les preuves que fait valoir Prickartz (4). « Sicut potuisses ob preces suris » taeere sine injustitia ; cur non poteris ob munera? — Nec pre- » tium a sure acceptum obligavit te magis ad impediendum » furtum, quam antea obligatus eras. — Quod autem pretii » acceptio animos addat furi, hoc ipsum dici potest, quando

---

(1) *Loc. cit.*, n. 432.
(2) *Theolog. practic.*, n. 583. V. aussi Carrière, n. 1203.
(3) *Loc. cit.*, n. 1165.
(4) *Theolog. moral. univ.* Tom. 5. n. 1046.

»precibus furis annuls et taces, vel non obstas; per id enim
» animari æque posset. — Illa sola animatio furis est injusta
» quæ influit positive, non illa quæ oritur ex sola oblatione vel
»omissione terroris quem non tenebaris incutere. »

6. Nous pouvons maintenant répondre aux trois questions.
1° Quelles conditions sont requises pour que l'omission de
dénoncer le voleur soit imputable à péché? Il en faut deux ;
a) qu'on ait pu empêcher le mal par sa dénonciation, b) qu'on
ait dû le faire, c'est-à-dire, qu'on n'ait pas été sous le poids de
menaces graves ou d'une grande crainte, proportionnée du reste
au mal fait, et à l'obligation qu'on avait de dénoncer le coupable. Ajoutons que pour qu'il y ait obligation de restituer, il
faut qu'on soit tenu en justice d'empêcher le mal.

2° Philippe était-il tenu, et par quelle vertu, de faire connaitre à son maitre le préjudice que lui causait Paul ?

La solution de la 2ᵉ partie de cette question dépend de la
position que l'on fait à Philippe, selon ce qui a été expliqué, n. 1.
Car s'il était, par ses fonctions, responsable des fraudes et in-
justices de son coemployé, il était tenu en justice ; sinon il est
tenu ou par la justice ou par la charité, selon que l'on adopte le
sentiment de Carrière ou celui de St. Alphonse. Du reste, après
les graves menaces que Paul lui avait faites, Philippe n'était
plus obligé de le dénoncer à son maitre, n. 4.

3° A quoi est-il tenu pour le présent? S'il a reçu mille francs
provenant de vols, il est tenu de les rendre à son maitre : la
chose est évidente. S'il a reçu cette somme en vertu du contrat
do ut des, il ne peut non plus la garder, ce contrat étant nul (1).
Enfin s'il l'a reçue à titre gratuit, il peut la conserver : mais dans
notre cas, cela n'est guère probable. Enfin si le voleur ne lui
a rien donné, Philippe n'est tenu à rien, puisqu'il n'est pas

(1) V. *Mélanges*, 2ᵉ série, pag. 587 et ss.

détenteur du bien d'autrui, et que d'un autre côté, il n'a pas coopéré efficacement à l'injustice, ou du moins, sa coopération est excusable. Quant à la coopération positive qu'on pourrait nous objecter, elle est très-douteuse et ne peut faire naître une obligation certaine de restituer.

7. Le cas proposé au mois de juillet, quoiqu'il paraisse d'une solution plus difficile, est cependant moins compliqué que le précédent. La solution dépend tout entière de celle que l'on donne à un doute examiné par les théologiens.

Voici ce cas.

Paulus, faber ferrarius, ad cœnam a duobus vicinis comiter invitatus, libentissime iisdem obsecutus est. Cum se cibo potuque recreassent, pravum ei consilium manifestant, ingentem pecuniæ summam a divite mercatore furandi, ac furti partem ei pollicentes, rogant ut opera sibi commodet ad claustra apothecæ noctu perfringenda. Paulus iniqua consilia aversatus, nunquam se in sceleris societatem venturum asserit; quibus auditis nefarii homines ferro districto mortem ei minitantur, nisi operam præstet ac factum silentio premat. Paulus, cum eos tali esse animo existimet, ut vere intentatam sibi mortem inferant, vitæ suæ discrimen vitare cupiens, accedit ad ædes, claustra perfringit, et oblatam furti partem accipit. Sed non ita multo post conscientiæ stimulis agitatus, confessarium adit, percontando : 1° quandonam metus ab omni peccato excuset ? 2° an peccaverit operam suam illi furto navando, et quare ? 3° ad quid teneatur ?

8. Nous venons de dire que ce cas était intimement lié à un doute que discutent les théologiens, à savoir s'il est permis de concourir à une action injuste et si l'on est excusé de la restitution, lorsqu'on le fait par crainte d'un grand mal. St. Alphonse traite ce point avec grand détail (1) et donne la résolution suivante. Si le mal que l'on redoute pour soi est du même ordre

(1) Lib. IV, tr. 5, n. 571.

que celui auquel on coopère, la coopération est défendue : ainsi il est défendu de concourir à un vol, lorsqu'on n'est menacé que dans ses biens, à moins toutefois qu'on n'ait l'intention de compenser le dommage. Mais si le mal dont on est menacé est d'un ordre supérieur, ainsi si l'on redoute la perte de sa vie, d'un membre, de sa réputation, lorsqu'on est forcé de concourir à un vol, cette coopération est permise. La raison en est, « quia » tunc dominus consentire tenetur, ut adhuc cum jactura suorum » bonorum tu vitæ aut honori tuo consulas, alias esset irratio- » nabiliter invitus. » Voilà pour le péché. Quant à la restitution, S. Alphonse croit que le coopérateur n'y est pas tenu ; et la raison de son sentiment est bien claire, c'est que nul des deux titres de la restitution ne lui est applicable. Il n'est pas tenu *titulo injustæ acceptionis*, puisqu'il n'a pas péché, ni *titulo rei acceptæ*, puisqu'il n'a rien pris, dans l'hypothèse, qu'il ne s'est pas enrichi du bien d'autrui.

Cette résolution, S. Alphonse avoue qu'il ne l'a empruntée à aucun théologien, et que presque tous les auteurs y sont opposés. Toutefois le Père Milante, quoiqu'il n'eût pas osé pousser son principe jusqu'aux dernières conséquences, avait donné la même solution, quand il s'agit d'une injustice (1). « Iis innoxie » cooperatur, quicumque ex metu cadente in virum constantem » ad ea concurrit. Ut quid aliena rapere malum est et quidem » ab intrinseco ? Procul dubio ex eo solum, quia invitus patitur

(1) Apud S. Lig. *loc. cit.* Nous ferons observer ici que le P. Milante n'est pas, comme l'en accuse S. Alphonse, en contradiction avec son principe, lorsqu'il n'excuse pas de péché la coopération à un viol, par crainte de la mort. Ce théologien déduit la licéité de la coopération à un vol de la cession que la personne volée fait de son bien, quant au coopérateur ; supposition très-rationnelle et qu'admet S. Alphonse. Or, dans l'autre matière, une personne ne peut faire cession du droit qu'elle a à l'intégrité de son corps, et conséquemment, sous ce rapport, la coopération à un acte de viol serait toujours inexcusable.

» malum ; at in casu præfato dominus invitus non foret circa
» malum quod pateretur, ablatæ nimirum rei : sic præsumendum
» est, cum ille non possit præsumi invitus in casu, quo coope-
» ranti in furtum tam grave damnum immineret ; nemo quippe
» potest postponere vitam proximi temporali bono, ut est om-
» nium sensus et naturæ dictamen. »

Quant à la distinction qu'apportent un grand nombre de
théologiens entre les actions indifférentes et celles qui paraissent
mauvaises par elles-mêmes, S. Alphonse prouve très-solide-
ment qu'elle n'est pas fondée, lorsqu'il est question de coopération. Briser une serrure, prendre de l'argent, jeter des
meubles dehors, etc., voilà des actions qui peuvent être bonnes
en certaines circonstances, qui ne sont pas mauvaises en elles-
mêmes, quoiqu'accusant un concours plus prochain, et qui par
conséquent, seront excusées de péché, lorsque le mal qu'on
veut éviter pour soi est d'un ordre plus élevé que le mal du
prochain auquel on coopère.

9. Carrière a traité aussi cette question dans un grand détail(1),
mais ses principes diffèrent beaucoup de ceux de S. Alphonse.
Selon lui, le propriétaire n'est tenu de consentir au dommage
qui lui es causé par le coopérateur, que dans deux hypothèses
seulement : a) lorsque celui-ci veut et peut réparer le dommage
causé, à défaut des principaux acteurs du méfait ; b) quand ce
dommage est respectivement léger. Dans toute autre supposition, le maitre n'est pas tenu de donner son consentement,
et il n'est pas censé l'accorder. Le principe de Carrière est donc
diamétralement opposé à celui de S. Alphonse, puisque l'un
reconnait au coopérateur le droit de concourir matériellement
à l'injustice, et tient le propriétaire pour obligé de consentir ;
l'autre au contraire prétend que le coopérateur n'a de droit que

(1) *De justit. et jure*, n. 1202.

dépendamment de la volonté du propriétaire et que celui-ci n'est obligé de consentir, que lorsque le dommage à lui causé devra être réparé. L'un exempte le coopérateur de toute restitution, l'autre l'oblige à réparer le dommage.

Pour éliminer tous les doutes relatifs à la question, il faudrait examiner à fond et dans toutes ses conséquences le grand principe de S. Alphonse, et pour le bien discuter porter la difficulté sur le terrrain de la coopération à un acte de viol : mais cela demanderait beaucoup de temps et de recherches, et nous n'avons pas ce loisir maintenant.

Adoptant donc comme probable les deux opinions, celle de S. Alphonse et celle de Carrière, nous résoudrons les difficultés d'après l'enseignement de ces deux auteurs, sans nous occuper davantage de la question spéculative.

10. Cela posé, abordons les questions proposées.

1° *Quand la crainte excuse-t-elle de tout péché ?* Particularisant cette question trop générale et la réduisant aux limites du cas présent, nous dirons que la crainte fondée d'un mal plus grand excuse la coopération à un vol, et que la crainte d'un mal de même ordre excuse aussi, quand on a l'intention de compenser le dommage. Si l'on adoptait l'opinion de Carrière, on modifierait cette réponse, suivant ce qui a été dit tout à l'heure.

2° *A-t-il péché en coopérant au vol?* Selon S. Alphonse, il n'a pas péché ; selon Carrière il a péché, s'il n'avait pas l'intention de compenser le dommage, à défaut des principaux coupables.

3° *A quoi est-il tenu ?* Pour la somme qui lui est échue dans le partage du butin, il doit la restituer, puisqu'il est pour cette somme détenteur du bien d'autrui. Pour le tort qui a été causé à l'aide de sa coopération, un confesseur ne peut pas

l'obliger à le réparer, à défaut des voleurs ; à moins toutefois
que ce confesseur ne soit convaincu, appuyé sur la raison et
l'autorité, de la fausseté du sentiment de S. Alphonse.

11. Au mois de septembre nous trouvons le cas suivant
dont la solution repose en partie sur les réponses aux questions
spéculatives posées dans le même numéro.

Theophilus, vir nobilis, a Dataria obtinuit, soluta pecunia, dispensationem pro Ineundo matrimonio cum Angelica sua in 2° gradu consanguinea, ad legitimandam prolem. Verum ante initum matrimonium moritur infans. Quæritur an adhuc possit ea dispensatione uti et cur ?

Rappelons d'abord en peu de mots les principes posés par
les Canonistes dans cette matière. Il est certain que lorsque
les lettres apostoliques contiennent la concession de la grâce
ou dispense, la cause doit être vraie au moment où la dispense
est accordée. Mais telle n'est plus la pratique d'aujourd'hui.
Les dispenses sont accordées en forme *commissoire*, c'est-à-
dire que le S. P. délègue à l'ordinaire ou à l'official d'un diocèse
la faculté de dispenser après vérification des causes. Est-il
nécessaire que la cause alléguée existe encore au moment où
l'official fulmine la dispense? Le sentiment commun est affirmatif, puisqu'alors c'est véritablement l'official qui dispense,
et si la cause n'était plus vraie, ce serait une dispense accordée
sans cause. Si cette supposition était celle du cas proposé, il
faudrait répondre que la dispense est nulle et qu'on doit
recourir à Rome de nouveau (1).

Mais il nous parait que dans le cas posé, la dispense a non
seulement été obtenue de Rome, mais qu'elle a aussi été fulminée par l'Evêque, et que c'est tout à fait *ante initum matrimonium*.

(1) V. Carrière, *de Matrimonio*, n. 1121 et ss.

12. Restreignant la difficulté à cette hypothèse, nous tenons que la dispense peut être mise à exécution. C'est une question controversée entre les canonistes, si la dispense cesse, lorsque la cause, pour laquelle on l'a accordée, vient à cesser avant qu'elle n'ait été appliquée. S. Alphonse, après Suarez, Schmalzgrueber, etc., tient l'affirmative qu'il appelle fort probable (1) : la chose est donc douteuse. Or, nous disons que dans ce doute, la possession est en faveur de la dispense. La dispense était valide, lorsqu'elle a été fulminée par l'Evêque, comme on le suppose ; il faudrait donc prouver d'une manière certaine que le fait postérieur a détruit cette validité et a infirmé la dispense, autrement la validité de la dispense reste toujours en possession, et c'est ce qui a lieu dans le cas présent. Le doute qui découle de la mort de l'enfant, relativement à la validité de la dispense, ne suffit pas pour la détruire, et laisse les choses dans l'état où elles étaient auparavant. Ainsi la dispense demeure valide, et Théophile pourra légitimement épouser sa cousine germaine. C'est aussi ce qu'enseigne clairement S. Alphonse (2). « Si constat de dis-» pensatione, et dubitetur de ejus valore, quia tunc possessio » stat pro valore dispensationis. »

Voilà les trois cas qui nous ont paru devoir plus facilement faire naître des controverses; nous les avons résolus, pensons-nous, suivant les principes. Toutefois nous sommes disposé à recevoir toutes les observations qu'on présentera sur ces solutions, comme aussi à en donner de nouvelles, si l'on nous en fait voir l'utilité.

(1) Lib. VI, n. 1132.
(2) *Ibid.*, n. 901, *fine.*

EXAMEN DE L'OPINION DE BOLGENI

DU MENSONGE EN CERTAINS CAS.

1. Nous venons aujourd'hui exécuter la promesse que nous avions faite (1) d'examiner, de peser, et d'approuver ou combattre les arguments que font valoir d'une part les théologiens, et d'autre part Bolgeni, dans la question de l'illicéité du mensonge. Ce n'est pas sans quelque difficulté que nous nous y sommes résolu, parce que malgré toute la modération que nous apporterons dans cette controverse, malgré la réserve de notre langage et la solidité des raisons que nous ferons valoir, quelques hommes à préjugés et qui ne vont au fond de rien, nous taxeront sans doute d'imprudence ou au moins de légèreté. Nous prierons donc nos lecteurs de bien lire nos arguments, de ne pas exagérer la portée de nos expressions, et de ne pas oublier que c'est un examen que nous voulons faire et non une condamnation que nous prononçons, et que nous n'entreprenons cette étude que dans l'intérêt de la vérité et de la morale chrétienne. Personne n'est forcé de nous croire, mais nous avouerons ici que ce n'est qu'après avoir déjà fait notre dissertation, que nous avons trouvé dans quelques auteurs la confirmation de nos sentiments, et qu'alors nous avons cru devoir la remanier, afin d'avoir, pour nous appuyer, l'autorité de quelques noms célèbres dans les écoles théologiques. Les auteurs qui nous ont le mieux

(1) V. *Mélanges*, 4e série, pag. 410.

servi, sous ce rapport, sont Poncius (1) et Raynaud (2).

Il faut savoir d'abord, que Bolgeni n'a pas saisi le nœud véritable de la difficulté. On peut fort bien admettre tous ses principes et se trouver d'accord avec les théologiens. Il est évident, dit-il, que si un homme se voit en présence de deux préceptes qu'il ne peut observer à la fois, le moins grave de ces préceptes cessera. Cela est parfaitement vrai. Mais aussi tous, les théologiens enseignent la même chose, quand ils traitent de la conscience perplexe. Nous n'en citerons qu'un seul, le P. Antoine (3). « Conscientia perplexa est judicium practicum, dictans » esse peccatum, sive actus hic et nunc fiat, sive omittatur, » v. g. sive mentiaris ad impediendum homicidium, sive non » mentiaris. Cum hoc judicium sit erroneum deponi debet ; nam » quisque tenetur adhibere medium necessarium ad vitandum » illud quo putat Deum offendi. Quod si deponi nequit, culpa » vitabitur, eligendo minus malum, puta mendacium in allata » hypothesi, ex can. *Duo mala*, dist. 13. » Il y a donc uniquement cette différence entre le P. Antoine et Bolgeni que celui-ci trouve possible la simultanéité de ces deux préceptes incompatibles, tandis que celui-là la trouve ici impossible en fait. Du reste, si le cas se présente dans l'opinion de quelqu'un, la solution est identique chez l'un et l'autre auteur.

Mais là ne gît pas, nous semble-t-il, la difficulté : elle consiste à savoir s'il est permis de mentir, non pas pour éviter un péché, mais un grand mal temporel, par exemple, pour éviter la mort,

---

(1) *Duns Scoti*, op. Tom. VII, comment. Fr. Lycheti Ord. Min. et suppl. J. Poncii. Lugd. 1639. V. aussi Poncius, *Comment. in Scotum*.

(2) Op. Tom. XIX, *Opusc. mor.* de *Amphibol. et restrict. ment.*, pag. 83-220. Théophile Raynaud avait d'abord publié cet opuscule sous le pseudonyme du Fr. Emmerius, Ord. Min. et sous le titre de *Splendor veritatis moralis*, Lyon 1627 ; ce dernier ouvrage fut mis à l'index en 1682.

(3) *De conscientia*, cap. 1, quæst. 5.

la perte de sa virginité, de sa fortune, etc., comme l'annonçait lui-même Bolgeni. Ici nous ne sommes plus en présence de deux préceptes incompatibles, mais du seul précepte qui défend de mentir, et pourtant, dans l'hypothèse, le mensonge est le seul moyen, ou le moyen qui répugne le moins à la nature, de se préserver d'un grand mal. Nous en proposerons quelques exemples : on comprendra mieux notre pensée.

2. Pendant les journées de juin 1848, les insurgés font prisonnier un officier de l'armée qui, pour vérifier l'état des lieux, s'était affublé d'une blouse et noirci les mains et la figure, afin de ne pas être reconnu. Il réclame, on ne l'écoute pas et on veut le passer par les armes. C'en était fait de lui, si l'un des insurgés qui avait conservé quelques sentiments d'humanité, n'eût arrêté le transport de ses frères de révolte. Quoi, s'écrie-t-il, vous voulez tuer un des nôtres! Je le reconnais, je l'ai enrôlé hier. Est-ce vrai, demande-t-on au prisonnier? Oui, répond celui-ci; et cette réponse qui n'est pas vraie lui sauve la vie. Ce mensonge, dans de telles circonstances, était-il défendu?

Un personnage employé dans une haute administration commettait des malversations, je me crus obligé de le dénoncer; on lui ôta son emploi et on le punit sévèrement. Soupçonnant que j'étais la cause de sa disgrâce, il m'attend un soir dans un lieu écarté, et me pose ce terrible dilemme. « Vous êtes un » homme d'honneur, et vous allez me dire que ce n'est pas vous » qui m'avez dénoncé, ou je vous tue. » Il y était bien décidé, car je voyais des armes briller dans sa main. J'étais armé et je pouvais moi-même lui ôter la vie, me trouvant dans le cas de légitime défense; mais dans le but de sauver plus sûrement et ma vie et la sienne, je lui dis : « ce n'est pas moi qui vous ai » dénoncé. » Ai-je mal agi? j'avais le droit de le *tuer* et je me suis contenté de le *tromper*.

Une jeune personne, mandée auprès de sa mère mourante, se hâtait de traverser seule, vers le soir, une plaine qui la séparait de la demeure de sa famille. Par une sage précaution, elle s'était munie d'un poignard. Au milieu de la plaine, et loin de toute oreille humaine, elle est accostée par un homme qui lui fait d'infâmes propositions. Elle veut passer outre, invoquant le désir qu'elle a de revoir encore sa mère; mais cet homme ne veut rien entendre, il la retient et lui dit que de gré ou de force, il assouvira sur elle sa convoitise. Que faire alors? Elle sait qu'elle a le droit de tuer son ennemi, qu'elle est dans le cas de légitime défense. Toutefois elle veut essayer d'un moyen moins rigoureux. Laissez-moi, dit-elle; vous vous perdriez, car je suis à moitié consumée de la maladie vénérienne. Ces mots produisent un effet magique sur le séducteur qui laisse partir sa proie sauvée par un mensonge. Est-ce là un mensonge et un péché?

Un négociant qui possédait une belle fortune avait toutes ses richesses renfermées dans sa maison et ses magasins. C'était au temps de la révolution française. Il aperçoit une bande de pillards se dirigeant vers sa demeure, portant des torches embrasées, et diposés à piller tout ce qui aurait échappé aux ravages de l'incendie. Pour sauver sa fortune, il use de stratagème. Il écrit à la hâte et envoie au chef des brigands un billet ainsi conçu : « Vous êtes trahis, j'ai eu connaissance de vos » projets. Il y a chez moi deux cents hommes de troupes. Nous » vous attendons de pied ferme.» Les brigands effrayés rebroussèrent chemin, et cependant le billet ne contenait pas un mot de vrai. Est-ce là un mensonge et un péché?

Voilà, nous parait-il, des cas tels qu'on doit les poser, pour juger sainement de l'application des principes, et des difficultés que fait naître l'enseignement de l'école concernant le mensonge. Pour procéder avec plus d'ordre, nous examinerons dans une première partie les arguments que les théologiens apportent pour prouver qu'il n'est jamais permis de dire le contraire de la vérité : dans la seconde nous développerons les arguments contraires.

3. Les preuves des théologiens peuvent se réduire à cinq espèces : le raisonnement, l'autorité de l'écriture, le témoignage du pape Alexandre III, les propositions condamnées par Innocent XI, et l'autorité de S. Augustin. Nous les examinerons successivement, mais auparavant il est nécessaire de donner une bonne définition du mensonge.

Tout le monde accepte la définition du mensonge telle que la donne S. Augustin (1) : *Enuntiatio falsi cum voluntate ad fallendum prolata*, ou (2) *falsa significatio cum intentione fallendi.* Cette définition est bien claire et ne semble exiger aucune explication ; néanmoins un grand nombre de théologiens torturent ces paroles et veulent qu'elles soient synonimes de celles-ci : *dicere falsum cum intentione dicendi falsum.* La chose est difficile à croire, et cependant il n'est presque pas un thomiste qui n'adopte cette explication de S. Thomas (3). Nous en demandons pardon à tous ces théologiens, mais nous devons avouer que c'est là faire faire un pléonasme à S. Augustin, c'est lui reconnaître bien peu de logique.

Fait-on jamais entrer dans la définition d'un péché spécial le volontaire, ou si l'on veut, l'intention qui doit accompagner tout péché? Celui qu'on appelait autrefois le philosophe, Aristote ne fait pas entrer cette addition dans sa définition. « Intentio- »nem quippe fallendi ad mendacium exigi adeo pro comperto

---

(1) *De Mendatio*, cap. 4, *in fine.*
(2) *Contra Mendac.*, cap. 1.
(3) 2, 2. qu. 110, art. 1, *in corp.*

» habuit ex generalibus principiis doctrinæ moralis voluntarium
» ad omnem culpam exigantibus, ut superfluum putavit id
» exprimere, » dit Théophile Raynaud. Pourquoi donc les
thomistes l'ont-ils ajouté? Ont-ils oublié ici les grands principes de la morale? « Ignorans non voluntarius est, » dit
S. Thomas (2). La définition du mensonge eût été très-com-
plète (3) si l'on se fût borné à ces deux mots *enuntiatio falsi.*
En effet, si je crois dire une chose vraie, qui est fausse pourtant, je ne mens pas formellement, je ne fais qu'un mensonge
matériel, comme celui qui croyant tirer sur une bête fauve,
tue un homme, ne pèche pas et ne fait qu'un homicide matériel. D'autre part, si croyant mentir, je dis une chose vraie, je
pèche formellement, quoiqu'il n'y ait pas de mensonge matériel,
comme celui qui tire sur son ennemi sans l'atteindre se rend
coupable d'homicide. Ce sont là les principes les plus élémen-
taires de la morale. Pourquoi donc les thomistes ont-ils sur-
chargé leur définition d'une phrase souverainement inutile?
Et comment en sont-ils venus à attribuer à S. Augustin une
définition si peu d'accord avec la logique?

Nous le dirons et on le comprendra tout à l'heure.

De deux choses l'une : ou ces mots *cum intentione fallendi*
sont essentiels au mensonge, et alors tous les thomistes sont dans
l'erreur; ou ils sont inutiles, s'ils ont le sens qu'on leur prête,
et alors il faut les retrancher de la définition.

4. Nous ne pouvons donc définir exactement et sûrement le
mensonge, qu'après avoir déterminé ce qui fait la malice du
mensonge : ce sera en même temps l'examen de la preuve

(1) *Op. cit.* cap. 2.
(2) *In 3 sent.* dist. 38, q. 1, art. 1.
(3) Dans le sens de S. Thomas et des thomistes, car nous verrons
tout à l'heure que le reste est aussi essentiel.

rationnelle que les théologiens apportent pour le déclarer illicite dans tous les cas.

Où est la malice du mensonge? Quelques anciens, suivis en cela par des modernes qui ont copié sans critique toutes les raisons qu'ils trouvaient à l'appui de leur opinion, faisaient consister le mal du mensonge en ce qu'il était opposé à la vérité de Dieu. Dieu est la vérité, le mensonge est opposé à la vérité, et ainsi le mensonge est opposé à Dieu. Ce n'est là qu'un sophisme : la vérité à laquelle le mensonge est contraire est la *vérité morale*, humaine, et non la vérité Dieu. Il est inutile de nous appesantir là dessus, aucun théologien de quelque valeur n'a osé reproduire cette futilité, et S. Bonaventure montre parfaitement que ce n'est pas là un argument (1).

Un autre théologien qui fait en détail la critique des arguments des auteurs, Poncius (2) ne trouve d'autre moyen d'accorder ses conclusions avec celles des théologiens, que la raison suivante : Si Dieu pouvait dispenser dans le mensonge, ou si l'homme pouvait quelquefois mentir, Dieu pourrait aussi quelquefois mentir. Or, il est évident que Dieu ne peut pas mentir. Cette raison est souverainement faible. Le mensonge n'est-il pas souvent à l'homme un moyen nécessaire pour échapper à un grand mal, et Dieu a-t-il quelque danger à craindre?

Dieu ne peut pas mentir sans raisons, puisqu'alors on ne le croirait plus, et d'un autre côté il ne peut pas avoir de raison de mentir. Est-ce la même chose pour l'homme? Evidemment non. Ce peu de mots suffisent, et les lecteurs nous dispenseront d'entrer dans de hautes considérations sur la véracité de Dieu, l'essence divine, etc.

Nous ne pouvons pas passer aussi légèrement sur l'argument

(1) *In 3 sent.* dist. 38, quæst. 2, *conclus.*
(2) *Oper. cit.*, n. 21.

principal, le seul même que fassent valoir S. Thomas et tous les thomistes, parce qu'il a été, selon nous, le point de départ des conclusions exagérées des théologiens, et du système des restrictions mentales qu'on a poussées jusque dans des limites insoutenables.

Pourquoi le mensonge est-il mauvais, se demande S. Thomas ? C'est, répond-il, parce qu'on se sert des signes de la pensée, contrairement à leur institution (1). « Cum enim voces » sint naturaliter signa intellectuum, innaturale est et indebitum » quod aliquis voce significet id quod non habet in mente. » Le P. Lessius explique fort nettement la pensée du Saint Docteur. Voici ses paroles (2) : « Ex his patet 3° malitiam hujus peccati » intrinsecam consistere in abusu signorum, quod illis utamur » contra naturalem institutionem et finem. Cum enim signa » non sint data nisi ad exprimendum judicium mentis, utimur » illis contra judicium mentis, ita ut sit contradictio inter men- » tem et linguam : quod enim lingua affirmat, mens negat, et » quod mens negat lingua affirmat : atqui per se turpe est et » vituperabile, ut in uno eodemque homine inter interiora » et exteriora sit contradictio, cum exteriora debeant interiori- » bus conformari. Sic ergo uti signis externis ut contradicant » judicio interno, per se malum est. » Toutefois Lessius ne comptait pas tellement sur la force de ce raisonnement qu'il ne crût devoir ajouter aussitôt : « Ad hanc accedit alia, quod men- » dacio proximus decipiatur ; unde offendit amicitiam et politi- » cam conversationem. »

Ce raisonnement n'a pas convaincu tous les théologiens, et les scotistes y font des objections irréfutables.

1° Si la malice du mensonge consistait dans la disproportion ou la disconvenance des paroles avec les idées, le mensonge ne

(1) 2. 2. quæst. CX, art. 3, in corp.
(2) *De jure et justit.*, lib. II, cap. 47, n. 36.

serait pas défendu *primario* comme nuisible au prochain « non
»prohiberetur per præceptum 2ᵃᵉ tabulæ , » dit Scot (1). Cependant tous les théologiens sans exception reconnaissent que
le vice du mensonge réside dans le tort qu'il fait aux hommes
et à la société. Il nous suffira de citer Voit (2).... « Cujusmodi
»sunt mendacium, detractio, furtum in re leviori : hæc enim
»repugnant quidem amori proximi naturaliter debito, suntque
»contraria paci cum proximo conservandæ. » Si je parle seul
dans ma chambre et que je raconte tout haut des choses que je
n'ai point faites, je commets un mensonge d'après l'explication
de S. Thomas; mais comment mon action peut-elle nuire au
prochain, puisque, dans la supposition, personne ne m'entend?
Où sera donc alors le mal du mensonge? Vraiment il serait difficile de le déterminer : il ne nuit pas au prochain, dans l'hypothèse, il ne me nuit pas à moi-même, c'est évident, et est-il
plus opposé à l'amour de Dieu? Ce sont là deux choses incompatibles que le mal du mensonge réside à la fois et *primario*
dans la disconvenance des paroles aux jugements, et dans le
tort qu'il cause au prochain (3).

2° « Actus peccaminosi non habent esse tales ex eo quod ver-
»santur circa materiam disconvenientem physice, sed... mora-
»liter, » dit le commentateur de Scot. Or, la répugnance dont
parle S. Thomas est quelque chose de physique et non de
moral. Les pieds et non les mains sont donnés à l'homme pour
marcher. Direz-vous qu'un homme pèche contre la morale,

(1) In 3 sent. dist. 38, arg. *contra hoc.*
(2) *Theolog. mor.* Tom. I, n. 134.
(3) On conçoit que nous combattons ici l'inconséquence des thomistes.
Ils disent que le mensonge est défendu, parce qu'il nuit au prochain, et *à ce
titre* ils le placent au 8ᵉ précepte du décalogue, et quand ils en viennent
à la nature du mensonge, ils prétendent que le mensonge est mauvais
sans qu'il nuise au prochain : pourquoi donc alors le mettre au 8ᵉ commandement ?

parce qu'il se sert de ses mains pour marcher? Sans doute il arrive que des répugnances physiques blessent la morale, mais ce n'est pas par elles-mêmes, c'est dans certaines circonstances particulières. « Certum est, dit Poncius, multa posse » fieri licite contra finem ad quam ordinantur a natura; sic » semen potest projici in ignem, et semen humanum, Deo dis-» pensante posset effundi. » Et pour ne parler que de ce dernier désordre physique, tous les théologiens n'excusent-ils pas la pollution quand elle n'est pas voulue, mais seulement permise? Il est permis, dit S. Alphonse (1), d'entendre les confessions des personnes du sexe, de chasser avec les mains un prurit aux parties sexuelles, d'aller à cheval, par motif de santé ou de récréation, ou de se coucher dans une position plus commode, quoiqu'on prévoie que de tout cela il résultera des pollutions auxquelles on ne donne pas son consentement. *Le but des facultés naturelles ne doit donc pas toujours être atteint*, et l'on peut assez souvent permettre le contraire quand on a des raisons suffisantes. Pourquoi donc ici le désordre physique aurait-il une telle malice intrinsèque qu'on ne pourrait jamais le permettre, tandis qu'on le permet dans des choses d'une bien plus grave conséquence? Nous savons bien qu'il n'y a point parité complète entre les deux cas, aussi ne voulons-nous conclure que ceci : le but des facultés naturelles ne doit pas toujours être voulu : pourquoi le mensonge fait-il une exception? Qu'on en donne la raison.

Remarquons ici l'illusion des thomistes. Ils ont transformé un désordre physique en un désordre moral, et comme celui-ci n'est jamais permis, pour aucun motif, ils ont enseigné que la disconvenance des mots avec le jugement était toujours un

---

(1) *Theologia moralis*, Lib. IV, n. 483.

mal. Voilà le point de départ de toutes leurs erreurs (1).

3° Mais les thomistes n'ont pas même la consolation d'avoir à apporter un désordre physique, un antagonisme entre l'intérieur et l'extérieur, entre l'esprit et la parole, puisqu'on ne parle que ce qu'on pense. Qu'est-ce en effet que la parole, sinon l'expression de la pensée? Je ne puis parler une chose que je n'ai pensée auparavant, je ne fais en parlant que traduire extérieurement ce que je pense. Cette phrase, par exemple : *Pierre est un voleur*, n'est que l'écho de la pensée, *Pierre est un voleur;* que cette assertion soit jugée vraie ou fausse par mon esprit, elle ne doit pas moins exister dans ma pensée, avant que je ne l'exprime. Ce que nous disons ici est évident pour tout homme qui a la moindre teinture de philosophie. La parole n'est pas un acte brut de la force matérielle, comme un coup de poing, c'est un acte de l'intelligence, un reflet de la pensée. Or, il est évident d'après ces notions que le désaccord inventé par les thomistes n'existe pas, et que la parole ne fait que rendre exactement la pensée. J'accepte à côté de mon jugement, une pensée fausse dans mon esprit, je m'y complais, je l'exprime : en cela je suis coupable, je le veux bien, mais ma faute ne consiste nullement dans le désaccord de mes paroles avec ma pensée, puisqu'il me serait de toute impossibilité d'exprimer ce que je ne pense pas (2).

C'est donc par une illusion inexplicable que l'école de S. Thomas

---

(1) Que pourrait-on répliquer à l'argument suivant? La parole a été donnée à l'homme pour exprimer sa pensée, selon les besoins de la société. Or, le bien de la société exige-t-il que toujours je dise ce que je pense? On me dira usez de restriction, mais quand ce n'est pas possible?

(2) Lessius a fait sans le savoir un paralogisme, son syllogisme a quatre termes. « In mendacio est contradictio inter *signum externum* et *judicium,* atqui per se vituperabile est ut sit contradictio inter *interiora* et *exteriora.* Ergo, etc.» Or, à côté du jugement, il y a encore dans l'esprit une pensée, et c'est celle-ci qu'on exprime.

a placé la malice du mensonge dans la répugnance des termes avec les idées, parce que, le mensonge ne serait plus alors mauvais comme nuisible au prochain, qu'en outre cette répugnance est quelque chose de physique, de matériel, et non de moral, et qu'enfin elle n'existe pas. Le désaccord est dans l'esprit, et c'est de l'esprit que sort le mensonge : *Ex corde exeunt,* etc.

5. Il ne reste donc qu'un parti à prendre, c'est de mettre la malice du mensonge là où elle est réellement, et de dire avec Scot, S. Bonaventure, le P. Henno et presque tous les scotistes, à la suite de S. Augustin, que le mensonge est mauvais, parce qu'il trompe le prochain. Quoi de plus simple, de plus naturel que cette notion? Le mensonge est mauvais en soi, dit S. Bonaventure (1), « quia malum est ex malitia intentionis... » quoniam duo concurrunt... locutio falsa et intentio fallendi. » Scot n'est pas moins exprès (2) : « Mentiri ex ratione sua » dicit intentionem malam, quia importat intentionem fallendi. » Licet autem actus non includentes intentionen malam possint » aliquando esse boni ex aliqua bona circumstantia, actus tamen » includens intentionem malam nunquam potest esse bonus, » cum formaliter includat malum velle; prolatio autem verborum » cum intentione fallendi est hujusmodi... Quia licet actus posi- » tivus et malitia non sint unum per se, nec in re, nec in con- » ceptu, potest tamen aliquod nomen imponi ad significandum » non actum tantum, nec deformitatem solam, sed totum simul. » Sicut hoc nomen adulterium impositum est ad significandum » non tantum actum naturalem coeundi, sed etiam cum defor- » mitate, scilicet cum aliena ; et similiter hoc nomen furtum » impositum est non solum ad significandum acceptionem rei

(1) *In* 3 *sentent.* dist. 38, dub. 4, q. 2.
(2) *In* 3 *sent.* dist. 38, art. 3, quæst. un. A.

» alienæ sed etiam contra voluntatem ejus cujus est ; talia autem
» tota importata per hujusmodi nomina non videntur posse esse
» bona ; sed illud quod est sibi substratum, puta actus coeundi,
» vel accipiendi talem rem, possibile est esse sine tali deformitate.
» Ita igitur in proposito, licet prolatio talium vel talium verborum
» quorumcumque significatorum possit esse sine peccato, tamen
» prolatio eorum cum conscientia oppositi, et per consequens
» cum intentione fallendi, non potest esse sine peccato, quia in-
» cludit actum substratum cum circumstantiis ipsum necessario
» deformantibus. » Nous avons cité ce passage en entier, non
pas que cela fût nécessaire pour manifester l'opinion du Docteur
subtil, mais aussi pour faire voir combien facilement on peut
de ses principes déduire des conséquences importantes et inat-
taquables d'après la théologie.

On demandera comment avec de tels principes il est possible
de soutenir que le mensonge, nous nous trompons, la parole
contraire au jugement de l'esprit, est toujours un péché. La
chose est difficile à concevoir, et Poncius avoue (1) qu'avec cette
raison, il faut nécessairement admettre que le mensonge pourra
être permis en certains cas. S. Bonaventure dit expressément
que l'intention de tromper est toujours renfermée dans l'expression de ce qu'on sait être faux. Mais il ne prouve pas cette
assertion, et de fait on ne saurait pas la prouver. Car il est bien
certain que si l'intention de tromper est requise, l'expression
du faux ne sera plus un mensonge quand on n'aura pas cette
intention. L'homicide rentre dans ce cas, le vol également. Or,
ainsi qu'il sera établi plus tard, on peut poser un acte, sans l'intention de tromper, de voler, de tuer, quoique cet acte trompe,
vole ou tue le prochain. Il ne faut pas oublier la remarque suivante qui explique à elle seule toutes les fautes commises dans
cette question par les théologiens contre la logique. Ils étaient

(1) *Op. cit.* dist. 38, n. 16.

convaincus que le mensonge, l'expression du faux, est toujours un péché, sans exception, et, partant de cette idée, ils ont cherché des raisons pour l'appuyer; mais comme on l'a vu, aucune de celles qu'ils ont trouvées ne conduit à ce résultat : ainsi s'égare-t-on quand on cherche la vérité avec des idées préconçues.

Voilà donc le premier et le plus fort cheval de bataille renversé. La raison naturelle ne suffit pas à établir que le mensonge est illicite dans tous les cas, et elle l'enseigne si peu que non-seulement les païens, mais des SS. Pères, mais des chrétiens de nos jours, mais des jurisconsultes éminents pensent qu'il est permis de mentir en certaines circonstances graves. Où est donc la voix de la nature, si malgré l'enseignement des chaires chrétiennes et des écoles théologiques, les chrétiens timorés ne sont pas encore bien convaincus, et si dans le danger, la nature leur crie de recourir à ces moyens que les théologiens réprouvent ?

On met tout cela sur le compte de l'ignorance et de la bonne foi, on pourrait tout aussi raisonnablement l'attribuer à l'instinct moral et au sentiment naturel. Quoi qu'il en soit, nous avons démontré que la preuve tirée de la raison naturelle, pour établir l'illicéité du mensonge dans tous les cas, que cette preuve est insuffisante. Nous entendons ici mensonge, non pas comme Scot, quand l'intention de tromper y est jointe, mais comme l'expression de ce qu'on sait être faux. Passons à la seconde preuve.

6. *Le mensonge est toujours défendu,* parce que l'Ecriture Sainte condamne tous les mensonges. Pesons la valeur de cet argument. Les textes que l'on apporte sont les suivants : Eccli. VII. *Noli velle mentiri omne mendacium.* Proverb. XIII. *Verbum mendax justus detestabitur,* et 30. *Vanitatem et verbum mendacii longe fac a te.* Sap. I. *Os quod mentitur occidit ani-*

mam. Proverb. XII. *Abominatio est Domino labia mendacia.*
VIII. *Os bilingue detestor.* Psalm. V. *Perdes omnes qui loquuntur
mendacium.* Apoc. XXI. *Non intrabit in eam mendacium faciens,* et XXII. *Foris canes et venefici et impudici et homicidæ et
servientes idolis, et omnis qui amat et facit mendacium.*

Il y en a encore quelques autres que nous omettons à dessein. Que conclure de ces textes si on les prend à la lettre? Il faut
conclure que *tout mensonge est un péché mortel,* et Gobath avoue
qu'en présence de la force et de la sévérité des termes de l'E-
criture, il est plus difficile d'établir que certains mensonges sont
des péchés véniels que de prouver que tous sont des péchés
mortels. C'est du moins le sens de la phrase suivante (1).
« Divina scriptura tam severam censuram fert de mendacibus
» mendaciisque generatim, et sine ulla expressa limitatione, ut
» attentis quibus utitur et prout jacent verbis, sit Theologo haud
» paulo difficilius defendere aliqua mendacia esse venialiter dum-
» taxat mala, quam non omne mendacium esse peccatum mor-
» tale. »

Cependant nous savons qu'il y a des mensonges véniels et
même que *ex genere suo* le mensonge n'est qu'un péché
véniel (2). Les textes de l'Ecriture prouvent donc simplement
que certains mensonges sont des péchés, et des péchés mortels,
voilà tout, et soutenir que tous les mensonges sont des péchés,
en s'appuyant sur l'Ecriture, c'est prétendre équivalemment
que tous les mensonges sont des péchés mortels. D'ailleurs,
nous savons que dans les lois conçues en termes généraux ne
sont pas comprises les exceptions. N'est-il pas défendu de tuer,
de voler? et néanmoins en certains cas cela est permis. Qui ne
sait quelle interprétation on donne à ces paroles de l'Ecriture
sainte relatives aux jurements, Matth. V. *Ego autem dico vobis*

(1) *Oper. moral.* tom. II, tr. 11, n. 590.
(2) V. Lessius, *de jure et justit.,* lib. II, cap. 47, n. 40.

non jurare omnino, et Jacob. I. *Nolite jurare quodcumque jura-*
mentum? On comprend donc aisément que l'argument tiré de
l'Ecriture sainte n'est pas catégorique.

7. La troisième preuve est l'autorité du pape Alexandre III,
qui déclare dans une décrétale (1) que tout mensonge est
défendu par les saintes Ecritures. « Cum Scriptura sacra pro-
» hibeat pro alterius vita mentiri... » Cette preuve a tellement
effrayé Caramuel qu'elle l'a empêché de soutenir la licéité du
mensonge en certains cas (2). « Si rationibus agamus, forte
» posset officiosum mendacium defendi ; at jam docti ab
» Ecclesia, etiam illud esse peccaminosum pronuntiamus. »
C'est bien à tort pourtant, car, pesée au poids d'une saine critique, cette preuve n'a aucune valeur. En effet 1° Nulle part
l'Ecriture ne tient le langage que le pape lui attribue, elle
défend le mensonge en termes généraux, mais il nous a été
impossible jusqu'ici de rencontrer un texte qui ait cette signification particulière et cette portée. On pourrait tout au plus
soutenir que ce Pape s'est rendu l'écho du sentiment reçu
généralement dans les écoles de son temps, mais il n'y a là
rien que mette en jeu l'autorité de l'Eglise. 2° Alexandre III
n'était pas interrogé sur le mensonge, mais sur un cas d'usure,
et c'est en passant et par manière de preuve qu'il apporte cette
affirmation. Or, s'il est vrai que les décisions des Souverains
Pontifes, dans leurs décrétales, doivent être reçues avec soumission par tous les chrétiens, il est certain aussi que les
raisons sur lesquelles ils s'appuyent, ne sont pas toujours
fondées, certaines ou même probables. « In decretis pontificiis
» duo cum primis distinguenda sunt, dit Melchior Canus (3),

(1) Cap *Super eo.* de usuris.
(2) *Theol. Fundam.* tom. 2, n. 1799. Romæ 1656.
(3) *De locis theologicis*, lib VI, cap. 8, resp. ad 4.

»Unum est tanquam intentio conclusioque decreti : alterum
» quasi ratio et causa a pontifice reddita ejus rei quam consti-
» tuerit. Atque in conclusione Pontifices summi errare ne-
» queunt, si Fidei quæstionem ex apostolico tribunali decernant.
» Sin vero pontificum rationes necessariæ non sunt, ne dicam
» aptæ, probabiles, idoneæ, in his nihil est videlicet immoran-
» dum. »

Et il est à remarquer que c'est à propos d'un autre passage
analogue du même Alexandre III, que le savant Canus fait
cette distinction. Ce pontife avait déclaré encore (1) qu'il était
contraire à la coutume de l'Eglise, à *la loi de Dieu* et aux institutions des Pères d'irriter les testaments qui n'étaient pas
signés par cinq ou sept témoins. « Atqui, dit-il, non est Dei
» evangeliique præceptum, quod tamen Alexander III videtur
» adstruere, ut omnes causæ tribus duobusve tantum testibus
» absolvantur. Alioqui non solum Leo IV, sed Sylvester etiam
» in synodi Romanæ cap. 3, legem Deo Evangelioque contra-
» riam edidissent. Decreverunt enim, ut, nisi in 72 testibus,
» non damnaretur Episcopus. »

Il est donc faux de prétendre que la question a été résolue
par la décrétale d'Alexandre III. Ce Pape n'en a pas eu la
moindre intention, et de plus il a fort bien pu se tromper en
alléguant cette raison, comme il a erré en disant que la loi
divine ordonne que deux ou trois témoins suffisent pour
donner de la valeur à toutes les causes litigieuses. Ajoutons-
y un argument *ad hominem*. Suarez et beaucoup d'autres prétendent que Dieu ne peut pas dispenser dans le mensonge.
Or, d'après les principes qu'on émet ici, il faudrait dire que
ce sentiment est reprouvé et condamné par l'Eglise, puisque

(1) Cap. *Cum esses*, de testam.

le pape Innocent III, aussi dans une décrétale (1), avance que
le patriarche Jacob est excusé de mensonge, parce qu'il n'a
trompé son père que par la permission de Dieu. Mais ce sont
là des conséquences exagérées, comme nous avons dit, et qui
n'ont existé nullement dans l'intention des Souverains Pontifes
qui ont allégué en passant quelque raison peu solide.

8. La quatrième preuve que l'on peut invoquer, en faveur
du sentiment de l'école, est la condamnation de quelques propositions trop larges comprises dans le décret d'Innocent XI.
Les deux premières se trouvent mot à mot dans Sanchez (2)
et elles avaient été soutenues par de grands théologiens, entre
autres Navarrus et Suarez. Les voici.

« 26. Si quis solus vel coram aliis, sive interrogatus, sive
» propria sponte, sive recreationis causa, sive quocumque alio
» fine juret se non fecisse aliquid quod revera fecit, intelligendo
» in se aliquod aliud quod non fecit, vel aliam viam ab ea in
» qua fecit, vel quodvis aliud additum verum revera, non
» mentitur, nec est perjurus. »

« 27. Causa justa utendi his amphibologiis est quoties id
» necessarium aut utile est ad salutem corporis, honorem, res
» familiares tuendas, vel ab quemlibet alium virtutis actum, ita
» ut veritatis occultatio censeatur tunc expediens et studiosa. »

« 28. Qui mediante commendatione vel munere ad Magis-
» tratum, vel officium publicum promotus est, poterit cum
» restrictione mentali præstare juramentum quod de mandato
» regis a similibus solet exigi, non habito respectu ad inten-
» tionem exigentis, quia non tenetur fateri crimen occultum. »

Pour ne pas s'exagérer la portée de la condamnation des
thèses ci-dessus rappelées, il ne faut pas perdre de vue qu'elles

---

(1) Cap. *Gaudemus*, de Divortiis. Lib. IV, tit. 19.
(2) *In Decalog.* lib. III, cap. 6, n. 15 et 19.

ont été condamnées *prout jacent,* ce sont les termes d'Innocent XI. « S. D. N. statuit et decrevit pro nunc sequentes pro-
» positiones et unamquamque ipsarum, *sicut jacent,* ut mi-
» nimum tanquam scandalosas et in praxi perniciosas esse
» damnandas et prohibendas, sicuti eas damnat et prohibet. »
Or, ces propositions contiennent une foule de suppositions
dont les unes sans doute sont fausses, mais dont les autres
peuvent être vraies. Ainsi la proposition 26ᵉ prise dans toute
sa généralité est fausse, direz-vous pour cela qu'elle est fausse
dans toutes ses parties? Ce serait évidemment aller contre la
logique et contre l'intention du Souverain Pontife. Un exemple
fera mieux comprendre ce que nous voulons dire. La proposition suivante peut être condamnée *prout jacet* quoiqu'elle
soit vraie en une partie. « Regulariter occidere possum injuste
» invadentem pro conservatione vitæ aut fortunæ, imo unius
» aurei. » Telle qu'elle est, et dans sa généralité, cette assertion
est fausse et condamnable, et néanmoins elle renferme une
partie vraie: que je puis tuer un injuste aggresseur pour la conservation de ma vie.

Que conclure donc de ces propositions condamnées? Que
les suppositions les plus larges sont fausses : voilà tout, et
quant aux autres, la condamnation en laisse subsister un certain nombre. Ainsi pour la 26ᵉ que, *si quis propria sponte,
minimo fine, juret se non fecisse, etc., mentitur et est perjurus.*
Pour la 27ᵉ que, *non est justa causa his utendi amphibologiis
quando est utile (non necessarium) ad minimum virtutis actum.*
Ce sont à peu près les seules conséquences *certaines* qu'on
peut déduire. Nous sommes loin de prétendre que tout le reste
soit vrai, ou probable, mais cela ne découle aucunement de
la condamnation. D'ailleurs, si dans les propositions ci-dessus
rappelées, toutes les suppositions étaient comprises individuellement dans la condamnation, il n'y a pas un théologien

probabiliste qui pourrait se soustraire à une condamnation :
S. Alphonse lui-même n'y échapperait pas. Il enseigne, par
exemple, que le confesseur, étant interrogé, peut soutenir
qu'il n'a pas entendu un péché, *sous-entendant*, comme
homme ; que le coupable, interrogé contre les règles de la
procédure, peut répondre au juge qu'il ne sait pas un crime
commis, *sous-entendant*, pour le dire, etc., etc. Or, si toutes
les suppositions étaient réprouvées dans les thèses 26 et 27,
l'enseignement de S. Alphonse le serait aussi. On en tirerait
très-facilement la proposition suivante : « si quis interrogatus,
» fine aliquo etiam gravissimo, juret se non fecisse aliquid
» quod revera fecit, intelligendo in se aliquod additum verum,
» etiam si id necessarium foret ad salutem corporis vel ad sacra-
» mentale secretum servandum, mentitur et est perjurus. » Tout
cela se trouve dans les deux propositions, puisque *quocumque
alio fine* et *quemlibet actum virtutis* renferment les moindres
comme les plus graves motifs ou actes de vertus. Mais encore
une fois ce ne peut être là l'interprétation à donner aux propositions condamnées, et comme nous venons de le dire, on
ne peut en conclure que bien peu de chose pour la question
qui nous occupe.

9. L'argument décisif pour quelques-uns est l'autorité de
S. Augustin. Depuis ce grand Docteur, s'écrient certains théologiens, il est devenu certain que le mensonge n'est jamais
permis. S. Augustin, comme on le verra tout-à-l'heure, était
plus modeste, et il n'a pas cru faire une révolution en com-
battant le mensonge. Il avait son opinion formée et arrêtée, du
moins sur la fin de sa carrière épiscopale, mais il ne prononçait
pas un anathème contre ceux qui étaient d'un avis contraire, *il
respectait leur opinion.* Cela étonnera quelques lecteurs, mais
ils seront persuadés de la vérité de notre assertion, lorsqu'ils
auront lu les passages entiers de S. Augustin, et non des phrases

détachées, comme les citent certains auteurs qui bien souvent les ont copiées dans leurs devanciers.

S. Augustin a écrit deux livres relativement au mensonge, le premier intitulé *de mendacio* qu'il composa dans sa jeunesse, le second *contra mendacium* qu'il écrivit étant déjà Evêque, et qu'il adressa à Consentius. La plupart des arguments que les théologiens apportent de S. Augustin sont tirés du premier de ces livres *de mendacio*, mais si l'on veut apprécier quelle valeur a cet ouvrage, il n'y a qu'à écouter ce qu'en dit S. Augustin lui-même dans ses *rétractations* (1). « Item *de* » *mendacio* scripsi librum, qui etsi cum aliquo labore intelli-» gitur, habet tamen non inutilem ingenii et mentis exercita-» tionem, magisque moribus ad veriloquium diligendum proficit. » *Hunc quoque auferre statueram de opusculis meis,* quia et » obscurus et amfractuosus, et omnino molestus mihi videbatur, » propter quod eum nec edideram. Deinde cum postea scrip-» sissem alterum, cujus titulus est *contra mendacium, multo* » *magis istum non esse decreveram et jusseram, sed non est* » *factum.* Itaque in ista retractatione opusculorum meorum » cum eum incolumem reperissem, etiam ipsum retractatum » manere præcepi : maxime quia in eo nonnulla sunt necessaria, » quæ in illo altero non sunt. Propterea vero illius inscriptio est » *contra mendacium ;* istius autem *de mendacio :* quoniam per » ilium totum oppugnatio est aperta mendacii, istius autem » magna pars in inquisitionis disputatione versatur. Ad eumdem » tamen finem uterque dirigitur. » On ne peut donc pas tirer d'argument concluant de ce livre, puisque le saint auteur confesse qu'il renferme plus de questions et de doutes que de doctrines (2).

(1) *Retract.,* Lib. 1, cap. 27, edit. Bened., tom. 1, colon. 42.
(2) On en jugera du reste par les quelques assertions suivantes que

Bornons-nous ainsi au livre *contra mendacium*. Le motif
déterminant de cet écrit fut que, comme les Priscillianistes
croyaient devoir cacher leur secte par des mensonges, même
des parjures, quelques catholiques, dans le dessein de les découvrir, voulurent se faire passer pour Priscillianistes, afin
d'entrer dans leurs secrets. C'est pour empêcher cet abus que
le saint Docteur écrivit son livre (1). Voilà le but avéré du
livre *contra mendacium*, d'empêcher que les catholiques ne
simulent l'hérésie, même dans de bonnes intentions.

10. Actuellement voyons les arguments qu'emploie S. Augustin, et la doctrine qu'il y professe. Après avoir montré que
l'Ecriture défend le mensonge, et combien ce péché entraine
de maux, il en vient à la réfutation du mensonge. Il pose en
principe qu'il ne faut jamais faire le mal dans le but d'obtenir
un bien, mais il a soin d'exprimer catégoriquement qu'il parle du
mal qui est certainement un péché. « Interest quidem plurimum
» qua causa, quo fine, qua intentione quid fiat. Sed ea *quæ*
» *constat esse peccata,* nullo bonæ causæ obtentu, nullo quasi
» bono fine, nulla velut bona intentione facienda sunt. Ea
» quippe opera hominum, sicut causas habuerint bonas seu
» malas , nunc sunt bona, nunc mala, quæ non sunt per seipsa
» peccata.... Cum vero jam opera ipsa peccata sunt, sicut furta,
» stupra, blasphemiæ, vel cætera talia : quis est qui dicat

nous en extrayons et qui ne plaisent pas du tout aux théologiens. Ainsi
il dit, chapitre 2. « Exceptis igitur jocis quæ nunquam sunt putata
» mendacia : habent enim evidentissimam ex pronuntiatione atque ipso
» jocantis affectu significationem animi nequaquam fallentis, etsi non
» vera enuntiantis. » Au chapitre 6, il fait entendre assez clairement
que tout mensonge est péché mortel. « Cum igitur mentiendo vita
» æterna amittitur, nunquam pro cujusque temporali vita mentiendum
» est. » Il est tout naturel de s'étonner, en voyant quelques auteurs, par
exemple Lessius, invoquer l'autorité du livre *de mendacio,* et la rejeter
incontinent après.

(1) V. *Retract.* Lib. II, cap. 60, *ibid.* colon. 62,

» causis bonis esse facienda, ut vel peccata non sint, vel quod
» est absurdius, justa peccata sint (1)? » On ne peut donc pas
commettre un péché, quelque petit qu'il soit, pour que les
autres évitent un grand péché; ce serait là ouvrir un champ
sans limites au mal : ainsi Loth a mal fait d'offrir ses filles à la
convoitise des sodomites, et David a péché en jurant qu'il mettrait à mort l'insensé Nabal. Cependant, ajoute-t-il, un grand
nombre s'imaginent que le mensonge n'est pas défendu au
même titre : « In omnibus autem actibus nostris maxime etiam
» bonos turbant compensativa peccata, ita ut nec peccata existi-
» mentur si habeant tales causas propter quas fiant, et in quibus
» videatur peccari potius si non fiant. Et præcipue de mendaciis
» hoc in hominum opinione prævaluit, ut peccata non putentur
» illa mendacia, quinimo et recte facta esse credantur, quando
» quisque pro ejus qui falli expedit utilitate mentitur, aut ne
» aliis noceat qui nociturus videtur, nisi mendaciis evitetur (2).»
S. Augustin les réfute en prouvant que les exemples des
patriarches n'appuyent pas leur sentiment, et il ajoute ces
paroles mémorables qui sont le résumé de tout son livre.
Voici, dit-il, comment il faut disputer contre ceux qui invoquent le témoignage des saintes Ecritures en faveur du
mensonge. « Ut prius ostendamus nonnulla quæ ibi putantur
» esse mendacia, non esse quod putantur, si recte intelligantur.
» Deinde si qua ibi mendacia manifesta sunt, imitanda non esse.
» Tertio, *contra omnes omnium opiniones quibus videtur ad viri*
» *boni officium pertinere aliquando mentiri : omni modo tenen-*
» *dum in doctrina religionis nullo modo esse mentiendum* (3). »
C'est tellement là ce qu'il veut qu'il le répète en deux autres
endroits. « Saltem in Dei cultu concedant non esse mentien-

(1) N. 18, *Oper.* Tom. VI, col. 456.
(2) N. 23, *Ibid.*, col. 460.
(3) N. 25, *Ibid*, col. 463.

» dum ; saltem sese a perjuriis blasphemiisque contineant ;
» saltem ubi Dei nomen, ubi Deus testis, ubi Dei sacramentum
» interponitur, ubi de divina] religione sermo promitur sive
» conseritur, nemo mentiatur, nemo laudet, nemo doceat et
» præcipiat, nemo justum dicat esse mendacium. *De cœteris*
» *mendaciorum generibus eligat sibi quod putat esse mitissimum*
» *atque innocentissimum mentiendi genus, cui placet esse men-*
» *tiendum* (1).» Et en terminant son livre, il dit encore : «Si tan-
» tum sibi usurpat infirmitas, ut ei aliquid venialiter permittatur
» quod improbat veritas, tamen ut inconcusse teneas et defendas
» in divina religione nunquam omnino esse mentiendum (2). »

Nous retrouvons les mêmes expressions, dans une de ses
lettres à St. Jerôme (3). « Rogo te , mentiatur ubi elegerit qui
» hoc putat : quia et in hoc magna quæstio est, sitne aliquando
» mentiri viri boni , imo viri christiani..... eligat quod voluerit
» qui hoc existimat , ubi mentiatur : dum tamen a scribentibus
» auctoribus sanctarum Scripturarum et maxime canonicarum
» inconeusse credatur et defendatur omnino abesse mendacium.»

La pensée de S. Augustin est bien manifeste dans ces textes.
Le S. Docteur pense que tout mensonge est défendu , qu'il est
un mal en soi; cependant il ne condamne pas ceux qui pensent
autrement, pourvu qu'ils admettent qu'on ne peut ni mentir en
matière de religion , ni parjurer ou blasphémer. Il avoue même
que c'est là une question très-difficile et qui donne beaucoup
de tourments aux doctes, s'il est quelquefois permis de mentir.

« Utrum autem sit aliquando vel pro cujusque salute mentien-
» dum, *cum quœstio sit in qua dissolvenda etiam doctissimi fati-*
» *gantur...* »

(1) N. 37, *Ibid.* col. 471.
(2) N. 41 , *Ibid.* col. 474.
(3) Epist. 82, alias 19, edit. Bened. Tom. 2, colon. 198.

Mais nous n'avons pas encore mentionné les arguments que S. Augustin invoque à l'appui de sa doctrine ; à la vérité ce n'est pas facile, ou plutôt c'est très-facile, car ils sont en bien petit nombre. Les textes de l'Ecriture en forment un des principaux, et parmi ces textes, celui-ci : *omne mendacium non est ex veritate* (1 Joann. 2). Mais ces paroles là ne prouvent rien pour le cas présent (1).

Un autre argument, et c'est proprement le dernier, c'est qu'on ne peut pas commettre un adultère pour sauver sa vie, et que par conséquent on ne peut pas non plus mentir. Il faut avouer que cet argument est bien faible ; car, en raisonnant *a pari*, nous dirons on peut voler, tuer, pour sauver sa vie en danger ; donc on peut mentir.

Cet exposé succinct mais exact suffira pour montrer combien on a exagéré la portée des écrits de S. Augustin contre le mensonge, et combien il faut se défier de ces théologiens qui se copiant l'un l'autre, vont criant sur les toits que depuis S. Augustin il est certain que le mensonge est toujours défendu et dans tous les cas. Ce S. Docteur était plus modeste : il apportait tous les arguments qu'il croyait propres à soutenir sa thèse, mais il reconnaissait en même temps qu'on pouvait être d'un autre avis, il avouait que c'était une question très-difficile et qui faisait suer les savants.

Sans doute son sentiment a prévalu : mais est-il pour cela certain ? Cassien, S. Jean Chrysostôme, Clément d'Alexandrie, Origène n'ont-ils plus d'autorité pour les chrétiens ? On dit, ils se sont trompés : cela est bien facile, mais qu'on ne se contente pas de le dire, qu'on le prouve.

Du reste nous pouvons être parfaitement d'accord avec S. Au.

(1) V. Estius, in *Epistolas cathol.* in h. l. vers. 21.

gustin, sans rien modifier aux principes établis plus haut. Le mensonge, avons-nous dit, est l'énoncé du faux avec l'intention de tromper; or, ainsi entendu, le mensonge sera toujours mauvais, puisqu'il renferme, comme le disaient Scot et S. Bonaventure, une intention mauvaise. De cette manière le mensonge sera défendu ainsi que l'adultère, et jamais, dans aucun cas, il ne sera permis de mentir. Mais nous ne voulons pas user de ce subterfuge, et reconnaissant aux mots la signification usuelle, nous disons qu'on n'a pas encore prouvé jusqu'ici qu'il est défendu de mentir dans tous les cas possibles, et qu'aucune des preuves apportées par les théologiens n'est catégorique et capable de donner la certitude. Ceci résultera plus directement encore de la seconde partie de cet examen critique.

11. Voici donc la thèse que nous croyons pouvoir soutenir, dans la matière présente. Si l'on admet que l'intention de tromper est essentielle au mensonge, il faut en conclure que le mensonge, c'est-à-dire l'expression de ce qu'on sait être faux, est quelquefois permis. Nous établirons cette conclusion sur les principes les plus certains de la théologie, et nous montrerons ensuite comment on peut encore invoquer pour l'appuyer le sentiment des Pères, les exemples de l'Ecriture sainte et l'*enseignement même* des théologiens.

S'il y a un principe certain en morale, c'est bien celui que pose S. Thomas, dans sa Somme (1). « Nihil prohibet unius » actus esse duos effectus, quorum alter solum sit in intentione, » alius vero sit præter intentionem. Morales autem actus reci- » piunt speciem secundum id quod intenditur, non autem ab eo » quod est præter intentionem, cum sit per accidens. »

C'est de ce principe que découlent les conséquences relatives

_____

(1) 2. 2. Quæst. 64, art. 7, in corp.

aux pollutions involontaires rappelées plus haut. De là il suit
encore, selon S. Thomas, qu'il est permis de tuer un injuste
aggresseur (1), quand il n'y a pas d'autre moyen de conserver
sa vie : parce que dans ces cas ce n'est pas le mauvais effet que
l'on a en vue, la pollution, ou le meurtre, mais seulement le bon
effet qui résulte de son acte. Or, ce principe s'applique parfaitement à notre doctrine. Lorsque je dis ce que je sais être faux,
pour éviter un grand mal, je n'ai en vue que de me soustraire
au danger, et si le prochain est trompé, je me tiens permis-
sivement à ce mauvais effet de mon action, lequel est contre
mon intention. Et sans doute s'il m'est permis de tuer le prochain, il me sera permis à coup sûr de le tromper dans les
mêmes circonstances. Si d'un côté je me sers de ma langue
contre le but de la nature, ne me suis-je pas aussi servi de mon
bras contrairement au but de la nature, puisque mon bras et
mes forces ne m'ont pas été donnés pour tuer les autres?
Inventez quel argument vous voulez contre cette conclusion, il
sera réfuté sur le champ par la parité qui existe entre les deux
cas. Scot l'avait très-bien compris, et il reconnait qu'on peut
tirer du cas de la défense occisive un argument *a pari* ou *a
majori* pour permettre l'expression de ce qu'on ne juge pas
vrai (2), puisque celle-ci est supposée être indifférente en soi.
S. Thomas exprime sa règle en plusieurs endroits, et elle se
résume en cette manière, selon S. Alphonse (3). « Quando
» unius causæ est duplex effectus æque immediatus, unus bo-
» nus, alter malus, et bonus æquivalet malo, nihil prohibet

(1) « Ex actu ergo alicujus seipsum defendentis duplex effectus sequi
» potest : unus quidem conservatio propriæ vitæ, alius autem occisio inva-
» dentis. Actus ergo hujusmodi, ex hoc quod intenditur conservatio propriæ
» vitæ non habet rationem illiciti... Potest tamen illicitus reddi, si non sit
» proportionatus fini. » S. Thomas, *loc cit.*
(2) *Loc. cit.*, dist. 38.
(3) Lib. IV, tr. 4, n. 483.

» bonum intendi et malum permitti. » Or, dans notre supposition, le bon effet sort aussi immédiatement de l'acte que le mauvais : c'est l'expression de ce qu'on sait être faux qui délivre du
danger, en même temps qu'elle induit le prochain en erreur,
de même que pour la défense occisive, c'est le même acte qui
tue le prochain et qui délivre du danger de mort.

S. Thomas requiert ici une condition qu'il importe de ne pas
perdre de vue, *et bonus æquivalet malo :* le bon effet que l'on
a pour but doit égaler ou surpasser le mauvais que l'on permet.
Or, remarquons que le mauvais effet de ce mensonge matériel
est plus considérable qu'on ne le croirait d'abord. Il porte en
effet non-seulement sur la relation présente avec l'homme que
l'on induit en erreur, mais aussi sur toutes les relations que
l'homme a avec ses semblables. Quel fond pourrait-on faire sur
les assertions d'autrui, si l'on savait que pour un léger intérêt,
un avantage peu considérable le prochain a le droit de tromper?
Lorsqu'il n'y a plus de sincérité et de bonne foi parmi les
hommes, la société devient impossible. Il est donc nécessaire
que des circonstances très-graves se présentent et rendent en
quelque façon indispensable ce moyen de légitime défense. Il
est nécessaire aussi que celui qui est trompé le soit par sa faute,
et par la nécessité où il nous a placés de lui cacher la vérité.
Ainsi restreint le droit de mentir ne sera pas le renversement
de la société, pas plus que ne l'est le droit d'ôter la vie à un
injuste agresseur; mais aussi hors de ces restrictions, le mensonge sera défendu, puisque le mauvais effet l'emporterait sur
le bon.

2° A celui qui est déterminé à faire un mal plus grave
on peut conseiller de faire un mal moindre, pour empêcher
autant que possible ses mauvais desseins (1). D'un autre côté

____

(1) S. Alph., lib. III, tr. 3, n. 57.

il. n'est permis de se défendre en ôtant la vie au prochain,
que lorsqu'on reste dans les limites d'une juste défense : or,
si l'on considère attentivement les cas exposés au n. 2, on
reconnaîtra que ceux qui ont usé de mensonge pour sauver
leur vie ou leurs biens avaient le droit, selon l'enseignement de S. Alphonse (1), d'ôter la vie à leurs agresseurs. Or,
cela se conçoit-il, que, pouvant leur faire un mal plus considérable, je ne puisse leur en faire un moindre, qu'ayant le droit
de tuer quelqu'un, je n'aie pas le droit de le tromper? Et ne
devrait-on pas soutenir, conformément aux principes, que, dans
cette hypothèse, je dois le tromper et que je ne puis pas lui ôter la
vie? Ce sont ici des lois naturelles; et bien qu'on interroge tout
homme instruit et de bon sens, qu'on laisse parler sa raison;
nous disons mieux, qu'on interroge un théologien, en s'adressant à son sens moral, et tous répondront que le mensonge était
permis et même obligatoire, dans les cas proposés.

12. Nous avons ajouté, dans la proposition qui vient d'être
développée, la restriction ou mieux la condition suivante :
*Si l'on admet que l'intention de tromper est essentielle au men-
songe.* Poncius avait fort bien aperçu les conséquences que
nous venons de tirer, et elles l'épouvantaient au point qu'il a
cherché ailleurs une raison futile pour condamner le mensonge. Toutefois Théophile Raynaud ne paraît pas être de
notre avis, il admet aussi que l'intention de tromper est essentielle au mensonge, mais il entend une intention qui n'en est
pas une. Comme cet auteur a donné un grand développement
à ses idées sur la matière présente, il ne sera pas hors de
propos d'étudier ses principaux arguments. Le mensonge étant
opposé à la véracité, il faut voir avant tout quel est l'objet

(1) Lib. IV, tr. 4, n. 380 et ss.

, matériel et formel de cette vertu. « Hæc virtus, dit-il, respicit
» consonantiam signorum quibus sensa nostra de rebus enun-
» tiamus, et nostri de rebus judicii, ita ut quod judicamus hoc
» significemus, eamque consonantiam vult et curat hæc virtus,
» quæ idcirco circa signa illa externa tanquam materiale objec-
» tum occupatur. Formale autem, sive motivum, quod est fons
» honestatis materiali objecto appensæ, non aliud hoc loco est,
» quam illud debitum quod protuli in humana societate ejusque
» exigentia fundatum (1). » Il paraît qu'ici le **P.** Raynaud
s'éloigne considérablement de la doctrine de S. Thomas et
des théologiens, en plaçant l'objet formel ou motif de la vertu,
dans les exigences de la société humaine, puisque ceux-ci
semblent le mettre dans une certaine bonté intrinsèque de la
conformité de la parole avec le jugement de l'esprit. Et si l'on
ne doit faire concorder ses paroles avec son jugement, que
parce qu'on le doit au prochain, qui nous empêchera de conclure que dans les cas où le prochain se prive de son droit par
sa malice, ou le perd parce que j'ai un droit supérieur à sauvegarder, de conclure, disons-nous, qu'alors je ne blesse plus
la vertu de vérité, pas plus qu'on ne blesse la justice en tuant
quelqu'un, dans le cas de légitime défense?

Mais avançons et voyons ce qu'il dit de l'intention de
tromper le prochain. « Fallendi intentio essentialis mendacio
» non est necesse ut sit directa, sed sufficit indirecta, tendens
» in erroris alieni causationem, sin minus actualiter propter
» contrariam audientis dispositionem loquenti perspectam, at
» saltem radicaliter et quantum est ex parte operis ac voluntatis
» enuntiandi falsum. » C'est là une assertion et rien qu'une
assertion ; nous en pourrions dire proportionnellement autant

_____

(1) *Op. Theoph. Rayn.* Tom. XIX, *Oper. moral.*, cap. 1, n. 4.

de la justice, de l'obéissance et d'autres vertus. Cependant le
P. Raynaud prouve ce qu'il a avancé, mais comment? Par des
citations des SS. Pères, entre lesquels nous avons vu non sans
étonnement S. Jean Chrysostome et Clément d'Alexandrie.

Il y a aussi un long passage de S. Basile qui se termine par
ces mots : « Qui itaque studio mentitur, eo *quod decipit*, impius
» est. » Ce qui prouverait plutôt contre lui. S. Ephrem est
aussi cité, mais , sans plus de succès. Il n'y a véritablement
que S. Grégoire qui parle conformément à l'opinion des théologiens. « Summopere enim cavendum est omne mendacium,
» quamvis nonnunquam sit aliquod mendacii genus culpæ
» levioris, si quisquam vitam præstando mentitur. Sed... hoc
» quoque mendacii genus perfecti viri summopere fugiunt, ut
» nec vita cujuslibet per eorum fallaciam defendatur, ne suæ
» animæ noceant, dum præstare vitam carni nitantur alienæ,
» quanquam hoc ipsum peccati genus facillime, credimus
» relaxari. » Ainsi s'exprime ce S. Docteur (1), mais ce n'est là
qu'une opinion isolée, comme celle de S. Augustin d'une part,
et celle de S. Jean Chrysostome et autres de leur côté. Il nous
semble que le P. Raynaud n'aurait pas dû s'étendre si complai-
samment sur la raison intrinsèque du mensonge, pour se
horner à apporter en preuve l'autorité des Pères seulement.

Il aura craint sans doute de s'embarquer sur cette mer difficile, car il avoue un peu auparavant que l'explication de
S. Thomas présente beaucoup d'obscurité.

Mais comment pourrait-on admettre, sans autres preuves,
que l'intention de tromper qui est essentielle au mensonge,
suffise au péché, lorsqu'elle n'existe que *radicaliter*, tandis que
l'intention de nuire au prochain, qui est essentielle à l'injustice,

(1) *Libr. Moralium*, XVIII, cap. 2.

doit être réelle, tellement qu'une existence radicale *ex parte operis* ne suffirait pas? En voici un exemple. Un voisin dont on dévaste les récoltes vient me faire part de l'intention qu'il a de veiller son champ, et il m'apporte son fusil à arranger. Je nettoye, je charge l'arme et le soir venu, je vois cet homme qui s'achemine vers sa propriété. Il me vient l'idée de mettre son courage à l'épreuve, je me rends sur son champ, et contrefaisant la voix de quelques personnes, je simule une bande de maraudeurs et j'emporte une partie de sa récolte. Il n'osa se montrer quoiqu'ayant son arme chargée, et le lendemain, quand il vient me conter ses prouesses, je lui montre ce que j'ai enlevé de son champ la nuit précédente, et je le plaisante sur sa peur. Mon acte est-il injuste? Ai-je là commis un vol? De l'aveu de tout le monde, ce n'est pas là un vol ni un acte d'injustice, et cependant « radicaliter et *quantum est ex parte* » *operis ac voluntatis alienum sumendi,* » mon acte est injuste, et s'il ne nuit au prochain, cela provient *uniquement* de ma volonté. On voit donc que, si le principe de Raynaud était vrai, non-seulement ce vol dont nous parlons serait un péché, mais aussi l'homicide d'un injuste agresseur, car ce principe est directement opposé à celui de S. Thomas et de toute l'école qu'il faut distinguer l'intention de l'agent, de la fin de l'œuvre : « Nihil prohibet unius actus esse duos effectus, quorum alter » sit solum in intentione, alius vero sit præter intentionem. Mo- » rales autem actus recipiunt speciem secundum id quod inten- » ditur, non autem ab eo quod est præter intentionem, cum » sit per accidens..... (1). » D'où l'on doit tirer cette conséquence que si l'intention de tromper est essentielle au mensonge, il sera permis de mentir, lorsqu'on aura un bon effet en

---

(1) 2. 2. q. 64, art. 7, in corp.

vue et que l'erreur du prochain sera *præter intentionem :* conséquence que le P. Raynaud n'admet pas. Ce théologien a donc
eu très-grand tort, à notre avis, de s'écarter des principes de
l'école thomiste pour soutenir sa thèse.

On nous dira que Raynaud se rapproche du sentiment des
scotistes qui admettent aussi que pour faire un mensonge il faut
l'intention de tromper le prochain. Nullement, car les scotistes ne se contentent pas d'une intention radicale qui n'est pas
une intention, seulement ils pensent que l'intention mauvaise
est toujours jointe à l'expression du faux. Ce sentiment n'est
pas admissible, il est contraire à l'expérience, contraire aux
principes fondamentaux de la morale : nous croyons l'avoir
suffisamment démontré dans ce qui précède.

Il reste donc acquis, et nous n'avons pas le moindre doute
sur la vérité de cette conclusion, que si l'intention de tromper
le prochain, est essentielle au mensonge, il sera permis de dire
ce qu'on sait être faux, en certains cas, comme pour éviter un
grand danger. Maintenant cette intention est-elle essentielle
pour constituer la malice du mensonge? Ce que nous avons dit
plus haut suffit pour donner la réponse. Au reste, que personne
ne s'effraie, il ne sera jamais permis de mentir, et en cela nous
sommes d'accord avec tous les théologiens : nous nous éloignons
d'eux en ce seul point qu'ils appellent *mensonge,* ce qui ne l'est
pas pour nous, ou si l'on veut, ils regardent comme mensonge
formel et matériel ce qui pour nous est seulement un mensonge
matériel.

13. Plusieurs Pères de l'Eglise ont embrassé le sentiment
que nous défendons ici. St. Jean Chrysostôme et Clément
d'Alexandrie seront cités tout à l'heure. Nous nommerons d'a-
bord St. Dorothée (1). « Interdum alicujus rei necessitas in-

_____

(1) *Doctrin.* 9, n. 7, ap. Raynaud, cap. 12.

» cumbit, quam nisi parumper occultaveris dissimulaverisque,
» in majorem turbationem et afflictionem convertetur. Quando
» igitur hujusmodi casus occurrerit, et noverit homo coactum
» se ejusmodi necessitate, mutet verba, variet sermonem, ne
» gravior fiat afflictio, et major ut dixi turbatio, majusque peri-
» culum ac discrimen. Quemadmodum dixit Abbas Alonius
» Abbati Agathoni. Ecce, inquit, duo viri juxta te cædem patra-
» runt. Alter ad cellam tuam fugit. Ecce princeps seu judex
» illum quærit, interrogat te utrum homicidium et cædes illa
» coram te sit perpetrata, et apud te sit homicida. Numquid
» hujuscemodi hominem in mortem tradas an verba commutes?
» Licere, ait, puto in tali necessitate...... Neque id sæpius ac
» frequenter agas, sed semel in multo tempore. Quemadmodum
» enim theriaca vel aliqua purgatio, si quis ea frequenter utatur,
» lædit potius quam juvat; si vero semel tempore necessitatis
» illam assumpserit, plurimum confert. Sic itaque re hac uti
» debemus, ut non nisi in summa et extrema necessitate, verba
» mutemus... » Or, si l'on veut savoir ce que St. Dorothée
appelle *mutare verba,* il n'y a qu'à lire le n. 6, où il dit clairement que c'est mentir, *sermonem pervertit...* et *toties mentiri pergit,* etc. Selon Théophile Raynaud (1), il faudrait restreindre la réponse de l'abbé Agathon au cas où le juge interroge contre les règles ; mais cette explication est arbitraire, et
en outre insoutenable, puisque la raison du saint abbé est manifeste : *licere in tali necessitate.* Ce n'est donc pas l'iniquité du
juge qui interroge le témoin, mais le danger que court le coupable qui autorise ici le mensonge.

Origène, dans son livre 6° des Stromates, tient la même doctrine au rapport de S. Jérôme (2). Après avoir rappelé l'opinion

(1) *Op. cit.,* cap. 4, n. 9.
(2) Lib. 2, adv. Ruffinum.

de Platon qui permet le mensonge aux chefs des états, Origène ajoute que le commandement de Dieu nous fait à tous un devoir de dire la vérité. « Homo autem, cum incumbit neces-
» sitas mentiendi, diligenter attendat, ut sic interdum utatur
» mendacio, quomodo condimento atque medicamine, et servet
» mensuram ejus, ne excedat terminos quibus usa est Judith
» contra Holophernem, et vicit eum prudenti simulatione ver-
» borum. Imitetur Esther... et in primis patriarcham Jacob
» quem legimus benedictiones patris artifici impetrasse men-
» dacio. Ex quo perspicuum est, quod nisi ita mentiti fue-
» rimus, ut magnum nobis ex hoc aliquod quæratur bonum,
» judicandi simus quasi inimici ejus qui ait : *Ego sum veritas.* »
On peut donc user du mensonge, selon Origène, mais seulement quand il y a nécessité et qu'il doit en résulter pour nous
un grand bien.

Cassien est encore, s'il se peut, plus exprès (1). « Taliter de
» mendacio sentiendum, atque ita eo utendum est, quasi
» natura ei insit *ellebori :* quod si imminente exitiali morbo
» sumptum fuerit, fit salubre : cæterum absque summi discri-
» minis necessitate perceptum, præsentis exitii est. » Il rapporte l'exemple de Rahab et de Dalila dont la première usa
sagement du mensonge et la seconde très-mal, puis il poursuit :
« Quando igitur grave aliquod imminet de veritatis confessione
» discrimen, tunc mendaciorum sunt recipienda perfugia, ita
» tamen ut reatu humilis conscientiæ salubriter mordeamur.
» Ubi autem nulla conditio summæ necessitatis incumbit, omni
» cautione mendacium velut mortiferum devitandum est, quem-
» admodum de ellebori diximus potu..... »

14. A la suite des témoignages des Saints Pères, il ne sera

(1) *Collat.* 17, cap. 17.

pas déplacé de rapporter quelques extraits des philosophes
moralistes dont le bon sens chrétien ne s'est pas laissé ébranler
par l'assurance avec laquelle les théologiens, sans preuves suffi-
fisantes, condamnent le mensonge dans tous les cas. Théophile
Raynaud (1) invoque leur autorité à l'appui des restrictions
mentales, mais une simple lecture suffira pour faire apprécier
la véritable portée de leurs paroles. Javellus affirme qu'en
droit naturel et selon les seules règles de la morale, il est
permis de mentir quelquefois sans aucune faute, pourvu qu'on
ait pour cela un motif suffisant, par exemple pour obtenir un
bien, ou éviter un mal considérable, quoique selon la doctrine
chrétienne il soit toujours défendu de mentir. C'est ce que fait
entendre Caramuel cité plus haut, mais nous avons montré
que les preuves tirées de l'Ecriture Sainte ou de la doctrine de
l'Eglise sont insuffisantes. Jacques Lefebvre (Faber Stapulensis)
se propose cette question : *Nonne verax falsum aliquando dicit?*
Et il répond « Cum nulli noceat, at prosit multum grandeve
» futurum bonum immineat, falsum dicere nonnunquam vide-
» bitur expediens : inhonesta tamen mendacia nunquam expe-
» diunt. »

Dans son commentaire sur l'auteur précédent, Josse Clycto-
væus s'exprime ainsi : « Interdum dicere falsum nulli nocet et
» prodest multum, et grande ex illo futurum bonum imminet,
» ut liberatio innocentis a morte. Igitur veraci expedit interdum
» dicere falsum. Commendantur enim obstetrices Ægyptio-
» rum.... commendatur et Rahab... Si enim facto licet nonnun-
» quam aliquid fingere... cur id verbo fieri non poterit? Neque
» talis falsi enunciatio dicenda est mendacium. *Nam menda-*
» *cium importat annexam malitiam, scilicet fraudulentam de-*

(1) *Op. cit.*, cap. 18.

» *ceptionem ad alterius detrimentum*, sicut fornicatio et adulte-
» rium. Licet enim omne mendacium sit falsum dictum, non
» tamen contra omne falsum est mendacium. » Elie Pitard, dans
sa philosophie morale, après avoir donné la définition de la
vérité, poursuit. « A la vérité est opposée par excès le men-
» songe, et par défaut la suppression de la vérité, lorsqu'il y a
» obligation de la déclarer : j'ajoute ces mots, parce que sou-
» vent nous pouvons agir et parler autrement que nous ne pen-
» sons, puisque nous ne sommes pas tenus de découvrir ce que
» nous avons dans l'esprit, lorsque la manifestation entière de la
» vérité nous est fatale, ou plus nuisible que la suppression de
» la vérité. De là il faut conclure que le mensonge, qui est un
» vice, ne doit pas simplement se définir par la répugnance des
» mots à l'esprit, mais qu'il faut en outre que cette opposition
» ait pour objet une fin mauvaise. La raison fondamentale est
» que l'usage de la parole a été accordé aux hommes pour qu'ils
» pussent se communiquer entre eux leurs pensées et leurs sen-
» timents, pour le bien de la société. S'il arrive donc un événe-
» ment dans lequel, pour obtenir un grand bien, ou éviter un
» grand mal, il soit nécessaire de taire la vérité ou de dire
» quelque chose contre elle, alors cette suppression ou ce lan-
» gage ne sera pas coupable ; par exemple un meurtrier ne
» pèche pas s'il répond à l'interrogation du juge, qu'il ne l'a
» pas fait. Ainsi celui qui cache à sa maison un innocent que
» des malfaiteurs veulent tuer, ne pèche pas s'il leur répond qu'il
» ne sait pas où il est. »

Ces quelques citations que nous empruntons au livre de
Th. Raynaud suffiront pour convaincre que, malgré l'assertion
constante des théologiens, il reste dans l'esprit des hommes les
plus instruits et les mieux intentionnés, un sentiment naturel
qui réprouve l'exagération de la doctrine qu'on attribue à
S. Augustin.

15. Ce ne sont pas seulement les hommes de notre siècle qui s'imaginent pouvoir licitement dire ce qu'ils savent être faux, pour échapper à un grand danger : les saints personnages de l'antiquité avaient usé de ce moyen de légitime défense, sans qu'un mot de blâme soit articulé contre eux dans les Saintes Ecritures.

Abraham contraint par la famine se retire en Egypte avec son épouse ; mais avant d'y entrer, il dit à Sara (1) : « Novi quod » pulchra sis mulier, et quod cum viderint te Ægyptii, dicturi » sunt : uxor ipsius est et interficient me et te reservabunt. Dic » ergo, obsecro te, quod soror mea sis ; ut bene sit mihi propter » te, et vivat anima mea ob gratiam tui. » Ce qu'Abraham avait prévu arriva, Pharaon fit enlever Sara, mais châtié par le Seigneur il ramena la femme à Abraham lui disant : « Quare non » indicasti quod uxor tua esset ? Quam ob causam dixisti esse » sororem tuam, ut tollerem eam mihi in uxorem ? » Les interprètes et les théologiens excusent Abraham en cette circonstance, parce qu'il s'est servi d'une amphibologie et non d'un mensonge, que Sara étant sa nièce, était selon le langage du temps, appelée aussi sa sœur. Mais cette raison est peu solide, il faut l'avouer. Sara nièce d'Abraham pouvait être appelée sa sœur dans un sens impropre et non usuel ; or, Abraham fait dire ici à Sara qu'elle est sa sœur, dans l'acception véritable du mot, tellement que le mariage entre eux était un crime, une impossibilité : et c'est ainsi que le comprirent les égyptiens avec Pharaon. Aussi celui-ci reproche-t-il à Abraham de l'avoir trompé. Pourquoi n'avoir pas dit que c'est votre femme? Pourquoi dire que c'est votre sœur, et me la laisser prendre ainsi pour épouse ?

(1) *Genes.* Cap. XII, vers. 11-20.

Le père des croyants a donc dit ici ce qu'il savait ne pas être vrai, mais en cela il est excusable. Dans le danger où il était de perdre la vie, il n'avait pas d'autre moyen de légitime défense que ce mensonge matériel. Il a trompé le prochain, les Egyptiens, dans l'intention d'échapper au péril imminent d'être assassiné.

L'exemple suivant est beaucoup plus concluant. Jacob, qui avait acheté de son frère Esaü le droit d'aînesse, use de subterfuges pour obtenir la bénédiction de son père. Je suis, lui dit-il, Esaü votre premier né, j'ai fait ce que vous m'avez ordonné, asseyez-vous et mangez du produit de ma chasse. Isaac avait conçu quelques doutes sur la voix de celui qui parlait et sur la célérité qu'il avait mise à le satisfaire, et après l'avoir tâté, il lui demande encore : Etes-vous bien mon fils Esaü ? Et Jacob répond : je le suis (1). Quelques interprètes et théologiens s'ingénient à trouver des échappatoires pour montrer que Jacob n'a pas dit ici le contraire de ce qu'il pensait, et ils invoquent surtout l'autorité de S. Augustin qui voit là un mystère, une métaphore. Mais le mystère, ainsi que le fait sagement remarquer A Lapide, eût existé également, lors même que Jacob n'eût pas dit tout cela. Le fait de se présenter devant son père à la place d'Esaü et d'en recevoir la bénédiction du premier né, voilà la figure, le mystère : le mensonge n'y est pour rien. C'est pourquoi A Lapide, Tosta, Menoch et quelques autres interprètes pensent que Jacob a fait ici un mensonge véritable qui n'est toutefois qu'une faute vénielle.

Nous ne saurions souscrire à une sentence si sévère et il nous paraît que Jacob, quoiqu'il ait avancé ce qu'il savait être faux, n'a pas menti et n'a pas péché : et nous ne sommes pas seul de

(1) Genes. XXVII, 19 et ss.

cette opinion : Origène, Cassien et S. Jean Chrysostôme l'ont enseignée avant nous (1). Voici les paroles du grand Evêque de Constantinople (2). « Quid igitur, cooperatusne est Deus men-
» dacio? Dilecte, ne indages tantum quod fit, sed attende etiam
» scopum, et quod id non factum sit temporalis commodi vel ava-
» ritiæ causa, sed ille quod patris benedictionem sibi comparare
» studeret... Ne igitur hoc considera quod falsa fuerint ea quæ
» dicebantur a Jacob, sed illud cogita quod volens Deus præ-
» dictionem impleri, omnia ut sic fierent dispensavit. » Le même S. Docteur explique encore plus nettement sa pensée en un autre endroit (3). « Si hoc dederimus, et res ipsas per se sin-
» gulas, nudas, ab autorum suorum consilio propositoque sepa-
» ratas expendere quis voluerit; nemini sane non licebit vel Abra-
» ham ipsum parricidii accusare. Item et illius tum nepotem,
» tum abnepotem doli ac maleficii reos agere : sic enim ille jus
» sibi primogenitorum usurpavit... sed non est ita, non est ita.
» Facessat hinc tanta ista impudentia; *neque enim solum eos*
» *quos modo nominavi culpa liberamus*, sed etiam eosdem vel
» hoc nomine admiramur, quandoquidem et ipsi hoc demum
» nomine gratiam a Deo magnam inierunt. Proinde veri illu-
» soris deceptorisque nomine dignus fuerit, quisque re ipsa
» iniquo ac nocendi animo abutitur, alioquin sæpe numero pro-
» fuit decepisse, et hac potissimum arte *in maximis rebus* alteri
» opem subsidiumque tulisse. »

Ces deux textes rapprochés l'un de l'autre expliquent suffi-samment la pensée de S. Jean Chrysostôme et nous donnent la clef de la difficulté. Jacob a menti, c'est-à-dire, il a avancé sciemment une chose fausse, mais en cela il n'a pas péché,

(1) V. Wauters, A Lapide, *in h. l.*
(2) *In s. libr. genes. enarrationes*, homil. 53, n. 2 et 3.
(3) *De sacerdotio*, lib. 1, *in fine*.

car c'était le seul moyen en son pouvoir d'éviter un mal très-grave, la perte des biens et des bénédictions qui lui revenaient comme à l'aîné. Isaac voulait bénir Esaü dès qu'il aurait mangé le plat de venaison préparé par son aîné : Jacob cependant avait gagné le droit d'aînesse. Mais comment celui-ci pouvait-il faire comprendre à son père vieux et infirme qu'Esaü avait perdu ses droits et que lui Jacob devait être béni? Le père l'aurait-il compris? Et puis si une discussion s'engageait, Esaü pouvait revenir de la chasse et tout emporter par sa violence. Le temps pressait, et l'expédient le plus prompt et le plus sûr, le seul moyen peut-être qu'on pût employer, c'était que Jacob se fît passer pour Esaü, imitant les manières et les défauts de son frère, et répondant qu'il est Esaü, le premier né. Isaac a été trompé, il est vrai, mais Jacob n'avait que l'intention de faire consacrer par son père le droit qu'il avait acquis justement et qu'il eût sans cela perdu pour toujours.

Ajoutons en finissant l'examen de ce fait que le Pape Innocent III (1) enseigne que Jacob est excusé du péché de mensonge, parce qu'il ne l'a fait que par la permission de Dieu. Nous ne voulons pas nous appesantir sur cette raison, ni lui donner plus de valeur qu'elle ne doit avoir; nous nous bornerons à faire remarquer que ce sentiment d'Innocent III est formellement opposé à ce que soutient Suarez (2), que Dieu ne peut pas dispenser dans le mensonge, ni faire qu'il ne soit pas péché.

16. Pour ne pas trop multiplier les faits de l'ancien Testament, nous ne rappellerons plus que celui de Judith. Cette sainte femme, mue par l'inspiration du S. Esprit, dans le des-

---

(1) *Decret.* Lib. IV, tit. 19, *de divortiis,* cap. *Gaudemus.*
(2) *De legibus*, lib. 2, cap. 15, n. 4, 5, 12, 23.

sein de délivrer sa ville et en même temps tout son peuple, se rendit comme une transfuge dans le camp ennemi, séduisit Holofernes par ses paroles mielleuses et finit par le tuer. Mais ses discours sont loin d'être l'exacte vérité, je ne les rapporterai pas, tout le monde les connaît (1). Judith, en cette circonstance, s'est-elle rendue coupable de mensonge ? Un grand nombre d'interprètes et de théologiens l'affirment après saint Thomas, qui n'hésite pas à taxer Judith de mensonge (2). « Judith laudatur, non quia mentita est Holoferni, sed propter affectum quem habuit ad salutem populi pro qua periculis se exposuit. » Quelques-uns cependant, A Lapide, Serarius, Sanctius, etc., cherchent à excuser la sainte veuve, en donnant une certaine interprétation à ses paroles ; mais cette interprétation est excessivement forcée et nullement plausible. Admettons donc que Judith a dit ce qu'elle savait être faux : mais en cela a-t-elle menti, a-t-elle péché ? Nous répondons, non.

Judith avait le droit de tuer Holofernes, tout le monde en convient, et en mettant à mort cet ennemi de la religion et de la patrie, elle n'a fait qu'user d'un droit de la guerre (3). Mais quoi, une défense légitime lui permettait d'ôter la vie à son ennemi et ne lui permettait pas de le tromper ? Et le mensonge n'était-il pas un moyen aussi indispensable pour arriver à son but, que la mort de son ennemi ?

Judith a parlé contre sa pensée, mais elle n'a pas péché, puisque l'effet bon, louable, résultant de son action l'emportait de beaucoup sur l'effet mauvais, l'erreur d'Holofernes.

Cassien n'estimait par cette ruse un mensonge, mieux, un péché. « Omnes propemodum, dit-il (4), patriarchas sanc-

---

(1) V. Serarius, in lib. Judith, cap. XIII, quæst. 9 et 10.
(2) 2. 2, q. 110, a. 3, ad 3.
(3) V. Bellarm. *Controv.*, lib. 3, *de laicis*, c. 14.
(4) *Collat.* 17, cap. 25.

» tosque innumerabiles, alios pro vitæ tutamine, alios pro desi-
» derio benedictionis, alios pro misericordia, alios pro zelo Dei
» patrocinium assumpsisse mendacii. » Clément d'Alexandrie
n'est pas moins exprès (1) : « Homo cui necessitas mendacii in-
» cumbit, sic eo utatur quemadmodum medicamento. » Et dans
un autre endroit (2), faisant le portrait du vrai Gnostique, le
sage, dit-il, « vera simul sentit et dicit, nisi quando loco medi-
» cinæ, ut medicus ad ægrotantes, ad eorum qui laborant salu-
» tem, mentietur, aut falsum dicet, ut aiunt sophistæ...... Qui
» ergo propter proximorum salutem quibus se accommodat, se
» demittit, is nullius simulationis omnino cogitur esse particeps
» ob periculum quod imminet justis ab iis qui eis invident. » Il
ajoute ensuite ces mots remarquables : « Ipsum mendacium, ut
» quod cum aliquo dolo dictum sit, non est sermo otiosus, sed
» exercetur ad vitium. » De ces paroles on peut conclure que
le mensonge n'est tel que lorsqu'on veut tromper; qu'autrement c'est une parole oiseuse, à moins que par là on ne veuille
atteindre un grand bien, et éviter un grand mal. Nous estimons donc que Judith a agi sagement et que loin d'être répré-
hensible dans ses paroles, nous devons louer sa prudence et la
manière dont elle a accompli les desseins de Dieu.

17. Nous sommes arrivés maintenant à la partie principale
de cette dissertation qui tend à montrer que tous les théologiens
qui admettent les restrictions mentales, même seulement celles
qu'on appelle *late mentales*, ont soutenu *en réalité* qu'on peut
quelquefois mentir, c'est-à-dire exprimer par ses paroles une
chose que l'on sait être fausse (3).

---

(1) *Stromat.*, lib. **VI.**
(2) *Stromat.*, lib. **VII**, n. 9, edit. Paris 1842, pag. 341, 342.
(3) Caramuel détestait souverainement les restrictions mentales, voici
comment il en parle dans sa *Théologie fondamentale*, tom. II, de 8° præ-

Remarquons d'abord que, selon eux, on ne peut pas, dans tous les cas, ni pour toutes raisons, user d'amphibologie ou de restrictions mentales. « Si absque justa causa fiat, dit Les- sius (1), est abusio orationis contra virtutem veritatis, et civi- » lem consuetudinem, etsi proprie non sit mendacium. » Voit dit également que si cela était permis indistinctement, le com- merce de la société humaine serait impossible (2). « Si usus » ejusmodi amphibologiæ passim et absque justa causa esset » licitus, nemo vellet aut posset alteri credere, quod cederet in » eversionem humani convictus atque commercii. » C'est aussi ce que nous disons, non pas de l'amphibologie, mais de l'ex- pression de ce qu'on sait être faux : or, on va voir que nous sommes tout à fait d'accord avec les théologiens, et que ce qu'ils appellent restriction mentale est tout simplement un mensonge, mensonge licite toutefois dans les circonstances où l'on se trouve. Mais nous ne pouvons quitter Voit, sans rap- porter les paroles qui précèdent immédiatement le passage cité. « Si ille sine causa gravi usus fuerit restrictione non pure men- » tali, peccavit graviter. Ratio est, quia deficiente causa gravi » non intenditur directe occultatio veritatis, nec deceptio pure

cept. n. 1805. « Est mihi innata aversio contra restrictiones mentales : » si enim continentur intra terminos pietatis et sinceritatis, necessariæ » non sunt; nam omnia quæ ipsæ præstare possunt, præstabunt consigni- » ficantes circumstanciæ. Quod si tales dicantur ut etiam ibi admit- » tendæ sint ubi desunt circumstanciæ significantes (ignoscant mihi » earumdem authores et propugnatores), tollunt humanam societatem et » sinceritatem, et tanquam pestiferæ damnandæ sunt. Quoniam semel » admissæ aperiunt omni mendacio, omni perjurio viam, et tota diffe- » rentia in eo erit, ut quod heri vocabatur mendacium, naturam et ma- » litiam non amittat, sed nomen, ita ut hodie jubeatur *restrictiones men-* » *tales* nominari : quod est virus condire saccharo et scelus specie virtutis » colorare »
    (1) *De jure et justit.*, lib. II. cap. 42, n. 48.
    (2) Tom. I, n. 538, edit. Bassani et Venet. 1776.

» permittitur (quod licitum est), sed directe per verba intenditur
» deceptio, adeoque *non evitatur mendacium* consistens in falsa
» vocis significatione *cum intentione fallendi* : consequenter si
» juramento confirmetur, nec effugitur perjurium. » Pourrait-
on mieux écrire en faveur de notre sentiment, et si nous ne
citions ses paroles mot à mot, ne croirait-on pas que nous les
avons inventées ? La restriction mentale, *non pure mentalis*,
sans cause grave est un *mensonge*, et devient licite avec une
raison importante !

Un confesseur interrogé s'il a entendu tel péché en confession d'une personne déterminée, peut répondre, non : et
cela, selon les théologiens, parce qu'il l'a entendu en sa qualité de ministre de J.-C. , et qu'il parle comme homme (1).
Cette explication ne soutient pas l'examen. Si elle était vraie,
il faudrait dire qu'un prêtre, interrogé s'il a baptisé tel enfant,
administré tel malade, peut nier aussi la vérité, puisqu'il parle
comme homme, et qu'il administre les sacrements, comme
ministre de Dieu (2). On objectera qu'il ne lui est pas permis
de dévoiler les péchés confessés, tandis qu'il n'y a pas de défense pour les autres sacrements. Cela est vrai, mais aussi
c'est là la véritable raison pour laquelle le prêtre peut nier
qu'il a entendu telle chose en confession : parce que Dieu lui
défend très-strictement de violer le sceau de la confession.
Pourquoi chercher midi à quatorze heures? Le prêtre qui
répond *non*, dans le cas supposé, ment, c'est-à-dire, il sait
que le contraire de ce qu'il dit est vrai, mais il a une grave

_____

(1) V. S. Alph. lib. IV, tract. 2, n. 153.
(2) Direz-vous que comme homme, le prêtre sait avoir baptisé, etc. ,
on peut en dire autant de la confession, et cela est si vrai que le confesseur *homme* a quelquefois abusé de son secret, par exemple *in solli-
citatione ad turpia*.

et très-grave raison, la défense formelle de violer le secret
de la confession. Que le prêtre dise alors un mensonge, c'est
facile à prouver. Un juge, par exemple, lui pose cette question : En votre qualité de ministre de Dieu vous avez entendu
la confession de tel pénitent, vous a-t-il déclaré ce crime dont
on l'accuse? Si le prêtre répond *oui*, c'est la vérité qu'il profère : et s'il répond *non*, ce ne sera pas un mensonge? Sa
bouche ne dira pas le contraire de ce qu'il sait être vrai? Le
juge ira plus loin : Nous savons qu'il vous est défendu de
révéler le secret qui vous a été ainsi confié, que vous devez
plutôt mourir que de le dévoiler : cependant comme nous
n'avons pas d'autre moyen de découvrir la vérité, je vous
somme, sous la menace des plus grandes tortures, de déclarer
si ce coupable vous a avoué telle faute. Le prêtre répond de
nouveau, *non*. Cela signifie-t-il *non pour vous le dire?* Mais on
le sait, personne ne l'ignore. Sa négation est pure et simple,
elle est le contraire de la vérité. Mais elle est permise et de plus
elle est obligatoire.

Voilà donc un premier cas où le mensonge est licite et même
obligatoire, de l'aveu des théologiens.

18. Un criminel, sur le point d'être condamné à une peine
très-grave, doit-il avouer son crime, lorsque le juge l'interroge
légitimement ? S. Alphonse (1) regarde comme plus probable
le sentiment affirmatif; mais de Lugo (2), J. Sanchez (3),
Cardenas (4) et autres qui traitent fort bien la question donnent
comme indubitable le sentiment négatif. Et en effet quel droit a le
juge d'obliger un coupable à se dénoncer lui-même, et un juge

(1) *Loc. cit.*, n. 156.
(2) *De justit.* disp. 40, n. 15.
(3) *Select.* disp. 43, n. 29-32.
(4) *Cris. in damnat.* dissert. 19, n. 78,

peut-il s'imaginer que le criminel va avouer son méfait, sinon quand il verra qu'il n'y a plus moyen d'échapper à la vindicte des lois? Supposé donc que le dernier sentiment soit bien probable, de quel moyen va se servir le coupable pour ne pas avouer son crime, sans pécher? Admirons ici les subterfuges des auteurs. Le coupable peut assurer qu'il n'a pas commis le crime, sous-entendant *quatenus teneatur illud fateri :* mais qu'il sous-entende tout ce qui lui plaît, la restriction mentale est ici ce que les mêmes théologiens appellent un mensonge. Il sait avoir commis tel crime, et il dit je ne l'ai pas fait : n'y a-t-il pas là une contradiction manifeste entre ses paroles et le jugement de son esprit? s'il répondait oui je l'ai commis, il dirait la vérité; et répondant je ne l'ai pas commis, il dit un mensonge : quoi de plus simple? C'est donc encore ici un cas où les théologiens permettent le mensonge, sous le nom de restriction mentale.

On dira : mais la restriction existe pourtant, et par ce moyen le coupable répond selon l'intention du juge. Soit, nous allons poser un autre cas qui ôtera toute ambiguïté. Le juge dit à l'accusé : Mon ami, je n'ai pas le droit de vous obliger à avouer votre crime, mais dans votre propre intérêt, et à la vue des charges qui pèsent sur vous, je vous en conjure instamment, avouez votre faute. Allons, dites bien, est-ce vous qui avez commis le crime dont on vous accuse? L'accusé répond *non.* Que devient ici la restriction des auteurs? Et cependant le droit de l'accusé est le même, que le juge supplie ou commande, qu'il exhorte ou qu'il ordonne. Il serait ridicule de donner à sa négation le sens *non, en tant que je sois obligé de l'avouer,* on le sait bien, on vient de le lui dire : une telle restriction n'a ni signification, ni portée. C'est donc comme Caramuel le disait, un mensonge affublé du nom trompeur de restriction mentale.

Malgré que nous paraissions plus large que les théologiens, nous sommes plus sévère sur certains points. Ainsi nous ne pouvons admettre qu'un témoin puisse cacher la vérité, quand on l'interroge, lors même que le crime serait tout à fait caché ; parce que le juge a le droit d'interroger les témoins, et que c'est même souvent le seul moyen de parvenir à la vérité. Les lois portées à ce sujet sont claires et très-justes (1). Nous n'admettons pas non plus que celui qui a commis un crime punissable par les lois, mais dans des circonstances telles qu'il n'est pas coupable, puisse nier son action, car le juge ne doit pas s'informer seulement du fait, mais des circonstances qui peuvent l'excuser. Au surplus, c'est là le moyen d'éviter des poursuites contre d'autres personnes et la condamnation d'innocents (2). Il est encore plusieurs autres décisions qui nous semblent peu fondées, et que nous passons sous silence, pour ne pas être trop long.

19. D'après la rumeur publique, la peste sévit en Pologne et l'on met en quarantaine tous les voyageurs qui viennent de ce pays. Ce bruit est faux, malgré ce qu'on en pense ici. Un voyageur qui arrive de Pologne apprenant tous les embarras, toutes les difficultés qu'il va essuyer et les pertes auxquelles il s'expose, s'il avoue la vérité, répond résolument *non*, aux gendarmes qui lui demandent s'il vient de Pologne. Cet homme n'est pas coupable, selon les théologiens, parce qu'il répond à l'intention des préposés aux frontières, et que sa réponse sous entend *quatenus peste infecto*. Nous admettons cette résolution, mais nous voyons un mensonge où les auteurs n'aperçoivent

(1) V. J. Sanchez, *loc. cit.*, n. 39.
(2) V. Fagnanus, in cap. *Falsidicus*, de crimine falsi, lib. V, n. 50 52 et 123.

qu'une restriction mentale. Cet homme vient de Pologne, voilà
la vérité et il dit je ne viens pas de Pologne. Il a beau sous entendre et faire des restrictions : les paroles qu'il prononce ne
s'accordent pas avec ce qu'il sait être vrai, et dès-lors, suivant
l'explication de St. Thomas, il y a mensonge.

Une épouse qui a violé la foi conjugale, mais dont le crime
est tout à fait caché, peut répondre à son mari qui l'interroge
qu'elle n'a pas commis d'adultère, sous entendant, que je doive
révéler. St. Alphonse regarde cela comme probable (1). Mais
la restriction des auteurs est encore ici un mensonge. Ainsi que
le juge qui interroge un accusé, le mari sait bien qu'il ne peut
obliger sa femme d'avouer sa turpitude, et qu'elle a le droit de
la tenir cachée, malgré toutes ses questions : que vient donc
faire encore une fois cette restriction ridicule ? Loin de répondre suivant l'intention de son mari, en faisant cette restriction, la femme répond tout à fait contre cette intention,
puisque le mari n'ignore pas qu'il n'a pas le droit d'arracher un
aveu. C'est donc ici un mensonge, mais un mensonge qui pourrait être permis (et qui le serait en règle générale), si la femme
prévoyait de grands maux qui résulteraient d'un aveu sincère.

Un crésus auquel on demande de l'argent à prêter peut-il
répondre qu'il n'en a pas ? On répond que oui, pourvu que le
demandeur puisse comprendre par là que le prêteur lui en
refuse. A cela nous ne trouvons rien à redire. Il est reçu
dans les rapports sociaux que souvent un *je n'ai rien* signifie je n'ai rien à vous donner, et les solliciteurs le savent
si bien qu'après votre réponse, ils continuent à vous tour-
menter pour obtenir ce qu'ils demandent. Il n'y a là ni mensonge, ni restriction mentale ; c'est une manière polie de

(1) *Loc. cit.*, n. 162.

refuser ce qu'on craint ou qu'on n'a pas l'intention d'accorder. Il faut en dire autant de la réponse que font les domestiques, *Monsieur n'y est pas*, pour signifier que le maître du logis ne reçoit pas : l'usage en est reçu et personne ne s'en effarouche.

20. Cet examen suffit, à ce que nous croyons, pour prouver que sous le nom de restrictions mentales, les théologiens autorisent bien des mensonges, lorsqu'on a une raison grave et proportionnée de les faire! Le bon sens l'a emporté chez eux, dans ces circonstances, sur la routine de l'école, ce qui est déjà beaucoup.

Actuellement il faut poser quelques règles selon lesquelles il sera licite ou illicite de dire sciemment une chose fausse : mais ces règles seront nécessairement sujettes à des exceptions.

1° Il faut une raison plus grande pour mentir en public et en présence de plusieurs personnes, que pour mentir en particulier et dans un tête à tête. Cela se conçoit aisément puisque c'est un bien moindre mal de tromper une seule personne que d'en tromper un grand nombre, et conséquemment le motif de permettre l'un doit être plus grave que pour l'autre.

2° Il faut une raison plus grave pour mentir spontanément que lorsqu'on est interrogé; car les hommes ont plus de droit d'attendre de nous la vérité quand nous parlons de notre propre mouvement.

3° Lorsque les circonstances sont telles que la personne qui nous interroge sait ou doit savoir qu'elle ne peut que difficilement attendre de nous la vérité, le motif devra être moins grave que si les circonstances sont contraires. Il nous semble même que hors de telles circonstances, le mensonge ne sera jamais ou presque jamais permis; car autrement ce serait bouleverser tous les rapports sociaux des hommes entre eux. De là vient que le supérieur ne peut pas supposer que son sujet mentira, ou usera de restriction mentale, ce qui est équivalent, lorsqu'il l'interroge sur des choses qu'il a le droit de connaitre, tandis qu'un autre qui nous adresse des questions impertinentes, et nous interroge sur des choses qui ne le regardent pas, doit rarement s'attendre à trouver la vérité franche et nue. Cette règle est très-importante.

4° Le mal que l'on redoute ne doit pas être certain, il suffit qu'il soit probable, autrement il serait impossible de se former la conscience. Cette probabilité découle de la connaissance des temps, des personnes, de leurs préjugés ou inimitiés, etc.

5° Le mal que l'on craint doit être proportionné à celui que l'on permet. Ainsi si l'on ment dans une matière peu importante, il suffit d'une raison moindre pour être excusé : cela va de soi.

6° Mais dans tous les cas il est nécessaire que le mal soit considérable relativement à la personne qui doit l'endurer ; par exemple, la perte de la vie, de la liberté, de la virginité, de sa fortune, ou d'un bien considérable, aussi la perte de son honneur ou réputation, d'un emploi lucratif et mérité. La crainte d'une réprimande, d'une correction, d'une peine non infamante ne suffirait pas. En certain cas, la crainte de s'attirer une disgrâce qu'on n'a pas encourue, de s'aliéner l'esprit des supérieurs, etc., pourrait suffire, car le tout ne s'arrête pas là et souvent la déconsidération, la perte de ses emplois suivent ces sortes de défaveurs. Ce serait donc encore là une cause très-grave (1).

Ces règles suffiront, nous semble-t-il, pour résoudre la plu-

_____

(1) Il est bien entendu qu'un grand nombre de matières repoussent tout à fait le mensonge, par exemple, si l'on est interrogé sur sa foi, sa religion ; alors la vérité est obligatoire, quelque peine que l'on redoute, puisqu'en ces circonstances il y a un précepte spécial de confesser sa foi.

part des cas. Elle ne sont pas neuves, car elles découlent de celles que les auteurs posent pour des difficultés analogues à celle-ci.

21. Un dernier mot, et nous finissons. Cet article tend à prouver que la définition donnée par S. Augustin du péché de mensonge, comprend l'intention de tromper le prochain, ainsi que l'ont entendu Scot et les scotistes : que cette intention est ordinairement, mais non pas nécessairement jointe à l'expression de ce qu'on sait être faux, et conséquemment que celle-ci sera permise, lorsque l'intention de celui qui parle ainsi est d'éviter un mal respectivement grave. Cette conclusion est enseignée par plusieurs saints Pères, par les auteurs de philosophie morale, et aussi par les théologiens qui décorent cette expression de ce qu'on sait être faux du nom de restrictions mentales. Au reste le mensonge est toujours défendu, puisqu'un de ses éléments constitutifs est la volonté de tromper le prochain, et qu'une telle volonté est toujours mauvaise. D'ailleurs ce droit que possède l'homme d'exprimer ce qu'il sait ne pas être vrai, est restreint au cas de légitime défense, et il doit être réglé par les circonstances dans lesquelles on se trouve. S. Augustin, qui est cité comme le plus vivement opposé à l'opinion rapportée ici, est au contraire très-modéré et il comprend qu'on peut très-raisonnablement être de notre avis. Cette doctrine n'est donc rien moins que nouvelle, on la trouve professée dès les premiers siècles de l'Eglise, on la voit enseignée, au moins dans les conclusions, par les théologiens qui ont cru devoir adopter un nom moins choquant que celui de mensonge matériel. Elle a d'un autre côté l'avantage d'être plus simple, plus claire dans ses formules que celle qu'on a suivie dans les écoles, et elle fait disparaître toutes ces subtilités, tous ces raffinements de distinctions et de sous distinctions qui servent peut-

être à exercer l'esprit, mais qui ne valent pas une once de simplicité et de raison.

Tel est le but que nous avons voulu atteindre par ce petit examen du passage de Bolgeni, et si l'enseignement de la théologie devient moins raisonneur et plus raisonnable, s'il est permis de s'exprimer ainsi, tout le monde y gagnera, et l'on ne verra plus jamais renaître des excès tels que ceux auxquels ont donné lieu les restrictions mentales avant leur condamnation.

UNITÉ

Du Tiers-Ordre de Saint François.

Parmi les œuvres que le catholicisme renaissant a fécondées de nos jours dans la Grande-Bretagne, figurent en première ligne les associations dites de tempérance ou d'abstinence, sociétés qui, pour le fond, ne sont autre chose que l'Ordre de la *Pénitence* de St. François. Le père Mathew, qui en est devenu le grand propagateur, a obtenu des effets prodigieux en Irlande, en Angleterre, en Ecosse et jusqu'en Amérique. Ce pauvre père capucin parcourt ces pays et renouvelle de nos jours les merveilles produites au moyen-âge par son saint fondateur. A sa voix, comme à celle de St. François, des milliers d'hommes se relèvent de leur abrutissement pour venir se ranger sous la bannière du nouvel apôtre. Par l'établissement et la propagation de ces sociétés d'abstinence, instruments si puissants de moralisation pour régénérer l'humanité, l'humble capucin peut, à juste titre, être regardé comme un autre sauveur que la divine providence a envoyé à l'Irlande. Et en effet, si O'Connell a délivré son pays de l'esclavage religieux et politique, le révérend P. Mathew le délivre de l'esclavage plus dégradant de l'intempérance et des vices.

Ceci doit nous faire comprendre la prédilection et les grandes faveurs de Pie IX pour le Tiers-Ordre dit de la *Pénitence*, Ordre si approprié aux besoins de notre époque et toujours si propre à procurer une vraie rénovation chrétienne et sociale. C'est en vue des maux actuels de la société et de l'utilité du Tiers-Ordre, que ce grand Pape s'est empressé à rétablir celui-ci, par le Bref que nous avons rapporté dans notre dernier cahier (1), dans la jouissance entière de toutes les faveurs spirituelles dont il avait été enrichi, d'année en année, par presque tous les Souverains Pontifes depuis son établissement (1221), ou plutôt depuis sa confirmation par le pape Nicolas IV (1289), jusqu'à Benoit XIV (1751) qui, bien malgré lui, se vit, par des raisons extrinsèques, forcé à les restreindre beaucoup.

Pour mieux faire saisir la portée du Bref de Pie IX rétablissant les indulgences du Tiers-Ordre, il est important d'observer qu'il n'y a qu'*un seul* Ordre de la Pénitence et qu'*une seule* Règle de cet Ordre, établis par St. François son séraphique Fondateur. D'où il suit que les *membres* du Tiers-Ordre, soit qu'ils se trouvent sous la direction des Mineurs de l'*Observance*, soit sous la direction des Franciscains *Conventuels*, soit sous celle des *Capucins*, jouissent partout des mêmes privilèges et indulgences, accordés à l'Ordre lui-même. Cela résulte clairement, surtout des Constitutions pontificales que nous avons rapportées dans notre dernière livraison, de la Constitution *Paterna Sedis Apostolicæ providentia*, qui regarde les Tierciaires

(1) *Mélanges*, tom. VI, pag 276.

des Mineurs de l'*Observance régulière ;* de la Constitution *Singularis devotio,* donnée pour les Tierciaires des Franciscains *Conventuels,* et enfin de la Constitution *Ratio Apostolici ministerii* du 24 mai 1726, portée en faveur des membres du Tiers-Ordre des Capucins (1). Par ces trois Constitutions le pape Benoit XIII, — de glorieuse mémoire et dont la renommée est si grande à cause de son zèle pour la discipline ecclésiastique, pour l'observance des SS. Canons et à cause de la célébration du Concile provincial de Rome, en 1725, dans lequel le savant Lambertini, plus tard Benoit XIV, figura comme secrétaire,— par ces Constitutions Benoit XIII voulut, disons-nous, non-seulement faire respecter l'indépendance dans la direction qu'avait, par rapport aux Tierciaires respectifs, chacune des trois grandes fractions de l'Ordre des Mineurs, mais aussi maintenir l'unité du Tiers-Ordre et de la Règle sous un seul et même chef, l'unique Fondateur St. François.

C'est pourquoi aussi le pape Pie IX, tout en renouvelant, dans les Brefs rapportés, à la demande seule du Général des Mineurs Conventuels, les grâces et indulgences accordées par son prédécesseur Benoit XIII, s'en réfère néanmoins pour leur rétablissement à la Constitution *Paterna Sedis Apostolicæ providentia,* donnée pour les Mineurs de l'*Observance,* et déclare

---

(1) *Bullarium Rom.* Tom. X, pag. 286. — On lit dans cette dernière Constitution au § 6 :« Ad hæc volumus et declaramus, prædictos »Tertiarios, seu Tertii Ordinis Beati Francisci professores, sub Ministro »generali Ordinis Fratrum Minorum Capucinorum, ejusque secundariis »superioribus, omnino gaudere atque uti posse et debere omnibus et »singulis privilegiis, indulgentiis, gratiis, favoribus et prærogativis, per »hanc Sanctam Apostolicam Sedem Ordini Tertiariorum a quocumque »Ministro Generali dependentium sub suo Capite, qui unus est Beatus »Franciscus, alias concessis; volentes propterea, ut vicissim quilibet Ter-»tiarii ejusdem Ordinis Minorum Beati Francisci, præmissis gratiis »gaudentes ad eos transire licite et valide possint, quorum statum saluti »animæ suæ aptiorem et utiliorem in Domino, esse cognoverint, etc. »

expressément *vouloir opérer* ce renouvellement, indistinctement
en faveur de tous les membres du Tiers-Ordre de St. François :
« *Omnibus et singulis*, dit-il, *utriusque sexus Christifidelibus*
» *Tertio Ordini S. Francisci Assisiensis adscriptis, vel pro tem-*
» *pore adscribendis....* ea omnia et singula in perpetuum con-
» cedimus, quæ Tertiariis Franciscalibus Galliarum prædictis
» Litteris Nostris diei 7 julii 1848 (1), concessa sunt *juxta*
» *tenorem aliarum, quas diximus, Litterarum Apostolicarum*
» decessoris Nostri Benedicti XIII , » c'est-à-dire de la Bulle
Paterna Sedis Apostolicæ.

Après cela, si quelqu'un pouvait avoir encore le moindre
doute, voici ce qui achèverait de prouver l'unité du Tiers-Ordre
de St. François ; c'est une Constitution du même Benoît XIII,
du 21 juillet 1728, dont nous transcrivons ici la teneur (2).

BENEDICTUS PAPA XIII.

Dilectis Filiis Ministro Generali totius Ordinis Fratrum Minorum Sancti
Francisci, nec non Generali Ministro Fratrum Conventualium ejusdem
Ordinis.

Dilecti Filii salutem, etc. Qui pacem loquitur in plebem suam, et
super Sanctos suos, certam illam avertendæ contentionis viam, ratio-
nemque discipulis designavit, monitis, exemplisque suis eosdem adhor-
tatus, ut qui major esset inter ipsos, fieret sicut minor; ac proinde esse
contenderent, non præeminentia, et primatu, sed ministrandi, ac subja-
cendi humilitate præcessores. Hæc autem documenta B. Franciscus
Seraphici vestri Ordinis Conditor, et ipse mirabiliter arripuit, et ex-
pressit, et custodiendæ pacis firmamentum esse voluit alumnis suis, qui
modesta ipsa Fratrum Minorum appellatione evangelicam illam cœlestis

---

(1) *Mélanges supra*, pag. 275,
(2) *Bullarium Romanum*, tom. X, pag. 364

Magistri normam præ se ferentes, sinceræ caritatis veræque Fraterni-
tatis disciplinam, et cultum per totam Christi Ecclesiam latissime
propagarunt. Nos igitur, quemadmodum uberes ex religiosissima institutione dominici agri proventus largitori Deo reique Catholicæ gratu-
lamur; ita omnem dare operam debemus, ne dissidia, et lites de loco,
et dignitate bonam frugem suffocare possint, fraternamque concordiam
discindere, aut perturbare. Porro cum tres Constitutiones ediderimus
pro institutione ac regimine Tertiariorum ejusdem Seraphici Ordinis in
propriis Domibus viventium, primam die 10 Decembris 1725 pro Fratribus Minoribus Regularis observantiæ, quæ incipit *Paterna Sedis Aposto-*
stolicæ providentia, alteram die 24 Maji 1726 pro Fratribus Minoribus, qui
Cappuccini appellantur, quæ incipit: *Ratio Apostolici ministerii;* tertiam
denique pro Fratribus Minoribus Conventualibus, quæ incipit: *Singu-*
laris devotio : non sine ingenti animi molestia rescivimus, controversias
inter antedictas laudati Ordinis familias invaluisse de primatu, et anti-
quitate alterius præ altera, de multiplici erectione Congregationum
Tertii Ordinis, deque transitu Tertiariorum unius Congregationis ad
aliam, quæ cum religiosæ disciplinæ detrimento, scandala etiam in
populis serere possint, et B. Patris Francisci spiritum in discipulis
ejus extinguere. Dissensionibus igitur, ac jurgiis aditum obstruere,
et necessariam regulari disciplinæ pacem, et tranquillitatem fovere, aut
restituere cupientes; Motu proprio, ex certa scientia, non ad oblatæ cu-
jusquam petitionis instantiam, inprimis omnes, et singulas de memoratis
causis lites, et controversias, utcunque, et in quacunque instantia super
his ortas, agitatas, et actu pendentes, coram quibuscumque Judicibus,
ac Tribunalibus, etiam speciali mentione dignis, quorum nomina pro
expressis haberi volumus, ad Nos avocantes, perpetuo silentio imposito
extinguimus, et abolemus. Præterea quascunque Indulgentias, Indulta,
Privilegia, prærogativas, favores, exemptiones, libertates, extensiones, et
concessiones tam in genere, quam in specie in memorata Constitutione,
quæ incipit: *Paterna*, Tertiariis Fratrum Minorum de Observantia
tributas, et per alias superius indicatas ad Tertiarios Fratrum Minorum
Conventualium, et Cappuccinorum, eorumque Superiores extensas, et
ampliatas, tenore præsentium confirmamus, et approbamus, et quatenus

opus sit, ipsis Fratribus Conventualibus, et Cappuccinis, eorumque
Tertiariis, in iis tamen, quæ præfatæ nostræ Constitutioni pro Observantium Tertiariis editæ non adversantur, et non alias, de novo concedimus;
mandantes potissimum, ut quæ in ipsa circa erectionem unius dumtaxat
Congregationis Tertiariorum pro unaquaque Civitate, aut Loco, deque
eorum transitu prescripta, et sancita sunt, aliis posterioribus nostris
non obstantibus, inviolabiliter observentur. Quoniam autem a mente
nostra, et a proposito memoratæ Constitutionis, quæ incipit : *Singularis
devotio*, prorsus alienum erat, ut Fratribus Minoribus Regularis Observantiæ quidpiam sui juris, aut possessionis erga Conventuales detrahe-
remus, aut ipsis Fratribus Conventualibus majorem antiquitatem, aut
aliam quamcumque prærogativam præ Observantibus concederemus,
motu pari et scientia similibus decernimus et declaramus, verba et
enuntiationes, quæ antiquitatem et prærogativas ejusmodi respiciunt,
nullius roboris, atque eo prorsus modo, ac si apposita non essent, de
cætero habenda fore et esse ; immo pro totius præfati Ordinis tranquillitate et pace perpetuum silentium super hujusmodi controversia im-
ponimus, et pro imposito haberi volumus, et mandamus. Ne quis denique
Basilicam Beati Francisci Civitatis Assisiensis, ubi sacrum ejus corpus
requiescit, a Romanis Pontificibus Prædecessoribus nostris variis privilegiis auctam, ita supra cæteras ejusdem Ordinis Ecclesias verbis aut
scriptis extollat et efferat, ut debitus honor ac reverentia denegetur Basilicæ Beatæ Mariæ de Portiuncula extra muros ejusdem Urbis, in qua
constat Seraphicum Patrem institutum suum inchoasse ; præcipimus et
mandamus, ut ambæ Basilicæ, diversis licet rationibus, Beatæ Mariæ
quidem propter Ordinis primordia, Assisiensis vero propter sacrum
corpus Sanctissimi Institutoris, tamquam Ordinis Matrices ab omnibus
Fratribus Minoribus agnoscantur, et observentur, prout Romani Pontifices Prædecessores nostri asseruerunt, et concesserunt. Quascumque
autem juris, verborumque solemnitates nostra auctoritate supplentes, et
quibusvis in contrarium facientibus amplissime derogantes; quæ vero
exprimenda essent pro expressis habentes; fore confidimus, ut familiis
vestris per hoc providentiæ nostræ judicium, pristinam, vestroque nomine dignam concordiam partam esse gaudeamus. Vestrum autem erit,

ut pari vigilantia, studioque curis nostris obsequentes, indecoram impor-
tunamque altercationum, libellorumque licentiam, in eorum auctores
districte animadvertentes, sedulo inhibeatis. Ac Vobis, Dilecti Filii, paternæ voluntatis pignus Apostolicam Benedictionem peramanter impertimur. Datum Romæ apud Sanctum Petrum sub Annulo Piscatoris
die 31 Julii 1728, Pontificatus Nostri Anno Quinto.

CAROLUS, *Archiep. Emissenus.*

Loco † Sigilli.

CONSULTATIONS ADRESSÉES A LA RÉDACTION

Des Mélanges Théologiques.

CONSULTATION I.

On a rappelé dans la Cartabelle de notre diocèse les conditions principales exigées par Benoît XIV pour gagner l'indulgence *in articulo
mortis.* On insistait particulièrement sur ces derniers mots, et l'on
paraissait vouloir soutenir que si l'indulgence, ou plutôt la formule
d'indulgence était lue sur le malade, avant qu'il ne fût réellement *in
articulo mortis*, celui-ci n'en retirait aucun fruit. Je vous prie donc de
prouver une bonne fois cette règle déjà signalée *Mélanges*, tom. I,
page 485 (IVᵉ cahier, pag. 47) savoir, que pour la pratique il ne faut
pas distinguer le *danger* de l'*article* de la mort. Agréez, etc.

1. L'article de la mort, ainsi que l'explique Zacchias (1),
se prend en trois sens divers. 1° Dans une acception très-large,
en sorte qu'on peut dire de tout homme vivant qu'il est à l'article de la mort, puisque nous devons tous mourir, et que
nous approchons sans cesse de ce terme fatal. 2° Dans une

---

(1) *Quæstionum medico-legalium*, lib. II, tit. 1, qu. 19, n. 10-16.

acception plus restreinte, lorsqu'un homme est attaqué d'une maladie telle qu'il est dans un danger manifeste de mort, parce que d'ordinaire, en de telles circonstances, la mort s'ensuit. Par conséquent une maladie mortelle constitue celui qui en est atteint dans l'article de la mort. 3° Enfin on lui donne un sens très-rigoureux, et l'on dit d'une personne qu'elle est à l'article de la mort, lorsque c'en est fait de sa vie, et qu'il n'y a plus de guérison. D'après cela on doit dire que celui qui échappe au danger n'a jamais été à l'article de la mort, quoiqu'il ait passé par un péril très-grand et très-prochain de mourir. D'après cela encore, l'agonie ne diffère de l'article de la mort, que selon le plus ou moins long temps qui sépare de la mort.

Gobath explique fort bien la différence qui se trouve, rigoureusement parlant, entre l'article de la mort et le danger de mort (1). « Articulus mortis, seu ultimus articulus vitæ est » ultima quædam particula non magna temporis vitæ, quam » mors immediate sequitur... Periculum vero mortis est occasio » vel causa, in qua, spectata rerum natura, et spectato eo » quod solet in simili occasione evenire, mors sequitur, vel » certo, vel probabiliter, vel prudenter debet aut potest timeri. » Hinc est ut aliud dicatur certum, aliud probabile, aliud » dubium periculum, idque vel proximum quando jam adest » causa, vel occasio unde mors brevi solet, aut potest sequi, » aut prudenter timeri potest statim secutura. Remotum vero, » quando adest quidem causa talis mortis, non tamen ita proxime » quin futura sit aliqua considerabilis distantia, vel necesse sit ut » aliqua alia concurrant, quæ adhuc non adsunt, nec putantur » adfutura tam cito, quin restat aliquod tempus considerabile,

_____

(1) *Oper.*, tom. I, tract. 4, n. 182.

»antequam omnia morti afferendæ necessaria concurrant. »

Toute la difficulté maintenant roule sur le point suivant. Dans le rescrit pontifical, qui confère à un Evêque et aux prêtres délégués par lui, le pouvoir de donner la bénédiction apostolique, les mots *in articulo mortis* doivent-ils s'entendre dans leur dernière rigueur, ou doivent-ils s'expliquer de la même manière que si l'on indiquait le danger de mort?

2. Remarquons d'abord que les anciens Brefs, ou Rescrits accordant ce privilège, faisaient mention expresse des agonisants : c'était à ceux-ci exclusivement qu'on pouvait donner avec fruit la bénédiction apostolique (1). Ce n'est qu'un peu plus tard que les termes furent modifiés, et depuis Benoit XIV, nous trouvons invariablement *in mortis articulo*. Pourquoi ce changement a-t-il eu lieu? Est-ce parce que les expressions étant équivalentes, on a préféré celle qui est d'un usage plus fréquent en thélogie? Ou n'est-ce pas plutôt, parce qu'il était trop difficile de remplir la condition apposée dans le rescrit, de ne donner l'indulgence qu'aux agonisants, et que le Souverain Pontife a cru devoir étendre sa grâce, et faciliter aux moribonds la réception de l'indulgence? Pour nous, c'est notre avis, et nous ne comprenons pas comment on aurait changé une expression claire, manifeste, en une autre obscure et douteuse, si l'on n'avait pas eu en vue d'étendre le privilège. Désormais les agonisants ne seront plus les seuls à qui l'indulgence pourra être donnée, mais tous les malades à l'article de la mort, quoique non agonisants, pourront participer à la même faveur. Or, qu'est-ce que l'article de la mort distinct de l'agonie, et n'en étant pas le commencement? C'est, ainsi que nous l'a appris Zacchias, le péril de mort.

(1) V. Gobath, *ibid.*, n. 632, *b*.

3. A ce premier argument qui, sans être péremptoire, n'est pas
dénué de toute force probante, nous ajouterons le suivant qui
se fonde sur l'analogie. Le concile de Trente déclare que tous les
prêtres ont le pouvoir d'absoudre les malades, et que toutes les
réserves des péchés et des censures cessent *in articulo mortis*, afin
de venir en aide aux misérables pécheurs, et pour que personne
ne périsse (1). Or, il est bien certain, quoi qu'en aient pensé
quelques théologiens, que sous le nom d'*article de la mort*, est
aussi compris le péril, le danger de mort. Une foule de preuves
rendent évidente cette interprétation qui est admise par le plus
grand nombre de théologiens, *communius et verius*, dit S. Alphonse de Liguori (2). Nous nous bornerons à rapporter les
deux suivantes. *a*) Le droit canon, en parlant de l'article de la
mort, emploie indifféremment les termes *péril de mort*. « Eos,
» dit Boniface VIII (3), qui a sententia canonis vel hominis, cum
» ad illum, a quo alias de jure fuerant absolvendi, nequeunt,
» propter imminentis mortis *articulum,* aut aliud impedimen-
» tum legitimum, pro absolutionis beneficio, habere recursum,
» ab alio absolvuntur : si cessante postea *periculo,* vel impedi-
» mento hujusmodi... » De même encore ce qu'Alexandre III,
à propos de la percussion d'un clerc, appelle article de la
mort (4), un autre Pontife le nomme danger de mort (5).
Clément III marque aussi en termes exprès (6) que celui-là a
été légitimement absous d'une censure réservée, « cui infirmi-
» tatis tempore, timore mortis, beneficium fuerit absolutionis
» indultum. » *b*) La seconde raison est que, si l'on devait prendre

(1) Sess. XIV, *de pœnitentia,* cap. **7.**
(2) Lib. VI, n. 561.
(3) Cap. Eos qui, *de Sentent. excomm.* in 6.
(4) Cap. Non dubium est, *de sententia excomm.*
(5) *Si quis suadente,* **17, q. 4.**
(6) Ea noscitur, *De sent. Excomm.*

strictement l'*article de la mort*, l'Eglise n'eût pas suffisamment
veillé au bonheur de ses enfants, elle n'eût pas atteint son but.
Combien, en effet, de personnes gravement malades, dont la
mort arrive tout d'un coup, sans signe prochain, avant-coureur?
Combien d'autres qui ne passent du péril à l'article de la mort,
que l'esprit égaré par le délire d'une fièvre ardente? Impossible à ceux-là, à entendre les choses strictement, de profiter
des faveurs de l'Eglise (1).

Actuellement venons à notre analogie. Le concile de Trente
déclare que toute réserve cesse à l'article de la mort : de même
Benoît XIV accorde aux Evêques, et à ceux qu'ils auront délégués, le pouvoir de donner une indulgence plénière à l'article
de la mort. Or, dans le premier cas, les termes *article de la
mort* ne se prennent pas dans le sens très-rigoureux, mais s'entendent également du simple danger de mort, quoiqu'il s'agisse
là de la validité d'un sacrement : conséquemment il faut conclure la même chose, dans le second cas, puisque c'est ici un
acte de pure faveur, dont la validité intrinsèque ne peut être
mise en question.

4. Nous n'avons pas que des raisons indirectes à faire valoir
à l'appui de notre sentiment, il en est aussi quelques-unes qui se
tirent de la chose même.

1° Le préambule, qui sert d'introduction à la formule de
l'Indulgence, semble indiquer que celle-ci peut suivre immédiatement l'administration des derniers sacrements. « Bene-
» dictio in articulo mortis, cum soleat impertiri post sacramenta
» Pœnitentiæ, Eucharistiæ et Extremæ Unctionis illis infirmis... »
Or, il est bien certain que les sacrements d'Eucharistie et

_____

(1) Sylvius a parfaitement traité cette question dans une dissertation
spéciale qu'on trouve à la fin de ses œuvres : *Oper. tom. V, oration. I,
de absolut. moribundi.*

d'Extrême-Onction peuvent être administrés aux malades, avant qu'ils ne soient à l'article de la mort strictement entendu. Il faudra donc en dire autant de l'Indulgence.

2° D'après les règles tracées par la formule aussi bien que par la constitution *Pia mater*, il faut exciter le malade à divers actes de vertu, et notamment l'exhorter à recevoir la mort en esprit de pénitence. Mais ne sera-t-il pas impossible, dans la plupart des cas, de faire produire ces actes au moribond, si l'on attend l'article de la mort, c'est-à-dire le commencement de l'agonie? L'homme, en un tel moment, est-il bien capable de cet effort qui réclame toute la vigueur des puissances de l'âme? Sans doute l'absolution pourrait être donnée alors, mais la règle ne deviendrait-elle pas ainsi l'exception, et le but du Souverain Pontife serait-il atteint?

3° Il résulterait de graves inconvénients à admettre le sentiment que nous combattons. Le nombre des malades qui recevraient le bienfait de l'Indulgence, serait excessivement restreint, et cela pour deux raisons : la première que souvent le Prêtre ne serait pas là présent, à l'article de la mort ; la seconde que le moribond ne serait pas disposé suffisamment, puisqu'il serait au commencement de son agonie. A cet inconvénient, joignons celui qui résulterait pour les prêtres employés dans le ministère pastoral, de n'oser plus sortir de chez eux, de n'oser même faire la visite d'autres malades éloignés, dès qu'ils auront un malade en danger administré des derniers sacrements. Ils craindraient de priver une âme de ce grand bienfait, et pour être à même de le lui procurer, ce qui est encore très-douteux, il se résigneront à rester prisonniers chez eux.

4° Enfin nous dirons l'Indulgence *in articulo mortis* est une faveur, une grâce, et conséquemment, dans le doute, il lui faut donner une interprétation large.

En terminant, nous exprimerons un désir : celui de voir présenter la question à Rome en termes précis, afin de savoir, d'une manière certaine, à quoi il faut s'en tenir.

CONSULTATION II.

Messieurs,

J'ose prendre la respectueuse liberté de vous adresser quelques questions pratiques, auxquelles je vous prie de bien vouloir répondre.

I. Dans la première série des *Mélanges* (4ᵉ cah., p. 120, 1ʳᵉ édit.), il est dit qu'en pratique, on ne pourrait pas faire usage de l'opinion probable qui prétend qu'on peut satisfaire, dans les oratoires privés des religieux, à l'obligation d'entendre la sainte Messe le jour du Dimanche; on y apporte à l'appui de ce sentiment négatif, le principe qu'on ne peut satisfaire à une obligation certaine, par une solution douteuse. A cette occasion permettez-moi de vous demander, si, lorsque pour opérer une solution, je suis certain d'avoir posé un acte de la validité duquel j'ai quelques raisons de douter, je ne puis pas faire usage de cet autre principe : *Standum pro validitate actus donec contrarium probetur*, et me regarder comme libéré? Ainsi, par exemple, j'assiste à la sainte Messe le Dimanche dans un oratoire privé, sans réfléchir à l'obligation plus ou moins certaine, d'assister à la sainte Messe dans une chapelle ou une église publique; après la sainte Messe, le doute me vient si j'ai satisfait au précepte par cette assistance; ne puis-je pas me former la conscience en vertu du dernier principe apporté plus haut?

II. Que faut-il penser des locutions blasphématoires : *mille-dieux, sacré-mille-dieux, sacré-tonnerre, sacré-nom d'un tonnerre?*

III. Que faut-il penser, par rapport au blasphème, d'une localité où l'on éprouve moins d'horreur de prononcer les mots : *sacré-démon* que de prononcer les mots : *sacré-Dieu?*

IV. Est-il permis, par l'usage, dans notre pays, de mêler du lait au cafe que l'on prend le matin les jours de jeûne?

En attendant vos éclaircissements, veuillez Messieurs, recevoir d'avance la sincère expression de ma reconnaissance.

Un abonné.

I. Les axiômes du droit ne peuvent pas être en contradiction et se renverser mutuellement, c'est pourquoi il faut les appliquer avec circonspection et seulement aux cas qui le comportent. Il est vrai qu'on ne remplit pas une obligation certaine par une solution douteuse; il est vrai aussi qu'il faut tenir pour la validité de l'acte posé jusqu'à preuve du contraire : toutefois ces principes ne peuvent s'appliquer simultanément et aux mêmes cas. Le second ne peut être rapporté qu'aux doutes ou probabilités de fait, ou du moins s'il se vérifie aussi pour les doutes de droit, c'est seulement après que l'acte a été posé de bonne foi. La possession de l'acte ne peut être invoquée que par celui qui l'a posé de bonne foi (1). Tout le monde sait que la mauvaise foi, et sous ce terme on entend le doute qui existe au moment de poser l'acte, ne peut établir une véritable possession, et que celui qui a posé un acte, dans la persuasion que son acte est invalide ou vacillant, ne peut pas se prévaloir de ce qu'il a fait. Autre chose est quand il a agi de bonne foi; l'acte alors possède et c'est au contradicteur a établir la nullité de l'acte posé. Notre honorable abonné suppose cette dernière hypothèse et dès lors il a raison d'invoquer l'axiôme, *standum est,* etc. Mais s'il prenait la supposition contraire, c'est-à-dire, qu'une personne assisterait à la Messe dans un oratoire privé des réguliers, avec la conscience du doute qui plane sur la validité de son acte, il devrait appliquer le premier axiôme et donner une décision opposée.

On comprend assez que nous écartons tout ce qui concerne les matières dans lesquelles on ne peut faire usage de l'opinion probable.

II. Nous avons quelquefois entendu expliquer les deux pre-

(1) V. *Mélanges,* 5ᵉ série, pag. 51-64, note.

mières locutions, comme si celui qui les profère s'en prenait aux mille dieux du paganisme ; mais cette explication nous paraît forcée, et nous pensons qu'on ne peut excuser de blasphème ces deux locutions. Quant aux autres, elles ne sont blasphématoires que lorsque le nom de Dieu y est exprimé; par exemple, S. tonnerre de Dieu. Nous nous bornons à ce peu de mots, les principes ayant été abondamment développés dans la dissertation sur le blasphème (1).

III. Nous pensons que dans ces localités les termes *sacré démon* ne sont pas du tout blasphématoires; il est tout naturel, et le peu d'horreur qu'inspirent ces paroles le montre assez, de les interpréter dans le sens de maudit, infernal, etc.

IV. Il est permis sans aucun doute de mêler un peu de lait au café que l'on prend les jours de jeûne, comme il est permis de prendre de l'eau sucrée, ainsi que l'atteste S. Alphonse avec l'opinion commune (2) : comme il est permis de prendre des électuaires, sirops, confitures, et même du chocolat (3). Au surplus telle est la coutume générale aujourd'hui, et elle suffit pour rendre la chose licite. Remarquons en passant que l'adoption en Belgique et en France des idées rigides et jansénistes sur le mode de remplir les préceptes positifs a été une des causes les plus puissantes de la violation des lois de l'Eglise. En Italie où la sévérité n'est pas outrée, presque tout le monde observe le jeûne. Mais on ne se fait pas scrupule de prendre un peu de chocolat le matin, d'y ajouter même un très-petit morceau de pain : c'est ainsi que la chose se pratique dans les couvents, chez les Prélats, les Cardinaux, etc. Combien de personnes qui ne peuvent jeûner chez nous le feraient facilement,

(1) V. *Mélanges*, tom. IV, pag. 1 *sq.*
(2) Lib. IV, tr. 6, n. 1022, q. 2.
(3) *Ibid.*, n. 1023, quær. 3.

si l'on recevait ici les tempéraments et les adoucissements reçus et adoptés en Italie ?

CONSULTATION III.

1° Le père d'un enfant naturel est-il obligé de reconnaître civilement son enfant, afin que cet enfant ait droit à la portion des biens de son père que lui accorde la loi ?

2° S'il n'y est pas obligé, suffit-il qu'il donne quelque secours à la mère et à l'enfant (qu'il les assiste, comme on dit vulgairement); ou bien est-il obligé de faire en sorte que la portion des biens due à l'enfant lui soit remise secrètement ?

3° P. est devenu père d'un enfant illégitime du temps où l'ancien code civil était en vigueur ; il a assisté l'enfant et la mère (on ne sait cependant, si cette assistance a été suffisante pour entretenir l'enfant depuis l'âge de trois ans jusqu'à ce que cet enfant fût capable de pourvoir à sa propre subsistance). P. mourut lorsque le code civil actuel était en vigueur, les héritiers de P. sont-il tenus à quelque chose à l'égard de cet enfant ?

NB. Cet enfant n'a pas été reconnu civilement du père P. Cependant par les secours qu'il a accordés à la mère et à l'enfant, il semble, je pense, le reconnaître. — Cette reconnaissance donne-t-elle aux héritiers une certitude suffisante pour être obligés à quelque chose à l'égard de cet enfant naturel ?

Un de vos abonnés.

Nous supposons qu'il s'agit dans le cas proposé d'une reconnaissance légitime, licite, et non d'une légitimation frauduleuse que nous avons montrée être contraire aux lois et au droit naturel.

La reconnaissance des enfants naturels n'existait pas, du moins quant aux effets civils, dans les lois anciennes civiles et canoniques, et le code actuel en a fait plutôt un privilège qu'une obligation. Il faudrait donc démontrer qu'en vertu du droit *na-*

turel seul, un père est obligé d'user de la faculté que lui accorde le droit civil, pour avantager son enfant illégitime.

C'est, croyons-nous, ce qu'on ne pourrait pas établir, à moins de condamner comme injustes les lois anciennes qui n'accordaient que la subsistance aux enfants naturels : ce qui n'est pas admissible.

Les héritiers sont-ils tenus à quelque chose? C'est demander si les biens de cet homme sont grevés d'une dette, d'une obligation. D'après le cas proposé, des secours ont été donnés à la mère et à l'enfant, on doute seulement si ces secours ont été suffisants. Dans ce doute, l'obligation cesse, selon Bolgeni (1) qui donne la règle suivante. « Lorsque les faits sont certains , et qu'il s'agit de circonstances que les hommes ont accoutumé de joindre à ces faits, ou qu'on est obligé d'y joindre, ces circonstances se présument ; et sont en possession d'avoir été unies au fait... Si j'ai payé une dette, il y a présomption que je l'ai payée en entier. » Un peu plus loin il dit encore : « Touchant les biens qu'on hérite de quelqu'un, survient quelquefois le doute, si ce bien n'a pas été acquis injustement... L'héritier n'est tenu à rien, parce qu'il est en possession légitime, supposé qu'il ait fait toute la diligence requise pour connaître la vérité. » Les héritiers peuvent donc être bien tranquilles, s'ils n'ont pas de preuves certaines qu'ils sont tenus à quelque chose.

CONSULTATION IV.

Petrus casu reservato oneratus confitetur vespere vicario cui tantum unicus superest actus pro reservatis : sed pœnitens, die sequenti rediens ad eumdem confessarium, ipsi dicit : heri commisi sacrilegium, voluntarie omittendo peccatum mortale. Dictus confessarius, judicans se non amplius habere potestatem quoad reservata, eo quod Petrum pridie absolverit, differt absolutionem. Sed hic modus agendi ab omnibus non appro-

(1) V. *Mélanges*, 5ᵉ série, p. 58 et ss.

batur; dantur enim qui asserunt, quod in dicto casu, per duret confessario potestas ad talem absolvendum.

An hæc ultima opinio est fundata, seu an potius penitus est rejicienda ?

Il nous paraît clair que, d'après la supposition, le péché omis dans la première confession, n'est pas le péché réservé. Si c'était celui-ci que le pénitent eût caché, le vicaire aurait conservé son pouvoir, puisqu'il n'en aurait pas fait usage. Ce point ne doit pas être discuté. Supposons donc que le péché omis volontairement n'est pas le péché réservé et que celui-ci a été accusé.

Il faut voir d'abord si le pouvoir du confesseur dure encore, ou s'il a été périmé par l'usage qu'il en a fait. Nous pensons que le confesseur a perdu son pouvoir : il l'a appliqué en effet à un péché réservé, il a voulu et remettre le péché et ôter la réserve ; dès lors il a perdu la faculté qu'il n'avait reçue que pour cette fois ; à moins toutefois qu'on ne considère la confession du lendemain, comme la continuation de la première, ce qui ne paraît guère admissible.

Le vicaire a donc perdu son pouvoir, mais la réserve du péché n'est-elle pas enlevée? Ce point est très-controversé : L'opinion la plus communément reçue est que la réserve a cessé : elle s'appuye sur les motifs suivants (1). 1° Le but de la réserve est que le coupable se présente au supérieur pour en être mieux dirigé et en recevoir les conseils salutaires avec une satisfaction suffisante : or, le pénitent s'est présenté de la sorte et a accusé sa faute ; la cause de la réserve ayant cessé, celle-ci disparaît. 2° Celui qui donne l'absolution a l'intention d'absoudre autant qu'il est en son pouvoir ; or, si le pénitent

(1) V. Cabassutii *Juris canon. theor. et prax.* Lib. III, cap. 12, n. 3.

ne peut avoir ses péchés remis, la réserve de son péché peut être ôtée, elle l'a donc été par l'absolution du confesseur. 3° Parce que la plus grande partie et les plus estimés des auteurs, S. Antonin, Cajetan, Sylvestre, Suarez, Lugo, Coninck, etc., l'enseignant ainsi, il n'est pas à croire que les Evêques veuillent agir autrement, surtout qu'ils ne disent pas le contraire. Collet (1) avoue que cette dernière raison a une grande force, « quia non solent Episcopi in statutis suis a gra-
» viorum theologorum *torrente* recedere, nisi id exprimant.
» Et vero ubi legum ab ipsis sancitarum sensus inquiretur, nisi
» in probatioribus magistris quorum lectionem assidue com-
» mendant? » Toutefois il tient l'autre sentiment qu'avaient adopté, dans leurs statuts, les Evêques de S.-Malo, de Paris, de Blois et d'Evreux.

Tournely (2) et à sa suite quelques théologiens font une distinction, selon qu'on s'est confessé à celui qui a le pouvoir ordinaire, ou à celui qui n'est que délégué : dans le premier cas, la réserve cesse, elle ne cesse pas dans le second : « Nam
» habens hujusmodi potestatem potest solummodo absolvere
» sacramentaliter et non extra sacramentum, unde si extra
» sacramentum tollere velit reservationem, nihil operatur : at
» non absolvit sacramentaliter quando pœnitens invalide con-
» fessus est. » Ce sentiment, qui pourrait paraitre vrai en spé-culation, ne doit pas néanmoins être suivi en pratique, parce qu'en vertu de la coutume appuyée sur l'enseignement des Docteurs, le supérieur est censé ôter la réserve quand la con-fession est faite à un délégué, comme si elle avait été faite à lui-même (3).

(1) *De pœnitentia*, part. II, cap. 8, n. 578.
(2) *De pœnitentia*, quæst. X, art 4, quær. 6.
(3) V. S. Alphons. Lib. VI, tr. 4, n. 598.

Enfin la troisième opinion que S. Alphonse appelle fort probable soutient avec Holzmann, Viva, Lacroix, Roncaglia, que la réserve demeure, parce que l'intention du supérieur n'est pas que le pécheur retire un avantage de son iniquité. Mais on répond à cela que ce n'est pas de son iniquité que le sujet tirerait de l'avantage, mais de l'aveu sincère de sa faute, puisqu'on suppose qu'il l'a accusée.

On comprend par ce court exposé, que c'est ici une question d'intention. Les statuts diocésains doivent être consultés avant tout, pour voir s'ils renferment quelque chose sur ce point. Si rien n'y est indiqué, il faudra en pratique suivre la dernière opinion, en sorte que nous devons approuver le vicaire de la conduite qu'il a tenue dans le cas proposé. En effet sa juridiction n'était que probable, et avec une juridiction seulement probable, on ne peut donner l'absolution, puisque ce serait s'exposer à conférer invalidement un sacrement. On objectera peut-être que l'Eglise supplée ici à la juridiction; mais nous répondons que nous ne sommes pas dans le cas d'une raison grave telle que réclament les auteurs, et que d'autre part le principe des théologiens doit être singulièrement modifié d'après les réponses de Rome (1). Nous croyons donc que le vicaire a agi sagement et qu'il a bien fait de surseoir à l'absolution, pour demander de nouveaux pouvoirs.

Toutefois nous devons avouer qu'un auteur, le seul que nous ayons trouvé qui s'est occupé de notre cas, a donné une solution opposée, en s'appuyant sur un rituel diocésain : ce théologien est Vernier, et voici comment il s'exprime (2). « Attamen » si confessarius qui ex facultate sibi pro uno casu concessa,

(1) V. *Mélanges*, 5ᵉ série, pag. 30, *note*.
(2) *Theologia practica*, num. 101, nota 4° in addit. pag. 80.

» semel dedit absolutionem, deprehendat pœnitentem emisisse
» confessionem nullam, videtur posse eum iterato absolvere,
» quia non est usus realiter sua potestate in absolutione nulla,
» ac proinde potestas illa perseverat. *Manuale Genevense.* »

CONSULTATION V.

Reverendi Domini.

In *Compendio theol. moral.* **P. Gury,** inter alia laxiora habetur
sequens, pag. 49, art. 2, de legibus : satisfacit qui missam audiendo
alicui cogitationi vanæ gloriæ vel luxuriæ *adhæret,* vel qui audiens
missam intentionem habet furandi. Item pag. 153, de præc. eccles.
satisfaciunt qui voluntarie distrahuntur etiam tempore *toto* sacri, etc.;
et distinctionem facit inter confabulantem et aliter distractum, cum
tamen juxta idem principium confabulans æque ac aliter distractus
posset satisfacere modo exterius, aut materialiter attendat, etc.

Abstractim a gradibus probabilitatis et modo impletionis legum et
affectu erga peccatum (quæ hic, ne longior sim, discutere non est necesse) : peto an et quomodo opinionem hanc sanæ mentis theologus
sustinere aut confessarius in praxi sequi possit ? Cum ista auditio
missæ non solum non sit actus religiosus quem requirit Ecclesia, sed
potius quasi irrisio aut profanatio augustissimi sacrificii. Insuper an non
est contra constantem mentem Ecclesiæ et communem sensum theologorum, et fidelium omnium, et proin piarum aurium offensiva, etc. ?

Liceat mihi hac occasione in memoriam vestram revocare litteras ex
vero zelo et amore erga SS. Sacram., etc., ad vestras Reverentias abhinc
circiter semiannum missas de modo distribuendi S. Commun. et de
SS. Particulis non deperdendis; scriptor et omnes ejus amici valde desiderant, ut si vobis necdum vacet desuper ex professo agere, saltem illas
laudatis vestris miscellaneis inserere dignemini, quatenus interea ad
majorem honorem et reverentiam augustissimi sacramenti aliquantulum
contribuere valeant.

Cum maxima reverentia et gratitudine permanemus.

Humillimi vestri famuli.

Tout en rendant justice aux saintes intentions de nos honorables confrères, nous ne pouvons pas cependant condamner
l'enseignement du P. Gury, sur le sujet proposé, puisque nous
voyons ce sentiment adopté par de grands théologiens, Coninck (1), De Lugo (2), Lacroix (3), et que S. Alphonse n'ose
pas le réprouver (4). Ces auteurs prétendent que l'Eglise ne
demande des fidèles que l'attention *externe*, nullement l'attention *interne*, et d'après ce principe il est évident qu'on peut être
distrait volontairement pendant toute la Messe, s'appliquer à
dessein à une pensée de vaine gloire ou de luxure, et néanmoins
satisfaire au précepte de l'Eglise, puisqu'on a fait tout ce qu'elle
exige. Nous ne prenons pas la défense de cette opinion ; au
contraire, elle nous répugne. Car l'Eglise, en ordonnant aux
fidèles d'assister à la Messe les dimanches et jours de fêtes,
prescrit un acte de religion. Or, peut-on regarder comme un
acte religieux celui par lequel on offense Dieu ? Quoique tel
soit notre avis, quoique nous n'admettions pas le sentiment de
Gury, nous n'osons cependant pas le condamner.

Il y a plus. Quelques théologiens, qui soutiennent en principe que l'attention *interne* est aussi requise pour satisfaire au
précepte de l'Eglise, posent les conclusions que rapporte Gury.
Ainsi Reuter écrit (5). « Qui voluntarie est distractus toto tem-
» pore sacri, modo attendat, quod fieri posse constat experientia
» quæ docet nos posse de pluribus simul cogitare, probabiliter
» satisfacit præcepto Ecclesiæ ; peccat tamen venialiter propter
» irreverentiam saltem, si simul oret. »

---

(1) *De Sacramentis*, 3 p. q. 83, n. 291.
(2) *De Eucharistia*, disp. 22, sect. 2, n. 27.
(3) Lib. III, part. I, n. 650.
(4) Lib. IV, tr. 3, n. 313.
(5) *Theolog. moral. quadripart.*, part. 2, t. 4, n. 282, 4°.

Au surplus, remarquons que tous les auteurs reconnaissent
que si par une telle assistance on a satisfait au précepte de
l'Eglise, il y a cependant une faute vénielle, et cette faute, dit
Coninck (1), est contre le précepte divin naturel. « Quicumque
» vult audire sacrum, sive præceptum sit, sive non, tenetur jure
» naturali divino habere internam devotionem. Est communis et
» per se patet. Quia est contra reverentiam Deo tantisque my-
» steriis debitam, iis vagabundo animo interesse. Si tamen absit
» scandalum aut comtemptus, distractio ex hac parte non est
» peccatum mortale, etiamsi exterius appareat. » Il ne faut donc
pas comprendre l'assertion de Gury en ce sens qu'il n'y aurait
pas de péché à s'adonner volontairement à des pensées étrangères pendant toute la Messe, car ainsi entendue elle serait réellement contraire au sentiment des théologiens et à la persuasion
des fidèles ; mais qu'avec des distractions volontaires on peut
satisfaire au précepte de l'Eglise, abstraction faite du précepte
naturel divin dont parle Coninck.

Voilà, nous semble-t-il, comment il faut expliquer le passage
qui d'abord parait choquant, de l'excellent manuel de Gury.
On comprend que ce théologien n'a pu, dans un si court
résumé, donner toutes les explications désirables, et qu'une
connaissance approfondie et raisonnée de la théologie demande
encore d'autres études (2).

Nous donnons ici le texte de la consultation sur la Ste. Communion. Elle reviendra bientôt dans un article spécial sur ce
sujet.

---

(1) *Loc. cit.*, n. 297.
(2) Le *Compendium de Gury* vient d'être réimprimé à Liége, en 2 vol.
in-12, chez l'éditeur des *Mélanges*; l'édition en est très-belle et ne laisse
rien à désirer.

CONSULTATION VI.

Très RR. Messieurs,

Vous avez bien démontré l'obligation *sub gravi* d'avoir toujours une lampe allumée devant le S. Sacrement, le plus auguste mystère de notre S. Religion ; mais malgré toutes vos preuves, combien d'églises dans les paroisses rurales sont sans lampe ni lumière devant le S. Sacrement ! Peut-on encore excuser MM. les curés, ou par la bonne foi, ou par la pauvreté de leurs églises, ou par la crainte des voleurs, etc. ?

Vous avez aussi indiqué la meilleure manière de purifier le S. Ciboire, et j'oserais dire la seule la plus sûre, en traitant des choses si saintes et si délicates ; mais, Messieurs, à cette occasion j'ai un point à vous proposer, un point de la plus grande importance que je vous prie par l'amour de J.-C. présent dans le S. Sacrement, d'agréer et de traiter dans votre prochaine livraison, comme l'important sujet en est digne ! Il s'agit de la distribution de la S. Communion. Oh ! comme il est à craindre, combien de S. parcelles se perdent, tombent par terre, sont foulées aux pieds ! Est-ce qu'il n'y a pas moyen d'y pourvoir ? Vous direz peut-être, que les rubriques en parlent et prescrivent des précautions... Mais, 1° combien de fois les rubriques ne sont-elles pas observées ! 2° Supposé qu'elles le soient, peuvent-elles tout prévenir ? et entretemps combien de S. parcelles se détachent des SS. Hosties pendant la distribution avant qu'elles touchent la langue des communiants ! Pour moi, qui suis depuis près de 30 ans dans le ministère, j'ai eu souvent l'occasion d'en faire l'expérience. Par exemple à la première communion des enfants, il y a un assistant avec la patène, et presqu'à chaque fois, il se trouvait des parcelles sur la patène ! et alors tout se fait avec une sainte lenteur et tout le soin possible... Qu'est-ce donc dans les cas ordinaires sans patène ?

N'y aurait-il donc pas un bon moyen pour éviter cet inconvénient plus que déplorable ; par exemple, par une sorte de patène détachée, ou attachée au S. Ciboire, ou par une autre forme de Ciboire, par exemple, sans pied ou plus plat, de sorte qu'on pût s'approcher davantage de la langue, etc., et empêcher ainsi que toutes les S. parcelles se perdent et tombent (*).

Dans plusieurs communautés religieuses il y a une espèce de patène à chaque communion. Aussi je me rappelle très-bien, que j'ai lu, il y a quelques années, avec satisfaction l'ordonnance d'un Evêque, qui prescrit de distribuer la S. Communion, de telle manière qu'aucune parcelle ne puisse se perdre, par un moyen semblable à celui que je propose ; ainsi donc vous voyez que mes craintes ou suppositions ne sont point imaginaires, et je voudrais de tout mon cœur que l'on en fît l'expérience : par exemple, pendant le temps pascal en donnant la S. Communion à une centaine ou cinquantaine de personnes, et puissent mes suppositions être imaginaires !

De grâce donc, très RR. Messieurs, vous qui traitez tant de questions importantes, prenez aussi à cœur celle-ci, en la traitant à fond ou par quelques autres éclaircissements touchant les moyens en question.

Pardon, Messieurs, si cet écrit n'est pas mieux rédigé, il me suffit que vous en compreniez le sujet qui réclame assez en sa faveur.

J'ai l'honneur d'être, etc.

V. T. H. S.

CONSULTATION VII.

Messieurs,

Je vous prie d'avoir l'obligeance de traiter dans une de vos prochaines livraisons les trois questions suivantes :

I. Estne legitima consuetudo in hac diœcesi vigens, qua, Feria V^a hebd. maj. a processione usque ad Vesperam, et Feria VI^a in Parasc. a mane usque ad finem officii, exponitur SS. hostia consecrata in calice cum velo patenter, non vero in capsula obserata, ut præscribit Missale Romanum ?

(*) Autrefois les patènes étaient très-grandes et on s'en servait pour distribuer la S. Communion.

II. Decani hujus diœcesis visitantes ecclesias percipiunt duos florenos
Hollandiæ præter victum a pastore loci ipsis datum. — An jus habent
ad utrumque scilicet ad pecuniam et victum ?

III. An *indiscriminatim* rebaptizandi sunt *omnes* infantes ab obstetri-
clbus baptizati ?

Nous avons traité ces questions dans nos conférences cantonnales ;
mais les sentiments ont été fort partagés.

Vous me ferez une chose très-agréable en traitant ces questions avant
le jour de la distribution des Saintes huiles. — Nous ne serons pas
réunis avant cette époque.

Agréez, etc.   *Un abonné.*

I. La réserve de l'Eucharistie au Jeudi-Saint se faisait au-
trefois sans grande pompe. Dans les anciennes coutumes de
Cluni écrites par Ulric, on lit que pendant les Vêpres, le
Célébrant, accompagné de quelques flambeaux, va porter le
S. Sacrement derrière l'autel (1). « Interea vero reconditur
»Dominicum Corpus a sacerdote retro altare. Ponitur in pa-
»tena aurea (2) et patena inter scutellas aureas et adhuc
»scutellæ inter tabulas argenteas quæ factæ sunt ad textum
»Evangelii. Eo autem quo ab altari portatur cum cereis et
»cum plurimo incenso. » Le lendemain on allait reprendre le
ciboire *cum incenso et candelabris duobus.* Dans les anciens
us de Citeaux, le Jeudi-Saint, après que les religieux ont communié, on réserve pour le lendemain une partie de la communion dans le ciboire qui est suspendu au-dessus de l'autel.

Dans les statuts de Lanfranc, il est ordonné de préparer un

(1) *Consuetud. Cluniac.,*lib. I, cap. 12; ap d'Achery, Spicileg., t. IV,
p. 54; Ulric les recueillit vers l'an 1100.

(2) Cette patène creuse remplaçait nos ciboires d'aujourd'hui, et elle
se plaçait, selon le texte, entre des écuelles ou plats d'argents.

lieu destiné à conserver l'Eucharistie : *Ad locum constitutum decentissime præparatum*. Il y parle aussi de la procession. « Interea præcedente processione... incensato ipso loco et ante » repositionem et post repositionem, ante quem locum tamen » continue ardeat ; » mais cette procession n'était que du Célébrant avec ses officiers et ses acolytes qui portaient les cierges et l'encens, car le clergé restait au cœur : *Interim conventus sedet in choro*. Dans l'Ordinaire des Chartreux, il est ordonné qu'on serre l'Eucharistie dans le même lieu où elle a coutume d'être gardée au grand autel, et l'on y défend de parer des sépulcres et des autels comme font les séculiers, parce que cela ne convient point à leur solitude. « Eucharistia reponatur in » loco consueto majoris altaris, prohibentes fieri pro ea reser- » vanda more sæcularium monumenta, vel alios apparatus » nostræ solitudini non convenientes. »

Dans le livre des offices de Jean d'Avranches, mort en 1079, il est dit que le jour de la Cène, on consacrera plusieurs hosties pour la communion du clergé et du peuple, et qu'on réservera la moitié de ces hosties, sans vin, pour le lendemain ; que ces hosties seront honorablement portées par le Célébrant et ses ministres en procession, c'est-à-dire, avec des cierges et de l'encens, sur quelque autel où on les enveloppera de linceuls très-propres, et qu'il y aura toujours de la lumière devant cet autel. « Ipsæ hostiæ a sacerdote et ministris altaris indutis cum » processione, scilicet cum cereis et incenso super quoddam » altare honorifice deportentur, ubi cum nitidissimis linteami- » nibus optime recondantur (1). »

Durand, Evêque de Mende, qui explique avec un si grand détail toutes les cérémonies religieuses de son temps, se borne

(1) V. *Traité de la Messe et de l'Office divin*, Paris 1713, pag. 322.

à dire sur celle qui nous occupe, qu'il faut réserver le saint Sacrement pour le lendemain (1). Beleth s'arrête aussi à cette
stricte notion, et n'entre dans aucun détail (2).

Que conclure de tout ce qui précède? C'est que le but véritable et même unique de la cérémonie du Jeudi-Saint est de
renfermer le S. Sacrement, pour qu'il serve à l'office du lendemain. La décoration de l'autel appelé improprement sépulcre,
la procession, le grand nombre de cierges allumés, tout cela
n'est qu'un appendice ajouté depuis peu de siècles, et Gavantus (3) nous assure qu'on ne trouve la procession indiquée dans
aucun Missel avant Pie V.

Que conclure encore de là? C'est qu'une coutume locale
pourra prévaloir plus facilement par rapport au rite de la procession, ou à l'ornementation de l'autel, que relativement à la
réserve même du S. Sacrement, c'est-à-dire, à la manière dont
il est renfermé, puisque celle-ci est le but véritable de toute la
cérémonie.

D'où nous tirerons cette conséquence finale que la coutume
ne peut pas prévaloir de ne pas enserrer le S. Sacrement dans
un tabernacle au jour du Jeudi-Saint, non-seulement parce que
c'est contre le Missel Romain, mais aussi parce que si la Sainte
Hostie n'est pas renfermée, la cérémonie tout entière n'a plus
d'objet, ou du moins n'a plus son objet unique et réel.

Ajoutons encore qu'il est contre le Rituel Romain, et contraire à la vénération due au S. Sacrement de laisser le S. Sacrement non renfermé dans le tabernacle. Nous avons parlé
ailleurs de ce point et montré quelle grave obligation incombe

_____

(1) *Ration. divin. offic.*, lib. **VI**, cap. 77, n. 39.
(2) *Divinor. offic. explic.*, cap. 97. Il vivait dans le 12ᵉ siècle, et Durand dans le 13ᵉ.
(3) *Comment. in rubr. Miss.*, part. **IV**, tit. 8, n. 9, *h.*

au curé de garder prudemment la clef du tabernacle (1). Vous direz que le soir vous remettez le S. Sacrement dans le tabernacle ou à la sacristie. Mais c'est là ajouter une cérémonie nouvelle et pratiquer un rite inusité dans l'Eglise. Encore une fois n'oublions pas que la procession du Jeudi-Saint n'a qu'un seul but, de renfermer le S. Sacrement jusqu'au lendemain. On l'a vù par tous les extraits des anciens usages monastiques que nous avons cités, on le voit encore dans les cérémoniaux des Carmes déchaux, anciens et modernes (2), dans le Cérémonial des Prémontrés (3), etc., qui tous se conforment au Missel Romain. Le Cérémonial des Capucins de la province Alsacienne en diffère un peu, mais encore veut-il que le S. Ciboire qu'on porte, au lieu du calice, soit renfermé par deux rideaux qui se rejoignent (4).

Nous pensons donc qu'on doit éliminer la coutume dont parle notre respectable abonné, et observer le Missel et le cérémonial. C'est au reste ce qu'avait déjà décidé la Congrégation des Rites (5).

II. Le législateur a fixé les droits de l'Evêque qui visite son diocèse. « Qu'ils prennent garde, dit le concile de Trente, pen-» dant la visite, de n'être incommodes ni à charge à personne » par des dépenses inutiles ; et qu'eux, ni aucun de leur suite, » sous prétexte de vacation pour la visite, ou de testaments dans » lesquels il y a des sommes laissées pour des usages pieux, ou » sous quelque autre titre que ce soit, ne prennent rien, soit » argent, soit présent, quel qu'il puisse être, et de quelque

---

(1) V. *Mélanges*, 4ᵉ série, pag. 361.
(2) *Ordin. seu Cærem. Carmel.* 1735, pag. 127. *Manuale div. off.* 1649, pag. 64.
(3) *Ord. Præmonstr.* 1738, pag. 351, 364.
(4) Strasbourg, 1755, pag. 47 et 50.
(5) V. *S. R. C. Decreta*, V. *Feria V*, § 1, n. 6.

» manière qu'il soit offert, nonobstant toute coutume, même de
» temps immémorial, excepté seulement la nourriture, qui leur
» sera fournie, à eux et aux leurs, honnêtement et frugalement,
» autant qu'ils en auront besoin pour le temps de leur séjour,
»'et non au-delà (1). » L'Evêque n'a donc droit qu'à une nourriture honnête et frugale. Les droits du délégué, c'est-à-dire
du doyen, ne sont pas certainement plus étendus que ceux
de l'Evêque. Il ne peut donc exiger autre chose que la nourriture, et ce nonobstant toute coutume contraire, comme l'établit
le concile de Trente.

Bien plus le visité peut se libérer de cette obligation en donnant au visiteur la somme fixée par la taxe ou coutume diocésaine. Le concile de Trente lui accorde ce droit : « Il sera
» pourtant à la liberté de ceux qui seront visités de payer en
» argent, s'ils l'aiment mieux, suivant la taxe ancienne, ce
» qu'ils avaient accoutumé de payer, ou de fournir la dite nour-
» riture. » *Ibid.*

Si le visiteur viole ces règles, il est obligé, dans le courant
du mois, de restituer le double de ce qu'il a reçu. S'il ne le fait,
et s'il est revêtu du caractère épiscopal, l'entrée de l'Eglise lui
est interdite, jusqu'à ce que la restitution ait été effectuée;
mais s'il est inférieur à l'Evêque, il encourt la suspense *ab
officio et a beneficio*, jusqu'à ce qu'il ait entièrement satisfait le
curé lésé (2).

III. La question qui nous est proposée ici étant de la plus
haute importance, nous nous proposons de la traiter plus tard
en détail. Il suffira pour le moment de répondre qu'il est dé-

(1) Sess. **XXIV**, cap. 3, *De reformatione.*
(2) Conc. Trid., *ibid.*, et cap. 2, *De censibus, exactionibus et procura-
tionibus*, in 6.
Il y a, à ce sujet, une décision spéciale du Saint-Siége, en réponse à
une consultation de feu Mgr l'Evêque de Liége. Voir son Mandement du
22 janvier 1847.

fendu, que c'est un péché très-grave auquel, selon Benoît XIV
et le Catéchisme Romain, est jointe l'irrégularité, de rebaptiser,
même sous condition, les enfants déjà ondoyés, à moins qu'il
n'y ait un doute véritable de la validité du baptème (1).

Voici sur cette question la doctrine du nouveau synode de
Liège, doctrine qui peut et doit servir de guide (2). « Circa
» iterationem baptismi observandum 1° loco, quoties constat
» baptismum valide collatum esse, *vel fundata deest ratio de*
» *illius valore dubitandi*, non possse sine sacrilegio sacram
» ablutionem iterari, *etiam sub conditione*, imo incurrere irre-
» gularitatem qui sciens et volens id attentaret ; 2° loco, proba-
» bilem dubitationem hodiedum *plerumque* adesse, dum infans
» ab obstetrice baptizatus dicitur ;.... unde nisi parocho, re
» diligenter investigata, constet omnia fuisse ab obstetrice rite
» peracta, baptizati ab illa sub conditione sunt denuo baptizandi.
» Casu, quo parocho inquirenti, an mulier omnia rite perfe-
» cerit, nullum dubium morale de valida sacramenti collatione
» supersit, nihil aliud in ecclesia præstare poterit, nisi cære-
» monias supplere. » Il est donc *nécessaire, indispensable,* que
le curé fasse une enquête, et qu'il dirige sa conduite d'après
les renseignements qu'il aura obtenus. Celui qui la négligerait
volontairement pécherait gravement d'autant qu'il s'expose sans
motif à commettre un sacrilège.

Il serait inutile d'invoquer ici, à l'appui de sa conduite, le
texte d'anciens rituels, par exemple de Malines, de Tournay ;
ils ont tous été corrigés sur ce point, et sans doute ce n'est pas
sans raison que ces corrections ont été faites. En outre la coutume ne peut jamais prévaloir ici, puisque la non réitération du
baptème est de droit divin.

(1) V. Bened. XIV, *Instit.* VIII, n. 6, et *S. R. C. Decreta,* V. *Baptisma.*
(2) *De iteratione baptismi,* n. 141.

CONSULTATION VIII.

Dans votre 1ʳᵉ série, p. 248, vous avez indiqué les règles à suivre pour la translation des fêtes qui tombent le même jour : mais outre cette difficulté, le patron de la paroisse en fait très-souvent naître une autre, savoir d'assigner des jours fixes aux fêtes transferées par l'office du patron et de son octave, et les règles d'occurrence ne suffisent pas toujours pour la solution des cas embarrassants qu'on y rencontre. Je crois que vous feriez une chose fort utile à un grand nombre de vos abonnés en indiquant la marche à suivre pour ces fixations de jours souvent très-difficiles. Voici un exemple entre mille.

1. Les Bénédictins ont fait d'ancienne date le 17 septembre l'office double de Ste. Colombe : les stigmates de S. François furent fixés au 22. Ensuite l'office de S. Joseph de Cupertino ayant été fixé au 18, quel jour doivent-ils faire l'office de S. Thomas de Villeneuve? le 22 ou le 25 ? Et dans le diocèse de Liége où l'on fait le 17 l'office de S. Lambert de 1ʳᵉ classe sans octave, dans quel ordre doit-on fixer les offices de Ste. Colombe, S. François et S. Thomas? le 26 est un jour libre.

2. Dans votre 2ᵉ série, à la fin de la page 493, vous donnez un décret relatif à la translation des fêtes qui ont une octave : ce décret n'est-il pas modifié par un décret postérieur cité par M. De Herdt? (tom. 2, p. 337.)

3. Dans votre 4ᵉ série, p. 471, vous combattez l'opinion de Janssens; mais ne doit-on pas l'admettre aujourd'hui en vertu du décret du 23 mai 1846 (Decreta 2ª ed. Leod. p. 185, col. 2). Et relativement à ce décret qui ne parle que des offices diocesains, doit-on dire la même chose des offices propres à l'église paroissiale desservie par un religieux, par exemple, la dedicace, le titulaire, et autres semblables exclusivement propres à l'église? et que doit-on penser de l'office du patron local, lorsqu'il est distinct du titulaire de l'église paroissiale? Il me paraît que le curé ou vicaire en question doit reciter ces offices et leurs octaves, et que le décret précité ne parle pas de ce cas.

4. Je viens de parler de l'ouvrage de M. De Herdt : je vous prie de continuer de l'examiner ligne par ligne, et d'indiquer toutes les inexactitudes qui s'y trouvent, parce que cet ouvrage me paraît destiné à exercer une influence assez grande, et qu'il est loin d'être parfait, surtout pour ce qui regarde les céremonies. L'auteur, n'ayant jamais vu l'Italie, est fort entiche de tout ce qu'il a vu pratiquer-ailleurs : par exemple, pag. 18, du tome 2, il prouve à sa manière par le Cérémonial

des Evêques que celui qui fait l'office de cérémoniaire à l'autel, peut porter un bâton à la main. Mais il a vu le Cérémonial à travers le prisme de ses préjugés, sans quoi il l'aurait mieux compris. Page 63 du même tome, il dit que l'Evêque assistant à la messe solennelle doit être assisté par deux prêtres : c'est là un abus, car le Cérémonial exige deux diacres et un prêtre pour assistants. A la page suivante, il assigne la place de ces assistants, pour commencer la messe, toujours selon certains usages, mais la Congrégation des Rites (2653 ad 6, et 4520 ad 15) l'assigne d'une autre manière. Et qu'on ne dise pas pour excuser toutes les inexactitudes, qui fourmillent dans ce livre, que c'est la coutume : car 1° il y en a parmi ces coutumes qui ne sauraient être admises, comme expressément contraires au Cérémonial et au Décret de la Congrégation des Rites : par exemple, l'usage de ne donner à l'évêque que deux assistants prêtres a été formellement rejeté (voyez *inter decreta antiquiora*, j'ai oublié le n°). Et quand même on supposerait ces coutumes légitimes, il serait toujours vrai qu'au lieu d'un ouvrage *secundum ritum romanum*, ce ne serait plus qu'une compilation *secundum usus locales*. Sur le rapport donc des cérémonies, je crois que l'ouvrage de l'abbé Favrel (édit. Casterman) est de beaucoup préférable à celui de M. de Herdt. Agréez, MM., je vous prie, etc.

I. Les règles à observer dans la fixation ou la translation des nouveaux offices sont très-difficiles à bien définir, et M. De Herdt, qui les a résumées dans son ouvrage (1), ne les a pas traduites en langage fort intelligible.

Voici en deux mots ce qui découle des décrets rapportés dans le recueil alphabétique des décrets de la Congrégation des Rites (2). Si l'office que l'on faisait auparavant ne se fait pas en son jour propre, il se transfère encore plus loin, dans deux cas : 1° lorsque le nouvel office est d'un rit plus élevé, 2° ou qu'il est placé en son jour propre. Dans les autres hypothèses il conserve sa place. Mais si l'office se faisait en son jour propre, il n'est déplacé que par un nouvel office d'un rit plus élevé et fixé en son jour véritable.

(1) Tom. 2, part. 4, n. 30.
(2) V. *Occurrentia*, § 2, n. 20 et *Translatio*, § 1, n. 5.

Ces deux règles sont bien claires et suffisent pour la solution de tous les cas. Prenons pour exemple ceux qui nous sont proposés. Dans le premier, S. Thomas de Villeneuve, doit se faire le 25, puisqu'il est lui-même transféré et qu'il n'est pas d'un rit plus élevé que S. François. Dans l'autre, Ste. Colombe a pu être fixée au 22, S. François au 25 et S. Thomas au 26. Mais si, par exemple, Ste. Colombe avait été primitivement placée au 18 et avait dû être transférée par la fixation de S. Joseph de Cup. en son jour propre, il pourrait arriver que cette Sainte serait remise au 25 ou au 26, selon le temps où cette translation a été faite.

II. Le nouveau décret auquel on fait ici allusion a été rapporté en regard du précédent dans l'ouvrage cité plus haut (1) et l'on peut y voir qu'ils sont tout à fait contradictoires. Quel est celui auquel il faut donner la préférence? Au plus récent, dira-t-on. Cela est vrai en règle générale. Cependant ici il nous reste quelque doute, parce que le premier est conforme aux rubriques, tandis que le second semble renfermer un privilége. Il nous semble qu'on ferait bien de représenter ces deux décrets à là Congrégation des Rites en lui demandant auquel des deux on doit tenir.

III. La doctrine que nous défendons 4ᵉ série, p. 471, est compatible avec le décret du 23 mai 1846. Celui-ci oblige les réguliers qui sont préposés à la conduite des paroisses, en qualité de vicaires ou de curés, à dire la Messe aux jours de fêtes, selon le calendrier diocésain, quoiqu'ils conservent l'office de leur ordre. Dans notre question au contraire il s'agissait d'un régulier qui, une fois en passant, allait faire les fonctions pastorales dans une paroisse, et nous disions qu'il pouvait, mais qu'il n'était pas prouvé qu'il dût se conformer à la Messe du diocèse et du lieu. Toutefois nous devons bien reconnaitre que l'opinion soutenue par notre respectable abonné puise une force nouvelle dans le décret qu'il invoque, et que, tout bien considéré, nous suivrions son sentiment en pratique.

(1) V. *Translatio*, § 2, n. 4.

Il nous paraît aussi que le curé ou vicaire régulier est tenu, tout comme le serait un séculier, aux offices propres du lieu ou de la paroisse, puisque cette obligation lui incomberait à raison des fonctions qu'il remplit. Que si le patron du lieu est distinct du titre de l'église, le curé régulier doit-il en faire l'octave? Bien que les décrets défendent aux religieux et religieuses de faire l'octave du patron du lieu qu'ils habitent, nous croyons cependant que le curé ou vicaire régulier y serait tenu; car la défense signalée plus haut est faite pour les communautés, les couvents, monastères, etc. S'il convient que les réguliers observent la fête du patron local, à cause de la fériation qu'il y a dans le peuple, il leur sied peu de faire l'octave de la fête, puisqu'ils sont dans un lieu comme n'y étant pas. Il n'en est pas de même d'un curé ou vicaire, lequel est fixé, attaché au lieu, qui a besoin d'une protection spéciale du patron en faveur de ceux qui lui sont confiés, et qui a droit à l'obtenir. C'est du reste simplement ce que nous pensons, nous n'avons que cette raison pour appuyer notre sentiment.

IV. Les reproches que notre correspondant adresse ici à M. De Herdt, quoiqu'ils soient fondés en partie, sont trop généralisés, nous semble-t-il; et ce rubriciste, malgré les défauts de son œuvre, a rendu un grand service à la science. Nous n'avons ni le loisir, ni la volonté de repasser ligne par ligne les trois tomes de la *Liturg. prax.* comme nous y sommes conviés, ce serait trop nous écarter du but de notre publication. Que notre respectable abonné entreprenne, lui, un semblable travail; il en est bien capable, et il s'attirera les bénédictions de tous les vrais amis de la liturgie.

Quant à l'abbé Favrel, nous n'en avons pas du tout la même opinion que notre respectable abonné. Baldeschi, l'original, n'est pas très-détaillé et de plus il s'écarte souvent du sentiment général des liturgistes. Mais il y a un autre défaut, un défaut capital dans Favrel, c'est qu'il ne traduit pas exactement, et qu'il se permet de toucher au texte, sans s'y connaître assez. Ce n'est pas le lieu de nous étendre là dessus; mais nous devons prouver notre assertion. Le *devant d'autel* est toujours traduit par *les parements*, terme impropre et insignifiant. Il y a des contre-sens ou des inexactitudes, pages 285, n. 25, 26, 289, n. 21, et ailleurs. Page 89 à la fin du num. 9, il s'est permis d'altérer le texte très-exact de Baldeschi, et de le remplacer par une doctrine fautive. Il accuse encore l'auteur de n'avoir pas donné certaines rubriques, comme celles du servant de Messe, des chapiers aux vêpres; or, ces rubriques se trouvent parfaitement détaillées dans Baldeschi et sont beaucoup plus correctes que dans la traduction. Enfin, l'abbé Favrel, qui a ajouté nombre de notes à l'auteur, ne paraît avoir consulté qu'un seul auteur, Mérati. Or, comment est-il possible d'éditer un cérémonial, sans posséder ou consulter ceux qui ont écrit sur cette partie ?

CONSULTATION IX.

Minime dubito quin resolvere velitis tres seqq. casus.

1us Missa in honorem B. M. V. petitur infra illius octavam, casu quo missa de illius octava sumi debet ; an *Gloria* et *Credo* dici debent?

2us Si officium fiat de octava alicujus sancti et de eo petatur missa ; an *Gloria* et *Credo* dicenda, et quænam missa sumenda ?

3us Si infra octavam alicujus sancti, vel infra octavam B. M. V. occurrat festum semiduplex et petatur missa de sancto de quo fit octava, vel de B. M. V. de qua quoque fit octava , an addi debet *Gloria* ratione festivitatis ?

I. On suppose, dans le premier cas, que l'on doit dire une Messe votive de la Ste. Vierge, en un jour d'une octave d'une des fêtes de la Ste. Vierge, et que d'après son calendrier on a récité l'office de l'octave.

Il est clair que dans cette supposition, on doit dire la Messe de l'octave avec *Gloria* et *Credo*, puisque alors la Messe est conforme à l'office. La Congrégation des Rites l'a du reste décidé récemment.

An in Sabbatis in quibus occurrit B. Mariæ Virginis quævis festivitas, aut infra octavam ejusdem celebrari debeat Missa ejusdem festivitatis, aut votiva, vel non votiva, an vero semper missa *Egredimini*, ut in Brevi assignatur?

S. C. rescripsit : Affirmative ad primam partem, nempe, celebrandam

Missam festivitatis, aut de infra octavam, tanquam non votivam, si de eadem octava recitetur officium ; si vero recitetur officium alterius festi, celebrandum esse pariter Missam de infra octavam, sed more votivo. Negative ad secundam partem. Et ita declaravit et servari mandavit. Die 26 januarii 1793 in Bahien. ad 2 (1).

Or, il est évident que si l'on dit la Messe de l'octave *tanquam non votivam*, il y aura *Gloria* et *Credo*. Guyet, qui a écrit long-temps avant le décret cité, a très-sensément résolu la question (2). Il fait observer que si l'on voulait dire alors une Messe votive, la seconde oraison qui doit toujours, selon les rubriques, être conforme à l'office, serait encore de la Ste. Vierge : ce qui est contre les règles. « In quibuscumque igitur Ecclesiis Missa una » de B. Maria quotidie solet celebrari, in festis ejusdem B. Vir-» ginis et infra octavas dici debet Missa ipsius festi, cum *Gloria,* » *Credo*, etc., neque enim tunc est votiva, sed vere diei propria. »

Au surplus, puisque c'est la Messe de *la Fête* que l'on dit, comme il n'est pas permis de changer quoi que ce soit au Missel, on devra ajouter *Gloria* et *Credo*.

II. La même résolution doit-elle être donnée, s'il s'agit de la messe votive d'un saint dans les conditions expliquées plus haut? Nous supposons ici que ce saint a droit au *Credo,* car s'il ne l'avait pas, il est évident que le *Credo* devrait être omis. Il nous semble que oui, car *ubi est eadem ratio, eadem est juris dispo-sitio.* La réponse de la Congrégation des Rites n'a pas voulu accorder un privilège aux Messes votives de la sainte Vierge, puisqu'elle est générale et établit un principe qui peut s'appli-quer ailleurs ; et en la lisant on est convaincu que la Con-grégation trouve inconvenant et déplacé qu'on dise la Messe votive d'un saint dont on fait l'octave. C'est aussi le sentiment de Guyet, de Lohner (3), Hagerer (4), Mérati (5) et Halden (6),

(1) Ap. Gardellini, n. 4298.
(2) *Heortolog.*, lib. IV, cap. 21, qu. 9. v. Mérati, tom. I, part. 1, tit. 4, r. 32.
(3) *Instruct. pract. de Sacrif. Missæ*, part. IV, tit. 2, § 1, n. 9.
(4) *Ritus exact. celebr. miss. Append.* Tit. I, § 1, n. 10.
(5) *Loc. cit.*, n. 18.
(6) *Ephemerolog. eccles. rubric.* Part. III, tit. 7, pag. 232.

qui s'exprime ainsi : « Hoc idem cum proportione observandum » est circa Missas votivas aliorum sanctorum habentium octa- » vam. Adeoque si etiam infra horum octavas dici Missas votivas » de ipsis aliqui desiderant, dicenda est *Missa festiva* de die » occurrente infra octavam (si festum 9 lectionum non occurrat), » cum *Gloria,* atque etiam cum *Credo,* si hoc in festo extra » Dominicam sit dictum. Si vero die ejusmodi infra octavam » faciendum sit officium de alio festo 9 lectionum, tunc pariter » dicatur Missa festiva illius sancti, cujus celebratur octava, » cum commemoratione festi alterius occurrentis, verum tamen » *ritu votivo,* id est sine *Gloria* ac sine *Credo* et cum *Benedica-* » *mus* in fine, nec non ultimo Evangelio S. Joannis. »

Le sentiment de ces auteurs n'étant contredit par personne, et s'appuyant sur de fortes raisons, il nous semble qu'on peut le regarder comme vrai et le pratiquer à l'occasion (1).

III. Il est certain aujourd'hui que dans la messe votive de la sainte Vierge qui se dit pendant l'octave de l'une de ses fêtes, on doit prendre la messe de la fête et y réciter le *Gloria,* lors même qu'on fait l'office d'une autre fête à 9 leçons. Nous disons *aujourd'hui,* parce que les auteurs moins récents, Mérati, Hage-rer, Halden, Vinitor, Lohner, et même Janssens et Cavalieri, sur la foi d'un prétendu décret de 1684, enseignaient que le *Gloria in excelsis* n'était dû que le samedi aux messes votives de la sainte Vierge. Tetam (2) et Pavone (3) qui ont eu connaissance du décret de 1744 que nous allons citer, ont évité cette erreur. Mais il n'en n'est pas du symbole comme du *Gloria,* celui-là s'omet toujours. Voici le décret qui fixe ces deux points.

___

(1) De la règle que nous avons donnée, il faut excepter avec Merati, *l. c.,* et Janssens, *Explan. rubric.,* part. 1, tit. 8, n. 16, le cas où la messe se dit de la vigile, quoique l'office ait été de l'octave; par exemple, si l'on demandait une messe votive de S. Laurent à la vigile de l'Assomption. Cette messe serait alors proprement votive, puisqu'elle ne serait pas celle qui est ordonnée par les rubriques. Ce cas rentre ainsi dans le suivant.

(2) *Diarii liturg.,* tom IV, notand. in 11 decembr., n. 3.

(3) *La guida liturg.,* tom. I, n. 192.

Usus pulcherrimus viget in Polonia dicendi vel potius cantandi quotidie per totum Adventum Missam *Rorate* de B. M. V. et quidem solemniter. Quæritur an ista in Missa dicendus sit semper hymnus *Gloria in excelsis*, vel etiam *Credo*, quando Missa diei currentis illud exigat?

Et S. R C censuit respondendum. Tolerari potest Missa votiva cantata B. M. V. toto tempore Adventus, exceptis solemnioribus festivitatibus, dummodo canatur sine symbolo, et solum cum *Gloria in excelsis*, in sabbatis, *et infra octavam ejusdem B. M.* non omissa Missa conventuali.

Ce décret est porté, comme on le voit, pour les messes votives de la sainte Vierge, en est-il de même pour celles des saints, lorsqu'on la demande pendant l'octave de leur fête? Nous ne parlons pas du samedi qui est un jour privilégié pour la Ste. Vierge. Il n'y a pas de décret à notre connaissance qui touche ce point (1), et le sentiment des anciens auteurs tels que Halden cité n. 2, n'est plus recevable puisqu'il part d'un faux supposé : d'un autre côté les auteurs plus récents ne parlent pas de cette difficulté, nous en sommes donc réduits à des conjectures. Pour dire ce que nous pensons, il nous semble que le *Gloria in excelsis* doit être alors récité à la messe. Nous nous fondons sur le décret précité de 1744, qui reconnaît une différence entre les messes votives ordinaires et celles qui sont célébrées pendant les octaves du saint dont on dit la messe. Il est vrai que ce décret ne fait mention que de la sainte Vierge, mais nous ne voyons aucune raison de le restreindre dans ce sens ; d'autant plus que les auteurs étendent aux octaves des saints les dispositions adoptées par la Congrégation, pour les octaves de la sainte Vierge (n. II). Pourquoi le privilège existerait-il ici seulement? Si la faveur du *Gloria* tient à l'espèce de solennité qui accompagne l'octave, pourquoi ne pas l'accorder aux saints comme à la sainte Vierge?

Voilà en peu de mots notre avis. Nous ne voulons pas l'im-

(1) M. De Herdt, qui embrasse aussi le sentiment affirmatif, invoque à l'appui un décret de 1671. Mais ce décret parle d'une autre question, et nous ne croyons pas qu'on en puisse déduire un argument qui ait quelque valeur. *Praxis liturg.* Tom. I, part. 1, n. 10, I.

poser, quoiqu'il nous paraisse fondé sur la raison et sur les règles d'une saine interprétation.

CONSULTATION X.

Messieurs,

Il existe dans plusieurs grands hôpitaux des usages variés au sujet de l'administration des sacrements aux malades, et pour appuyer ces usages on donne des raisons bien plausibles assurément : mais cependant, quelque fortes que soient ces raisons, si les règles sont si positives qu'elles ne puissent être enfreintes sans péché, il est bon ce me semble d'éclaircir tous les doutes à ce sujet : en conséquence étant moi-même chargé d'un hôpital, je vous prie, Messieurs, de répondre avec votre bienveillance ordinaire aux questions suivantes :

1° Est-il permis d'administrer le sacrement d'Extrême-Onction à plusieurs malades à la fois, récitant les prières pour tous, mais en faisant les onctions successivement et à chacun en particulier ?

2• La chose étant permise, doit-on réciter ces prières *in plurali numero*, comme on le fait pour le Saint Viatique (usage adopté par plusieurs Rituels quoique le Rituel Romain n'en parle pas) ?

3° Faut-il sous peine de péché avoir pour les onctions de chaque sens en particulier un peloton d'étoupes ou de coton comme le dit le Rituel, quoiqu'on puisse supposer que St. Liguori en requiert un moindre nombre en raison de l'usage ?

4° L'indulgence *in articulo mortis* se donnant pour l'ordinaire à la suite de l'Extrême Onction, la question peut être la même, ou elle revient en seconde ligne, si cette indulgence est accordée quelque temps après.

Je sais, Messieurs, qu'on peut omettre les prières dans les cas d'urgence, et que rigoureusement parlant, pour la validité du sacrement il suffit de faire une ou plusieurs onctions en récitant la formule *per istam*, etc. Mais, en faisant la question, je demande qu'on y réponde pour les cas ordinaires, quand plusieurs malades se trouvent réunis dans une même salle d'hôpital et paraissent également en danger sans qu'il y ait urgence (ce qui peut arriver aussi dans les maisons particulières, au moment d'une épidémie), lorsque le temps manque, que le service presse, que les médecins attendent et tourmentent, que les malades s'effrayent, que les répondants font défaut, etc., etc.

Peut-être serait-il bon aussi de résoudre une cinquième question, si la première est résolue affirmativement.

5° Peut-oh administrer en même temps le Saint Viatique et surtout l'Extrême-Onction à plusieurs malades placés dans des chambres contiguës, qui sont en communication soit par une porte soit par toute autre ouverture. Ce cas se rencontre assez souvent aussi dans les épidémies, lorsqu'une famille est frappée toute entière, et que les malades sont placés dans différentes chambres, communiquant les unes avec les autres.

Agréez, etc.

Nous ne connaissons aucun auteur qui ait traité les questions sur lesquelles on nous interroge, et cependant elles ne manquent pas d'importance ; en vain nous avons feuilleté les summistes, les casuistes, et les auteurs pratiques, nos recherches n'ont amené aucun résultat. Toutefois nous dirons ce que nous pensons des cas proposés.

Il nous semble qu'on peut administrer le viatique, l'extrême-onction, le baptême, le mariage à plusieurs personnes à la fois, tout comme la confirmation et l'ordre. Le viatique d'abord est-il autre chose que l'eucharistie, et ce sacrement ne s'administre-t-il pas ordinairement à plusieurs personnes ? Il nous paraît aussi que le plus ou moins de proximité des personnes auxquelles on administre le sacrement ne fait rien à la licéité de la cérémonie, pourvu qu'on puisse moralement considérer cette administration comme une même action. Voici une observation de la Congrégation des Rites (1) qui n'est pas sans quelque valeur dans la question présente. « Animadverten-
»dum quod si celebrans pro viatici administratione, intra
»Missam, Altare e conspectu suo amittat, hanc administra-
»tionem non licere. » Ainsi pendant le sacrifice de la Messe, il est défendu seulement de perdre l'autel de vue, quand on administre le viatique.

Qu'il y ait un ou plusieurs malades, le principe reste le même, puisque la Congrégation n'y apporte aucune restriction. Cependant la demande en eût exigé une, étant conçue en ces termes : « An tempore S. Missæ sacrificii in administratione

(1) Die 19 decembr. 1829, ap. Gardellini, n. 4502. ad 1.

»viatici præsertim in xenodochiis liceat ab altare recedere
» usque ad *ægrotorum lectum*, etc. »

Nous croyons donc qu'on peut, sans aucun scrupule, administrer le S. Viatique à plusieurs malades réunis dans une
même salle, ou dans des salles contiguës.

Pour le mariage, tout doute disparaît devant le décret du
S. Office que nous avons inséré ailleurs (1). « Quando plures
» simul copulantur, accepto primo singulorum consensu, et
» rite celebratis singulis matrimoniis, dictaque pro singulis a
» parocho forma *Ego vos*, NIHIL OBSTAT quominus benedictiones
» annulorum et reliquæ benedictiones fiant in communi per
» verba generalia. Die 1 sept. 1841. »

Quant au Baptème, la chose nous paraît claire, en présence
du texte du Rituel Romain. « Si vero fuerint plures baptizandi,
» sive masculi.... et omnia pariter dicantur ut supra, in proprio
» genere, numero plurali. » Baruffaldi, sur cet article (2), exige
une cause très-grave, mais c'est bien arbitrairement, puisque le
Rituel n'en fait aucune mention et qu'il donne les cérémonies
de ce baptème comme une chose usuelle.

Le Rituel ne dit rien qui nous porte à conclure directement
que l'administration de l'Extrème-Onction à plusieurs personnes
simultanément soit licite, mais il ne dit rien non plus qui s'y
oppose; au contraire, parlant de la visite des malades, il ajoute
que « si fuerint plures infirmi in eodem cubiculo, vel loco,
» preces et orationes prædictæ dicantur super eos in numero
» plurali. » Or, si ces prières choisies par l'Eglise pour être récitées sur les malades se peuvent dire au pluriel, pourquoi non
celles qui accompagnent le sacrement d'Extrème-Onction? Et
pourquoi ce sacrement, le seul, ne pourrait-il être administré à
plusieurs malades à la fois? Nous nen voyons aucune raison.

On objectera que le Rituel parle au singulier; mais c'est
pour une bonne raison : ce Sacrement ne s'administre d'ordi-

_____

(1) 2ᵉ série, p. 142. V. aussi *S. R. C. Decreta*, V. *Benedictio*, § 3, note.
(2) *Comment. in Rit. Rom.*, tit. XI, n. 56. Clericati, *de Baptismo*,
decis. 34, requiert aussi une cause très-grave, et pour le prouver, il s'appuye sur le Rituel, qui n'en dit pas un mot.

naire qu'à une seule personne, et le Rituel devait donner la formule usuelle. On ajoutera qu'il ne mentionne pas une administration faite à plusieurs en même temps. Mais la mentionne-t-il, davantage pour le mariage? Et néanmoins la Congrégation du S. Office répond : *nihil obstat*, etc.

C'est donc une chose très-licite que d'administrer l'Extrême-Onction à plusieurs malades simultanément, et si on le fait, on doit, selon que l'indique le Rituel pour le baptême, et la Congrégation citée pour le mariage, réciter les prières au pluriel, et faire à chacun les onctions individuellement. Les prières doivent être récitées au pluriel puisqu'elles servent pour plusieurs.

Quant à l'Indulgence *in articulo mortis*, nous donnerons la même résolution, nous l'étendrons même, en ce sens que tout se dira au pluriel, même la formule *Indulgentiam plenariam...* *vobis concedo*, puisque la forme même de l'absolution, dans le sacrement de Pénitence, peut être, en certains cas, prononcée sur un grand nombre de personnes, dans un naufrage, une guerre, etc.

Faut-il un peloton d'étoupe ou de coton pour chaque onction ? Nous pensons que oui, car la rubrique du Rituel est préceptive, et de plus elle est fondée sur une raison de quelque valeur, la décence à apporter dans l'administration du Sacrement. Toutefois comme la matière n'est pas grave, il n'y aura qu'une faute légère dans l'omission de cette règle, et même avec une raison plausible, il n'y aura pas de péché. Nous doutons cependant beaucoup que l'usage puisse être invoqué ici contre la prescription du Rituel, parce que d'abord on ne prescrit pas contre le Rituel Romain, et qu'ensuite il s'agit de la décence de l'administration du Sacrement.

Notre respectable abonné nous pardonnera de n'avoir pas suivi l'ordre de ses questions, celui que nous avons adopté nous ayant paru préférable pour les résoudre toutes en quelques lignes.

Nihil obstat : Imprimatur.

Leodii hâc die **19ᵉ** Januar. 1853.

H.-J. JACQUEMOTTE, Vic. Gen.

MÉLANGES THÉOLOGIQUES.

6ᵉ SÉRIE.

MÉLANGES THÉOLOGIQUES

OU

SÉRIE D'ARTICLES

SUR LES QUESTIONS LES PLUS INTÉRESSANTES

DE LA

THÉOLOGIE MORALE

ET DU

DROIT CANON.

Par une Société d'Ecclésiastiques Belges.

---•••---

VIᵉ SÉRIE. — 1852-1853.

---•••---

LIÉGE,

IMPRIMERIE DE J.-G. LARDINOIS, ÉDITEUR,

Rue Sœurs-de-Hasque, Nº 11.

—

Avec Approbation.

MÉLANGES THÉOLOGIQUES.

6me Série. — 4me Cahier.

LETTRE DE N. S. P. LE PAPE PIE IX

AU ROI DE SARDAIGNE.

Nous croyons utile d'insérer dans notre recueil la lettre que N. S. P. le pape Pie IX a adressée au roi de Sardaigne sur le projet de loi relatif au mariage civil. C'est un document important qui nous donne l'enseignement de l'Eglise de Rome sur quelques questions intéressantes du Traité du Mariage. On y trouvera la confirmation de plusieurs opinions que nous avons adoptées dans les articles que nous avons publiés sur ce sujet, et notamment sur l'union intime du contrat et du sacrement (*Mélanges*, t. V, pag. 522, not. 2), et sur le pouvoir exclusif de l'Eglise de régler les conditions de la validité du mariage (*Mélanges*, t. VI, pag. 200, sq.). Il est impossible de s'exprimer en termes plus clairs et plus précis sur ces points.

Voici cette lettre :

Castel-Gandolfo , ce 19 septembre 1852.

La lettre en date du 25 juillet dernier que Votre Majesté nous a fait remettre, à l'occasion d'une autre lettre que nous lui avions adressée, a donné à notre cœur des motifs de consolation ; car nous y avons vu une demande faite par un souverain catholique au chef de l'Eglise dans la question si grave du projet de loi sur les mariages civils. Cette preuve de respect envers cette sainte religion, que nous donne Votre Majesté, témoigne d'une manière éclatante du glorieux héritage que lui ont transmis ses augustes aïeux, nous voulons dire l'amour pour la foi qu'ils professaient et qui nous inspire la ferme confiance que Votre Majesté saura en conserver le dépôt dans toute sa pureté, pour l'avantage de tous ses sujets et malgré la perversité des temps présents.

Cette lettre de Votre Majesté nous engage à remplir les devoirs de Notre ministère apostolique, en lui adressant une réponse franche et décisive ; nous le faisons d'autant plus volontiers que Votre Majesté nous donne l'assurance qu'elle tiendra grand compte de cette réponse.

Sans entrer dans la discussion de ce que contiennent les écrits des Ministres royaux que Votre Majesté nous a fait adresser, et où l'on prétend faire tout à la fois l'apologie de la loi du 9 avril 1850 et celle du projet de loi sur le mariage civil, représentant cette dernière comme une conséquence des engagements pris par la publication de la première; sans faire observer que l'on fait cette apologie au moment même où se trouvent pendantes les négociations commencées pour la conciliation avec les droits de l'Eglise violés par ces lois ; sans qualifier certains principes formulés dans ces écrits, et qui sont manifestement contraires à la sainte discipline de l'Eglise, Nous nous proposons seulement d'exposer, avec la brièveté qu'exigent les limites d'une lettre, quelle est sur le point en question la doctrine catholique. Votre Majesté trouvera dans cette doctrine tout ce qui est nécessaire pour qu'une affaire aussi importante soit terminée conformément aux règles. Nous sommes d'autant plus convaincu de pouvoir obtenir ce résultat, que les Ministres de Votre Majesté ont déclaré qu'ils ne consentiraient jamais à faire une proposition contraire aux préceptes de la religion, quelles que puissent être les opinions dominantes.

C'est un dogme de foi que le mariage a été élevé par Jésus-Christ Notre-Seigneur à la dignité de sacrement, et c'est un point de la doctrine de l'Eglise catholique, que le sacrement n'est pas une qualité accidentelle surajoutée au contrat, mais qu'il est de l'essence même du mariage, de telle sorte que l'union conjugale entre les chrétiens n'est légitime que dans le mariage-sacrement, hors duquel il n'y a qu'un pur concubinage.

Une loi civile qui, supposant le sacrement divisible du contrat de mariage pour des catholiques, prétend en régler la validité, contredit la doctrine de l'Eglise, usurpe ses droits inaliénables, et, dans la pratique, met sur le même rang le concubinage et le sacrement de mariage, en les sanctionnant l'un et l'autre comme également légitimes.

La doctrine de l'Eglise ne serait pas sauve et les droits de l'Eglise ne seraient pas suffisamment garantis par l'adoption, à la suite de la discussion qui doit avoir lieu au Sénat, des deux conditions indiquées par les Ministres de Votre Majesté, savoir : 1° que la loi reconnaîtra comme valides les mariages célébrés régulièrement devant l'Eglise, et 2° que lorsqu'un mariage dont l'Eglise ne reconnaît pas la validité aura été célébré, celle des deux parties, qui voudrait plus tard se conformer aux préceptes de l'Eglise, ne sera pas tenue de persévérer dans une co-habitation condamnée par la religion.

Quant à la première condition, ou on entend par mariages valides les mariages régulièrement célébrés devant l'Eglise, et, dans ce cas, non-seulement la distinction de la loi serait superflue, mais il y aurait une véritable usurpation sur le pouvoir légitime, si la loi civile prétendait connaître et juger des cas où le sacrement de mariage a été ou n'a pas été célébré régulièrement *devant l'Eglise;* ou bien on entend par mariages valides devant l'Eglise les seuls mariages contractés *régulièrement,* c'est-à-dire conformément aux lois civiles, et, dans cette hypothèse, on est encore conduit à la violation d'un droit qui est exclusivement de la compétence de l'Eglise.

Quant à la deuxième condition, en laissant à l'une des deux parties la liberté de ne pas persévérer dans une cohabitation illicite, attendu que la nullité du mariage qui n'aurait été célébré ni devant l'Eglise ni conformément à ses lois, on n'en laisserait pas moins subsister comme légitime devant le pouvoir civil une union condamnée par la religion.

Au reste, les deux conditions ne détruisent ni l'une ni l'autre, la supposition que le projet de loi prend pour point de départ dans toutes ses dispositions, savoir : que dans le mariage le sacrement est séparé du contrat, et par cela même elles laissent subsister l'opposition déjà indiquée entre ce projet de loi et la doctrine de l'Eglise sur le mariage.

Que César, gardant ce qui est à César, laisse à l'Eglise ce qui est à l'Eglise ; il n'y a pas d'autre moyen de conciliation. Que le pouvoir civil dispose des effets civils qui dérivent du mariage, mais qu'il laisse l'Eglise régler la validité du mariage même entre chrétiens. Que la loi civile prenne pour point de départ la validité ou l'invalidité du mariage comme l'Eglise les détermine, et partant de ce fait qu'elle ne peut pas constituer (cela est hors de sa sphère), qu'elle en règle les effets civils.

La lettre de Votre Majesté nous engage encore à donner des éclaircissements sur quelques autres propositions que nous y avons remarquées. Et d'abord, Votre Majesté dit avoir appris par un canal qu'elle croit officiel que nous n'avons pas regardé comme nuisible à l'Eglise la présentation de la loi susdite. Nous avons voulu nous entretenir sur ce point, avant son départ de Rome, avec le Ministre de Votre Majesté, le comte Bertone. Il nous a assuré sur l'honneur qu'il s'était borné uniquement à écrire aux Ministres de Votre Majesté, que le Pape ne pourrait rien opposer si, tout en conservant au sacrement tous ses droits sacrés et la liberté à laquelle il a droit, on faisait des lois relatives exclusivement aux effets civils du mariage.

Votre Majesté ajoute que les lois sur le mariage qui sont en vigueur dans certains Etats limitrophes du royaume du Piémont n'ont pas empêché le Saint-Siége de regarder ces Etats d'un œil de bienveillance et d'amour. A ceci nous répondrons que le Saint-Siége n'est jamais demeuré indifférent aux faits que l'on cite, et qu'il a toujours réclamé contre ces lois depuis le moment où leur existence lui a été connue ; les documents où sont consignées les remontrances faites à ce sujet se conservent encore dans nos archives. Cela ne l'a jamais empêché, cependant, et cela ne l'empêchera jamais d'aimer les catholiques des nations qui ont été contraintes de se soumettre aux exigences des lois susdites. Devrions-nous cesser d'aimer les catholiques du royaume de Votre Majesté, s'ils se trouvaient dans la dure nécessité de subir la loi

en discussion ? Assurément non ! Nous dirons plus : les sentiments de
charité envers Votre Majesté devraient-ils s'éteindre en nous si, ce
qu'à Dieu ne plaise, elle se trouvait entraînée à revêtir cette loi de sa
sanction royale ? Notre charité redoublerait, au contraire, et ce serait
avec une ardeur encore plus grande que nous adresserions à Dieu de
ferventes prières, le suppliant de ne pas retirer de dessus la tête de
Votre Majesté sa main toute-puissante, et de daigner lui accorder plus
abondamment que jamais le secours des lumières et des inspirations de
sa grâce.

Il nous est cependant impossible de ne pas comprendre dans toute
son étendue, le devoir qui nous est imposé de prévenir le mal autant
que cela dépend de nous, et nous déclarons à Votre Majesté que
si le Saint-Siége a déjà réclamé en diverses occasions contre les lois
de cette nature, il est aujourd'hui plus que jamais obligé de réclamer
encore vis-à-vis du Piémont, et de donner à ces réclamations la forme
la plus solennelle, et cela précisément parce que le ministère de
Votre Majesté invoque l'exemple des autres Etats, exemple funeste
dont c'est notre devoir d'empêcher l'imitation, et aussi parce que
le moment choisi pour préparer l'établissement de cette loi étant
celui où des négociations sont ouvertes pour le règlement d'autres
affaires, cette circonstance pourrait donner lieu de supposer qu'il y a
en cela quelque connivence de la part du Saint-Siége. Une telle
détermination nous sera véritablement douloureuse. Mais nous ne
pourrons en aucune manière nous décharger de ce devoir devant
Dieu, qui nous a confié le gouvernement de l'Eglise et la garde de ses
droits.

En faisant disparaître la cause qui nous oblige à le remplir, Votre
Majesté pourrait nous apporter un grand soulagement, et une seule
parole d'elle sur ce point mettrait le comble à la consolation que nous
avons éprouvée lorsqu'elle s'est adressée directement à nous. Plus la
réponse de Votre Majesté sera prompte, plus elle sera douce à Notre
cœur, car elle viendra le délivrer d'une pensée qui l'accable, mais que
nous serons cependant contraint de réaliser dans toute son étendue,
quand un devoir de conscience exigera rigoureusement de nous cet acte
solennel.

Il nous reste maintenant à lever l'équivoque qui trompe Votre Majesté en ce qui touche l'administration du diocèse de Turin. Pour éviter des longueurs superflues, nous nous contenterons de prier Votre Majesté d'avoir la patience de lire les deux lettres que nous lui avons adressées sous les dates des 7 septembre et 9 novembre 1849. Le Ministre de Votre Majesté à Rome, qui se trouve aujourd'hui à Turin, pourra lui rapporter à ce sujet une réflexion qu'il a entendue de notre bouche, et que nous rappellerons ici en toute simplicité. Ce ministre insistant pour la nomination d'un administrateur dans le diocèse de Turin, nous lui fîmes observer que le ministère piémontais, en prenant la responsabilité de l'incarcération et de l'exil, si digne de réprobation, de Monseigneur l'archevêque de Turin, avait obtenu un résultat que probablement il ne se proposait pas, ces mesures ayant rendu ce prélat l'objet des sympathies et de la vénération d'une si grande partie du catholicisme, qui s'est plu à les manifester en tant de manières. Il s'ensuit que nous sommes aujourd'hui dans l'impossibilité de paraître nous mettre en opposition avec ce sentiment d'admiration exprimé par le monde catholique, en privant Monseigneur l'archevêque de Turin de l'administration de son diocèse.

Nous terminerons en répondant à la dernière observation que nous fait Votre Majesté. On accuse une partie du clergé catholique piémontais de faire la guerre au gouvernement de Votre Majesté et de pousser ses sujets à la révolte contre elle et contre ses lois. Une telle accusation nous paraîtrait invraisemblable, si elle n'était formulée par Votre Majesté, qui assure avoir en main les documents par lesquels elle est justifiée. Nous regrettons de n'avoir aucune connaissance de ces documents et de nous trouver ainsi dans l'impossibilité de savoir quels sont les membres du clergé qui donnent les mains à la detestable entreprise d'une révolution en Piémont. Cette ignorance ne nous permet pas de les punir. Toutefois, si par les mots « excitation à la révolte » on voulait parler des écrits que le clergé piémontais a fait paraître pour s'opposer au projet de loi sur le mariage, nous dirons, tout en faisant abstraction de la manière dont quelques-uns auront pu s'y prendre, qu'en cela le clergé a fait son devoir. Nous écrivons à Votre Majesté que la loi n'est pas catholique. Or, si la loi n'est pas catholique, le clergé est obligé d'en prévenir les fidèles, dût-il, en le faisant, s'exposer aux plus grands dangers. Majesté, c'est au nom de Jésus-Christ, dont, malgré notre indignité, nous sommes le Vicaire, que nous vous parlons, et nous vous disons en son nom sacré de ne pas donner votre sanction à cette loi, qui sera la source de mille désordres.

Nous prions aussi Votre Majesté de vouloir bien ordonner qu'un frein soit mis à la presse, qui regorge continuellement de blasphèmes et d'immoralités. Ah! de grâce! par pitié, mon Dieu! que ces péchés ne retombent point sur celui qui, en ayant la puissance, ne voudrait pas mettre obstacle à la cause qui les produit! Votre Majesté se plaint du clergé; mais ce clergé a été, dans ces dernières années, persévéramment outragé, moqué, calomnié, livré à l'opprobre et à la dérision par presque tous les journaux qui s'impriment dans le Piémont; on ne saurait redire toutes les infamies, toutes les invectives haineuses répandues contre lui. Et maintenant, parce qu'il défend la pureté de la foi et les principes de la vertu, il doit encourir la disgrâce de Votre Majesté! Nous ne pouvons le croire et nous nous abandonnons de tout notre cœur à l'espérance de voir Votre Majesté soutenir les droits, protéger les Ministres de l'Eglise, et délivrer son peuple du joug de ces lois qui attestent la décadence de la religion et de la moralité dans les Etats qui ont à les subir.

Plein de cette confiance, nous élevons les mains au Ciel, priant la très Sainte-Trinité de faire descendre la bénédiction apostolique sur la personne auguste de Votre Majesté et sur toute sa royale famille.

PIUS P. P. IX.

Pontif. Nostri anno VII.

DES RITES ET CÉRÉMONIES

A OBSERVER DANS LA DISTRIBUTION DE LA SAINTE COMMUNION.

L'une des fonctions les plus saintes et les plus consolantes du ministère pastoral est sans contredit la distribution du pain de vie aux fidèles : c'est aussi celle-là qui a dû d'abord fixer notre attention et appeler nos études. C'est pourquoi nous avons, dans les séries précédentes et dans cette sixième que nous terminons, rappelé et examiné les principales difficultés concernant la sainte Eucharistie, le lieu, le temps de sa distribution, les personnes qui ont droit à la recevoir : après cela la conservation du S. Sacrement et les marques de respect qu'on doit y apporter, l'exposition et enfin la procession du S. Sacrement. Il ne nous reste plus, pour donner un traité complet sur cette matière éminemment pratique, qu'à préciser et détailler les rites et cérémonies qu'on doit observer en distribuant la sainte Eucharistie aux fidèles. Nous le ferons aujourd'hui le plus brièvement et le plus complètement possible.

1. Il ne sera pas sans intérêt d'avoir d'abord une notion exacte des rites pratiqués autrefois dans l'Eglise, dans la communion des fidèles ; car bien que différant sensiblement de ceux d'aujourd'hui, ils peuvent conduire à manifester l'esprit de l'Eglise et aider ainsi à la solution de plusieurs questions importantes.

On recevait la communion dans l'ordre suivant. Après que le célébrant avait communié, il donnait le corps et le sang de J.-C. sous les deux espèces aux évêques, s'il y en avait, et aux prêtres qui avaient célébré avec lui; les diacres recevaient l'espèce du pain de la main du célébrant, et le calice de la main des prêtres assistants; les sous-diacres et tout le clergé inférieur recevaient le corps de J.-C. de la main du célébrant et le calice leur était présenté par les diacres; il en était de même pour les moines, les diaconesses et les vierges qui communiaient après le clergé : enfin tous les prêtres assistants, conjointement avec le célébrant, distribuaient le corps de J.-C. de rang en rang, aux hommes d'abord et ensuite aux femmes, et les diacres présentaient le calice à ceux qui voulaient communier sous les deux espèces (1). Nous ajoutons ces derniers mots, car le cardinal Bona (2) établit que la communion se faisait aussi sous la seule espèce du pain, surtout hors du temps de la Messe.

Quant à l'endroit de l'église où se donnait la communion, le célébrant étant au milieu de l'autel, les autres prêtres la recevaient devant et les diacres derrière l'autel, les sous-diacres et le clergé dans l'enceinte du chœur, et le peuple dans le corps de l'édifice, hors de la balustrade. Les Grecs, dans le Concile *in Trullo*, permirent à l'empereur seul d'entrer dans le sanctuaire, mais ailleurs cela était défendu et S. Ambroise interdit l'entrée du sanctuaire à l'empereur Théodose. Ces règles durèrent assez longtemps, car nous voyons le second concile de Brague défendre aux laïques des deux sexes d'approcher de l'autel pour communier, et le quatrième de Tolède ordonner au peuple de se tenir hors du chœur pour recevoir la communion. En Afrique il y avait aussi des balustres qui séparaient les laïques du clergé, et il n'était permis qu'aux nouveaux baptisés d'approcher de l'autel pour communier. En France ce-

---

(1) V. Martène. *de antiquis Eccles. ritibus*, lib. 1, cap. 4, art. 10, n. 3, et *Traité de la Messe et de l'office divin*. (Paris 1715), pag. 165.
(2) *Rerum liturgicarum* lib. II, cap. 18, n. 2.

pendant tant les hommes que les femmes pénétraient dans le sanctuaire, pour communier, ainsi qu'on le voit dans les œuvres de S. Césaire d'Arles, de S. Grégoire de Tours, et selon qu'il fut établi par le 2ᵉ concile de Tours. On peut lire à ce sujet les auteurs déjà indiqués, Bona (1), Martène (2) et le *Traité de la Messe* (3).

Il ne parait pas qu'autrefois on se mit à genoux pour communier, du moins il est certain que dans l'église grecque tout le peuple, aussi bien que le clergé, communiait debout, et cet usage subsiste encore. Thiers, dans une dissertation sur les autels, a prouvé que c'était la même pratique en Occident, et de fait, quand le Pape célèbre pontificalement, il communie assis sur son trône, et les deux diacres assistants communient debout de sa main et sous les deux espèces (4). On se lavait les mains et le visage avant de communier, au rapport de S. Augustin et de S. Chrysostôme, et même en quelques lieux, on recevait ce sacrement nu-pieds : « Ad divinum mysterium qui » participare debebant, discalceatis pedibus accedere debebant, » dit Odon de Cluny (5).

2. La sainte Eucharistie n'était pas reçue autrefois immédiatement dans la bouche, mais chaque fidèle la recevait en main et se communiait lui-même. L'existence de cet usage est appuyée sur une foule de témoignages des saints Pères, tant de l'Eglise grecque que de l'Eglise latine, qu'il serait superflu de rapporter ici. Il y avait toutefois *en Occident* cette différence entre les hommes et les femmes, que ceux-là recevaient le

---

(1) *Loc. cit.*, cap. 17, n. 8.
(2) *Loc. cit.*, n. 4.
(3) *Ibid.*, pag. 168.
(4) Voir à ce sujet l'opuscule de Rocca, *De sacra Summi Pont. commun.* Thesaur. Pontif. cærem. tom. 1, pag. 15 et ss. édit. 2, Rom. 1745.
(5) V. Martene, *loc. cit.*, n. 7.

corps du Sauveur dans leurs mains nues, et celles-ci dans un linge propre nommé *Dominical* (1). C'est ce que nous apprend S. Césaire d'Arles (2) : « Omnes viri quando ad altare accessuri » sunt, lavant manus suas, et omnes mulieres nitida exhibent » linteamina, ubi corpus Christi accipiant. » Le concile d'Autun tenu en 578, porte que « Non licet mulieri nuda manu Eucha- » ristiam accipere..... Unaquæque mulier quando communicat » Dominicalem suum accipiat : quod si quæ non habuerit, » usque in alium diem dominicum non communicet. » Çet usage de recevoir la communion en main dura en France et en Angleterre jusqu'au 8° siècle, mais il avait cessé en Italie dès le 6°, à ce qu'il paraît. Quant à la manière dont on tenait les mains, elle nous est expliquée par S. Cyrille de Jérusalem (3) : « Accedens autem ad communionem, non expansis manuum » volis accede, neque cum disjunctis digitis ; sed sinistram » veluti sedem quamdam subjicias dextræ, quæ tantum Regem » susceptura est et concava manu suscipe corpus Christi, dicens » Amen. » Le concile *in Trullo* déjà cité, après avoir réprouvé l'usage de certains vases ou instruments, pour recevoir l'Eucharistie, ajoute : « Si quis immaculati corporis particeps » esse voluerit et offerre se ad communionem, manus in crucis » formam figurans sic accedat (4). »

Nous avons ajouté que dans l'Eglise d'Occident les femmes recevaient l'Eucharistie sur un linge ; on ne trouve en effet

---

(1) Un érudit a prétendu néanmoins que le *dominical* était un voile que les femmes devaient toujours avoir sur la tête pour communier. Selvaggio, Merati, etc. sont de cet avis : cependant Martene, Bona, Clericati, Benoît XIV, etc., lui donnent la signification reconnue ici.

(2) *Op. S. Augustini*, edit. Bened. tom. V, serm. 229, Append.

(3) *Cathechesi* 5, *mystagogica*.

(4) Baruffaldi s'appuie sur ces textes pour établir qu'aujourd'hui encore, les fidèles doivent tenir les mains croisées, mais c'est bien à tort, comme on le voit.

chez les Grecs aucune différence entre les hommes et les femmes , au contraire le concile *in Trullo* que nous venons de citer semble interdire aux femmes mêmes l'usage du linge dominical (1).

3. On trouve trois manières de participer au sang de J.-C. Les uns le prenaient dans le calice qu'ils approchaient de leur bouche pour y boire ; c'était la manière ordinaire usitée dans tous les lieux et qui se pratiqua d'abord partout dans l'Eglise. La seconde manière était de communier avec un chalumeau d'or qu'on trempait dans le calice, et qu'on suçait par l'autre bout : « Etiam laici, quando antiquitus sub utraque specie » recipiebant sacramentum, per hanc fistulam sanguinem sor- » bebant, » dit Macri (2). Et même en certains lieux, ce tuyau ou siphon était fixement attaché au calice « Quia sanguinis » effusio propter incultioris populi rusticitatem merito time- » batur, calicibus canna est feruminata, affabreque inserta, » au témoignage d'un ancien (3). La troisième manière, qui fut adoptée généralement dans les églises grecques, et qui y est encore pratiquée , consiste à tremper le corps de J.-C. dans le calice contenant le saint sang, et de le distribuer ainsi humecté aux fidèles. Pour cela , on brisait le pain sacré en petits mor- ceaux appelés *Marguerites* qu'on mettait dans le calice ; le prêtre, à l'aide d'une petite cuillère, les tirait au fur et à mesure du besoin, et les mettait dans la bouche des fidèles : en Occident cette méthode fut adoptée en certains lieux et condamnée ail- leurs. En France elle était reçue communément au onzième siècle. Nous voyons même l'Evêque de Rochester, Ernulf ou Arnulf qui avait été moine en France, prendre la défense de

(1) V. Bona , *loc. cit.*, n. 3 ; Martene , *loc. cit.* n. 8
(2) *Hierolexicon*, v. Siphon.
(3) Cfr Casalius , *De veter. Sacr. Christ. rit.* cap. 11 ; Clericati, *De Eucharist.* decis. 14, n. 7.

cet usage au commencement du douzième siècle. Dans une réponse à Lambert, il écrit (1) : « Nos carnem Domini intin-
» gimus in sanguine Domini, non ut designemus malitiam esse
» in cordibus nostris, sed ne accipientes sive porrigentes pec-
» cemur, non habita forte competenti cautela in labiis et ma-
» nibus nostris. Evenit enim frequenter ut barbati et prolixos
» habentes granos (pilos), dum poculum inter epulas sumunt,
» prius liquore pilos inficiant, quam ori liquorem infundant.
» Ii si accesserint ad altare liquorem sanctum bibituri, quomodo
» periculum devitare poterunt inter accipiendum, quomodo
» uterque accipiens videlicet et porrigens effugient grande pec-
» catum ? Præterea si imberbes et sine granis aut mulieres ad
» sumendam communionem sanctam convenient, quis sacer-
» dotum poterit tam provide ministrare, tam caute calicem
» Domini distribuere, ut multis eum singulatim dividat, divi-
» dens sic in ora eorum fundat, ut infundens nihil effundat ?
» sæpe enim dum sibi soli calicem infundere disponit, negli-
» gentia aut imprudentia faciente effusionis periculum incurrit :
» quanto facilius in multitudine posito sacerdoti, multis diver-
» sorum formarum ministranti, contingere potest unde graviter
» offendat, unde eum asperam pœnitentiam agere oporteat ?
» Ne ergo polluamus sanguinem nostræ redemptionis, ne tan-
» quam impietatis manibus effundamus poculum humanæ
» salutis, a religiosis viris provise actum est, ut Dominici por-
» tiuncula corporis non sicca sicut Dominum egisse novimus
» porrigatur, sed Domini infusa sanguine fidelibus tribuatur.
» Quo pacto evenit, ut secundum salvatoris præceptum, ejus
» carnem edat, sanguinem bibat, periculum evadat, quem in
» tanta re offendere oppido formidat. »

(1) D'Achery, *Spicilegium*, tom. 2, pag. 435.

Les inconvénients signalés ici par Arnulf, joints à beaucoup
d'autres qui sont indiqués par les théologiens, amenèrent sans
tarder l'abandon de l'usage dont ce prélat s'était fait le défenseur. Et même vers la fin du 12ᵉ siècle, un peu plus de cin-
quante ans après Ernulf, nous le trouvons proscrit par un
concile d'Angleterre (1).

4. Il est à remarquer que le calice ne contenait pas toujours
assez de S. Sang pour être distribué à tous les fidèles, c'est
pourquoi lorsqu'on prévoyait qu'il manquerait de la seconde
espèce, on ajoutait du vin non consacré à celui qui l'était. « Le
» diacre, dit l'ancien cérémonial de S. Bénigne de Dijon, doit
» toujours avoir près de lui un vase plein de vin pour en verser
» dans le calice, afin qu'au besoin il puisse augmenter le sang
» du Sauveur. » Les us de Citeaux prescrivent la même chose.
« Lorsque les frères communient du précieux sang, le diacre
» au besoin verse du vin dans le calice d'un vase préparé à cet
» effet par le sous-diacre. Et s'il reste du précieux sang, ce mi-
» nistre le doit consumer... » C'est ce que marque aussi l'Ordinaire de l'abbaye de Savigny. « Qu'on mêlera du vin non
» consacré au calice afin que la seconde espèce ne manque pas,
» et qu'elle puisse suffire pour tous ceux qui voudront commu-
» nier. » Enfin nous citerons le témoignage de l'abbé de Pa-
lerme, Nicolas Tudesque, qui répète au 15ᵉ siècle les paroles de
Durant, évêque de Mende. « En quelques endroits on réserve
» quelques gouttes du précieux sang dans le calice, et l'on y
» mêle du simple vin, à l'usage de ceux qui communient; car
» il y aurait de l'inconvénient à consacrer une si grande quan-
» tité de la seconde espèce à la fois, et l'on ne trouverait même
» pas de calice assez ample pour la contenir. » Et le troisième
Ordre romain appuyait clairement cet usage. « Vinum etiam

(1) V. Bona, *loc. cit.*, cap. 18, n. 3.

» non consecratum, sed sanguini Domini commixtum, sancti-
» ficatur per omnem modum. » La chose n'est donc pas douteuse (1).

L'usage de la purification après la communion ne fut pas
général dans l'Eglise, du moins peut-on le conclure de l'une
des accusations qu'on lança contre S. Jean Chrysostôme qui
recommandait cette pratique aux fidèles. « Admonebat omnes
» ut post communionem aquam aut pastillum degustarent, ne
» cum saliva aut pituita aliquid e symbolo sacramenti præter
» voluntatem expuerent : quod primus ipse faciebat. » Valesius,
dans ses notes sur Eusèbe, fait aussi remarquer que les diacres,
lorsqu'ils cessèrent de donner le calice du S. Sang aux fidèles,
furent chargés de donner le vin aux laïques après la communion, ce qu'il conclut de la vie d'Alcuin écrite par un ancien
auteur. Toutefois les documents qui nous restent à ce sujet sont
peu nombreux, et sauf Martène (2) et Lebrun (3), un grand
nombre d'auteurs passent cette purification sous silence.

(1) V. Martène, *loc. cit.*, n. 11 et De Vert, *Explication des cérém.*
tom. IV, pag. 270 et ss. Ces deux auteurs établissent par un grand
nombre de textes qu'en plusieurs lieux on appelait *consécration* le
simple attouchement du vin à la particule consacrée, comme il se pratique encore au Vendredi Saint : toutefois ils soutiennent contre Baro-
nius que l'opinion contraire était beaucoup plus commune et soutenue
par des autorités bien plus respectables. Encore une remarque. Le
second des auteurs cités prouve que l'ablution du vin qui se fait après
la communion en quelques églises (nous en parlons plus loin) n'est pas
simplement une précaution pour se laver la bouche, mais que c'est un
reste de l'ancienne coutume de communier sous les deux espèces, ou de
recevoir du vin sanctifié par l'attouchement du corps de N. S Et ce qui
confirme cette opinion c'est qu'à Paris, à Clairvaux, aux Chartreux, ce
vin est présenté dans un calice, par le diacre et reçu par les fidèles à
genoux : toutes circonstances qui rappellent la communion sous les
deux espèces. V. De Vert, *ibid.*, pag. 278. Mais Benoît XIV, après
Lebrun repousse cette explication, et il cite deux conciles de 1584 et
1585, qui défendent de se servir de calices pour cette purification. Cfr.
De Sacrif. Miss. lib. 2, cap. 22, n. 5.

(2) *Loc. cit.*, n. 15.

(3) *Explication*, etc., *de la Messe*, tom. 1, pag. 651.

5. A ces détails sur les rites des actions nous en ajouterons quelques-uns sur les paroles qui les accompagnaient. Tout le monde connait ces paroles solennelles par lesquelles le Pontife célébrant appelait les fidèles au banquet sacré, *Sancta Sanctis*, ainsi qu'on le voit dans les constitutions Apostoliques, S. Jean Chrysostôme, etc. Nous lisons dans la vie de S. Euthymius que le prêtre avertissait le peuple d'élever le cœur et l'esprit au Seigneur; il élevait avec ses mains l'Eucharistie le plus haut qu'il pouvait pour la montrer au peuple, et criait à haute voix *Sancta Sanctis;* et le peuple répondait *Unus Sanctus, Unus Dominus Jesus.* Dans les Eglises d'Occident et particulièrement en France, on se servait d'autres invitations plus longues. « Venite populi, sacrum immortale mysterium et libamen » agendum, etc. » Ces rites se trouvent expliqués dans les ordinaires de Lyon, de Chartres, le rituel de S. Martin de Tours et autres rapportés par Martène (1).

Le peuple ne faisait point la confession générale avant la communion, car il était censé avoir dit le *Confiteor* et plus tard le *Domine non sum dignus* avec le prêtre. Les chartreux suivent encore cet usage, et la même chose s'observe dans le Missel de Cluny (2). Lebrun (3) fait remonter l'origine de cette prière aux religieux mendiants et en fixe le commencement au 13° siècle.

Néanmoins on pourrait, nous semble-t-il, le faire remonter plus haut, si l'on a égard aux paroles de S. Jean Chrysostôme qui excite les communiants à implorer le pardon de leurs péchés et à confesser qu'ils sont pécheurs (4). « Cum horrore

---

(1) *Loc. cit.,* n 6.
(2) Cfr. *Traité de la Messe,* etc., pag. 164.
(3) *Explication,* etc., *de la Messe,* tom. 1, pag. 644.
(4) *Homil. XXXI in natalem Christi.*

» accedamus, gratias agamus, procumbamus confitentes pec-
» cata nostra, lacrymemur mala nostra lugentes... »

Quant à la formule récitée par le prêtre qui distribuait la
communion, elle a souvent varié. Dans le principe on employait celle qui est indiquée aux Constitutions Apostoliques ;
le prêtre disait *Corpus Christi*, le peuple répondait *Amen*, le
diacre *Calix Christi*, ou *Sanguis Christi*, et l'on répondait aussi
Amen. L'auteur des sermons qui portent le nom de S. Ambroise rappelle en propres termes ces paroles, et plusieurs
Saints Pères, S. Augustin, S. Jérôme, etc., font mention de
la réponse *Amen* proférée par le communiant. Plus tard la formule fut allongée, et au temps de S. Grégoire le Grand, ainsi
que nous l'apprend son biographe, on se servait de celle-ci :
Corpus D. N. J. C. conservet animam tuam ; enfin au temps
de Charlemagne, Alcuin rapporte la suivante qui diffère très-
peu de la nôtre : *Corpus D. N. J. C. custodiat te in vitam æter-
nam.* On supprima dès-lors la réponse *Amen*, ou plutôt elle
fut ajoutée par le prêtre lui-même, excepté dans l'ordination
où le néomyste répond aussi *Amen* à l'Evêque (1).

Pendant la communion, on chantait un ou plusieurs psaumes
dont il ne nous est resté que l'antienne. Le prélat officiant mar-
quait par un signe quand on devait finir. « Mox ut Pontifex
» cœperit in senatorio communicare, statim schola incipit anti-
» phonam ad communionem per vices cum subdiaconibus ; et
» psallunt usque dum communicato omni populo, annuat Pon-
» tifex ut dicat gloriam (Gloria Patri), et tum repetito versu
» quiescunt, » porte le 1er Ordre romain (2). Voici, selon De
Vert, comment se chantait la communion le jour de Noël. Le

---

(1) V. Selvaggio, *Antiq. Christ. Inst.* tom. IV, lib. 2, part. 2, cap. 3,
n. 14. ss. et Bona, *loc. cit.*, cap. 17, n. 3.

(2) V. Ben. XIV, *De sacrif. miss.*, lib. 2, cap. 24, n. 2.

primicier commençait l'antienne *In splendoribus sanctorum,*
et le premier chœur continuait, *ex utero ante luciferum genui
te.* Le second chœur répétait les mêmes paroles, *in splendoribus,* etc. Ensuite le premier chœur chantait le premier verset
du psaume même d'où l'antienne était tirée, savoir *Dixit Dominus, etc.* Puis le second chœur reprenait encore l'antienne,
et ainsi le reste du psaume continué par le premier chœur
était à tous les versets entrecoupé, par le second chœur, de l'antienne *In splendoribus* jusqu'à ce que la communion du peuple
fût entièrement finie. Après l'avertissement du pontife, on
chantait le *Gloria Patri,* le premier chœur chantait alors le
verset de répétition, *tecum principium in die virtutis tuæ,* et le
second chœur reprenait pour la dernière fois l'antienne *in
splendoribus* (1).

6. Voilà quelles étaient les pratiques d'autrefois dans l'Eglise
concernant la sainte communion : nous ne sommes pas entré
dans de plus grands détails, parce que notre but principal n'est
pas d'expliquer ce qui se faisait dans les premiers siècles, mais
de commenter les rubriques actuelles du Missel et du Rituel
romains. Les lecteurs qui désirent des notions plus étendues
consulteront avec fruit les auteurs que nous avons cités, entre
autres Bona, Martène, Casalius et Lebrun. Nous allons maintenant rapporter les rubriques du Rituel, en ajoutant des
éclaircissements aux points qui en demandent.

« Le prêtre qui doit administrer la communion aura soin
qu'il y ait des hosties consacrées en assez grand nombre, que
les cierges soient allumés, qu'on place en un lieu convenable
des vases avec du vin et de l'eau à l'usage des communiants, et
qu'on étende devant eux une nappe propre ; puis ayant lavé
ses mains, et ayant pris le surplis et une étole de la couleur de

(1) De Vert, *op. cit.,* tom. 4, pag. 309.

l'office, il s'avance à l'autel les mains jointes et précédé d'un clerc ou d'un autre ministre. Arrivé à l'autel, il ôte le ciboire du tabernacle et faisant, avant et après, la génuflexion il le place sur le corporal et l'ouvre.

» Le servant à genoux du côté de l'épître fait la confession générale au nom du peuple, récitant le *Confiteor*. Le prêtre fléchit de nouveau le genou et les mains jointes devant la poitrine, se tourne vers le peuple, ayant le dos au côté de l'Evangile et non au milieu où est le S. Sacrement, et là il dit *Misereatur* et *Indulgentiam*, faisant de sa droite, pendant cette dernière prière, un signe de croix sur les communiants. Il revient ensuite à l'autel, fléchit de nouveau le genou; puis de la main gauche prend le ciboire, et du pouce et de l'index de la main droite, une sainte hostie qu'il élève, il se tourne ainsi vers le peuple au milieu de l'autel, et dit à voix haute *Agnus Dei*, etc., et il ajoute aussitôt *Domine non sum dignus*, etc., qu'il repète trois fois, toujours au masculin, quand même il n'y aurait que des femmes à communier.

» Il va ensuite donner la communion en commençant par le côté de l'épître : et s'il y a des prêtres ou des clercs à communier, ils se tiendront à genoux sur les degrés de l'autel, ou en deçà de la balustre séparés des laïques, et les prêtres auront l'étole. L'officiant donne à chacun la sainte eucharistie, faisant avec l'espèce sacramentelle le signe de la croix au-dessus du ciboire, et disant en même temps *Corpus Domini*, etc. La communion étant distribuée à tous, le prêtre retourné à l'autel pourra dire *O Sacrum, Panem*, etc., ajoutant *alleluia* au temps pascal. Il dit ensuite *Domine exaudi, Dominus vob.* et l'oraison *Deus qui nobis*, et au temps pascal *Spiritum nobis*, etc. Avant de remettre le ciboire, il regardera attentivement ses doigts pour déposer dans le vase sacré les parcelles qui auraient pu s'y attacher, il lavera ensuite les doigts qui ont touché le S. Sacrement, et les essuiera avec le purificatoire : il prendra l'ablution s'il a célébré, ou bien il la donnera aux communiants, ou au moins la jettera dans la piscine. Après cela, faisant la génuflexion il remet le Sacrement dans le tabernacle qu'il ferme à clef. Enfin de la main étendue, il bénit ceux qui ont communié, disant : *Benedictio Dei*, etc.

» La communion du peuple doit se faire pendant la Messe aussitôt après la communion du célébrant, si ce n'est que pour une cause raisonnable on la remette après la Messe, puisque les oraisons, qui se disent à la Messe après la communion, se rapportent non-seulement au prêtre mais aussi aux fidèles qui ont communié..... S'il arrive qu'après la Messe le célébrant doive aussitôt donner la communion, il conservera sa chasuble et distribuera l'eucharistie selon ce qui a été expliqué. »

Tel est le texte du Rituel romain (1) auquel nous n'avons retranché qu'un passage relatif à la communion pendant la Messe, le Missel s'expliquant au long sur ce point. Nous en parlons plus loin.

7. La première difficulté concerne le lavement des mains. Cavalieri, à la suite d'un grand nombre de liturgistes (2), pense que cette lotion n'est prescrite que pour autant qu'on a les mains sales. « Nulli nos illum obnoxium peccato facimus, qui » cum habeat manus mundas, rubricæ haudquaquam obsequitur » lavando manus ; finem namque rubricæ servat, si non verba, » licet undequaque congruat, quod materialibus adhuc verbis » ipsis pareat. » Il nous est impossible de souscrire à cette opinion, et cela pour plusieurs raisons. La 1re que les rubriques du Rituel romain sont obligatoires, ainsi qu'il a été démontré dans le cahier précédent, et que cette rubrique-ci est conçue en

(1) De Sacr. Euchar. *Ordo ministr. S. Communionem.*
(2) *Comment.*, tom. 4, cap. 4, decr. 12, n. 15.

termes clairement préceptifs. La 2ᵉ est l'autorité de Baruf-faldi (1) et surtout de S. Charles Borromée qui ordonne cette lotion en termes formels (2). « Antequam ad altare accedat, » manus in sacrario abluat. » La 3ᵉ est que la fin de la loi n'est pas atteinte, lorsqu'on a les mains propres, puisque cette loi a aussi une signification mystique, et que cette cérémonie témoigne du respect qu'on a pour le Saint Sacrement. C'est la même raison que pour la Messe. Du reste quand la loi est claire, n'eût-on pas de raisons pour l'appuyer, on doit la garder fidèlement.

L'étole du prêtre doit être de la couleur conforme à l'office : ce point a été traité ailleurs (3), et nous passons à la question de savoir si le prêtre doit marcher à l'autel, la tête nue ou couverte du bonnet. Le Rituel romain garde le silence à ce sujet, mais les auteurs qui en ont fait mention, Baldeschi (4), Pavone (5), Buongiovanni (6), Cavalieri (7), disent que le célébrant doit porter sur la tête son bonnet, qu'il remet au servant, à son arrivée à l'autel. On comprend assez que cette cérémonie n'est pas obligatoire, mais qu'elle est de convenance, et concourt au decorum de la fonction sacrée qu'on exerce.

Le prêtre a les mains jointes. Cette rubrique n'a lieu que lorsqu'il ne porte pas la bourse renfermant le corporal. La Congrégation des Rites a déclaré non-seulement qu'on doit porter la bourse avec le corporal, toutes les fois qu'on admi-nistre la Ste. Communion, hors de la Messe, et que cette rubrique est préceptive, mais aussi qu'il est de convenance que le prêtre porte lui-même cette bourse, sans la confier au ser-

(1) *In Rit. rom.*, tit. 24, n. 19.
(2) *Instruct. Pastor.*, part. 3, cap. 9.
(3) 2ᵉ série, pag. 623.
(4) *Esposizione delle sacre Cerim.*, tom. 1, cap. 3, art. 2, n. 10.
(5) *La Guida liturgica*, n. 397.
(6) *Sacr. Cærem. Sylv.*, lib. 5, cap. 2.
(7) *Loc. cit.*, n. 22·

vant (1). Or, dans cette hypothèse, le prêtre ne peut avoir les
mains jointes, mais il les tiendra sous la bourse qu'il appuye
contre sa poitrine. Observons seulement avec Baruffaldi (2) et
Cavalieri (3), que si le servant est un clerc, ce sera à lui de
porter la bourse et qu'il la remettra au prêtre à son arrivée à
l'autel. Quand le prêtre y est monté, il tire le corporal de la
bourse, place celle-ci comme au commencement de la Messe,
et étend le corporal sur l'autel.

8. Vu la pénurie des clercs qui peuvent servir dans les
fonctions eccclésiastiques, le Rituel se contente d'un autre servant, d'un laïque par conséquent. Ici se présente une question
importante. Ce servant laïque doit-il ou peut-il porter un surplis? Nulle difficulté pour les clercs, puisque le vœu du Rituel
est qu'ils soient toujours revêtus du surplis, dans toutes les
fonctions auxquelles ils assistent (4). « Adhibebit quoque unum
» saltem si habeat aut plures clericos, prout loci et sacramenti
» ratio postulabit, decenti habitu et superpelliceo pariter in-
» dutos. » Mais les laïques peuvent-ils porter le surplis qui est
un habit propre aux clercs, un habit que l'Eglise réserve aux
tonsurés? Baruffaldi répond négativement (5). Cavalieri (6) et
Pavone (7), prennent le sentiment contraire, s'appuyant sur la
tolérance de l'Eglise qui le voit faire tous les jours et ne s'y
oppose pas. Pour nous, il nous paraît qu'une distinction est
nécessaire. S'il est question d'une communion ordinaire,
usuelle, qui se fait sans grandes cérémonies et sans pompe
extérieure, nous pensons que les servants ne peuvent pas porter

(1) Cfr. *S. R. C. Decreta*, v. *Communio* § 2, n. 12.
(2) *Loc. cit.*, n. 38.
(3) *Ibid.*, n. 20.
(4) *Regul. gener. pro admin. Sacr.*
(5) Tit. 24, n. 30.
(6) *Loc. cit.*, n. 19.
(7) *La guida liturg.*, n. 397.

le surplis. La raison est que rien ne justifie alors cette espèce
d'empiètement sur les droits des clercs, et que la fonction ne
réclame pas cet ornement. Ainsi l'a entendu Baldeschi qui
enseigne, dans les rubriques du servant de messe (1), que
celui-ci, s'il n'est pas clerc, ne doit pas avoir le surplis ; or, il
est évident que la simple distribution de la communion est une
fonction bien moins importante que la Messe. Mais s'il s'agit
d'une communion solennelle, par exemple, la communion
générale d'une association, d'une communauté, etc., nous pensons qu'il convient alors de donner le surplis aux servants
laïques. C'est ce que prescrivait S. Charles Borromée, dans
les églises dépourvues de clercs (2). « Ubi clericorum copia
» non suppetit tanto numero, quanto ad prædicta munera
» obeunda superius commemoratum est ; eorum vicem sup-
» plere poterunt in quibusdam ex dictis officiis, vel pueri
» vestibus longioribus et superpelliceis decoris induti, aut quo
» casu et ipsi defuerint nonnulli ex scholaribus... »

On ne peut du reste rien inférer de ce texte en faveur du
sentiment de Cavalieri, puisqu'il est patent, par la simple lecture des prescriptions de S. Charles Borromée, que ce saint

____

(1) Tom. 1, cap. 12, *Istruzione ai chierici per servire la Messa privata*, n. 1. On objectera contre notre sentiment que le Missel romain
attribue un surplis au servant de Messe, sans distinction d'un clerc ou
d'un laïque. Nous répondons que le Missel suppose que c'est un clerc
qui sert la Messe. 1° Dans la 3e partie *de defectibus Missæ*, la rubrique
dit au titre X : « Si non adsit clericus, vel alius deserviens in Missa... »
2° Le surplis est l'habit des clercs qui leur est donné par l'évêque, dans
la cérémonie de la tonsure. 3° Les auteurs qui accordent un surplis
aux enfants laïques s'appuyent uniquement sur l'usage et la tolerance
des supérieurs Cavalieri, *loc. cit.* Pavone, n. 329, note; Vinitor part. 2,
tit. 16, n. 2. Du reste en plusieurs diocèses, les Evêques ont prescrit de
n'employer pour servir la Messe que des jeunes gens qui avaient reçu
la tonsure. Voyez à ce sujet Van Espen, *jus eccles.*, part. 2, tit. 5,
cap. 3, n. 23 et ss.
(2) *Instruct cit.* cap. 8.

évêque parle d'une communion très-solennelle, y exigeant un grand nombre de ministres, et six cierges allumés à l'autel, outre les deux flambeaux portés par les acolytes. On conçoit que, dans ces circonstances, il convient, pour la pompe de la cérémonie, de faire porter le surplis aux servants, et qu'il y a alors une espèce de nécessité qui légitime cette manière d'agir.

9. Les auteurs ne s'accordent pas toujours sur les détails des cérémonies à observer par le prêtre. Ainsi, Vinitor veut que le prêtre dépose hors du corporal le couvercle du ciboire; au contraire Baldeschi, Baruffaldi et Cavalieri le font remettre sur le corporal. Il nous semble que tout dépend ici de la forme de ce couvercle et de la contenance du ciboire. Si le peu de convexité de ce couvercle, et le grand nombre d'hosties qui ont été consacrées, peuvent occasionner le contact des saintes espèces au couvercle, celui-ci devra être remis sur le corporal; mais dans la supposition contraire, nous n'en voyons pas la raison, et il nous paraît qu'il vaut mieux le placer hors du corporal qui est destiné à ne recevoir que les vases sacrés, ou ceux qui ont touché au corps du Sauveur. Pavone veut qu'on laisse ouverte la porte du tabernacle, et Cavalieri dit qu'on la ferme. L'une et l'autre de ces manières peuvent être adoptées suivant les circonstances, pourvu qu'elles n'apportent aucune indécence dans la fonction.

Le Rituel romain semble exiger trois génuflexions avant le *Misereatur*, savoir l'une quand le célébrant a ouvert le tabernacle, la seconde après qu'il a découvert le ciboire, et la troisième après le *Confiteor*. Mais les auteurs font observer que la seconde et la troisième se confondent quand le *Confiteor* a été récité avant que le célébrant ait ouvert le ciboire, ce qui arrive communément, et par là ces génuflexions se réduisent à deux (1). Quand le prêtre se tourne vers les communiants pour

(1) Bauldry, Merati, Baldeschi, etc.

dire le *Misereatur*, il doit avoir le dos au côté de l'Evangile, et se tenir à demi tourné vers le côté de l'épître.

Quant à la particule, il doit la tenir élevée de deux doigts environ du bord de la coupe sur lequel il appuye la main (1). Remarquons encore avec Pavone que les fidèles peuvent se frapper la poitrine au *Domine non sum dignus*, quoique certains auteurs aient voulu proscrire ce signe de pénitence : toutefois il n'y a nulle obligation de le faire, et le *mea culpa* du *confiteor* y supplée abondamment.

10. Passons maintenant à des difficultés plus considérables. Le prêtre pourra-t-il tenir de sa main gauche un purificatoire pour s'y essuyer les doigts, au cas qu'ils soient mouillés par le contact de la langue des communiants, ou quelquefois par la sueur ? Chacun sait combien il est alors périlleux de continuer la distribution de l'Eucharistie, et qu'on s'expose probablement au danger de profaner le sacrement. Baldeschi réprouve cet usage qui n'est appuyé, dit-il, sur aucun auteur de mérite ; mais en cela il se trompe, puisque Vinitor, Pavone, Lohner indiquent expressément qu'on doit le faire, et que Merati approuve cet usage. « Quia difficile est hoc inconveniens » evitaré, ideo absque ullo scrupulo introducendi novam rubri- » cam, in sententia sum illorum qui tale purificatorium adhi- » bendum esse approbant. » Cependant il faut remarquer avec les auteurs précités et le P. Lacroix, qu'avant d'essuyer ses doigts au purificatoire, le prêtre doit les examiner attentivement pour s'assurer qu'il n'y adhère aucune parcelle, et, s'il s'en trouve, faire tomber les parcelles dans le ciboire. Cavalieri réprouve néanmoins l'usage du purificatoire qui, selon lui, ne peut suffire à éviter toute profanation, spécialement quand

_____

(1) Vinitor, Pavone, Cavalieri, etc.

les parcelles sont très-petites et qu'elles sont distribuées par un
prêtre dont la vue est faible ; et il ajoute que le moyen indiqué
par S. Charles pare à tous les inconvénients. Ce moyen consiste
à retourner à l'autel pour y laver ses doigts, dans le vase préparé à cet effet, ou-à se faire accompagner du ministre qui
tient ce vase en main. « In promptu est et indubie præstat
» modus quem ex D. Carolo Borromeo (1) Meratus refert, vide-
» licet ut sacerdos ad altare redeat et semel vel his digitos
» abluat in vasculo ad id ibi præparato, vel istud a ministro ad
» sacerdotem deferri poterit, si ad altare ascendere nolit. In
» casu itaque humectationis digitorum sacerdos scrutatis digitis,
» ab his in pyxidem fragmenta excutiat, si quæ iisdem adhærere
» repererit, ut postea eosdem digitos ut supra abluat, quod
» licet Rubrica id ad communionis finem reservet fieri, idipsum
» implicite faciendum edocet, quotiescumque necessitas exe-
» gerit (2). »

Observons ici que S. Charles n'est pas tout-à-fait du sentiment que lui prête Cavalieri. Il enseigne que si la distribution
de la communion est grande, *si diu duraret communionis tempus*, il sera bon, lorsqu'on aura ses doigts humectés de salive,
d'aller laver, une fois ou deux, *pro ratione frequentiæ et multi-
dinis*, ses doigts à l'autel, afin de ne pas donner du dégoût à
ceux qui doivent communier après. Il ne parle pas proprement
du cas que nous examinons, et il ne suppose pas qu'on fasse
venir le ministre portant le vase avec l'eau de l'ablution. Cette
remarque faite, nous dirons notre avis sur la question. Ce serait
un bien sans doute que le procédé indiqué par Cavalieri fût mis
en pratique et approuvé de l'Eglise, puisqu'il tend à préserver
le corps sacré de J.-C. de toute profanation même matérielle et
que c'est là un résultat bien précieux. Mais jusqu'ici nous ne

(1) *Op. cit.*, cap. 10.
(2) *Loc. cit.*, n. 34.

l'avons vu pratiquer nulle part, et nous ne croyons pas qu'il soit adopté en bien des églises : il nous paraît même que, pour ne pas encourir le reproche de nouveauté, et pour éviter les murmures du peuple, un pasteur fera bien de ne pas user de ce moyen, avant d'avoir pris l'avis de ses supérieurs. Quant à l'emploi du purificatoire, nous le trouvons fort utile, et comme il est conseillé par des liturgistes du premier mérite et de divers pays, et que nous le voyons admis généralement, nous ne pouvons que l'approuver : bien plus nous trouverions extraordinaire qu'on pût distribuer la communion à une centaine de personnes, sans crainte de profanation, si l'on n'a pas recours au purificatoire.

Toutefois il ne faut pas oublier 1° que le but du purificatoire est *uniquement* d'enlever l'humidité des doigts, et qu'ainsi on ne peut s'en servir qu'au besoin. C'est pourquoi nous regardons comme abusive l'habitude de quelque prêtres qui, après chaque hostie distribuée, s'essuyent les doigts au purificatoire : combien de saintes parcelles qui peuvent de la sorte se détacher du purificatoire et tomber à terre? 2° Qu'avant de s'essuyer les doigts au purificatoire, on devra prendre garde qu'il ne reste plus de parcelle y attachée, car s'il en reste, on la fera tomber dans le ciboire. Cette condition est mise expressément par les auteurs à l'usage du purificatoire; elle n'est du reste que la reproduction de la rubrique qui traite de la fin de la communion. 3° Que, pour autant que la chose sera possible, on ne sépare pas l'index et le pouce, en les essuyant au purificatoire : l'humectation de ces doigts ne se fait pas directement à l'endroit où l'on tient les saintes espèces, mais souvent plus bas, et ainsi il suffira d'essuyer ces parties qui ne sont pas en contact immédiat avec le corps de J.-C., pourvu qu'on le fasse assez tôt, et que l'humidité n'ait pas gagné la partie supérieure des doigts. Par là on obviera au double danger de perdre des parcelles sacrées, sur le purificatoire, et de laisser tomber des hosties qui adhéreraient aux doigts.

Nous maintenons donc l'usage du purificatoire, moyennant les précautions signalées ici.

11. Actuellement répondons à la consultation qui a été insérée dans le cahier précédent (pag. 485) et qui concerne l'emploi d'une patène ou d'une plaque dorée à placer sous le menton des communiants, dans le but d'éviter toutes les profanations possibles du S. Sacrement et la perte des plus petites parcelles. Les honorables consultants ne tiennent pas tellement à ce moyen pourtant qu'ils ne soient prêts à admettre tout autre expédient qui conduirait au même résultat. Voyons donc s'il y a quelque chose à faire sur ce point.

Nous avons trouvé dans les auteurs trois moyens indiqués pour éviter la perte des parcelles quelque petites qu'elles soient. Le premier est adopté par Possevin (1) et Corsetti (2). Il consiste à tenir la patène de la main gauche sous le ciboire. « Patena » inter indicem et medium digitum sinistræ manus retineatur, » ut fragmenta excipiantur, quæ sæpe insensibiliter cadunt inter » velum, quod extensum ante communicandos tenetur, et vix » distingui ac cerni possunt : applicando patenam experientia » veritatem docebit. Neque hoc esse contra episcopalem digni- » tatem dici potest, quia communicante episcopo, subdiaconus » debet sub mento communicantium patenam tenere, quod cum » per ministrum fiat, majestatem quamdam indicat ; Parochus » autem, per se tenendo, quasi sub custodiam, nihil majestatis » præ se fert, sed solum fragmentorum periculum evitat, quare » minime reprehendi posse credo. » Cavalieri (3) et Pavone (4)

---

(1) *De officio curati*, cap. 8, n. 4.
(2) *Praxis Sacr. Rit.*, tract, 2, part. 2, cap. 4, sect. 1, *addit.* 1.
(3) Tom. IV, cap. 4, decr. 8, n. 1.
(4) *Op. cit.*, n. 399.

repoussent ce moyen qui s'éloigne du rit de l'Eglise et qui parait rejeté par la Congrégation des Rites. Elle décida en effet, dans une controverse entre l'Evêque et le chapitre d'Andria, que l'usage de faire tenir par un prêtre en surplis, la patène sous le menton des communiants, était licite *in communione generali quæ per Dignitates agitur.* Or, ces dernières paroles semblent être restrictives, et limiter la licéité de l'usage de la patène aux communions quasi épiscopales, c'est-à-dire à celles qui se font au nom et à la place de l'Evêque. Il nous semble aussi que l'usage de la patène ne peut devenir licite, que dans la supposition où les moyens indiqués par les rubriques seraient insuffisants, pour sauver tout respect dû au S. Sacrement. Il ne faut pas introduire de nouveaux rites sans raisons graves.

Le second moyen est indiqué par Quarti (1) qui en cela est suivi par plusieurs rubricistes. Il consiste à approcher le ciboire ou la patène contenant les saintes espèces : « Supponat » pyxidem vel patenam, ne casu aliquid specierum cadat in » terram. » Mais ainsi que le font sagement remarquer Cavalieri et Possevin, aux endroits cités, le remède est pire que le mal : on s'expose en effet à faire tomber à terre les saintes hosties, par la respiration des communiants. Ajoutons-y une autre raison propre à notre pays et sans doute aussi à plusieurs autres. C'est qu'il est impossible, avec les tables ou bancs de communion qui sont en usage ici, d'approcher assez près un ciboire à pied tel que nous l'avons. Si le ciboire était réduit à une simple coupe sans pied, ou si la table était remplacée par une simple nappe, la chose serait faisable, mais alors la troisième méthode peut être employée avec plus de sécurité.

La rubrique veut qu'une nappe soit étendue devant les communiants, et cela dans le but de recevoir la sainte hostie, si elle

(1) *In rubric. Miss.*, part. 2, tit. 10, sect 3, d. 3, diff. 4.

s'échappe de la main du célébrant, ou les parcelles qui pourraient se détacher pendant cette fonction. La nappe doit donc
suffire ; à moins qu'on n'accuse la rubrique de n'avoir pas convenablement veillé à la révérence due aux saints Mystères.
S. Charles Borromée, qui entrait si bien dans l'esprit de
l'Eglise, voulut tirer tout le parti de ce qu'elle ordonnait en
cette circonstance, et pour cela il disposa que la nappe serait
tendue tout à la fois sous le ciboire du prêtre et sous le menton
des communiants. De la sorte aucun fragment ne peut tomber
en dehors de la nappe. Voici comment il s'exprime (1). « Ad
» tuto decenterque sacramentum administrandum, ne quo casu
» particula vel fragmentum aliquod in terram concidat provi-
» deatur... de quatuor ut minimum lineis linteis subtilioribus...
» subjicientur vero hæc pyxidi et manibus sacerdotis, dum
» sanctissimum sacramentum iis qui ab utroque latere procum-
» bunt, administrat. » Et ce qui prouve bien clairement que ce
sont ces nappes-là mêmes qui sont tenues par les communiants,
il n'y a qu'à lire ce qu'il dit un peu plus loin (2). « Caveat
» Parochus ne offerat SS. Sacramentum.... iis qui non possunt
» caput protendere, in ipso communionis actu, ut mentum pro-
» pendeat supra scamnum, et ministri commode possint lineum
» pannum mento supponere... ad evitandum ne vel particula
» vel fragmentum ex dicto panno excidat. »
   On objectera à cette méthode qu'elle ne fait pas cesser tout
danger d'irrévérence, puisque les parcelles tombées sur la
nappe courent risque aussi d'être profanées ensuite. Vinitor (3)
nous fournit la réponse à cette observation. Le prêtre, dit-il,
ou un diacre peut, après la messe, visiter cette nappe, et re-

(1) *Pastor. Instruct.*, part. 3, cap. 6.
(2) *Ibid.*, cap. 9.
(3) *Compend. sacror. rit.*, part. 2, tit. **10**, annot. § 3.

cueillir avec la patène, les parcelles qui y seraient tombées.
« Pannus lineus, absoluto officio, a sacerdote aut diacono in-
» spiciatur et perlustretur, nimirum ut hinc inde extremitatibus
» illius a duobus in altum elevatis ex lateribus sinuetur, et circa
» longitudinis medium instar arcus demittatur, quoad levem
» concussionem, particulæ etiam minimæ, si quæ fuerint, in
» unum coadunentur, et patena sacra excipiantur. »

Voilà, ce nous semble, l'expédient le plus simple, le plus
sûr et le plus conforme au texte de la rubrique : c'est le seul
que l'on puisse employer. Ici on nous demande s'il y a obligation de le faire. Nous répondrons oui et non. Non, s'il s'agit de
la communion de quelques personnes seulement : oui, si un
grand nombre se présentent. Il est fort probable en effet, que
sur un nombre considérable de communions, il s'échappera
quelque parcelle : d'un autre côté il y a fort à craindre que par
suite de la lassitude, de l'humidité des doigts, ou de la pres-
tesse avec laquelle on veut faire les choses, pour ne pas fatiguer
le peuple, une particule tombera à terre, si l'on n'emploie pas
le moyen indiqué. Alors le respect dû à la sainte Eucharistie
exige qu'on emploie ce moyen indispensable (1). Les mêmes
inconvénients n'étant guère à craindre, pour la communion de
quelques personnes, nous ne pensons pas qu'il y ait alors obligation d'employer la nappe comme le veulent S. Charles et
Vinitor.

On objectera à notre résolution qu'il sera souvent impossible
de trouver deux acolythes, pour tenir les extrémités de la
nappe, et de plus une nappe convenable. Soit, admettons cette
impossibilité qui cédera toutefois devant une bonne volonté. Il
faudra alors se borner à la nappe qui recouvre le banc de com-

---

(1) On comprend assez par là qu'il n'est pas question ici d'une obligation rigoureuse, mais d'une chose de convenance demandée par le
respect dû au S. Sacrement.

munion. « Necessitatis causa posset peragi communio, adhi-
» bitis tantum scamnis contectis suis mappis et mantilibus,
» absque duobus ministris ab utroque latere linteum pannum
» tenentibus, » dit S. Charles (1). Mais, dans cette hypothèse,
nous voudrions que le dessus du banc ou la table de communion fût assez large pour qu'on n'eût pas à craindre la perte des
parcelles, et que la nappe ne dépassât pas le bord du côté des
communiants. De cette manière les parcelles resteront toutes
sur la nappe, et après la distribution, on pourra la visiter et
recueillir ce qui y serait tombé par accident.

12. Suivant la lettre du Rituel, le prêtre se tient au milieu
de l'autel, lorsqu'il dit *Ecce agnus Dei*, et ce qui suit. Cette
rubrique doit-elle être observée, lorsque le S. Sacrement est
placé ou exposé sur l'autel? Sylvius, dans ses notes aux instructions de S. Charles (2), et Hagerer (3), sont d'avis que le
célébrant doit alors se mettre à l'angle de l'évangile, comme
pour le *Misereatur;* mais la plupart des auteurs enseignent le
contraire, se fondant sur la clarté de la rubrique, et sur la vénération due à J.-C. qu'on porte en main. De ce sentiment
sont Bauldry, A Portu, Merati, Cavalieri, Pavone, le cérémonial
des capucins, etc.

Il semble que le *Domine non sum dignus* pourrait être pro-
féré en langue vulgaire, lorsque les personnes qui communient
n'entendent pas le latin. Car le désir de l'Eglise est que chacun
récite ces paroles : nous en avons la preuve dans le texte du
Rituel romain qui, à l'endroit du viatique, demande que le
malade récite tout bas cette prière pendant que le prêtre la dit
à haute voix. Cette opinion est de plus soutenue par Lohner (4),

(1) *Ibid.*, n. 8.
(2) Ad caput 9, not. *d.*
(3) *Rit. exact. Miss. priv.*, tit. 10, n. 6 et tit. 15, § 2, pag. mihi
118, 149.
(4) *Instruct.*, etc., part. 6, tit. 10, n. 6, litt. *z.*

Hagerer (1) et le cérémonial des capucins (2). Toutefois nous ne pouvons l'admettre. La langue latine est la seule que l'Eglise emploie dans l'administration des sacrements, particulièrement dans les prières qu'elle adresse à Dieu. Il n'est pas permis de changer ce qu'elle a si sagement établi, et d'ailleurs il n'y a aucune raison de le faire ici. Si l'on craint avec fondement que les fidèles ne soient pas capables de faire l'acte d'humilité émis avant la communion, on peut leur faire une instruction à ce sujet, et par là on se conformera à la recommandation du Rituel romain qui désire qu'avant l'administration de chaque sacrement, on en explique les effets au peuple (3), et aux instructions de S. Charles qui prescrit cette explication, toutes les fois qu'il y a une vingtaine de communiants (4).

13. Le Rituel romain avertit le curé du soin qu'il doit avoir que les particules consacrées soient en assez grand nombre pour suffire aux personnes qui communient; cependant il peut arriver, et il arrive, surtout dans les paroisses où il n'y a qu'une seule Messe, qu'on est pris au dépourvu, et qu'il sera impossible de satisfaire le pieux désir des fidèles, si l'on donne à chacun une hostie entière. Sera-t-il permis, dans cette perplexité, de diviser les saintes espèces, afin de pouvoir communier tout son monde?

Chapeauville (5) répond qu'on pourra diviser chaque hostie en deux, trois et même quatre parties, s'il est nécessaire, mais qu'il serait indécent de faire des fractions plus petites. Il s'ap-

---

(1) Tit. 15, § 2, pag. 149.
(2) *Cærem. capucc.* (Argentor. 1755), pag. 236. Ce cérémonial cite comme étant du même avis *Ruffinus*, auteur qui nous est jusqu'ici inconnu.
(3) *Regul. gen. pro administr. sacram.*
(4) *Op. cit.*, cap. 9.
(5) Dans son admirable traité *De administr. Sacram. tempore pestis*, cap. 4, quæst. 27.

puye sur la pratique journalière pour établir la première partie
de sa réponse. « In Paschate quando populus pro communione
» sæpe majori numero quam pastores expectent, confluit, vide-
» mus illos etiam doctissimos et piissimos hostias dividere, ut
» devotioni populi sese accommodent....... Altera pars pro-
» batur, quia dividendo hostiam non ita magnam in octo vel
» plures partes, deveniri posset ad tam exiguas, ut moraliter
» loquendo, contractari non possent, nec distribui sine scandalo
» et irreverentia Sacramenti. » Il ne peut plus y avoir de doute
touchant la première partie de cette réponse, depuis que la Congrégation des Rites a déclaré qu'on pouvait conserver l'usage
de diviser les hosties, quand il y a nécessité (1). Quant à la
seconde partie nous souscrivons à la décision de Chapeauville.
Il nous paraît même qu'il ne faut diviser les hosties en quatre
qu'à la dernière extrémité, à cause qu'alors les parties sont fort
petites et qu'il y à craindre, soit de profaner le S. Sacrement,
soit de scandaliser les fidèles.

Mais serait-il permis aussi de fractionner la grande hostie
qui a été exposée dans l'ostensoir?

Clericati (2) répond négativement, s'appuyant sur la doctrine des auteurs et sur la défense qu'en fit S. Charles Borromée
dans son 11e synode diocésain. « Si hostia consecrata ulterius
» conservanda non erit, sacerdos eam sumat in Missa, nec eam
» populo unquam tradat sumendam. » La même défense est
portée implicitement par l'instruction sur les prières des XL
heures, puisqu'on y voit que le prêtre doit consommer, le jour
même, ou le lendemain, l'hostie qui a servi aux prières des
XL heures. Ajoutons encore avec Cavalieri (3) le décret porté

(1) V. *S. R. C. Decreta*, v. *Communio*, § 2, n. 8.
(2) *De Sacr. Euchar.*, decis. 45, op. tom. 1.
(3) Tom. IV, cap. 4. decr. 2, n. 8.

par la Congrégation du Concile en ces termes. « Admoneat
» nulli tradendas plures Eucharistiæ formas seu particulas,
» neque grandiores, sed consuetas. » Sur quoi Cavalieri fait le
commentaire suivant : « Liceat nobis universalem legem nos-
» cere in præsenti Decreto, quod dum consuetas particulas com-
» municaturis dari mandat, insuper inhibet, hostiam ut supra
» sectam iisdem distribuere, partes namque prædictæ hostiæ
» semper consuetis vel grandiores aut parviores erunt, et nun-
» quam in figura conformes. Et maxime quia non minus resistit
» Decreti ratio, quia nempe saltem plebs idiota per grandiores
» plus gratiæ, et minus per parviores consequi, potest credere,
» aut ex eo quod per processionem fuerit circumgesta, vel pu-
» blicæ venerationi exposita, aliquid honoris, vel plus spiritua-
» lium effectuum sibi præ aliis fingere, sive in eam majori
» anxietate ferri, aut conqueri, quod communicetur cum parti-
» cula non habente denarii formam, in qua mysteria latere
» diximus, et hinc errores oriri, scandala atque rixas. »

Toutefois n'oublions pas que si cette résolution est vraie en
thèse générale, elle souffre une exception, pour le cas de nécessité, et de même que les particules ordinaires, l'hostie qui a été
exposée pourra être divisée et distribuée aux fidèles, plutôt que
de priver ceux-ci de la communion.

14. Le Rituel de Toulon, qui n'est à proprement parler qu'un
commentaire du Rituel romain, fait observer (1) que la division des particules, quand elle est nécessaire, doit se pratiquer
sur l'autel. Le célébrant devra donc y retourner quand il aura
acquis la conviction que le nombre d'hosties qui restent dans le
ciboire, sera insuffisant pour communier tout le monde. Le
même Rituel nous dit que le prêtre, lorsqu'il doit attendre,
pour donner le temps aux seconds de remplacer les premiers

(1) Tom. VI, pag. 308.

qui ont déjà communié, se tournera vers l'autel, tenant toujours le ciboire.

Le prêtre, en même temps qu'il communie chaque personne, prononce les paroles *Corpus D. N. J. C.*, etc., fait un signe de croix au-dessus du ciboire. Cavalieri (1) fait trois remarques à ce sujet. La première qu'il n'est pas indispensable que le prêtre donne la particule qu'il a tenue dans ses doigts en commençant. La seconde, qu'en même temps qu'il profère la formule, il mette l'hostie sur la langue de chacun. Enfin qu'on ne peut, sous une même formule, *Corpus*, etc., communier deux ou plusieurs personnes. Chacun a droit à cette prière, et l'on ne peut en priver personne : du reste le Rituel romain indique bien clairement cette obligation.

15. La communion terminée, le prêtre reporte le ciboire à l'autel, où étant arrivé, et non auparavant, selon Cavalieri (2) et Pavone, il dit les prières indiquées au Rituel. Mais y a-t-il obligation de réciter l'antienne *O Sacrum* et les autres prières ? M. De Herdt (3) s'est imaginé que ce n'était ici qu'un simple conseil, d'autant que le Rituel romain l'indique par ces mots *dicere poterit.* Mais en cela il s'est évidemment trompé, car cette faculté ne tombe que sur l'antienne *O Sacrum* et le verset *Panem*, le reste est obligatoire : *mox sacerdos dicit, Domine exaudi,* etc. Cavalieri l'avait du reste suffisamment expliqué (4), et la Congrégation des Rites vient de confirmer son sentiment, par le décret suivant que M. D. H. n'a pas bien compris, quoiqu'il n'y ait pas à se méprendre sur la signification qu'il faut lui donner.

(1) *Loc. cit.*, decr. 11, n. 15 et 16.
(2) *Ibid.*, decr., 12, n. 28.
(3) *Prax. liturg.*, part. 2, n. 28, pag. 315.
(4) *Ibid.*, n. 29.

An in communione ministranda, post versum *Panem de [Cœlo,* dici omnino debeant ante orationem alii versus, *Domine exaudi, Dominus vobiscum ?*

R. *Affirmative, ut præscribitur in Rituali Romano.* Die 24 sept. 1842, in una TERTII ORD.

Or, il est évident que si le Rituel romain *prescrit* la récitation des versets mentionnés au doute, il ne prescrit pas moins l'oraison, et qu'ainsi tout ce qui vient à la suite du verset *Panem* est d'obligation, et tombe sous les mots *Mox sacerdos dicit,* tandis que l'antienne *O Sacrum* et le verset *Panem* sont rendus facultatifs par ces autres *dicere poterit.* Il nous semble que rien n'est plus clair que la distinction faite ici par le Rituel.

Au temps pascal, on ajoute *alleluia* tant au verset *Panem de cœlo* qu'à l'antienne *O Sacrum* (1), le Rituel le dit expressément; mais les auteurs n'admettent pas tous cette addition pendant l'octave du S. Sacrement. Merati (2) et Cavalieri (3) sont pour l'affirmative, Pavone (4) pour la négative. Les deux opinions peuvent être soutenues par de bons arguments, c'est pourquoi nous nous bornons à les énoncer, reconnaissant que toutes deux sont probables.

On s'est permis, appuyé sur ce principe *qui n'est pas toujours vrai,* que hors la Messe, les oraisons ont la conclusion brève, on s'est permis, disons-nous, d'indiquer la conclusion brève pour l'oraison du S. Sacrement, *Deus qui nobis,* prescrite par

---

(1) Nous appelons l'attention de nos confrères sur le retranchement de l'*alleluia* de l'antienne *O Sacrum,* pendant l'année. Nous ne connaissons pas d'églises où il se fasse, et cependant le Rituel romain marque bien qu'il doit être opéré, puisqu'il écrit l'antienne entière sans *alleluia.*

(2) Part. 2, tit. 10, n. 33.

(3) *Ibid.,* n. 30.

(4) N. 401.

le Rituel, tandis que les nouvelles comme les anciennes édilions du Rituel romain, celles qui méritent le plus de créance, les versions des auteurs les plus accrédités s'accordent toutes à donner la conclusion longue à l'oraison *Deus qui nobis* (1). Au contraire l'oraison *Spiritum nobis*, qui est la post-communion du Samedi-Saint, reçoit ici la conclusion brève.

16. Il est certain, à la simple lecture du Rituel romain, que l'ablution des doigts doit avoir lieu, avant qu'on ne recouvre le ciboire : nous ne nous arrêterons pas à le prouver contre certains auteurs qui, par oubli sans doute, ont enseigné le contraire (2). Mais il y a une question unie à la précédente que nous devons discuter. Quand le célébrant doit-il faire la génuflexion, la communion terminée? Les auteurs se partagent ici en deux camps à peu prés égaux en nombre et en valeur. Bauldry, Hagerer, Pavone soutiennent que le célébrant doit faire la première génuflexion avant de remettre le ciboire, et la seconde avant de fermer le tabernacle. Merati, Janssens, Cavalieri admettent cette seconde génuflexion, mais ils veulent que la première se fasse avant de couvrir le ciboire, dès le retour à l'autel. Nous croyons que *tous* sont dans l'erreur, et qu'une seule génuflexion, la seconde, suffit parce que c'est la seule dont le Rituel fasse mention (3). Nous pensons que la génuflexion n'est pas nécessaire avant de recouvrir le ciboire, et les auteurs cités en premier lieu pensent de même : nous disons encore qu'avant de remettre le S. ciboire au tabernacle, la génuflexion n'est pas d'obligation, et nous avons vu que Merati, Cavalieri, etc., partagent ce sentiment. Rien n'est donc

---

(1) La *Correspondance de Rome* cite un décret du 7 sept. 1850, in *Veronen.*, ad 2, par lequel on doit, sur ce point, observer le Rituel romain. V. n. 59.

(2) V. Cavalieri, *loc. cit.*, n. 40.

(3) M. D. H. concilie les auteurs d'une autre manière : il admet *trois* génuflexions.

moins prouvé que la nécessité de cette première génuflexion, et puisque le Rituel ne l'impose pas, nous ne devons pas non plus l'imposer.

On objectera que le Rituel a bien pu ne pas entrer dans tous ces détails, et qu'il y a bien des cérémonies admises et reconnues obligatoires, quoiqu'elles ne soient pas exprimées. Sans discuter la valeur du principe émis ici, nous soutenons que le Rituel n'a pas exprimé la génuflexion, parce qu'il n'en faut pas. Qu'on relise le texte du Rituel rapporté plus haut : on y verra que le Rituel exige *quatre* génuflexions avant la distribution de la communion et avec une grande précision, et que ce nombre a été réduit à *trois* par les auteurs, dans la plupart des cas. Or, est-il probable que le Rituel, si détaillé à l'égard des génuflexions, en aurait omis une, s'il l'avait jugée nécessaire? Les faits ne renversent-ils pas cette supposition? Et si l'on veut soutenir qu'il y a une nécessité intrinsèque de faire la génuflexion que nous n'admettons pas, qu'on en donne de bonnes raisons, et que l'on commence par accorder les liturgistes. On répond que les rubricistes s'accordent à exiger une première génuflexion : mais nous disons qu'ils ne s'accordent pas du tout. Il ne s'agit pas ici d'une génuflexion *in abstracto*, par exemple, d'une génuflexion ordonnée par la rubrique, sans indication précise du temps où elle se fait, mais d'une génuflexion propre, spéciale, pour des raisons plausibles, et sur ce point il est évident que les auteurs ne s'entendent pas.

Nous tenons donc qu'une seule génuflexion suffit après la distribution de la communion, *genuflectens reponit sacramentum in tabernaculo*. Le Rituel parait ici indiquer comme simultanées deux actions qui par la nature des choses doivent être successives, et nous pensons avec tous les auteurs que la génuflexion se fait après qu'on a remis le S. Sacrement au tabernacle, et qu'on ferme celui-ci après la génuflexion.

17. Cela fait, le prêtre bénit de la main ceux qui ont communié. Doit-il, en cette circonstance, agir comme à la bénédiction de la Messe, c'est-à-dire, lever et rejoindre les mains avant de se retourner vers le peuple? A Portu, Merati, Cavalieri et la plupart des auteurs prennent le sentiment affirmatif. Pavone au contraire défend avec vigueur l'opinion négative (1). Il invoque à son appui le texte même du Rituel qui montre que les paroles *benedictio Dei omnipotentis* se disent aussi bien que les suivantes, par le prêtre déjà tourné vers le peuple, et qu'ainsi elles ne doivent pas être accompagnées de l'élévation des mains. « Deinde extensa manu dextera benedicit iis qui » communicarunt, dicens, *Benedictio*, etc. » Nous regardons comme plus probable ce dernier sentiment qui est plus conforme au texte du Rituel, et qui pour cela expose moins à introduire des nouveautés dans les cérémonies sacrées.

18. On a vu plus haut que le Rituel romain veut qu'il soit préparé des vases pour la purification de ceux qui ont communié; l'un contient du vin et l'autre de l'eau, non pas que les fidèles doivent boire aux deux vases, dit Baruffaldi (2), mais pour qu'ils prennent le liquide qu'ils préfèrent. Ces vases sont portés par le ministre et offerts successivement à toutes les personnes qui viennent de communier. « Minister autem dextra » manu tenens vas cum vino et aqua, sinistra vero mappulam, » aliquantum post sacerdotem iis porrigit purificationem, et » mappulam ad os abstergendum, » ainsi que porte le Missel romain. Nous omettrons les détails relatifs à ce rit qui est tombé tout à fait en désuétude dans notre pays, mais nous devons dire un mot de l'obligation de cette rubrique. Il serait bien difficile sinon impossible d'apporter des raisons de quelque valeur pour établir que la rubrique prérappelée du Missel, et celle du

(1) *Discurs. prelimin.*, n. XXIV.
(2) *Loc. cit.*, tit. 24, n. 24.

Rituel qui y est conforme, ne sont pas obligatoires : elles sont conçues comme toutes les autres, et ne renferment aucun terme d'où l'on puisse conclure qu'une certaine latitude est laissée sur ce point.

Peut-on dire que la coutume contraire a prévalu contre la loi? D'après les principes que nous avons établis ailleurs, on sera forcé d'avouer que la coutume n'a pu abroger la loi, puisqu'il s'agit d'un texte clair de la rubrique du Missel et du Rituel. Ces sortes de coutumes ne sont pas reconnues par la Congrégation des Rites, et n'ont par conséquent aucune force destructive de la loi. Que faire donc ici? Faudra-t-il rétablir la purification dans les églises où elle ne se pratique plus depuis plusieurs siècles, et changer un ordre de choses qui ne présente nul inconvénient? Nous ne le pensons pas, et notre décision se fonde sur l'épikie et sur la nature de la loi. L'épikie d'abord : croit-on que l'église tienne au rétablissement d'une cérémonie qui n'est pas sans dangers pour le peuple? Plusieurs s'imagineront par là recevoir le S. Sacrement sous l'espèce du vin, malgré tout ce qu'on leur aura dit précédemment : les autres s'y comporteront malhonnêtement, en feront un objet de risée et de moquerie. En beaucoup d'églises, la chose sera impossible soit à cause de la dépense qu'il faudrait faire, soit par le grand concours du peuple qui se présente à la communion. Vient après cela la nature de la loi. Cette loi-ci a un caractère particulier qui la distingue de beaucoup d'autres : c'est que les prêtres sont tenus d'offrir la purification et que les fidèles ne sont pas obligés de la prendre, cette loi est en quelque sorte bilatérale. Supposons donc que personne ne veuille recevoir la purification, que le refus soit général et renouvelé à plusieurs reprises, croira-t-on que le législateur tienne la main à l'observance de sa loi, et force ses ministres à des démarches inutiles? Or, la supposition que nous faisons ici est très-fondée, et il y a beaucoup à penser que la purification est tombée en désuétude, parce que les fidèles n'en avaient nul souci. Dès lors, on ne doit pas faire revivre la loi, loi qui serait inutile, obligeant à un acte inutile, et qui conséquemment ne serait plus une loi véritable.

19. La communion pendant la Messe est soumise, à très-peu de différences près, aux règles que nous venons d'expliquer : bornons-nous donc à quelques mots. 1° Le célébrant, qui a consacré, doit faire la génuflexion, avant de remettre les particules sur la patène, ou dans le ciboire. « Sacerdos, post sump- » tionem sanguinis, antequam se purificet, facta genuflexione, » ponat particulas consecratas in pyxide, vel si pauci sint com- » municandi, super patenam. » 2° L'index et le pouce de la main gauche ne peuvent être disjoints, en sorte que le célébrant tient le pied du ciboire au nœud avec les trois derniers doigts de la main d'un côté et les deux premiers de l'autre. Cependant quelques auteurs, Lohner, Vinitor permettent, quand le nombre des communiants est considérable, de séparer le pouce de l'index, pourvu qu'on ait auparavant la précaution de les lécher avec la bouche, afin qu'il n'y reste plus de parcelles. 3° La communion terminée, le célébrant retourne à l'autel sans rien dire. 4° La purification et l'ablution des doigts se font après que le S. Ciboire a été remis dans le tabernacle. 5° Il n'y a pas de bénédiction parce qu'elle se donne à la fin de la Messe.

20. Comment se comportera le prêtre qui, en distribuant la sainte communion aura laissé tomber une parcelle ou une hostie entière ? Collet ayant bien détaillé cette question dans son traité des SS. Mystères (1), nous le laisserons parler, sauf à ajouter ensuite quelques observations.

_____

(1) Chap XIV, n. 15, pag. 448 et ss. 7ᵉ édit.

« *Rubrica.* Si hostia consecrata, vel aliqua ejus particula di-
» labatur in terram, reverenter accipiatur, et locus ubi cecidit,
» mundetur et aliquantulum abradatur, et pulvis seu abrasio
» hujusmodi in sacrarium immittatur. Si ceciderit extra corpo-
» rale in mappam seu alio quovis modo in aliquod linteum,
» mappa vel linteum hujusmodi diligenter lavetur, et lotio ipsa
» in sacrarium effundatur. »

« Comme la sainte hostie, lorsqu'elle tombe à terre ou sur
du linge, n'en pénètre pas les parties, la rubrique prescrit moins
de mesures que dans le cas de l'effusion du calice. Elle en veut
cependant de proportionnées à la nature du malheur qui est
arrivé. Ainsi, sans exiger, comme lorsque le précieux sang a
été répandu, que le prêtre lèche la terre, elle veut qu'on la
purifie autant qu'il est possible, et qu'on la racle tant soit peu.
Pour ce qui est des nappes ou des autres linges, après en avoir
tiré ce qu'on peut de parcelles certaines ou douteuses (Gavantus), la rubrique marque qu'on doit les laver avec soin, et
jeter dans la piscine l'eau qui y a été employée.

» A l'égard des hosties qui s'échappent quelquefois du
ciboire ou des mains du célébrant, et tombent à terre, l'usage
est de marquer et de couvrir avec quelque chose de propre
l'endroit où elles sont tombées, de crainte qu'il ne soit foulé
aux pieds par les passants. On le racle ensuite et on jette la
poussière dans la piscine.

» Si une hostie était tombée sur le voile ou sur la nappe de
communion, il faudrait aussi marquer l'endroit, le laver ensuite
soigneusement, et jeter l'eau dans la piscine. Si elle était
tombée sur le linge ou sur les habits d'une personne qui communie, ce serait à elle à les laver, si le ministre de l'autel ne
pouvait le faire avec décence. Quarti veut qu'alors on jette
l'ablution dans la piscine : je crois que si cela ne pouvait se
faire commodément, il suffirait de la jeter dans les cendres.

» Nous ajouterons ici deux questions tirées du traité que nous venons de publier sur l'Eucharistie. Que faire si une hostie tombe dans le sein d'une femme ou en dedans de sa robe? Il faut suivre le sage principe de S. Thomas (3 p. q. 86, a. 3, ad 2.) *Ubi difficultas occurrit semper est accipiendum illud quod minus habet de periculo.* Or, il y a moins de danger et d'indécence que cette femme remédie elle-même à l'accident. Elle verra donc 1° si elle ne peut pas faire tomber l'hostie ou la plus grande partie sur un corporal qui aura été préparé à cet effet, en un endroit écarté, sur une table ou sur un banc. 2° Si du moins elle ne peut pas prendre l'hostie, à l'aide d'un purificatoire propre, comme cela s'est pratiqué dans une grande église de cette ville. 3° Si la chose ne peut s'exécuter si facilement, la femme n'a qu'à se rendre ou chez elle ou dans une maison proche de l'église, et là se communier de l'hostie qu'elle aura trouvée, si elle est encore à jeun, ou la conserver respectueusement jusqu'à ce qu'un prêtre la reporte à l'église. En tout cas, elle devra se laver les doigts qui ont touché la sainte Eucharistie, et l'eau en sera jetée ou dans la piscine ou sur les cendres.

» Si le prêtre a été seul à s'apercevoir de la chute d'une petite parcelle, pour ne pas troubler la personne, il ne dira rien et continuera à distribuer la communion. Quelque temps après il fera appeler cette femme à part, et l'exhortant à ne pas se troubler, il lui dira de chercher soigneusement cette parcelle. Et même si l'on prévoit que vu la petitesse de ce fragment, la recherche en sera inutile, ou qu'il y a du danger à la faire, à cause de certaines circonstances tenant au lieu ou à la personne, le prêtre se taira et remettra la chose à la divine Providence.

» Mais si en distribuant la communion à des religieuses, une hostie tombe dans l'intérieur de la clôture?

» Il faudra ordonner à une religieuse de prendre l'hostie et les parcelles à l'aide d'une patène, d'une palle ou d'un papier propre, ou même avec la main, et de la remettre au prêtre. L'endroit où l'hostie est tombée sera aussi marqué, et l'on fera comme plus haut. C'est en effet une opinion très-louable, puisque d'un côté la clôture n'est pas violée et que de l'autre le sacrement ne demeure pas en un lieu inconvenant. S'il arrive qu'une femme touche des choses saintes, c'est non-seulement permis, mais ordonné par la nécessité. »

Collet ajoute en note : « Ce cas étant arrivé dans un Monastère de l'ordre de S. François, une religieuse qui suivait celle qui venait de communier, prit à terre la S. Hostie et s'en communia. Quand elle l'aurait prise avec la main, si elle n'eût pu le faire autrement je ne crois pas qu'on eût dû le trouver mauvais. Ce qui était ordinaire aux chrétiens de la primitive Eglise peut encore se passer dans une occasion aussi pressante. »

21. Sur ce passage de Collet remarquons 1° que, selon la doctrine de S. Alphonse, on n'est pas obligé *sub gravi* de laver l'endroit où est tombée la sainte hostie (1). « Quid faciendum » casu quo decidat hostia? Primo tegendus est locus panno lineo » mundo, et postea abluendus, ut præscribunt Rubricæ, quæ » tamen non obligant sub gravi, ut notat Pasqualigo apud » Lacroix, Holzman, qui addit cum Gobath, Pellizar., Tambur. » et Lohner apud Lacroix, ordinarie omitti posse ablutionem » vestis, aut barbæ ad evitandam turbationem populi. »

2° Remarquons avec Collin (2) que dans les paroisses populeuses, il serait souvent très-difficile de reconnaître et de faire venir à part la personne dans les habits de laquelle serait tombée une petite parcelle de l'hostie. Alors, dit ce théologien,

(1) Lib. VI, tr. 3, n. 250.
(2) *Observat. critiques sur le traité des SS. Mystères*, pag. 129.

on fera mieux de ne rien dire et de tout abandonner à la Providence.

3° Il n'est pas certain qu'une religieuse puisse reprendre l'hostie qui serait tombée dans le cloître, bien que parmi les rubricistes Bissus (1), Castaldus (2) et Quarti (3) aient tenu ce sentiment. Clericati (4) soutient avec force l'opinion contraire et enseigne, que le cas échéant, le confesseur doit entrer aussitôt dans le lieu où communient les religieuses, et relever de ses propres mains la sainte Eucharistie. Il apporte pour raison que c'est là un devoir et un droit du prêtre et que la clôture n'oblige pas ici, puisqu'il y a nécessité, et il cite Bordonus de son opinion.

4° Observons enfin qu'il est impossible et par conséquent inutile de racler l'endroit où la sainte hostie est tombée, si c'est un pavement de marbre ou de pierres polies : on se bornera alors à laver soigneusement le lieu où l'accident s'est produit et à jeter l'eau dans la piscine.

22. Nous terminerons cet article et l'importante matière de la Communion par de courtes réflexions sur les cérémonies de la distribution de l'Eucharistie en viatique. Nous commençons par donner le texte du Rituel romain.

« Il ne faut porter le saint Sacrement de l'Eglise en des maisons particulières qu'en habit décent, avec un voile propre pour le recouvrir, devant la poitrine, en public, avec tout honneur, respect et crainte, ayant soin de le faire précéder d'une lumière. Au moment de partir, le curé convoquera par quelques coups de cloche les paroissiens, ou la confrérie du saint Sacrement (si elle est établie) ou d'autres pieux fidèles qui doivent

(1) *Hierurg. Sacr.*, tom. 2, v. *Particulæ*, n. 45, § 12.
(2) *Prax. Cæremon.*, lib. II, sect. 14, cap 17, n 15.
(3) *In rubric. Missal.*, part. II, tit. 10, sect. 3, dub. 3, diff. 4.
(4) *De Sacram., Euchar.* decis. 44.

accompagner la sainte Eucharistie avec des cierges ou des flambleaux, et qui portent le baldaquin ou l'ombrelle si l'on peut en avoir. Il fera auparavant nettoyer la chambre du malade, et y préparer une table couverte d'un linge blanc, assez décente pour recevoir le très-saint Sacrement. On y tiendra prêtes des chandelles, et deux vases l'un de vin, l'autre d'eau, en outre un linge blanc destiné à être mis sous le menton du malade, et d'autres choses pour orner la place, selon les facultés de chacun.

» Quand seront arrivés ceux qui doivent accompagner le saint Sacrement, le prêtre revêtu du surplis et de l'étole, et, s'il se peut, d'un pluvial blanc, et accompagné des acolythes ou des clercs, ou même d'autres prêtres (si le lieu le permet) revêtus aussi de surplis, prendra décemment et à l'ordinaire quelques hosties consacrées (ou une seule si le chemin est long ou difficile), et les placera dans le ciboire ou dans une petite boite qu'il recouvrira de son couvercle et cachera au moyen du voile de soie.

» Ayant donc reçu sur ses épaules le voile huméral, le prêtre prend des deux mains le vase qui renferme le Sacrement, et entre ensuite nu tête sous l'ombrelle ou baldaquin. En avant marche toujours l'acolythe ou un autre serviteur portant la lanterne (on ne doit porter ce Sacrement la nuit que s'il y a une nécessité pressante), viennent ensuite deux clercs ou ceux qui en tiennent lieu dont l'un porte l'eau bénite avec l'aspersoir, la bourse avec le corporal qui devra être placé sous le S. Sacrement sur la table du malade, et le purificatoire pour essuyer les doigts du prêtre; l'autre tient le rituel et agite continuellement la sonnette. Après eux viennent ceux qui portent les flambeaux et enfin le prêtre tenant le S. Sacrement élevé devant la poitrine sous l'ombrelle et récitant le psaume *Miserere* et d'autres psaumes ou cantiques. Que si le chemin est trop long ou trop difficile, ou si l'on doit aller à cheval, il sera nécessaire de renfermer avec soin la boite avec le S. Sacrement dans une bourse ornée convenablement, qu'on passe au cou et [qu'on attache si fortement à la poitrine qu'elle ne puisse tomber et que le Sacrement ne puisse sauter hors de la boite.

» Entrant dans le lieu où se trouve le malade, le prêtre dit : *Pax huic domui*, etc., dépose le Sacrement sur la table et le corporal, fait la génuflexion, tout le monde se mettant à genoux, et prenant de l'eau bénite, il asperge le malade et la chambre, disant l'antienne *Asperges me, Miserere, Glória*, etc.... Le *Confiteor* est ensuite récité par le malade ou par un autre, en son nom; le prêtre dit : *Misereatur tui, Indulgentiam*, etc., et après une génuflexion, prend la sainte hostie, l'élève sur le ciboire, la montre au malade, disant : *Ecce agnus Dei*, etc., *Domine non sum dignus* trois fois à l'ordinaire, paroles que le malade dira au moins une fois à voix basse, en même temps que le prêtre. Celui-ci donne alors l'Eucharistie au malade et dit : *Accipe frater* ou *soror viaticum corporis D. N. J. C. qui te custodiat ab hoste maligno et perducat*, etc. Cependant si la communion ne se donne pas en forme de viatique, on se servira de la formule habituelle *corpus D. N. J. C.* Que si la mort est imminente et qu'il y ait péril en la demeure, on omet en tout ou en partie les prières qui suivent *Misereatur* et l'on donne la communion aussitôt.

» Ensuite le prêtre lave ses doigts sans rien dire et fait donner l'ablution au malade : il ajoute *Dominus vobiscum* et l'oraison *Domine sancte*. Ces choses terminées, s'il reste dans la boite une hostie consacrée (et il doit toujours en rester hormis le cas signalé plus haut), le prêtre fait la génuflexion, se lève, prend le ciboire qui renferme le S. Sacrement et en bénit le malade par un signe de croix, sans rien dire : il retourne ensuite à l'Eglise en la même manière qu'il était venu, récitan le psaume *Laudate Dominum de cœlis*, avec d'autres psaumes ou hymnes, si le temps le permet. Arrivé à l'église, il met le Sacrement sur l'autel, l'adore, dit le ℣. *Panem de cœlo, Dominus vobiscum* avec l'oraison. Puis il annonce les indulgences accordées à ceux qui ont accompagné le S. Sacrement. Alors de son ciboire couvert du voile il fait un signe de croix sur le peuple, sans rien dire, et remet le ciboire sur l'autel.

» Dans le cas où à cause de la difficulté ou de la longueur du trajet, ou bien parce qu'on ne peut pas commodément rapporter à l'église le S. Sacrement avec la décence convenable, le prêtre n'a pris qu'une seule hostie consacrée, il devra, après l'avoir donnée au malade, réciter les prières mentionnées, bénir le malade de la main, et retourner à l'église si chacun n'aime mieux rentrer chez soi, avec tous ceux qui l'ont accompagné, en habits ordinaires, les lumières éteintes, l'ombrelle pliée, et le ciboire caché. »

23· Nous avons suivi strictement l'ordre du Rituel, et traduit le mieux qu'il nous a été possible, sans nuire à la disposition et à la valeur des mots. Examinons rapidement les doutes que fait naître ce texte.

Quelles sont les circonstances dans lesquelles il est permis de ne prendre qu'une seule hostie? Le Rituel qui d'abord n'avait assigné que deux raisons, la trop grande distance, ou le mauvais état du chemin, en ajoute à la fin une troisième qu'il importe de bien comprendre, *vel quia ea qua decet veneratione, sacramentum ad Ecclesiam commode reportari non potest.* Cela arrive quand on porte le S. Viatique la nuit, ou quand le prêtre devra rester encore un certain temps auprès du malade, pour lui administrer l'extrême-onction et le préparer à la mort. Il serait un peu dur en effet de contraindre dans ces circonstances, les fidèles à retourner processionnellement à l'église avec le S. Sacre-

ment. S. Charles Borromée, ce zélé restaurateur de la discipline ecclésiastique, l'avait parfaitement compris, et il avait
dispensé ses curés de prendre deux hosties (1), « cum ali-
» quando ob mortem instantem, vel noctu defert, vel certus
» est parochus necesse esse ut statim post communionem, ex-
» tremam unctionem etiam ministret. » Le Rituel romain parait
confirmer ces principes.

Dans les lieux où il est impossible de trouver des personnes
pour accompagner le S. Sacrement, et où l'on doit se borner à
un simple laïque qui porte la lanterne, pourra-t-on toujours ne
prendre qu'une hostie? Belotti (2) répond négativement. Dès
qu'on ne s'expose pas à manquer à l'honneur dû au S. Sacrement, ou à nuire soit au public, soit aux fidèles qui accompagnent J.-C. on doit toujours faire la fonction en entier, et
revenir processionnellement à l'église, sans avoir égard au plus
ou moins de solennité de la cérémonie, parce que telle est la
volonté de l'Église. Cependant le sentiment contraire nous parait
très-soutenable. Le Rituel en effet ne se contente pas de ce peu
d'honneurs rendus au S. Viatique, il exige davantage pour la
décence de la fonction. Même quand les chemins sont mauvais,
ou quand la route est longue et difficile, il réclame le concours
du peuple, des confrères portant des flambeaux, etc., et ne se
contente pas d'un ou deux assistants. L'obligation de revenir
processionnellement à l'église ne semble donc être imposée que
pour les cas où la cérémonie se fait avec solennité, et ne se
rapporte pas à celui que nous examinons.

Toutefois un curé ne serait excusable que lorsqu'il a fait
inutilement tous ses efforts pour rassembler plus d'honneurs
autour du S. Sacrement. Et quoi de plus facile, dans les villes,

(1) Ap. Baruff., *in Rit. rom.* tit. 26, n. 116.
(2) *De' Parochi*, tom. 2, cap. prim., art. 9, § 5, pag 286.

les bourgs et les gros villages, que de trouver quelques personnes qui porteront volontiers des flambeaux ou des lanternes
devant le S. Sacrement? on les prévient la veille au soir par
quelques coups de cloche, le lendemain un signal convenu les
appelle à l'église, et ainsi, sans que personne néglige ses affaires
ou perde son temps, on observe les lois si sages de l'Eglise, et
l'on rend à J.-C. les honneurs qu'il mérite.

Nous ne pouvons résister au désir de mettre sous les yeux de
tous nos lecteurs les dispositions du dernier synode de Liège
relatives à la question que nous venons de traiter; tous y trouveront une sage ligne de conduite qu'ils s'empresseront, croyons-
nous, de suivre.

189. Quum hodiedum civitas et diœcesis Leodiensis alta fruantur
pace, et fides in Sanctissimum Sacramentum, maxime a celebrato
an. 1846 solemni jubilæo, egregie firmata fuerit, ita ut nullum sit ab
hæreticis vel infidelibus sacrilegii periculum : inhærentes ss. canonibus,
decretis et statutis a prædecessoribus nostris Georgio Ludovico et Joanne
Theodoro editis (1), sub gravi servari volumus et districte mandamus
ritus in administrando S. Viatico in Rituali Leodiensi præscriptos.
Itaque *a)* parochus ad deferendum ægroto venerabile Sacramentum in-
terpellatus, campanam in templo ex una tantum parte pulsandam curet,
saltem per pauca minuta, tum ut parochiani sic convocati Sacramentum
comitando venerentur, tum etiam ut pro ægroto communibus votis
Deum orent; *b)* superpelliceum et stolam albam indutus, præeunte ministro cum lumine, tintinnabulo et bursa cum corporali et purificatorio,
fidelibus comitantibus, reverenter et quantum fieri potest, sub umbella,
deferat ad ægrum Sacrosanctum Domini Corpus in pyxide ante pectus
cum velo humerali elevata, atque toto itinere laudes, psalmi, orationes
hymnique cantentur, aut saltem recitentur.

191. Si ruri longius vel per vias abruptas aut minus planas Sanctissimum deferendum sit, poterit deferri in parva pyxide inclusa sacculo

(1) G. Lud. 4 maii 1730. Joan. Theod. 24 jun. 1744 et 1 sept. 1756.

pretiosioris materiæ a collo pendente. Longum iter non est, si ædes a templo distent uno tantum quadrante leucæ belgicæ.

192. Eucharistiam clanculo ad ægrotos deferri permittimus juxta veterem consuetudinem, *a*) in casu pestis seu luis grassantis; *b*) puerperæ periclitantis; *c*) necessitatis tantæ quæ nullam patiatur moram. Ex principiis sanæ theologiæ etiam notum est illud licere, dum ægrotus, Viatico sacrilege suscepto, ad Deum convertitur et denuo Sacramentum suscipere tenetur.

In casu necessitatis debet sacerdos stolam, ac etiam si fieri potest, superpelliceum sub pallio gestare et custodem cum lumine comitem habere. Quod si in via superpelliceum adhiberi nequit, eo se saltem induat in domo ægroti pro administratione sacramentorum.

193. Pro administratione S. Viatici duæ ad minus hostiæ accipiantur, ut una ab infirmo sumpta, altera ad ecclesiam eodem cultu et comitatu deferatur; excepto si longius aut difficilius iter sit faciendum, vel urgeat ista extraordinaria necessitas, in qua permittitur clanculo S. Viaticum administrare.

194. Infirmis, maxime iis qui frequenter communicare solebant, sæpius, si id rogaverint, Eucharistia deferatur.

Postquam S. Viaticum administraverit, bis saltem in hebdomada ægrotum, quantum fieri poterit, visitet parochus, etiam si 'ejus confessionem non exceperit. Curet ut etiam vicarius, vel vicinus parochus periculose ægrotantes visitet, si commode fieri potest, ut ita libertati conscientiæ consulatur.

24. Nous avons dit avec le Rituel romain que le prêtre qui porte le S. Sacrement aux malades doit être tête nue : n'y a-t-il pas d'exception à cette règle, et les prêtres, qui exercent le S. ministère dans les campagnes, devront-ils s'exposer à toutes les intempéries de l'air et des saisons, à la pluie, à la neige, sans pouvoir se garantir à l'aide d'un bonnet ou d'une calotte? Il faut distinguer ici l'administration solennelle du viatique, de celle qui se fait *clanculo*, sans l'apparat et la pompe d'une procession. Pour la première espèce d'administration, aussi long-

temps qu'on se trouve dans l'enceinte d'une ville, il est défendu au prêtre officiant de se couvrir, sous quelque prétexte que ce soit; mais s'il souffre d'un rhume, ou d'une autre infirmité analogue, il pourra, hors la ville, porter une calotte ou un bonnet *pileolum*, moyennant le consentement de l'Evêque. Ainsi l'a décidé la Congrégation des Rites (1).

Quant à l'administration non solennelle réduite au strict Cérémonial, la Congrégation a permis au prêtre de se couvrir du chapeau, en certaines circonstances. Comme ce point est important en pratique, nous transcrivons ici les deux décisions y relatives de la Congrégation.

Le prévôt de l'Eglise collégiale et paroissiale de Codogno au diocèse de Lodi (Lombardie) expose humblement qu'il a la cure du territoire de Regio Borgo, qui compte plus de dix mille âmes dispersées sur une grande étendue et jusqu'à la distance de trois et quatre milles (une lieue), en sorte que non seulement il lui est difficile de porter le S. Sacrement aux malades si éloignés, surtout par les temps de pluie, de neige ou par les mauvais chemins, mais encore que très-souvent à cause des mauvais temps, on perd un temps précieux à réunir le peuple, à marcher processionnellement dans des chemins impraticables, et qu'ainsi les paroissiens sont privés du bienfait du sacrement. Il supplie en conséquence Vos Eminences de lui accorder la permission de porter en ces circonstances le saint Viatique à cheval, accompagné d'un piéton portant une lanterne, ainsi que cela se pratique ailleurs pour les mêmes raisons.

La Congrégation répondit : *attentis circumstantiis in supplici libello expressis, gratiam juxta petita, arbitrio et prudentia ordinarii, concedendam esse censuit.* Die 23 januarii 1740 in LAUDEN (2).

_____

(1) V. *S. R. C. Decreta,* v. *Communio,* § 2, n. 6 et *Pileolus.*
(2) Cette décision confirme admirablement ce que nous avons dit au n. 23, de l'obligation où l'on est de porter *solennellement* le S. Sacrement, même quand les chemins sont longs et difficiles.

— Quum ea sit positio Parochialis Ecclesiæ loci vulgo Acri in diœcesi Bisinianen., ut ad fideles ut plurimum per agros dissitos, ac ad plura milliaria distentos, sacrum Viaticum, dum ipsi infirmantur, deferri nequeat nisi summa cum difficultate ob viarum asperitatem, ac ventorum, nivium, glacierumque incommoda, inde fit ut animarum dispendia necessario eveniant, et semper majora timeri debeant. Queis incommodis occurrere, quoad fieri potest, exoptantes hodierni Parochus et œconomi oppidi ipsius, invectæ in enunciata parœcia consuetudini, hujusmodi in casibus deferendi SS. Sacramentum capite pileo cooperto, et equitando amplius, se conformare formidant, quia nulla usque nunc intercessit Apostolica venia.....

Et S. R. C..... rescribendum censuit : *Detur Decretum in Lauden.* 23 *januarii* 1740 : nimirum commisit RR. eidem Episcopo, ut pro suo arbitrio et prudentia indulgeat, quod deinceps Parochus et œconomi Acrii, hujusmodi in circumstantiis equitantes, ac capite pileo cooperto Sacrum Viaticum deferre valeant, comitante saltem uno homine, si fieri potest, accensam laternam deferente. Contrariis non obstantibus quibuscumque. Die 23 maii 1846, in Bisinianen.

Au premier coup d'œil ces décrets semblent établir que la Congrégation des Rites se réserve la faculté de permettre aux curés de monter à cheval, et de porter le chapeau lorsqu'ils vont administrer des malades, dans des circonstances difficiles ; *gratiam juxta petita, benigne indulsit, commisit Episcopo,* tels sont les termes qu'elle emploie, et ces termes, comme chacun le sait, emportent toujours l'idée d'une grâce, d'une faveur, et conséquemment d'un droit restrictif dans celui qui l'accorde.

C'est là ce qui paraît résulter des décrets précités, et nous ne pouvons nier que c'est un sentiment fort probable. Toutefois nous pensons que l'opinion contraire qui reconnaît à l'Evêque même le droit d'accorder de telles dispenses n'est pas dénuée de fondement. Voici les raisons que nous trouvons pour l'appuyer. 1° Les décrets ne prouvent point que l'Evêque n'a pas ce droit. La Congrégation des Rites, il est bien vrai, a accordé la grâce demandée, mais aussi on s'était adressé à elle : elle a confié à l'Evêque le soin de dispenser, selon sa prudence, mais elle ne dit pas que l'Evêque ne jouissait pas de ce pouvoir, sans cette nouvelle délégation. On ne peut donc pas tirer de preuve rigoureuse des décrets rapportés. 2° Le Rituel romain permet, sans restriction, de porter à cheval le saint viatique, quand c'est nécessaire : *Quod si longius... et forlasse etiam equitandum, necesse erit vas.....* Il ne s'y trouve pas un mot de l'obligation où l'on serait pour cela de s'adresser à Rome. Or, ainsi qu'on vient de le voir, ce sont deux actions mises sur le même rang : se couvrir du chapeau, et monter à cheval avec le viatique, quand les temps et les chemins sont difficiles, et si l'un est permis, l'autre l'est aussi dans des circonstances identiques.

Répondons maintenant en deux mots aux objections que l'on peut faire contre ce dernier sentiment. 1° L'Evêque ne peut pas dispenser ici, puisque le pouvoir ne lui en est pas accordé dans la loi. R. C'est un principe admis de tous que l'Evêque peut dispenser dans les lois pontificales, pour des choses qui arrivent communément, par exemple le travail du dimanche, l'abstinence, etc. Or, c'est ici une loi qui se rapproche beaucoup de celle-là, sous le rapport que nous examinons. 2° La dispense de l'Evêque n'est pas nécessaire, aux termes du Rituel. R. Non, s'il est question d'un cas rare, pressant, mais pour agir de la manière indiquée, *per modum habitus*, il faut une dispense. 3° Le Rituel ne mentionne pas qu'on puisse se couvrir, en quelque circonstance. R. Le Rituel ne parle que de l'administration solennelle entourée de toute la pompe d'une procession, il ne s'occupe pas de l'espèce d'administration que nous étudions, rien de surprenant, s'il n'a pas dit un mot du couvre-chef.

25. Le Rituel romain requiert un voile qui couvre le ciboire *superposito mundo velamine*........ proprio operculo cooperit et *velum sericum superimponit*. Cavalieri donne la raison de cette disposition : c'est que le Sauveur n'est pas alors, à proprement parler, porté en triomphe, mais oubliant en quelque façon sa divinité, il veut par humilité être porté au secours des malades (1). Mais quel est ce voile de soie dont on doit recouvrir le saint ciboire, est-ce le petit voile qui reste toujours attaché au couvercle, selon les rubriques, ou bien est-ce le voile huméral qui est placé sur les épaules du prêtre? Il n'est pas probable que ce soit le petit voile blanc du couvercle, puisque celui-là n'abandonnant jamais le couvercle du ciboire, il était inutile de rappeler par deux fois que le ciboire doit être caché. En outre, les termes du Rituel ne semblent pas se rapporter à ce petit voile, *superposito*, *superimponit*; ces expressions marquent un autre voile plus grand surajouté et qui vient en quelque sorte envelopper le ciboire. Nous pensons donc que c'est le voile huméral qui est signifié par là, et c'est ainsi que l'enseignent Cavalieri (2), Baruffaldi (3), Pavone (4). Ce doute avait été proposé à la Congrégation des Rites, et elle y avait répondu ainsi : « *decere* deferri pyxidem coopertam etiam extremitatibus veli oblongi humeralis. Die 21 martii 1699 (5);» mais n'est-il pas à supposer qu'il s'est glissé ici une faute, et qu'au lieu de *decere*, il faut lire *debere*. Non seulement la structure de la phrase l'indique, mais aussi le Rituel romain, qui prescrit bien clairement de couvrir d'un voile le saint ciboire. Au surplus quelque sentiment que l'on adopte, toujours est-

---

(1) Tom. IV, cap. 5, decr. 6, n. 3.
(2) *Ibid.*, n. 1.
(3) *Loc. cit*, n. 122.
(4) *La guida liturg.*, n. 408.
(5) Ap. Gardellini, n. 3355.

on tenu, lorsqu'on va administrer le saint Viatique, de porter couvert le ciboire qui renferme le divin Médecin.

26. Le Rituel romain ordonne au prêtre de dire pendant le trajet le psaume *Miserere*, et d'autres psaumes et cantiques. Voici les réflexions que fait Cavalieri sur cette prescription (1).

« Num isti psalmi cantari debeant, vel absque cantu recitari, » cum Rituale taceat, Baruffaldus id relinquit locorum consue- » tudini. Emergit potior difficultas alia, an scilicet sacerdos in » cantu, vel alta voce simul cum aliis prædictos psalmos de- » beat dicere, sed huc spectant quæ dedimus, cap. 8 (2), ut » videlicet submissa voce eosdem ipse recitet cum ministris vel » clericis, qui si desint, aut ejusdem vox necessaria sit, ut sæpe » evenit in ruralibus Ecclesiis, ad dirigendos cæteros, optime » alta voce alternatim recitare poterit, et adhuc in cantu. » Eosdem item psalmos et cantica recitabit, vel cantabit po- » pulus, sed quoniam ut plurimum populus rudis est, occupari » ipse poterit in recitatione Rosarii B. Mariæ, aut litaniarum » ejusdem, dum cæteri prædictos psalmos recitant. »

Tout cela sans doute est très-bien et de haute convenance, et nous applaudissons à l'usage conservé en certains lieux où l'on chante publiquement les psaumes, dans l'administration du viatique. Toutefois nous ne voulons pas en faire une obligation, à moins qu'elle ne soit inscrite dans le Rituel diocésain, comme cela avait lieu pour le diocèse de Liège. Le Rituel romain ne mentionne que le prêtre, c'est lui seul qu'il astreint à la récitation du *Miserere* et des autres psaumes, et conséquemment on ne peut rigoureusement l'obliger à le réciter tout haut, ou à le chanter, non plus que les clercs et les fidèles qui

(1) *Loc. cit.*, decr. 11, n. 4.
(2) V. *Cahier précédent*, pag 386.

l'accompagnent. Remarquons encore, avant de passer à autre
chose, qu'au retour de l'administration, il est enjoint au prêtre
de réciter le psaume : *Laudate Dominum de cœlis,* avec d'autres
psaumes ou des hymnes convenables et que les réflexions qui
précèdent ainsi que celles qui suivent s'appliquent à l'aller et
au retour.

Quand le prêtre, à cause des mauvais chemins, de l'intem-
périe des saisons, etc., se voit forcé de partir, accompagné d'un
seul piéton, est-il aussi obligé de réciter les psaumes indiqués
par le Rituel? La négative paraît probable, puisque le Rituel
romain ne parle que de l'administration solennelle, et qu'il ne
faut pas étendre à d'autres cas les prescriptions qui ne concernent que celle-ci. Cependant nous croyons cette opinion non
fondée. Le Rituel, ne parlant pas de l'administration privée,
ne pouvait déterminer ce qu'il faut y faire; il faut donc s'en rapporter à l'adage du droit : *ubi eadem est ratio, eadem est juris
dispositio,* et ici n'avons-nous pas la même raison, la même
facilité de réciter les psaumes marqués au Rituel? Nous
croyons conséquemment qu'on y est tenu, et qu'on ne peut
pas prétexter le silence du Rituel, pour s'en excuser (1).

27. Faisons quelques courtes remarques sur des rubriques
qui ne présentent pas de difficultés. 1° Le prêtre ne peut pas
donner de bénédiction avec le S. Sacrement, en sortant de
l'église, non plus qu'en entrant dans la chambre du malade :
le Rituel n'en prescrit que deux, pour le cas où l'on reporte le
S. Sacrement à l'église, l'une en quittant le malade, la dernière, avant de renfermer le S. Ciboire. 2° L'antienne *Asperges
me* qui se dit dans la chambre du malade, ne peut pas, au

---

(1) Pendant le dernier *Triduum* de la semaine sainte, on peut réciter
les psaumes avec *Gloria Patri,* pourvu que ce soit à voix basse. Voyez
le décret rapporté dans l'ouvrage ci-après.

temps pascal, être remplacée par *Vidi aquam*. Un tel changement n'a lieu que dans l'aspersion solennelle de l'eau bénite avant la messe du Dimanche. Il en est de même pour l'oraison *Deus qui nobis* qui ne subit aucune modification. Ainsi l'a décidé la Congrégation des Rites (1). 3° Quand on n'a pris qu'une seule hostie, le verset *panem* et l'oraison *Deus qui nobis* se récitent à la fin de la cérémonie, dans la chambre du malade. 4° Le prêtre ne dit pas *Misereatur vestri*, comme pour la communion, mais, s'il n'y a qu'un malade, il se sert du singulier *tui*. 5° L'encensoir n'est pas requis dans cette cérémonie; néanmoins si c'était une coutume ancienne d'encenser le S. Sacrement pendant que le prêtre en bénit le peuple, on pourrait la garder, ainsi que l'a décidé la Congrégation des Rites (2).

28. Il nous reste à présent trois petits doutes à éclaircir.

1° Doit-on répéter la formule : *Accipe frater viaticum*, lorsqu'on réitère la communion à un malade en danger de mort, pour la seconde, la troisième fois? Nous pensons qu'oui. Le Rituel romain enseigne clairement, en se servant des termes consacrés par la théologie, que c'est seulement quand on ne donne pas la communion *per modum viatici* qu'on omet la formule spéciale. Or, il n'est douteux pour personne que la répétition du Viatique à un moribond ne soit réellement une communion en forme de Viatique, puisqu'elle jouit des priviléges de celui-ci. D'ailleurs pour nous en assurer, consultons l'un des théologiens les plus exacts, Benoit XIV (3) : « Ne pa» rochi renuant SS. Eucharistiam iterato deferre ad ægrotos » qui illam sæpius... *per modum viatici*... percipere cupiant. » Et plus bas il dit encore : « Parochis insinuet posse et debere

---

(1) Cfr. *S. R. C. Decreta. V. Communio*, § 2, n. 6.
(2) Ap. *S. R. C Decreta, loc. cit.*
(3) *De synodo diœces.*, lib. VII, cap. 12, n. 4 et 5.

» *SS. Viaticum* in eadem infirmitate iterum et tertio admini-
» strari... » Cavalieri est tout-à-fait de notre avis, et il enseigne
clairement que c'est seulement à la communion faite hors du
danger de mort, qu'on se sert de la formule ordinaire *corpus
Domini* (1).

2° Faut-il supprimer le *Dominus vobiscum* qui suit le verset
panem, lorsqu'on est rentré à l'église? M. De Herdt paraît assez
de cet avis (2), et il fait valoir en preuve un décret qui traite de
tout autre chose. Il est vrai qu'il a été induit en erreur par
Gardellini, mais le principe du savant consulteur de la Congrégation n'est pas vrai (3), du moins il ne l'est pas ici, puisque
la Congrégation a décidé naguères tout le contraire. Voici ce
décret tel que nous l'empruntons à la *Correspondance de
Rome :* nous y avons joint le suivant qui regarde un doute
examiné plus haut.

1. Quum juxta S. R. C. 16 junii 1663 in Granaten. ad 7, 28 sept.
1675 in Salernitana et 3 martii 1761 in Aquen. omittendus sit versi-
culus *Dominus vobiscum* ante orationem *Deus qui nobis*, in reponendo
SS. Sacramento post ejusdem expositionem, quæritur an omitti quoque
debeat ante orationem post reditum processionis a communione infirmorum?

2. Juxta decreta S. R. C. 14 junii 1687 in Sarzanen. et 10 sept. 1718
in Catanien., in repositione SS. Sacramenti, oratio *Deus qui nobis* terminanda est cum conclusione brevi : quæritur an pariter sub conclusione
brevi terminanda sit hujusmodi oratio post reditum a communione infirmorum, et post administrationem in ecclesia SS. Eucharistiæ?

S. C... rescripsit. Ad 1. *Servandum omnino Ritualis præscriptum.*
Ad 2. *Ut ad proximum.* Die 7 sept. 1850 in *Veronen.*

(1) *Loc. cit.*, decr. 11, n. 14.
(2) Part. 6, tom. 3, pag. 220.
(3) Nous l'avons rappelé au cahier précédent, pag. 485.

3° Lorsqu'on ne doit pas revenir à l'église avec le S. Sacrement, est-il permis de purifier sa custode ou ciboire, à la maison, et de donner l'ablution au malade, puisqu'il est à craindre qu'il ne s'y trouve des parcelles contenant le corps de J.-C.?

S. Alphonse donne sans hésitation une réponse affirmative. Voici ses paroles (1) : « Bene poterit etiam eas (reliquias) dare » infirmo statim post particulam ipsi traditam, quia tunc cen- » setur moraliter una communio, prout recte dicunt Tambu- » rinus... et Lugo qui testatur sic usum ferre, ut post commu- » nionem ægri abluatur pyxis et ablutio ipsi tradatur. » Il n'y a donc pas de difficulté. Nous croyons même qu'il sera louable d'agir ainsi, lorsque le malade pourra prendre l'ablution sans inconvénient, et cela afin de ne pas laisser quelquefois pendant longtemps la boite aux malades contenant des particules sacrées, sans l'avoir purifiée. On ne saurait apporter trop de soins et de vigilance pour tout ce qui se rapporte à un si auguste mystère.

(1) *Loc. cit.*, n. 251.

DES SYNODES ET DE L'OBLIGATION DES STATUTS SYNODAUX. (*Suite et fin*) (1).

§ IV.

Obligation des statuts synodaux.

L. « Obéissez à vos supérieurs, et soyez-leur soumis. » Ce sont les paroles de S. Paul aux premiers fidèles (2). « Que » toute personne, dit-il encore, soit soumise aux puissances » supérieures ; car il n'y a point de puissance qui ne vienne » de Dieu, et c'est lui qui a établi celles qui existent. Celui donc » qui résiste aux puissances, résiste à l'ordre de Dieu ; et ceux » qui y résistent, attirent la condamnation sur eux-mêmes... Il » est donc nécessaire de vous y soumettre, non-seulement par » la crainte du châtiment, mais aussi par un devoir de con- » science (3). » De ces paroles découle clairement la consé- quence, que les statuts synodaux obligent en conscience, de sorte que les transgresseurs se rendent coupables de péché devant Dieu (4).

(1) Voir ci-dessus, p. 1 et 238.
(2) *Ad Hebræos*, Cap. XIII, v. 17. « Obedite præpositis vestris, et subjacete eis. »
(3) « Omnis anima potestatibus sublimioribus subdita sit : non est »enim potestas nisi a Deo : quæ autem sunt, à Deo ordinatæ sunt. »Itaque qui resistit potestati, Dei ordinationi resistit. Qui autem resi- »stunt, ipsi sibi damnationem acquirunt... Ideo necessitate subditi »estote, non solum propter iram, sed etiam propter conscientiam. » *Ad Rom.*, cap. XIII, v. 1, 2, 5.
(4) C'est ce que rappelait notre Evêque en ces termes, dans son man- dement du 23 septembre 1851 « Statuta in præsenti synodo, juxta »indultum Apostolicum nobis die 4 maii hoc anno 1851, benigne con- »cessum, publicata et promulgata, a prima die januarii 1852 vim obti-

LI. Deux cas cependant se présentent où les statuts synodaux restent sans force obligatoire. Le premier, c'est lorsqu'ils sont contraires au droit commun. « Nihil magis vulgatum est, » dit Benoit XIV, quam quod synodalis constitutio contra jus » commune, et Apostolicas sanctiones, nullius sit roboris et » firmitatis (1). » Les lois hiérarchiques le veulent ainsi. Ce serait introduire le trouble et la division dans l'Eglise de permettre à l'Evêque de changer les lois de ses supérieurs; ce serait soumettre le chef à ses inférieurs; ce serait renverser toute la hiérarchie. De là vient que le droit défend aux Evêques de rien statuer qui soit contraire aux lois générales : « In ipsa » synodo non ducas aliquid statuendum, quod canonicis obviet » institutis (2). » Ainsi, si sans en avoir obtenu l'autorisation du Souverain Pontife, un Evêque décrétait, dans son synode, que ses clercs sont dispensés de fournir le titre ecclésiastique prescrit par les saints canons (3), à condition qu'ils verseront une

» nere legum diœcesanarum, quas adimplere omnes propter conscientiam » tenentur. Unde pro charitate paterna in Domino hortamur, et per » auctoritatem Nobis a Deo atque sede Apostolica traditam, in virtute » sanctæ obedientiæ mandamus, ut præsentia hæc decreta, ex ecclesias- » ticis fontibus hausta, ab omnibus ad quos, et quatenus ad eos spectant, » inviolabiliter futuris deinceps temporibus, a prædicta die prima » januarii 1852, tam in civitate quam in diœcesi observentur ; omnibus » et singulis districte inhibentes, ne quovis colore aut prætextu, vel » interpretatione distorta, iis contraire præsumant, ne, si, quod absit, » his nostris synodalibus decretis ultro obedientiam præstare renuerent, » ad eam severioribus pœnis inviti extorquendam provocaremur. » *Statuta diœcesis Leodiensis*, pag. XVII.

(1) *De synodo diœcesana*, lib XII, cap. I, n. 1.

(2) Cap. 9, *De majoritate et obedientia*. Ce principe est répété dans plusieurs textes du droit : « Lex superioris, dit Clement V, per infe- » riorem tolli non potest. » Clementina 2, *De electione et electi potestate*. Cf., cap. 4, dist. 21. Reiffenstuel, *Jus canon. universum*, lib. I, tit. II, n. 75 et 77.

(3) *Conc. Trid.*, sess. XXI, cap. 2, *de reformatione*. « Statuit sancta » synodus, ne quis deinceps clericus sæcularis, quamvis alias sit idoneus » moribus, scientia et ætate, ad sacros ordines promoveatur, nisi prius » legitime constet eum beneficium ecclesiasticum, quod sibi ad victum

certaine somme entre les mains de l'Ordinaire, un semblable décret serait entièrement nul. Ainsi encore le droit commun s'oppose à ce que les chanoines, qui n'ont point assisté à l'office, perçoivent les distributions quotidiennes, à moins que leur absence ne soit légitimée par une cause canonique (1). Le statut, qui autoriserait les chanoines non légitimement absents à participer à ces distributions, serait sans force, et n'excuserait pas les chanoines de l'obligation de restituer. Autre exemple. Le droit commun porte que les fruits d'une église vacante doivent être réservés au successeur du bénéficier défunt ou employés à l'utilité de l'église (2). Si un statut synodal attribuait tous

—————

»honeste sufficiat, pacifice possidere... Patrimonium vero vel pensionem »obtinentes ordinari posthac non possint, nisi illi, quos Episcopus judi- »caverit assumendos pro necessitate vel commoditate ecclesiarum sua- »rum ; eo quoque prius perspecto, patrimonium illud, vel pensionem »vere ab eis obtineri, taliaque esse, quæ eis ad vitam sustentandam »satis sint : atque ista deinceps sine licentia Episcopi alienari, aut »exstingui, vel remitti nullatenus possint, donec beneficium ecclesias- »ticum sufficiens sint adepti; vel aliunde habeant, unde vivere possint. »

(1) *Conc. Trid.*, sess. XXIV, cap. 12, *de reformatione.* « Distribu- »tiones vero, qui statis horis interfuerint, recipiant : reliqui, quavis »collusione aut remissione exclusa, his careant, juxta Bonifacii VIII »decretum, quod incipit, *consuetudinem* ; quod sancta synodus in usum »revocat : non obstantibus quibuscumque statutis et consuetudinibus. » Quant aux causes canoniques, Boniface VIII les énumère en ces termes : « Exceptis illis, quos infirmitas, seu justa et rationabilis corporalis »necessitas, aut evidens ecclesiæ utilitas excusaret. » Cap. 1, *de clericis non residentibus in ecclesia vel præbenda*, in 6. Pour l'explication de ces causes, qu'on voie Benoît XIV, *Institutiones ecclesiasticæ*, inst CVII, n. 45, sq.

(2) « Fraternitati Vestræ mandamus, quatenus... in vacantibus eccle- »siis... ponatis œconomos, qui debeant fructus percipere, et eos aut »in ecclesiarum utilitatem expendere, aut futuris personis fideliter »reservare. » Cap. 4, *De officio judicis ordinarii.* Boniface VIII décreta également que « In utilitatem eorumdem expendi, vel futuris debent »successoribus fideliter reservari. » Cap 9, *De officio ordinarii*, in 6. L'Évêque peut cependant en distraire une portion convenable en faveur de celui qui dessert provisoirement l'église. *Conc. Trid.*, sess. XXIV, cap. 18, *de reformatione.*

ces fruits à l'ecclésiastique chargé de la desserte provisoire de l'église, il serait nul, comme opposé aux lois générales. Donnons un dernier exemple. Le concile de Trente astreint tous les curés à l'obligation de faire entre les mains de l'Evêque lui-même, ou, si l'Evêque est empêché, entre les mains de son vicaire-général, une profession publique de leur foi orthodoxe, dans le terme de deux mois, à partir du jour qu'ils ont pris possession de leur bénéfice (1). Une obligation analogue incombe aux chanoines (2). La sanction de cette loi est que ni les chanoines, ni les curés n'acquièrent les fruits de leur bénéfice et sont tenus en conscience de les restituer, même avant toute sentence du juge ecclésiastique (3). Et bien, qu'un statut synodal exempte les chanoines ou les curés de l'obligation de faire cette profession de foi, ou prolonge le temps fixé par le concile de Trente pour la faire, ou enfin leur permette, s'ils ne l'ont pas faite, de retenir les fruits qu'ils ont perçus illégitimement, ce statut sera dénué de toute valeur, comme opposé au droit commun.

LII. Il est un second cas, où les statuts synodaux restent sans force, quoiqu'ils ne soient pas en opposition avec les lois générales : c'est lorsque l'Evêque statue sur des points qui ne sont pas de sa compétence, sur des matières réservées au Saint-

(1) « Provisi etiam de beneficiis quibuscumque curam animarum »habentibus, teneantur a die adeptæ possessionis, ad minus intra duos »menses, in manibus ipsius Episcopi, vel, eo impedito, coram generali »ejus vicario, seu officiali, ortbodoxæ suæ fidei publicam facere profes-»sionem, et in Romanæ Ecclesiæ obedientia se permansuros spondeant »ac jurent. » Sess. XXIV, cap. 12, de reformatione.

(2) « Provisi autem de canonicatibus et dignitatibus in ecclesiis cathe-»dralibus, non solum coram Episcopo seu ejus officiali, sed etiam in »capitulo, idem facere teneantur. » Conc. Trid., sess. XXIV, cap. 12, de reformatione.

(3) « Alioquin prædicti omnes provisi, ut supra, fructus non faciant »suos, nec illis possessio suffragetur. » Conc. Trid., sess. XXIV, cap. 12, de reformatione.

Siége. Donnons quelques exemples. L'Evêque n'est pas le juge
des opinions librement discutées dans l'école; il ne lui appartient pas de les décider. Une loi synodale qui prétendrait tran-
cher une de ces questions, serait par là même dénuée de toute
autorité. Ainsi si l'Evêque, dans son synode, portait un décret
pour obliger son clergé à suivre le probabilisme, ou le proba-
biliorisme, ce décret n'ayant aucune force, pourrait être impunément violé. Ainsi encore, il est très-controversé si l'on peut
et si l'on doit donner le viatique à ceux qui tombent dangereu-
sement malades le jour même qu'ils ont communié. L'Evêque
ne pourrait, dans ses statuts synodaux, défendre ou ordonner
de l'administrer dans ce cas. « In tanta opinionum varietate, dit
» Benoit **XIV**, doctorumque discrepantia, integrum erit pa-
» rocho, eam sententiam amplecti, quæ sibi magis arriserit...
» neque fas erit Episcopo...... quidquam de ejusmodi contro-
» versia in sua synodo decernere, ne videatur sibi arrogare
» partes judicis inter gravissimos hac super re inter se conten-
» dentes theologos (I). » — Il est certainement très-conforme
au droit qu'un ecclésiastique, qui a encouru une censure, s'abs-
tienne, tant qu'il n'en a pas été relevé, de recevoir un ordre
plus élevé. L'Evêque pourrait et devrait l'exclure de l'ordination. Mais s'il statuait que l'ecclésiastique, qui reçoit les ordres
malgré la censure dont il est frappé, contracte l'irrégularité, il
dépasserait les limites de son autorité, et sa loi serait nulle ;
car l'Evêque n'a pas le pouvoir d'établir des irrégularités (2).—
Il est encore parfaitement conforme au droit commun que les
mariages se contractent en présence de l'Eglise. Aussi le Concile de Trente a-t-il annulé les mariages clandestins ; mais le

---

(1) *De synodo diœcesana*, lib. **VII**, cap. **XI**, n. 2. Cf. S. Ligorius,
Theologia moralis, lib. **VI**, n. 285, dub. 3.
(2) Cf. Benedictus XIV, *De synodo diœcesana*, lib. **XII**, cap. **III**,
n 7.

décret du Concile n'a de force que là où il a été promulgué (1).
Que dans un diocèse, où ce décret n'a pas été publié et où par
conséquent les mariages clandestins sont valides, l'Evêque porte
une loi synodale qui les rende nuls à l'avenir (2); cette loi ,
quoique conforme au décret du Concile de Trente, est sans
valeur , comme émanant d'une autorité incompétente : il est,
en effet, au-dessus du pouvoir de l'Evêque d'établir des empè-
chements dirimants de mariage (3).

LIII. Quelquefois le synode porte des lois sur des matières
qui sont de sa compétence, mais leur donne pour sanction une
peine trop grave. Alors la loi n'est pas entièrement nulle ; la
disposition principale oblige en conscience, quoique la disposition pénale n'ait aucune force. Plusieurs Evêques ont vu déclarer la nullité de cette partie de leurs lois. L'évêque de Malte
avait porté un décret qui obligeait tous les bénéficiers et le clergé
paroissial de l'église de S. Paul, dans la cité Valette, à se rendre
processionnellement au chœur pour y assister aux offices. La
sanction était une amende à charge des bénéficiers trangresseurs du décret, la prison pour le reste du clergé. Le même
décret défendait aux bénéficiers, sous peine de suspense, de
s'asseoir dans la première stalle, réservée au curé. La S. Congrégation fut appelée à se prononcer sur la valeur de ce décret.
Elle l'approuva quant aux dispositions principales, mais le
déclara insoutenable, quant aux pénalités.

III. An dicti beneficiati euntes ad Chorum teneantur processionaliter incedere, juxta decretum factum ab Ordinario in sacra visitatione,
et quatenus affirmative.

(1) *Conc. Trid*, sess. **XXIV**, cap. 1, *De reformatione matrimonii.*
(2) Il en serait autrement, s'il faisait promulguer le décret du Concile dans son diocese. Ici il veut invalider le mariage en vertu de sa
seule autorité.
(3) Cf. Benedictus **XIV**, *De synodo diœcesana*, lib. **XII**, cap. **V**,
n. 6 sq.

IV. An sustineatur pœna in dicto decreto desuper adjecta. in casu, etc.

V. An in functionibus, in quibus Parochus dictæ ecclesiæ intervenit tanquam unus ex dictis beneficiatis, debeat semper habere primam sedem et stallum, et quatenus affirmative.

VI. An sustineatur pœna suspensionis a Divinis ab Ordinario adjecta beneficiatis sedentibus in dicto primo stallo.

Ad III. Affirmative, tantum quando incedunt cum clero.

Ad IV. Negative, sed sub pœnis mitioribus.

Ad V. Affirmative.

Ad VI. Negative prout in IV (1).

Plusieurs décrets du synode de Lartino, furent réformés de ce chef. Ce synode imposait à tous les ecclésiastiques l'obligation d'assister aux conférences morales, défendait aux prêtres, qui y avaient manqué, de célébrer la Messe le lendemain, et punissait les autres clercs de l'amende d'un carlin. Il était encore ordonné aux prêtres, sous peine de suspense, et à ceux qui étaient dans les ordres sacrés, sous peine d'excommunication, d'acheter le recueil des décrets synodaux. Le clergé de Lartino réclama contre ces dispositions, et la S. Congrégation du Concile fit droit à leurs plaintes, quant aux pénalités.

I. An juxta decretum synodi celebratæ ab Episcopo Larinensi anno 1728, indiscriminatim omnes ecclesiastici teneantur interesse Congregationi et discussionibus ad forum conscientiæ spectantibus. Et quatenus affirmative.

II. An contra eos qui non intersint sustineantur pœnæ in eodem decreto synodali inflictæ, id est, quod sacerdotes debeant abstinere die sequenti a celebratione missæ, et quod clerici non sacerdotes debeant solvere unum carolenum qualibet vice applicandum seminario.

(1) *Thesaurus resolutionum S. Congregationis Concilii*, tom. I, pag. 6 sq.

XII. An sustineatur pœna ipso facto incurrenda, hoc est suspensionis a celebratione missæ quoad sacerdotes, et excommunicationis, quoad clericos constitutos in sacris, sub qua demandata fuit emptio codicis Constitutionum Synodalium, soluto pretio carolenorum quinque.

Ad I. Affirmative, præterquam quoad clericos non constitutos in sacris, qui non sunt cogendi.

Ad II. Sublata pœna suspensionis, pœnam quoad habentes curam animarum et confessarios, esse statuendam in duobus carolenis ; quantum ad reliquos in uno.

Ad XII. Negative (1).

LIV. Lorsque les statuts synodaux ne sont point contraires au droit commun et ont pour objet des matières qui sont de la compétence du synode, ils sont valides, et ont force obligatoire du moment qu'ils ont été légitimement promulgués. La promulgation de ces décrets n'exige point, comme celle des décrets provinciaux, qu'ils aient été préalablement soumis à la révision de la S. Congrégation du Concile. La S. Congrégation ne veut même point se charger de les réviser, lorsque, par déférence pour le Saint-Siège, les Evêques soumettent leurs statuts à son jugement. Aussi l'évêque de Strongoli ayant prié la S. Congrégation d'examiner les actes de son synode, la S. Congrégation répondit, le 17 juin 1645 : «Se non consue-» visse revidere et approbare nisi synodos provinciales, ex » constitutione Sixti V, et quod idcirco Episcopus uteretur jure » sibi ex Sacro Concilio (Trident.) competente (2).» Quelquefois dans ce cas, le Pape (3), le préfet ou le secrétaire de la S. Con-

---

(1) *Thesaurus resolutionum S. Congreg. Concilii,* tome V, pag. 603, edit. Rom. 1843.

(2) Ap. Benedict. XIV, *De synodo diœcesana,* lib. XIII, cap. III, n. 6. Cf. Zamboni, *Collectio declarationum S. Cong. Conc. V. Synodus provincialis,* n. 2.

(3) C'est ce qui a eu lieu pour nos statuts. *Statuta diœcesis Leodiensis,* pag. XV.

grégation désignent à l'Evêque des hommes instruits à qui il
pourrait s'adresser pour faire examiner ses statuts; mais cet
examen n'a rien d'officiel; il est purement officieux, et par
suite il ne confère aucune autorité aux décrets qui seraient
d'ailleurs contraires au droit commun. Ces décrets resteraient
donc nuls.

LV. Quelle est la gravité de l'obligation des statuts synodaux? Les statuts synodaux obligent comme les autres lois, de
sorte qu'en matière grave ils obligeront *sub gravi*, et *sub levi*
seulement, lorsque la matière sera légère. Telle est la règle générale que donnent les auteurs (1). Quoique cette règle paraisse
claire, il est néanmoins une multitude de cas où il est assez
difficile de discerner si la matière est grave ou légère. Pour décider ce point, on peut s'aider des règles suivantes données par
les auteurs. 1° « Lorsque la matière, dit Goússet, sans être
» grave en elle-même, est regardée comme telle par ceux qui
» sont capables d'en juger, soit à raison du caractère des per-
» sonnes que la loi concerne, soit à raison de la fin que se pro-
» pose le législateur (2). » Tel nous semble être le passage
suivant de nos statuts : « Cum ipsis (ancillis) numquam mensæ
» assideant: numquam, sub prætextu sumptibus parcendi,
» sedem suam figant in eo loco ubi illæ rebus domesticis va-
» cant; numquam cum ipsis ad convivia etiam invitati accedant;
» numquam forum negotiandi causa cum ipsis adeant, neque
» parochianos aut amicos quovis titulo vel prætextu invi-
» sant (3). »

(1) Gury, *Compendium theologiæ moralis*, tom I, n. 99, III. Cf.
S. Lig. *Theologia moralis*, lib. I, n. 140 sq. A moins que le législateur
ne veuille imposer qu'une obligation légère, nonobstant la gravité de la
matière, S. Lig. n. 143.
(2) *Théologie morale*, tom. I, n. 150.
(3) *Statuta diœcesis Leodiensis*, n 27, 5°, pag. 27.

2° Les termes dont se sert le législateur démontrent souvent la gravité de l'obligation. Telles sont, au jugement des auteurs les moins suspects de rigorisme (1), les locutions suivantes : *Jubemus* vel *prohibemus in virtute sanctæ obedientiæ ; præcipimus* vel *interdicimus sub indignatione Dei, sub intermina tione divini judicii; graviter, districte præcipimus* vel *prohibemus.* Les nouveaux statuts de notre diocèse présentent assez d'exemples de ce genre (2). Ces décrets devront donc être tenus comme imposant une grave obligation. Il est même des auteurs (3) qui vont jusqu'à prétendre que les seuls mots *præcipimus, mandamus, prohibemus,* dénotent, dans toutes les lois ecclésiastiques, une obligation grave. Leur raison est que les Souverains Pontifes ont déclaré qu'on était obligé, sous peine de péché mortel, d'observer certaines lois, parce que le législateur s'y était servi du mot *præcipimus,* ou de termes équivalents (4). Cette opinion nous paraît exagérée. En effet, le terme *præcipimus* marque bien l'intention qu'a le législateur de porter un décret vraiment obligatoire; mais il ne manifeste aucunement la volonté d'obliger *subgravi;* il se vérifie également quand l'obligation n'est que légère. Nous n'admettons donc ce sentiment, avec Suarez (5), Laymann (6) et les docteurs de

---

(1) S. Lig., lib. I, n. 144 ; Reiffenstuel, *Theologia moralis,* tract. II, dist. II, quæst. 3, *Additio ;* Suarez, *De legibus,* lib. IV, cap XVIII, n. 3; Laymann, *Theologia moralis,* lib. I, tract. IV, cap. XIV, n. 4; Navarrus, *Manuale confessariorum,* cap. XXIII, n. 53.

(2) Voyez *Statuta diœcesis Leodiensis,* entre autres, n. 22, pag. 23 ; n. 246, pag. 185 ; n. 254, pag. 188 ; n. 256, pag. 190 ; n. 258, pag. 193; n. 259, pag. 195; n. 324, pag. 239.

(3) Navarrus, *Manuale confessariorum,* cap. XXIII, n. 52; Sa, *Aphorismi confessariorum,* V° *Lex,* n. 5; Azor, *Institutiones morales,* part. I, lib. V, cap. VI, quær. 5.

(4) Cf. cap. 3, *De verborum significatione,* in 6; Clem. 1, *eod. titulo.*

(5) *De legibus,* lib III, cap. XXVI, n. 6 sq.

(6) *Theologia moralis,* lib. I, tract. IV, cap. XIV, n. 4.

Salamanque (1), que quand la matière sera certainement grave. Car alors le législateur voulant réellement obliger, et ne déclarant pas imposer seulement une obligation légère, il résulte, par la nature même de la chose, que l'obligation est grave. Mais si la matière n'est pas certainement grave, nous ne verrons dans la loi qu'une obligation légère, conformément aux principes et à la doctrine des auteurs (2). C'est donc d'après l'importance de la matiere et les autres règles, qu'on jugera de la gravité de l'obligation imposée par les articles de nos statuts, qui se servent des simples termes : *præcipimus, inhibemus,* etc.

3° La gravité de la peine portée contre les transgresseurs de la loi est une autre preuve de la gravité de l'obligation. La raison naturelle nous dit qu'il doit y avoir proportion entre le délit et la peine. « Secundum justitiæ rationem, écrit Suarez, » servari debet proportio inter pœnam et culpam (3). » Ainsi, si la sanction de la loi est une censure à encourir *ipso facto,* la loi oblige *sub gravi.* Nous avons un exemple d'une semblable disposition dans nos statuts, n. 16. « Ut saluberrima juris com-
» munis lex eo accuratius observetur, vestigiis prædecessorum
» nostrorum inhærentes, statuimus et declaramus, omnes et
» singulos clericos diœcesis nostræ, sive seculares, sive regu-
» lares, qui animo potandi, aut tabacum fumandi, aut ludendi
» et cum potatoribus fabulandi, tabernas adiverint, in com-

---

(1) *Cursus theologiæ moralis,* tract. XI, cap. II, n. 15. « Si in cit.
» *cap.* ex verbis præcipientibus deducitur gravis legum et præceptorum
» obligatio, intelligitur quantum est ex parte ipsorum præceptorum, sup·
» posita gravitate materiæ, ad quam nisi attendatur, nulla dantur verba
» ex se obligationem gravem inducentia. »

(2) « In obscuris, dit une règle de droit, minimum est sequendum. »
Reg. 30, *De regulis juris,* in 6 « Si verba legis, dit Lacroix, spectatis
» omnibus circumstantiis intelligi possint de obligatione levi, non debent
» extendi ad gravem. » *Theologia moralis.* lib. I, n 660 ; Cf. *ibid.,* n. 596 ;
Reiffenstuel, *Tractatus de regulis juris,* cap, II, reg. XXX, n. 6.

(3) *De censuris,* disp. XXVIII, sect. IV, n. 7.

»munique loco (sive sit conclave, sive atrium vel hortus), id
»ibidem peregerint, præter reatum culpæ quam contraxerunt,
»*eo ipso esse suspensos ab ordine et jurisdictione* (1). » Le
n. 106 nous en donne un autre exemple : « Si quis plus quam
»bis in eodem mense vel ter consecutive in adimplendo isto
»munere (qualibet die dominica prædicandi) negligens fuerit,
»*sciat, se esse eo ipso suspensum a divinis* (2). » Il n'est pas
toujours nécessaire que la censure s'encoure par le fait même
de la transgression de la loi pour qu'on puisse en déduire la
gravité de l'obligation. La peine d'excommunication à infliger
par le supérieur la prouverait suffisamment, si la loi portait
que la peine serait prononcée sans autre monition préalable (3).

LVI. Il nous reste, pour terminer cet article, à examiner
quelles personnes sont soumises aux statuts synodaux. Cette
question en comprend trois, savoir : 1° Les prêtres étrangers
au diocèse, sont-ils liés par ces lois, lorsqu'ils y séjournent ?
2° Ces statuts obligent-ils les religieux des couvents situés dans
le diocèse ? Enfin 3° les prêtres du diocèse restent-ils soumis à
ces lois, lorsqu'ils se trouvent hors du diocèse ? Nous allons
résoudre brièvement ces diverses questions.

I. Les étrangers sont-ils soumis aux lois diocésaines ? Il y a
sur cette question quelques points hors de contestation. D'abord
s'ils séjournent dans le diocèse assez longtemps pour y acquérir
un quasi-domicile, ils sont tenus d'observer les lois du diocèse.
« Ratio, dit S. Alphonse, quia tales peregrini jam subjiciuntur

---

(1) *Statuta diœcesis Leodiensis*, pag. 19.
(2) *Ibid.*, pag. 90.
(3) Cf. S. Lig., *Theologia moralis*, lib. I, n. 146 ; Suarez, *De legibus*,
lib. IV, cap. XVIII, n. 18 ; Salmanticenses, *Cursus theologiæ moralis*,
tract. XI, cap. II, n. 46.

» jurisdictioni superiorum illius loci; ergo etiam legibus te-
» nentur (1). »

2° Si les statuts diocésains ne font que reproduire une loi
générale, les prêtres étrangers y sont soumis, aussi bien que le
clergé du diocèse, quand bien même cette loi générale aurait
légitimement cessé d'avoir ses effets dans leur propre diocèse.
« Certum est, dit Biner, quod etiam peregrini... obstringantur
» legibus communibus seu universalibus, ecclesiasticis et civi-
» libus, si in loco ad quem perveniunt, usu receptæ vigeant :
» sive deinde in eorum patria, aut in loco eorum domicilii vi-
» geant, sive non vigeant. Ratio est, quia legibus communibus
» omnes tenentur, nisi in loco, in quo quis versatur, sint abro-
» gatæ aut dispensatæ (2) » Par conséquent si un habitant d'un
diocèse, pour lequel le Saint-Siège aurait abrogé l'abstinence
du samedi, passait ce jour dans le diocèse de Liège, il devrait,
nonobstant le privilège accordé à sa patrie, observer l'abstinence conformément au n. 267 des statuts (3).

3° Les étrangers sont également soumis aux lois qui règlent
les conditions et les solennités des contrats (4).

4° S. Alphonse et les docteurs de Salamanque estiment que
l'étranger est tenu d'observer les lois locales qui sont aussi en
vigueur dans son diocèse. « Quia non est ratio ipsum excusandi,
» eo quod tunc non mansit liber a lege; sed quasi continuata
» fuit obligatio, quando de loco ad locum transit, in quorum
» utroque eædem dantur leges (5). » Ce sentiment n'a qu'un

(1) *Theologia moralis*, lib. I, n. 156, dub. 1. Cf. Biner, *Apparatus
eruditionis ad jurisprudentiam eccles.*, part. I, cap. III, n. 10; Salmant.,
Cursus theologiæ moralis, tract. XI, cap. III, n. 55.
(2) *Loc. cit.*, n. 11. Cf. S. Lig., lib. I, n. 156, in fin. Salmant., *loc.
cit.*, n. 59.
(3) *Statuta diœcesis Leodiensis*, pag. 200.
(4) Cf. S. Lig., *loc. cit.*; Biner, *loc. cit.*, n. 12; Salmant., *loc. cit.*, n. 59.
(5) Salmant., *loc. cit.*, n. 59. Cf. S. Lig., *loc. cit* ; Castropalao
tract. III, disp. I, punct. XXIV, § III, n. 6; Schmier, *Jurisprudentia
canonico-civilis*, lib. I, tract. I, cap. V, n. 175.

petit nombre de contradicteurs (1). Cependant nous ne voyons
pas plus que Suarez, comment on pourrait excuser de contradiction ceux qui l'admettent et qui enseignent en même temps
que les étrangers ne sont pas soumis aux lois spéciales des lieux
où ils se trouvent. « At vero, dit ce profond théologien, aut
» contrarium dicendum est, aut inde concluditur nostra sen-
» tentia : nam ille tunc non tenetur servare festum in loco, ubi
» est præsens, ex vi constitutionis, aut consuetudinis suæ patriæ,
» quia hæc non obligat extra territorium, ut in superiori puncto
» dictum est. Ergo si obligatur, ex vi consuetudinis, aut statuti
» illius loci, in quo invenitur, obligatur, quia non obligatur ex
» lege generali Ecclesiæ, ut supponitur, et oportet ut ex aliqua
» lege obligetur. Ergo nihil minus obligaretur, si etiam in terra
» sua non esset eadem consuetudo vel lex, quia supposita illa
» absentia nihil confert ad hanc obligationem; ergo vel etiam in
» eo casu non obligatur, quod reputatur absurdum, vel semper
» obligatur. Et confirmatur : nam in eo casu habet locum ratio,
» quod ille non est subditus Episcopi loci, ubi est præsens, et
» lex alterius non obligat illum ; ergo e contrario, si tunc obli-
» gatur a lege loci, ratione ejusdem loci est subditus, neque ad
» hoc refert, quod in loco domicilii sit, vel non sit similis lex (2). »
Nous trouvons cet argument concluant contre S. Alphonse et
les docteurs de Salamanque, et partant de leur principe que
l'étranger n'est pas tenu aux lois locales, nous adoptons la conséquence que Jean Sanchez en a tirée. Un exemple rendra palpable
la différence des deux opinions. Nos statuts frappent de suspense les ecclésiastiques qui entrent dans les cabarets, estaminets,
cafés, dans le but de boire, fumer, jouer, ou causer avec les

---

(1) Joan. Sanchez, *Selecta de sacramentis*, disp. LIV, n. 31; Diana,
Resolutiones morales, tom. IV, tract. VI, resol. XLV, n. 2, nomme ce
sentiment probable.
(2) *De religione*, tract. II, lib. II, cap. XIV, n. 15.

buveurs (1). Une loi semblable existe dans le diocèse de Malines (2). Un prêtre de Malines se trouvant à Liége sera-t-il
soumis à cette disposition de nos statuts? Oui, répondent S. Alphonse et les docteurs de Salamanque. Non, dit Jean Sanchez,
plus conséquent que ses adversaires.

LVII. 5° Hors ces différents cas, quelle solution faut-il
donner à la question? Deux opinions sont en présence, toutes
deux appuyées de graves autorités. Suarez (3), suivi par Castropalao (4), Schmier (5), etc., enseigne qu'il sont tenus
d'observer les lois locales du diocèse où ils se trouvent. Plusieurs textes du droit favorisent ce sentiment (6). En outre, dit
Suarez, « Propria ratio est, quia lex generaliter fertur pro tali
» territorio, ut supponimus; ergo obligat omnes actu ibi de-
» gentes pro tempore, quo ibi commorantur (7). » Pour prouver
la justesse de sa conséquence, Suarez invoque la fin de la loi,
c'est-à-dire la bonne administration du diocèse. Pour maintenir
la paix, pour éviter les scandales, les divisions, pour empêcher
la corruption des mœurs, il est nécessaire que les étrangers se
conforment aux usages de l'endroit où ils se trouvent, il faut
que les lois étendent leur empire sur eux comme sur les habitants du lieu. D'un autre côté on ne peut nier au législateur le
droit d'astreindre les étrangers à observer ses lois, puisque ce
droit est nécessaire à une bonne administration, et que tout le
monde d'ailleurs lui reconnait le pouvoir de punir les étrangers

---

(1) *Statuta diœcesis Leodiensis*, n. 16, 3°, pag. 19.
(2) Cf. Dens, *De censuris*, n. 17, pag. 521 sq., edit. 1830.
(3) *De religione*, tract. II, lib. II, cap. XIV, n. 8 sq.; *De legibus*,
lib. III, cap. XXXIII, n. 3 sq.
(4) Tract. III, disp. I. punct. XXIV, § III, n. 11 sq.
(5) *Jurisprudentia canonico-civilis*, lib. I, tract. I, cap. V, n. 170 sq.
(6) Cf. cap. 2, dist. 8; cap. 11, dist. 12; cap. 1, dist. 41; cap. fin.
De feriis; cap. 2, *De observatione jejuniorum*.
(7) *De legibus*, lib. III, cap. XXXIII, n. 3.

coupables d'un délit (1). Et, quoique la personne de l'étranger ne soit pas immédiatement soumise au supérieur local, elle le devient cependant, à raison de son séjour dans cet endroit. Enfin l'équité demande que les étrangers observent les lois locales. En effet, ils sont délivrés de l'obligation de garder les lois de leur patrie, ils jouissent de plus des priviléges du lieu où ils se trouvent ; il est donc juste qu'ils en subissent aussi les lois, conformément à la règle du droit : *Qui sentit onus, sentire debet commodum, et e contra* (2).

Malgré ces raisons, S. Alphonse (3), d'accord avec un grand nombre de canonistes et de théologiens, exempte les étrangers de l'obligation de se soumettre aux lois locales. La raison en est que la loi émane du pouvoir de juridiction et n'oblige par conséquent que ceux qui sont sous la juridiction du législateur, qui sont ses sujets ; or, les étrangers ne le sont point, ils ne font point partie de la communauté à laquelle la loi est donnée. Ce sentiment est encore favorisé par le droit. Le législateur a lui-même déterminé les cas où l'on ressortit à un tribunal, où l'on tombe sous la juridiction du supérieur : «Ratione »delicti, seu contractus, aut domicilii, sive rei, de qua contra »possessorem causa movetur, forum regulariter quis sor-»titur (4). » Voilà, d'après le droit, les seuls modes d'acquérir juridiction sur quelqu'un. Si une habitation momentanée donnait le même droit, le législateur n'eùt-il pas dù mentionner ce mode ?

Telles sont les deux opinions sur cette question. La seconde

---

(1) C'est du reste ce qu'établit le droit commun. Cap. 20, *De foro competenti.*

(2) Reg. 55 juris, in 6°.

(3) *Theologia moralis*, lib. I, n. 156, dubit. 2. Cf. Schmalzgrueber, *Jus eccl. univ.*, lib. I, tit. II, n. 42; Böckhn, *Comment. in jus canon. univ.*, lib. I, tit. II, n 52; Wiestner, *Institutiones canonicæ*, lib. I, tit. II, n. 113. Salmant., *Cursus theol. mor.*, tract. XI, cap. III, n. 58 ; Layman, *Theologia moralis*, lib. I, tract. IV, cap. XII, n. 4.

(4) Cap. 20, *De foro competenti.*

nous paraît plus conforme aux principes et suffisamment probable pour être suivie en pratique. Remarquons toutefois que
des circonstances particulières peuvent en interdire l'usage;
v. g., si, en la suivant, on scandalisait ses frères. La charité
nous oblige à ne pas user de notre droit.

LVIII. II. Quant à la seconde question : les statuts obligent-
ils les religieux des couvents situés dans le diocèse? Il faut distinguer entre les religieux qui ne sont point exempts, et ceux
qui jouissent de l'exemption. Les premiers sont soumis à ces
statuts comme les autres sujets de l'Evèque. « Nam leges ferre,
» comme dit Schmalzgrueber, et his subjectos jurisdictioni suæ
» obstringere, primus actus jurisdictionis est (1). » Il faudrait
excepter, avec Suarez, le cas où les statuts seraient contraires
aux règles de l'Ordre : « Si leges Episcopales et synodales, dit
» cet auteur, non sint contra statum regulæ religiosæ, licet sint
» diversæ et aliquid ei addant, tenentur religiosi eis obedire ex
» vi religiosi status, si alias exempti non sunt (2). »

Si les religieux ont obtenu le privilége de l'exemption, ils ne
sont point tenus d'observer toutes les lois du synode. Celles-là
seules les obligent, qui statuent sur les cas où les réguliers sont
soumis à la juridiction épiscopale (3). Donnons quelques cas
d'application de cette règle. Les réguliers ne sont pas exempts
de la juridiction de l'Evèque en ce qui concerne la célébration
de la Messe (4). Ils seront donc obligés d'observer la règle
tracée dans le n. 225 de nos statuts (5). Il sont également

(1) *Jus ecclesiasticum universum*, lib. I, tit. II, n. 38.
(2) *De legibus*, lib. IV, cap. XX, n. 6.
(3) Cf. Suarez, *ibid.*, n. 8 ; Schmalzgrueber, *loc. cit.* ; Biner , *Apparatus*, etc., part. I, cap. III, n. 5.
(4) Cf. Conc. Trid., sess. XXII, *Decretum de observandis et evitandis
in celebratione missæ;* Benedictus XIV, *De synodo diœcesana*, lib. IX,
cap. XV, n. 5 ; S Liguori. *De privilegiis*, n. 75.
(5) *Statuta diœcesis Leodiensis*, pag. 173.

soùmis à l'Evêque en ce qui concerne l'exposition publique du saint Sacrement (1). D'où résulte encore pour eux l'obligation de ne pas transgresser le n. 258 des statuts (2). D'un autre côté, les religieux ne dépendent pas de l'Evêque pour leur conduite. D'où l'on déduira que les dispositions des n°˙ 22, 25, etc., ne les concernent pas.

Nous croyons qu'on pourrait contester à juste titre la légalité du n. 16, en ce qui regarde les religieux. Le droit commun, comme le disent les statuts au n. 15, défendent aux ecclésiastiques, tant séculiers que réguliers, la fréquentation des cabarets. Si, nonobstant la prohibition de la loi, un religieux y-allait sans nécessité, il serait coupable, et, sous ce rapport, l'Evêque aurait le droit de poursuivre sa punition conformément aux lois ecclésiastiques (3). Il pourrait même lui retirer l'autorisation de prêcher ou de confesser (4). Mais nulle part la loi n'accorde aux Evêques le pouvoir de suspendre *ipso facto ab ordine et jurisdictione*, le régulier qui enfreindrait les dispositions canoniques sur ce point. Nous pensons donc que les réguliers ne seraient pas tenus de respecter cette suspense, et qu'ils ne contracteraient aucune irrégularité s'ils la violaient.

LIX. III. Nous sommes arrivés à la dernière question. Le législateur a posé lui-même dans le droit le principe de sa solution : « Statuto Episcopi, dit Boniface VIII, quo in omnes,

_____

(1) Cf. Benedictus XIV, *Institutiones ecclesiasticæ*, Instit. XXX, n. 9 sq ; Verhoeven, *De Regularium et sæcularium clericorum juribus et officiis*, cap. III, § II, n 8; *Mélanges Théologiques*, tom. II, pag. 289 (285) sq.

(2) Page 191 sq

(3) Cf. Conc. Trid. Sess. VI, cap. 3, *De reformatione*, et sess. XXV, cap. 14, *De regularibus et monialibus;* Didacus ab Aragonia, *Dilucidatio privilegiorum ordinum regularium*, tract. VII, cap. III, n. 2 sq.; Zamboni, *Collectio declarationum S. Congr. Concilii*, tom. III, not. 262, page 294.

(4) Cf. *Mélanges Théologiques*, tom. IV, pag. 143.

» qui furtum commiserint, excommunicationis sententia pro-
» mulgatur, subditi ejus furtum extra ipsius diœcesim committen-
» tes, minime ligari noscuntur : cum extra territorium jus dicenti
» non pareatur impune (1). » Il ne peut donc y avoir de doute sur
la réponse à donner. Une fois hors de leur diocèse, les prêtres
ne sont plus tenus en conscience d'observer les lois propres à
leur diocèse. Ainsi un prêtre de Liège, se trouvant à Namur,
pourrait sans craindre d'encourir la suspense fulminée par le
n. 16 de nos statuts, aller à l'estaminet pour y boire, fumer,
jouer et converser avec ceux qui y sont. Il pourrait également,
sans se rendre coupable de péché grave, violer les dispositions
du n. 22 : « Sub gravi prohibemus eum lusum chartarum pic-
» tarum qui de industria ad multam noctem protrahitur, quum
» præter magnum temporis damnum etiam scandalum fidelibus
» parere natus sit; gravius adhuc inhibemus ne in ludum istum
» chartarum sive alium quemlibet clericus, cujuscumque sit
» ordinis, aut dignitatis, ultra summam, quæ ex æquo et bono
» non reputatur gravis, impendere consuescat (2). »

LX. En serait-il de même, c'est-à-dire le prêtre serait-il
censé hors de son diocèse, s'il était dans un monastère de religieux exempts, et pourrait-il y violer impunément les statuts
du diocèse ?

S. Alphonse (3), et les docteurs de Salamanque (4) l'affirment, parce que ces monastères sont des lieux exempts,
ainsi qu'il résulte du concile de Trente, sess. XIV, cap. 5, de
reformatione. Or, quant à l'usage de la juridiction épiscopale,
un lieu exempt est mis sur le même pied qu'un lieu situé hors
du diocèse.

(1) Cap. 2, de constitutionibus, in 6°.
(2) Statuta diœcesis Leodiensis, pag. 23.
(3) Theologia moralis, lib I, n. 157; lib. VII, n. 24.
(4) Cursus theologiæ moralis, tract. X, cap. I, n. 114; tract. XI,
cap. III, n. 64.

Ce sentiment est assez communément abandonné (1), et
c'est avec raison ; car ces monastères ne sont pas proprement
des lieux exempts. Ce n'est qu'improprement qu'on leur
attribue cette qualification. « Locus autem exemptus ab Epi-
» scopi jurisdictione, dit Giraldi, in triplici classe, juxta com-
» munem, considerari potest. I. Prout est exemptus improprie,
» et per accidens ratione tantum personarum, ut fere omnia
» monasteria Regularium, quorum Prælatus habet jurisdictio-
» nem in personas, sed sine territorio ; cum hæc loca sint in,
» et de diœcesi Episcopi (2). » Aussi Suarez donne-t-il comme
certain que les prêtres en question seraient coupables et encour-
raient les peines portées dans les statuts : « Intelligendum
» censeo per locum exemptum, non ecclesias, aut monasteria
» religiosorum exemptorum : quæ non nisi ratione talium per-
» sonarum exempta vocantur : et ideo si aliæ personæ subditæ
» Episcopis intra eos frangerent statuta Episcoporum, censuras
» eorum *sine dubio* incurrerent. »

On ne conçoit pas comment les docteurs de Salamanque,
que S. Alphonse aura sans doute crus sur parole, aient osé
invoquer le concile de Trente. Écoutons-les ; puis nous donnerons le texte du Concile. « Falsum est, assurent-ils, loca
» monasteriorum exempta non esse, sicut personæ sunt exemptæ
» a jurisdictione Episcopali, cum tam loca quam personas
» exemptas appellet Tridentinum, sess. XIV, cap. 5, de
» reform. ad finem. » Voyons les paroles du concile de Trente :
« Universitates autem generales ac collegia Doctorum, seu

<hr>

(1) Suarez, *De censuris*, disp. V, sect. IV, n. 6 ; Coninck, *De sacramentis*, tom. II, disp. XIII, n. 63 ; Castropalao, tract. III, disp I,
punct. XXIV, § V, n. 30 ; Benzi, *Praxis tribunalis conscientiæ*,
disp. II, quæst. VI, art IV, n. 6.
(2) *Expositio juris Pontificii*, part. II, sect. XXI, pag. 825. Cf.
Pignatelli, *Consultationes canonicæ*, tom. VII, consult. VII, n. 8.

» Scholarium, et regularia loca, necnon hospitalia, actu hospi-
» talitatem servantia, ac universitatum, collegiorum, locorum
» et hospitalium hujusmodi personæ in præsenti canone minime
» comprehensæ, sed exemptæ omnino sint, et esse intelli-
» gantur. » Un seul mot sur l'interprétation des docteurs de
Salamanque. Ils interprètent le mot *exemptæ* comme s'il s'agissait de l'exemption de la juridiction épiscopale, tandis que le
Concile dit simplement que ces lieux et les personnes qui les
habitent ne tombent point sous son décret, que sa loi ne les
concerne point. Avec des interprétations de cette force, que ne
trouverait-on pas dans le concile de Trente ?

LXI. Le principe posé ci-dessus qu'on n'est point coupable
de péché, en violant, hors de son diocèse, une loi de son
propre endroit, comprend-il aussi le cas où l'on sortirait de
son diocèse dans l'unique but de se soustraire à la loi (1)? Sur
ce point encore les opinions sont partagées. S. Alphonse (2)
et Schmalzgrueber (3), sont d'avis qu'il n'y a en cela rien de
déréglé. On peut dans ce cas violer la loi sans péché, parce
que la loi n'oblige pas le sujet qui est hors de son territoire.
Elle n'oblige pas non plus le sujet à ne pas sortir du diocèse.
Elle impose une seule obligation : celle de s'y soumettre, tant
qu'on demeure dans le lieu ou elle est obligatoire. En sortant
de son diocèse, le sujet use donc de son droit, et ne fait aucune
injure au législateur. En outre le pape Boniface VIII a émis un
principe général; et là où la loi ne distingue pas, nous ne
devons pas non plus distinguer.

---

(1) Nous supposons, qu'il ne séjourne pas assez longtemps dans l'endroit étranger pour y acquérir un quasi-domicile; car alors il est certain
qu'il y violerait impunément les lois de son diocèse, comme cela résulte
du bref d'Urbain VIII cité ci-après.

(2) *Theologia moralis*, lib. I, n. 157.

(3) *Jus ecclesiasticum universum*, lib. I, tit. II, n. 41.

L'opinion commune n'est pas favorable à ce sentiment, et prétend que, malgré l'absence du sujet, la loi continue à l'obliger. Cette opinion repose sur le principe que personne ne doit retirer d'avantage de son dol ou de sa fraude : *Nemini fraus et dolus patrocinari debent* (1). Ce qui aurait lieu, dans notre cas, si la loi ne continuait à obliger. Cette opinion trouve sa confirmation dans deux décrets du Saint-Siège, où elle est clairement adoptée. Le premier concerne le mariage des personnes qui, dans le seul but de contracter clandestinement, se portent dans un pays où le décret du concile de Trente sur les mariages clandestins n'a pas été publié. La S. Congrégation, appliquant le principe que ces personnes restent soumises à la loi de leur pays, a déclaré leur mariage invalide ; et sa décision a été confirmée par Urbain VIII (2). « Etenim, dit à ce sujet » Benoit XIV, cum neque Sacræ Congregationi, neque summo » Pontifici in animo fuerit novam rogare legem, sed præexi- » stentem, jam a Tridentino indictam, explicare, jam exinde » conficitur, ex utriusque sententia, qui in legis fraudem e loco » se subducit, ubi ea viget, sub lege nihilominus compre- » hensum, ejusque nexu devinctum manere (3). » Le second acte du Saint-Siége est contenu dans la bulle *Superna* de Clément X. Il y déclare que les pénitents, qui passent dans un autre diocèse uniquement pour obtenir l'absolution de leurs cas réservés, ne peuvent y être absous. « Posse autem, dit » Clément X, regularem confessorem in ea diœcesi, in qua est » approbatus, confluentes ex alia diœcesi a peccatis in ipsa reser- » vatis, non autem in illa, ubi idem confessor est approbatus, » absolvere, nisi eosdem pœnitentes noverit in fraudem reser-

---

(1) Cap. 15. *De rescriptis.*
(2) V. ce Bref dans le *Bullarium Benedicti XIV*, vol. XII, pag. 400, edit Mechlin.
(3) *De synodo diœcesana*, lib. XIII, cap. IV, n. 10.

» vationis ad alienam diœcesim pro absolutione obtinenda mi-
» grasse (1). » Sur ce, Benoit XIV ajoute encore : « Ex quo
» iterum manifestum fit dolum et fraudem nemini patrocinari,
» ad evadendum legis vinculum ; eamque fraudem vere ab
» illo committi, qui, solo animo legem eludendi, e loco se pro-
» ripit, ubi illa viget. » Ces deux décrets ont, aux yeux de
Benoit XIV, évidemment tranché la question, de sorte qu'on
ne peut plus aujourd'hui s'écarter du second sentiment :
«Neque bodie fas esse videtur ab hac sententia recedere (2). »

Nous n'oserions cependant condamner celui qui, appuyé sur
l'autorité de S. Alphonse, suivrait le premier sentiment; mais,
d'un autre côté, on ne pourrait non plus blâmer l'Evêque qui,
fondé sur le second sentiment, punirait en certains cas l'ecclésiastique qui mettrait le premier en pratique. L'Evêque est le
gardien de la discipline dans son diocèse. Or, un ecclésiastique
qui suivrait publiquement le premier sentiment, par exemple, en
matière de jeûne ou d'abstinence, pourrait scandaliser le peuple,
et par conséquent, mériterait d'être sévèrement réprimandé et
même puni par son Evêque.

---

(1) § 7, *Bullarium romanum*, tom. V, pag. 495, edit Lugd , 1697.
(2) *Loc. cit.* Les principaux défenseurs de ce sentiment sont, outre
Benoît XIV, Wiestner, *Institutiones canonicæ*, lib. I, tit. II, n. 110 sq. ;
Layman, *Theologia moralis*, lib. I, tract. IV, cap. XI, n. 9; Vasquez,
tom. IV, in 3 part. quæst. 93, art. 2, dub. IV, n. 6; Ferraris, *Bibliotheca canonica*, V° *Lex*, art. III, n. 35 sq. V° *Jejunium*, art Il, n. 29 sq.

DISPOSITIONS CANONIQUES DE L'ÉGLISE

EN MATIÈRE DE

CONCOURS AUX PAROISSES.

Pour nous conformer au désir exprimé par plusieurs de nos abonnés, nous donnons ici les principales prescriptions canoniques de l'Eglise concernant les concours aux paroisses. Nous croyons, pour le moment, devoir nous borner à la reproduction du simple texte de cette législation importante, en renvoyant toutefois le lecteur aux commentaires qu'en ont donnés Reclusius, *Tractatus de concursibus, collationibus et vacationibus parochiarum aliorumque beneficiorum,* — ou la *Correspondance de Rome* (1).

Pour ce qui regarde le diocèse de Liége qui, avant 1801, appartenait à la province ecclésiastique de Cologne, où l'on observait rigoureusement le concile de Trente sur ce point, le lecteur relira avec satisfaction ce que disent sur le concours, Manigart, *Praxis pastoralis*, tom. II, p. 109 et ss. édit. 1754, tom. III, pag. 255 et 263. — Sohet, *Instituts de droit ou sommaire de Jurisprudence canonique, civile, etc., pour les pays de Liége, de Luxembourg, Namur et autres,* Liv. II, tit. XXII, chap. XI, ainsi que les auteurs qui y sont cités.

(1) Liége, 2 vol. in-8, édit. Spée-Zelis.

I.

DÉCRET DU SAINT CONCILE DE TRENTE,

Session 24, *chap.* 18, *de reform.* SUR LE CONCOURS AUX ÉGLISES
PAROISSIALES.

*Ecclesia parochiali vacante, deputandus ab episcopo vicarius, donec illi
providetur de parocho. Nominati ad parochiales, qua forma et a quibus
examinari debent.*

Expedit maxime animarum saluti, a dignis atque idoneis parochis
gubernari. Id (1) ut diligentius ac rectius perficiatur, statuit sancta
synodus, ut, quum parochialis Ecclesiæ vacatio, etiamsi cura ecclesiæ,
vel episcopo incumbere dicatur, et per unum vel plures administretur,
etiam in ecclesiis patrimonialibus, seu receptivis nuncupatis, in quibus consuevit episcopus uni vel pluribus curam animarum dare, quos omnes ad
infrascriptum (2) examen teneri mandat, per obitum vel resignationem,
etiam in curia, seu aliter quomodocumque contigerit, etiamsi ipsa
parochialis ecclesia reservata, vel affecta fuerit generaliter vel specialiter,
etiam vigore indulti seu privilegii in favorem sanctæ Romanæ Ecclesiæ
cardinalium, seu abbatum, vel capitulorum : debeat episcopus statim,
habita notitia vacationis ecclesiæ, si opus fuerit, idoneum in ea vicarium,
cum congrua, ejus arbitrio, fructuum portionis assignatione, constituere;
qui onera ipsius ecclesiæ sustineat, donec ei de rectore provideatur.
Porro episcopus, et qui jus patronatus habet, intra decem dies, vel aliud
tempus ab episcopo præscribendum, idoneos aliquot clericos ad regendam ecclesiam coram deputandis examinatoribus nominet. Liberum
sit tamen etiam aliis, qui aliquos ad id aptos noverint, eorum nomina
deferre, ut possit postea de cujuslibet ætate, moribus et sufficientia fieri
diligens inquisitio. Et si episcopo aut synodo provinciali pro regionis
more videbitur magis expedire, per edictum etiam publicum vocentur,
qui volent examinari. Transacto constituto tempore, omnes, qui des-

(1) Lege bullam Pii V. *In conferendis,* 1567.
(2) Sess. 7, *de reform.,* cap. 13.

cripti fuerint (1), examinentur ab episcopo, sive, eo impedito, ab ejus
vicario generali atque ab aliis examinatoribus non paucioribus, quam
tribus : quorum votis, si pares, aut singulares fuerint, accedere possit
episcopus, vel vicarius, quibus magis videbitur. Examinatores autem
singulis annis in diœcesana synodo ab episcopo, vel ejus vicario, ad
minus sex proponantur ; qui synodo satisfaciant et ab ea probentur.
Advenienteque vacatione cujuslibet ecclesiæ, tres ex illis eligat episcopus, qui cum eo examen perficiant; indeque succedente alia vacatione,
aut eosdem, aut alios tres, quos maluerit, ex prædictis illis sex eligat.
Sint vero hi examinatores, magistri, seu doctores, aut licentiati in
theologia, aut jure canonico, vel alii clerici, seu regulares, etiam ex
ordine mendicantium, aut etiam sæculares, qui ad id videbuntur magis
idonei; jurentque omnes ad sancta Dei evangelia, se, quacumque humana
affectione postposita, fideliter munus executuros: caveantque (2), ne quidquam prorsus occasione hujus examinis, nec ante, nec post accipiant :
alioquin simoniæ vitium, tam ipsi, quam alii dantes incurrant; a qua
absolvi nequeant, nisi dimissis beneficiis, quæ quomodocumque etiam
antea obtinebant, et ad alia in posterum inhabiles reddantur. Et de his
omnibus non solum coram Deo, sed etiam in synodo provinciali, si opus
erit, rationem reddere teneantur; a qua, si quid contra officium eos
fecisse compertum fuerit, graviter ejus arbitrio puniri possint. Peracto
deinde examine, renuntientur quotcumque ab his idonei (3) judicati
fuerint ætate, moribus, doctrina, prudentia et aliis rebus ad vacantem
ecclesiam gubernandam opportunis : ex (4) hisque episcopus eum eligat,
quem ceteris magis idoneum judicaverit; atque illi, et non alteri, collatio ecclesiæ ab eo fiat, ad quem spectabit eam conferre. Si vero juris
patronatus ecclesiastici erit, ac institutio ad episcopum, et non ad alium
pertineat; is, quem patronus digniorem inter probatos ab examinatoribus judicabit, episcopo (5) præsentare teneatur, ut ab eo instituatur.
Quum vero institutio ab alio, quam ab episcopo, erit facienda, tunc

(1) Sess. 25, de reform., cap. 9.
(2) C. Quando. 24, dist.
(3) C. Eam te, de ætat. et qual.
(4) Sess. 25, c 9, de reform.
(5) Sess. 14, de reform. c. 13.

episcopus solus ex dignis eligat digniorem, quem patronus ei præsentet, ad quem institutio spectat. Quod (1) si juris patronatus laicorum fuerit; debeat, qui a patrono præsentatus erit, ab eisdem deputatis, ut supra, examinari, et non, nisi idoneus repertus fuerit, admitti. In omnibusque supra dictis casibus non cuiquam alteri, quam uni ex prædictis examinatis et ab examinatoribus approbatis, juxta supra dictam regulam, de ecclesia provideatur; nec prædictorum examinatorum relationem, quominus executionem habeat, ulla devolutio, aut appellatio, etiam ad S edem Apostolicam, sive ejusdem Sedis legatos, aut vicelegatos, aut nuntios, seu episcopos, aut metropolitanos, primates, vel patriarchas interposita, impediat, aut suspendat : alioquin vicarius, quem ecclesiæ vacanti antea episcopus arbitrio suo ad tempus deputavit, vel forsan postea deputabit, ab ejus ecclesiæ custodia, et administratione non amoveatur, donec aut eidem, aut alteri, qui probatus et electus fuerit, ut supra, sit provisum : alias provisiones omnes, seu institutiones, præter supradictam formam factæ, subreptitiæ esse censeantur, non obstantibus huic decreto exemptionibus, indultis, privilegiis, præventionibus, affectionibus, novis provisionibus, indultis concessis quibuscumque (2) universitatibus, etiam ad certam summam et aliis impedimentis quibuscumque. Si tamen adeo exigui redditus dictæ parochiales fuerint, ut totius hujus examinationis operam non ferant ; aut nemo sit, qui se examini quærat subjicere; aut ob apertas factiones, seu dissidia, quæ in aliquibus locis reperiuntur, facile graviores rixæ ac tumultus possint excitari ; poterit ordinarius, si pro sua conscientia cum deputatorum consilio ita expedire arbitrabitur, hac forma omissa, privatum aliud examen, ceteris tamen, ut supra, servatis, adhibere. Licebit etiam synodo provinciali, si qua in supradictis circa examinationis formam addenda remittendave esse censuerit, providere.

(1) C. Illud, et c. Relatum, de jure patr.
(2) Sess. 7, c. 13, de reform.

NOTE SUR CE TEXTE.

UBALDUS GIRALDI , EXPOSITIO JURIS PONTIFICII.

In hoc decreto (Trid.) nulla certa, ac peculiaris forma, seu methodus servanda proponitur pro examine in concursu promovendorum ad Ecclesias parochiales; quæ hodie statuta legitur tam in literis encyclicis Clementis XI quam in Constit. Benedicti XIV, *Cum illud*, 14 *decemb.* 1742, in quibus hæc servanda statuuntur.

I. Ut Episcopus, habita notitia vacationis beneficii curati, statim in ea deputet Vicarium cum congrua fructuum assignatione ad curæ onera sustinenda, donec de Rectore provideatur.

II. Ut edicto intimetur concursus, præfigaturque terminus, intra quem tantum Cancellario Episcopi, vel alii ab hoc deputato exhibeantur in actis concurrentium requisita. Romæ præfigitur terminus decem dierum.

III. Ut hæc redigantur in compendium, et ejus copia die concursus tradatur tam Ordinario, quam Examinatoribus, ut hi una cum illo judicium ferant, nedum super doctrina, sed etiam super vitæ honestate, aliisque concurrentium dotibus ad animarum curam exercendam necessariis. Romæ, si scrutinium fieri nequeat eodem die, differtur ad duos, vel tres dies, obsignatis interim responsis sigillo Eminentissimi Vicarii.

IV. Ut coadunatis concurrentibus, omnes claudantur in eodem conclavi, unde nemo egredi, vel alius quispiam eo ingredi possit, donec confecerint intra certum, et idem temporis spatium omnibus constitutum, exhibuerintque scripta, et subscripta propria cujusque manu responsa casuum uno eodemque tempore dictatorum latine exarata, et sermonem, seu Oratiunculam conscriptam eo idiomate, quo ad populum haberi solet, super textu Evangelii eodem pariter tempore omnibus tradito. Romæ proponuntur resolvendi novem casus.

V. Ut singula responsa, et Oratiunculæ subscribi debeant ab Ordinario, vel ejus Vicario, Examinatoribus, et Cancellario concursus.

VI. Cavetur etiam, ne peracto hoc modo concursu, collataque Ecclesia parochiali magis idoneo, ac digniori, admittatur appellatio, aut a mala relatione examinatorum, aut ab irrationabili judicio Episcopi, nisi intra decem dies a die collationis interponatur; et ne judex, ad quem, possit pronuntiare, nisi secundum acta concursus, ad ipsum clausa, et obsignata transmittenda, vel originalia, vel eorum authentica exempla, confecta a Cancellario concursus, et ab altero notario, collata coram Vicario, vel alio in ecclesiastica dignitate constituto, eligendo ab Episcopo, ac subscripta ab Examinatoribus, qui concursui interfuerunt. Et hoc juxta cit. Bened. Constit. diserte vetantis posse recipi documenta cujuscunque generis post concursum expiscata; derogando hac in parte præfatis literis encyclicis, id permittentibus.

VII. Quod si Ordinarius, posthabito uno, vel altero ex approbatis, parochiam contulerit magis idoneo ex informata conscientia, hanc sibi tantum notam causam per literas familiares indicabit judici appellationis; qui nec illam revelare, nec postulare poterit, ut ea juridice probetur. At si eidem Ordinario suspecta sit fides judicis, ad quem, dictam causam aperire teneatur Præfecto Congr. Conc.

VIII. Statuitur præterea, ut si sententia judicis appellationis sit uniformis præelectioni factæ ab Ordinario, non possit ulterius provocari. Si vero fuerit contraria, possit præelectus ab Ordinario ad alium appellare; retenta tamen interim parochiæ possessione; sed ubi secundus judex pronuntiaverit, is parochiam obtinere debeat, cui duæ assistunt sententiæ, ne cum animarum curæ jactura, justo longiores sint provocationes.

IX. Ultimo cavetur, ut semper liceat Episcopo, nulla petita a S. Sede licentia, concursum indicere, et complere, pro parochialibus, aut aliis dignitatibus animarum curam adnexam habentibus; sive vacaverint in mensibus reservatis, sive ex alio capite eidem S. Sedi reservatæ sint; hac tamen lege, ut si reservatæ tantum sint ratione mensium, eligat magis idoneum, et Datariæ significet absque transmissione actorum concursus, nisi ab eadem Dataria requirantur. Si vero reservatæ sint ex alio capite, abstineat a ferendo dignioris judicio, et acta concursus ultro Datariæ exhibeat. Relinquitur tamen Ordinariorum arbitrio familiaribus literis denuntiare Datario personam magis dignam, eumdemque monere, an occulta aliqua, et in actis justa reticita subsit causa, quæ cuipiam obstet ad parochiam obtinendam.

In eo autem, quod Tridentinum præcipit, ut si prædictum examen factum fuerit, non servata forma ab eo præscripta, concursus, et collatio nulla sit, ut declarat circa finem hujus cap. ampliatum est a S. Pio V. Constit. mox cit. decernente, præter dictam collationis nullitatem, hanc devolutam esse ad Sedem Apostol. seu ad eos, quibus jus competit parochiam conferendi.

————••••————

II.

CONSTITUTION DE SAINT PIE V

In conferendis — DU 18 MARS 1567, CONCERNANT LE CONCOURS (1).

Damnatio cujuscumque collationis Ecclesiarum Parochialium, non servata forma Concilii Tridentini, hactenus factæ, vel de cætero faciendæ.

PIUS EPISCOPUS SERVUS SERVORUM DEI.

AD PERPETUAM REI MEMORIAM.

Exordium.

In conferendis beneficiis Ecclesiasticis, et præsertim Parochialibus Ecclesiis personis dignis et habilibus, quæ in loco residere, et per se ipsos curam exercere valeant, quantam diligentiam adhiberi oporteat, Alexandri III in Lateranensi et Gregorii X in Lugdunen. generalibus Conciliis, ac Innocentii similiter III et aliorum Romanorum Pont. prædecessorum nostrorum editæ constitutiones testantur.

§ 1. *Conc. Trid. sess. 7, c. 13 et sess. 24, c. 18 de reformat. tradidit formam conferendi Parochiales Ecclesias, et interim eis de vicario providendi.*

Quod ut diligentius, ac rectius perficiatur, statuit etiam Synodus Tridentina, ut occurrente vacatione parochialis Ecclesiæ etiam generaliter, vel specialiter, etiam vigore indulti in favorem Sanctæ Romanæ

(1) *Bullarium Roman.*, t. II, pag. 234, edit. Luxemb.

Ecclesiæ Cardinalium, aut alias.quomod.libet reservatæ, vel affectæ, debeat Episcopus habita notita vacationis Ecclesiæ, si opus fuerit, idoneum in ea Vicarium cum congrua ejus arbitrio fructuum portionis assignatione constituere, qui onera ipsius Ecclesiæ sustineat, donec ei de Rectore provideatur. Et deinde Episcopus, et qui jus patronatus habet, intra decem dies, aut aliud tempus ab Episcopo præscribendum ; aliquos clericos ad regendum Ecclesiam idoneos Examinatoribus juxta formam ejusdem Synodi deputatis, nominet, et nonnisi ab eisdem Examinatoribus per concursum aliorum Examinatorum, etiam tamquam magis idoneo ab Episcopo judicato et electo de Ecclesia provideatur, alias provisiones, seu institutiones omnes præter formam prædictam factæ, surreptitiæ censeantur.

§ 2. *Quidam vero Episcopi de hujusmodi Ecclesiis providerunt, non servata dicta forma.*

Sed quoniam res humanæ semper in deterius prolabuntur nisi sit qui eas retineat, ac debitæ executioni demandet, et verendum sit ne propter constitutionum hujusmodi transgressionem maximi abusus oriantur, Nos, ad quorum notitiam non sine gravi nostra molestia pervenit nonnullos ex venerabilibus fratribus nostris Archiepiscopis, et Episcopis occurrente vacatione Parochialium Ecclesiarum, eas nullo aut minus rite servato examine, præsertim illo quod per concursum fieri debet ex Concilio Tridentino, vel etiam examine rite servato, personis minus dignis, carnalitatis aut alium humanæ passionis affectum non rationis judicium sequentes contulisse, et de eis providisse, volentes quantum cum Deo possumus hujusmodi ac etiam futuris periculis occurrere.

§ 3. *Ideo hic Pont. collationes factas, ac fiendas contra formam dicti Conc. annullat, et beneficia vacare decernit, et Sedi Apost. reservat.*

Eorumdem Prædecessorum nostrorum constitutiones præfatas etiam innovando, auctoritate Apostolica tenore præsentium omnes et singulas collationes, provisiones, institutiones, et quasvis dispositiones Parochialium Ecclesiarum ab eisdem Episcopis, et Archiepiscopis, ac quibusvis aliis collatoribus, tam ordinariis quam delegatis, etiam S. R. E.

Cardinalibus, ac Sedis Apostolicæ Legatis, vel Nunciis, præter et
contra formam ab eodem Concilio Tridentino, præsertim in examine per
concursum faciendo, præscriptam factas aut in futurum faciendas, nullas,
irritas, ac nullius roboris vel momenti fore et esse, nullumque provisis
jus aut titulum etiam coloratum possidendi præbere, et parochiales
Ecclesias hujusmodi, ut prius ante collationes hujusmodi vacabant, ex
nunc vacare statuimus, decernimus, et declaramus, easque omnes pro
tempore sic vacantes nostræ et Sedis Apostolicæ, seu eorum quibus jus
conferendi eas, præterquam Episcopis, et Archiepiscopis, qui curam
dicti examinis juxta decretum Concilii habere debent, competet, disposi-
tioni reservamus.

§ 4. *Immo collationes Parochialium spectare ad Sedem Apostolicam,*
si de eis servata forma dicti Conc. Ordinarii non providerint, in tem-
pore, et modo hic expressis.

Insuper ne Parochiales Ecclesiæ diu in suspenso maneant in maximum
animarum periculum, quarumcumque Parochialium Ecclesiarum,
quarum dum pro tempore vacant, ad Episcopos, Archiepiscopos, Primates, et Patriarchas, et quosvis alios Ordinarios collatores, in mensibus
ordinariis, collatoribus etiam per nostras regulas assignatis provisio et
collatio spectat et pertinet, de quibus iidem Episcopi et Ordinarii prædicti intra sex mensium spatium a die vacationis earumdem perfecto
examine juxta formam Concilii Tridentini præfati non providerint, ac
illarum etiam quarum collationes nobis et dictæ Sedi generaliter vel
specialiter et ex quavis causa reservatæ, seu affectæ existunt, aut alias
ex indulto Sedis Apostolicæ competunt, ad quas occurrente illarum
vacatione Episcopi et Archiepiscopi præfati personas per examen concursu mutuo habito juxta dicti Concilii Tridentini formam approbatas
et magis idoneas non elegerint, aut electas nobis vel successoribus
nostris, aut iis ad quos collatio spectabit, pro collatione obtinenda intra
quatuor mensium spatium a die illius vacationis non significaverint,
necnon Parochialium Ecclesiarum similium, quæ Jurispatronatus ecclesiastici, vel aliorum seu clericorum et laicorum simul fuerint, si præsentatus intra tempus eisdem patronis a jure præfixum prævio examine
juxta formam dicti Concilii approbatus petatur institui, institutioque

ipsa per duos menses a die præsentationis dilata fuerit, collationem, provisionem, institutionem, ac omnimodam dispositionem nobis et ipsi Sedi ac personis indulta hujusmodi conferendi, providendi, seu instituendi obtinentibus respective reservamus ; data tamen in Parochialibus Jurispatronatus optione ipsis patronis, ut si institutio ad Ordinarios spectabit, ipsis Ordinariis illam facere negligentibus, et ultra dictos duos menses differentibus, possint pro hujusmodi institutione obtinenda habere recursum ad Metropolitanum, vel viciniorem Ordinarium, aut ad Sedem Apostolicam.

§ 5. *Terminus Concilii non prorogetur.*

Prohibentes etiam eisdem Ordinariis ne tempus decem dierum eisdem Ordinariis et patronis ab eodem Concilio Tridentino ad nominandum idoneos clericos coram deputatis Examinatoribus præfixum, ultra alios decem dies prorogare audeant, vel præsumant.

§ 6. *Beneficia sic reservata Ordinarii non conferant.*

Districtius inhibentes ne quis præter Romanos Pontifices, aut alios indulta hujusmodi obtinentes, ut præfertur, quacumque sit super hoc auctoritate munitus, de hujusmodi beneficiis sic reservatis (ut præfertur) disponere, vel circa illa etiam per viam permutationis, vel alias innovare quoquo modo præsumat.

§ 7. *Collatio prædictorum fiat idoneis, et gravati appellent.*

Ut autem non solum dignis, sed magis idoneis repertis juxta ejusdem Concilii decretum Parochiales Ecclesiæ conferantur, volumus et eadem auctoritate decernimus, quod si Episcopus minus habilem posthabitis magis idoneis elegerit, possint ii, qui rejecti fuerint a mala electione hujusmodi ad Metropolitanum, vel si ipse eligens Metropol. aut exemptus fuerit, ad viciniorem Ordin. uti nostrum et Sedis hujusmodi delegatum, aut alias ad ipsam Sedem Apost. appellare, ac præelectum ad novum examen coram ipso appellationis Judice et ejus Examinat. provocare, et constito de prioris eligentis irrationabili judicio, eoque revocato,

Parochialis magis idoneo per eumdem judicem appellationis auctoritate nostra (quatenus collatio ad Episcopum a quo appellatum fuit spectaret) conferatur; alias eidem magis idoneo per Judicem appellationis approbato conferenda remittatur ad eum ad quem collatio, provisio, vel institutio spectabit.

§ 8. *Appellatio autem non suspendit executionem electionis.*

Hæc tamen appellatio interposita interim non impediat aut suspendat quo minus electio per Ordinarium primo loco facta interim debitæ demandetur executioni, et provisus ab eadem Ecclesia, causa appellationis hujusmodi dependente, non amoveatur.

§ 9. *Et a Judice appellationis ad Sedem Apost. appellabitur.*

Et si quis a sententia per Judicem appellationis lata duxerit appellandum, is tunc ad Sedem ipsam Apostolicam appellabit. Si secus in præmissis omnibus et singulis actum aut attentatum fuerit, irritum decernimus et inane.

§ 10. *Transumptorum fides.*

Volumus autem quod præsentium transumptis manu alicujus Notarii publici subscriptis, et sigillo alicujus personæ in dignitate Ecclesiastica constitutæ munitis, eadem prorsus fides in judicio et extra adhibeatur, quæ præsentibus adhiberetur, si forent exhibitæ vel ostensæ.

§ 11. *Forma et effectus publ.*

Quodque litteræ ipsæ Cam. et Cancell. Apostolicarum, et Audientiæ causarum Palatii Apostolici valvis, et in acie Campi Floræ, dimissis inibi copiis publicatæ et affixæ omnes ita afficiant et arctent, ac si illis personaliter intimatæ fuissent. Nulli ergo, etc.

Datum Romæ apud S. Petrum, Anno Incarnationis Dominicæ 1567, 15 Cal. Apr. Pont. nostri anno 2.

Publicatio.

Anno a Nativitate D. 1567, indictione 10, die vero 16 mensis Maii, Pont. autem Sanctis. in Christo patris, et D. N. D. Pii divina providentia Papæ V, anno ejus II, retroscriptæ litteræ affixæ, et publicatæ fuerunt in retroscriptis locis, ut moris est, per nos Alexandrum Astancollum et Joannem Guerardum prælibati S. D. N. Papæ Curs.

Ant. CLERICI. *Mag. Curs.*

(*La suite au prochain cahier.*)

DÉCISION RÉCENTE DE LA S. CONGRÉGATION DE L'INQUISITION.

———

Nous remercions cordialement le très-respectable abonné qui a daigné enrichir notre recueil de la décision suivante de la Congrégation du Saint-Office. Voici la lettre par laquelle il nous a fait cette communication.

« Messieurs,

» Dans le premier cahier de la sixième série de votre recueil, page 67 et suiv., vous avez à juste titre réfuté une décision des conférences morales de Rome, concernant la validité d'un mariage mixte. Je ne doute pas que l'honorable rédaction de cette importante Revue ne reçoive avec intérêt la communication de la cause suivante, dans laquelle le cas rapporté par les *Mélanges* se trouve exactement reproduit et judiciairement décidé.

» Au commencement du mois de juin 1821 eurent lieu les fiançailles d'Anna-Maria, catholique, de la paroisse de S. Castor de Coblenz, avec Louis, protestant, également domicilié à Coblenz. Comme l'époux ne voulut point promettre de laisser élever dans la religion catholique les enfants qu'on espérait de cette union, M. Milz, alors curé de Saint-Castor, depuis évêque suffragant de Trèves, non-seulement s'abstint de bénir le mariage et d'y assister, mais refusa même de proclamer les bans.

» Le mariage n'en fut pas moins célébré le 8 juillet suivant, mais en présence du ministre protestant seulement. Toutefois l'évènement ne tarda pas à prouver que cette union était souverainement malheureuse, et sur la plainte de la femme, l'autorité civile en prononça la dissolution dans le courant de 1832.

» Vers le commencement de mars 1851, le curé actuel de Saint-Castor, au nom de son paroissien, civilement divorcé, demandait à la chancellerie épiscopale de Trèves que la nullité de ce mariage fût aussi prononcée par l'autorité ecclésiastique.

» Par jugement de l'Official de Trèves, en date du 22 décembre de la même année, le mariage fut déclaré nul et invalide *ex defectu præsentiæ parochi proprii ;* parce que c'est seulement depuis la bulle de Pie VIII — *Venerabiles Fratres* — du 25 mars 1830, que le chapitre premier de la XXIVe session du Concile de Trente, *De reformat. matrim.*, a perdu sa force, pour ce qui concerne les mariages mixtes dans la province ecclésiastique de Cologne.

» Le défenseur du mariage appela de ce jugement au tribunal du Métropolitain, à Cologne. Là, une sentence, rendue le 21 mai 1852, réforma la décision de l'Official de Trèves et maintint le mariage comme valide. Le juge se fondait sur ce que tous les mariages mixtes contractés en Allemagne devant

les ministres protestants, sont tenus pour valides par l'Eglise,
si aucun autre empêchement canonique ne s'y oppose, et ce
sans considérer si le susdit décret du Concile de Trente a été
ou non légitimement publié dans le lieu où ces mariages
sont contractés.

» Le curé de Saint-Castor se pourvut, au nom de son paroissien, contre le jugement rendu en seconde instance, et recourut
à Rome où la sentence suivante décida définitivement cette
grave affaire. »

Treviren. 28 julii 1852.

(Suit l'exposition des faits et des jugements rendus en première et seconde instance, ainsi que de leurs motifs ; puis :)

Feria IV. Die 26 januarii 1853.

In Congregatione generali S. Romanæ et Universalis Inquisitionis
habita in conventu S. Mariæ supra Minervam coram Eminentissimis ac
Reverendissimis Dominis S. R. E. Cardinalibus contra hæreticam
pravitatem generalibus Inquisitoribus proposito suprascripto dubio, et
præhabito voto DD. Consultorum, iidem Eminentissimi Domini decreverunt :

« Infirmata sententia Curiæ Archiepiscopalis Coloniensis, confir-
mandam esse sententiam Curiæ Episcopalis Trevirensis. »

Eadem die ac Feria.

Sanctissimus Dominus Noster D. PIUS, Divina Providentia PP. IX,
in solita audientia R. P. D. Assessori S. Officii impertita resolutionem
Ementissimorum Cardinalium approbavit.

Pro D. ARGENTI, *S. Rom. et Univ. Inquis.*

JUVENALIS PETAMI, *Substit. Notar.*

DE LA TAXE A PAYER AUX DOYENS

POUR LA VISITE DES ÉGLISES.

———◇———

Répondant à la consultation d'un de nos abonnés sur le point de savoir si les Doyens ont droit, dans leurs visites des églises, à la nourriture et à la taxe diocésaine simultanément, nous avons donné une réponse négative, d'après le texte formel du concile de Trente. En note nous avons ajouté qu'il y a, à ce sujet, une décision spéciale du S. Siège portée sur la demande de feu Mgr. l'Evêque de Liège. Quelques abonnés appartenant à d'autres diocèses ont manifesté le désir de connaitre cette décision. Nous nous empressons de les satisfaire, et de leur en transmettre ici le texte, d'après le mandement du 22 janvier 1847.

§ VII. *De taxa Amp. Decanis solvenda.*

Mandato nostro 6 maii 1833 taxam Amp. DD. Decanis *pro expensis et litterarum transmissione* solvendam statueramus decem francorum. Quum vero litteræ, gubernio sic benevole disponente, sine sumptibus per publicum veredarium jam deferantur, hæc taxa deinceps francorum erit tantum quinque.

Contra hanc taxam et alia bene multa a Nobis vel etiam ab aliis Episcopis sancita, nuper temere ac valde indecenter scripserunt pessimorum diariorum autores, qui plebeculam maxime in popinis sic misere decipiunt et contra Ecclesiæ ministros concitare moliuntur. Fatemur unum fuisse ex nostris parochis qui aliquo dubio circa hanc taxam anxiatus est, sed hujus dubii solutionem, dum Romæ essemus, facile obtinuimus. Placebit vobis documentum istud hic consignatum reperire.

Beatissime Pater,

Episcopus Leodiensis ob difficultates, quas unus Rector ecclesiæ alicujus succursalis sibi facit circa visitationem ecclesiarum, de qua Concilium Tridentinum Sess. 24, cap. 3, de Reform., humiliter exponit,
pluribus in Decanatibus Diœcesis Leodiensis antea pro visitatione
Decanis, loco Episcopi visitationem perficientibus, et pro ea et reliqua
administratione Decanatus ad certas expensas coactis, annuatim solvi
consuetum fuisse certam pecuniam taxatam.

Nunc supplicat Orator obsequentissime, ut sibi liceat, propter uni-
formitatem in praxi, et adinstar aliarum in Belgio Diœcesium, pro
omnibus omnino Decanatibus suæ Diœceseos determinare unam eam-
demque certam taxam, a singulis ecclesiis parochialibus visitatis solvendam annuatim Decano, qui nomine Episcopi visitationem fecerit.
Observatu dignum videtur 1° taxam illam ab Oratore, suo Mandato
6 maii 1833 (De Divisione Diœcesis in Decanatus), sequentibus verbis
enuntiatam et decretam fuisse : « Quum autem administratio et visitatio
per Decanum vel ejus vices gerentem sine sumptibus locum nequeant
obtinere, sapientissime statutum est in aliis Belgii Diœcesibus, ut
cujuslibet ecclesiæ visitatæ fabrica pro iis sumptibus aliquid solvat.
Taxa autem, quæ in quibusdam Diœcesibus ad duodecim vel etiam
sexdecim francos pro visitatione et litterarum transmissione excrescit,
in nostra pro utraque re decem erit, solveturque quotannis in distributione SS. Oleorum. » 2° Hanc taxam hucusque sine ulla reclamatione
universaliter solutam fuisse, ac propterea solvi in præfata SS. Oleorum
distributione, quia tunc omnes singulorum Decanatuum parochi solent
convenire. Hæc est gratia.

Die 16 junii 1845. SSmus Dnus Noster, audita relatione infrascripti
Secretarii S. Congregationis Concilii, Episcopi Oratoris precibus an-
nuens, enunciatam taxam, renovata tamen declaratione super solutione
ejusdem taxæ, eam non esse ratione distributionis SS. Oleorum, sed pro
expensis supradictæ visitationis, benigne approbavit.

P. Card. Polidorius, *Præf.*

A Tomassetti, *Sub Secretarius.*

L. S.

CONSULTATIONS ADRESSÉES A LA RÉDACTION

Des Mélanges Théologiques.

CONSULTATION I.

MESSIEURS,

Dans le dernier cahier des *Mélanges*, vous avez promis un Cérémonial propre à la procession du S. Sacrement, un de vos abonnés vous prie de vouloir y ajouter aussi un petit Cérémonial pour les cas suivants.

1° Quæritur an Sacerdos eundo ad altare Missam celebraturus genuflectere debeat : *a*) transiens lateraliter ante tabernaculum clausum continens SS. Sacramentum? *b*) transiens ante ostium ejusdem, sed extra cancellos : v. g. tabernaculum habetur in choro columnis marmoreis aut similibus undique clauso? *c*) transiens ante ostium quidem, in loco non cancellato, sed distans ultra viginti passus ab ipso tabernaculo? *d*) in supposito quod in supra dictis casibus non sit genuflectendum, an regula locum haberet dum SS. Sacramentum est publice expositum?

2° *a*) In quibusdam locis habetur confraternitas sub titulo *Jesus, Maria, Joseph* : et sæpe Missæ petuntur in honorem juxta hunc titulum; quæritur quid faciendum diebus quibus Missæ votivæ permittuntur? *b*) quid faciendum si Missæ petantur in honorem S. *Familiæ?* *c*) quæ Missa sumenda, si petatur in conversionem peccatorum?

3° On désire quelque éclaircissement sur la fête de la sainte Famille.

1. Les questions que nous présente notre respectable abonné, dans le doute 1er, sont d'autant plus difficiles à résoudre, qu'on ne les trouve pas examinées par les auteurs : nous avons eu beau feuilleter tous ceux que nous avons pu consulter, nous n'y avons rien trouvé qui nous mît sur la voie d'une solution directe. Nous donnerons cependant notre avis motivé sur chacune des questions.

Commençant par la dernière *d*, nous disons que le prêtre en marche pour célébrer la Messe, doit faire la génuflexion devant le S. Sacrement exposé, quoiqu'il passe non pas tout à fait devant, mais de côté, *lateraliter*. Telle est la décision de la Congrégation des Rites dans un doute analogue. On lui demandait si les prêtres qui font partie d'un cortège processionnel doivent faire la génuflexion, lorsqu'ils passent devant le S. Sacrement exposé, mais *a latere* : elle répondit affirmativement. Voici le texte du décret d'après Gardellini (1).

An in processionibus Sanctissimi Sacramenti quæ occasione XL horarum fiunt a regularibus per ecclesias, debeant iidem regulares processionaliter incedentes ante Sacramentum in occursu, et *transitu a latere ejusdem*, genuflexionem facere? Et S. C. respondit : *Affirmative, dummodo in transitu videatur.* Die 1 martii 1681, in una ORDIN. CAN. REGUL. LATER. ad 8.

S'il y a quelque différence entre l'un et l'autre cas, elle est toute à l'avantage du cortège de la procession, car il est bien certain que ceux qui accompagnent le S. Sacrement porté en procession ont auprès d'eux l'objet de leur vénération, et doivent faire moins d'attention à ce qui se passe sur les autels qu'ils rencontrent. Il n'en est pas de même du prêtre qui va célébrer, celui-ci n'a rien qui l'empêche de saluer les autels, et de porter son attention sur les objets dignes de son respect qu'il vient à rencontrer sur sa route. Du reste quand on ne trouverait pas de différence, la décision de la Congrégation est encore applicable puisqu'elle établit clairement ce principe que l'adoration est due au S. Sacrement exposé lorsqu'on passe sur le côté de l'autel où il est exposé, *dummodo in transitu videatur*. Il ne faut donc pas entendre rigoureusement le terme

1) *Decret. Authent. Collect.* n. 2794.

ante que porte la rubrique, mais l'étendre aussi au cas que nous examinons.

II. D'après cela nous croyons que dans la question *a* il faut donner la même résolution, et que le prêtre qui passe *lateraliter* au tabernacle contenant le S. Sacrement devra aussi faire la génuflexion. Tout dépend ici de la signification du mot *ante*, qui, ainsi qu'il vient d'être dit s'applique aussi à un passage latéral. C'est encore ce qui nous semble résulter de l'enseignement de Mérati qui, sur ce point, est suivi par presque tous les auteurs qui ont écrit après lui. Gavantus avait enseigné (1) que le célébrant allant à l'autel doit faire la génuflexion aux petits autels, si le prêtre y célébrant était parvenu à la consécration. Mérati approuve cette résolution, mais avec une restriction (2) : « Ad hoc respondendum videtur quod nimis incommodum » foret in tali casu sacerdoti eunti per Ecclesiam genuflectere » ad omnia altaria, cum deberet se vertere modo ad hanc modo » ad illam partem ; excepto igitur quando transiret immediate » ante altare cui magis particulariter appropinquaret, tunc » deberet genuflectere unico genu…. » Cavalieri rejette entièrement le sentiment de Gavantus, mais de manière à confirmer ce que nous disons ici. La rubrique, dit-il (3), ordonne au célébrant de marcher les yeux baissés, et par là elle lui défend de regarder ce qui se passe sur les autels. « Inde argumentum fit, » ad nullum ex prædictis altaribus genuflectendum ab eo esse. » Et quidem si ad omnia præfata altaria genuflectere teneretur, » ubi magna est celebrantium copia, cogeretur assidue modo » huc modo illuc oculos figere, sese convertere, et per continuas genuflexiones ad altare procedere ; si autem dumtaxat ad » illud cui magis particulariter appropinquat, quomodo oculis

(1) Tom. 1, part 2, tit. 2, *e*.
(2) In h. 1 n. 7.
(3) Op. tom. IV, cap. 9, decr. 6, n. 3.

» demissis posset incedere? Quinimo non magis illos deberet
» attente ad dictum altare convertere, cum non semel difficile
» admodum sit discernere, an celebrans recitet canonem ante,
» vel post consecrationem? » Il ajoute que la rubrique mentionne seulement *le lieu du S. Sacrement*, et les autels où on élève
ou distribue le S. Sacrement, mais que les motifs en sont bien
faciles à saisir, parce que d'une part tout célébrant peut savoir (il
le doit même) par la lampe en quel autel est conservé le
S. Sacrement, et que pour les autres cas, il est averti par le son
de la clochette, ou par la voix du prêtre qui donne la communion.

Que prouvent ces passages pour notre sentiment ? Il nous
paraît qu'ils établissent que le prêtre doit faire la génuflexion
dans notre cas. En effet, Mérati et Cavalieri ne rejettent pas
l'opinion de Gavantus, parce qu'il faudrait faire la génuflexion
latéralement à un autel, mais l'un parce que c'est incommode,
l'autre parce qu'on doit marcher les yeux baissés. Et cependant
qu'y avait-il de plus simple que de répondre à Gavantus : mais
on ne doit pas faire la génuflexion latéralement à un autel, et
dès lors votre sentiment n'est pas vrai ? Ils ne l'ont pas fait pourtant, quoiqu'ils reconnaissent que dans l'opinion de Gavantus,
le prêtre devrait se tourner tantôt d'un côté, tantôt de l'autre.

En confirmation de notre doctrine, on pourrait faire valoir
les termes de la rubrique, *ante locum Sacramenti* et non pas
ante altare : ce qui est latéral à l'autel ne l'est pas nécessairement au tabernacle, et ce n'est peut-être pas sans dessein que la
rubrique s'est servie d'une expression plutôt que de l'autre.
Ajoutons que le motif de la loi, qui est le respect dû à la sainte
Eucharistie, milite pour un cas comme pour l'autre. Jésus-
Christ mérite-t-il moins d'honneur parce qu'on passe sur le
côté de l'autel, mais devant lui, auprès de lui ? Est-ce qu'on peut
dire que le Sauveur présent dans l'Eucharistie regarde d'un

côté plutôt que de l'autre ? Non, sans doute, et par conséquent il faut reconnaitre que dans l'intention de l'Eglise, le célébrant doit faire la génuflexion vers l'autel du S. Sacrement, quand il y passerait latéralement.

III. Pour les autres questions renfermées sous les lettres *b* et *c*, nous manquons complètement de documents qui nous mettent sur la voie, toutefois il nous semble que la lettre du Missel doit être suivie, et dès qu'il est vrai que l'on passe *ante locum sacramenti*, qu'il faut faire la génuflexion. Au surplus, c'est ce que nous avons vu pratiquer en bien des endroits, pourvu que l'on traverse l'église en large, et que l'on passe ainsi devant le lieu du S. Sacrement, qui est le plus souvent le maitre autel, on se croit tenu de fléchir le genou, fût-on, non pas à vingt pas, mais à quarante mètres et plus de l'autel où le Seigneur réside. Nous pensons qu'il faut s'en tenir à cette interprétation donnée par par la coutume à la rubrique du Missel, d'autant plus que pas un auteur ne fait d'exception pour les cas exposés. Nous ne voyons pas sur quel motif valable s'appuyerait l'opinion opposée, en sorte qu'on ne pourra pas la dire probable, ni l'adopter en pratique, à moins cependant qu'on n'ait une coutume assez générale et déjà ancienne, mais pour notre part, nous ne sachons pas qu'elle existe, ou plutôt nous pensons que la coutume opposée est généralement suivie.

Si un de nos lecteurs avait quelque communication à faire sur ce sujet nous la recevrions avec joie et reconnaissance.

IV. Aux questions proposées sous le numéro 2, nous répondons qu'il faut instruire le fidèle qui demande une telle messe qu'on ne peut pas la dire, et qu'il doit désigner lui-même celle qu'il veut avoir en remplacement, soit de la Ste. Vierge, soit de S. Joseph, ou toute autre. Il ne faudrait excepter que le cas où l'on jouirait de l'indult pontifical qui autorise une messe votive en l'honneur de la Sainte Famille ; mais il ne faut pas oublier que ces indults sont de stricte interprétation, que ceux-là seuls peuvent en user auxquels il a été accordé et aux conditions sous lesquelles il l'ont reçu (1). On se référera donc à la volonté du fidèle qui demande la messe.

Mais supposons que la Messe ait été désignée, par exemple, dans un testament, et qu'il soit impossible d'expliquer au fidèle qui la demande, qu'on ne peut pas satisfaire à son désir : comment faudra-t-il agir? Quant à la Messe *in conversionem peccatorum,* la difficulté n'est pas grande, le Missel romain contient une Messe votive qui revient à peu près à celle-là et qui peut fort bien en tenir lieu : on dira alors la Messe *pro remissione peccatorum.* Il est plus difficile de donner une solution si la messe est demandée en l'honneur de la Ste. Famille. La perplexité est grande : le testateur a droit aux Messes demandées, et on ne peut les décharger telles qu'il les a fondées, et il n'y a pas non plus de Messes votives analogues à celles-là qu'il soit possible de dire. D'un autre côté on ne peut pas satisfaire par la messe du jour à une messe votive ; nous l'avons prouvé il n'y a pas long-temps (2). Que faire donc alors? Recourir à Rome et demander un indult? On n'en a pas souvent le temps, et la chose n'a pas toujours cette importance. Eh bien, il nous semble qu'alors on satisfera par la messe du jour. Nous avons à l'appui de ce sentiment une décision donnée de vive voix par Paul V qui, pour n'être pas comprise dans le recueil de Gardellini, n'en est pas moins authentique, et se trouve rapportée dans un Manuel des décrets publié et approuvé à Rome. En voici le texte tel qu'il est écrit dans la collection alphabétique des décrets imprimée ici (3).

---

(1) V. *S. R. C. Decret. authent.* v. *Indultum,* n. 1 et 4.
(2) V. *Mélanges,* 6e série, pag. 59.
(3) V° *Missa,* § 11, n. 8.

SS. Dominus Noster Paulus Papa V vivæ vocis oraculo declaravit et sancivit amplius recipi aut dici non debere quasdam Missas votivas seu collectas quæ propriæ sunt solemnitatum aut in Missali romano designantur : ejusmodi sunt Missæ Nativitatis Domini... et aliæ hujusmodi quæ proprios habent introitus vel collectas, extra proprios dies vel octavas. Quæ veræ hujusmodi Missæ jam promissæ essent aut receptæ, idem SS. statuit ut, illis omissis, satisfiat dicendo de tempore occurrenti. *Die* 19 *Maii* 1614.

Aucun terme dans ce décret n'indique que ce soit ici une grâce, une faveur, mais il semble que le S. P. veuille donner une règle à suivre, dans les cas analogues : *Statuit*. Et d'ailleurs quel autre moyen resterait-il de remplir son obligation, si l'on veut que la Messe du jour ne puisse suffire?

V. Voici tout ce que nous savons sur la fête de la sainte Famille. Jusqu'ici cette fête n'a été célébrée que par des Congrégations ou des confréries, et elle n'a pas d'office ni de Messe approuvée à Rome. Il est bien vrai qu'autrefois certains ordres religieux jouissaient du privilège de célébrer l'office de la Sainte Famille, du moins le trouve-t-on dans quelques Propres, mais il n'y a pas, que nous sachions, en Belgique, d'ordres ni de Congrégations qui fassent liturgiquement la fête de la Sainte Famille. Il est nécessaire pour une nouvelle concession de s'adresser de nouveau à Rome, et l'on doit se tenir rigoureusement aux termes de l'indult.

CONSULTATION II.

1° Stipendia Missarum accepi 10 pro defuncto A et 10 pro defuncto B. Decursu temporis immemor quod 10 posteriora essent pro defuncto B, viginti sacra obtuli ad intentionem defuncti A. Quæro nunc an satisfecerim meæ obligationi?

2° Decem stipendia Missarum accepi pro defuncto, quorum *tria* erant pro def. A, *tria* pro def. B, et *quatuor* pro defuncto C. Ego proin suc-

cessive decies pro defuncto celebravi; sed quum nescirem pro diverso
defuncto offerendum esse, sed contra in opinione versarer intentiones
esse pro eodem defuncto, consequenter in applicatione nequidem cogi-
tavi de determinatione personæ individuæ facienda. An applicatio nulla
fuit defectu hujus determinationis?

I. Chacun sait que lorsqu'il y a conflit de deux intentions à
l'égard d'un acte, cet acte est déterminé par l'intention prépondérante. Ainsi si des hérétiques, en contractant mariage,
font une convention expresse de se divorcer dans le cas d'adultère, ils font un contrat nul, parce que l'intention prépondérante détruit l'essence du mariage. Autre chose serait, si leur
contrat était absolu, et s'ils tenaient seulement dans leur esprit
cette erreur que le mariage est dissous par l'adultère (1). Il en
est de même proportionnellement pour l'application du S. Sacrifice de la Messe, c'est l'intention principale, prépondérante
qui la détermine. Mais il arrive et c'est l'hypothèse que nous
examinons, que les deux volontés paraissent égales, quoique
incompatibles ; laquelle des deux prévaudra? Par exemple,
hier j'ai promis à Pierre de dire aujourd'hui la Messe à son
intention, et aujourd'hui l'ayant oublié, je dis la Messe à l'intention de Paul. Pour qui la Messe a-t-elle été célébrée? Le
cardinal de Lugo (2) pense que la dernière intention l'emporte
sur la volonté antérieure. « Petes, quid si utraque voluntas
» esset æqualis? Respondeo, prævalet posterior; nam sicut po-
» sterius testamentum semper prævalet priori, etiamsi quando
» fit posterius, non recordetur homo prioris a se facti. Sic si
» heri applicasti sacrum hodiernum pro Petro, et hodie im-
» memor illius voluntatis, applices pro Paulo per voluntatèm
» æque absolutam et efficacem, videtur præferenda hæc po-
» sterior. »

(1) Bened. **XIV**, *de synodo diœces.* lib. **XIII**, cap. **22**, n. **7**.
(2) *De Sacramentis in genere*, disp. 8, sect. 8, n. **124**.

Tamburinus est du sentiment opposé (1). Il n'y a pas de parité, dit-il, entre le testament et l'application de la Messe. Si dans les testaments, le dernier l'emporte et non le premier, c'est parce qu'un testament n'a de valeur qu'à la mort du testateur, et qu'ainsi ils renferment tous implicitement cette clause, que celui-là seul sera valable qui sera ratifié par la mort. D'un autre côté, l'intention générale des hommes est de rendre à chacun ce qui lui est dû : « Cum igitur certum sit quod *Qui prior est tempore potior est jure,* si nihil obstet contra eum.....
» dicendum erit quod in casu nostro, ille Petrus cui heri appli-
» catus et veluti datus fuit fructus Missæ, est potior in jure
» quam sit Paulus cui bodie, hoc est posterius, datus est idem
» Missæ fructus, nihil enim obstat contra Petrum anteriorem,
» cum supponamus in omnibus eos esse æquales, præterquam
» in tempore. Quare cum sacerdos habet illam universalem in-
» tentionem dandi suum unicuique, atque adeo fructum Missæ
» ei qui potior est jure, non censendus est revocasse priorem in-
» tentionem, sed potius Petro anteriori velle dare fructum
» Missæ, non vero Paulo posteriori. »

Entre ces deux extrêmes, Pasqualigo (2) a pris un sentiment moyen qui a rallié les suffrages des théologiens postérieurs qui mentionnent la difficulté, Lacroix (3), Reuter (4), Sasserath (5). Il veut qu'on examine la cause ou le motif de cette application postérieure. S'il n'y a pas de raison spéciale pour changer la première intention et poser la dernière, c'est la première qui l'emporte et reste en possession. Mais si l'on avait pour faire ce

(1) *Method. celebr. Miss.*, lib. II, cap. 2, § 11, n. 8.
(2) *De Sacrif. nov. leg.*, q. 171.
(3) *Theol. mor.*, tom. II, lib. 6, part. 2, n. 211.
(4) *Theolog. moral. quadrip.*, part. IV, tr. 4, n. 231, 4°.
(5) *Theol. mor.*, tom. III, tract. 3, n. 65, res. 10.

changement, une raison spéciale, c'est la dernière qui l'emporte :
« quia voluntate interpretativa revocat priorem, neque Deus
» absolute acceptarat, sed sub conditione, si non revocaretur,
» maxime cum Deus prævideat quandonam sit aliquis revoca-
» turus. » Cette opinion nous paraît aussi beaucoup plus probable que les autres ; parce qu'elle est fondée sur les lumières
d'un bon sens éclairé, et que cette volonté doit prévaloir,
laquelle prévaudrait, si l'on se souvenait de la première
intention.

On objectera contre notre opinion que les volontés ne sont
pas égales, dans le cas posé, puisque la dernière est actuelle
ou du moins virtuelle, tandis que la première est habituelle ou
interprétative, puisqu'on n'en a plus de souvenir.

Nous répondons à cela que la plus ou moins grande intensité
ou proximité de l'intention ne peut rien faire ici. Dès que l'intention est suffisante pour une application véritable du sacrifice,
on a tout ce qu'il faut ; et ce qu'il y a de surplus ne peut pas
entrer dans les termes de comparaison. Or, c'est le sentiment
commun et plus vrai, dit S. Alphonse (1), que l'intention habituelle suffit pour appliquer avec fruit le S. Sacrifice de la Messe,
c'est-à-dire cette intention qui est oubliée et qui n'a plus d'effet
sur l'acte auquel elle se rapporte. Veut-on savoir ce qu'est l'intention habituelle ? « Illa est, dit Suarez (2), quando præcessit
» voluntas et postea nullo modo influit in effectum seu in
» actionem externam, qui neque ullo modo est postea in me-
» moria aut cogitatione hominis, nec per se, aut per aliquem
» effectum seu virtutem relictam est causa talis actionis. » Ce
grand théologien pense même que l'intention interprétative ou
implicite suffit (3). « Si aliquo titulo obligatus sit ad offerendum

(1) Lib. VI, tr. 3, n. 335.
(2) Tom. 3 in 3 part. disp. 13, sect. 3.
(3) *Ibid.*, disp. 79, sect. 9.

»pro alio, etiam habet unusquisque intentionem virtualem
»implendi obligationem suam. » C'est ce qu'enseignent aussi
Layman (1) et beaucoup d'autres.

Nous concluerons donc pour notre cas, que si le prêtre a eu
la volonté, l'intention d'appliquer les 10 premières messes
pour A, et les 10 suivantes pour B, il a satisfait à son obligation, quoiqu'il ait ensuite par erreur appliqué la dernière
dizaine au premier défunt.

Mais si ce prêtre n'a pas véritablement formé son intention, et
n'a eu que le propos ou le dessein de satisfaire en la manière
expliquée, peut-on donner la même résolution ? Il semble que
non, car le propos n'est pas une intention. Suarez tient évidemment cette opinion (2). « Si sit voluntas quasi de præsenti
»absoluta, et ex tunc applicans fructum sacrificii crastino die
»offerendi, illa voluntas est sufficiens dummodo non retractetur,
»ut sacrificium postea factum sit fructuosum alteri, etiamsi illa
»voluntas postea maneat tantum in habitu. Alio modo potest
»haberi voluntas quasi de futuro, ita ut nunc tantum sit pro-
»positum applicandi postea sacrificium tali personæ, et hæc
»voluntas non sufficit si postea maneat tantum in habitu et
»non accedat alia voluntas... quia non fuit applicatio, sed pro-
»positum applicandi. » Bonacina fait la même distinction (3)
et souscrit à l'opinion de Suarez. Mais Gobath la rejette (4) et
c'est avec raison. Car d'abord si cette intention n'a pas la valeur
requise en tant qu'habituelle, elle l'aura sans nul doute comme
interprétative ; il importe assez peu quelle est la dénomination
sous laquelle la volonté produit une application suffisante du
sacrifice, pourvu qu'elle atteigne son but. Ensuite il n'existe

---

(1) *Theol. mor.*, lib. V, tr. 5, cap. 2, n. 11.
(2) *Loc. cit.*, disp. 13, sect. 3.
(3) *Theol. moral.*, disp. 1, qu. 3, p. 2, § 3, n. 11.
(4) *Oper. omn.*, tom. 1, tr. 3, n. 165.

pas de différence en pratique dans ce que Suarez appelle propos d'appliquer et intention d'appliquer. Quel est le prêtre qui n'ait pas l'intention d'appliquer la Messe, selon ce qu'il s'est proposé, à moins qu'il ne se rétracte? Outre le propos d'appliquer, il existe toujours une intention générale virtuelle, ou au moins habituelle, qui confirme ce propos et lui donne la valeur qu'il n'a pas par lui-même. C'est pourquoi la distinction de Suarez, pour être vraie en spéculation, n'a pas de portée en pratique.

D'après cela il revient au même que le prêtre ait appliqué pour les vingt jours consécutifs la messe à telle intention, ou qu'il ait formé le propos de les célébrer en cette manière; et dans le cas que nous examinons, le prêtre a satisfait, puisque telle était son intention, ou du moins son propos.

Voici donc les principes à l'aide desquels nous résolvons affirmativement la question. Le prêtre à la réception des honoraires, a eu la volonté, ou du moins le propos de célébrer la deuxième série de 10 messes, pour le repos du défunt B; cette intention persistait, quoiqu'il l'eût tout à fait oubliée, et elle suffisait pour l'application légitime des Messes. Il survient à la vérité une intention contraire, mais elle ne peut prévaloir contre la première, puisqu'on n'a aucun raison de l'admettre, et qu'on la rejetterait aussitôt, si l'on se souvenait de la première.

Ces principes ne sont pas certains, et beaucoup croiront leur faire grand honneur de les regarder comme probables : pour nous, nous les tenons pour solidement probables et appuyés sur la raison et l'autorité. Mais cette probabilité suffit-elle pour se tranquilliser et se former la conscience? Peut-on remplir une obligation certaine, par une satisfaction douteuse?

Nous pensons qu'oui, dans le cas présent. Remarquons, qu'ici ce n'est plus l'obligation qui est en possession, mais l'acte posé, la Messe célébrée. J'ai dit la Messe que j'avais depuis longtemps l'intention d'appliquer à telle personne : cette messe m'eût délivré certainement de mon obligation : survient un accessoire, une circonstance qui tend à infirmer la valeur de mon acte, mon acte reste toujours en possession, aussi long-temps qu'il n'est pas établi que cette circonstance l'a invalidé. *Standum est pro valore actus donec contrarium probetur.* C'est ce que S. Alphonse explique fort bien dans son *Homo aposto-licus* (1). « Distinguendum dubium facti a dubio juris. Si quis » emisit votum et deinde dubitat an facto illud impleverit, » tenetur equidem implere ; sicut certus de debito et dubius » de solutione, tenetur solvere ; quia dubia solutio non equi-» valet debito certe contracto. Sed hic sermo est *de jure circa* » *factum,* nam sicut constat votum fuisse emissum, sic etiam » constat jam impletum fuisse opus promissum. Restat igitur » dubium juris, an opere impleto de facto et extante probabili » satisfactione de jure adsit obligatio satisfaciendi voto ? Et hic » dicimus quod facta probabili satisfactione, obligatio juris evasit » dubia, et consequenter dubia possessio illius ; obligatio autem » dubia quæ adhuc dubie possidet nequit inducere onus præ-» standi rem certam. »

Il n'y a donc pas de doute, selon les principes du probabi-lisme professé par S. Alphonse, que si notre opinion est pro-bable, on ne puisse se tranquilliser et se mettre à l'aise. Or, il nous semble avoir prouvé bien solidement que le sentiment soutenu plus haut est réellement probable, pour le cas où l'on n'a eu qu'un propos, mais très-probable, si l'on a eu véritable-ment l'intention d'appliquer les Messes comme on les a reçues, puisque, dans cette dernière supposition, nous avons pour nous une grande autorité extrinsèque et de très-fortes raisons.

(1) Tract. 5, n. 31.

II. Le second doute est fort difficile à résoudre d'autant qu'il est compliqué de deux doutes particuliers qu'il faut éclaircir d'abord. Le premier est celui-ci. L'application des Messes *pro defuncto* en général est-elle suffisamment déterminée par les honoraires qu'on a reçus? Nous répondons affirmativement. Les théologiens enseignent que si un prêtre, en célébrant, n'applique pas son sacrifice, il satisfait néanmoins à l'obligation qui lui a été imposée par son supérieur, ou qu'il a contractée en recevant un honoraire, parce que la volonté au moins *implicite* d'un prêtre qui dit la Messe est que par son sacrifice, il satisfasse d'abord à ses obligations. Nous avons cité tout à l'heure Suarez et Layman; voici ce qu'en dit aussi Sasserath (1). « Sufficit intentio implicita,... si nulli applicetur, fructus manet in thesauro Ecclesiæ, vel cedit ipsi sacerdoti, vel illis pro quibus tenetur specialiter offerre; quia hæc censetur implicita voluntas celebrantis. » Reuter dit à peu près la même chose (2); Lacroix est encore plus expressif (3) : « Etiam probabile est, secundum Layman, Gobat, Pasqualigo, sufficere intentionem interpretativam, id est, illam ad quam velles sacrificare, si cogitares de intentione facienda, sic enim benigne præsumimus de acceptatione Dei qui novit nostri animi comparationem. »

'Or, s'il est probable que lorsqu'on n'applique aucunement la Messe, Dieu la reçoit néanmoins selon l'intention que vous devez avoir, à plus forte raison sera-t-il probable, il sera même à peu près certain que l'intention en général *pro defuncto* suffira sans la détermination de la personne. On veut en effet remplir son obligation, on applique la messe à cette fin, Dieu

(1) Tract. III, quæst. 3, n. 62.
(2) *Loc. cit.*, n. 231.
(3) Lib. VI, part. 2, n. 206.

l'acceptera donc en faveur de la personne pour qui la messe doit être célébrée.

Le second doute est celui-ci. Lorsqu'on a, par exemple, dix messes à célébrer pour dix personnes, satisfait-on en leur appliquant les dix premières messes, sans distinguer pour qui on célèbre chaque messe en particulier? S. Alphonse répond en cette question dans les termes suivants (1) : « Videtur sic » distinguendum : si singula sacrificia applicantur pro singulis » indeterminate, non videtur satisfieri, quidquid dicant Aversa » et Diana apud Croix. Ratio, quod ad satisfactionem requiritur » intentio applicandi fructum determinatæ personæ ut illi » prosit... Si vero sacerdos unamquamque missam intenderet » applicare omnibus illis decem personis, singulis applicando » decimam partem uniuscujusque missæ, non videtur ratio cur » non satisfaciat, cum nemo dubitet, quin fructus sacrificii sit » divisibilis, et ideo tribuitur unicuique quod debetur; unus- » quisque enim in singulis missis, decimam partem accipiendo, » in celebratione decimæ missæ jam totum suum fructum per- » cepit. Et ita tenent Bonacina, Roncaglia, Tamburinus, » Aversa, Henao, etc. »

Il n'y a donc de difficulté réelle que pour le cas où l'on appliquerait successivement chaque Messe, sans déterminer pour laquelle de ces dix personnes on l'applique, et ici nous nous écarterons du sentiment de S. Alphonse. Nous venons de dire en effet que l'intention interprétative, que l'application implicite suffit pour la détermination de la personne à qui la Messe est appliquée. N'est-il pas évident qu'ici il y a une telle intention; celle par exemple, d'aider l'âme qui en a le plus grand besoin, ou de subvenir à l'âme pour laquelle on est plus · obligé de prier, et si cette application suffit dans les autres cas,

(1) Lib. VI, tr. 3, n. 335, quær. 2.

pourquoi ne suffirait-elle pas dans celui-ci ? S. Alphonse apporte en sa faveur un argument qu'il estime concluant, mais qui ne prouve pas ici : si l'on proférait dix fois la forme de la consécration sur dix hosties, voulant chaque fois en consacrer une *in confuso*, aucune ne serait consacrée. Mais la différence entre l'un et l'autre cas est très-grande. Lorsque vous consacrez, quelle que soit votre intention interprétative, ou même habituelle, on n'y a aucun égard ; la détermination de la matière sur laquelle tombe la forme dépend *entièrement* de vous, et cette détermination doit être actuelle ou virtuelle. Mais pour l'application de la Messe, elle dépend aussi en partie, quand on le veut, de la volonté de Dieu, et de la condescendance avec laquelle il accueille nos offrandes. Il se peut donc que les sacrifices soient suffisamment appliqués même *in confuso*, parce qu'on a égard à la volonté implicite, interprétative du célébrant, tandis qu'aucune des dix hosties ne sera consacrée *in confuso*, parce qu'alors la volonté interprétative ne compte pas.

Venant maintenant à la question proposée, nous répondons au consultant qu'il a probablement satisfait à son obligation. En effet il a offert les dix Messes demandées, il les a célébrées pour un défunt ; à la vérité il n'a pas déterminé ce défunt pour lequel il célébrait, mais cette détermination Dieu l'a faite, selon son intention interprétative qui était d'exonérer les Messes pour lesquelles il avait reçu des honoraires. Rien ne s'oppose non plus à la satisfaction de l'autre part, à savoir qu'il les aurait célébrées *in confuso*, parce qu'ici encore Dieu a fait la détermination, selon la volonté interprétative du célébrant.

Puisque le mode de satisfaction est probablement valide, on peut se tenir tranquille, selon ce que nous avons dit tout à l'heure. La satisfaction possède, et elle doit être évincée de sa possession par des arguments péremptoires, si l'on prétend qu'elle n'est pas suffisante.

CONSULTATION III.

Messieurs,

Je prends la confiance de vous faire part d'un doute qui m'est venu en distribuant les cendres. J'ai pensé que nous n'étions pas fidèles à la rubrique en mettant les cendres sur le front et non sur la tête des personnes qui viennent les recevoir. Veuillez avoir la bonté de dire ce que vous en pensez, et d'ajouter, au cas que mes doutes soient fondés, ce qu'il y a à faire, surtout à l'égard des femmes qui toutes ont la tête couverte, en recevant les cendres.

Si nous nous en rapportions à l'antiquité et aux usages du peuple juif, il n'y a pas à douter que les cendres se doivent mettre sur la tête et non sur le front. Mardochée apprenant la ruine dont son peuple est menacé, se couvre la tête de cendres, *scidit vestimenta sua*, et *indutus est sacco, spargens cinerem capiti* (Esther. IV). Parfois même on ne se bornait pas à répandre des cendres sur la tête, on s'en couvrait le corps, ou bien on s'asseyait dans la cendre. Les paroles de Job et l'histoire des Ninivites, au livre de Jonas, en font foi (1). Il est tout naturel qu'on ait conservé cette manière d'imposer les cendres, dans les premiers siècles. Tertullien décrit un pénitent couvert de cendres, *horrore cineris concineratum prosternis in medium*. S. Ambroise mettant une fille en pénitence, lui prescrit un habit lugubre, le cilice et la cendre, *totum corpus cinere aspersum*. Saint Optat reproche aux Donatistes d'avoir couvert de cendres des vierges consacrées en les mettant en pénitence, *aspersistis immundis cineribus*, et S. Isidore expliquant le sens de cette cérémonie, emploie aussi les mêmes termes, *cinere asperguntur* (2)...

(1) V. Rocca, *Thesaurus Cærem. Pontif.*, tom. 1, page 217, edit. Rom. 1745, et De Vert, tom. 2, page 374.

(2) V. Grancolas, *Traité de la messe et de l'office divin*, p. 464.

Nous retrouvons les mèmes usages au IX⁰ siècle. Réginon, auteur de ce temps (1), a décrit la cérémonie des cendres en ces termes : « In capite Quadragesimœ omnes pœnitentes qui » publicam suscipiunt aut susceperunt pœnitentiam, ante fores » Ecclesiæ se repræsentent Episcopo civitatis, sacco induti, » nudis pedibus, vultibus in terram prostratis, reos se esse ipso » habitu et vultu proclamantes, ubi adesse debent Decani, id » est archipresbyteri parochiarum cum testibus id est presby- » teris Pœnitentium, qui eorum conversationem diligenter ins- » picere debent. Et secundum modum culpæ, pœnitentiam ,per » præfixos gradus injungat. Post hæc in Ecclesiam eos intro- » ducat, et cum omni Clero septem pœnitentiæ psalmos in » terram prostratus cum lachrymis pro eorum absolutione » decantet. Tunc consurgens ab oratione, juxta id quod canones » jubent, manus eis imponat, aquam benedictam super eos » spargat, *cinerem prius mittat, dein cilicio capita eorum ope-* » *riat,* et cum gemitu ac crebris suspiriis eis denuntiet quod » sicut Adam projectus est de paradiso, ita et ipsi ab Ecclesia » ob peccata ejiciantur. Post hæc jubeat ministros, ut eos extra » januas Ecclesiæ expellant. Clerus vero prosequatur eos cum » responsorio : *In sudore vultus tui,* etc. »

Remarquons cependant qu'un argument tiré de l'antiquité, s'il était isolé, ne serait pas catégorique, pour préciser et déter- miner les usages actuels de l'Eglise; nous devons donc chercher d'autres preuves et consulter les livres liturgiques, ainsi que les auteurs qui en ont fait le commentaire. Or, sur le sujet qui nous occupe, nous trouvons accord complet entre les usages

(1) Edit. Baluzii, lib. 1, cap. 291, pag. 135. Ce passage de Réginon a une très-grande importance historique. Il nous apprend que la céré- monie des cendres n'a d'abord été établie que pour les pénitents publics. Ce n'est que peu à peu et insensiblement que par esprit d'humilité les fidèles y ont pris part, et qu'elle est ainsi devenue générale. V. Tho- massin, *De festor. celebr.,* lib. 2, cap. 13, n. 14.

modernes et ceux de la plus haute antiquité. Le Missel romain se sert toujours de l'expression, *imponit cineres, impositio cinerum;* les mêmes termes sont employés par le Cérémonial des Evêques (1). Le Pontifical est encore plus clair, il porte *imponit cineres super capita singulorum* (2). De là il est facile de conclure que ce n'est pas le front, mais la tête même qui doit être recouverte de cendres. C'est aussi l'avis unanime des liturgistes, nous en citerons quelques-uns. « Distribuit cineres » populo utriusque sexus, eodem modo (imponens capiti), sin- » gulis verba supra dicta repetens semper in masculino genere, » licet fœminis distribuat, et his *non supra velum, sed supra* » *capillos,* si commode fieri potest, ne benedictus cinis supra » velum deperdatur. » Ainsi s'exprime un célèbre rubriciste de Cologne, Vinitor (3). Lohner qui écrivait aussi en Allemagne, et qui invoque si souvent les coutumes du pays, parle identiquement comme Vinitor, après Gavantus (4). Cavalieri s'oc-cupe en particulier de la question que nous examinons, et voici ce qu'il en dit (5) : « Rituale Boverii distinguit inter eos qui » sacros cineres suscipiunt, et quatenus initiati sint aliquo » ordine, aut etiam sola prima tonsura, imponi iisdem mandat » cineres supra caput (quod Perellius ad solos restringit sacer- » dotes), ceteris autem in fronte. At cum hæc distinctio nullum » habeat fautorem ex probatis auctoribus, unicuique absque » ullo discrimine imponendi erunt super caput, et non super » frontem : et maxime quia ultra celebriores Rubricarum inter- » pretes, solius capitis meminerunt Rubricæ, et orationes quæ » in benedictione dicuntur, neque alicubi apparet vel leve

(1) Lib. II, cap. 18 et 19.
(2) *De expulsione pœnit. in fer.* 4 *cinerum.*
(3) *Compend. sacror. Rit.,* part. VI, tit. 4, n. 11.
(4) *Instruct. pract de Missa,* part. IV, tit. 10, n. 6.
(5) Tom. IV, cap. 12, decr. 23, n. 9.

»signum discriminis ullius. » Terminons ces extraits par un
auteur qui a écrit sur la fin du siècle dernier, Pavone. Après
avoir rapporté et approuvé entièrement ce qu'on vient de lire
dans Cavalieri, il fait remarquer (1) que selon le sentiment
de Gavantus, Bissus, Bauldry, Merati et Cavalieri, on doit
mettre les cendres sur la tète et non sur le voile des femmes.
Néanmoins, ajoute-t-il, Tetam (2) prétend qu'en Sicile, où les
dames assistent à cette cérémonie, la tète couverte d'un voile
noir, la modestie, l'honnèteté et la décence demandent que les
cendres soient mises sur le voile, *ad evitandam indecentiam
quœ est in discooperitione et tactu nudati capitis ejusdem
mulieris* (3). Mais ainsi que le fait observer avec raison le
P. Pavone, il n'y a pas en cela d'indécence, puisqu'il suffit,
selon la pratique générale et le sentiment commun, de découvrir le dessus de la tète, et d'y jeter simplement les cendres
en forme de croix, sans qu'il soit besoin de toucher la tète
dénudée.

La pratique de l'Eglise est donc bien clairement constatée.
Notre coutume contraire a-t-elle pu prévaloir contre la règle ?
Nous n'oserions l'affirmer, puisque le *Missel*, le *Pontifical*, et
le *Cérémonial* réprouvent toute coutume opposée aux règles
qu'ils tracent, et que d'un autre côté, l'usage que nous suivons
parait n'avoir d'autre raison d'être que la plus grande facilité
dans l'exercice de la fonction. Il nous semble mème que le rétablissement de la pratique de l'Eglise ne rencontrerait peut-être
pas tant d'obstacles, si on voulait le tenter, surtout si l'on
expliquait au peuple que c'est de cette manière qu'il convient
d'agir, en s'appuyant sur les oraisons employées à la béné-

(1) *La Guida liturg.*, n. 521.
(2) *Diar. theol. liturg.*, part. 2, not. in fer. 4 ciner., n. 29.
(3) Qu'eût donc dit Tetam de notre coutume de toucher *frontem mulierum?*

diction des cendres, sur le texte du Missel, et sur la pratique de l'antiquité et même des autres pays. Du reste nous n'avons pas qualité pour conseiller aux autres de prendre l'initiative des réformes de ce genre. Nous savons que dans cette matière surtout il faut procéder avec la plus grande prudence. Nous nous bornons à exposer ce qui nous paraît le plus conforme aux règles de l'Eglise, et ce qui est enseigné par les meilleurs liturgistes.

CONSULTATION IV.

MESSIEURS,

J'ai recours à votre obligeance pour la solution du cas suivant :

Un prêtre qui a promis, à la demande de quelqu'un, de dire la messe un jour indiqué à une intention déterminée, peut-il s'abstenir de la décharger, si l'on n'offre pas d'honoraires et qu'on se borne à dire : je vous satisferai plus tard? surtout si l'expérience a appris à ce prêtre que les honoraires des messes ainsi demandées ne sont pas toujours payés, ou ne le sont qu'après un long laps de temps.

Dans la supposition d'une réponse affirmative, ce prêtre est-il tenu d'informer le demandeur que la messe n'est pas déchargée ou peut-il attendre et ne la décharger qu'après avoir reçu l'honoraire ?

Agréez, Messieurs, l'expression de la reconnaissance anticipée de

Votre abonné.

Il nous semble qu'on ne peut donner à ce cas qu'une réponse négative. La messe promise doit être déchargée au jour fixé et selon l'intention du demandeur. Si le prêtre a des doutes sur la bonne foi ou la solvabilité des personnes qui lui demandent une messe, il n'a qu'à ne pas s'engager ; car, dès qu'il promet, il est tenu de remplir sa promesse. Il n'est pas même rare de rencontrer des cas où la charité fait un devoir aux prêtres, particulièrement aux curés, de promettre et de célébrer des messes, quand ils seraient assurés de ne rien recevoir; on peut voir ce que disent là-dessus les théologiens les moins sévères; et certes la conduite d'un prêtre serait peu édifiante, s'il allait calculer mathématiquement ses honoraires de messes, et refuser le S. Sacrifice à des pauvres qui ne le peuvent payer. N'oublions pas cet adage qui est vrai surtout en cette matière: *Summum jus, summa injuria.*

CONSULTATION V.

Messieurs,

1° La dernière strophe du *Veni Creator*, telle que nous la trouvons au Bréviaire le jour de la Pentecôte, est-elle *propre* au temps Pascal, vu que ce temps ne se termine que le samedi après la Pentecôte, ou bien est-elle propre à l'hymne?

2° A la messe 1° quand *peut-on*; 2° quand *doit-on* terminer plusieurs oraisons sous une seule conclusion?

3° Pour conserver au Très-Saint-Sacrement le respect qui lui est dû, comment convient-il de purifier le petit ciboire dont on se sert pour le Saint Viatique, lorsque la difficulté des chemins, la trop grande distance de la maison du moribond à l'église, ou toute autre raison légitime permet au prêtre de porter *une seule espèce* au malade.

4° Consultant de temps à autre vos cinq premiers volumes, il m'arrive souvent de perdre beaucoup de temps en cherchant les articles désirés; les tables sont incomplètes et désirent d'être plus spécifiées.

Pour obvier à cet inconvénient, ne conviendrait-il pas de dresser *une table générale perpétuelle* et plus détaillée des volumes antérieurs, qui annuellement serait ajoutée au 4° cahier? Cette table permettrait au possesseur de toute la collection des *Mélanges* de consulter son dernier volume pour trouver tout ce qu'il désire, et elle engagerait le nouvel abonné à se procurer les volumes antérieurs pour consulter ce qui s'y trouve traité et discuté.

Agréez, Messieurs, etc.

1. La dernière strophe du *Veni Creator* telle que la donne le Bréviaire au jour de la Pentecôte est propre au temps pascal: en tout autre temps on doit terminer cette hymne par *Deo Patri sit gloria ejusque soli filio*, comme l'hymne de

Prime. Ainsi l'a décidé à diverses reprises la Congrégation des Rites (1). Il n'y a de difficulté que pour les octaves qui exigent dans les hymnes une terminaison propre, comme *Jesu tibi sit gloria*, etc., à l'effet de savoir si la dernière strophe du *Veni Creator* doit subir cette modification quand cette hymne est chantée en dehors de l'office. Nous penchons pour l'affirmative, parce que 1° la Congrégation des Rites qui avait d'abord décidé le contraire a changé d'avis et déclaré que *varianda esset pro temporum varietate*, ainsi qu'on le voit dans l'ouvrage cité. Bien plus, en 1850 on l'interrogea de nouveau : « An infra » octavas B. M. V. hymnus *Veni Creator* concludi debeat : *Jesu* » *tibi*, vel *Deo patri sit gloria ?* » Elle répondit : *Detur decretum in Piscien.* 1859, qui est le dernier dont nous venons de parler (2).

2. Nous pensons qu'à la Messe, quand on peut, on doit aussi joindre les oraisons sous une seule conclusion, et la raison en est qu'il n'y a pas, du moins à notre connaissance, de rubrique facultative sur ce point.

Il nous eût été plus facile de répondre au désir de notre respectable abonné, s'il avait fait lui-même l'énumération des cas pour lesquels il désire une réponse ; nous craignons d'omettre quelque chose en les détaillant nous-mêmes. Voici cependant une règle qui les comprend à peu près tous. Lorsqu'on est autorisé à ajouter les oraisons d'une Messe qui aurait dû être votive solennelle, et qui ne peut pas se chanter, selon les rubriques, on les unit à celles de la Messe sous une seule conclusion. Ainsi pour l'oraison du S. Sacrement aux prières de XL heures, ou à l'Adoration là où il y a privilège, l'oraison du patron au dimanche de la solennité, aux jours empêchés, on l'ajoute sous une même conclusion avec celle du jour. Quant

(1) V. *S. R. C. Decreta, v. Hymnus*, n. 4.
(2) V. *Correspondance de Rome*, T. I, n. 59, page 223.

à l'oraison du S. Sacrement exposé, on ne l'unit sous une conclusion à la collecte des fêtes de 1ʳᵉ ou 2ᵉ classe, que lorsqu'il n'y a pas de mémoires. Si quelqu'un désire de plus amples détails, il peut les demander, mais pour le moment nous croyons devoir nous borner à cela, ne sachant pas ce que notre abonné a eu en vue.

La troisième question est traitée dans ce cahier. Voir l'article sur la Communion, page 512.

Enfin nous reconnaissons, et cette remarque nous a été faite maintes fois, que les tables ne sont pas assez détaillées : nous y remédierons, mais à meilleur loisir, car ce n'est pas un mince travail. Ce serait même un grand service qu'on nous rendrait de le faire pour nous, et nous sommes prêts à rémunérer celui de nos abonnés qui ferait convenablement la table générale des matières. Nous avons d'autres occupations importantes, et il nous arrive même de trouver avec peine le temps que demandent les recherches et la rédaction des articles.

ENCYCLIQUE

DE N. S. P. LE PAPE PIE IX,

Aux Cardinaux, Archevêques et Evêques de France (1).

Dilectis Filiis Nostris S. R. E. Cardinalibus et Venerabilibus Fratribus Archiepiscopis et Episcopis Galliarum.

PIUS PP. IX.

Dilecti Filii Nostri, et Venerabiles Fratres, Salutem et Apostolicam Benedictionem. Inter multiplices angustias, quibus undique premimur pro commissa Nobis, licet immeritis, arcano Divinæ Providentiæ con-

---

(1) L'impression des articles précédents étant trop avancée, nous regrettons de n'avoir pu mettre cet important document en tête de ce cahier.

silio omnium Ecclesiarum sollicitudine asperrimis hisce temporibus,
quibus multi nimis ex eorum numero esse videntur, qui, uti præ-
nuntiavit Apostolus « sanam doctrinam non sustinent, sed ad sua
»desideria coacervantes sibi magistros a veritate auditum avertunt,
»et seductores proficiunt in pejus, errantes, et in errorem mit-
»tentes (1) » maxima certe lætitia perfundimur, cum ad inclytam
istam tot sane nominibus illustrem, ac de Nobis præclare meritam
Gallorum nationem oculos, mentemque Nostram convertimus. Summa
enim paterni animi Nostri consolatione videmus, quomodo in ipsa
natione, Deo bene juvante, Catholica Religio, ejusque salutaris doctrina
magis in dies vigeat, floreat, ac dominetur, et quanta cura et studio
Vos, Dilecti Filii Nostri, ac Venerabiles Fratres, in sollicitudinis Nostræ
partem vocati, ministerium vestrum implere, ac dilecti gregis Vobis
commissi incolumitati, et saluti consulere contendatis. Atque hujusmodi Nostra consolatio majorem in modum augetur, cum ex obsequen-
tissimis, quas ad nos scribitis Litteris, magis magisque noscamus, qua
filiali pietate, amore, et observantia prosequi gloriemini Nos, et hanc
Petri Cathedram catholicæ veritatis et unitatis centrum, et omnium
Ecclesiarum omnino caput, matrem, atque magistram (2), ad quam
omnis obedientia et honor est deferendus (3), ad quam propter potiorem
principalitatem necesse est, omnem convenire Ecclesiam, hoc est qui
sunt undique fideles (4). Neque minori certe afficimur jucunditate, cum
haud ignoremus, Vos gravissimi episcopalis vestri muneris et officii
optime memores sedulam in Dei gloria amplificanda, ejusque Sanctæ
Ecclesiæ causa propugnanda impendere operam, atque omnem pasto-
ralem vestram curam et vigilantiam adhibere, ut ecclesiastici vestrarum
Diœcesium viri quotidie magis digne ambulantes vocatione, qua vocati
sunt, virtutum omnium exempla Christiano populo præbeant, proprii
ministerii munia diligenter obeant, atque ut fideles vobis commissi
magis in dies enutriti verbis fidei, et per gratiarum charismata confirmati,
crescant in scientia Dei et instent viam, quæ ducit ad vitam, ac miseri
errantes ad salutis semitam redeant. Hinc pari animi Nostri gaudio

(1) Epist II. ad Timoth. cap. IV, v. 3, 4, cap. III, v. 13.
(2) S. Cyprian. Epist. 45. S. August. Epist. 162, et alii.
(3) Concil Ephes Act. IV.
(4) S. Iræneus adversus hæreses. cap. III.

cognoscimus qua alacritate Vos Nostris desideriis ac monitis obsecun-
dantes Provincialia Concilia concelebrare studeatis, ut in vestris Diœcesibus et fidei depositum integrum, inviolatumque custodiatur, et sana
tradatur doctrina, et divini cultus honor augeatur, et Cleri institutio
ac disciplina corroboretur, et morum honestas, virtus, religio, pietas
undique fausto felicique progressu magis in dies excitetur, et confirmetur. Atque vehementer gaudemus dum conspicimus, in quamplu-
rimis istis Diœcesibus, ubi hactenus peculiaria rerum adjuncta minime
obstiterunt, Romanæ Ecclesiæ Liturgiam singulari vestro studio juxta
Nostra desideria fuisse restitutam. Quæ sane res eo magis gratia Nobis
accedit, quod noscebamus in multis Galliæ Diœcesibus ob temporum
vicissitudinem haud ea fuisse servata, quæ sanctus Decessor Noster
Pius V, provide sapienterque statuerat suis Apostolicis Litteris septimo
Idus Julii anno 1568 datis, quarum initium « Quod a Nobis postulat. »
Etsi vero hæc omnia non sine magna animi Nostri voluptate, et insigni Vestri ordinis laude commemorare lætamur, Dilecti Filii Nostri,
ac Venerabiles Fratres, tamen dissimulare non possumus gravem sane-
tristitiam, et mœrorem, quo in præsentia vehementer angimur, cum noscamus quas dissentiones antiquus inimicus inter Vos excitare conetur ad
vestram animorum concordiam labefactandam, et infirmandam. Itaque
pro Apostolici Nostri ministerii munere, et summa illa, qua Vos, et
istos fideles populos prosequimur, caritate, has Vobis scribimus Litteras, quibus intimo Nostro cordis affectu Vos alloquimur, Dilecti Filii
Nostri, et Venerabiles Fratres, atque una monemus, hortamur, et
obsecramus, ut quotidie magis arctissimo inter Vos caritatis fœdere
devincti, et obstricti, atque unanimes, et id ipsum invicem sentientes.
omnia dissidia, quæ antiquus hostis commovere adnititur, pro eximia
vestra virtute propulsare, ac penitus eliminare studeatis, et solliciti
sitis cum omni humilitate et mansuetudine servare in omnibus uni-
tatem spiritus in vinculo pacis. Ea enim sapientia præstatis, ut quisque
Vestrum optime sciat quantopere sacerdotalis, et fida animorum,
voluntatum, et sententiarum concordia ad Ecclesiæ prosperitatem,
atque ad sempiternam hominum salutem procurandam sit necessaria,
atque proficiat. Quam quidem animorum, et voluntatum concordiam,
si unquam alias, nunc certe studiis omnibus inter Vos foveatis

oportet, cum præsertim ob egregiam Carissimi in Christo Filii Nostri Napoleonis Francorum Imperatoris voluntatem, ejusque Gubernii operam nunc catholica istic Ecclesia omni pace, tranquillitate et favore fruatur. Atque hæc fausta in isto Imperio rerum, ac temporum conditio majori Vobis stimulo esse debet, ut una eademque agendi ratione omnia conemini, ut divina Christi religio, ejusque doctrina ac morum honestas, pietas, altissimis ubique in Gallia defigatur radicibus, et optima, atque intaminata juventutis institutio magis in dies procuretur, atque ita facilius hostiles inhibeantur, et frangantur impetus, qui jam eorum conatibus manifestantur qui fuere, et sunt constantes Ecclesiæ et Christi Jesu hostes. Quapropter, Dilecti Filii Nostri, et Venerabiles Fratres, majore quo possumus studio a Vobis etiam atque etiam exposcimus, ut in Ecclesiæ causa, ejusque salutari doctrina, ac libertate tuenda, aliisque omnibus episcopalis vestri muneris partibus obeundis nihil potius, nihil antiquius habere velitis, quam ut concordissimis animis idipsum dicatis omnes ac perfecti sitis in eodem sensu et in eadem sententia, et omni fiducia Nos et hanc Apostolicam Sedem consulatis ad omnem cujusque generis quæstionem, et controversiam a Vobis penitus removendam. Atque in primis, cum compertum exploratumque Vobis sit quantopere ad rei tum sacræ, tum publicæ prosperitatem conducat recta præsertim Cleri institutio, ne intermittatis concordibus animis in tanti momenti negotiorum curas, cogitationesque vestras conferre. Pergite, ut facitis, nihil unquam intentatum relinquere, ut adolescentes Clerici in vestris Seminariis ad omnem virtutem, pietatem, et ecclesiasticum spiritum mature fingantur, ut in humilitate crescant, sine qua nunquam possumus placere Deo, ac simul humanioribus litteris, severioribusque disciplinis, potissimum sacris, ab omni prorsus cujusque erroris periculo alienis ita diligenter imbuantur, ut non solum germanam dicendi, scribendique elegantiam, eloquentiam tum ex sapientissimis Sanctorum Patrum operibus, tum ex clarissimis Ethnicis Scriptoribus, ab omni labe purgatis addiscere, verum etiam perfectam præcipue, solidamque theologicarum doctrinarum, Ecclesiasticæ Historiæ et Sacrorum Canonum scientiam ex auctoribus ab hac Apostolica Sede probatis depromptam consequi valeant. Ita porro illustris istæ Galliæ Clerus qui tot viris ingenio, pietate, doctrina, ecclesiastico spiritu, ac singulari in hanc Apostolicam Sedem obsequio

spectatis refulget, magis in dies abundabit navis, et industriis opera-
riis, qui virtutum ornatu præstantes, ac salutaris scientiæ præsidio
muniti valeant in tempore auxiliariam Vobis in Dominica vinea exco-
lenda operam præbere, eos qui contradicunt arguere, ac non solum
Galliæ fideles in sanctissima nostra religione confirmare, verum etiam
illam apud longinquas et infideles nationes sacris expeditionibus propagare, quemadmodum Clerus idem summa cum sui nominis laude, religionis bono, et animarum salute hactenus peragendum curavit. Et
quoniam una Nobiscum vehementer doletis de tot pestiferis libris, li-
bellis, ephemeridibus, pagellis, quas virulentus Dei et hominum hostis
undequaque emovere non desinit ad mores corrumpendos, ad fidei fun-
damenta concutienda, et omnia sanctissimæ religionis nostræ dogmata
labefactanda, idcirco, Dilecti Filii Nostri Nostri, ac Venerabiles Fratres,
pro episcopali vestra sollicitudine et vigilantia ne cessetis unquam unanimes gregem curæ vestræ commissum ab hisce venenatis pascuis omni
studio avertere, eumque adversus tot errorum colluviem salutaribus,
opportunisque monitis, et scriptis instruere, defendere et confirmare.
Atque hic haud possumus, quin Vobis in mentem revocemus monita et
consilia, quibus quatuor abhinc annos totius catholici orbis Antistites vehementer excitavimus, ne intermitterent viros ingenio, sanaque doctrina
præstantes exhortari, ut viri ipsi opportuna scripta in lucem ederent,
quibus et populorum mentes illustrate, et serpentium errorum tenebras
dissipare contenderent. Quamobrem a Vobis efflagitamus, ut dum
mortiferam pestilentium librorum, et ephemeridum perniciem a
fidelibus curæ vestræ traditis amovere studetis, eodem tempore illos
viros omni benevolentia et favore prosequi velitis, qui catholico
spiritu animati, ac litteris et disciplinis exculti, libros isthic, et
ephemerides conscribere, typisque mandare curant, ut catholica pro-
pugnetur, et propagetur doctrina, ut veneranda hujus S. Sedis jura,
ejusque documenta sarta tecta habeantur, ut opiniones et placita
eidem Sedi, ejusque auctoritati adversa de medio tollantur, ut errorum
depellatur caligo, et hominum mentes suavissima veritatis luce col-
lustrentur. Atque episcopalis vestræ sollicitudinis et caritatis erit
catholicos istos scriptores bene animatos excitare, ut majore usque
alacritate pergant catholicæ veritatis causam sedulo, sciteque defendere,
eosque paternis verbis prudenter monere, si quid in scribendo offen-

derin. Jam vero ea est vestra sapientia, ut probe noscatis infestissimos omnes catholicæ religionis hostes acerrimum semper bellum, irrito licet conatu, gessisse contra hanc Beatissimi Principis Apostolorum Cathedram, haud ignorantes, religionem ipsam cadere, et labare numquam posse, eadem Cathedra stante, quæ illi innixa est petræ, quam superbæ non vincunt inferorum portæ (1), et in qua est integra christianæ religionis, ac perfecta soliditas (2). Quocirca, Dilecti Filii Nostri, ac Venerabiles Fratres, a Vobis enixe postulamus, ut pro eximia vestra in Ecclesiam fide, ac præcipua in eamdem Petri Cathedram pietate nunquam desinatis una mente, unoque spiritu vestram omnem curam, diligentiam, et operam in id præsertim intendere, ut isti fideles Galliarum populi callidissimas insidiantium hominum fraudes et errores sedulo devitantes quotidie magis filiali prorsus affectu, ac devotione huic Apostolicæ Sedi firmiter, constanterque adhærere, eique summo, quo par est, obsequio obtemperare glorientur. Omni igitur episcopalis vestræ vigilantiæ studio nihil unquam neque re, neque verbis prætermittite, quo fideles ipsi hanc S. Sedem magis magisque ex animo diligant, venerentur, omnique obsequio excipiant, et exequantur quidquid Sedes ipsa docet, statuit, atque decernit. Hic autem haud possumus, quin Vobis exprimamus summum dolorem, quo affecti fuimus, ubi inter alia improba scripta istic vulgata nuper ad Nos pervenit libellus gallica lingua exaratus, ac Parisiensibus typis editus, et inscriptus « Sur la situation présente de l'Eglise Gallicane relativement au droit coutumier » cujus auctor iis plane adversatur, quæ Nobis tantopere commendamus, atque inculcamus. Quem libellum Nostræ Indicis Congregationi reprobandum, et damnandum commisimus. Antequam vero scribendi finem faciamus, Dilecti Filii Nostri, ac Venerabiles Fratres, Vobis denuo significamus, optatissimum Nobis esse, ut omnis quæstio, et controversia a Vobis rejiciatur, quæ, ut scitis, pacem turbat, caritatem lædit, et Ecclesiæ hostibus arma ministrat, quibus illam divexent et oppugnent. Igitur Vobis summopere cordi sit pacem habere inter vos, et pacem sequi cum omnibus, serio considerantes pro illo Vos legatione fungi, qui non dissensionis, sed pacis Deus est, quique discipulis suis pacem tantopere inculcare,

(1) S. August in Psal. contr. part. Donat.
(2) Litt. Synodic. Joann. Constantinopol. ad Hormisd. Pont.

imperare, et præcipere nunquam destitit. Et quidem Christus, veluti quisque Vestrum noscit « dona omnia suæ pollicitationis, et præmii in »pacis conservatione promisit. Si hæredes Christi sumus, in Christi pace »maneamus, si filii Dei sumus, pacifici esse debemus... Pacificos esse »oportet Dei filios, corde mites, sermone simplices', affectione con. »cordes, fideliter sibi unanimitatis nexibus cohærentes (1). » Ea certe quidem de vestra virtute, religione, pietate Nobis inest opinio, et fiducia, ut plane non dubitemus, Dilecti Filii Nostri, et Venerabiles Fratres, quin paternis hisce Notris monitis, desideriis, postulationibus quam libentissime obsequentes omnium dissensionum germina radicitus evellere, ac ita gaudium Nostrum implere velitis, et cum omni patientia invicem supportantes in caritate, et unanimes collaborantes fidei Evangelii pergatis alacriori usque studio custodire vigilias noctis super gregem curæ vestræ commissum, omnesque gravissimi vestri muneris partes sedulo obire ad consummationem Sanctorum in ædificationem Corporis Christi. Persuasissimum autem Vobis sit, nihil Nobis gratius, nihil optabilius fore, quam ea omnia præstare, quæ ad majorem vestram, et istorum fidelium utilitatem pertinere posse noverimus. Interim in humilitate cordis Nostri Deum oramus, et obsecramus, ut cœlestium omnium charismatum copiam super Vos propitius semper effundat, vestrisque pastoralibus curis, et laboribus benedicat, quo fideles vestræ vigilantiæ commissi magis in dies ambulent digne Deo per omnia placentes, et in omni opere bono fructificantes. Ac divini hujus præsidii auspicem et flagrantissimæ illius, qua Vos in Domino amplectimur, caritatis testem Apostolicam Benedictionem ex intimo corde profectam Vobis, Dilecti Filii Nostri, ac Venerabiles Fratres, cunctisque istarum Ecclesiarum Clericis, Laicisque fidelibus peramanter impertimur.

Datum Romæ, apud Sanctum Petrum, die XXI Martii anno MDCCCLIII, Pontificatus Nostri Anno Septimo.

PIUS PP. IX.

(1) S. Cyprian. De Unit. Eccles.

––––––––––

Nihil obstat : Imprimatur.

Leodii hac die 27 aprilis 1853.

H.-J. JACQUEMOTTE, Vic.-Gen.

TABLE GÉNÉRALE DES MATIÈRES.

TABLE ALPHABÉTIQUE

manuelles par la messe du jour. 50. — quoiqu'il y ait une difficulté pour les jours libres. 51-56. 278.— Votives aux jours permis est d'obligation. 56. — Elle est quelquefois remplacée par la messe du jour. 57 58. — Que faire quand il y en a trop. 58-60.— On ne peut les accepter pour les jours défendus. 59-60.— Que signifie ne pas satisfaire à son obligation. 60-65.— Quel est le péché de ne pas dire *telle* messe 63. — ou a *tel* autel 64.— Votive de la Vierge ou d'un saint pendant son octave, quand a-t-elle *Gloria* et *Credo*. 497-500. — La messe doit suivre ordinairement la procession. 373. — basse suffit à la procession du S. Sacrement. 374.— Elle doit être conforme à l'office. 375. — Et l'on y fait mémoire du S. Sacrement même non exposé. 375-376. — La messe entendue avec distraction suffit-elle pour remplir le précepte de l'Eglise. 483. — Quelle messe doit-on dire si l'on demande une messe en l'honneur de Jésus, Marie, Joseph, Ste. Famille. 609-611. V. *Intention, Promesse , Oraisons.*

Métropolitain ne peut réviser les sentences portées *ex inform. consc.* 303.

Nappe pour la communion. 533-536.

Octave. Quand et comment elle finit au 17 décembre. 156. 159. — Patron dans l'octave de Noël. 101.—Ou de l'Epiphanie. 162-163.

Offices nouveaux, règles pour les fixer. 494.

Oraison commandée pour l'Evêque défunt. 113-115.—*Deus qui nobis* obligatoire après la communion. 540. — Quand peut-on et doit-on en terminer plusieurs sous une seule conclusion ? 627.

Oratoires même publics n'ont pas de titre. 146.— Privés ne sont pas bénits. 149.

Origène autorise le mensonge en certains cas. 443.

Palle décousue ne perd pas sa bénédiction. 280-281.

Pape (le) peut établir des empêchements. 230.

Parlements hostiles à l'Eglise. 315. 316.

Patène en communiant. 532-533.

Particules peut-on les diviser. 537-538.

Lightning Source UK Ltd.
Milton Keynes UK
UKHW012353080219
336872UK00005B/393/P